개발에 참여하신 선생님

KB083921

강재호	김용걸	방여경	원윤호	이현삼
곽승일	김원예	배휘정	유상철	이호균
권오황	김윤선	범영우	유성만	임세영
권창안	김윤하	서정민	윤민주	임성환
김경오	김이춘	서현승	윤영식	임철호
김경희	김희승	송민구	윤용민	정규덕
김계황	나유진	송민섭	윤지은	정명섭
김관성	남혜원	송영상	윤혜란	정민형
김도현	노연정	송훈섭	이금란	정봉창
김미애	마샘이	승현아	이상철	정상현
김민선	맹다영	신승진	이선미	정은지
김민영	박근정	신재숙	이선정	정향곤
김부헌	박동한	안주미	이선주	조경철
김상수	박상은	양준현	이소현	조수진
김상훈	박선은	오근영	이여름	조영매
김성은	박종희	오성원	이예림	최은혜
김영규	박주영	오수미	이인재	최종현
김영두	박찬정	오하은	이정민	홍승희
김영란	박홍인	우민석	이정식	홍유진
김영만	박희규	우성용	이종원	황미애

100명의 사회 교사 1000개의 사회 문제

중학 사회 ②

Structure

개념 정리

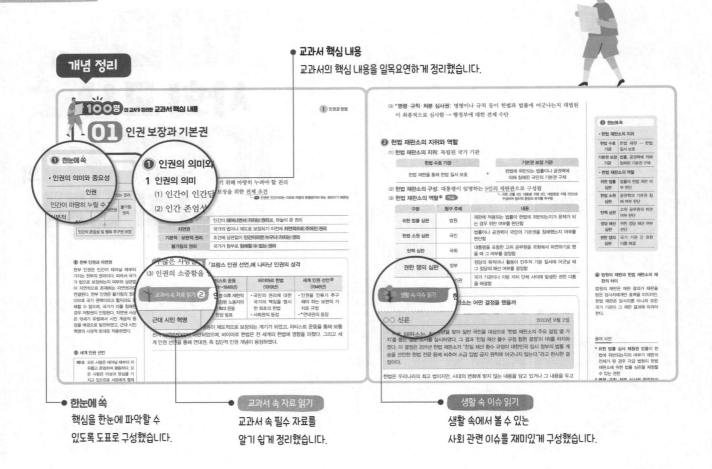

- **교과서 핵심 내용**

  교과서의 핵심 내용을 일목요연하게 정리했습니다.

- **한눈에 쏙**

  핵심을 한눈에 파악할 수 있도록 도표로 구성했습니다.

- **교과서 속 자료 읽기**

  교과서 속 필수 자료를 알기 쉽게 정리했습니다.

- **생활 속 이슈 읽기**

  생활 속에서 볼 수 있는 사회 관련 이슈를 재미있게 구성했습니다.

차근차근 기본 다지기

- 괄호 넣기, 선긋기, 내용 채우기, 퍼즐판 문제 등으로 구성했습니다.
- 다양한 문제 유형을 통해 기본 개념을 파악할 수 있습니다.

차곡차곡 실력 쌓기

- 학교 시험을 대비하기 위한 기본 문항으로 구성했습니다.
- 다양한 유형의 문제 풀이를 통해 실력을 쌓을 수 있습니다.

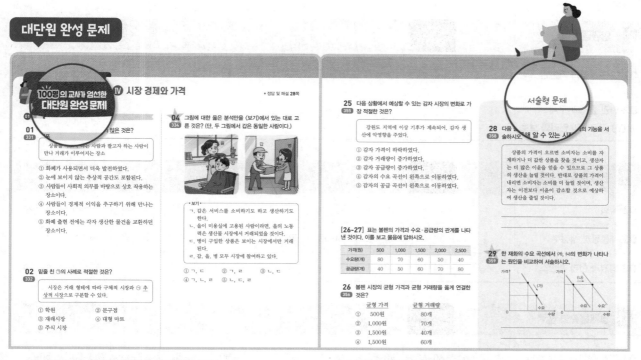

100명의 교사가 엄선한 대단원 완성 문제

Ⅳ 시장 경제와 가격

• 정답 및 해설 28쪽

01
331

상품을 ～ 하는 사람과 팔고자 하는 사람이 만나 거래가 이루어지는 장소이다.

① 화폐가 사용되면서 더욱 발전하였다.
② 눈에 보이지 않는 추상적 공간도 포함된다.
③ 사람들이 사회적 의무를 바탕으로 상호 작용하는 장소이다.
④ 사람들이 경제적 이익을 추구하기 위해 만나는 장소이다.
⑤ 화폐 출현 전에는 각자 생산한 물건을 교환하던 장소이다.

02 밑줄 친 ㉠의 사례로 적절한 것은?
332

시장은 거래 형태에 따라 구체적 시장과 ㉠ 추상적 시장으로 구분할 수 있다.

① 학원　　② 문구점
③ 재래시장　　④ 대형 마트
⑤ 주식 시장

04 그림에 대한 옳은 분석만을 〈보기〉에 있는 대로 고른 것은? (단, 두 그림에서 갑은 동일한 사람이다.)
334

〈보기〉
ㄱ. 갑은 서비스를 소비하기도 하고 생산하기도 한다.
ㄴ. 을이 미용실에 고용된 사람이면, 을의 노동력은 생산물 시장에서 거래되었을 것이다.
ㄷ. 병이 구입한 상품은 보이는 시장에서만 거래된다.
ㄹ. 갑, 을, 병 모두 시장에 참여하고 있다.

① ㄱ, ㄴ　② ㄱ, ㄹ　③ ㄴ, ㄷ
④ ㄱ, ㄴ, ㄹ　⑤ ㄴ, ㄷ, ㄹ

25 다음 상황에서 예상할 수 있는 감자 시장의 변화로 가장 적절한 것은?
359

강원도 지역에 이상 기후가 계속되어, 감자 생산에 악영향을 주었다.

① 감자 가격이 하락하였다.
② 감자 거래량이 증가하였다.
③ 감자 공급량이 증가하였다.
④ 감자의 수요 곡선이 오른쪽으로 이동하였다.
⑤ 감자의 공급 곡선이 왼쪽으로 이동하였다.

[26-27] 표는 볼펜의 가격과 수요·공급량의 관계를 나타낸 것이다. 이를 보고 물음에 답하시오.

가격(원)	500	1,000	1,500	2,000	2,500
수요량(개)	80	70	60	50	40
공급량(개)	40	50	60	70	80

26 볼펜 시장의 균형 가격과 균형 거래량을 옳게 연결한 것은?
356

	균형 가격	균형 거래량
①	500원	80개
②	1,000원	70개
③	1,500원	40개
④	1,500원	60개

서술형 문제

28 다음 ～ 에 대해 알 수 있는 시장의 기능을 서술하시오.
358

상품의 가격이 오르면 소비자는 소비를 자제하거나 더 값싼 상품을 찾을 것이고, 생산자는 더 많은 이윤을 얻을 수 있으므로 그 상품의 생산을 늘릴 것이다. 반대로 상품의 가격이 내리면 소비자는 소비를 더 늘릴 것이며, 생산자는 이전보다 이윤이 감소할 것으로 예상하여 생산을 줄일 것이다.

29 한 재화의 수요 곡선에서 (가), (나)의 변화가 나타나는 원인을 비교하여 서술하시오.
359

• 심화 문제 풀이를 통해 학교 시험 만점을 공략할 수 있습니다.

• 서술형 문제를 통해 사고력을 확장할 수 있습니다.

정답 및 해설

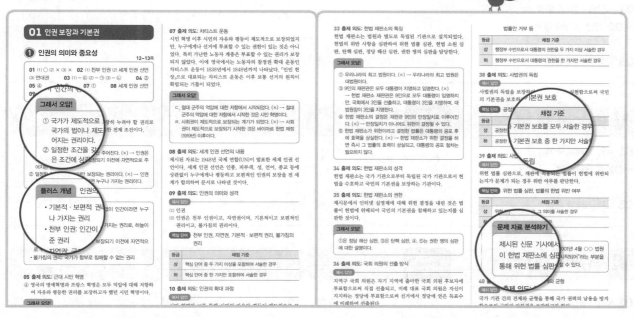

01 인권 보장과 기본권

① 인권의 의미와 중요성

12~13쪽

01 ① ○ (2) × (3) × 02 (1) 천부 인권 (2) 세계 인권 선언
(3) 연대권　03 (1) - ㉢ (2) - ㉠ (3) - ㉡　04 ③
05 ④　07 ①　08 세계 인권 선언

그래서 오답!
① 국가가 제도적으로 보장하여 누려야 할 권리로 국가의 법이나 제도가 전제 조건이 어지는 권리이다.
② 일정한 조건을 갖춰 주어진다. (×) → 인권은 조건에 상관없이 이전에 자연적으로 주
② 일정한 ～ 만 보장되는 권리이다. (×) → 인권은 ～ 누구나 가지는 권리이다.

플러스 개념 인권의 ～
• 기본적·보편적 권리: 인간이라면 누구나 가지는 권리
• 천부 인권: 인간이 ～ 준 권리
• 불가침의 권리: 국가가 함부로 침해할 수 없는 권리

05 출제 의도: 근대 시민 혁명
④ 영국의 명예혁명과 프랑스 혁명은 모두 억압에 대해 저항하여 자유와 평등한 권리를 보장하고자 했던 시민 혁명이다.

그래서 오답!

07 출제 의도: 차티스트 운동
시민 혁명 이후 시민의 자유와 평등이 제도적으로 보장되었지만, 누구에게나 선거에 투표할 수 있는 권리가 있는 것은 아니었다. 특히 가난한 노동자 계층은 투표할 수 있는 권리가 보장되지 않았다. 이에 영국에서는 노동자의 참정권 확대 운동인 차티스트 운동이 1838년에서 1848년까지 나타났다. 「인민 헌장」으로 대표되는 차티스트 운동은 이후 보통 선거의 원칙이 확립되는 거름이 되었다.

그래서 오답!
ㄷ. 절대 군주의 억압에 대한 저항에서 시작되었다. (×) → 절대 군주의 억압에 대한 저항에서 시작한 것은 시민 혁명이다.
ㄹ. 사회권이 제도적으로 보장되는 계기가 되었다. (×) → 사회권이 제도적으로 보장되기 시작한 것은 바이마르 헌법 제정(1919년) 이후이다.

08 출제 의도: 세계 인권 선언의 내용
제시된 자료는 1948년 국제 연합(UN)이 발표한 세계 인권 선언이다. 세계 인권 선언은 인종, 피부색, 성, 언어, 종교 등에 상관없이 누구에게나 평등하고 보편적인 인권의 보장을 전 세계가 합의하여 문서로 나타낸 것이다.

09 출제 의도: 인권의 의미와 성격
예시 답안
(1) 인권
(2) 인권은 천부 인권이고, 자연권이며, 기본적이고 보편적인 권리이고, 불가침의 권리이다.
핵심 단어 천부 인권, 자연권, 기본적·보편적 권리, 불가침의 권리

등급	채점 기준
상	핵심 단어 중 두 가지 이상을 포함하여 서술한 경우
하	핵심 단어 중 한 가지만 포함하여 서술한 경우

10 출제 의도: 인권의 확대 과정
예시 답안

33 출제 의도: 헌법 재판소의 특징
헌법 재판소는 법원과 별도로 독립된 기관으로 설치되었다. 헌법의 위반 사항을 심판하여 위헌 법률 심판, 헌법 소원 심판, 탄핵 심판, 정당 해산 심판, 권한 쟁의 심판을 담당한다.

그래서 오답!
① 우리나라의 최고 법원이다. (×) → 우리나라의 최고 법원은 대법원이다.
③ 9인의 재판관은 모두 대통령이 지명하고 임명한다. (×) → 헌법 재판소 재판관은 9인으로 모두 대통령이 임명하지만, 국회에서 3인을 선출하고, 대통령이 3인을 지명하며, 대법원장이 3인을 지명한다.
④ 헌법 재판소의 결정은 재판관 9인의 만장일치로 이루어진다. (×) → 만장일치가 아니어도 위헌의 결정할 수 있다.
⑤ 헌법 재판소가 위헌이라고 결정한 법률은 대통령의 공포 후에 효력을 상실한다. (×) → 헌법 재판소가 위헌 결정을 하면 즉시 그 법률의 효력이 상실되고, 대통령의 공포 절차는 필요하지 않다.

34 출제 의도: 헌법 재판소의 성격
헌법 재판소는 국가 기관으로부터 독립된 국가 기관으로서 헌법을 수호하고 국민의 기본권을 보장하는 기관이다.

35 출제 의도: 헌법 재판소의 권한
제시문에서 인터넷 실명제에 대해 위헌 결정을 내린 것은 법률이 헌법에 위배되어 국민의 기본권을 침해하고 있는지를 심판한 것이다.

그래서 오답!
①은 정당 해산 심판, ③은 탄핵 심판, ④, ⑤는 권한 쟁의 심판에 대한 설명이다.

36 출제 의도: 국회 의원의 선출 방식
지역구 국회 의원은 자기 지역에 출마한 국회 의원 후보자에게 투표함으로써 직접 선출되고, 비례 대표 국회 의원은 자신이 지지하는 정당에 투표함으로써 선거에서 정당이 얻은 득표수에 비례하여 선출된다.

법률안 거부 등

등급	채점 기준
상	행정부 수반으로서 대통령의 권한을 두 가지 이상 서술한 경우
하	행정부 수반으로서 대통령의 권한을 한 가지만 서술한 경우

38 출제 의도: 사법권의 독립
예시 답안
사법권의 독립을 보장하여 ～ 실현함으로써 국민의 기본권 보호
핵심 단어 공정, 기본권 보호

채점 기준

등급	채점 기준
상	～ 기본권 보호를 모두 서술한 경우
하	～ 기본권 보호 중 한 가지만 서술 ～

39 출제 의도: 사 ～ 독립
예시 답안
위헌 법률 심판으로, 재판에 적용되는 법률이 헌법에 위반되는지가 문제가 되는 경우 위헌 여부를 판단한다.
핵심 단어 위헌 법률 심판, 법률의 헌법 위반 여부

등급	채점 기준
상	위헌 ～ 의미를 서술한 경우

문제 자료 분석하기
제시된 신문 기사에서 ～ 2001년 4월 ○○ 법원이 헌법 재판소에 심판 제청하다.'라는 부분을 통해 위헌 법률 심판 ～

40 ～ 출제 의도 ～ 견제와 균형
국가 기관 간의 견제와 균형을 통해 국가 권력의 남용을 방지

• '그래서 오답!'으로 왜 틀렸는지를 명확히 알 수 있습니다.

• 문제의 내용과 연계되는 '플러스 개념'으로 핵심을 정리했습니다.

• '출제 의도'와 '채점 기준'으로 서술형·논술형 문항의 어려움을 해결할 수 있습니다.

• '문제 자료 분석하기'로 문제의 자료를 낱낱이 파헤칩니다.

100명 1000개와 내 교과서 단원 비교하기

I 인권과 헌법	100명, 1000개	금성출판사	동아출판	미래엔	박영사	비상교육	지학사	천재교과서	천재교육
01 인권 보장과 기본권	10~15	12~17	12~15	12~16	10~13	10~15	12~17	12~15	12~17
02 인권 침해와 구제 ~ 03 근로자의 권리와 보호	16~23	18~25	16~25	17~25	14~23	16~23	18~25	16~25	18~27

II 헌법과 국가 기관	100명, 1000개	금성출판사	동아출판	미래엔	박영사	비상교육	지학사	천재교과서	천재교육
01 국회	32~37	30~33	30~33	30~33	28~31	28~31	32~35	30~35	32~35
02 대통령과 행정부	38~43	34~37	34~37	34~37	32~36	32~35	36~39	36~39	36~39
03 법원과 헌법 재판소	44~49	38~43	38~41	38~41	37~41	36~40	40~45	40~45	40~45

III 경제생활과 선택	100명, 1000개	금성출판사	동아출판	미래엔	박영사	비상교육	지학사	천재교과서	천재교육
01 경제 활동과 경제 체제	60~67	48~53	46~53	48~53	46~50	46~51	50~55	50~53	50~57
02 기업의 역할과 사회적 책임 ~ 03 지속 가능한 경제생활	68~75	54~61	54~61	54~61	51~59	52~61	56~65	54~63	58~67

IV 시장 경제와 가격	100명, 1000개	금성출판사	동아출판	미래엔	박영사	비상교육	지학사	천재교과서	천재교육
01 시장의 의미와 종류 ~ 02 시장 가격의 결정	84~95	66~75	66~73	66~73	64~71	66~73	70~79	68~77	72~81
03 시장 가격의 변동	96~101	76~79	74~79	74~77	72~77	74~79	80~83	78~81	82~87

V 국민 경제와 국제 거래	100명, 1000개	금성출판사	동아출판	미래엔	박영사	비상교육	지학사	천재교과서	천재교육
01 국민 경제의 이해 ~ 02 물가와 실업	110~121	84~93	84~91	84~91	82~90	84~93	88~97	86~93	92~101
03 국제 거래와 환율	122~127	94~97	92~97	92~95	91~97	94~99	98~101	94~97	102~107

VI 국제 사회와 국제 정치	100명, 1000개	금성출판사	동아출판	미래엔	박영사	비상교육	지학사	천재교과서	천재교육
01 국제 사회의 특성과 행위 주체	138~143	102~105	102~105	102~105	102~105	104~107	106~109	106~109	112~115
02 국제 사회의 다양한 모습 ~ 03 우리나라의 국제 관계	144~149	106~115	106~115	106~115	106~115	108~117	110~119	110~121	116~123

Contents

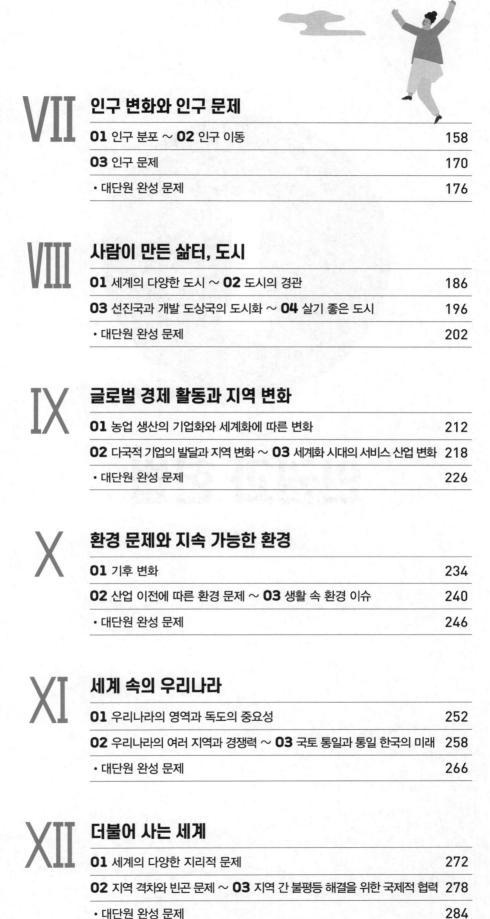

인권과 헌법

01 인권 보장과 기본권

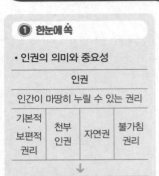

① 한눈에 쏙

• 인권의 의미와 중요성

인권
인간이 마땅히 누릴 수 있는 권리

기본적·보편적 권리	천부 인권	자연권	불가침 권리

↓

인간의 존엄성 및 행복 추구권 보장

---

① 천부 인권과 자연권

천부 인권은 인간이 태어날 때부터 가지는 천부의 권리이다. 따라서 국가가 법으로 보장하는지 여부와 상관없이 자연적으로 존재하는 자연권과도 연결된다. 천부 인권은 불가침의 권리이므로 국가 권력이라고 할지라도 침해할 수 없으며, 국가가 이를 침해한 경우 저항권이 인정된다. 자연권 사상은 18세기 유럽에서 시민 계급의 등장을 배경으로 발전하였고, 근대 시민 혁명의 사상적 토대로 작용하였다.

---

② 세계 인권 선언

제1조 모든 사람은 태어날 때부터 자유롭고 존엄하며 평등하다. 모든 사람은 이성과 양심을 가지고 있으므로 서로에게 형제애의 정신으로 대해야 한다.
제2조 모든 사람은 인종, 피부색, 성별, 언어, 종교 등 어떤 이유로도 차별받지 않으며, 이 선언에 나와 있는 모든 권리와 자유를 누릴 자격이 있다.

국제 연합(UN)은 「세계 인권 선언」을 통해 제2차 세계 대전과 관련하여 전 세계에 널리 퍼져 있던 인권 침해에 대한 인류의 반성을 촉구하였다.

용어 사전

• **연대권** 민족이나 집단 차원에서 누리는 권리로, 세계적으로 사회적 약자의 위치에 있는 소수 민족, 여성, 장애인, 아동, 난민 등에 대한 관심이 증대하면서 등장함

---

① 인권의 의미와 중요성

1 인권의 의미

(1) 인간이 인간답게 살아가기 위해 마땅히 누려야 할 권리
(2) 인간 존엄성의 유지 및 보장을 위한 전제 조건
└ 인권은 인간이라는 이유로 마땅히 존중받아야 하는 권리이기 때문임

2 인권의 성격 ① 자료①

천부 인권	인간이 태어나면서 가지는 권리로, 하늘이 준 권리
자연권	국가의 법이나 제도로 보장되기 이전에 자연적으로 주어진 권리
기본적·보편적 권리	조건에 상관없이 인간이라면 누구나 가지는 권리
불가침의 권리	국가가 함부로 침해할 수 없는 권리

> **교과서 속 자료 읽기 ①** 「프랑스 인권 선언」에 나타난 인권의 성격

제1조 인간은 자유롭고 평등하게 태어나 생활할 권리를 가진다. 사회적 차별은 공익을 위해서만 가능하다.
제2조 모든 정치적 결사의 목적은 인간의 자연적이고 소멸될 수 없는 권리를 보전하는 것이다. 이러한 권리로서는 자유권과 재산권과 신체 안전에 대한 권리와 억압에 대한 저항권이다.

제1조에서 "인간은 자유롭고 평등하게 태어나 생활할 권리를 가진다."를 통해서는 인권의 천부 인권과 자연권, 기본적·보편적 권리로서의 성격을 알 수 있고, 제2조에서 '자연적이고 소멸될 수 없는 권리', '저항권' 등을 통해서는 인권의 자연권과 불가침의 권리로서의 성격을 알 수 있다.

3 인권 보장의 중요성

(1) 인간의 존엄성 및 행복 추구권을 지키는 기반이 됨
└ 인간으로서 행복을 추구할 수 있는 권리
(2) 수많은 사람들의 희생으로 오늘날과 같은 인권 보장이 이루어짐 자료②
└ 예 근대 시민 혁명, 차티스트 운동 등
(3) 인권의 소중함을 알고, 인권 보장을 확대하기 위해 적극적으로 노력해야 함

> **교과서 속 자료 읽기 ②** 인권의 확대 과정

근대 시민 혁명	차티스트 운동 (1838~1848년)	바이마르 헌법 (1919년)	세계 인권 선언 ② (1948년)
• 영국 명예혁명(1688년), 미국 독립 혁명(1776년), 프랑스 혁명(1789년) • 자유와 평등의 보장	• 시민 혁명 이후 제한적으로 보장된 노동자의 참정권 확대 운동 • 인민 헌장 발표	• 국민의 권리에 대한 국가의 책임을 명시한 최초의 헌법 • 사회권의 등장	• 인권을 인류가 추구해야 하는 보편적 가치로 규정 • *연대권의 등장

근대 시민 혁명은 자유와 평등이 제도적으로 보장되는 계기가 되었고, 차티스트 운동을 통해 보통 선거 원칙의 기틀이 마련되었으며, 바이마르 헌법은 전 세계의 헌법에 영향을 미쳤다. 그리고 세계 인권 선언을 통해 연대권, 즉 집단적 인권 개념이 등장하였다.

② 기본권의 종류 및 기본권 제한의 요건과 한계

1 인간의 존엄과 가치 및 *행복 추구권

<u>헌법 제10조</u> 모든 국민은 인간으로서의 존엄과 가치를 가지며, 행복을 추구할 권리를 가진다. 국가는 개인이 가지는 불가침의 기본적 인권을 확인하고 이를 보장할 의무를 진다.

(1) **의미**: 모든 인간은 인간으로서 마땅히 존중받을 가치와 행복을 추구할 권리가 있음

(2) **특징**: 모든 기본권의 토대가 됨

2 개별적 기본권 ❸ [자료 ❸]
└─ 헌법에 보장된 기본적 인권

(1) **자유권**

의미	국가 권력의 간섭을 받지 않고 자유롭게 생활할 수 있는 권리
종류	신체의 자유, 종교의 자유, 직업 선택의 자유 등

└─ 정신적 자유   └─ 사회·경제적 자유

(2) **평등권**

의미	모든 국민이 차별받지 않고 동등하게 대우받을 권리
종류	법 앞에서 평등할 권리, 교육의 기회를 균등하게 제공받을 권리 등
특징	다른 기본권을 실현하기 위한 전제 조건

(3) **참정권**

의미	국가의 의사 결정에 참여할 수 있는 권리
종류	선거권, 공무 담임권, 국민 투표권 등

대의제의 한계점을 보완하기 위한 직접 민주 정치의 요소

└─ 간접 민주 정치에서 대표적인 정치 참여 형태

(4) **사회권**

의미	국가에 인간다운 생활을 요구할 수 있는 적극적 권리
종류	교육을 받을 권리, 근로의 권리, 쾌적한 환경에서 살 권리 등

(5) **청구권**

의미	국가에 대하여 일정한 행위를 요구할 수 있는 권리
종류	*청원권, 재판 청구권, *국가 배상 청구권 등
특징	다른 기본권을 보장하기 위한 수단적 성격의 권리

🌳 **교과서 속 자료 읽기 ❸** **기본권을 보장한 우리나라 헌법 조항**

제11조 ① 모든 국민은 법 앞에 평등하다. 누구든지 성별·종교 또는 사회적 신분에 의하여 정치적·경제적·사회적·문화적 생활의 모든 영역에 있어서 차별을 받지 아니한다.
제15조 모든 국민은 직업 선택의 자유를 가진다.
제24조 모든 국민은 법률이 정하는 바에 의하여 선거권을 가진다.
제26조 ① 모든 국민은 헌법과 법률이 정한 법관에 의하여 법률에 의한 재판을 받을 권리를 가진다.
제34조 ① 모든 국민은 인간다운 생활을 할 권리를 가진다.

제11조 ①항은 평등권, 제15조는 자유권(직업 선택의 자유), 제24조는 참정권, 제26조 ①항은 청구권, 제34조 ①항은 사회권을 규정한 헌법 조항이다.

---

3 기본권 제한의 요건과 한계 ❹

➡ 군사 보호 지역에 민간인의 출입을 제한하는 것은 국가 안전 보장을 위해 기본권을 제한하는 사례임

(1) **기본권 제한의 요건**: 국가 안전 보장, 질서 유지 또는 공공복리를 위해 필요한 경우에 한하여 국회에서 정한 법률로써 제한할 수 있음

(2) **기본권 제한의 한계**: 자유와 권리의 본질적인 내용은 침해할 수 없음

(3) **기본권 제한의 한계를 헌법으로 엄격하게 규정하는 이유**: 국가 권력의 남용을 방지하고, 국민의 자유와 권리를 최대한 보장하기 위함

➡ 집회 및 시위와 관련하여 지나친 소음 발생 등은 제재할 수 있지만, 집회 및 시위 자체를 전면적으로 금지할 수는 없음

---

② 한눈에 쏙

• 기본권의 종류

기본권의 토대	인간의 존엄과 가치 및 행복 추구권
개별적 기본권	자유권, 평등권, 참정권, 사회권, 청구권

• 기본권 제한

사유	국가 안전 보장, 질서 유지, 공공복리
수단	법률
한계	자유와 권리의 본질적 내용은 침해 불가

❸ 헌법에서 보장하는 기본권

기본권은 포괄적 기본권인 인간으로서의 존엄과 가치 및 행복 추구권과 개별적 기본권인 자유권, 평등권, 사회권, 참정권, 청구권으로 이루어져 있다.

❹ 기본권 제한을 규정한 우리나라 헌법 조항

제37조 ② 국민의 모든 자유와 권리는 국가 안전 보장, 질서 유지 또는 공공복리를 위하여 필요한 경우에 한하여 법률로써 제한할 수 있으며, 제한하는 경우에도 자유와 권리의 본질적인 내용은 침해할 수 없다.

용어 사전

*행복 추구권 국민이 인간으로서 행복을 추구할 수 있는 권리
*청원권 국민이 국가 기관에 문서로써 의견이나 희망 사항을 제출할 수 있는 권리
*국가 배상 청구권 공무원의 불법 행위 때문에 손해를 입은 국민이 국가에 손해 배상을 청구할 수 있는 권리

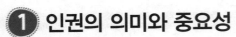
❶ 인권의 의미와 중요성

● 정답 및 해설 **2쪽**

차근차근 기본다지기

01 다음 설명이 맞으면 ○표, 틀리면 ✕표 하시오.
`001`
(1) 인권은 인간이 인간답게 살아가기 위해 마땅히 누려야 할 권리를 말한다. (　　)
(2) 인권은 자연권이 아닌 보편적 권리의 성격을 지닌다. (　　)
(3) 차티스트 운동은 노동자들의 사회권 확대 운동에 해당한다. (　　)

02 다음 괄호 안의 내용 중 알맞은 것에 ○표 하시오.
`002`
(1) 인간이 태어나면서부터 가지며 하늘이 준 권리라는 인권의 성격을 나타내는 표현은 (천부 인권, 불가침의 권리)이다.
(2) 1948년 국제 연합(UN)이 인권을 보장하기 위해 발표한 문서는 (세계 인권 선언, 인간과 시민의 권리 선언)이다.
(3) 민족이나 집단 차원에서 누리는 권리로, 세계적으로 사회적 약자의 위치에 있는 사람들에 대한 관심이 커지면서 등장한 인권의 종류는 (참정권, 연대권)이다.

03 다음 인권과 관련된 사건과 역사적 의의를 바르게 연결하시오.
`003`
(1) 프랑스 혁명 •
(2) 차티스트 운동 •
(3) 바이마르 헌법 제정 •

• ㉠ 시민 혁명 이후 제한적으로 보장된 노동자의 참정권을 확대하고자 함
• ㉡ 국민의 권리에 대한 국가의 책임을 명시하여 사회권의 등장에 영향을 미침
• ㉢ 절대 군주의 억압에 대한 저항으로 나타나 시민의 자유와 평등의 보장에 영향을 미침

04 밑줄 친 '이것'에 대한 설명으로 옳은 것은?
`004`

> 이것은 인간이 인간답게 살아가기 위해 마땅히 누려야 할 권리를 말한다.

① 국가가 제도적으로 보장할 때에만 주어진다.
② 일정한 조건을 갖추어야만 보장되는 권리이다.
③ 인간의 존엄성 유지 및 보장을 위한 전제 조건이다.

05 다음 역사적 사건들의 공통점으로 가장 적절한 것은?
`005`

> • 프랑스 혁명
> • 영국 명예혁명

① 미국 독립 혁명에 영향을 주었다.
② 바이마르 헌법의 영향을 받아 발생하였다.
③ 참정권 보장을 위한 「인민 헌장」이 발표되었다.
④ 자유와 평등이 제도적으로 보장되는 계기가 되었다.

06 다음은 인권의 발달 과정에서 나타난 어떤 문서의 내용이다. 이에 대한 설명으로 옳은 것은?

006

> ㉠ 인간에게 자연적이고 빼앗길 수 없는 신성한 여러 권리를 밝히기로 결의하여 다음과 같은 인간과 시민의 여러 권리를 인정하고 선언한다.
> 제1조 ㉡ 인간은 자유롭고 평등하게 태어나 생활할 권리를 가진다. 사회적 차별은 공익을 위해서만 가능하다.
> 제3조 ㉢ 주권은 국민에게 있다. … (중략) …

① 세계 인권 선언의 영향을 받았다.
② 미국 독립 혁명 과정에서 발표되었다.
③ ㉠은 인권의 자연권적 성격을 나타낸다.
④ ㉡은 인권이 보편적 권리가 아님을 보여 준다.
⑤ ㉢은 절대 군주론을 기반으로 한다.

07 다음 사건에 대한 옳은 설명만을 〈보기〉에서 고른 것은?

007

> 영국에서 1838년부터 1848년까지 노동자들을 중심으로 펼쳐진 참정권 확대 운동이다.

• 보기 •
ㄱ. 「인민 헌장」이 발표되었다.
ㄴ. 보통 선거 원칙의 기틀을 마련하였다.
ㄷ. 절대 군주의 억압에 대한 저항에서 시작되었다.
ㄹ. 사회권이 제도적으로 보장되는 계기가 되었다.

① ㄱ, ㄴ   ② ㄱ, ㄷ   ③ ㄴ, ㄷ
④ ㄴ, ㄹ   ⑤ ㄷ, ㄹ

08 밑줄 친 '이 선언'의 명칭을 쓰시오.

008

> 제1조 모든 사람은 자유로운 존재로 태어났고, 똑같은 존엄과 권리를 가진다. 사람은 이성과 양심을 타고 났으므로 서로를 형제애의 정신으로 대해야 한다.
> 제2조 모든 사람은 인종, 피부색, 성, 언어, 종교, 정치적 견해 또는 그 밖의 견해, 출신 민족 또는 사회적 신분, 재산의 많고 적음, 출생 또는 그 밖의 지위에 따른 그 어떤 구분도 없이, 이 선언에 나와 있는 모든 권리와 자유를 누릴 자격이 있다.

(   )

서술형 문제

09 다음 글을 읽고 물음에 답하시오.

009

> 인간이 인간답게 살아가기 위해 마땅히 누려야 할 권리를 (㉠)(이)라고 한다. 우리나라를 포함한 대부분의 현대 민주 국가에서는 헌법으로 국민의 (㉠)을(를) 보장하고 있다.

⑴ ㉠에 들어갈 용어를 쓰시오.

_____

⑵ ㉠의 성격을 두 가지 이상 서술하시오.

_____

_____

논술형 문제

10 (가)～(라)에 나타난 역사적 사건과 관련하여 〈조건〉에 맞게 인권의 확대 과정을 서술하시오.

010

> (가) 시민들이 절대 군주의 억압에 대한 저항으로 혁명을 일으켰다.
> (나) 국민의 권리에 대한 국가의 책임을 명시한 최초의 헌법이 제정되었다.
> (다) 제한적으로 보장된 투표권의 확대를 위해 노동자들이 「인민 헌장」을 발표하였다.
> (라) 국제 연합(UN)에서 인류가 보편적으로 추구해야 할 가치인 인권의 기준을 문서로 제시하였다.

• 조건 •
(가)～(라)에 나타난 역사적 사건을 나타난 순서대로 설명한다.

_____

_____

_____

_____

2 기본권의 종류 및 기본권 제한의 요건과 한계

이 주제에서는 어떤 문제가 잘 나올까?
• 기본권의 종류 구분하기
• 기본권의 특징 이해하기
• 기본권 제한의 요건 이해하기
• 기본권 제한의 한계 파악하기

• 정답 및 해설 **3**쪽

차근차근 기본다지기

01 빈칸에 들어갈 용어를 쓰시오.
011
(1) 우리나라 헌법 제10조에 명시된 (   )은/는 헌법에 보장된 모든 기본권의 토대가 된다.

(2) (   )은/는 국가 권력의 간섭을 받지 않고 자유롭게 생활할 수 있는 소극적 권리인 데 비해, (   )은/는 국민이 국가에게 인간다운 생활을 요구할 수 있는 적극적 권리이다.

(3) 필요한 경우에 한하여 기본권을 제한하더라도 국회에서 만든 (   )(으)로써만 제한할 수 있다.

02 ㉠~㉢에 해당하는 기본권을 각각 쓰시오. (단, ㉠~㉢은 각각 사회권, 자유권, 청구권 중 하나이다.)
012

소극적 권리인가? ──예──→ ㉠ ←──아니요──
소극적 권리인가? ──아니요──→ ㉡ ←──아니요── 수단적 권리인가?
소극적 권리인가? ──아니요──→ ㉢ ←──예── 수단적 권리인가?

(   )

03 (1)~(4)에서 설명하는 용어를 퍼즐판에서 찾아 색칠하시오.
013

행	사	회	질	서
자	복	청	구	권
유	참	추	참	기
권	평	등	구	본
공	공	복	리	권

(1) 인권 중에서 헌법에 규정하여 보장하고 있는 권리는?
(2) 국민이 인간으로서 행복을 추구할 수 있는 권리는?
(3) 다른 기본권을 보장하기 위한 수단적 성격의 권리는?
(4) 사회 구성원 전체의 이익을 뜻하는 것은?

04 기본권에 대한 설명으로 옳은 것은?
014
① 헌법을 통해 보장하는 인권을 기본권이라고 한다.
② 기본권 중 평등권과 자유권은 모든 기본권의 토대가 된다.
③ 국가 안전 보장, 질서 유지, 공공복리를 위한 경우에는 조건 없이 기본권을 제한할 수 있다.

05 다음에서 설명하는 기본권의 내용으로 적절한 것은?
015

인간다운 생활을 유지하기 위해 국가에 적극적인 행위를 요구할 수 있는 권리이다.

① 청원권　　　　② 신체의 자유
③ 법 앞의 평등　④ 교육을 받을 권리

06 밑줄 친 '미란다 원칙'이 보장하고자 하는 기본권의
016 내용으로 가장 적절한 것은?

> 1963년 미국에서 '미란다'라는 청년이 납치·강
> 간 혐의로 경찰에 체포되었다. 그런데 경찰이 그를
> 체포할 때 진술 거부권과 변호사 선임권 같은 권
> 리를 미리 알려 주지 않았다는 이유로 결국 무죄가
> 선고되었다. 이 판결 이후 경찰이 피의자를 연행할
> 때는 피의자의 권리를 알려 주어야 한다는 원칙을
> 정했는데, 이것을 '미란다 원칙'이라고 한다.

① 모든 국민은 선거권을 가진다.
② 모든 국민은 법 앞에 평등하다.
③ 모든 국민은 신체의 자유를 가진다.
④ 모든 국민은 재판을 받을 권리를 가진다.
⑤ 모든 국민은 인간다운 생활을 할 권리를 가진다.

07 우리나라 헌법에 규정된 기본권 제한에 대한 설명으
017 로 옳지 <u>않은</u> 것은?

① 기본권은 무제한으로 누릴 수 있는 것이 아니다.
② 기본권을 제한하는 요건과 한계를 엄격하게 규
　정하지 않았다.
③ 기본권을 제한하는 경우에도 기본권의 본질적
　인 내용은 침해할 수 없다.
④ 국가 권력의 남용을 방지하고 국민의 기본권을
　최대한 보장하기 위한 조항이다.
⑤ 개발 제한 구역을 지정하여 기본권을 제한할 수
　있는 것은 공공복리를 위해서 필요하기 때문이다.

08 다음 사례들에서 공통으로 침해되는 기본권은 무엇인
018 지 쓰시오.

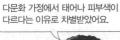
여자라는 이유로 승진에서 남자　다문화 가정에서 태어나 피부색이
보다 불리한 경우가 많아요.　　다르다는 이유로 차별받았어요.

（　　　　　）

서술형 문제

09 다음 우리나라 헌법 조항을 읽고 물음에 답하시오.
019

> 제26조 ① 모든 국민은 법률이 정하는 바에 의하
> 　여 국가 기관에 문서로 청원할 권리를 가
> 　진다.
> 제27조 ① 모든 국민은 헌법과 법률이 정한 법관에
> 　의하여 법률에 의한 재판을 받을 권리를 가
> 　진다.

(1) 위의 헌법 조항이 공통으로 보장하고 있는 기본
　권은 무엇인지 쓰시오.

＿＿＿＿＿＿＿＿＿＿＿＿＿＿＿＿＿＿＿

(2) (1)의 기본권이 갖는 특징을 서술하시오.

＿＿＿＿＿＿＿＿＿＿＿＿＿＿＿＿＿＿＿
＿＿＿＿＿＿＿＿＿＿＿＿＿＿＿＿＿＿＿

논술형 문제

10 다음 사례에서 A의 기본권을 제한하는 것이 정당한지
020 자신의 견해를 밝히고, 그 이유를 〈조건〉에 맞게 서술
하시오.

> 중학생 A는 친구에게 폭력을 행사하여 서면 사
> 과와 교내 봉사 처분을 받았다. 또한 교육부 지침
> 에 따라 조치 내용이 학생부에 기재되었다. 그러
> 자 A는 자신의 기본권, 즉 *개인 정보 자기 결정
> 권이 침해되었다며 반발하였다.
> * 개인 정보 자기 결정권: 자신에 대한 정보의 공유와 이용
> 　을 스스로 결정할 수 있는 권리

・조건・
・기본권 제한이 정당하다고 생각할 경우에는 제
　한의 목적과 한계를 포함하여 서술한다.
・기본권 제한이 정당하지 않다고 생각할 경우에
　는 제한할 수 없는 이유를 구체적으로 서술한다.

＿＿＿＿＿＿＿＿＿＿＿＿＿＿＿＿＿＿＿
＿＿＿＿＿＿＿＿＿＿＿＿＿＿＿＿＿＿＿
＿＿＿＿＿＿＿＿＿＿＿＿＿＿＿＿＿＿＿
＿＿＿＿＿＿＿＿＿＿＿＿＿＿＿＿＿＿＿

02 인권 침해와 구제
~03 근로자의 권리와 보호

• 일상생활 속 인권 침해

의미	인권 혹은 기본권을 존중받지 못하는 것
유형	개인이나 단체에 의한 침해, 국가 기관에 의한 침해 등
대책	인권 감수성 함양, 적극적 대응 자세

② 한눈에 쏙

• 국가 기관을 통한 인권 침해 구제 방법

법원	재판
헌법 재판소	헌법 소원 심판
국가 인권 위원회	인권 침해 행위 조사 및 구제
그 외	국민 권익 위원회, 언론 중재 위원회, 한국 소비자원 등

① 국가 인권 위원회의 성격

종합적 인권 전담 기구	인권 보호 및 향상에 관한 모든 사항을 다룸
독립 기구	입법, 사법, 행정에 소속되지 않음
준사법 기구	인권 침해와 차별 행위에 대한 조사와 구제 조치를 함
준국제 기구	국제 인권 규범의 국내적 실행을 담당함

용어 사전

• **인권 감수성** 다른 사람이 가지는 권리의 소중함을 인식하고 인권 침해에 민감하게 반응하는 것
• **헌법 소원 심판** 공권력의 행사나 법률로 인해 기본권을 침해당한 국민이 청구할 수 있음

① 일상생활 속 인권 침해

1 인권 침해 — 헌법으로 인권이 보장되고 있지만 일상생활에서 인권 침해 문제가 다양한 형태로 나타남
　(1) **의미**: 인간으로서 가지는 권리 혹은 법으로 보장되는 기본권을 존중받지 못하는 것
　(2) **사례**: 따돌림, 사생활 침해, 폭행 등의 범죄 행위, 차별 대우 등

2 인권 침해의 발생 원인: 사회 구성원의 편견이나 고정 관념(개인적 측면), 사회나 집단의 관습이나 관행, 국가의 잘못된 법률이나 제도 등(사회적 측면)

3 인권 보장을 위한 노력
　(1) •인권 감수성을 키우고, 인권 구제 방법 및 절차에 대해 정확히 알아야 함
　(2) 권리 구제를 위해 적극적으로 대응하려는 자세를 가져야 함

② 국가 기관을 통한 인권 침해 구제 방법 [자료 ①]

1 법원

특징	사법 작용을 담당하는 기관 (법의 내용을 해석하고 적용하여 분쟁을 해결하는 국가 작용)
역할	민사 재판, 형사 재판, 행정 재판 등 재판을 통한 분쟁 해결 (범죄 행위로 인권을 침해당한 경우의 구제 방법)

2 헌법 재판소

특징	헌법에 보장된 국민의 기본권 및 국가 질서를 보호하기 위한 기관
역할	•헌법 소원 심판 등

3 국가 인권 위원회 ① (인권 교육 및 홍보 활동을 하고, 국제 인권 기구들과도 협력함)

특징	어떤 국가 기관에도 소속되지 않은 독립적 인권 전담 기구
역할	• 인권을 침해하는 법이나 제도의 개선 권고, 인권 침해 행위의 조사 및 구제 • 국민은 국가 인권 위원회에 진정을 넣어 권리 구제 요청 가능

4 그 외
　(1) **국민 권익 위원회**: 행정 기관의 잘못된 법 집행 등으로 침해된 권리를 구제함
　(2) **언론 중재 위원회**: 잘못된 언론 보도로 발생한 피해를 개선함
　(3) **한국 소비자원**: 상품의 사용 등으로 소비자의 권리가 침해된 경우 구제함

🌳 교과서 속 자료 읽기 ① **사례로 보는 인권 침해 구제 방법**

• A는 미용 고등학교의 신입생 입학 전형에서 남학생의 입학을 제한하여 자신의 평등권을 침해했다고 생각하여 국가 인권 위원회에 진정을 넣었다.
• B는 출생 신고를 할 때 정해진 주민 등록 번호를 바꾸지 못하도록 한 것은 개인의 기본권을 침해한다고 생각하여 헌법 재판소에 헌법 소원 심판을 청구하였다.

제시된 사례들은 모두 국가 기관의 도움을 얻어 침해된 인권을 구제하기 위한 방법에 해당한다.

③ 근로자의 권리 [자료 ❷]

1 근로자와 사용자

[유의] 근로 시간의 길고 짧음은 문제가 되지 않으므로 아르바이트를 하는 학생도 근로자에 포함됨

근로자	임금을 받기 위해 사용자에게 근로를 제공하는 사람
사용자	근로자의 근로를 제공받고 그 대가로 임금을 지급하는 사람

2 근로의 권리

(1) **의미**: 일할 능력을 가진 사람이 국가에 대해 일할 기회와 인간다운 생활의 보장을 요구할 수 있는 권리

(2) **보장**

① 헌법: 국가가 모든 국민에게 근로의 권리를 보장해야 할 책임이 있음을 헌법에 명시함

② 노동법: 헌법에서 명시하고 있는 근로의 권리에 대한 보호를 구체화함

⑩ •근로 기준법, 최저 임금법, 노동조합 및 노동관계 조정법 등
└─ 국가가 노사 간의 임금 결정 과정에 개입하여 임금의 최저 수준을 정하는 제도

> **교과서 속 자료 읽기 ❷ 우리나라 헌법에 보장된 근로자의 권리**
>
> 제32조 ① 모든 국민의 근로의 권리를 가진다. 국가는 사회적·경제적 방법으로 근로자의 고용의 증진과 적정 임금의 보장에 노력하여야 하며, 법률이 정하는 바에 의하여 최저 임금제를 시행하여야 한다.
> ③ 근로 조건의 기준은 인간의 존엄성을 보장하도록 법률로 정한다.
> 제33조 ① 근로자는 근로 조건의 향상을 위하여 자주적인 단결권, 단체 교섭권 및 단체 행동권을 가진다.
>
> 제32조 ①항은 근로의 권리 및 최저 임금의 보장을, 제32조 ③항은 근로 조건의 최저 기준을, 제33조 ①항은 노동 3권을 규정하고 있다.

3 노동 3권

(1) **목적**

① 상대적으로 사회적·경제적 약자의 위치에 있는 근로자가 사용자와 대등한 위치에서 근로 조건을 협의할 수 있도록 함
└─⑩ 임금, 근로 시간 등

② 근로자의 근로 조건 및 권리를 보호하고자 함

(2) **내용**

단결권	노동조합과 같은 단체를 만들 수 있는 권리
단체 교섭권	노동조합을 통해 사용자와 근로 조건을 협의할 수 있는 권리
단체 행동권	단체 교섭이 원만하게 이루어지지 않을 경우 쟁의 행위를 할 수 있는 권리

└─ 노동관계 당사자가 그 주장을 관철하기 위해 행하는 파업, 직장 폐쇄 등의 행위 ─┘

④ •노동권의 침해와 구제 방법

구분	부당 노동 행위 ❷	부당 해고	임금 관련 침해
내용	사용자가 노동 3권을 침해한 경우	정당한 이유 없이 해고한 경우, 30일 전에 해고 계획을 알리지 않거나, 문서로 시행하지 않은 경우	최저 임금을 지키지 않은 경우, 임금을 체불하는 경우
		└ 근로 기준, 고용 알선 등 전반적인 노동 관련 업무를 담당하는 행정부 소속 기관	
구제 방법	•노동 위원회에 구제 요청 ❸		고용 노동부에 신고
	법원의 재판(행정 소송)	법원의 재판(민사 소송)	

❷ 부당 노동 행위

사용자가 근로자에게 노동조합의 조직 및 가입 등을 이유로 불이익을 주거나, 노동조합과의 단체 교섭을 거부하는 등 정당한 노동조합 활동을 방해하는 행위를 말한다.

❸ 부당 해고와 부당 노동 행위에 대한 노동 위원회의 구제 절차

피해 당사자

↓ 3개월 이내 구제 신청

지방 노동 위원회

↓ 불복 시 10일 이내

중앙 노동 위원회

↓ 불복 시 15일 이내

행정 소송(행정 법원)

용어 사전

• **근로 기준법** 근로자가 인간답게 일할 수 있는 최저 기준을 정함으로써 근로자의 기본적인 생활을 보장하기 위한 법률

• **노동권** 쾌적한 환경에서 합당한 대우를 받으며 일할 수 있는 권리

• **노동 위원회** 노사 문제를 공정하고 신속하게 처리하기 위해 만들어진 행정 기관으로, 관련 사실을 조사하여 근로자의 권리를 구제해 줌

① 일상생활 속 인권 침해
② 국가 기관을 통한 인권 침해 구제 방법

• 정답 및 해설 **4**쪽

● 차근차근 **기본 다지기** ●

01 다음 설명이 맞으면 ○표, 틀리면 ×표 하시오.
`021`
(1) 인권은 헌법으로 보장되면 더 이상 침해되지 않는다. (   )
(2) 인권을 침해당하면 국가가 구제해 줄 때까지 기다려야 한다. (   )
(3) 사회 구성원의 편견이나 고정 관념에 의해서 인권이 침해되기도 한다. (   )

02 다음 괄호 안의 내용 중 알맞은 것에 ○표 하시오.
`022`
(1) 행정 기관의 잘못으로 개인의 권리를 침해당했을 때 법원의 (행정 심판, 행정 재판)을 통해 구제받을 수 있다.
(2) (위헌 법률 심판, 헌법 소원 심판)은 공권력이나 법률에 의해 기본권을 침해당한 국민이 청구할 수 있다.
(3) (헌법 재판소, 국가 인권 위원회)는 독립적인 인권 전담 기관으로, 인권을 침해하는 법이나 제도의 문제점을 찾아 개선을 권고할 수 있다.

03 (1)~(3)에서 설명하는 용어를 퍼즐판에서 찾아 색칠하시오.
`023`

헌	자	유	권	인
대	법	원	고	권
민	사	재	판	침
형	사	재	판	해
법	률	사	무	소

(1) 인권 혹은 기본권을 존중받지 못하는 것은?
(2) 범죄 행위로 개인의 권리를 침해당했을 때 법원을 통해 구제받을 수 있는 방법은?
(3) 국민의 기본권 보장과 헌법 질서의 유지를 위해 헌법과 관련된 분쟁을 다루는 국가 기관은?

04 인권을 침해당한 사람만을 〈보기〉에서 고른 것은?
`024`

• 보기 •
ㄱ. 치마를 입지 않았다는 이유로 퇴사당한 여성
ㄴ. 시험 성적이 나빠 교실 뒷자리에 배치된 학생
ㄷ. 실력이 부족해 축구 국가 대표로 뽑히지 못한 선수
ㄹ. 키가 110cm 이하라는 이유로 보호자와 동반해야만 놀이 기구를 탑승할 수 있는 어린이

① ㄱ, ㄴ ② ㄴ, ㄷ ③ ㄷ, ㄹ

05 다음 사례에서 A가 인권 구제를 요청할 수 있는 기관으로 가장 적절한 것은?
`025`

A는 골프공을 흡입할 정도로 성능이 좋다는 광고를 보고 진공청소기를 구매하였다. 그러나 실제 사용해 보니 수박씨조차도 제대로 흡입하지 못할 정도로 성능이 떨어져 반품하려고 하였지만, 판매자가 이를 거부하였다.

① 행정 법원 ② 고용 노동부
③ 헌법 재판소 ④ 한국 소비자원

06 ㉠, ㉡에 들어갈 용어를 옳게 연결한 것은?
026

> 17세 고등학생 A는 국회 의원 선거일에 지지하는 후보자에게 투표하기 위해 투표소에 갔다가 선거권이 없다는 이유로 제지당했다. A는 선거권 연령을 18세 이상으로 정한 「공직 선거법」 제15조가 헌법에 보장된 자신의 참정권을 침해한다고 주장하면서 (㉠)에 (㉡)을/를 청구하였다.

	㉠	㉡
①	법원	선거 재판
②	수사 기관	고소
③	헌법 재판소	위헌 법률 심판
④	헌법 재판소	헌법 소원 심판
⑤	국민 권익 위원회	행정 심판

07 ㉠에 대한 설명으로 옳은 것은?
027

> 청각 장애인인 A는 한국 영화를 관람하기 위해 영화관을 방문했지만, 영화관 측에서 청각 장애인을 위한 자막을 제공하지 않아 영화를 관람하지 못했다. A는 해당 영화관이 청각 장애인에 대한 정당한 편의를 제공하지 않는 것은 엄중한 차별이라고 주장하면서 독립적 인권 전담 기구인 (㉠)에 진정을 제기하였다.

① 시민 단체이다.
② 법무부 소속 기관이다.
③ 위헌 법률 심판을 담당한다.
④ 인권 침해나 차별 행위를 조사하여 구제한다.
⑤ 범죄 행위로 개인의 권리가 침해되었을 때 재판을 통해 권리를 구제한다.

08 ㉠에 들어갈 인권 침해 구제 방법은 무엇인지 쓰시오.
028

> A는 돈을 빌려주면 한 달만 쓰고 돌려준다는 B의 말을 믿고 100만 원을 빌려주었다. 하지만 B가 6개월이 지나도 갚지 않고 계속 핑계만 대자, A는 B를 상대로 법원에 (㉠)을/를 청구하였다.

( )

09 다음 기관들의 공통적인 기능을 인권과 관련하여 서술하시오.
029

> • 법원
> • 국민 권익 위원회
> • 언론 중재 위원회

_____

_____

10 다음 신문 기사를 읽고, 일상생활에서 나타나는 인권 침해를 막기 위해 개인이 가져야 할 자세를 〈조건〉에 맞게 서술하시오.
030

> **○○ 신문**　　　　2005년 5월 20일
>
> '살색' 크레파스의 명칭에 대한 논쟁은 지난 2001년 김○○ 목사 등이 국가 인권 위원회에 "크레파스의 특정 색을 살색으로 표현한 것은 인종 차별"이라는 진정서를 내면서 시작되었다. 이에 따라 기술 표준원은 2002년부터 '살색' 대신 '연주황'이라는 용어를 사용하였다. 그런데 이후 김○○ 양 등 초·중학생 6명이 "지나치게 어려운 한자어인 '연주황'을 사용하는 것은 어린이에 대한 차별"이라면서 다시 '살구색'으로 바꾸어 줄 것을 국가 인권 위원회에 요청하였다. 이에 국가 인권 위원회는 기술 표준원에 개정을 권고하였고, 표준원은 이를 받아들여 '살색'을 최종적으로 '살구색'으로 변경하였다.

> • 조건
> 일반 시민으로서 가져야 할 자세와 인권을 침해당한 사람으로서 가져야 할 자세를 모두 포함하여 서술한다.

_____

_____

_____

_____

③ 근로자의 권리

• 정답 및 해설 **4**쪽

차근차근 기본 다지기

01 다음 설명이 맞으면 ○표, 틀리면 ✕표 하시오.
031
(1) 스스로 사업을 하는 자영업자는 근로자에 포함된다. (　　)
(2) 근로자란 임금을 받기 위해 근로를 제공하는 사람이다. (　　)
(3) 노동 3권은 사회·경제적으로 약자의 위치에 있는 사용자에게 근로자와 대등한 위치를 보장하는 것을 목적으로 한다. (　　)

02 노동 3권의 종류와 그 의미를 바르게 연결하시오.
032
(1) 단결권　　•

(2) 단체 교섭권　•

(3) 단체 행동권　•

• ㉠ 노동조합과 같은 단체를 만들 수 있는 권리
• ㉡ 노동조합을 통해 사용자와 근로 조건을 협의할 수 있는 권리
• ㉢ 사용자와 단체 교섭이 원만하게 이루어지지 않을 때 일정한 절차를 거쳐 쟁의 행위를 할 수 있는 권리

03 빈칸에 들어갈 용어를 쓰시오.
033
(1) (　　　)의 권리란 근로 능력을 가진 사람이 국가에 대해 근로의 기회를 요구할 수 있는 권리이다.
(2) 우리나라는 국가가 노사 간의 임금 결정 과정에 개입하여 임금의 최저 수준을 정하는 (　　　) 제도를 시행하고 있다.
(3) (　　　)(이)란 쾌적한 환경에서 합당한 대우를 받으며 일할 수 있는 권리이다.

04 다음 사례에서 행사된 노동 3권의 종류로 가장 적절한 것은?
034

> ○○ 기업은 근로자 대표와 사용자 대표가 참석한 가운데 교섭 위원회를 개최하고 단체 협약을 체결하였다. 협약에는 노동조합 활동, 임금, 복지 등에 관한 사항이 포함되었다.

① 단결권
② 단체 교섭권
③ 단체 행동권

05 ㉠, ㉡에 들어갈 용어를 옳게 연결한 것은?
035

> (　㉠　)은/는 노동자가 헌법에 따라 기본적으로 가지는 세 가지 권리이다. 이 중 단결권은 근로자가 (　㉡　)을/를 만들어 자주적으로 활동할 수 있는 권리이다.

	㉠	㉡
①	노동 3권	파업
②	노동 3권	노동조합
③	근로의 권리	단체 협약
④	근로의 권리	쟁의 행위

06 다음 우리나라 헌법 조항이 추구하는 바로 가장 적절
036 한 것은?

> 제32조 ① 모든 국민은 근로의 권리를 가진다. 국
> 가는 사회적·경제적 방법으로 근로자의
> 고용의 증진과 적정 임금의 보장에 노력
> 하여야 하며, 법률이 정하는 바에 의하여
> 최저 임금제를 시행하여야 한다.

① 사용자의 권리를 증진한다.
② 부당 노동 행위를 강화한다.
③ 근로자의 근로 조건을 낮춘다.
④ 근로자의 쟁의 행위를 금지한다.
⑤ 근로자의 인간다운 삶을 보장한다.

07 노동권을 침해당한 사례로 적절한 것만을 〈보기〉에서
037 고른 것은?

> • 보기 •
> ㄱ. A는 최저 임금 미만의 임금을 받았다.
> ㄴ. B는 휴게실 확보를 위해 노동조합을 만들었다.
> ㄷ. 사용자인 C가 노동조합과의 단체 교섭을 계속
>   거부하였다.
> ㄹ. D는 사용자와 단체 교섭이 원만하게 이루어지
>   지 않자 파업에 참여하였다.

① ㄱ, ㄴ   ② ㄱ, ㄷ   ③ ㄴ, ㄷ
④ ㄴ, ㄹ   ⑤ ㄷ, ㄹ

08 다음 사람들을 모두 포함하는 용어를 쓰시오.
038

> • 매달 월급을 받는 직장인
> • 학교에서 사회 수업을 하는 교사
> • 편의점에서 아르바이트를 하는 학생

(   )

09 다음 글을 읽고 물음에 답하시오.
039

> ○○ 대학의 생활 협동조합 노동자들은 노동 환
> 경 및 휴게 시설의 개선을 위해 ㉠ 노동조합을 조
> 직하였다. 노동조합 측은 사용자 측과 단체 교섭
> 을 시도했지만 원만하게 이루어지지 않았고, ㉡ 파
> 업을 시작하였다. 한편, ○○ 대학 노동자들은 노
> 동자 8명이 에어컨도 없이 1평의 휴게실을 사용하
> 는 것으로 나타났다.

(1) 밑줄 친 ㉠, ㉡에 해당하는 노동 3권의 명칭을 각
각 쓰시오.

_____

(2) 밑줄 친 ㉠, ㉡과 같은 노동 3권이 추구하는 목
적을 두 가지 서술하시오.

_____

_____

10 다음 사례에서 A가 근로자인지에 대한 자신의 생각을
040 밝히고, 그 이유를 〈조건〉에 맞게 서술하시오.

> 만 16세인 고등학생 A는 방과 후에 학교 근처에
> 있는 프랜차이즈 햄버거 가게에서 아르바이트를
> 한다. A는 가게 주인과 직접 '연소 근로자 표준 근
> 로 계약서'를 작성하고 열심히 일을 하여 임금을
> 받고 있다.

> • 조건 •
> 근로자의 의미가 드러나도록 서술한다.

_____

_____

_____

_____

④ 노동권의 침해와 구제 방법

• 정답 및 해설 **5쪽**

차근차근 기본 다지기

01 다음 괄호 안의 내용 중 알맞은 것에 ○표 하시오.
041
(1) 사용자가 노동자의 노동 3권을 침해하는 경우는 (부당 해고, 부당 노동 행위)에 해당한다.
(2) 정당한 이유 없이 해고당한 경우 노동자는 (헌법 재판소, 노동 위원회)에 구제를 요청할 수 있다.
(3) 임금 체불이 발생한 경우 노동자는 법원에 (민사 소송, 형사 소송)을 제기하여 권리 구제를 요청할 수 있다.

02 그림은 부당 노동 행위에 대한 구제 절차를 나타낸 것이다. ㉠~㉢에 해당하는 국가 기관을 각각 쓰시오.
042 (단, ㉠~㉢은 각각 지방 노동 위원회, 중앙 노동 위원회, 행정 법원 중 하나이다.)

피해 당사자 → [3개월 내 구제 신청] → ㉠ → [불복 시 10일 이내 재심 신청] → ㉡ → [불복 시 15일 이내 소송 제기] → ㉢ ( )

03 (1)~(3)에서 설명하는 용어를 퍼즐판에서 찾아 색칠하시오.
043

고	행	정	준	노
용	초	민	사	동
노	역	과	법	위
동	재	심	수	원
부	당	해	고	회

(1) 사용자가 노동자를 정당한 이유 없이 해고하는 경우는?
(2) 근로 기준, 고용 알선 등 전반적인 노동 관련 업무를 담당하는 행정부 소속의 기관은?
(3) 부당 노동 행위 등 노사 문제를 공정하고 신속하게 처리하기 위해 만들어진 행정 기관은?

04 노동권을 침해당했다고 볼 수 없는 사람은?
044
① 갑: 계약 기간 만료로 퇴사하게 되었다.
② 을: 노동조합에 가입했다는 이유로 승진에서 누락되었다.
③ 병: 청소년이라는 이유로 최저 임금보다 적은 임금을 받았다.

05 다음 사례에 나타난 노동권 침해의 유형으로
045 가장 적절한 것은?

> A는 카페에서 근무를 하던 중 실수로 컵을 깨트렸다. 그러자 카페 사장이 몹시 화를 내면서 내일부터 나오지 말라고 통보하였다.

① 폭력 행위　　② 부당 해고
③ 임금 체불　　④ 부당 노동 행위

06 밑줄 친 ⊙의 사례로 적절한 것만을 〈보기〉에서 고른 것은?

046

> 노동권의 침해는 다양한 모습으로 나타난다. 대표적인 유형으로는 사용자가 근로자에게 해고 계획을 사전에 통보하지 않거나 정당하지 않은 목적으로 이루어지는 부당 해고, 사용자가 근로자에게 노동조합과 관련된 이유로 불이익을 주는 등의 ⊙ 부당 노동 행위, 임금 체불 등을 들 수 있다.

> ·보기·
> ㄱ. 노동조합에 가입하지 않는 것을 조건으로 신규 근로자를 채용하는 경우
> ㄴ. 사용자가 노동조합의 단체 교섭 요구를 바쁘다는 이유로 계속 거부하는 경우
> ㄷ. 임신한 근로자가 출산이 다가와서 출산 휴가를 신청했다는 이유로 해고한 경우
> ㄹ. 사용자가 회사의 사정을 이유로 월급의 80%만 지급하고 나머지 20%를 지급하지 않는 경우

① ㄱ, ㄴ   ② ㄱ, ㄷ   ③ ㄴ, ㄷ
④ ㄴ, ㄹ   ⑤ ㄷ, ㄹ

07 밑줄 친 '이 기관'으로 가장 적절한 것은?

047

> 회사원 A는 정해진 기간에 약속된 임금을 지불받지 못하자 이 기관에 신고하였다.

① 행정 법원   ② 고용 노동부
③ 노동 위원회   ④ 국가 인권 위원회
⑤ 공정 거래 위원회

08 다음에서 설명하는 국가 기관의 명칭을 쓰시오.

048

> 노사 문제를 공정하고 합리적으로 처리하기 위해 설치된 합의제 행정 기관으로, 부당 노동 행위나 부당 해고를 당한 근로자의 구제 신청이 있으면 관련 사실을 조사하여 근로자의 권리를 구제한다.

(   )

서술형 문제

09 다음 사례에서 A가 부당 해고를 당했다고 판단할 수 있는 이유를 두 가지 이상 서술하시오.

049

> ○○ 기업에 근무하는 A는 어느 날 갑자기 상급자인 B로부터 회사의 사정이 어려워져 인원을 감축해야 한다는 이유로 해고를 통보받았다.

_____

_____

논술형 문제

10 밑줄 친 ⊙이 정당한지에 대한 자신의 생각을 밝히고, 그 이유를 아래 「근로 기준법」의 내용을 바탕으로 서술하시오.

050

> ○○ 마트에서 오전 근무자들의 근무 시간은 하루 8시간이고, 퇴근 시간은 오후 4시이다. 오전 근무자들은 오후 4시 정각에 매장에서 나온 후 휴게실에서 옷을 갈아입고 4시 10분에 퇴근을 한다. 4시 이후의 10분에 대한 급여는 지급되지 않는다. 그런데 오늘부터 오전 근무자들은 3시 50분에 매장에서 나와 휴게실에서 옷을 갈아입고 4시 정각에 퇴근하려고 한다. 즉, 급여가 지급되지 않는 4시 이후의 시간을 ○○ 마트에 제공하지 않기로 한 것이다. 그러자 ⊙ ○○ 마트는 이러한 행위가 회사에 피해를 주었다는 이유로 오전 근무자들을 해고하였다.

> **「근로 기준법」**
> 제50조 ② 1일의 근로 시간은 휴게 시간을 제외하고 8시간을 초과할 수 없다.
> ③ 제1항 및 제2항에 따른 근로 시간을 산정함에 있어 작업을 위하여 근로자가 사용자의 지휘·감독 아래에 있는 대기 시간 등은 근로 시간으로 본다.
> 제56조 ① 사용자는 연장 근로에 대하여는 통상 임금의 100분의 50 이상을 가산하여 근로자에게 지급하여야 한다.

_____

_____

_____

01 인권 보장과 기본권

01
051
인권에 대한 설명으로 옳은 것은?

① 인간이 태어나 성인이 되면 주어지는 권리이다.
② 인간의 존엄성 유지 및 보장을 위한 전제 조건이다.
③ 사회적 의무를 다하는 사람에게 주어지는 권리이다.
④ 일정한 조건을 갖춘 사람에게만 보장되는 제한적 권리이다.
⑤ 국가에 속하지 않은 자연적인 상태의 경우 보장받을 수 없다.

02
052
밑줄 친 '이것'의 성격으로 적절하지 않은 것은?

> 인간은 단지 인간이라는 이유만으로 존중받아야 할 소중한 존재이며, 인간답게 살아가기 위해 마땅히 누려야 할 권리, 즉 이것을 갖고 있다.

① 자연권
② 천부 인권
③ 기본적 권리
④ 특수한 권리
⑤ 불가침 권리

03 ★
053
밑줄 친 부분을 통해 설명할 수 있는 용어로 가장 적절한 것은?

> 「프랑스 인권 선언」
> 제2조 모든 정치적 결사의 목적은 인간의 자연적이고 소멸할 수 있는 제 권리를 보전함에 있다. 그 권리란 자유, 재산, 안전 그리고 압제에의 저항 등이다.
> 제7조 누구도 법에 의해 규정된 경우, 그리고 법에 정하는 형식에 의하지 아니하고는 소추, 체포 또는 구금될 수 없다.

① 자유권
② 평등권
③ 재산권
④ 저항권
⑤ 국민 주권주의

04
054
다음은 독일 바이마르 공화국에서 발표된 어떤 문서의 일부이다. 이에 대한 설명으로 옳은 것은?

> 제163조 ② 모든 국민은 경제적 노동을 통해 자신의 생계를 확보할 기회를 보장받는다.
> ③ 만약 적합한 일자리가 제공되지 못하는 경우, 모든 국민은 재정 지원을 받을 수 있다.

① 최초로 사회권을 헌법으로 규정하였다.
② 근대 민주 정치가 시작되는 계기가 되었다.
③ 절대주의 왕정의 억압에 대항하여 등장하였다.
④ 노동자에 의한 참정권 확대 운동의 결과로 등장하였다.
⑤ 민족이나 집단 차원에서 누리는 연대권의 개념을 제기하였다.

05
055
인권과 헌법의 관계에 대한 설명으로 옳은 것은?

① 헌법은 국가를 위한 법으로 인권과는 관계가 없다.
② 헌법이 만들어지기 전에는 인권이 존재하지 않았다.
③ 인권은 헌법에 명시되어야만 보장받을 수 있는 권리이다.
④ 헌법은 국가 권력에 의해 국민의 인권을 제한하기 위해 만들어진 것이다.
⑤ 오늘날 대부분의 국가에서는 헌법에 인권을 국민의 기본권으로 규정하고 있다.

06 다음 권리를 모두 포함하는 기본권에 대한 설명으로 옳은 것은?
056

- 국민의 대표를 선출할 수 있는 권리
- 특정 사안에 대해 국민이 직접 찬반의 의견을 투표로 말할 수 있는 권리
- 국민이 국가나 지방 자치 단체의 구성원이 되어 공무를 담당할 수 있는 권리

① 국가의 의사 결정에 참여할 수 있는 권리이다.
② 국가에 대해 일정한 행위를 요구할 수 있는 권리이다.
③ 국민들이 부당하게 차별받지 않고 동등하게 대우받을 권리이다.
④ 국민이 국가에 인간다운 생활을 요구할 수 있는 적극적 권리이다.
⑤ 국가의 간섭이나 침해를 받지 않고 자유롭게 생활할 수 있는 권리이다.

07 청구권에 대한 옳은 설명만을 〈보기〉에서 고른 것은?
057

• 보기 •
ㄱ. 다른 기본권을 실현하기 위한 전제 조건이다.
ㄴ. 청원권, 재판 청구권, 국가 배상 청구권 등이 있다.
ㄷ. 국민의 인간다운 생활 보장을 위한 적극적 권리이다.
ㄹ. 다른 기본권을 보장하기 위한 수단적 성격의 권리이다.

① ㄱ, ㄴ   ② ㄱ, ㄷ   ③ ㄴ, ㄷ
④ ㄴ, ㄹ   ⑤ ㄷ, ㄹ

08 다음 글에서 설명하는 기본권으로 옳은 것은?
058

인간은 성별, 종교 또는 사회적 신분에 의하여 불합리한 차별을 받지 않고 동등하게 대우받아야 한다.

① 자유권   ② 평등권   ③ 참정권
④ 사회권   ⑤ 청구권

09 ㉠에 들어갈 권리로 적절한 것은?
059

사회권은 인간다운 생활의 보장을 국가에 요구할 수 있는 권리로 (㉠) 등을 포함한다.

① 법 앞에서 평등할 권리
② 쾌적한 환경에서 살 권리
③ 직업을 자유롭게 선택할 권리
④ 국민의 대표를 뽑을 수 있는 권리
⑤ 법률에 의하지 않고는 체포당하지 않을 권리

10 밑줄 친 ㉠에 해당하는 권리로 가장 적절한 것은?
060

대의제는 시민의 의사를 정치에 정확하게 반영하지 못하거나, 시민의 정치적 무관심을 초래할 수 있다는 한계를 지니고 있다. 이를 보완하기 위해 현대 민주 국가에서는 ㉠ 직접 민주제 요소를 도입하였다.

① 선거권   ② 청원권
③ 국민 투표권   ④ 공무 담임권
⑤ 재판 청구권

11 (가)~(다)는 우리나라의 헌법 조항이다. 각 조항이 직접
061 규정하고 있는 기본권을 옳게 연결한 것은?

> (가) 모든 국민은 법률이 정하는 바에 의하여 공무 담
> 임권을 가진다.
> (나) 모든 국민은 언론·출판의 자유와 집회·결사의
> 자유를 가진다.
> (다) 모든 국민은 건강하고 쾌적한 환경에서 생활할
> 권리를 가지며, 국가와 국민은 환경 보전을 위
> 하여 노력하여야 한다.

	(가)	(나)	(다)
①	자유권	참정권	청구권
②	참정권	자유권	청구권
③	참정권	자유권	사회권
④	청구권	참정권	사회권
⑤	사회권	자유권	청구권

12 다음 사례에서 A가 주장할 수 있는 권리로 가장 적절
062 한 것은?

> A는 밤에 집으로 돌아오다가 공무원이 관리하
> 는 맨홀의 뚜껑이 제대로 닫히지 않은 곳에 발을
> 디며 다리가 부러지는 중상을 입었다. 당시 주위
> 에는 조명 시설이나 경고 표지판 등 위험을 인지
> 할 수 있는 시설은 없었다. 이처럼 공무원의 실수
> 로 불의의 사고를 입은 A는 입원 치료를 받으면서
> 직장에 나가지 못해 수입이 감소하는 등의 피해를
> 입고 있다.

① 노동 3권
② 거주 이전의 자유
③ 교육을 받을 권리
④ 법 앞에서 평등할 권리
⑤ 국가에 배상을 청구할 권리

13 다음은 우리나라의 헌법 조항이다. ㉠에 들어갈 법의
063 명칭과 그 법을 만드는 주체를 옳게 연결한 것은?

> 제37조 ② 국민의 모든 자유와 권리는 국가 안전
> 보장, 질서 유지, 공공복리를 위하여 필요
> 한 경우에 한하여 (㉠)(으)로써 제한
> 할 수 있으며, 제한하는 경우에도 자유와
> 권리의 본질적인 내용을 침해할 수 없다.

	㉠	주체
①	헌법	국회
②	헌법	행정부
③	법률	국회
④	법률	행정부
⑤	조례	지방 자치 단체

14 밑줄 친 부분의 목적으로 가장 적절한 것은?
064

> 기본권은 누구에게나 보장되는 것이지만, 언제
> 어디서나 무제한으로 보장되는 것은 아니다. 이에
> 우리나라에서는 기본권 제한의 요건과 한계를 헌
> 법으로 규정하고 있다.

① 국가 권력의 남용을 방지하기 위해
② 국민의 자유와 권리를 침해하기 위해
③ 기본권 제한의 한계를 두지 않기 위해
④ 기본권 제한의 사유를 만들지 않기 위해
⑤ 기본권의 본질적인 내용까지 제한하기 위해

15 국민의 기본권 제한에 대한 설명으로 옳지 <u>않은</u> 것은?
065

① 질서 유지를 위해 제한할 수 있다.
② 국가 안전 보장을 위해 제한할 수 있다.
③ 기본권의 본질적인 내용까지 제한할 수 있다.
④ 헌법으로 기본권 제한의 한계를 규정하고 있다.
⑤ 국민의 대표 기관인 국회가 제정한 법률에 의해
　서만 제한할 수 있다.

16 (개)~(대)와 직접 관련된 기본권 제한의 사유를 옳게 연결한 것은?

066

> (개) 과속 운전을 금지하고 단속한다.
> (내) 군사 보호 지역에 민간인의 출입을 금지한다.
> (대) 개발 제한 구역 내에 있는 개인의 사유 재산을 제한한다.

	(개)	(내)	(대)
①	공공복리	질서 유지	국가 안전 보장
②	질서 유지	공공복리	국가 안전 보장
③	질서 유지	국가 안전 보장	공공복리
④	국가 안전 보장	공공복리	질서 유지
⑤	국가 안전 보장	질서 유지	공공복리

17 다음 글에 대한 설명으로 옳지 <u>않은</u> 것은?

067

> 최근 전염력이 강한 감염병이 유행하면서 정부는 이의 급속한 확산을 막고자 감염병 확진자를 격리 조치하고 동선을 공개하는 등 다양한 조치를 실시하고 있다.

① 정부의 조치는 공공복리를 위한 것이다.
② 확진자에 대한 기본권 제한은 법률에 의해 이루어져야 한다.
③ 확진자에 대한 불필요한 정보 공개는 과도한 기본권 제한일 수 있다.
④ 확진자를 격리 조치하고 동선을 공개하는 것은 기본권 제한에 해당한다.
⑤ 정부는 확진자의 자유권이 감염병 예방의 이익보다 크다고 판단하였다.

18 인권 침해에 대한 설명으로 옳지 <u>않은</u> 것은?

068

① 기본권이 존중받지 못할 때 발생한다.
② 법률에 의해 기본권이 침해될 수 있다.
③ 시대에 따라 판단의 기준이 달라질 수 있다.
④ 따돌림, 사생활 침해, 폭행 등 다양한 형태로 나타난다.
⑤ 개인에 의해 발생하며, 국가 기관에 의해서는 발생하지 않는다.

19 밑줄 친 부분의 내용으로 적절하지 <u>않은</u> 것은?

069

> 인권 침해는 우리의 생활 주변에서 종종 발생한다. 따라서 인권을 보장받고, 인권이 침해당한 경우에 정당하게 권리를 구제받기 위해서는 국가 기관의 노력뿐만 아니라 <u>개인의 노력</u>도 함께 이루어져야 한다.

① 인권 감수성을 키운다.
② 편견이나 고정 관념을 버린다.
③ 사회나 집단의 관습이나 관행을 철저히 지킨다.
④ 인권 구제 방법 및 절차에 대해 정확하게 이해한다.
⑤ 권리 구제를 위해 적극적으로 대응하려는 자세를 지닌다.

20 다음 글에 나타난 문제를 해결하기 위한 방안으로 가장 적절한 것은?

070

> 국회 도서관은 도서관 이용 자격을 '예전 국회 의원이나 현재 국회 의원 및 국회 소속 공무원, 대학생 및 18세 이상인 자'만으로 한정해 왔다. 이에 18세 미만인 청소년은 나이를 이유로 국회 도서관 출입이 금지되었다.

① 국회 도서관을 상대로 형사 재판을 청구한다.
② 최우선적으로 헌법 소원 심판을 고려해 본다.
③ 한국 소비자원에 소비자로서의 권리에 대해 문의한다.
④ 국가 인권 위원회에 개선을 요구해 달라고 진정을 넣는다.
⑤ 언론 중재 위원회를 통해 발생한 피해에 대해 개선을 요청한다.

21 다음 글에서 설명하는 기관으로 옳은 것은?

071

> (㉠)은/는 국민의 기본권 보장과 헌법 질서의 유지를 위해 헌법과 관련된 분쟁을 다루는 곳이다. 모두 9명의 재판관으로 구성되는데, 대통령과 국회, 대법원장이 각각 3명씩 선임한다. (㉠)의 장은 국회의 동의를 얻어 대통령이 임명한다.

① 법원
② 헌법 재판소
③ 국가 인권 위원회
④ 국민 권익 위원회
⑤ 언론 중재 위원회

22 국가 인권 위원회에 대한 옳은 설명만을 〈보기〉에서 고른 것은?

072

> ┌─ 보기 ─
> ㄱ. 사법 작용을 담당한다.
> ㄴ. 독립적인 인권 전담 기구이다.
> ㄷ. 법률이 헌법에 위반되는지를 심판한다.
> ㄹ. 인권 침해의 소지가 있는 제도에 대해 시정을 권고한다.

① ㄱ, ㄴ 　② ㄱ, ㄷ 　③ ㄴ, ㄷ
④ ㄴ, ㄹ 　⑤ ㄷ, ㄹ

23 ㈎～㈐가 발생한 경우 이를 구제할 수 있는 재판을 옳게 연결한 것은?

073

> ㈎ 범죄 행위로 개인의 권리가 침해된 경우
> ㈏ 타인의 행위로 개인의 권리가 침해된 경우
> ㈐ 행정 기관의 잘못으로 개인의 권리가 침해된 경우

	㈎	㈏	㈐
①	민사 재판	행정 재판	형사 재판
②	민사 재판	형사 재판	행정 재판
③	행정 재판	민사 재판	형사 재판
④	형사 재판	민사 재판	행정 재판
⑤	형사 재판	행정 재판	민사 재판

03 근로자의 권리와 보호

24 근로자와 근로자의 권리에 대한 설명으로 옳은 것은?

074

① 근로자는 단체 행동을 해서는 안 된다.
② 사용자는 근로자에 비해 상대적으로 약자의 위치에 있다.
③ 근로자는 근로 조건에 관하여 사용자와 1:1로만 협의할 수 있다.
④ 근로 조건을 협의하기 위해 노동조합을 결성하는 것은 해고 사유가 된다.
⑤ 근로자는 최소한의 인간다운 생활을 영위할 수 있는 근로 조건을 보장받는다.

25 ㈎～㈐에 해당하는 근로자의 권리를 옳게 연결한 것은?

075

> ㈎ 노동조합과 같은 단체를 만들 수 있는 권리
> ㈏ 노동조합을 통해 사용자와 근로 조건을 협의할 수 있는 권리
> ㈐ 사용자와 교섭이 원만하게 이루어지지 않을 때 일정한 절차를 거쳐 쟁의 행위를 할 수 있는 권리

	㈎	㈏	㈐
①	단결권	단체 교섭권	단체 행동권
②	단결권	단체 행동권	단체 교섭권
③	단체 교섭권	단결권	단체 행동권
④	단체 교섭권	단체 행동권	단결권
⑤	단체 행동권	단결권	단체 교섭권

26 다음 상황에서 A가 권리 구제를 위해 할 수 있는 노력으로 가장 적절한 것은?

076

> A는 제과점에서 두 달 동안 아르바이트를 하기로 하였다. 그런데 한 달만 일한 후에 집안 사정으로 일을 그만두게 되었다. 그러자 제과점 사장은 계약한 내용을 지키지 않았다며 임금 지불을 거부하고 있다.

① 임금 액수만큼의 빵을 달라고 요구한다.

② 계약 조건을 지키지 못했으므로 임금을 포기한다.

③ 고용 노동부에 밀린 임금을 받게 해 달라고 신고한다.

④ 최우선적으로 제과점을 상대로 법원에 소송을 제기한다.

⑤ 사장과의 합의를 통하여 문제를 해결하는 것은 최후의 방법이다.

27 다음 교사의 질문에 잘못 대답한 학생은?

077

> 각자 조사해 온 노동권 침해 사례를 이야기해 볼까요?

① 갑: A는 일주일 내내 법정 근로 시간을 초과하는 야근을 강요받았습니다.

② 을: B는 업무가 미숙하다는 이유로 회사의 상관으로부터 폭언을 들었습니다.

③ 병: C는 주유소 아르바이트를 하면서 청소년이라는 이유로 최저 임금보다 낮은 임금을 받았습니다.

④ 정: D는 다니고 있는 회사에 알리지 않고 개인적인 이유로 계속 출근을 하지 않아 징계를 받았습니다.

⑤ 무: E는 식품 공장에서 성실하게 일했지만, 갑자기 공장의 사정이 어려워졌다는 이유로 약속된 임금을 받지 못했습니다.

28 (가)에 들어갈 내용을 기본권 제한의 사유와 관련하여 서술하시오.

078

> 갑: 모든 어린이집에 의무적으로 폐쇄 회로 텔레비전(CCTV)을 설치하도록 하는 것은 기본권을 과도하게 침해하는 조치야.
>
> 을: 그렇지 않아. _____ (가) _____

_____

_____

29 다음 사례에서 침해당한 기본권을 구제받을 수 있는 방법을 두 가지 서술하시오.

079

> A는 출생 신고 때 정해진 주민 등록 번호를 바꾸지 못하도록 정한 주민 등록법 규정은 개인의 기본권을 과도하게 침해한다고 생각한다.

_____

_____

30 다음 사례를 읽고 물음에 답하시오.

080

> A는 ○○ 회사에 채용될 때 구두로 노동조합에 가입하지 않겠다는 약속을 했지만, 이후 회사에 들어가 일을 하면서 동료의 권유로 노동조합에 가입하게 되었다. 그러자 ○○ 회사는 채용 시의 약속을 지키지 않았다는 이유로 A를 해고하였다.

(1) 위 사례에 나타난 해고가 부당한 이유를 서술하시오.

_____

(2) 위 사례에서 A가 침해당한 권리를 구제받을 수 있는 방법을 서술하시오.

_____

_____

헌법과
국가 기관

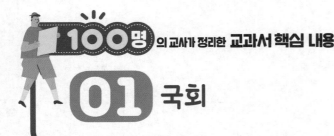
01 국회

① 한눈에 쏙

• 현대 민주 정치와 국회

대의 민주 정치(간접 민주 정치)
↓
국민의 대표로 국회 구성
↓

국회의 위상	국회의 조직
• 입법 기관 • 국민의 대표 기관 • 국가 권력의 견제 기관	• 지역구 국회 의원, 비례 대표 국회 의원 • 위원회, 교섭 단체 • 본회의

---

① 국회의 지위와 관련된 우리나라의 헌법 조항

제40조 입법권은 국회에 속한다.
제41조 ① 국회는 국민의 보통·평등·직접·비밀 선거에 의하여 선출된 국회 의원으로 구성한다.

제40조는 입법 기관으로서의 국회의 지위, 제41조 ①항은 국민의 대표 기관으로서의 국회의 지위를 나타낸다.

---

② 우리나라의 국회 의원

우리나라의 국회 의원 선거에서는 지역구 국회 의원을 선출하기 위한 투표와 비례 대표 국회 의원을 선출하기 위한 정당 투표를 동시에 실시한다. 제21대 국회는 253명의 지역구 국회 의원과 47명의 비례 대표 국회 의원을 합하여 총 300명의 국회 의원으로 구성되었다.

용어 사전

• **재정** 국가 또는 지방 자치 단체가 행정 활동이나 공공 정책을 시행하기 위해 자금을 만들어 관리하고 이용하는 경제 활동
• **상설** 닫지 않고 항상 열려 있음

---

① 국회의 위상과 조직

1 현대 사회의 민주 정치와 국회

(1) 현대 사회의 정치 모습

넓은 영토, 많은 인구, 정치의 전문성 ➡ 모든 국민이 직접 정치에 참여하는 데 한계 —대표 선출→ 대의 민주 정치 (간접 민주 정치)

(2) 대의 민주 정치(간접 민주 정치)와 국회

① 대의 민주 정치: 선거를 통해 대표를 선출하고, 그들로 하여금 대신 정치를 하도록 함 → 국민의 대표로 구성된 의회가 국가의 중요한 의사 결정을 함

② 국회: 국민의 대표인 국회 의원으로 구성된 국가 기관
  의회, 입법부라고도 함

2 국회의 지위①

(1) **입법 기관**: 국민의 다양한 요구와 의사를 반영하여 법률을 제정하는 기관

(2) **국민의 대표 기관**: 국민이 직접 뽑은 대표들로 구성된 기관

(3) **국가 권력의 견제 기관**: 다른 국가 기관을 견제·감시하여 국민의 자유와 권리를 보장하는 기관

3 국회의 구성

(1) **국회 의원**: 국민이 선거를 통해 선출한 대표(임기 4년, 연임 가능)② ─국회 의원 중 의장 1인과 부의장 2인을 선출함

(2) **지역구 국회 의원과 비례 대표 국회 의원**

지역구 국회 의원	국민이 선거구별 후보자에게 투표하여 직접 선출함
비례 대표 국회 의원	선거에서 정당이 얻은 득표수에 비례하여 선출함

4 국회의 주요 조직

(1) **각종 위원회 및 교섭 단체** → 효율적인 의사 진행 추구

① 상임 위원회와 특별 위원회

상임 위원회	• 본회의에서 결정할 안건을 미리 조사하고 심의함 • 재정, 외교, 국방, 교육, 복지, 안전, 환경 등 전문 분야별로 조직된 상설 위원회
특별 위원회	특정한 정책이나 안건을 심사하기 위해 일시적으로 활동하는 위원회

─예 국방 위원회, 보건 복지 위원회 등
─예 윤리 특별 위원회 등

② 교섭 단체: 일정 수 이상의 국회 의원으로 구성되어 국회 의원들의 의사를 사전에 통합·조정함
  └우리나라 국회법에서는 20인 이상으로 규정하고 있음

(2) **본회의** ─국회 의원들이 모두 참여하고 공개하는 것을 원칙으로 함

의미	국회의 최종적인 의사 결정을 하는 회의
의사 결정	재적 의원 과반수의 출석과 출석 의원 과반수의 찬성으로 결정함
종류	• 정기회: 매년 1회 정기적으로 열림 • 임시회: 대통령이나 국회 재적 의원 1/4 이상의 요구로 열림

② 국회의 역할③

━━━━━━━ [수능] 국회의 가장 중요한 역할임

1 입법에 관한 권한 [자료①]

(1) **배경**: 민주 국가에서 국가 기관의 조직 및 국가 권력 행사의 근거가 되는 법률을 국민의 대표 기관이 국회가 담당함

(2) **구체적 역할**

① **법률의 제정 및 개정**: 국민의 다양한 의견을 반영하여 새로운 법률을 만들거나 기존의 법률을 고침

② **조약 체결 및 *비준에 관한 동의권**: 정부가 외국과 맺은 조약은 법률과 동일한 효력이 발생하므로 국회의 동의를 받아야 함

③ **헌법 개정안 제안 및 의결권**: 헌법을 개정할 것을 제안하고 의결함

🌳 교과서 속 자료 읽기 ① **법률안 제·개정 절차④**

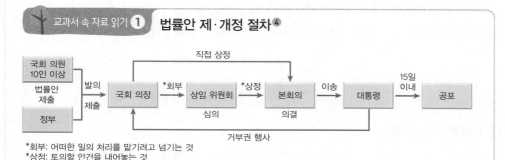

*회부: 어떠한 일의 처리를 맡기려고 넘기는 것
*상정: 토의할 안건을 내어놓는 것

정부나 국회 의원 10인 이상이 법률안을 제출하면, 국회의 대표인 국회 의장은 이 법률안을 전문성을 가진 각 상임 위원회에 회부한다. 상임 위원회가 심사한 법률안은 본회의에 상정되고, 국회 본회의에서 재적 의원 과반수의 출석과 출석 의원 과반수가 찬성하면 법률안이 의결된다. 본회의를 통과한 법률안은 대통령이 15일 이내에 공포해야 한다.

---

2 재정에 관한 권한

(1) **배경**: 국가 예산은 국민의 세금을 전제로 하므로 국민의 의사를 반영하고 재산권을 보호하기 위해 법률에 근거하도록 규정함

(2) **구체적 역할**

① **예산안 심의·확정권**: 정부가 제출한 예산안을 심의하고 확정함

② **결산 심사권**: 정부가 예산을 제대로 집행했는지 심사함

3 일반 국정에 관한 권한

(1) **배경**: 국정을 감시하고 행정부를 견제함으로써 권력 분립을 실현하고 국민의 권리를 최대한 보장하고자 함

(2) **구체적 역할**

① **국정 감사 및 국정 조사**

국정 감사	매년 정기적으로 국정 전반에 관해 국가 정책의 잘못된 부분을 조사함
국정 조사	특별한 사안에 관하여 국가 정책의 잘못된 부분을 조사함

② **헌법 기관 구성원 임명 동의권**: 국무총리, 대법원장, 헌법 재판소장 등 헌법 기관 구성원의 임명에 대해 동의권을 행사하여 대통령의 인사권을 견제할 수 있음

③ **탄핵 소추 의결권**: 대통령을 비롯한 고위 공직자가 헌법이나 법률을 위반한 경우 탄핵 소추를 의결함
━━━ 국회가 탄핵 소추를 의결하면 헌법 재판소에서 이를 심판하여 해당 공무원의 파면 여부를 결정함

④ 그 외: 국군 해외 파병 동의권, 국무총리 및 국무 위원에 대한 해임 건의권 등

---

② 한눈에 쏙

• **국회의 역할**

입법	• 법률 제정 및 개정 • 조약 체결 동의 • 헌법 개정안 제안·의결
재정	• 예산안 심의·확정 • 결산 심사
일반 국정	• 국정 감사, 국정 조사 • 헌법 기관 구성 임명 동의 • 탄핵 소추 의결

---

③ **국회의 권한과 관련된 우리나라 헌법 조항**

제40조	입법권은 국회에 속한다.
제54조	① 국회는 국가의 예산안을 심의·확정한다.
제104조	② 대법관은 대법원장의 제청으로 국회의 동의를 얻어 대통령이 임명한다.

제40조는 입법에 관한 권한, 제54조 ①항은 재정에 관한 권한, 제104조 ②항은 일반 국정에 관한 권한을 규정한 조항이다.

---

④ **대통령의 거부권 행사**

대통령이 국회가 제출한 법률안에 대해 거부권을 행사하면, 해당 법률안은 국회로 되돌려 보내진다. 국회는 해당 법률안을 다시 심사하는데, 재적 의원 과반수 출석에 출석 의원 2/3 이상이 찬성하면 그 법률안은 법률로 확정된다.

용어 사전

• **조약** 국가 간에 문서로써 약속한 협약으로, 국회의 동의를 얻으면 법률과 같은 효력이 발생함

• **비준** 헌법상의 조약 체결권자가 조약을 최종적으로 확인·동의하는 절차

• **헌법 기관** 국가 기관 중 헌법에 의하여 설치된 기관

• **탄핵 소추** 고위 공무원이 직무를 수행하는 과정에서 헌법이나 법률을 위반한 경우 국회에서 그들의 파면을 요구하는 것

❶ 국회의 위상과 조직

• 정답 및 해설 8쪽

차근차근 기본 다지기

01 빈칸에 들어갈 용어를 쓰시오.
081
(1) 오늘날 대부분의 현대 민주 국가에서는 선거를 통해 선출된 대표가 대신 정치를 하는 (　　　) 민주 정치를 실시한다.
(2) (　　　)은/는 국민의 대표인 국회 의원으로 구성된 국가 기관이다.
(3) (　　　) 국회 의원은 국민이 선거구별 후보자에게 투표하여 직접 선출한다.
(4) 비례 대표 국회 의원은 선거에서 (　　　)이/가 얻은 득표수에 비례하여 선출한다.

02 국회의 지위와 그 의미를 바르게 연결하시오.
082
(1) 입법 기관　　　　•　　　　• ㉠ 국민의 다양한 요구를 반영하여 법률 제정
(2) 국민의 대표 기관　•　　　　• ㉡ 선거에 의하여 선출된 국회 의원으로 구성
(3) 국가 권력의 견제 기관•　　　　• ㉢ 국가 권력의 남용을 막고 국민의 기본권 보장

03 다음 설명이 옳으면 ○표, 틀리면 ✕표 하시오.
083
(1) 국민의 대표인 국회 의원의 임기는 5년이다. (　　　)
(2) 국회의 최종적인 의사 결정은 본회의에서 이루어진다. (　　　)
(3) 모든 국회의 회의는 비공개를 원칙으로 한다. (　　　)
(4) 국회 의장은 국민이 직접 선거를 통해 선출한다. (　　　)

04 다음 우리나라 헌법 조항을 통해 알 수 있는
084 국회의 지위로 가장 적절한 것은?

> 제41조 ① 국회는 국민의 보통·평등·직접·비밀 선거에 의하여 선출된 국회 의원으로 구성한다.

① 입법 기관으로서의 국회
② 국민의 대표 기관으로서의 국회
③ 국가 권력의 견제 기관으로서의 국회

05 다음 내용이 공통으로 가리키는 국회의 조직으
085 로 옳은 것은?

> • 재정, 국방, 외교, 교육 등 전문 분야별로 조직한다.
> • 본회의에 앞서 결정할 안건을 미리 조사하고 심의한다.

① 임시회　　　　② 정기회
③ 교섭 단체　　　④ 상임 위원회

06 우리나라 국회에 대한 설명으로 옳은 것은?
`086`

① 법을 만드는 국가 작용을 하므로 사법부라고 한다.
② 5년에 한 번씩 선거를 통해 선출된 대표로 구성된다.
③ 지역구 국회 의원과 비례 대표 국회 의원으로 구성된다.
④ 현행 헌법상 300명 이상의 국회 의원으로 구성되어야 한다.
⑤ 10명 이상의 소속 의원을 가진 정당은 교섭 단체를 구성할 수 있다.

07 국회의 본회의에 대한 옳은 설명만을 〈보기〉에서 고른 것은?
`087`

┌─ 보기 ─────────────────────
ㄱ. 기본적으로 공개하는 것이 원칙이다.
ㄴ. 재정, 외교, 국방, 교육, 복지 등 전문 분야별로 구성된다.
ㄷ. 매년 1회 열리는 정기회와 필요에 따라 수시로 열리는 임시회로 나뉜다.
ㄹ. 원활한 국회 운영을 위해 일정한 수 이상의 국회 의원으로 구성되는 단체이다.
└────────────────────────────

① ㄱ, ㄴ　　② ㄱ, ㄷ　　③ ㄴ, ㄷ
④ ㄴ, ㄹ　　⑤ ㄷ, ㄹ

08 ㉠에 들어갈 용어를 쓰시오.
`088`

현대 민주 국가에서는 국가 권력을 법을 제정하는 권한, 법을 집행하는 권한, 법을 적용하는 권한으로 나누고, 이를 각각 독립된 국가 기관에 부여하고 있다. 그 중 법을 제정하는 권한을 국민이 직접 선출한 대표로 구성되는 의회에 부여하는데, 우리나라도 의회, 즉 국회가 국민의 의견과 요구를 반영하여 법률을 만듦으로써 (㉠) 기관으로서의 역할을 한다.

(　　　　)

09 다음 우리나라의 헌법 조항을 읽고 물음에 답하시오.
`089`

제40조 입법권은 (㉠)에 속한다.
제41조 ① (㉠)은/는 국민의 보통·평등·직접·비밀 선거에 의하여 선출된 국회 의원으로 구성한다.

(1) ㉠에 들어갈 국가 기관의 명칭을 쓰시오.

_____

(2) 국가 기관으로서 ㉠의 지위를 세 가지 서술하시오.

_____

_____

10 밑줄 친 ㉠, ㉡에 나타난 국회 의원 선출 방식의 특징을 〈조건〉에 맞게 비교하여 서술하시오.
`090`

과거 우리나라의 국회 의원 선거에서는 ㉠ 지역구 의석수를 기준으로 각 지역의 후보자가 얻은 정당 득표수를 모두 합해서 그 비율만큼 비례 대표 의석수를 배분하였다. 하지만 제17대 총선부터는 ㉡ 지역구 의원에 대한 투표와 별도로 지지하는 정당을 선택하는 투표를 실시하고, 그 득표율에 따라 정당별로 의석을 배분하게 되었다.

┌─ 조건 ─────────────────────
㉠ 방식의 한계와 ㉡ 방식의 장점을 모두 포함하여 서술한다.
└────────────────────────────

_____

_____

_____

_____

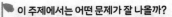
② **국회의 역할**

• 정답 및 해설 **9**쪽

• 차근차근 **기본 다지기** •

01 빈칸에 들어갈 용어를 쓰시오.
091
(1) 국회는 (   )을/를 제정하고 개정하는 입법 기능을 수행한다.
(2) 국회 의원들이 모두 모여 위원회에서 심사한 안건을 최종적으로 결정하는 곳은 (   )이다.
(3) 국회가 정기적으로 국정 전반에 관해 국가 정책의 잘못된 부분을 조사하는 것을 (   )(이)라고 한다.

02 그림은 법률의 제·개정 절차를 나타낸 것이다. ㉠~㉣에 들어갈 용어를 각각 쓰시오.
092

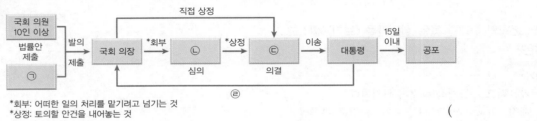

*회부: 어떠한 일의 처리를 맡기려고 넘기는 것
*상정: 토의할 안건을 내어놓는 것

(   )

03 다음 국회의 권한과 그 사례를 바르게 연결하시오.
093
(1) 입법에 관한 권한 •

(2) 재정에 관한 권한 •

(3) 일반 국정에 관한 권한 •

• ㉠ 국회 본회의에서 대법원장 임명 동의안에 대한 표결이 이루어졌다.

• ㉡ 학교 주변에서 유해 식품 판매를 금지하기 위한 법안을 발의하였다.

• ㉢ 정부가 제출한 예산안이 크게 줄어들어 국회를 통과하였다.

04 국회의 권한으로 적절하지 <u>않은</u> 것은?
094
① 법률안 거부권
② 예산안 심의·확정권
③ 국무총리 임명에 관한 동의권

05 다음에서 설명하는 국회의 권한으로 옳은 것은?
095

> 고위 공무원이 직무를 수행하는 과정에서 헌법이나 법률을 위반한 경우 국회는 그들의 파면을 요구할 수 있다.

① 국정 감사   ② 국정 조사
③ 탄핵 소추   ④ 결산 심사

06 다음 우리나라 헌법 조항에 나타난 권한과 유형이 같
(096) 은 국회의 권한만을 〈보기〉에서 고른 것은?

> 제104조 ② 대법관은 대법원장의 제청으로 국회
> 의 동의를 얻어 대통령이 임명한다.

· 보기 ·
ㄱ. 예산안 심의·확정권
ㄴ. 조세 종목 및 세율 결정권
ㄷ. 국정 감사 및 국정 조사권
ㄹ. 헌법 재판소장에 대한 임명 동의권

① ㄱ, ㄴ   ② ㄱ, ㄷ   ③ ㄴ, ㄷ
④ ㄴ, ㄹ   ⑤ ㄷ, ㄹ

07 ㈎~㈓는 「아동 학대 범죄의 처벌 등에 관한 특례법」
(097) 이 만들어진 과정이다. 법률의 제정 과정에 따라 순서
대로 옳게 나열한 것은?

> ㈎ 제출된 법안을 관련 상임 위원회인 여성 가족
> 위원회에서 심사하였다.
> ㈏ 국회에서 의결된 법률안이 정부로 이송되어 대
> 통령이 공포한 후 효력이 발생하였다.
> ㈐ 본회의에 올라온 법률안이 질의와 토론을 거쳐
> 일정 수 이상 국회 의원의 찬성으로 통과되었다.
> ㈑ 아동 학대와 관련된 사회 문제가 심각해지자
> 10인 이상의 국회 의원이 아동 학대 범죄의 처
> 벌에 관한 법률안을 제출하였다.

① ㈎ - ㈏ - ㈐ - ㈑
② ㈎ - ㈑ - ㈐ - ㈏
③ ㈐ - ㈎ - ㈑ - ㈏
④ ㈑ - ㈎ - ㈐ - ㈏
⑤ ㈑ - ㈐ - ㈎ - ㈏

08 밑줄 친 '이것'에 해당하는 용어를 쓰시오.
(098)

> 이것은 국가 간에 문서로서 약속한 협약으로,
> 국회의 동의를 얻으면 법률과 같은 효력이 있다.
> 국회는 정부가 체결한 이것에 대해 동의권을 행사
> 한다.

(   )

09 다음 글을 읽고 물음에 답하시오.
(099)

> 우리나라에서는 국회 의원 또는 정부가 법률안
> 을 제안할 수 있고, 국회 의장은 제출된 법률안을
> 상임 위원회에 넘겨 전문적인 심사를 받게 한다.
> 상임 위원회가 심사하는 ㉠ 법률안은 본회의를 거
> 쳐 의결된다. 국회에서 법률안이 의결되면 대통령
> 은 15일 이내에 공포해야 하는데, 만약 법률안에
> 이의가 있을 경우에는 대통령이 거부권을 행사할
> 수 있다. 특별한 규정이 없으면 법률은 공포한 날
> 로부터 20일 후 효력이 발생한다.

(1) 윗글을 통해 직접 알 수 있는 국회의 권한은 무
엇인지 쓰시오.

(2) 밑줄 친 ㉠이 이루어지기 위한 일반적인 조건을 국
회 의원의 출석 및 찬성과 관련하여 서술하시오.

10 다음 신문 기사에서와 같이 국회에 재정에 관한 권한
(100) 을 부여하고 있는 이유를 아래 용어를 모두 사용하여
서술하시오.

> ○○ 신문   2018년 12월 8일
>
> 국회는 오늘 새벽 본회의를 열고 정부가 제출한
> 예산안보다 9천 265억 원 줄어든 469조 5천 752억
> 원(총지출 기준) 규모의 2019년도 예산 수정안을
> 통과시켰다. 표결 결과는 재석 의원 212명에 찬성
> 168명, 반대 29명, 기권 15명이었다.

· 조건 ·
· 세금   · 법률   · 재산권

02 대통령과 행정부

① 한눈에 쏙

• 행정	
의미	법률 집행, 정책 실행
목적	공익 실현, 복지 증진

• 행정부	
의미	행정을 담당하는 국가 기관
구성	대통령, 국무총리, 국무 회의, 행정 각부, 감사원 등

① 행정부의 강화

배경	복지 서비스 요구 증대 등으로 국가의 적극적인 개입과 역할 필요
문제점	권력 분립의 원칙을 위협하여 국민의 자유와 권리 침해 우려
대책	행정부의 권한에 대한 견제 장치 강화

② 한눈에 쏙

• 행정부의 조직과 기능

대통령	행정부 지휘·감독
국무총리	대통령 보좌
국무 회의	행정부 최고 심의 기관
행정 각부	구체적인 행정 사무
감사원	행정부 최고 감사 기관

② 국무 위원과 국무 회의

국무 위원은 국무총리의 제청으로 대통령에 의해 임명되어 국무 회의를 구성하는 사람이다. 대통령을 의장, 국무총리를 부의장으로 하여 이루어지는 국무 회의에서는 행정 각부의 장들이 대통령을 보좌하고 국정을 심의한다.

용어 사전

•행정부 수반 행정부의 가장 높은 자리에 있는 사람

① 행정과 행정부

1 행정 [자료 ①]

(1) **행정의 의미**: 법률 집행뿐만 아니라 구체적인 정책을 마련하고 실행하는 모든 활동

(2) **행정의 목적**: 공익 실현, 국민의 복리 증진

> 교과서 속 자료 읽기 ① **우리 주변에서 만나는 행정 작용**
>
>
>
> ⚠ 교통 정리　　⚠ 민원 처리　　⚠ 아이 돌봄 서비스
>
> 우리의 일상생활은 행정 작용과 밀접하게 관련되어 있다. 복잡한 도로를 정리해 주는 교통경찰의 업무, 주민 센터 등에서 이루어지는 다양한 민원 처리, 육아의 부담을 덜어 주기 위한 아이 돌봄 서비스 등 행정 작용이 이루어지는 분야는 매우 다양하며 그 영역도 점점 확대되고 있다.

2 행정부

(1) **행정부의 의미**: 행정 작용을 담당하는 국가 기관

(2) **행정부의 역할**

국민 편의와 안전 관련	도로 건설, 국민 주택 건설, 치안 강화, 국가 안보와 국방 등
복지 관련	일자리 안정, 국민 건강 보장 등

(3) **행정부의 강화 ①**

① 배경: 현대 복지 국가의 등장, 현대 사회의 복잡화·다양화 → 국민의 요구 증대

② 결과: 행정부의 역할 증대, 행정부 역할의 다양화·전문화·광범위화

② 행정부의 조직과 기능

1 대통령

(1) 행정부의 최고 책임자(*행정부 수반)

(2) 행정부를 지휘·감독할 수 있는 최종적인 권한과 책임이 있음

2 국무총리

(1) 대통령이 국회의 동의를 얻어 임명함

(2) 대통령을 도와 행정 각부를 지휘·조정함
└ 대통령이 자리를 비울 때 권한을 대행함

3 국무 회의

(1) 행정부의 최고 심의 기관으로 정부의 주요 정책을 논의함

(2) 대통령, 국무총리, 국무 위원으로 구성됨 ② └ 예 법률의 제정안과 개정안, 예산안 등

4 행정 각부 `자료 2`

(1) 행정 각부 장관의 지휘 아래 법률로 정한 **구체적인 행정 사무를 처리함**

(2) **행정 각부의 장**: 국무총리의 *제청으로 대통령이 임명

🌳 교과서 속 자료 읽기 **2** **우리나라의 정부 조직③**

기획 재정부	교육부	과학 기술 정보 통신부
외교부	통일부	법무부
국방부	행정 안전부	문화 체육 관광부
농림 축산 식품부	산업 통상 자원부	보건 복지부
환경부	고용 노동부	여성 가족부
국토 교통부	해양 수산부	중소 벤처기업부

우리나라의 중앙 행정 기관은 18부로 구성된다. 나라의 경제 정책을 종합적으로 수립하고 조정하는 업무를 총괄하는 기획 재정부, 인적 자원 개발 정책, 학교 교육·평생 교육, 학술에 관한 사무와 연구 개발을 담당하는 교육부, 정부 조직 및 지방 자치 단체 관리, 국가의 치안, 재난 관리와 예방을 담당하는 행정 안전부 등 각 부서는 구체적인 전문 행정 분야를 담당한다.

---

5 감사원

(1) 대통령 직속 기관, 독립적인 지위를 가진 행정부의 최고 감사 기관

(2) **역할**: 국가의 세입·세출 결산 검사, 행정 기관과 공무원의 직무 *감찰

---

③ **대통령의 지위와 권한④**

1 대통령의 선출과 지위

(1) **대통령의 선출**: 국민이 직접 선거를 통해 선출함

(2) **대통령의 임기**: 5년이며, 중임은 불가능함

(3) **대통령의 지위**: 국가 원수, 행정부 수반 ─ 대통령직을 다시 수행하는 중임을 허용하면 독재로 이어질 수 있기 때문임

2 대통령의 권한

─ 대통령은 국가의 최고 지도자로서 외국에 대하여 국가를 대표함

(1) **국가 원수로서의 권한**

─ 외교나 국방 등에 관한 중요 정책을 국민 투표에 부칠 수 있음

① 국정 조정 권한: 헌법 개정 발의권, 국민 투표 부의권 등을 행사할 수 있음

② 외교에 관한 권한: 외국과의 조약 체결, *외교 사절의 파견 및 접견

③ 헌법 기관 구성권: 국회의 동의를 얻어 대법원장, 대법관, 헌법 재판소장 등 헌법 기관의 구성원을 임명함

④ 긴급 명령권과 계엄 선포권⑤

긴급 명령권	천재지변 등 국가에 긴급한 일이 발생한 경우 긴급 조치를 취할 수 있음
계엄 선포권	전쟁 등 국가 비상사태의 군대가 해당 지역의 질서를 유지하도록 할 수 있음

(2) **행정부 수반으로서의 권한**

① 행정부의 지휘·감독: 국무 회의의 의장으로서 중요 정책을 최종적으로 결정 등

② 국군 지휘·통솔: 국군의 최고 사령관으로서 헌법과 법률에 의거하여 통솔함

③ 공무원 임면권: 행정 각부의 장 등 법률이 정하는 공무원을 임명하거나 해임함

④ *대통령령 제정: 법률에서 위임받은 사항과 법률을 집행하기 위해 필요한 사항에 대하여 대통령령을 제정함

⑤ 법률안 거부권: 국회가 본회의에서 의결한 법률안을 거부할 수 있음 → 국회를 견제하여 권력 분립의 원칙 실현

---

③ **정부와 행정부**

정부는 넓은 의미로는 우리나라의 통치 기구 전체, 즉 입법부, 행정부, 사법부를 말하지만 좁게는 행정부만을 뜻한다. 우리나라 헌법에서는 '정부'를 행정부를 지칭하는 용어로 사용하고 있다.

③ **한눈에 쏙**

• 대통령의 지위와 권한

국가 원수	행정부 수반
• 국정 조정	• 행정부의 지휘·감독
• 외교	
• 국민 투표 실시	• 국군 통솔
• 헌법 기관 구성	• 공무원 임면
• 긴급 명령, 계엄 선포	• 대통령령 제정
	• 법률안 거부

④ **우리나라 헌법에 명시된 대통령의 지위**

> 제66조 ① 대통령은 국가의 원수이며, 외국에 대하여 국가를 대표한다.
> ④ 행정권은 대통령을 수반으로 하는 정부에 속한다.

제66조 ①항은 국가 원수로서의 지위, ④항은 행정부 수반으로서의 지위를 명시하고 있다.

⑤ **긴급 명령과 계엄**

긴급 명령은 국가 비상사태 때 법률에 의하지 않고 국민의 기본권을 제한할 수 있는 명령이고, 계엄은 전쟁 등 국가 비상사태 때 사회 질서를 유지하기 위해 군대가 통치 권력을 맡아 다스리며 국민의 기본권을 제한하는 일이다. 이처럼 긴급 명령과 계엄 선포를 통해서는 법률에 의하지 않고서도 국민의 기본권을 제한할 수 있기 때문에 결코 남용해서는 안 된다.

용어 사전

*제청 어떤 안건을 제시하고 결정하여 달라고 청구하는 것

*감찰 공무원의 위법 행위를 조사하여 징계를 내리거나 수사 기관에 고발하는 것

*외교 사절 외교관과 같이 국가 간 외교 교섭을 위하여 파견되는 국가의 대표자

*대통령령 대통령이 제정하여 공포하는 명령

100명의 교사가 콕 찍은 주제별·유형별 대표문제

1 행정과 행정부
2 행정부의 조직과 기능

🚩 **이 주제에서는 어떤 문제가 잘 나올까?**
• 행정과 행정부의 의미 이해하기
• 행정부의 주요 조직과 기능 파악하기

• 정답 및 해설 **10**쪽

차근차근 기본다지기

01
101
빈칸에 들어갈 용어를 쓰시오.

(1) (   )(이)란 국회에서 만든 법률을 집행하며 공익을 실현하기 위해서 구체적인 정책을 마련하고 실행하는 모든 활동을 의미한다.

(2) 현대 복지 국가의 등장에 따라 (   )의 역할이 다양화·전문화·광범위화되었다.

(3) 국무 회의는 정부의 주요 정책을 논의하는 행정부의 최고 심의 기관으로 대통령, 국무총리, (   )(으)로 구성된다.

02
102
다음 설명이 옳으면 ○표, 틀리면 ✕표 하시오.

(1) 행정부는 국회가 제출한 예산안을 심의하고 확정하는 기능을 수행한다. (   )

(2) 대통령은 국민에 의해 선출된 행정부의 최고 책임자이며 임기는 5년이다. (   )

(3) 행정 각부의 장은 국무 회의에 참석하여 국정에 관한 의견을 제시한다. (   )

(4) 감사원은 대통령 직속 기관으로 대통령의 지휘를 받아 활동한다. (   )

03
103
다음 괄호 안의 내용 중 알맞은 것에 ○표 하시오.

(1) 현대 복지 국가에서는 (행정부, 입법부)의 역할이 증대되었다.

(2) 행정 각부의 장은 (국무총리, 국회 의장)의 제청으로 임명된다.

(3) 대통령은 국민의 (직접, 간접) 선거에 의해 선출되고, 임기는 (4년, 5년)이다.

(4) (감사원, 국무 회의)은/는 행정부의 최고 감사 기관이다.

04
104
행정부의 조직과 기능에 대한 설명으로 옳은 것은?

① 국무총리는 대통령이 법원의 동의를 얻어 임명한다.

② 국무 위원은 국무총리의 제청으로 대통령이 임명한다.

③ 감사원은 법률로 정한 구체적인 행정 사무를 집행한다.

05
105
다음에서 설명하는 행정부의 조직으로 옳은 것은?

> 행정부의 최고 심의 기관으로 정부의 주요 정책을 논의한다. 대통령이 의장, 국무총리가 부의장의 역할을 맡는다.

① 국회
② 감사원
③ 국무 회의
④ 헌법 재판소

06 행정에 대한 옳은 설명만을 〈보기〉에서 고른 것은?
106

• 보기 •
ㄱ. 법률을 제정하고 집행하는 활동을 한다.
ㄴ. 공익 실현 및 국민의 복리 증진을 목적으로 한다.
ㄷ. 공정한 재판을 통해 분쟁을 해결하는 활동을 한다.
ㄹ. 현대 사회가 복잡해지고 다양해짐에 따라 작용 범위가 넓어지고 있다.

① ㄱ, ㄴ 　　② ㄱ, ㄷ 　　③ ㄴ, ㄷ
④ ㄴ, ㄹ 　　⑤ ㄷ, ㄹ

07 ㉠에 들어갈 행정부의 조직에 대한 설명으로 옳지 <u>않은</u> 것은?
107

○○ 신문　　　　　　　　　2018년 12월 8일

　환경부가 (㉠)의 '미세먼지 관리 대책 추진 실태' 감사 결과를 수용하면서 앞으로 각 부문별 지적 사항에 대한 보완 대책을 조속히 추진하기로 했다. (㉠)은/는 환경부의 미세먼지 대책에 대해 대기오염 물질 배출량 통계 개선 미흡 등과 관련하여 문제를 제기하였다.

① 행정부의 최고 감사 기관이다.
② 국가의 수입과 지출을 검사한다.
③ 행정 기관과 공무원의 직무를 감찰한다.
④ 대통령을 도와 행정 각부를 지휘 또는 조정한다.
⑤ 대통령에 소속된 기관이지만 독립적인 지위를 가진다.

08 ㉠, ㉡에 들어갈 행정부의 조직을 각각 쓰시오.
108

㉠	• 행정부 수반 • 행정부의 지휘·감독
㉡	• 대통령 보좌 • 행정 각부 지휘·조정

(　　　　　)

09 다음은 행정부를 구성하는 어떤 조직의 장이 발표한 내용이다. 이를 읽고 물음에 답하시오.
109

　우리 부서는 변화하는 사회 환경에 부응하여, 일, 가정의 양립과 경제 활동에 관한 실질적인 지원 및 다양한 가족 형태에 맞는 보편적인 지원을 강화하고, 여성과 청소년이 안전한 사회를 만들기 위해 법률로 정한 다양한 행정 사무를 처리하고 있습니다.

(1) 위의 내용을 발표한 행정부 조직의 장을 무엇이라고 하는지 쓰시오.

_____

(2) (1)을 임명하는 과정을 '제청'이라는 용어를 포함하여 서술하시오.

_____

10 (나) 원칙을 기준으로 (가) 현상의 문제점을 지적하고, 그 대책을 서술하시오.
110

(가) 빈곤, 질병, 노동 문제 등 여러 가지 사회 문제를 국가가 해결해야 한다는 복지 국가 사상이 강조되면서 입법·사법·행정 기능 중 행정 기능이 강화되는 현상이 나타나고 있다. 즉, 경찰이나 국방과 같은 전통적 분야는 물론이고 복지, 의료, 고용, 환경 등에도 국가가 적극적으로 개입하고 있다.
(나) 권력 분립이란 국가의 권력을 입법·사법·행정 등으로 분리해서 서로 견제하게 함으로써 권력이 함부로 사용되는 것을 막고, 국민의 권리와 자유를 보장하기 위한 원칙을 말한다.

_____
_____
_____
_____

③ 대통령의 지위와 권한

● 정답 및 해설 **11**쪽

차근차근 기본다지기

01 빈칸에 들어갈 용어를 쓰시오.
111
(1) 우리나라의 대통령은 국민이 직접 (   )을/를 통해 선출한다.

(2) 대통령이 국무 회의를 진행하고, 국군을 통솔하는 것은 (   )(으)로서의 권한이다.

(3) 대통령이 국가를 대표하여 외국과의 조약을 체결하는 것은 (   )(으)로서의 권한이다.

02 다음 설명이 맞으면 ○표, 틀리면 ×표 하시오.
112
(1) 대통령은 행정부 수반과 국가 원수의 지위를 동시에 가지고 있다. (   )

(2) 대통령이 국무총리, 대법원장을 임명하는 것은 행정부 수반으로서의 역할에 해당한다. (   )

(3) 대통령은 국가 비상사태가 발생했을 때 계엄을 선포할 수 있다. (   )

03 (1)~(4)에서 설명하는 용어를 퍼즐판에서 찾아 색칠하시오.
113

국	무	회	의	우
무	공	국	행	정
총	리	입	정	치
리	사	법	부	사
충	임	부	단	임

(1) 대통령은 ○○○의 수반으로서 모든 행정 작용에 대한 최종적인 권한과 책임을 가진다.

(2) 우리나라 대통령의 임기는 5년이며, 대통령직을 다시 수행하는 ○○은 허용되지 않는다.

(3) 행정부의 주요 업무를 심의하는 행정부의 조직으로, 대통령이 의장으로서 참여하는 것은?

(4) 대통령이 행정부 수반으로서 임명하며, 대통령을 도와 행정 각부를 관리·감독하는 행정부의 구성원은?

04 우리나라 대통령에 대한 설명으로 옳은 것은?
114
① 임기는 5년이며, 중임할 수 있다.

② 국가의 원수로서 국군을 통솔한다.

③ 행정부의 최고 책임자로서 행정부를 구성한다.

05 다음은 우리나라의 헌법 조항이다. ㉠에 들어갈 국가 기관으로 적절한 것은?
115

> 제66조 ① (㉠)은/는 국가의 원수이며, 외국에 대하여 국가를 대표한다.
> ② 행정권은 (㉠)을/를 수반으로 하는 정부에 속한다.

① 대통령
② 국무총리
③ 국회 의원
④ 각부 장관

06 밑줄 친 부분과 성격이 같은 대통령의 권한에 대한 설
116 명으로 가장 적절한 것은?

> 대한민국의 유일한 주권자인 국민은 선거를 통해 선출된 대통령에게 한시적으로 국가 원수이자 행정부 수반의 권한을 위임했고, 대통령은 행정부의 가장 중요한 헌법 기관인 국무 회의의 심의·의결을 통해 국가의 중요한 일을 처리한다. 특히 대통령은 법률에서 위임받은 사항과 법률을 집행하는 데 필요한 부분에 관하여 대통령령을 만들 수 있다.

① 헌법 개정을 발의할 수 있다.
② 다른 나라와 조약을 체결할 수 있다.
③ 긴급 명령과 계엄을 선포할 수 있다.
④ 국회가 의결한 법률안을 거부할 수 있다.
⑤ 국회의 동의를 얻어 헌법 기관의 구성원을 임명할 수 있다.

07 다음 대통령의 권한에 대한 옳은 설명만을 〈보기〉에
117 서 고른 것은?

> • 외국과 조약을 체결한다.
> • 외교 사절을 파견하고 접견한다.

┌─ 보기 ─
ㄱ. 행정부 수반으로서 행사하는 권한이다.
ㄴ. 법률안 거부권과 같은 유형의 권한이다.
ㄷ. 외국에 대하여 국가를 대표하는 권한이다.
ㄹ. 국가 이미지의 상승에 기여할 수 있는 권한이다.

① ㄱ, ㄴ   ② ㄱ, ㄷ   ③ ㄴ, ㄷ
④ ㄴ, ㄹ   ⑤ ㄷ, ㄹ

08 ㉠에 들어갈 대통령의 지위는 무엇인지 쓰시오.
118

> 우리나라의 대통령은 (㉠)(으)로서 행정부를 지휘하고 감독할 수 있는 권한, 국군을 지휘하고 통솔할 수 있는 권한, 공무원을 임명하고 해임할 수 있는 권한 등을 행사한다.

(   )

서술형 문제

09 다음 글을 읽고 물음에 답하시오.
119

> 우리나라에서는 1987년 6월 민주 항쟁의 결과로 제9차 개헌이 이루어졌다. 이후 현재까지 우리나라의 대통령제는 대통령 (㉠) 제도와 ㉡ 5년 단임제를 기본으로 하고 있다.

(1) ㉠에 들어갈 선거 제도는 무엇인지 쓰시오.

_____

(2) 밑줄 친 ㉡의 장점을 서술하시오.

_____
_____

논술형 문제

10 그림에 나타난 대통령의 권한과 국회의 권한을 〈조건〉
120 에 맞게 비교하여 서술하시오.

> 대통령은 국회에서 임명 동의안이 통과되자마자 ○○○ 신임 대법관에 대한 임명장을 수여했습니다. 우리나라의 헌법 재판소장, 국무총리, 감사원장, 대법관 등은 국회의 동의를 얻어 대통령이 임명합니다.

┌─ 조건 ─
대통령의 권한 행사에 국회의 권한이 미치는 영향이 드러나도록 서술한다.

_____
_____
_____

03 법원과 헌법 재판소

❶ 한눈에 쏙

• 사법권의 독립

법원의 독립	조직이나 운영에 대한 외부의 간섭 금지
법관의 독립	헌법, 법률, 양심에 따른 재판

• 법원의 조직

대법원	3심 법원
고등 법원	2심 법원
지방 법원	1심 법원
그 외	특허·가정·행정 법원

• 법원의 권한

재판	공정한 재판을 통한 분쟁 해결
견제	위헌 법률 심사 제청권 (입법부 견제), 명령·규칙·처분 심사권(행정부 견제)

❶ 우리나라 법원의 조직

우리나라 법원은 대법원, 고등 법원, 지방 법원으로 이루어져 있으며, 심급 제도를 운영할 때 3심 제도를 원칙으로 한다.

❷ 대법원의 구성

대법원은 대법원장과 13인의 대법관으로 구성된다. 대법원장은 국회의 동의를 얻어 대통령이 임명하며, 임기는 6년이고 중임할 수 없다.

용어 사전

• 지방 법원 지원 지방 법원의 사무를 나누어 처리하기 위해 그 지역에 설치한 법원

---

❶ 법원의 조직과 권한

1 사법의 의미와 사법권의 독립

(1) 사법(司法)과 법원

① 사법: 분쟁이 발생하였을 때 법을 해석하고 적용하여 판단하는 국가 활동

② 법원(사법부): 재판을 통해 분쟁 해결, 사회 질서 유지 → 궁극적으로 국민의 권리 보호 추구

(2) 사법권의 독립 자료❶

① 의미: 법원의 독립 + 법관의 독립

법원의 독립	법원의 조직이나 운영에 대해 외부의 간섭이나 영향을 받지 않아야 함
법관의 독립	법관은 다른 국가 권력의 간섭을 받지 않고 헌법과 법률에 의해 양심에 따라 독립하여 재판해야 함

② 목적: 공정한 재판을 통한 국민의 기본권 보호

> **교과서 속 자료 읽기 ❶ 우리나라 헌법에 규정된 사법권의 독립**
>
> 제101조 ① 사법권은 법관으로 구성된 법원에 속한다.
> ③ 법관의 자격은 법률로 정한다.
> 제103조 법관은 헌법과 법률에 의하여 그 양심에 따라 독립하여 심판한다.
>
> 제101조 ①항은 법원의 독립을, 제101조 ③항과 제103조는 법관의 독립을 규정하고 있다.

2 법원의 조직

(1) 우리나라의 법원 조직

① 대법원, 고등 법원, 지방 법원 및 각급 법원❶

② 공정한 재판을 위한 심급 제도 운영

  └ 신중하고 공정한 재판을 위해 급이 다른 법원에서 여러 번 재판을 받을 수 있도록 함

(2) 대법원❷

① 사법부의 최고 기관으로, 최종적인 재판을 담당함

② 3심 재판 기관: 고등 법원의 판결에 불복하여 상고한 사건에 대한 3심 재판 담당, 특허 법원의 판결에 불복한 경우에는 2심 재판 담당

(3) 고등 법원

① 2심 재판 기관: 지방·가정·행정 법원의 1심 판결에 불복하여 항소한 사건에 대한 2심 재판 담당

② 예외: 지방 자치 단체의 장 및 지방 의회 의원 선거에 대해서는 선거의 효력에 관한 1심 재판 담당

(4) 지방 법원 및 ˙지방 법원 지원

① 법적 분쟁을 해결하기 위한 사건을 처음 재판하는 기관

② 1심 재판 기관: 개인 간의 다툼을 해결하는 민사 재판이나 범죄의 유무를 결정하는 형사 재판의 1심 재판 담당

---

(4) 그 외
① 특허 법원: 특허권과 관련된 사건 담당
② 가정 법원: 이혼, 입양, 상속과 같은 가사 사건이나 소년 보호 사건 담당
③ 행정 법원: 국가 기관의 잘못된 행정 작용 등 행정 관련 사건 담당

3 법원의 권한 ❸
(1) 공정한 **재판**을 통한 분쟁 해결: 법원의 가장 핵심적인 권한
(2) *위헌 법률 심사 제청권: 재판 중인 사건에 적용할 법률이 헌법에 위반되는지 헌법 재판소에 심판을 제청함 → 입법부에 대한 견제 수단
(3) *명령·규칙·처분 심사권: 명령이나 규칙 등이 헌법과 법률에 어긋나는지 대법원이 최종적으로 심사함 → 행정부에 대한 견제 수단

❷ 헌법 재판소의 지위와 역할
(1) 헌법 재판소의 지위: 독립된 국가 기관

헌법 수호 기관		기본권 보장 기관
헌법 재판을 통해 헌법 질서 보호	+	헌법에 위반되는 법률이나 공권력에 의해 침해된 국민의 기본권 구제

(2) 헌법 재판소의 구성: 대통령이 임명하는 9인의 재판관으로 구성됨
            └ 국회 선출 3인, 대통령 지명 3인, 대법원장 지명 3인으로 구성하여 정치적 중립의 유지를 추구함
(3) 헌법 재판소의 역할 ❹ 〔이슈〕

구분	청구 주체	내용
위헌 법률 심판	법원	재판에 적용되는 법률이 헌법에 위반되는지가 문제가 되는 경우 위반 여부를 판단함
헌법 소원 심판	국민	법률이나 공권력이 국민의 기본권을 침해했는지 여부를 판단함
탄핵 심판	국회	대통령을 포함한 고위 공무원을 국회에서 파면하기로 했을 때 그 여부를 결정함
정당 해산 심판	정부	정당의 목적이나 활동이 민주적 기본 질서에 어긋날 때 그 정당의 해산 여부를 결정함
권한 쟁의 심판	국가 기관	국가 기관이나 지방 자치 단체 사이에 발생한 권한 다툼을 해결함

🌸 생활 속 이슈 읽기   헌법 재판소는 어떤 결정을 했을까

○○ 신문   2013년 9월 2일

  헌법 재판소는 창립 25주년을 맞아 일반 국민을 대상으로 '헌법 재판소의 주요 결정 열 가지'를 뽑는 설문 조사를 실시하였다. 그 결과 '친일 재산 몰수 규정 합헌 결정'이 1위를 차지하였다. 이 결정은 2011년 헌법 재판소가 "친일 재산 환수 규정이 대한민국 임시 정부의 법통 계승을 선언한 헌법 전문 등에 비추어 소급 입법 금지 원칙에 어긋나지 않는다."라고 판시한 결정이다.

헌법은 우리나라의 최고 법이지만, 시대의 변화에 맞지 않는 내용을 담고 있거나 그 내용을 두고 서로 해석이 달라 다툼이 생기는 경우도 발생한다. 이에 우리나라는 헌법과 관련된 분쟁을 다루는 특별 재판소로서 헌법 재판소를 설치하였고, 헌법 재판소는 '친일 재산 몰수 규정 합헌 결정'과 같이 시대의 변화를 이끄는 다양한 판단을 내려 왔다.

---

❸ 국가 기관 간의 견제 수단

구분	견제 수단
국회 → 정부	국정 감사권, 탄핵 소추권
정부 → 국회	법률안 거부권
법원 → 국회	위헌 법률 심사 제청권
국회 → 법원	대법원장 임명 동의권, 탄핵 소추권
법원 → 정부	명령·규칙·처분 심사권
정부 → 법원	대법관 임명권, 사면권

❷ 한눈에 쏙

• 헌법 재판소의 지위

헌법 수호 기관	헌법 재판 → 헌법 질서 보호
기본권 보장 기관	법률, 공권력에 의해 침해된 기본권 구제

• 헌법 재판소의 역할

위헌 법률 심판	법률의 헌법 위반 여부 판단
헌법 소원 심판	공권력의 기본권 침해 여부 판단
탄핵 심판	고위 공무원의 파면 여부 판단
정당 해산 심판	위헌 정당 해산 여부 판단
권한 쟁의 심판	국가 기관 간 권한 다툼 해결

❹ 법원의 재판과 헌법 재판소의 재판의 차이

법원의 재판은 재판 결과가 재판을 받은 당사자에게만 효력을 미치지만, 헌법 재판은 당사자뿐 아니라 모든 국가 기관이 그 재판 결과에 따라야 한다.

용어 사전

• **위헌 법률 심사 제청권** 법률이 헌법에 위반되는지의 여부가 재판의 전제가 된 경우 각급 법원이 헌법 재판소에 위헌 법률 심판을 제청할 수 있는 권한
• **명령·규칙·처분 심사권** 행정부의 명령·규칙·처분이 헌법과 법률에 위반되는지 여부가 재판의 전제가 되는 경우 대법원이 최종적으로 이를 심사할 수 있는 권한

주제별·유형별 대표문제 | ❶ **법원의 조직과 권한**

• 정답 및 해설 **11**쪽

차근차근 기본 다지기

01 빈칸에 들어갈 용어를 쓰시오.
121
(1) 분쟁을 해결하고, 범죄자를 처벌하기 위해 법을 해석하고 적용하는 것을 (　　　　)(이)라고 한다.
(2) (　　　　)은/는 법의 해석과 적용을 통해 분쟁을 해결하고 사회 질서를 유지함으로써 궁극적으로 국민의 권리를 보호한다.
(3) (　　　　)은/는 고등 법원의 판결에 불복하여 상고한 사건을 재판한다.

02 다음 설명이 옳으면 ○표, 틀리면 ✕표 하시오.
122
(1) 사법부는 개인과 개인 사이의 일을 다루는 사법적 영역의 일만 담당한다. (　　　)
(2) 사법권의 독립은 신속하고 효율적인 재판의 실현을 목적으로 한다. (　　　)
(3) 이혼, 상속과 관련한 사건은 가정 법원에서 담당한다. (　　　)

03 다음 사건을 담당하는 법원의 명칭을 쓰시오.
123
(1)

특별한 기능을 가진 안마기를 개발해서 특허를 받았는데, 다른 사람이 그 안마기와 기능이 유사한 제품을 만들어 팔아서 제가 큰 손해를 보고 있습니다.

(　　　　　　)

(2)

형이 장남이라는 이유로 부모님께 물려받은 재산을 혼자서 모두 가지려고 합니다.

(　　　　　)

04 법원의 역할이 <u>아닌</u> 것은?
124
① 법을 통해 국민의 권리를 보호한다.
② 공정한 재판을 통해 분쟁을 해결한다.
③ 법률이 헌법에 위반되는지 여부를 판단한다.

05 다음 우리나라 헌법 조항의 목적으로 가장 적절한 것은?
125

> 제103조 법관은 헌법과 법률에 의하여 그 양심에 따라 독립하여 심판한다.

① 신속한 재판
② 개인의 양심 존중
③ 사법부의 권한 강화
④ 국민의 기본권 보호

[06-07] 그림은 우리나라의 심급 제도를 나타낸 것이다. 이를 보고 물음에 답하시오.

06 ㉠, ㉡에 들어갈 용어를 옳게 연결한 것은?
`126`

	㉠	㉡
①	항소	상고
②	항소	상소
③	항고	상고
④	항고	상소
⑤	재항고	항고

07 위 제도에 대한 설명으로 옳은 것은?
`127`
① ㈎의 판사는 항상 3명으로 이루어진다.
② ㈏는 행정 법원의 1심 판결에 불복한 사건일 경우 고등 법원에서 진행된다.
③ ㈐는 헌법 재판소에서 이루어진다.
④ ㈎ 또는 ㈏ 단계에서는 사건이 종결될 수 없다.
⑤ 반드시 한 사건당 세 번의 재판을 해야 한다.

08 다음 사례들을 공통으로 담당하는 법원의 종류는 무엇인지 쓰시오.
`128`

> • 만 13세인 A는 다른 사람의 재물을 훔친 혐의로 재판을 받게 되었다.
> • 부부 사이인 B와 C는 심하게 다툰 후 결국 이혼하기로 결정하였다.

( )

서술형 문제
09 그림은 우리나라 법원의 조직을 나타낸 것이다. 이를 보고 물음에 답하시오.
`129`

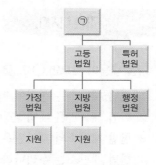

(1) ㉠에 들어갈 법원의 종류를 쓰시오.

_____

(2) ㉠이 담당하는 재판의 내용을 <u>두 가지</u> 서술하시오.

_____

_____

논술형 문제
10 다음 법원의 권한이 추구하는 목적을 〈조건〉에 맞게 서술하시오.
`130`

> • 재판 중인 사건에 적용할 법률이 헌법에 위반되는지 헌법 재판소에 심판을 제청할 수 있다.
> • 명령이나 규칙이 헌법과 법률에 어긋나는지 대법원이 최종적으로 심사할 수 있다.

> ┌ 조건 ┐
> • 각 권한의 명칭을 밝힌다.
> • 각 권한의 개별적인 목적과 공통적인 목적을 모두 포함하여 서술한다.

_____

_____

_____

_____

2 헌법 재판소의 지위와 역할

차근차근 기본 다지기

01 다음 내용이 맞으면 ○표, 틀리면 ✕표 하시오.
131
(1) 헌법 재판소는 헌법에 따라 기본권을 제한하기 위한 기관이다. (   )
(2) 헌법 재판관은 대법원장이 임명한다. (   )
(3) 헌법 재판소의 재판관은 9인의 재판관으로 구성된다. (   )
(4) 헌법 재판소는 우리나라의 최고 법원으로 최종적인 재판을 담당한다. (   )

02 다음 괄호 안의 내용 중 알맞은 것에 ○표 하시오.
132
(1) 탄핵 심판의 청구 주체는 (국회, 법원)이다.
(2) 헌법 소원 심판의 청구 주체는 (국민, 정부)이다.
(3) 정당 해산 심판의 청구 주체는 (법원, 정부)이다.

03 다음 헌법 재판소의 역할과 그 내용을 바르게 연결하시오.
133
(1) 탄핵 심판 •   • ㉠ 고위 공무원의 파면 여부 결정
(2) 위헌 법률 심판 •   • ㉡ 법률이나 공권력의 기본권 침해 여부 결정
(3) 헌법 소원 심판 •   • ㉢ 재판에 적용되는 법률의 헌법 위반 여부 결정

04 헌법 재판소에 헌법 소원 심판을 청구할 수 있
134 는 주체로 옳은 것은?

① 정부
② 법원
③ 기본권을 침해당한 국민

05 다음에서 설명하는 헌법 재판소의 역할로 옳은
135 것은?

> 국가 기관이나 지방 자치 단체 사이에 권한 다툼이 발생했을 때 이를 해결하기 위한 것으로, 국가 기관의 청구에 따라 이루어진다.

① 탄핵 심판
② 권한 쟁의 심판
③ 위헌 법률 심판
④ 정당 해산 심판

06 다음 사례에 대한 설명으로 옳지 <u>않은</u> 것은?
136

> 「공직 선거법」을 위반하여 재판을 받던 A는 해당 법 조항이 헌법에 어긋난다며 헌법 재판소에 (㉠)을/를 청구해 달라고 판사에게 요청하였다.

① ㉠은 위헌 법률 심판이다.
② ㉠은 재판이 전제가 된다.
③ ㉠은 정부가 청구 주체가 된다.
④ ㉠은 헌법 질서를 보호하기 위한 수단이다.
⑤ 해당 법률이 헌법에 위배된다고 결정되면 판결 즉시 효력을 잃는다.

07 다음 사례에 대한 옳은 설명만을 〈보기〉에서 고른 것은?
137

> A는 구치소에 마음껏 다리를 뻗기 어려울 정도로 많은 사람을 수용한 것은 (㉠)을/를 침해하는 행위라며 헌법 재판소에 (㉡)을/를 청구하였다. 이에 헌법 재판소가 구치소의 행위에 대해 위헌이라고 결정하였다.

┌ 보기 ┐
ㄱ. ㉠은 기본권이다.
ㄴ. ㉡은 헌법 소원 심판이다.
ㄷ. ㉡은 법원이 청구할 수 있다.
ㄹ. 구치소의 행위는 사법 작용에 해당한다.
└─────┘

① ㄱ, ㄴ　　② ㄱ, ㄷ　　③ ㄴ, ㄷ
④ ㄴ, ㄹ　　⑤ ㄷ, ㄹ

08 다음은 헌법 재판소의 결정문이다. 이를 통해 알 수 있는 헌법 재판소의 역할은 무엇인지 쓰시오.
138

> 청 구 인 　국회
> 피청구인 　대통령 ○○○
> 선고 일시 　2017. 3. 10.
> 주　　문 　피청구인 대통령 ○○○을 파면한다.

(　　　　)

서술형 문제
09 다음 신문 기사에 나타난 헌법 재판소의 역할을 서술하시오.
139

> ○○ 신문　　　　　　　　2013년 11월 5일
>
> ○○당에 대한 해산 심판 청구서가 헌법 재판소에 제출되었다. 헌법 재판소 관계자는 "오늘 ○○당 해산 심판 청구와 정당 활동 정지 가처분 신청이 헌법 재판소에 정식 접수되었다."라고 밝혔다. 청구 취지에는 ○○당 소속 국회 의원의 의원직 자격 상실 요구 내용도 포함되었다.

―――――――――――――――――――
―――――――――――――――――――

논술형 문제
10 다음 글에 나타난 헌법의 기본 원리와 헌법 재판소의 권한 쟁의 심판이 공통으로 추구하는 목적을 서술하시오.
140

> 우리나라 헌법에서는 국가 권력을 서로 다른 기관이 나누어 맡도록 하고, 각 국가 기관에 서로 다른 국가 기관을 견제할 수 있는 권한을 부여하고 있다.

―――――――――――――――――――
―――――――――――――――――――
―――――――――――――――――――
―――――――――――――――――――

01 국회

01 **다음과 같은 위상을 지닌 국가 기관으로 옳은 것은?**
141

• 국민의 대표 기관
• 법률을 제정하는 입법 기관
• 국가 권력을 감시하고 견제하는 기관

① 국회　　　　　② 법원
③ 감사원　　　　④ 행정부
⑤ 헌법 재판소

02 **㉠에 들어갈 조직이나 기관으로 적절하지 않은 것은?**
142

우리나라의 국회는 법률을 만들거나 고치는 국가 기관으로 (㉠) 등으로 구성된다.

① 본회의　　　　② 국무총리
③ 교섭 단체　　　④ 상임 위원회
⑤ 특별 위원회

03 **비례 대표 국회 의원에 대한 설명으로 옳지 않은 것은?**
143
① 자격과 임기는 지역구 국회 의원과 동일하다.
② 국민을 대표하여 국가의 중요한 의사를 결정한다.
③ 각 지역 선거구에서 가장 많은 표를 얻어 선출된다.
④ 선거에서 각 정당이 얻은 득표수에 비례하여 선출된다.
⑤ 정당의 득표율을 의석에 정확하게 반영하기 위해 선출한다.

04 **밑줄 친 ㉠~㉢ 중 옳지 않은 것은?**
144

국회는 국민이 선출하는 ㉠ 임기 4년의 국회 의원으로 구성되며, ㉡ 국회 의원의 연임은 불가능하다. 국회 의원은 ㉢ 지역구 국회 의원과 비례 대표 국회 의원으로 나뉜다. 국회 의원 중 국회를 대표하는 ㉣ 국회 의장 1명, 부의장 2명을 국회 내에서 선출한다. ㉤ 국회의 최종적인 의사 결정은 본회의에서 이루어진다.

① ㉠　　　　② ㉡　　　　③ ㉢
④ ㉣　　　　⑤ ㉤

05 **다음 사례에 나타난 국회의 기능으로 가장 적절한 것은?**
145

지역구 국회 의원인 A는 최근 지역구에 있는 재래시장을 찾아 상인들과 면담하였다. 면담 과정에서 상인들의 다양한 어려움을 알게 된 A는 이를 개선하기 위한 법률안을 마련하였다.

① 법률을 제정 및 개정한다.
② 행정부를 감시하고 견제한다.
③ 특정 이익 집단의 이익을 추구한다.
④ 개인이나 집단 간의 분쟁을 조정한다.
⑤ 국정 전반에 관한 국정 감사를 실시한다.

06 **밑줄 친 ㉠, ㉡을 국회에 두고 있는 공통적 목적으로**
146 **가장 적절한 것은?**

국회에는 본회의에서 결정할 전문 분야별 안건에 대해 미리 조사하고 심의하는 상설 위원회인 ㉠ 상임 위원회가 존재한다. 또한 특정한 정책이나 안건을 심사하기 위해 일시적으로 활동하는 ㉡ 특별 위원회도 있다.

① 다른 국가 기관을 견제하기 위해
② 국회 의원을 지휘하고 감독하기 위해
③ 직접 민주제적 요소를 도입하기 위해
④ 효율적이고 전문적인 의사 결정을 하기 위해
⑤ 본회의 시간을 늘려 신중한 의사 결정을 하기 위해

07
147 다음 글에서 설명하는 국회의 조직에서 일반적으로 안건이 의결되기 위한 조건으로 옳은 것은?

> 법률안과 예산안 등 중요한 의사를 최종 결정하는 기구로, 매년 1회 열리는 정기회와 필요한 경우에 운영되는 임시회가 있다.

① 재적 의원 전원의 출석과 출석 의원 전원의 찬성
② 재적 의원 전원의 출석과 출석 의원 과반수의 찬성
③ 재적 의원 과반수의 출석과 출석 의원 전원의 찬성
④ 재적 의원 과반수의 출석과 출석 의원 과반수의 찬성
⑤ 재적 의원 2/3 이상의 출석과 출석 의원 과반수의 찬성

08
148 우리나라의 법률 제정 절차에 대해 **잘못** 말한 사람은?

① 갑: 국회 의원 10인 이상이 법률안을 제출할 수 있어.
② 을: 국회 의장은 상임 위원회를 거친 법률안을 본회의에 상정해.
③ 병: 국회 의장이 직접 본회의로 법률안을 상정하기도 해.
④ 정: 국회 본회의에서 재적 의원 과반수의 출석과 출석 의원 과반수의 찬성으로 법률안이 통과돼.
⑤ 무: 본회의를 통과한 법률안은 대통령이 15일 이내에 공포해야 하며, 대통령은 공포를 거부할 수 없어.

09
149 다음과 같은 배경에서 부여된 국회의 권한으로 적절한 것만을 〈보기〉에서 고른 것은?

> 국가 예산은 국민의 세금을 전제로 하므로 국민의 의사를 반영하고 재산권을 보호하기 위해 법률에 근거하도록 규정한다.

• 보기 •
ㄱ. 결산 심사
ㄴ. 조약 체결 동의
ㄷ. 예산안 심의·확정
ㄹ. 탄핵 소추 의결

① ㄱ, ㄴ ② ㄱ, ㄷ ③ ㄴ, ㄷ
④ ㄴ, ㄹ ⑤ ㄷ, ㄹ

10
150 다음 글에서 설명하는 역할을 직접 실현하기 위한 국회의 권한으로 적절한 것만을 〈보기〉에서 있는 대로 고른 것은?

> 국회는 국민의 대표 기관으로서 국정 전반을 감시하고 견제하는 역할을 한다.

• 보기 •
ㄱ. 법률 제·개정권
ㄴ. 탄핵 소추 의결권
ㄷ. 주요 공무원 임명 동의권
ㄹ. 국정 감사 및 국정 조사권
ㅁ. 헌법 개정안 제안 및 의결권

① ㄱ, ㄷ ② ㄴ, ㄹ ③ ㄷ, ㅁ
④ ㄴ, ㄷ, ㄹ ⑤ ㄴ, ㄹ, ㅁ

11 다음 사례에 나타난 국회의 권한으로 적절한 것은?
151

> 국회는 본회의를 열고 ○○○ 국무총리 후보자 임명에 대한 동의안 투표를 실시하였다.

① 조약 체결 동의권
② 법률의 제정 및 개정권
③ 국정 감사 및 국정 조사권
④ 헌법 기관 구성원 임명 동의권
⑤ 헌법 개정안의 제안 및 의결권

02 대통령과 행정부

12 다음에서 설명하는 국가 기관을 구성하는 요소로 옳
152 지 않은 것은?

> 국민의 대표에 의해 제정된 법률을 바탕으로 행정 작용을 담당하는 국가 기관으로서 국민의 편의와 안전, 복지 등을 추구한다.

① 국회   ② 대통령
③ 국무총리   ④ 행정 각부
⑤ 국무 회의

13 (개)~(대)에 나타난 임명 및 선출 방식과 행정부의 구성
153 원을 옳게 연결한 것은?

> (개) 국민이 직접 선거를 통해 선출한다.
> (내) 국회의 동의를 얻어 대통령이 임명한다.
> (대) 국무 위원 중에서 국무총리의 제청으로 대통령이 임명한다.

	(개)	(내)	(대)
①	대통령	국무총리	행정 각부의 장
②	대통령	행정 각부의 장	국무총리
③	행정 각부의 장	대통령	국무총리
④	행정 각부의 장	국무총리	대통령
⑤	국무총리	대통령	행정 각부의 장

14 다음에서 설명하는 정부 조직의 의장과 부의장을 옳
154 게 연결한 것은?

> • 행정부의 최고 심의 기관이다.
> • 법률의 제정안과 개정안, 예산안과 같이 행정부의 중요한 정책을 논의한다.

	의장	부의장
①	대통령	국무총리
②	대통령	국회 의장
③	대통령	행정 각부의 장
④	국무총리	국회 의장
⑤	국무총리	행정 각부의 장

15 (개), (내)의 역할을 수행하는 행정 각부를 옳게 연결한
155 것은?

> (개) 학생 참여형 수업을 실시하고 학생의 소질과 적성을 키울 수 있는 다양한 체험 활동을 운영할 수 있도록 중학교에서 자유학기제를 실시하게 한다.
> (내) 학교 앞 어린이 보호 구역에서 시속 30km 이하로 속도를 제한하고 과속 방지턱을 추가 설치하여 어린이 안전사고를 예방한다.

	(개)	(내)
①	교육부	고용 노동부
②	교육부	행정 안전부
③	교육부	보건 복지부
④	보건 복지부	행정 안전부
⑤	기획 재정부	교육부

16 감사원에 대한 옳은 설명만을 〈보기〉에서 고른 것은?

> •보기•
> ㄱ. 국무총리 소속의 기관이다.
> ㄴ. 공무원에 대한 감찰권을 가진다.
> ㄷ. 정부 기관에 대한 회계 감사권을 가진다.
> ㄹ. 법률의 제·개정안 및 예산안 등 행정부의 중요한 정책을 심의한다.

① ㄱ, ㄴ ② ㄱ, ㄷ ③ ㄴ, ㄷ
④ ㄴ, ㄹ ⑤ ㄷ, ㄹ

17 밑줄 친 '이 기관'에 대한 설명으로 옳은 것은?

> 이 기관은 행정부와 공무원들이 자신의 업무를 바르게 처리하고 있는지, 국가 예산이 꼭 필요한 분야의 목적에 맞게 사용되고 있는지를 조사하고, 잘못된 부분이 있으면 고치도록 한다.

① 대통령을 도와 각부를 총괄한다.
② 대통령 직속 기관으로, 독립적인 지위를 가진다.
③ 행정부의 권한에 속하는 국가의 중요한 정책을 심의한다.
④ 국민이 직접 선출한 대표로서, 행정부의 최고 책임자이다.
⑤ 국가 행정을 나누어 각자 맡은 구체적인 사무를 전문적으로 처리한다.

18 현대 복지 국가에서 나타나고 있는 현상으로 가장 적절한 것은?

① 행정부의 필요성이 약화되고 있다.
② 권력 분립의 원칙이 엄격하게 지켜지고 있다.
③ 국민의 대표 기관으로서 국회의 권한이 강화되고 있다.
④ 행정부에 비해 국회의 역할이 상대적으로 커지고 있다.
⑤ 빈곤, 질병, 노동 문제 등 여러 가지 사회 문제를 해결하기 위해 행정부가 개입하는 일이 많아지고 있다.

19 밑줄 친 ㉠을 행사한 사례만을 〈보기〉에서 고른 것은?

> 우리나라의 대통령은 ㉠ 국가 원수로서의 권한과 행정부 수반으로서의 권한을 동시에 행사한다.

> •보기•
> ㄱ. 국회의 동의를 얻어 대법원장을 임명하였다.
> ㄴ. 국회에서 의결된 법률안에 거부권을 행사하였다.
> ㄷ. 우리나라를 방문한 인도네시아 대통령을 접견하였다.
> ㄹ. 새 국토 교통부 장관을 임명하면서 서민 주거 안정을 당부하였다.

① ㄱ, ㄴ ② ㄱ, ㄷ ③ ㄴ, ㄷ
④ ㄴ, ㄹ ⑤ ㄷ, ㄹ

20 다음 신문 기사를 통해 알 수 있는 대통령의 권한으로 적절한 것은?

> ○○ 신문   20○○년 ○○월 ○○일
>
> 대통령은 2박 4일 일정으로 A국을 국빈 자격으로 방문하기 위해 출국하였다. 이번 방문을 계기로 A국과 조약을 체결할 예정이며, 각종 협약 및 계약 체결로 양국 간에 다양한 교류가 증진될 것이다.

① 선전 포고권   ② 국군 통수권
③ 계엄 선포권   ④ 조약 체결권
⑤ 공무원 임면권

21 다음 사례를 통해 알 수 있는 대통령의 권한으로 가장
161 적절한 것은?

> 대통령은 관계 부처 장관 등 국무 위원들과 장시간 회의를 진행하였다. 회의에서는 최근 발생한 아동 학대 문제의 심각성을 인지하고 이를 해결하기 위한 대책을 심의하였다.

① 국가 원수로서 행정부를 지휘·감독한다.
② 국군의 최고 사령관으로서 국군을 지휘하고 통솔한다.
③ 외교나 국방 등 중요 정책의 결정을 위해 국민 투표를 실시한다.
④ 행정 각부의 장 등 법률이 정한 공무원을 임명하거나 해임한다.
⑤ 국무 회의의 의장으로서 국가의 중요한 정책을 심의하고 결정한다.

22 표는 대통령의 일정을 가상으로 나타낸 것이다. 밑줄
162 친 ㉠~㉤ 중 옳지 않은 것은?

월	㉠ 국무 회의에 참석하였다.
화	㉡ 국무총리에 대한 탄핵 소추를 의결하였다.
수	㉢ 국회의 동의를 얻어 대법원장을 임명하였다.
목	㉣ 전방 군부대를 방문하여 장병을 격려하였다.
금	㉤ 프랑스 대통령을 접견하였다.

① ㉠   ② ㉡   ③ ㉢
④ ㉣   ⑤ ㉤

23 대통령의 권한 중 나머지 넷과 성격이 다른 것은?
163
① 전쟁을 선포한다.
② 헌법 개정을 발의한다.
③ 법률안 거부권을 행사한다.
④ 외국과의 조약을 체결한다.
⑤ 긴급 명령권과 계엄 선포권을 행사한다.

03 법원과 헌법 재판소

24 ㉠의 사례로 가장 적절한 것은?
164

> (㉠)은/는 법을 해석하고 적용하여 판단하는 국가의 활동으로, 법원이 사법부로서 담당한다.

① 맞벌이 가정의 돌봄 공백을 방지하기 위해 돌봄 교실 운영을 확대하였다.
② 학교 폭력을 예방하기 위해 「학교 폭력 예방 및 대책에 관한 법률」을 제정하였다.
③ 무인 단속 카메라가 규정 속도 이상으로 달리는 자동차를 적발하여 벌금을 매겼다.
④ A는 최근 이사한 집이 속해 있는 주민 센터에 방문해 주소 이전과 전입 신고를 하였다.
⑤ 재판부는 말싸움 끝에 직장 동료를 폭행한 B에게 형법을 적용하여 벌금 300만 원을 선고하였다.

25 사법(司法) 작용과 사법부에 대한 설명으로 옳지 않은
165 것은?
① 법원은 사법 작용을 담당하는 국가 기관이다.
② 법원이 궁극적으로 추구하는 것은 국민의 권리 보호이다.
③ 법원은 재판을 통해 분쟁을 해결하고 사회 질서를 유지한다.
④ 사법권의 독립은 법원이 독립되어 있음을 의미하며 법관의 독립과는 관계가 없다.
⑤ 분쟁이 발생하였을 때 법을 해석하고 적용하여 판단하는 국가 활동을 사법이라고 한다.

26 　㉠, ㉡에 들어갈 용어를 옳게 연결한 것은?

> 　사람들 사이에 다툼이 있거나 범죄가 발생했을 때 국가는 분쟁을 해결하고 사회 질서를 유지하기 위해 법을 해석하고 구체적 사건에 적용한다. 이렇게 법을 적용하여 판단하는 국가 활동을 (　㉠　)(이)라고 하며, 이 역할을 담당하는 곳은 (　㉡　)(이)다.

	㉠	㉡
①	입법	국회
②	입법	헌법 재판소
③	행정	행정부
④	사법	법원
⑤	사법	헌법 재판소

27 　다음 교사의 질문에 옳게 대답한 학생은?

법원은 어떤 일을 담당하는 기관인가요?

① 갑: 법을 집행합니다.
② 을: 국민을 위한 정책을 마련하고 실행합니다.
③ 병: 시민의 권리를 구제하고 법질서를 유지합니다.
④ 정: 국민의 대표 기관으로서 국민의 의사를 반영한 법률을 만듭니다.
⑤ 무: 헌법 기관 구성원의 임명에 대한 동의권을 행사하여 대통령의 인사권을 견제합니다.

28 　법원의 기능으로 적절하지 않은 것은?

① 공정한 재판을 통해 분쟁을 해결한다.
② 국민의 다양한 요구와 의사를 반영하여 법률을 제정한다.
③ 행정부와 입법부를 견제하여 국민의 기본권을 보장한다.
④ 법률의 헌법 위반 여부에 대해 헌법 재판소에 심판을 제청한다.
⑤ 명령이나 규칙이 헌법과 법률에 어긋나는지 대법원에서 심사한다.

★29 　밑줄 친 '이 법원'에 대한 설명으로 옳은 것은?

> 　우리나라의 법원은 최고 법원인 이 법원과 그 밑에 고등 법원과 특허 법원, 고등 법원 밑에 지방 법원, 가정 법원, 행정 법원으로 조직된다.

① 헌법 재판소이다.
② '이 법원'의 장은 국민이 선거를 통해 선출한다.
③ 지방 법원의 1심 판결에 대한 항소 사건을 재판한다.
④ 특허 법원의 판결에 불복한 경우 2심 재판을 담당한다.
⑤ 지방 선거에서 선거의 효력에 관한 1심 재판을 담당한다.

30 　다음은 우리나라 법관의 임용 선서이다. ㉠에 들어갈 말로 가장 적절한 것은?

> 　본인은 법관으로서, 헌법과 법률에 의하여 (　㉠　)에 따라 공정하게 심판하고, 법과 윤리 강령을 준수하며, 국민에게 봉사하는 마음가짐으로 직무를 성실히 수행할 것을 엄숙히 선서합니다.

① 여론　　　② 명령　　　③ 언론
④ 양심　　　⑤ 투표

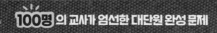

31 (가), (나)에서 설명하는 법원을 옳게 연결한 것은?
171

> (가) 이혼, 양자, 상속과 같은 가사 사건이나 소년 보호 사건을 담당하여 재판한다.
> (나) 국가 기관의 잘못된 행정 작용 등 행정과 관련된 사건을 담당하여 재판한다.

	(가)	(나)
①	대법원	고등 법원
②	가정 법원	특허 법원
③	가정 법원	행정 법원
④	지방 법원	행정 법원
⑤	특허 법원	지방 법원의 지원

32 ㉠에 들어갈 사법부의 권한으로 적절한 것만을 〈보기〉
172 에서 고른 것은?

> 사법부는 (㉠)을 통해 입법부와 행정부를 견제함으로써 국민의 기본권을 보장하고자 한다.

┌─ 보기 ─────────────┐
ㄱ. 법률안 거부권
ㄴ. 국정 감사 및 조사권
ㄷ. 위헌 법률 심사 제청권
ㄹ. 명령·규칙·처분 심사권
└──────────────┘

① ㄱ, ㄴ   ② ㄱ, ㄷ   ③ ㄴ, ㄷ
④ ㄴ, ㄹ   ⑤ ㄷ, ㄹ

33 헌법 재판소에 대한 설명으로 옳은 것은?
173
① 우리나라의 최고 법원이다.
② 헌법의 위반과 관련된 사항을 심판한다.
③ 9인의 재판관은 모두 대통령이 지명하고 임명한다.
④ 헌법 재판소의 결정은 재판관 9인의 만장일치로 이루어진다.
⑤ 헌법 재판소가 위헌이라고 결정한 법률은 대통령의 공포 후에 효력을 상실한다.

34 (가)에 들어갈 내용으로 가장 적절한 것은?
174

> 〈수업 주제: 헌법 재판소〉
>
> 1. 설치: 1987년 헌법 개정 이후 법원과 별도로 독립된 기관으로 설치됨
> 2. 특징: 국회에서 제정하는 법률로도, 대통령이나 정부의 명령으로도 폐지할 수 없음
> 3. 성격: _____(가)_____

① 입법 기관
② 기본권 보장 기관
③ 국민의 대표 기관
④ 공권력 보장 기관
⑤ 행정부의 최고 감사 기관

35 다음 사례에 나타난 헌법 재판소의 권한에 대한 설명
175 으로 옳은 것은?

> 인터넷에서 표현의 자유를 침해한다는 비판을 받아 온 '인터넷 실명제'에 대하여 위헌 결정이 내려졌다. 헌법 재판소는 인터넷 사이트 게시판에 인적 사항을 등록한 후 댓글이나 게시글을 남길 수 있도록 한 법률 조항에 대하여 재판관 전원 일치로 위헌 결정을 내렸다.

① 정당이 헌법에 위반되는 활동을 할 때 해산 여부를 결정한다.
② 법률이 국민의 기본권을 침해하고 헌법에 위반되는지를 판단한다.
③ 국회에서 고위 공무원을 파면하기로 의결했을 때 그 여부를 결정한다.
④ 국가 기관 간에 권한의 다툼이 있을 때 권한이 누구에게 있는지 판단한다.
⑤ 지방 자치 단체 사이에 권한의 다툼이 있을 때 권한이 누구에게 있는지 판단한다.

36 (가), (나)의 선출 방식을 비교하여 서술하시오.
[176]

> (가) 지역구 국회 의원
> (나) 비례 대표 국회 의원

_____

_____

37 다음 우리나라 헌법 조항을 읽고 물음에 답하시오.
[177]

> 제66조 ④ 행정권은 대통령을 수반으로 하는 정부에 속한다.

(1) 위 헌법 조항에 나타난 대통령의 지위는 무엇인지 쓰시오.

_____

(2) (1)의 지위에 따른 대통령의 권한을 두 가지 이상 서술하시오.

_____

_____

38 다음 내용이 공통으로 추구하는 목적을 서술하시오.
[178]

> • 법원의 조직은 법률에 따라 독자적으로 구성되고, 법관의 임기와 신분은 헌법으로 보장된다.
> • 법관은 외부의 간섭이나 압력을 받지 않고 헌법과 법률에 의해 양심에 따라 독립하여 심판한다.

_____

_____

39 다음 신문 기사를 통해 알 수 있는 헌법 재판소의 권한을 서술하시오.
[179]

> ○○ 신문   2005년 2월 4일
>
> 현행 호주제가 헌법에 위반된다는 헌법 재판소의 결정이 나왔다. 헌법 재판소 전원 재판부는 호주제를 규정한 민법에 대하여 헌법 불합치 결정을 내렸다. 재판부는 결정문에서 "호주제는 남자를 중심으로 가족을 구성하도록 규정하고 있는데, 이는 성 역할에 관한 고정 관념에 기초한 남녀 차별적 제도이며, 많은 가족들에게 고통과 불편을 주는 제도로서 양성평등과 개인 존엄을 규정한 헌법 제36조 ①항에 위반된다."라고 밝혔다. 이번 결정은 2001년 4월 ○○ 법원이 헌법 재판소에 심판을 제청하면서 시작되어 4년 만에 결론이 내려졌다.

_____

_____

40 그림에 나타난 국가 기관의 권한들이 공통으로 추구하는 목적을 서술하시오.
[180]

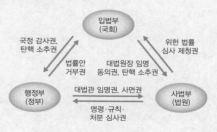

_____

_____

경제생활과 선택

01 경제 활동과 경제 체제

❶ 경제 활동

1 경제 활동의 의미: 재화나 서비스를 생산·분배·소비하는 활동

2 경제 활동의 주체❶

(1) **가계:** 소비 활동의 주체, 기업에 생산 요소 제공

(2) **기업:** 생산 활동의 주체, 재화와 서비스를 생산하여 공급

(3) **정부:** 가계나 기업으로부터 거둔 세금으로 °공공재 및 °사회 간접 자본 제공
└ 개인이 비용을 지불하지 않아도 여러 사람이 동시에 이용할 수 있는 성격을 가지고 있어 시장에서 이익을 얻기 어려움

3 경제 활동의 목적: 필요와 욕구 충족

(1) **필요(need):** 인간의 생존을 위해 반드시 충족되어야 하는 것

(2) **욕구(want):** 인간의 생존을 위해 반드시 충족되어야 하는 것은 아니지만, 더 나은 삶을 위해 충족되기를 원하는 것

4 경제 활동의 대상

재화	인간에게 필요한 구체적인 형태가 있는 물건 예 옷, 가방 등
서비스	생활에 도움을 주는 인간의 가치 있는 행위 예 의사의 진료, 음악가의 연주, 교사의 수업 등

5 경제 활동의 종류 ┌ 참의 상품의 제조뿐만 아니라 운반, 저장, 판매 활동도 포함함

생산	생활에 필요한 재화와 서비스를 만들거나, 그 가치를 높이는 활동 예 공장에서 물건 제작, 의사의 진료 등
분배	생산 요소를 제공하고 생산 과정에 참여한 대가를 받는 활동 예 노동을 제공한 대가로 임금을 받거나 은행에서 이자를 받는 것
소비	생활에 필요한 재화나 서비스를 구입하여 사용하는 활동 예 공장에서 만든 물건을 사는 것, 의사의 진료를 받는 것 등

(예 임금, 지대, 이자 등)
(예 노동, 토지, 자본 등)

❷ 희소성과 합리적 선택

1 자원의 희소성과 선택의 문제

(1) **자원의 희소성:** 인간의 욕구는 무한한 데 비해 이를 충족해 줄 수 있는 자원이 부족한 상태

① **상대성:** 희소성은 자원의 절대적인 양이 아닌 인간의 욕구 정도 및 시대와 장소에 따라 다르게 나타날 수 있음 ─ 예 과거에는 깨끗한 물이 희소성이 없는 무상재였지만, 오늘날에는 환경 오염으로 희소성이 있는 경제재가 됨

② **가격 결정의 중요 요인:** 희소성이 큰 자원일수록 높은 가격에서 거래됨

(2) **자원의 희소성과 선택의 문제:** 자원의 희소성 때문에 선택의 문제가 발생함
└ 예 석탄과 다이아몬드는 모두 탄소로 된 광물이지만, 희소성이 큰 다이아몬드는 석탄보다 가격이 높음

2 기회비용 ─ 참의 어떤 선택에 따른 활동을 하는 데 직접 지출되는 비용뿐만 아니라 그것 때문에 포기한 활동으로 얻을 수 있었던 가치까지 포함함

(1) **의미:** 어떤 것을 선택함으로써 포기하는 가치 중에서 가장 큰 것

(2) **특징:** 개인마다 다르게 나타남 ─ 왜 선택에 따른 기회비용은 개인마다 선호도와 필요 등에 따라 다르기 때문임

3 비용 - 편익 분석을 통한 합리적 선택

(1) **비용 - 편익 분석**: 선택에 따라 발생하는 비용과 편익을 고려하는 것

   ① **비용**: 비용은 어떤 것을 선택함으로써 들어가는 대가를 말하며, 경제적 의사 결정에서의 비용은 기회비용을 뜻함

   ② **편익**: 선택으로 얻게 되는 만족감이나 이득

(2) **합리적 선택** ❷ ❸

   ① **비용 < 편익**: 비용(기회비용)보다 편익이 크도록 선택하는 것

   ② 최소의 비용으로 최대의 편익을 얻을 수 있는 대안을 선택하는 것

     주의 동일한 비용이 드는 일이라면 편익이 가장 큰 것을, 동일한 편익을 얻는 일이라면 비용이 가장 적은 것을 선택해야 함

❸ 경제 문제와 경제 체제

1 경제 문제

(1) **경제 문제의 원인**: 자원의 희소성 ──── 자원의 희소성은 개인뿐만 아니라 사회에도 큰 영향을 미침

(2) **경제 문제의 의미**: 모든 사회에서 공통으로 해결해야 하는 선택의 문제

(3) **기본적인 경제 문제**

무엇을 얼마나 생산할 것인가?	생산물의 종류와 수량의 문제
어떻게 생산할 것인가?	생산 방법의 문제
누구에게 분배할 것인가?	분배의 문제

2 경제 체제 [자료 ❶]

(1) **경제 체제의 의미**: 기본적인 경제 문제를 해결하는 제도와 방식

(2) **경제 체제의 유형**

   ① **시장 경제 체제와 계획 경제 체제** ── 현실 경제에서는 순수한 형태의 시장 경제 체제와 계획 경제 체제를 채택하는 나라는 존재하지 않음

구분	시장 경제 체제 ❹	계획 경제 체제
경제 문제 해결 방법	시장의 *가격 기구	정부의 계획과 명령
경제 활동의 주체	개인이나 기업(사유 재산 인정)	정부(재산의 국유화)
경제 활동의 동기	개인의 이익 추구	국가의 명령과 통제
장점	• 개인의 능력과 창의성 최대 발휘 • 희소한 자원의 효율적 배분	• 분배에서의 평등 추구 • 국가 목표의 신속한 달성 가능
단점	• 빈부 격차 심화 • 이익 추구 과정에서의 갈등	• 이윤 동기 및 근로 의욕 저하 • 사회 전체적인 생산성 침체

   ② **혼합 경제 체제**: 시장 경제 체제와 계획 경제 체제가 혼합된 경제 체제
     오늘날 대부분의 국가는 혼합 경제 체제를 채택하고 있지만, 각국이 처한 상황에 따라 다양한 형태로 나타남

🌲 **교과서 속 자료 읽기 ❶**   **우리나라의 경제 체제를 규정한 헌법 조항**

> **제119조** ① 대한민국의 경제 질서는 개인과 기업의 경제상의 자유와 창의를 존중함을 기본으로 한다.
> ② 국가는 균형 있는 국민 경제의 성장 및 안정과 적정한 소득의 분배를 유지하고, 시장의 지배와 경제력의 남용을 방지하며, 경제 주체 간의 조화를 통한 경제의 민주화를 위하여 경제에 관한 규제와 조정을 할 수 있다.

제119조 ①항을 통해 우리나라는 시장 경제 체제의 기본적 특징인 자유로운 경제 활동을 보장하고 있음을 알 수 있고, 제119조 ②항을 통해 계획 경제 체제의 특징인 정부의 경제 개입을 인정하고 있음을 알 수 있다. 이처럼 우리나라의 경제 체제는 시장 경제 체제를 기본으로 계획 경제 체제의 요소를 일부 받아들인 혼합 경제 체제를 채택하고 있다.

---

❷ 매몰 비용

매몰 비용은 일단 지출된 뒤에는 어떤 선택을 하든지 다시 회수할 수 없는 비용을 뜻한다. 합리적인 선택을 위해서는 기회비용은 충분히 고려하되 매몰 비용은 생각하지 말아야 한다.

❸ 합리적 의사 결정 과정

문제 인식	무엇이 문제인지를 명확히 앎
대안 탐색	선택 가능한 여러 가지 대안을 찾음
대안 평가	비용 - 편익 분석을 통해 각 대안을 비교·평가함
대안 선택 및 실행	평가 결과를 바탕으로 최적의 대안을 선택하여 실행함
대안 평가 및 반성	결정된 대안을 평가·반성하고 다음 선택에 반영함

❸ 한눈에 쏙

• 경제 문제와 경제 체제

자원의 희소성

↓

경제 문제

• 생산물의 종류와 양의 문제
• 생산 방법의 문제
• 분배의 문제

↓ 해결

경제 체제

• 시장 경제 체제
• 계획 경제 체제
• 혼합 경제 체제

❹ '보이지 않는 손'

애덤 스미스는 시장 가격 기구에 의해 자원의 효율적 배분이 이루어지기 때문에 정부의 개입은 필요하지 않다고 주장하였다. 이처럼 자유로운 경제 활동에서 형성된 시장의 가격 기구를 '보이지 않는 손'이라고 표현하였다.

용어 사전

• *가격 기구** 시장 가격이 가지고 있는 효율적 자원 배분 기능

① 경제 활동

차근차근 기본 다지기

01 다음 괄호 안의 내용 중 알맞은 것에 ◯표 하시오.
181
(1) 가계는 (생산, 소비) 활동의 주체로 기업에 노동, 자본, 토지 등의 생산 요소를 제공한다.
(2) (기업, 정부)은/는 세금을 바탕으로 공공재 및 사회 간접 자본을 제공하고, 시장의 경제 질서를 유지한다.

02 경제 활동의 종류와 그 사례를 바르게 연결하시오.
182
(1) 생산 •   • ㉠ 의사에게 치과 치료를 받는 것
(2) 분배 •   • ㉡ 트럭을 이용하여 채소를 운반하는 것
(3) 소비 •   • ㉢ 은행에 저축한 대가로 이자를 받는 것

03 (1)~(4)에서 설명하는 용어를 퍼즐판에서 찾아 색칠하시오.
183

욕	생	산	필	기
구	경	요	정	업
가	계	제	분	부
요	소	재	활	배
서	비	스	화	동

(1) 필요나 욕구를 충족하기 위해 재화나 서비스를 생산·분배·소비하는 활동은?
(2) 재화나 서비스를 만들어 공급하는 생산 활동의 주체는?
(3) 음악가의 연주, 교사의 수업 등과 같이 생활에 도움을 주는 인간의 가치 있는 행위는?
(4) 상품이나 서비스를 구입하여 사용하는 경제 활동은?

04 ㉠에 들어갈 경제 주체에 대한 설명으로 옳은 것은?
184

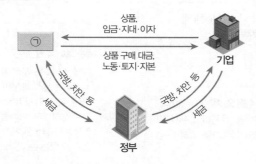

① 생산 활동의 주체이다.
② 생산 요소를 기업에 제공한다.
③ 재화나 서비스를 시장에 공급한다.

05 다음에서 설명하는 경제 활동의 사례로 적절하지 <u>않은</u> 것은?
185

생활에 필요한 재화와 서비스를 만들거나, 그 가치를 증대시키는 활동이다.

① 회사에서 월급을 받는다.
② 공장에서 신발을 만든다.
③ 시장에서 채소를 판매한다.
④ 패스트푸드점에서 햄버거를 배달한다.

06 (개)~(대)에 대한 옳은 설명을 〈보기〉에서 고른 것은?
186

질문	경제 활동의 주체		
	(개)	(내)	(대)
세금을 납부하나요?	예	예	아니요
생산 요소를 제공하나요?	아니요	예	아니요
공공재나 사회 간접 자본을 생산하나요?	아니요	아니요	예

┌─ 보기 ─
ㄱ. (개)는 가계, (내)는 기업, (대)는 정부이다.
ㄴ. (개)는 (내)에게 임금, 이자, 지대 등을 지불한다.
ㄷ. (내)는 재화와 서비스를 생산해 (대)에게 공급한다.
ㄹ. (대)는 (개), (내)를 위해 도로, 항만, 국방, 교육 등을 제공한다.
└─

① ㄱ, ㄴ　　② ㄱ, ㄷ　　③ ㄴ, ㄷ
④ ㄴ, ㄹ　　⑤ ㄷ, ㄹ

07 A~C의 경제 활동에 대한 설명으로 옳지 <u>않은</u> 것은?
187

• A는 제조업체로 문구류를 만든다.
• B는 물류업체로 농수산물 가공식품을 보관한다.
• C는 B에 근무하는 직장인으로 학원에서 영어 회화를 배우고 있다.

① A는 기업이다.
② B는 재화를 생산하는 활동을 한다.
③ C는 서비스를 구입하여 사용하고 있다.
④ C는 B에 노동을 제공한 대가로 소득을 얻을 것이다.
⑤ A와 B는 생산 활동의 주체, C는 소비 활동의 주체이다.

08 다음은 중학생 A가 이번 주에 지출한 내역이다. 서비스를 소비하는 데 지출한 총비용은 얼마인지 쓰시오.
188

요일	내용	지출 금액(원)
월	버스 요금	1,000
화	핫도그 구입	2,000
수	머리 커트 비용	9,000
목	사회 문제집 구입	12,000
금	영화 관람비	8,000

(　　　　)

서술형 문제

09 그림은 서로 다른 경제 주체 간의 상호 작용을 나타낸 것이다. 이를 보고 물음에 답하시오.
189

| ㉠ | ←노동, 토지, 자본→
←임금, 지대, 이자← | ㉡ |

(1) ㉠, ㉡에 해당하는 경제 주체를 각각 쓰시오.

_____

(2) ㉠, ㉡ 간에 이루어지는 상호 작용의 내용을 서술하시오.

_____

_____

논술형 문제

10 다음은 어느 학생이 쓴 일기이다. 밑줄 친 ㉠~㉣를 경제 활동의 종류에 따라 구분하고, 그 이유를 〈조건〉에 맞게 서술하시오.
190

> 20○○년 ○○월 ○○일
> 어제 아빠가 ㉠월급을 받으셨다면서 용돈을 주셨다. 그래서 친구와 같이 노래방에 가서 신나게 놀았다. 그리고 서점에 가서 기말고사 대비를 위해 ㉡사회 문제집을 샀다. 친구와 헤어진 후 집으로 돌아가는 길에 동네 분식점에 들렀다. 마침 아주머니께서 ㉢새로운 맛의 떡볶이를 개발했다면서 시식을 해 보라고 하셨다. 떡볶이는 정말 맛있었다. 저녁에는 엄마와 함께 시장에 장을 보러 갔다. 시장 상인들이 ㉣다양한 물건들을 판매하고 있었다.

┌─ 조건 ─
경제 활동의 종류별로 의미가 포함되도록 서술한다.
└─

_____

_____

_____

_____

2 희소성과 합리적 선택

차근차근 기본 다지기

01 빈칸에 들어갈 용어를 쓰시오.
191

(1) 석탄과 다이아몬드는 모두 탄소로 된 광물이다. 하지만 다이아몬드가 석탄보다 (   )이/가 크기 때문에 더 비싼 가격에 거래된다.

(2) 어떤 것을 선택했을 때 포기해야 하는 가치 중에 가장 큰 것을 (   )(이)라고 한다.

(3) 합리적 선택은 어떤 것을 선택해서 얻을 수 있는 (   )이/가 선택에 따른 (   )보다 큰 것을 의미한다.

02 다음 설명이 맞으면 ○표, 틀리면 ✕표 하시오.
192

(1) 인간의 욕구에 비해 이를 채워 줄 자원이 절대적으로 부족한 상태를 자원의 희소성이라고 한다.
(　)

(2) 경제적 의사 결정 상황에서 어떤 선택에 대한 비용은 기회비용을 의미한다. (　)

(3) 어떤 선택으로 인한 경제적 이득은 편익에 해당하고, 그 선택으로 인한 만족감은 편익에 해당하지 않는다. (　)

03 (1)~(3)에서 설명하는 용어를 퍼즐판에서 찾아 색칠하시오.
193

기	초	희	소	성
회	사	생	산	물
비	용	과	편	익
용	무	상	재	화
욕	구	경	제	재

(1) 인간의 욕구보다 자원의 양이 적은 자원의 ○○○ 때문에 인간은 선택의 문제에 직면한다.

(2) 어떤 선택을 위해서 포기하게 되는 여러 대안의 가치 중 가장 큰 것은?

(3) 두 가지 대안의 비용이 같다면 ○○이 가장 큰 것을 선택하는 것이 합리적이다.

04 자원의 희소성에 대한 설명으로 옳은 것은?
194

① 선택의 문제와는 관련이 없다.

② 희소성이 작을수록 시장에서 거래되는 가격이 높다.

③ 인간의 욕구에 비해 자원이 상대적으로 적은 상태를 의미한다.

05 표는 A가 주말에 할 수 있는 여가 활동에 따른 만족감을 나타낸 것이다. A가 영화 관람을 선택할 경우 그에 따른 기회비용으로 옳은 것은?
195

활동	캠핑	독서	영화 관람	농구	축구
만족감	50	70	100	80	90

① 50　　② 70　　③ 80　　④ 90

06 ㉠에 대한 옳은 설명만을 〈보기〉에서 고른 것은?
196

> 경제 활동에서 사람들은 항상 선택의 문제에 직면한다. 왜냐하면 인간의 욕망이 무한한 데 비해 사용할 수 있는 자원의 양은 상대적으로 부족하기 때문인데, 이를 자원의 (㉠)(이)라고 한다.

• 보기 •
ㄱ. 희귀성이다.
ㄴ. 클수록 높은 가격에 거래된다.
ㄷ. 언제 어디서나 동일하게 나타난다.
ㄹ. 선택의 문제가 발생하는 원인이 된다.

① ㄱ, ㄴ   ② ㄱ, ㄷ   ③ ㄴ, ㄷ
④ ㄴ, ㄹ   ⑤ ㄷ, ㄹ

07 (가)~(마)는 스마트폰 구매를 위한 합리적 의사 결정 과정을 나타낸 것이다. 이를 순서대로 옳게 나열한 것은?
197

> (가) 평가 결과 기회비용보다 편익이 더 높은 스마트폰을 선택한다.
> (나) 구입 과정을 정리하고, 구입한 제품에 대한 장점과 단점을 살펴본다.
> (다) 다양한 목적으로 사용할 수 있는 스마트폰이 필요하여 구입하고자 한다.
> (라) 스마트폰 구입에 쓸 수 있는 금액을 확인하고, 그 금액으로 구입할 수 있는 스마트폰의 종류를 찾아본다.
> (마) 구매할 수 있는 스마트폰들에 대해 디자인, 처리 속도, 배터리 지속 시간, 무게 등 다양한 기준에 따라 점수를 매겨 본다.

① (가) - (다) - (라) - (마) - (나)
② (나) - (다) - (라) - (가) - (마)
③ (다) - (가) - (마) - (라) - (나)
④ (다) - (라) - (마) - (가) - (나)
⑤ (라) - (마) - (가) - (나) - (다)

08 밑줄 친 '이것'은 무엇인지 쓰시오.
198

> 피자와 치킨 중에 무엇을 먹을까 고민하다가 피자를 먹기로 결정했다면, 그 선택에 따른 이것에는 피자 구입비뿐만 아니라 치킨을 선택했을 경우 얻을 수 있었던 만족감도 포함된다.

(　　　)

서술형 문제

09 다음 내용을 종합하여 알 수 있는 희소성의 특징을 서술하시오.
199

> • 과거에는 깨끗한 물이 사람들의 필요와 욕구에 비해 많았기 때문에 물을 사서 마신다는 생각은 하지 않았다. 그러나 오늘날 환경 오염으로 깨끗한 물의 가치가 높아져 이제는 돈을 내고 생수를 사 마신다.
> • 무더운 나라에서는 에어컨의 양이 많더라도 그것을 원하는 사람들의 수가 더 많고, 추운 나라에서는 에어컨의 양이 적더라도 그것을 원하는 사람들의 수가 더 적다.

_____

_____

논술형 문제

10 다음 글을 읽고 (가), (나) 중 한 가지 입장을 선택한 후, 그 이유를 서술하시오.
200

> 콩코드는 프랑스와 영국이 함께 만든 초음속 여객기이다. 기존 여객기 속도보다 두 배 이상 빠를 것으로 기대되었지만, 높은 생산비, 소음, 대기 오염, 기체 결함 등으로 사업 전망은 매우 비관적이었다. 그러나 이미 투입되어 회수할 수 없었던 개발 비용은 약 1조 6천억 원이었고, 프랑스와 영국은 이 비용을 포기할 수 없어 개발을 강행하였다. 이후 콩코드는 1969년부터 운행을 시작했지만, 결국은 막대한 손실을 감당하지 못한 채 2003년 운항을 중단하였다.

> (가) 합리적인 선택을 위해서는 선택을 할 때 발생하는 모든 비용들을 고려해야 한다.
> (나) 합리적인 선택을 위해서는 선택을 할 때 발생하는 비용 중 어떤 비용은 고려하지 말아야 한다.

_____

_____

_____

_____

③ 경제 문제와 경제 체제

● 정답 및 해설 **17**쪽

이 주제에서는 어떤 문제가 잘 나올까?
- 경제 문제의 종류 구분하기
- 시장 경제 체제와 계획 경제 체제의 특징 비교하기
- 우리나라 경제 체제의 특징 이해하기

차근차근 기본다지기

01 다음 설명이 맞으면 ○표, 틀리면 ✕표 하시오.

201

(1) 시장 경제 체제에서는 형평성을 효율성보다 우선적으로 추구한다. ( )

(2) 계획 경제 체제의 장점은 개인의 능력과 창의성이 최대한 발휘된다는 점이다. ( )

(3) 우리나라는 시장 경제 체제를 바탕으로 계획 경제 체제 요소를 일부 도입한 혼합 경제 체제를 채택하고 있다. ( )

02 빈칸에 들어갈 용어를 쓰시오.

202

(1) 자원의 ( ) 때문에 어느 사회에서나 기본적인 경제 문제가 발생한다.

(2) 각 사회에는 기본적인 경제 문제를 해결해 나가는 여러 제도나 방식이 있는데, 이를 ( )(이)라고 한다.

(3) 계획 경제 체제에서는 ( )이/가 경제 활동에 대한 계획을 세우고 개인과 기업에 명령함으로써 경제 문제를 해결한다.

03 기본적인 경제 문제와 그 내용을 바르게 연결하시오.

203

(1) 분배의 문제 ·

(2) 생산 방법의 문제 ·

(3) 생산물의 종류와 수량의 문제 ·

· ㉠ 어떻게 생산할 것인가?

· ㉡ 누구를 위하여 생산할 것인가?

· ㉢ 무엇을, 얼마나 생산할 것인가?

04 ㉠에 들어갈 국가로 적절한 것은?

204

(㉠)은/는 계획 경제 체제를 기본으로 시장 경제 체제의 요소를 도입하였다.

① 미국 ② 중국 ③ 프랑스

05 다음 사례에서 A가 고민하고 있는 경제 문제로 가장 적절한 것은?

205

중국 음식점을 운영하는 A는 사람을 더 고용해 수타식으로 면을 만들지, 기계를 사용해서 면을 만들지 고민에 빠졌다.

① 무엇을 생산할 것인가?

② 얼마나 생산할 것인가?

③ 어떻게 생산할 것인가?

④ 누구를 위하여 생산할 것인가?

06
206
A국이 채택하고 있는 경제 체제의 특징으로 옳은 것만을 〈보기〉에서 있는 대로 고른 것은?

> A국에서는 국가가 공장을 소유하고 생산 품목과 생산량을 결정하고 있다.

> • 보기 •
> ㄱ. 근로 의욕이 저하될 수 있다.
> ㄴ. 빈부 격차가 심해질 수 있다.
> ㄷ. 분배에서의 평등을 추구한다.
> ㄹ. 사회 전체의 생산성이 향상된다.
> ㅁ. 개인의 창의적 경제 활동이 제한된다.

① ㄱ, ㄴ   ② ㄷ, ㄹ   ③ ㄱ, ㄴ, ㄷ
④ ㄱ, ㄷ, ㅁ   ⑤ ㄴ, ㄹ, ㅁ

07
207
표는 시장 경제 체제와 계획 경제 체제를 비교한 것이다. 그 내용이 옳지 <u>않은</u> 것은?

	구분	시장 경제 체제	계획 경제 체제
①	경제 활동의 주체	개인이나 기업	정부
②	경제 활동의 자유	인정	불인정
③	사유 재산	인정	불인정
④	경제 활동의 동기	개인의 이익 추구	국가의 명령과 통제
⑤	경제적 효율성	낮음	높음

08
208
빈칸에 들어갈 경제 체제는 무엇인지 쓰시오.

> 시장 경제 체제에서는 시장의 가격 기능으로 기본적인 경제 문제를 해결할 수 있다. 하지만 가격 기능으로 해결할 수 없는 문제점이 있기 때문에 정부의 개입이 필요하다. 따라서 오늘날 대부분의 국가는 시장 경제 체제를 바탕으로 정부가 경제에 어느 정도 개입하는 (　　　)를 채택하고 있다.

(　　　　　)

서술형 문제

09
209
그림을 보고 물음에 답하시오.

올해는 내 땅에 배추 대신 무를 심어야지.

우리 제품을 찾는 고객이 많아졌으니 생산량을 늘려야겠어.

(1) 위 그림에 공통으로 나타난 경제 체제는 무엇인지 쓰시오.

_____

(2) (1)의 경제 체제에서 나타날 수 있는 문제점을 <u>두 가지</u>만 서술하시오.

_____

_____

논술형 문제

10
210
다음 헌법 조항을 통해 알 수 있는 우리나라 경제 체제의 특징을 〈조건〉에 맞게 서술하시오.

> 제119조 ① 대한민국의 경제 질서는 개인과 기업의 경제상의 자유와 창의를 존중함을 기본으로 한다.
> ② 국가는 균형 있는 국민 경제의 성장 및 안정과 적정한 소득의 분배를 유지하고, 시장의 지배와 경제력의 남용을 방지하며, 경제 주체 간의 조화를 통한 경제의 민주화를 위하여 경제에 관한 규제의 조정을 할 수 있다.

> • 조건 •
> 헌법 제119조 ①항과 ②항을 통해 알 수 있는 내용을 각각 밝히고, 이를 종합하여 우리나라 경제 체제의 특징을 서술한다.

_____

_____

_____

02 기업의 역할과 사회적 책임
~ 03 지속 가능한 경제생활

① 한눈에 쏙

• 기업의 의미와 역할

의미
생산 활동을 통해 이윤을 추구하는 경제 주체
↓
역할
• 생산 주체 → 상품 공급 • 고용과 소득 창출 • 세금 납부 • 국민 경제 발전에 기여

② 한눈에 쏙

• 기업가가 가져야 할 태도

사회적 책임	기업가 정신
사회에 대한 기업의 윤리적 책임 의식	혁신과 창의성을 바탕으로 한 도전 정신

③ 한눈에 쏙

• 생애 주기와 경제생활

유소년기	부모의 소득에 의존함
청년기	소득과 소비가 모두 적음
중·장년기	소득과 소비가 모두 많음
노년기	소득이 크게 줄거나 없어짐

↓
생애 주기에 따른 소득과 소비 고려 → 장기적 재무 계획

용어 사전

• 이윤 기업이 재화와 서비스를 팔아 생긴 수입에서 만드는 데 들어간 비용을 뺀 것
• 재정 정부의 수입과 지출에 관한 활동
• 생애 주기 시간의 흐름에 따라 변화하는 개인의 삶을 몇 가지 단계로 나타낸 것으로, 크게 유소년기, 청년기, 중·장년기, 노년기로 구분됨

① 기업의 의미와 역할

1 기업의 의미: 생산 활동을 통해 *이윤의 극대화를 추구하는 경제 주체
자영업, 대기업, 다국적 기업 등 여러 가지 형태가 존재함

2 기업의 역할

(1) **생산의 주체로서 상품 공급**: 재화와 서비스를 제공하여 이윤 추구, 시장에서 다른 ___기업들과 경쟁___ 경쟁 과정에서 질 좋은 상품을 낮은 가격에 공급하고 새로운 상품을 개발하여 소비자의 삶의 질 향상에 기여할 수 있음

(2) **고용과 소득 창출**: 생산 활동에 필요한 요소를 가계로부터 제공받고, 임금, 지대, 이자 등을 지급함

(3) **세금 납부**: 수입 중 일부를 세금으로 납부하여 국가의 *재정 활동에 이바지함

(4) **국민 경제의 발전에 기여**: 기업의 생산이 확대될수록 생활 수준 향상, 연구 개발 투자 및 수출 증대를 통해 경제 성장 촉진, 국가 경쟁력 향상 등

② 기업의 사회적 책임과 기업가 정신

1 기업의 사회적 책임

(1) **의미**: 기업이 단순한 이윤 추구를 넘어 사회에 대한 책임도 함께 짊어져야 한다는 ___윤리적 책임 의식___ ← 예 「근로 기준법」, 「공정 거래법」 등

(2) **관련 노력**: 경제 활동 관련 법률 준수, 공정한 경쟁과 투명한 경영, 노동자에게 적정한 임금 제공, 사회 전체의 복지 증진에 기여, 환경을 고려한 윤리적 경영 등

(3) **의의**: 기업의 성장 촉진, 다른 경제 주체들과도 상호 발전적인 관계 형성

2 기업가 정신 ── 경제학자 슘페터는 기업가 정신을 기술 혁신을 통한 창조적 파괴에 앞장서는 기업가의 노력이나 의욕이라고 봄

(1) **의미**: 혁신과 창의성을 바탕으로 한 생산 활동을 통해 기업을 성장시키려는 도전 정신, 불확실성과 위험을 무릅쓰고 이윤을 창출하려는 기업가의 의지

(2) **실현 방법**: 새로운 제품 및 기술 개발, 새로운 생산 방법 도입, 새로운 시장 개척 등

(3) **의의**: 사회 변화에 유연하고 신속하게 대처, 경제 활성화 및 발전에 기여 등

③ 일생 동안의 경제생활

1 생애 주기별 주요 과업 및 경제생활

*생애 주기	주요 발달 과업 및 경제생활
유소년기	• 주로 부모의 소득에 의존하여 소비 생활 • 바람직한 경제생활 태도를 형성해야 함
청년기	• 취업, 결혼 및 출산, 자녀 양육, 주택 마련 등 • 본격적인 생산 활동에 참여하여 소득 발생 • 소득과 소비가 모두 적은 편임
중·장년기	• 주택 확장, 자녀 교육, 자녀 결혼, 노부모 부양, 노후 준비 등 • 소득과 소비가 모두 크게 증가함
노년기	• 직장에서 은퇴하고 모은 돈을 가지고 여생을 보내는 시기 • 소득이 크게 줄거나 없어짐 • 연금 등으로 안정적인 노후 생활을 보내야 함

2 안정적인 경제생활을 지속하기 위한 노력

(1) 생애 주기에 따른 소득과 소비를 고려해 장기적 관점에서 재무 계획의 수립·실천

(2) 미래에 예상되는 지출뿐만 아니라 예상하지 못한 사고나 질병 등에 대비

④ 자산 관리의 필요성과 방법

1 자산 관리의 의미와 필요성 ❶
> 소득으로 언제, 얼마만큼 소비할지, 어떻게 자산을 모으고 불릴지 미리 계획을 세우고, 이를 실천하는 것

(1) 의미: 장기적 관점에서 일생 동안의 소득과 소비를 관리하는 것

(2) 필요성

① 지속 가능한 경제생활 유지: 일정하지 않은 소득과 소비 생활을 고려해야 함

소득 생활	얻을 수 있는 기간과 양이 제한되어 있음
소비 생활	태어나서 죽을 때까지 평생에 걸쳐 이루어짐

② 미래의 경제적 어려움 대비: 예상하지 못한 사고나 질병, 자연재해로 인한 피해 등의 불확실한 상황에 대비해야 함

③ 안정된 노후 준비: 평균 수명의 연장으로 은퇴 후의 생활 기간이 늘어남

2 자산 관리의 방법

(1) 다양한 금융 상품

① 저축과 투자

구분	저축	투자
의미	예금, 적금 등 현재의 소득 중 일부를 소비하지 않고 모아 두는 것	주식이나 채권, *간접 투자 상품(펀드)을 구입하여 운영하는 것
장점	이자 수익, 원금 손실의 위험이 적음	높은 수익 기대
단점	수익성이 낮음	원금 손실의 위험이 큼

② 그 외

보험	질병, 사고, 노후 등의 위험에 대비하려는 사람들이 미리 돈을 모아 두었다가 사고를 당한 사람에게 제공하는 제도
연금	노후의 안정적인 생활을 위해 미리 일정 금액을 낸 후 노후에 계속하여 정해진 금액을 지급받는 금융 상품

(2) 포트폴리오: 자산을 다양한 금융 상품으로 나누어 관리하는 것이 필요함 → 분산 투자로 적정한 수익을 얻는 동시에 투자로 인한 위험을 줄일 수 있음
> "달걀을 한 바구니에 담으면, 바구니를 떨어뜨렸을 때 모두 깨질 수 있으므로 나누어 담아 위험을 줄여라."

(3) 합리적 자산 관리의 고려 사항

① 수익성, 안전성, 유동성 ❷

② 저축이나 투자의 목적이나 기간, 소득이나 재산 상태, 미래의 지출 규모 등

⑤ 신용의 의미와 중요성

1 신용: 금전 거래에서 채무자가 약속한 날짜에 약속한 금액을 갚을 수 있는 능력이나 이에 대한 사회적 믿음 ❸
> 신용을 통해 미래의 어느 시점에 갚을 것을 약속하고 상품이나 돈을 미리 얻을 수 있음

2 신용 관리의 중요성: 신용이 좋으면 좀 더 유리한 위치에서 경제 활동을 할 수 있지만, 신용이 나쁘면 이자 부담이 커지는 등 금융 기관과 거래하기 어려움

3 신용 관리 방법: 자신의 소득과 경제적 능력 안에서 신용 거래를 하고, 상품 대금을 지불하거나 돈을 갚기로 한 약속은 반드시 지키도록 노력해야 함
> 자신의 지불 능력을 고려해야 함

---

④ 한눈에 쏙

• 자산 관리

목적	지속 가능한 경제생활
의미	장기적 관점에서 일생 동안의 소득과 소비 관리
방법	• 수익성, 안전성, 유동성 고려 • 포트폴리오 (분산 투자)

❶ 자산

실물 자산	부동산, 자동차, 귀금속 등
금융 자산	예금, 주식, 채권, 현금 등

❷ 수익성, 안전성, 유동성

수익성	투자를 통해 수익을 얻을 수 있는 정도
안전성	투자한 원금이 손실되지 않고 보장되는 정도
유동성	필요할 때 쉽고 빠르게 현금으로 전환할 수 있는 정도

수익성이 높은 금융 상품은 안전성이 낮은 경우가 많고, 안전성이 높은 금융 상품은 수익성이 낮은 경우가 많다.

⑤ 한눈에 쏙

• 신용과 신용 관리

신용
개인의 지불 능력에 대한 사회적 평가

↓

신용 관리
• 중요성: 신용이 나쁘면 금융 기관과의 거래가 어려움 • 방법: 지불 능력 고려하기, 약속 지키기

❸ 신용 거래의 장점과 단점

신용 거래는 당장 현금이 없더라도 편리하게 거래할 수 있고, 현재의 소득보다 많은 소비를 할 수 있다는 장점이 있다. 하지만 물건을 충동적으로 구매하거나 과소비를 할 수 있다는 단점도 있다.

용어 사전

*간접 투자 상품 전문적인 운용 기관이 투자자들로부터 모은 자금을 주식이나 채권 등에 투자하여 그 결과를 투자자들에게 돌려주는 상품을 뜻하며, 펀드가 대표적임

100명의 교사가 콕 찍은 주제별·유형별 대표문제

1 기업의 의미와 역할
2 기업의 사회적 책임과 기업가 정신

• 정답 및 해설 **18**쪽

차근차근 기본 다지기

01 빈칸에 들어갈 용어를 쓰시오.
211

(1) 생산 요소를 투입하여 재화나 서비스를 만들고 이를 판매하는 경제 주체는 (   )이다.

(2) 기업은 생산 활동을 통해 (   )의 극대화를 추구하는 경제 주체이다.

(3) (   )은/는 불확실성과 위험을 무릅쓰고 이윤을 창출하려는 기업가의 의지를 말한다.

02 다음 설명이 맞으면 ○표, 틀리면 ×표 하시오.
212

(1) 기업가 정신을 잘 발휘하는 기업일수록 사회적 책임을 소홀히 한다. (   )

(2) 기업의 사회적 책임이란 이윤을 극대화하기 위한 노력을 말한다. (   )

(3) 기업은 안전한 제품을 생산하고 소비자의 권익을 보호하기 위해 노력해야 한다. (   )

03 (1)~(4)에서 설명하는 용어를 퍼즐판에서 찾아 색칠하시오.
213

사	회	혁	신	용
회	지	대	호	임
적	기	이	자	대
책	창	업	윤	료
임	금	황	가	정

(1) 기업의 총수입에서 모든 비용을 뺀 차액은?

(2) 기업이 가계로부터 노동을 제공받고 그 대가로 가계에 지급하는 것은?

(3) 기업이 이윤 추구를 넘어 사회 전체의 이익에 부합하도록 노력해야 한다는 것은? 기업의 ○○○ ○○

(4) 기업은 신제품 개발, 새로운 판매 방법 도입 등을 통해 기업가 정신의 핵심인 ○○을 실현할 수 있다.

04 기업의 역할에 대한 설명으로 옳은 것은?
214

① 재화와 서비스를 소비하는 활동을 한다.

② 근로자를 고용하여 가계의 소득을 창출한다.

③ 세금으로 사회 간접 자본을 생산하여 공급한다.

05 다음 사례의 기업들에게 공통으로 요구되는 바로 가장 적절한 것은?
215

- A 기업이 생산하는 게임기 케이블에서 기준치 이상의 독성 물질이 발견되었다.
- B 기업이 축구공을 생산하는 과정에서 제3 세계 아동 노동력을 착취했다는 사실이 알려졌다.

① 혁신
② 고용 창출
③ 기업가 정신
④ 사회적 책임

06 ⊙~ⓒ에 들어갈 용어를 옳게 연결한 것은?

216

> 기업은 상품을 생산하기 위해 생산 요소를 필요로 하는데, 생산 요소는 주로 가계로부터 제공받는다. 노동을 제공한 사람에게는 (⊙)을/를, 자본을 제공한 사람에게는 (ⓛ)을/를, 공장의 부지나 땅을 제공한 사람에게는 (ⓒ)을/를 지급함으로써 기업은 생산 요소를 제공한 대가를 가계에 지불한다.

① ⊙ – 이자　② ⊙ – 지대　③ ⓛ – 이자
④ ⓛ – 임금　⑤ ⓒ – 임금

07 다음 활동을 하는 과정에서 기업이 해야 할 역할로 바람직하지 않은 것은?

217

> 기업은 재화나 서비스를 생산하고 이를 판매하여 이윤을 얻고자 한다.

① 상품의 가격을 최대한 높게 정해 이윤을 극대화한다.
② 정부에 세금을 납부함으로써 정부의 재정에 기여한다.
③ 생산 확대를 통해 국민의 고용과 소득 증가에 기여한다.
④ 근로 기준법, 공정 거래법 등 기업과 관련된 법들을 준수한다.
⑤ 좋은 품질의 재화와 서비스를 적은 비용으로 생산하려고 노력한다.

08 다음 사례를 바탕으로 설명할 수 있는 기업가의 자세를 다섯 글자로 쓰시오.

218

> A는 몇 년 전 성공한 포도 농장들의 좋은 점을 모아 포도 재배를 시작했지만 실패하였다. 그때 A는 다른 사람과 차별화할 수 있는 무언가가 필요하다고 생각하였다. 그래서 유럽으로 가서 포도주용 포도 종자를 가져와 포도를 심고, 포도 따기 및 포도주 만들기 체험 프로그램을 결합하였다. 그리고 현재는 체험 프로그램의 일 년간 예약이 모두 꽉 차 있을 만큼 큰 성공을 거두었다.

(　　　　)

서술형 문제

09 다음 사례에서 ○○ 기업이 '기업가 정신'을 실천했다고 볼 수 있는 이유를 서술하시오.

219

> ○○ 기업은 1996년 세계 최초로 상용 체성분 분석기를 개발하였다. 몸속의 지방량, 근육량 등을 알고 싶으면 체성분 분석기에 올라가 손잡이를 양손으로 1~2분만 잡고 있으면 된다. 최근에는 손목에 차고만 있으면, 근육량, 체지방량, 체질량 지수 등을 알려 주는 시계를 개발하여 세계 각국에 수출하고 있다.

_____

_____

논술형 문제

10 다음 사례들에서 공통으로 나타나고 있는 기업의 자세를 제시하고, 기업에게 이러한 태도가 필요한 이유를 서술하시오.

220

> • ○○ 기업은 2013년에 '독도 시리즈' 제품을 출시하여, 판매 수익금의 50%를 독도 사랑 운동 본부에 기부하고 있다.
> • □□ 기업은 인도의 고무나무 농장에서 채취한 천연고무로 샌들을 만들어, 판매 수익금의 일부를 개발 도상국에 나무를 심는 데 사용하고 있다.
> • ◇◇ 기업은 각종 유해 물질이 검출되지 않는 깨끗하고 안전한 제품을 만들기 위해 끊임없이 연구하면서 새로운 설비에 대한 투자를 아끼지 않고 있다.

_____

_____

_____

③ 일생 동안의 경제생활

차근차근 기본 다지기

01 다음 설명이 맞으면 ○표, 틀리면 ×표 하시오.
221
(1) 인간의 경제생활은 생애 주기에 따라 다르게 나타난다. (   )
(2) 인간의 생애 주기에서 소득을 얻을 수 있는 기간은 평생 지속된다. (   )
(3) 안정적인 소비 생활을 지속하기 위해서는 소득과 소비를 고려해 단기적 관점에서 재무 계획을 수립해야 한다. (   )

02 다음 생애 주기와 그 특징을 바르게 연결하시오.
222
(1) 유소년기 •
(2) 청년기 •
(3) 중·장년기 •
(4) 노년기 •

• ㉠ 취업하여 경제 활동을 시작하는 시기
• ㉡ 은퇴 이후 소득이 급격히 줄어드는 시기
• ㉢ 소득과 소비가 모두 크게 증가하는 시기
• ㉣ 주로 부모의 소득에 의존하여 생활하는 시기

03 (1)~(3)에서 설명하는 용어를 퍼즐판에서 찾아 색칠하시오.
223

생	산	자	유	여
애	업	소	비	중
주	년	득	저	장
기	금	융	축	년
경	제	생	활	기

(1) 시간의 흐름에 따라 나타나는 개인이나 가족의 삶의 변화를 단계별로 나타낸 것은?
(2) 생산 활동보다 소비 활동을 주로 하며, 바람직한 경제생활 태도를 형성하는 것이 가장 필요한 시기는?
(3) 소득이 크게 늘지만 주택 마련, 자녀 양육 등으로 소비 역시 많은 시기는?

04 생애 주기에 대한 설명으로 옳은 것은?
224
① 청년기, 중·장년기, 노년기로 구분된다.
② 전 생애 주기에 걸쳐 경제 활동이 이루어진다.
③ 시기별로 개인의 소득과 소비 수준은 동일하게 나타난다.

05 다음에서 설명하는 생애 주기로 옳은 것은?
225

소득과 소비가 모두 적은 편이지만, 취업하면서 안정된 소득을 얻고 돈을 모아 결혼과 자녀 출산 등에 대비한다.

① 유소년기 ② 청년기
③ 중·장년기 ④ 노년기

06
226
다음 생애 주기에서 ⑺ 시기에 대한 설명으로 옳은 것은?

유소년기 ➡ 청년기 ➡ (가) ➡ 노년기

① 노후 대비 자금이나 연금으로 생활한다.
② 주로 부모의 소득에 의존하여 소비 생활을 한다.
③ 인생에서 첫 직장을 가지고 본격적으로 생산 활동에 참여한다.
④ 직장에서 은퇴하여 소득은 크게 줄어들지만 소비 생활은 지속된다.
⑤ 소득이 크게 늘지만 자녀 양육, 주택 마련, 노후 준비 등으로 소비도 크게 증가한다.

07
227
다음 생애 주기 곡선에 대한 설명으로 옳은 것은?

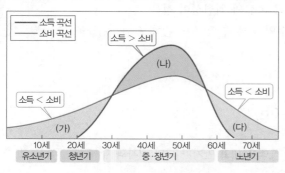

① ⑺는 소득이 소비보다 많아 저축이 가능한 시기이다.
② ⑷는 소비가 소득보다 많아 저축이 어려운 시기이다.
③ ⒟는 소득이 크게 늘지만 의료비, 주택 확장 등으로 지출이 많아지는 시기이다.
④ 전 생애 주기에 걸쳐 소득과 소비는 일정하게 유지된다.
⑤ 소득을 얻을 수 있는 기간은 제한되어 있지만, 소비 생활은 평생에 걸쳐 이루어진다.

08
228
㉠에 들어갈 용어를 쓰시오.

(㉠)은/는 시간의 흐름에 따라 변화하는 개인의 삶을 몇 가지 단계로 나타낸 것으로 유소년기, 청년기, 중·장년기, 노년기로 구분할 수 있다. (㉠)의 시기별로 소득, 소비, 금융 등의 경제생활이 다르게 나타난다.

( )

서술형 문제

09
229
다음은 생애 주기별 주요 과제를 정리한 것이다. 이를 보고 물음에 답하시오.

㈎	• 상급학교 진학 • 용돈 관리
㈏	• 취업 준비 및 취업 • 결혼 및 출산
㈐	• 자녀 교육 • 주택 마련 및 확장 • 노후 대비
㈑	• 은퇴 • 안정적인 노후 생활

(1) ㈎~㈑에 해당하는 생애 주기를 각각 쓰시오.

_____

(2) ㈎~㈑를 종합하여 알 수 있는 경제생활의 특징을 서술하시오.

_____
_____

논술형 문제

10
230
다음 글을 읽고, 안정적인 경제생활을 지속하기 위해 필요한 노력을 아래 용어들을 모두 포함하여 서술하시오.

인간의 생애 주기 곡선을 보면, 소득은 대체로 청년기부터 중·장년기에 이를 때까지 점차 증가하다가 은퇴를 하는 시점부터 감소하기 시작한다. 즉, 생산 활동을 통해 소득을 얻을 수 있는 기간은 한정되어 있지만, 소비 생활은 평생 동안 지속된다.

• 소득　　• 소비　　• 사고　　• 질병

_____
_____
_____
_____

④ 자산 관리의 필요성과 방법
⑤ 신용의 의미와 중요성

• 정답 및 해설 **19**쪽

• 차근차근 기본 다지기 •

01 빈칸에 들어갈 용어를 쓰시오.
231
(1) (　　　　)은/는 벌어들인 소득으로 어떻게 돈을 모으고 불릴지에 대하여 계획을 세우고 실천하는 것이다.

(2) (　　　　)은/는 투자한 원금이 손실되지 않고 보장되는 정도를 말한다.

(3) (　　　　)(이)란 돈을 갚을 것을 약속하고 빌려 쓸 수 있는 능력을 말한다.

02 다음 자산 관리의 유형과 그 특징을 바르게 연결하시오.
232
(1) 예금 •　　　　　　　• ㉠ 수익성이 낮지만 원금 손실의 위험성이 적음

(2) 주식 •　　　　　　　• ㉡ 변동 폭이 커서 큰 수익을 낼 수 있지만 손해도 볼 수 있음

03 (1)~(4)에서 설명하는 용어를 퍼즐판에서 찾아 색칠하시오.
233

수	사	회	질	유
자	익	청	동	권
유	참	성	참	기
권	전	할	구	적
신	용	부	예	금

(1) 매달 일정한 금액을 내고 만기가 되면 이자와 함께 쌓인 돈을 받는 저축의 종류는?

(2) 투자를 통하여 이익을 얻을 수 있는 정도는?

(3) 필요할 때 쉽고 빠르게 현금으로 전환할 수 있는 정도는?

(4) ○○이 좋으면 좀 더 유리한 위치에서 경제 활동을 할 수 있지만, 나쁘면 이자 부담이 커지는 등 금융 기관과 거래하기 어려워진다.

04 채권에 대한 설명으로 옳은 것은?
234
① 채무자가 회사에 대하여 갖는 소유 지분이다.

② 주로 기관이나 기업에 돈을 빌려주고 받는 차용 증서이다.

③ 일반적으로 안전성은 높지만 수익성은 낮은 투자 방법이다.

05 다음 글에서 설명하는 자산 관리의 방식으로 옳은 것은?
235

> 여러 군데 나누어 투자함으로써 위험을 분산시키는 투자 행동을 말한다. "달걀을 한 바구니에 담지 말라."라는 말이 그 원리를 잘 표현해 준다.

① 저축　　　　② 주식

③ 집중 투자　　④ 포트폴리오

06 다음과 같이 주장할 수 있는 근거로 적절한 것만을
236 〈보기〉에서 고른 것은?

> 지속 가능한 경제생활을 유지하기 위해서는 소득으로 언제, 얼마만큼 소비할지, 어떻게 자산을 모으고 불릴지 미리 계획을 세우고, 이를 실천해야 한다.

• 보기 •
ㄱ. 소비 생활은 평생 동안 계속된다.
ㄴ. 소득은 원하면 어느 때나 얻을 수 있다.
ㄷ. 미래의 경제적 어려움에 대비해야 한다.
ㄹ. 평균 수명의 연장으로 은퇴 후의 생활 기간이 짧아지고 있다.

① ㄱ, ㄴ   ② ㄱ, ㄷ   ③ ㄴ, ㄷ
④ ㄴ, ㄹ   ⑤ ㄷ, ㄹ

07 자산 및 신용 관리에 대한 설명으로 옳은 것은?
237
① 예금이나 적금은 수익성이 높은 데 비해 안전성은 낮은 편이다.
② 수익성은 쉽고 빠르게 현금으로 바꿀 수 있는 정도를 가리킨다.
③ 지속 가능한 경제생활을 하려면 현재의 소득만을 고려하여 자산을 관리해야 한다.
④ 신용도가 떨어지면 신용을 이용하지 못하거나 다른 사람보다 높은 이자를 지불해야 한다.
⑤ 신용을 잘 관리하면 자신의 소득이나 경제적 능력과 관계없이 원하는 대로 신용 거래를 할 수 있다.

08 ㉠에 들어갈 용어를 쓰시오.
238
> (㉠)은/는 노후의 안정적인 생활을 보장하기 위한 금융 상품으로서, 미리 일정 금액을 낸 후 노후에 계속하여 정해진 금액을 지급받는다. 그 종류로는 개인 (㉠)와/과 정부가 운영하는 국민(㉠)이/가 있다.

(   )

09 다음 글을 읽고 물음에 답하시오.
239
> <u>이것</u>은 경제생활을 하면서 돈을 빌려 쓰거나 상품을 사용한 뒤 약속한 날짜에 그 대가를 치를 수 있는 능력 또는 빌려 쓴 금액을 의미한다.

(1) 밑줄 친 '이것'은 무엇인지 쓰시오.

_____

(2) 밑줄 친 '이것'을 관리해야 하는 이유를 서술하시오.

_____
_____

10 ㉠, ㉡에 해당하는 자산 관리 방법의 특징을 비교하고,
240 이를 바탕으로 바람직한 자산 관리의 방법을 아래 용어들을 모두 포함하여 서술하시오.

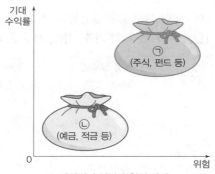

▲ 자산별 수익과 위험의 관계

• 수익	• 위험	• 분산

_____
_____
_____
_____

100명의 교사가 엄선한 대단원 완성 문제

Ⅲ 경제생활과 선택

• 정답 및 해설 20쪽

01 경제 활동과 경제 체제

01 밑줄 친 '이것'의 사례로 적절한 것은?
241

> 수요가 재화와 서비스를 사고자 하는 욕구라면, 이것은 이러한 수요를 구체적으로 실현하는 경제 활동을 말한다.

① 공장의 사장이 직원에게 임금을 지급하였다.
② 치킨 가게 주인이 주문받은 치킨을 배달하였다.
③ 중학생이 친구에게 선물할 화장품을 구입하였다.
④ 증권사 직원이 고객에게 펀드 상품을 판매하였다.
⑤ 제빵사가 케이크를 만들어 팔기 위해 밀가루를 구입하였다.

02 (가)~(다)에 대한 옳은 설명만을 〈보기〉에서 고른 것은? (단, (가)~(다)는 각각 가계, 기업, 정부 중 하나이다.)
242

구분	조세를 납부할 의무가 있음	이윤 극대화를 목표로 함
(가)	○	×
(나)	○	○
(다)	×	×

보기
ㄱ. (가)는 상품을 생산하여 시장에 공급한다.
ㄴ. (나)는 공공재를 생산한다.
ㄷ. (가)는 (나)에 생산 요소를 제공한다.
ㄹ. (다)는 (가)와 (나)의 경제 활동에 대해 일정 부분 규제를 가할 수 있다.

① ㄱ, ㄴ ② ㄱ, ㄷ ③ ㄴ, ㄷ
④ ㄴ, ㄹ ⑤ ㄷ, ㄹ

03 다음 경제 활동의 대상 중 나머지 넷과 성격이 다른 것은?
243

① 의사의 진료
② 분식점의 떡볶이
③ 택배 기사의 배달
④ 요가 강사의 수업
⑤ 극장에서의 영화 상영

04 경제 활동에 대한 설명으로 옳지 않은 것은?
244

① 재화 또는 서비스를 대상으로 한다.
② 정부를 제외한 가계와 기업에 의해 이루어진다.
③ 직장에서 일한 대가로 월급을 받는 활동을 포함한다.
④ 생산, 분배, 소비가 서로 긴밀히 연결되어 순환한다.
⑤ 생활에 필요한 상품의 획득을 통해 욕구를 충족하는 활동을 포함한다.

05 ㉠, ㉡에 대한 옳은 설명만을 〈보기〉에서 고른 것은?
245

> 어떤 자원이나 재화가 희소성을 가진다는 것은 (㉠)에 비해 (㉡)이/가 적은 상태임을 의미한다.

보기
ㄱ. ㉠에는 편익, ㉡에는 비용이 들어간다.
ㄴ. ㉡이 클수록 희귀성이 커진다.
ㄷ. ㉠에 비해 ㉡이 작은 재화일수록 가격이 높아진다.
ㄹ. 동일한 재화라도 ㉠의 크기는 시대와 장소에 따라 달라질 수 있다.

① ㄱ, ㄴ ② ㄱ, ㄷ ③ ㄴ, ㄷ
④ ㄴ, ㄹ ⑤ ㄷ, ㄹ

06 표는 인형 가게에서 판매하는 상품의 가격과 남은 개
246 수를 나타낸 것이다. 이에 대한 설명으로 옳은 것은?
(단, 희소성과 가격은 비례한다고 가정한다.)

구분	토끼	곰	강아지
가격	5,000원	7,000원	10,000원
남은 개수	10개	2개	20개

① 모든 인형은 무상재에 해당한다.
② 강아지 인형은 희소성이 가장 크다.
③ 사람들은 모두 곰 인형을 선택할 것이다.
④ 토끼 인형과 강아지 인형의 효율성은 같다.
⑤ 남은 상품의 절대적인 양과 가격은 비례한다.

07 다음 글을 통해 내릴 수 있는 결론으로 가장 적절한
247 것은?

> 북유럽에서는 전통적으로 지느러미와 비늘이
> 없는 문어를 '악마의 물고기'로 여기면서 사람들이
> 먹기를 꺼렸다. 그러나 우리나라에서는 '글을 아
> 는 물고기'라고 하여 예로부터 귀한 대접을 받으
> 면서 잔칫상을 차리는 데 사용되었다.

① 희소성과 희귀성은 다른 개념이다.
② 인간은 자신의 욕구를 모두 충족할 수 없다.
③ 자원의 희소성은 시대나 장소에 따라 다르게 나
타난다.
④ 재화는 희소성의 유무에 따라 무상재와 경제재
로 구분할 수 있다.
⑤ 자원이 풍부하더라도 사람들의 욕구에 비해 충
분하지 않으면 희소성이 있는 것이다.

08 다음 사례에 대한 옳은 설명만을 〈보기〉에서 있는 대
248 로 고른 것은?

> A는 중국 음식점에서 짜장면과 짬뽕 중 한 가지
> 음식을 선택하려고 한다. 아래 표는 두 가지 음식
> 에 대한 정보이다. (단, 제시된 내용 외의 요인은
> 고려하지 않는다.)
>
> | 구분 | 짜장면 | 짬뽕 |
> |---|---|---|
> | 가격 | 5,000원 | 5,500원 |
> | A의 편익 | 6,500원 | 6,000원 |

・보기・
ㄱ. A는 짜장면을 선택하는 것이 합리적이다.
ㄴ. A가 짬뽕을 선택할 때의 기회비용은 6,500원
이다.
ㄷ. A의 선택은 재화와 서비스 중 서비스를 소비
하는 행위이다.
ㄹ. A가 짜장면을 선택할 때의 기회비용은 짬뽕을
선택할 때의 기회비용에 비해 작다.

① ㄱ, ㄴ　　　② ㄱ, ㄹ　　　③ ㄴ, ㄷ
④ ㄱ, ㄷ, ㄹ　　⑤ ㄴ, ㄷ, ㄹ

09 다음 교사의 질문에 대해 <u>잘못</u> 답한 학생은?
249

경제 생활에서의 합리적 선택에 대해 이야기해 볼까요?

① 갑: 비용과 편익을 함께 분석해야 합니다.
② 을: 선택할 대안에서 실제로 발생하는 금액이
비용의 전부가 됩니다.
③ 병: 여러 대안 중 최소의 비용으로 최대의 편익
을 얻을 수 있는 것을 선택해야 합니다.
④ 정: 만약 대안들의 비용이 같다면 편익이 가장
큰 대안을 선택해야 합니다.
⑤ 무: 반대로 대안들의 편익이 같다면 비용이 가
장 작은 대안을 선택해야 합니다.

10 다음은 중학생 A가 사회 수업 시간에 필기한 내용이다. 이에 대한 설명으로 옳지 <u>않은</u> 것은?
250

> \<경제 문제\>
> 1. 경제 문제의 발생 원인: (　　ㄱ　　)
> 2. 기본적인 경제 문제
>   (1) (　　ㄴ　　)
>   (2) ㄷ 생산 방법의 문제
>   (3) ㄹ 생산물의 분배 문제
> 3. 경제 문제의 해결 방식에 따른 경제 체제
>   (1) A 체제: 시장 가격 기구
>   (2) B 체제: 정부의 계획과 명령

① ㄱ에 들어갈 말은 자원의 희소성이다.
② 경차 생산과 중형차 생산 정도를 결정하는 문제는 ㄴ의 사례이다.
③ ㄴ~ㄹ을 해결하기 위해서는 효율성이 중시된다.
④ A 체제에 비해 B 체제에서 경제 활동의 자유가 제한된다.
⑤ ㄹ은 B 체제에 비해 A 체제에서 더 공정하게 이루어진다.

11 다음 사례에서 A, B가 고민하고 있는 경제 문제를 옳게 연결한 것은?
251

> A와 B는 자신의 농지에 각각 쌀농사를 짓고 있다. 최근 쌀 풍년으로 쌀값이 폭락하자, 두 사람은 이에 대한 대책을 고민하고 있다. A가 내년에 비용 면에서 좀 더 장점이 있는 기계를 도입하기로 한 데 비해, B는 내년부터 쌀 대신 다른 작물을 재배하기로 하였다.

	A	B
①	어떻게 생산할 것인가?	누구에게 분배할 것인가?
②	어떻게 생산할 것인가?	무엇을 얼마나 생산할 것인가?
③	누구에게 분배할 것인가?	무엇을 얼마나 생산할 것인가?
④	무엇을 얼마나 생산할 것인가?	어떻게 생산할 것인가?
⑤	무엇을 얼마나 생산할 것인가?	누구에게 분배할 것인가?

12 밑줄 친 ㉠, ㉡의 특징으로 적절한 것만을 \<보기\>에서 골라 옳게 연결한 것은?
252

> 경제 체제는 경제 문제를 해결하는 방식에 따라 ㉠ 시장 경제 체제와 ㉡ 계획 경제 체제로 구분할 수 있다.

• 보기 •
ㄱ. 자유로운 경쟁 보장
ㄴ. 사적 이익 추구의 보장
ㄷ. 강력한 정책 집행에 유리
ㄹ. 시장 가격 기구의 역할 약화

	㉠	㉡
①	ㄱ, ㄴ	ㄷ, ㄹ
②	ㄱ, ㄷ	ㄴ, ㄹ
③	ㄴ, ㄷ	ㄱ, ㄹ
④	ㄴ, ㄹ	ㄱ, ㄷ
⑤	ㄷ, ㄹ	ㄱ, ㄴ

13 표는 두 나라의 경제 체제를 비교한 것이다. 이에 대한 설명으로 옳지 <u>않은</u> 것은?
253

구분	시장에 대한 정부 개입	생산 수단의 사적 소유 허용	경제적 효율성 중시
A국	강함	낮음	낮음
B국	약함	높음	높음

① A국보다 B국에서 경제 활동의 자유를 더 보장할 것이다.
② A국보다 B국에서 '보이지 않는 손'의 기능이 더 중시될 것이다.
③ B국보다 A국이 시장 경제 체제에 더 가깝다.
④ B국보다 A국이 분배의 형평성을 더 중시할 것이다.
⑤ A국과 B국 모두에서 기본적인 경제 문제가 발생한다.

14 기업의 역할로 적절하지 <u>않은</u> 것은?

254

① 상품을 생산하여 시장에 공급한다.

② 일자리를 만들어 노동자를 고용한다.

③ 재정 활동을 통해 공공재를 생산한다.

④ 수출 증대에 영향을 미쳐 경제 발전에 이바지한다.

⑤ 수익 중 일부를 생산에 참여한 사람들에게 분배하여 가계의 소득을 창출한다.

15 다음 사례를 통해 설명할 수 있는 주제로 가장 적절한 것은?

255

> ○○ 기업은 박스 제조업체로 직원의 60%가 사회 취약 계층에 해당한다. 이 회사는 북한 이탈 주민을 비롯한 사회 취약 계층의 자립을 돕기 위해 설립되었다. 따라서 이윤 창출을 최우선으로 하지 않고, 기업 운영을 통해 공공선을 달성하고자 한다. ○○ 기업의 대표는 "2008년에 회사를 설립하여 여러 가지 어려움에 부딪혔지만 포기하지 않고 경영해 온 결과, 회사를 연 매출 50억 원대의 기업으로 성장시켰다."라고 말했다.

① 기술 혁신　　　　② 기업가 정신

③ 윤리적 소비　　　　④ 노사 간의 경쟁

⑤ 기업의 사회적 책임

16 그림은 국민 경제의 순환을 나타낸 것이다. (가)에 대한 설명으로 옳은 것은?

256

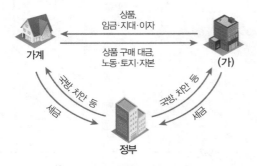

① 재화와 서비스를 소비하는 주체이다.

② 세금을 바탕으로 공공의 이익을 추구한다.

③ 기술 혁신을 통해 경제 발전에 이바지한다.

④ 다른 두 경제 주체와 경쟁하여 이윤을 창출한다.

⑤ 생산 요소를 제공하고 임금, 지대, 이자를 지급받는다.

17 기업가 정신의 내용으로 적절한 것만을 〈보기〉에서 고른 것은?

257

> ┌─ 보기 ───────────────
> ㄱ. 신제품 개발
> ㄴ. 창조적 파괴
> ㄷ. 기업가 우선주의
> ㄹ. 기존 생산 방식의 고수
> └──────────────────

① ㄱ, ㄴ　　　② ㄱ, ㄷ　　　③ ㄴ, ㄷ

④ ㄴ, ㄹ　　　⑤ ㄷ, ㄹ

18 ㉠에 들어갈 용어로 가장 적절한 것은?

258

> 슘페터는 기업가 정신의 본질을 (㉠)(이)라고 보았다. (㉠)의 방법으로는 신제품 개발, 새로운 판매 방법의 도입, 새로운 시장의 개척 등이 있는데, 이러한 기업가의 노력을 '창조적 파괴'라고 한다.

① 발전　　　　② 변화　　　　③ 생산

④ 혁신　　　　⑤ 이윤 창출

19 인간의 생애 주기와 일반적인 경제생활의 특징을 <u>잘못</u> 연결한 것은?

259

① 유소년기 – 부모의 소득에 의존하여 주로 소비 생활을 한다.

② 청년기 – 본격적으로 생산 활동에 참여하지만 소득은 적은 편이다.

③ 중·장년기 – 소득이 늘어나지만 소비도 함께 늘어나는 시기이다.

④ 중·장년기 – 은퇴 이후의 삶을 위해 자산 관리에 신경을 쓴다.

⑤ 노년기 – 미래를 위해 노후를 준비한다.

20
260
그림은 A의 생애 주기에 따른 소득−소비 곡선이다. 이에 대한 옳은 분석만을 〈보기〉에서 고른 것은? (단, 소득은 소비와 저축을 합한 값이다.)

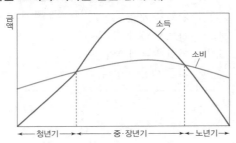

• 보기 •
ㄱ. 청년기에 흑자 인생을 살았다.
ㄴ. 소득과 소비는 평생 일정한 수준으로 유지되었다.
ㄷ. 중·장년기에는 소비보다 소득이 더 컸다.
ㄹ. 중·장년기에 자산을 성공적으로 관리했다면 노년기에 안락한 삶을 누렸을 것이다.

① ㄱ, ㄴ   ② ㄱ, ㄷ   ③ ㄴ, ㄷ
④ ㄴ, ㄹ   ⑤ ㄷ, ㄹ

21
261
자산 관리가 필요한 이유로 적절하지 <u>않은</u> 것은?
① 삶의 질을 높이기 위해
② 안정된 노후를 준비하기 위해
③ 일생 동안 소득이 일정하지 않기 때문
④ 미래의 불확실한 상황을 대비하기 위해
⑤ 금융 기관에서 자금을 쉽게 빌리기 위해

22
262
표에 대한 옳은 설명만을 〈보기〉에서 고른 것은? (단, 소득의 크기와 소비와 ㉠을 더한 크기는 같다.)

소득	
소비	㉠

• 보기 •
ㄱ. 소득보다 소비가 커지면 부채가 발생한다.
ㄴ. ㉠의 크기가 감소하면 소비 또한 감소한다.
ㄷ. ㉠을 통해 예금이나 적금에 가입할 수 있다.
ㄹ. 소비가 감소할수록 자산에 투자할 수 있는 여력이 줄어든다.

① ㄱ, ㄴ   ② ㄱ, ㄷ   ③ ㄴ, ㄷ
④ ㄴ, ㄹ   ⑤ ㄷ, ㄹ

23
263
밑줄 친 ㉠과 맥락을 같이하는 주장으로 가장 적절한 것은?

노벨 경제학상을 수상한 제임스 토빈 교수는 자산 관리에 대해 다음과 같은 말을 남겼다. ㉠ "달걀을 한 바구니에 몽땅 담아서는 안 됩니다. 만일 바구니를 떨어뜨리면 모든 것이 끝이기 때문이죠."

① 신용을 유지하는 것이 중요하다.
② 투자할 때에는 분산 투자를 해야 한다.
③ 합리적 소비를 통해 불필요한 낭비를 줄여야 한다.
④ 원금 손실이 없는 금융 상품에 가입하는 것이 좋다.
⑤ 수익성이 가장 높은 자산에 투자하는 것이 현명하다.

24
264
㈎, ㈏는 서로 다른 자산 관리 방법이다. 이에 대한 옳은 설명만을 〈보기〉에서 고른 것은? (단, ㈎, ㈏는 예금과 주식 중 하나이다.)

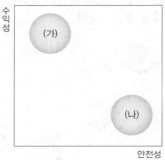

• 보기 •
ㄱ. ㈎는 원금 손실을 볼 수 있다.
ㄴ. ㈏는 위험성이 낮은 상품이다.
ㄷ. ㈎, ㈏ 모두 실물 자산에 해당한다.
ㄹ. ㈏는 ㈎와 달리 배당금을 기대할 수 있다.

① ㄱ, ㄴ   ② ㄱ, ㄷ   ③ ㄴ, ㄷ
④ ㄴ, ㄹ   ⑤ ㄷ, ㄹ

25 합리적인 자산 관리 방법으로 적절하지 <u>않은</u> 것은?
(265)
① 연령이 높을수록 공격적으로 투자한다.
② 수익성, 안전성, 유동성을 함께 고려한다.
③ 투자의 목적과 기간을 신중하게 고려한다.
④ 여러 금융 상품을 분석하여 분산해서 투자한다.
⑤ 지출을 체계적으로 관리하여 불필요한 낭비를 줄인다.

26 밑줄 친 '이것'에 대한 설명으로 옳은 것은?
(266)

> 이것은 돈을 빌려 쓰거나 상품을 사용한 뒤 약속한 날짜에 그 대가를 치를 수 있는 능력을 말한다.

① 많이 활용할수록 소득이 높아진다.
② 현금으로만 거래가 가능하도록 해 준다.
③ 현재의 소득 내에서 소비할 수 있게 해 준다.
④ 미래의 소득으로 갚아야 하는 부채에 해당한다.
⑤ '이것'의 등급이 낮을수록 빌릴 수 있는 자금이 늘어난다.

27 다음은 중학생 A가 인터넷 게시판에 질문한 내용이
(267) 다. ㈎에 들어갈 답변으로 적절하지 <u>않은</u> 것은?

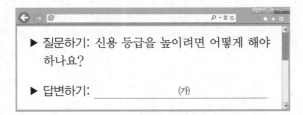

> ▶ 질문하기: 신용 등급을 높이려면 어떻게 해야 하나요?
>
> ▶ 답변하기: _____ ㈎ _____

① 자신의 신용 등급을 꾸준히 확인하세요.
② 주거래 은행을 정해서 꾸준히 거래하세요.
③ 통신비 등 매달 납부하는 돈이 연체되지 않게 하세요.
④ 신용 카드 수를 줄이고 현금 서비스 이용은 자제하세요.
⑤ 대출을 받을 때, 자신의 상환 능력보다 높은 금액을 받으려고 노력하세요.

28 밑줄 친 ㉠의 이유를 '희소성'을 포함하여 서술하
(268) 시오.

> 석탄과 다이아몬드는 모두 탄소로 된 광물이지만 ㉠ 다이아몬드의 가격은 석탄보다 훨씬 높다.

_____

_____

29 다음 헌법 조항을 바탕으로 우리나라 경제 체제의
(269) 특징을 서술하시오.

> 제119조 ① 대한민국의 경제 질서는 개인과 기업의 경제상의 자유와 창의를 존중함을 기본으로 한다.
> ② 국가는 균형 있는 국민 경제의 성장 및 안정과 적정한 소득의 분배를 유지하고, 시장의 지배와 경제력의 남용을 방지하며, 경제 주체 간의 조화를 통한 경제의 민주화를 위하여 경제에 관한 규제와 조정을 할 수 있다.

_____

_____

30 다음 사례에서 A의 선택이 합리적이지 못한 이유
(270) 를 '비용'과 관련하여 서술하시오.

> A는 놀이공원에 입장료 10,000원을 내고 입장하였다. 놀이공원을 둘러보던 A는 롤러코스터를 발견하고 탈지 말지를 고민하였다. A의 롤러코스터 이용의 편익은 7,000원, 탑승 비용은 6,000원이었다. A는 사회 수업 시간에 배운대로 비용−편익 분석을 하였는데, 비용은 16,000원인 데 반해 편익이 7,000원밖에 되지 않아 롤러코스터 이용을 포기하고 놀이공원을 나왔다.

_____

_____

시장 경제와 가격

100명의 교사가 정리한 교과서 핵심 내용

01 시장의 의미와 종류
~ 02 시장 가격의 결정

① 시장의 형성

시장은 상품을 판매하려는 사람과 구입하려는 사람이 있을 때 만들어진다. 이때 상품을 구입하려는 사람을 수요자라고 하며, 상품을 판매하려는 사람을 공급자라고 한다. 수요자가 일정한 가격에서 상품을 구입하려는 욕구인 수요와 공급자가 일정한 가격에서 상품을 판매하려는 욕구인 공급이 만나 시장 가격을 결정하는 곳이 시장이다.

② 화폐의 발달

최초의 화폐는 조개껍데기, 쌀, 소금과 같은 물품 화폐였다. 이후 보관과 운반이 편리한 금속으로 변화하였고, 다시 가벼운 지폐와 수표가 만들어졌다. 그리고 현대 사회에서는 정보 통신 기술의 발달과 더불어 각종 카드 및 전자 화폐 등이 사용되고 있다.

용어 사전

• **자급자족** 자기에게 필요한 것을 스스로 공급하여 충당하는 것

① 시장의 의미와 역할

1 시장의 의미 ①

(1) 상품을 사고자 하는 사람과 팔고자 하는 사람이 자발적으로 만나 거래가 이루어지는 장소
└─ 시장에서 거래되는 재화와 서비스를 통틀어 이름

(2) 눈에 보이는 구체적인 장소뿐만 아니라 구체적으로 눈에 보이지 않더라도 거래가 이루어진다면 시장이라고 할 수 있음

2 시장의 등장 배경 〔자료①〕

```
                    처음에는 물물 교환으로 시작함
•자급자족 (1)⇒ 교환 (2)⇒ 특화와 분업 (3)⇒ 시장의 등장 (4)⇒ 시장 활성화
```

(1) 경제 발전으로 상품의 생산량이 증가하고, 자신이 사용하고도 남는 잉여 생산물이 등장함

(2) **효율성을 높이기 위한 특화와 분업의 등장**

특화	각자 잘하는 일에 전념하여 전문화하는 것
분업	• 생산 과정을 여러 부문으로 나누어 여러 사람이 일을 나누어 맡는 것 • 서로 다른 사람들이 특정 부문에서 전문적으로 일하는 노동의 형태

(3) 효율적인 교환을 위해 일정한 장소에 모여 거래하기 시작함
└─ 시장은 주로 교통이 편리한 곳에 형성됨

(4) 화폐의 사용으로 교환이 더욱 원활해짐 ②

교과서 속 자료 읽기 ① 시장의 형성과 발달

과거에는 생활에 필요한 물건을 모두 스스로 만들어 사용했지만, 농사를 짓게 되면서 잉여 생산물이 생기자, 이를 자신에게 필요한 다른 물건과 교환하기 시작하였다. 이 과정에서 각자 잘하는 일에 전념하여 특정한 물건을 집중적으로 생산하였다. 그 결과 일정한 시간과 장소를 정해 모이는 시장이 생겨났고, 화폐의 출현으로 더욱 발달하였다.

3 시장의 역할

(1) 거래에 참여하는 사람들에게 <u>거래에 드는 비용과 시간을 줄여 줌</u>
└─ 거래하려는 물건과 거래 조건이 맞는 상대방을 찾는 데 드는 비용과 시간

(2) 거래에 참여하는 사람들에게 상품에 관한 정보를 제공함
└─ 상품의 종류 및 가격, 상품별 차이 등

(3) 교환과 분업을 촉진하여 생산성을 증대시킴

(4) 일정한 장소에서 다양한 상품을 선택할 기회를 제공함

② 다양한 시장의 종류 — 시장에 존재하는 공급자의 수에 따라 하나인 시장은 독점 시장, 소수인
시장은 과점 시장, 다수인 시장은 완전 경쟁 시장으로 구분할 수 있음

1 거래 형태에 따른 구분

보이는 시장 (구체적 시장)	거래하는 모습이 구체적으로 드러나는 시장 ⑩ 재래시장, 대형 마트 등
보이지 않는 시장 (추상적 시장)	거래하는 모습이 구체적으로 드러나지 않는 시장 ⑩ 노동 시장, 주식 시장, *외환 시장, 전자 상거래 시장 등 ❸

2 거래 상품의 종류에 따른 구분

여가나 문화생활을 즐기기 위한 서비스가
거래되는 시장 등도 생산물 시장에 포함됨

생산물 시장	생활에 필요한 재화나 서비스가 거래되는 시장 ⑩ 문구점, 농수산물 시장, 꽃 시장, 가구 시장, 영화관, 공연장 등
생산 요소 시장	상품을 생산하는 데 필요한 토지나 노동, 자본 등의 생산 요소가 거래되는 시장 ⑩ 부동산 시장, 노동 시장 등

└ 토지가 거래되는 시장 ┘   └ 기업과 구직자 간에 노동을 거래하는 시장

3 개설 주기에 따른 구분

상설 시장	매일 열리는 시장 ⑩ 남대문 시장, 동대문 시장 등
정기 시장	특정한 날짜에만 열리는 시장 ⑩ 3일장, 5일장 등

4 판매 대상에 따른 구분

도매 시장	상인을 판매 대상으로 하는 시장
소매 시장	일반 소비자를 판매 대상으로 하는 시장

③ 수요와 수요 법칙

1 수요와 수요량

(1) **수요**

① 의미: 어떤 상품을 사고자 하는 욕구

② 주체: 수요자(상품을 사고자 하는 사람)

(2) **수요량**: 일정한 가격 수준에서 수요자가 사고자 하는 상품의 구체적인 수량

2 수요 법칙과 수요 곡선 이슈

(1) 의의: 상품의 가격과 수요량의 관계를 알 수 있음

(2) 내용

① **수요 법칙**: 가격이 하락하면 수요량은 증가하고, 가격이 상승하면 수요량은 감소함
    └ 다른 조건이 일정한 경우, 가격이 오를
    수록 상품을 사기가 부담스럽기 때문임

② **수요 곡선**: 가격과 수요량의 관계를 그래프로 나타낸 것

- X축은 수요량, Y축은 상품의 가격을 나타냄
- 가격과 수요량은 *반비례 관계임
- 우하향 곡선 → 오른쪽으로 갈수록 내려감

② 한눈에 쏙

• 시장의 종류

기준	종류
거래 형태	보이는 시장, 보이지 않는 시장
상품 종류	생산물 시장, 생산 요소 시장
개설 주기	상설 시장, 정기 시장
판매 대상	도매 시장, 소매 시장

❸ **전자 상거래 시장**

인터넷 쇼핑몰과 같이 정보 통신망을 이용하여 거래가 이루어지는 시장의 형태로, 오늘날 정보 통신 기술과 인터넷의 발달로 규모가 점점 더 커지고 있다.

③ 한눈에 쏙

• 수요와 수요 법칙

수요	상품을 사고자 하는 욕구
수요량	일정한 가격에서 사려고 하는 상품의 양
수요 법칙	가격과 수요량의 반비례 관계

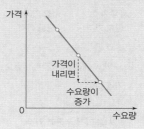

용어 사전

- *외환 시장 달러화, 유로화, 엔화 등과 같은 외화가 거래되는 시장
- *반비례 한쪽의 양이 커질 때 다른 쪽의 양이 그와 같은 비율로 작아지는 관계

• 공급과 공급 법칙

공급	상품을 팔고자 하는 욕구
공급량	일정한 가격에서 팔려고 하는 상품의 양
공급 법칙	가격과 공급량의 비례 관계

④ 공급과 공급 법칙

1 공급과 공급량

(1) **공급**

① **의미**: 어떤 상품을 팔고자 하는 욕구

② **주체**: 공급자(상품을 팔고자 하는 사람)

(2) **공급량**: 일정한 가격 수준에서 공급자가 팔고자 하는 상품의 구체적인 수량

2 공급 법칙과 공급 곡선 `이슈`

(1) **의의**: 상품의 가격과 공급량의 관계를 알 수 있음

(2) **내용**

① **공급 법칙**: 가격이 하락하면 공급량은 감소하고, 가격이 상승하면 공급량은 증가함
  └ ☞ 다른 조건이 일정한 경우, 가격이 오를수록 상품을 많이 파는 것이 이익이기 때문임

② **공급 곡선**: 가격과 공급량의 관계를 그래프로 나타낸 것

• X축은 공급량, Y축은 상품의 가격을 나타냄
• 가격과 공급량은 *비례 관계임
• 우상향 곡선 → 오른쪽으로 갈수록 올라감

🌱 **생활 속 이슈 읽기** **모든 상품은 수요 법칙과 공급 법칙을 따를까**

원칙적으로 수요량은 가격이 하락하면 증가하고, 가격이 상승하면 감소한다. 하지만 이러한 수요 법칙이 적용되지 않는 경우도 있다. 값비싼 명품 가방이나 희귀한 보석처럼 부유함을 과시하기 위한 상품 역시 수요 법칙과 관계없이 비쌀수록 많이 팔린다. "가격이 하락하면 공급량이 감소하고, 가격이 상승하면 공급량이 증가한다."라는 공급 법칙에도 예외는 존재한다. 대표적인 것이 노동의 공급이다. 늘어난 소득으로 일정한 삶의 수준이 보장되면, 사람들은 임금이 상승하는데도 오히려 노동 시간을 줄이고 여가생활을 즐기려는 경향이 나타날 수 있다.

대부분 상품의 수요량과 공급량은 수요 법칙과 공급 법칙에 따라 결정되지만, 수요 법칙과 공급 법칙에도 예외는 존재한다.

• 시장 가격의 결정

시장 가격 > 균형 가격	시장 가격 < 균형 가격
초과 공급	초과 수요
공급자끼리 경쟁	수요자끼리 경쟁
가격 하락	가격 상승

↓

시장 가격 = 균형 가격

⑤ 시장 가격의 결정과 시장 가격의 기능

1 시장 가격의 결정: 수요 곡선과 공급 곡선이 만나는 지점에서 결정됨

2 시장의 균형: 수요량 = 공급량

(1) **균형 가격과 균형 거래량**

균형 가격	• 수요 곡선과 공급 곡선이 만나는 지점의 가격 • 수요량과 공급량이 일치하는 점에서의 가격
균형 거래량	• 수요 곡선과 공급 곡선이 만나는 지점의 거래량 • 수요량과 공급량이 일치하는 점에서의 거래량

용어 사전

* **비례** 한쪽의 양이 커질 때 다른 쪽의 양도 그와 같은 비율로 커지는 관계

3 시장의 불균형: 수요량 ≠ 공급량 [자료❷]

(1) *__초과 수요(수요량 > 공급량)__: 특정한 가격 수준에서 수요량이 공급량보다 많은 상태
  ① 시장 가격(P_2) < 균형 가격(P_0) ❹
  ② 수요량>공급량 → 수요자 간의 경쟁 → __가격 상승__ → '시장 가격 = 균형 가격'
    초과 수요가 없어질 때까지 가격 상승

(2) __초과 공급(수요량 < 공급량)__: 특정한 가격 수준에서 공급량이 수요량보다 많은 상태
  ① 시장 가격(P_1) > 균형 가격(P_0)
  ② 공급량 > 수요량 → 공급자 간의 경쟁 → __가격 하락__ → '시장 가격 = 균형 가격'
    초과 공급이 없어질 때까지 가격 하락

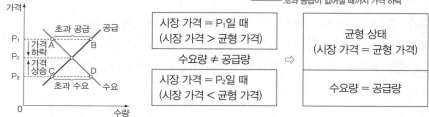

시장 가격 = P_1일 때 (시장 가격 > 균형 가격)		균형 상태 (시장 가격 = 균형 가격)
수요량 ≠ 공급량	⇒	
시장 가격 = P_2일 때 (시장 가격 < 균형 가격)		수요량 = 공급량

교과서 속 자료 읽기 ❷ 시장이 균형을 이루게 되는 과정

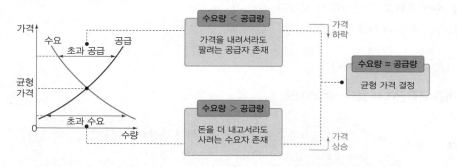

초과 공급이 발생하면 공급자 간의 경쟁으로 상품의 가격이 내려가서 수요량은 늘어나고 공급량은 줄어들어 균형 가격이 결정된다. 반면, 초과 수요가 발생하면 수요자 간의 경쟁으로 상품의 가격이 올라서 수요량은 줄어들고 공급량은 늘어나 균형 가격이 결정된다.

---

4 시장 가격의 기능 [자료❸]

(1) __경제 활동의 신호등__: 소비자들이 시장에서 무엇을 얼마나 살지, 생산자들이 무엇을 얼마나 만들어 팔지 결정하도록 도와주는 신호등 역할을 함❺

(2) __자원의 효율적 배분__: 경제 주체들에게 합리적인 경제 활동의 방향을 알려 주고, 그에 따라 경제 행위를 하도록 이끌어 자원을 효율적으로 배분하는 역할을 함

교과서 속 자료 읽기 ❸ '보이지 않는 손'

> 우리가 매일 식사를 마련할 수 있는 것은 푸줏간 주인과 양조장 주인, 그리고 빵집 주인의 자비심 때문이 아니라 그들이 자기 자신의 이익을 위해 일하기 때문이다. 각 개인은 공공의 이익을 증진하려고 의도하지 않고, 자신이 얼마나 공공의 이익을 촉진하는지도 모른다. 오로지 자기 자신의 이익을 위할 뿐이다. 이 경우 그는 많은 경우에서처럼 '보이지 않는 손'에 이끌려 그가 전혀 의도하지 않았던 목적을 달성하게 된다. – 애덤 스미스, 『국부론』

애덤 스미스는 사회 구성원 각자에게 무엇을 얼마나 만들어 팔지, 무엇을 얼마나 살지 자유롭게 선택하도록 맡겨 두면 '보이지 않는 손', 즉 시장 가격의 조정에 의해 시장이 원활하게 운영될 수 있다고 주장하였다.

---

❹ **시장 가격과 균형 가격**
시장 가격은 시장에서 상품이 거래되고 있는 가격 수준이고, 균형 가격은 수요자와 공급자의 끊임없는 상호 작용 속에서 수요량과 공급량이 같아지는 지점에서 결정되는 가격이다. 시장 가격이 균형 가격보다 높으면 초과 공급이 발생하고, 시장 가격이 균형 가격보다 낮으면 초과 수요가 발생하여 끊임없이 가격 조정을 하게 된다. 이 과정에서 결국 수요량과 공급량이 일치하는 지점에서 시장은 균형을 이루고, 시장 가격과 균형 가격이 같아지게 된다.

❺ **경제 활동의 신호등 역할을 하는 시장 가격**
운동화 가격의 상승은 소비자에게 구매량을 줄이라는 신호로 작용하고, 생산자에게는 생산량을 늘리라는 신호로 작용한다. 반대로 운동화 가격의 하락은 소비자에게 구매량을 늘리라는 신호로 작용하고, 생산자에게는 생산량을 줄이라는 신호로 작용한다.

용어 사전

* __초과__ 일정한 수나 정해진 범위 등을 넘는 상태

① 시장의 의미와 역할

• 정답 및 해설 **23**쪽

 차근차근 **기본다지기**

01 빈칸에 들어갈 용어를 쓰시오.
271
(1) (   )은/는 재화나 서비스를 사려는 사람과 팔려는 사람이 모여 거래하는 곳이다.
(2) 생산 과정을 나누어 여러 사람이 일을 나누어 맡는 것을 (   )(이)라고 한다.
(3) (   )의 등장으로 물물 교환을 해야 하는 불편함이 사라지면서 교환이 더욱 원활해졌다.

02 다음 설명이 맞으면 ○표, 틀리면 ✕표 하시오.
272
(1) 시장에서 사람들은 자발적으로 만나서 거래한다. (   )
(2) 시장이 만들어지기 전에는 교환도 이루어지지 않았다. (   )
(3) 시장의 등장으로 거래하는 시간과 비용이 줄어들었다. (   )

03 (1)~(3)에서 설명하는 용어를 퍼즐판에서 찾아 색칠하시오.
273

공	화	폐	재	화
급	자	급	자	족
전	유	서	시	장
문	재	비	수	거
특	화	스	래	요

(1) 자기에게 필요한 것을 스스로 공급하여 충당하는 것은?
(2) 각자 잘하는 일에 전념하여 전문화하는 것은?
(3) 초기에 교환의 수단으로 사용된 ○○는 조개껍데기, 쌀, 소금 등이었다.

04 시장에 대한 설명으로 옳지 **않은** 것은?
274
① 재화나 서비스가 거래된다.
② 구체적인 거래 장소가 눈에 보여야 한다.
③ 소비자와 생산자의 교환 행위가 이루어지는 곳이다.

05 밑줄 친 ⊙~@과 관련된 용어를 옳게 연결한 것은?
275

> ⊙ 중학생 A의 학급은 이번 체육 대회 때 ⓒ 학급 티셔츠를 맞춰 입기로 하였다. A는 티셔츠를 사는 일을 맡아 ⓒ 인터넷 쇼핑몰에서 귀엽고 개성 있는 옷을 구입하기로 하였다. 여러 쇼핑몰을 둘러본 후 단체 티셔츠를 주로 판매하는 @ ○○ 쇼핑몰에서 티셔츠를 주문하였다.

① ⊙ – 공급자
② ⓒ – 서비스
③ ⓒ – 수요자
④ @ – 시장

06 시장의 형성이 가져온 변화로 가장 적절한 것은?
276
① 거래 비용이 증가하였다.
② 화폐의 사용이 감소하였다.
③ 상품에 관한 정보 교환이 감소하였다.
④ 분업의 촉진으로 생산성이 증대되었다.
⑤ 특정 분야를 전문적으로 담당하는 사람들이 감소하였다.

07 밑줄 친 ㉠에 해당하는 사람만을 〈보기〉에서 고른 것은?
277
> 시장은 상품을 ㉠ 사고자 하는 사람과 팔고자 하는 사람이 자발적으로 만나 거래가 이루어지는 장소이다.

• 조건 •
ㄱ. 겨울에 입을 외투를 사려는 A
ㄴ. 중학교에서 사회를 가르치는 B
ㄷ. 교향악단의 연주회를 관람하려는 C
ㄹ. 레스토랑에서 스파게티를 만드는 D

① ㄱ, ㄴ   ② ㄱ, ㄷ   ③ ㄴ, ㄷ
④ ㄴ, ㄹ   ⑤ ㄷ, ㄹ

08 빈칸에 들어갈 거래의 형태를 네 글자로 쓰시오.
278
> 농사를 짓는 반투족은 곡식이 풍부하고, 수렵 생활을 하는 피그미족은 고기가 풍부하다. 밤이 되면 반투족은 피그미족과의 경계 지역에 곡식을 가져다 두고, 피그미족은 곡식을 가져가는 대신 그 자리에 고기를 놓아둔다. 이처럼 반투족과 피그미족은 각각 자신들에게 특화된 곡식과 고기를 서로 맞바꾸는 (   )을/를 한다.

(   )

서술형 문제
09 ㈎, ㈏를 읽고 물음에 답하시오.
279
> ㈎ 각자 잘하는 일에 전념하여 전문화한다.
> ㈏ 생산 과정을 여러 부문으로 나누어 서로 다른 사람들이 특정 부문에서 전문적으로 일한다.

(1) ㈎, ㈏에서 설명하는 용어를 각각 쓰시오.

_____

(2) ㈎, ㈏의 결과로 나타난 현상을 아래 용어들을 모두 포함하여 서술하시오.

• 거래   • 교환   • 시장

_____

_____

논술형 문제
10 그림은 화폐의 변화를 나타낸 것이다. 이러한 변화가
280 시장의 발달 과정에 미친 영향을 서술하시오.

물품 화폐 → 금속 화폐 (주화, 금화, 은화) → 지폐 → 수표 → 신용 카드, 전자 화폐

_____

_____

_____

② 다양한 시장의 종류

⬢ 차근차근 **기본 다지기** ⬢

01 빈칸에 들어갈 용어를 쓰시오.
281
(1) ( ) 시장에서는 최종적으로 소비되는 재화와 서비스가 거래되고, ( ) 시장에서는 상품 생산에 필요한 노동, 토지, 자본 등이 거래된다.

(2) 시장은 개설 주기에 따라 매일 열리는 ( ) 시장과 특정한 날짜에만 열리는 ( ) 시장으로 나눌 수 있다.

(3) 소비자와 생산자가 인터넷 등 정보 통신망을 이용하여 거래하는 가상의 시장을 ( ) 시장이라고 한다.

02 다음 내용이 옳으면 ○표, 틀리면 ✕표 하시오.
282
(1) 생산물 시장에서는 노동, 자본 등의 생산 요소가 거래된다. ( )

(2) 시장은 거래 형태에 따라 보이는 시장과 보이지 않는 시장으로 구분된다. ( )

(3) 정보 통신 기술과 인터넷이 발달함에 따라 시장의 범위가 좁아지고 있다. ( )

03 ㉠~㉢에 해당하는 시장 종류를 각각 쓰시오.
283

| 거래하는 모습이 구체적으로 드러나는가? | 예 → ㉠ |
| | 아니요 → ㉡ |

| 거래하는 상품이 생산물인가? | 예 → ㉢ |
| | 아니요 → ㉣ |

( )

04 ㉠, ㉡에 들어갈 시장의 종류를 옳게 연결한 것은?
284

> 시장은 여러 가지 기준에 따라 분류할 수 있다. 판매 대상에 따라 상인을 대상으로 하는 (㉠) 시장과 소비자를 대상으로 하는 (㉡) 시장으로 나눌 수 있다.

	㉠	㉡
①	상설	정기
②	도매	소매
③	생산물	생산 요소

05 〈보기〉에서 보이는 시장만을 고른 것은?
285

┌─ 보기 ─────────────
ㄱ. 백화점   ㄴ. 외환 시장
ㄷ. 남대문 시장   ㄹ. 인터넷 쇼핑몰
└──────────────────

① ㄱ, ㄴ   ② ㄱ, ㄷ
③ ㄴ, ㄷ   ④ ㄷ, ㄹ

06 (개), (내) 시장에 대한 설명으로 옳은 것은?
286

> (개) 대형 마트　　　　　　(내) 인터넷 쇼핑몰

① (개)는 생산 요소가 거래되는 시장이다.
② (개)에서는 특정 분야의 상품만을 거래한다.
③ (내)는 시공간의 제약과 거래 비용을 줄여 준다.
④ (내)에서는 소비자와 판매자가 직접 만나 거래가 이루어진다.
⑤ (개), (내)는 모두 거래하는 모습이 눈에 보이지 않는 시장이다.

07 다음은 중학생 A가 쓴 일기이다. 밑줄 친 ㉠～㉢에
287 대한 설명으로 옳지 <u>않은</u> 것은?

> 20○○년 ○○월 ○○일
> 오늘은 아침부터 어머니와 함께 ㉠ 재래시장에 들러 각종 채소와 과일을 구입하였다. 어머니께서는 ㉡ 백화점보다 저렴한 가격에 구입했다며 좋아하셨다. 집에 돌아오니 이틀 전에 ㉢ 인터넷 쇼핑몰을 통해 구입한 신발이 배송되어 있었다. 저녁에는 텔레비전 뉴스를 보시던 아버지께서 세계적인 금융 위기로 ㉣ 주식 시장이 불안정해졌다면서, 경기 침체로 ㉤ 노동 시장의 상황이 점점 나빠질 것 같다고 걱정하셨다.

① ㉠은 생산물 시장으로 분류할 수 있다.
② ㉡은 거래하는 모습이 눈에 보이는 시장에 속한다.
③ ㉢은 정보 통신 기술의 발달로 규모가 점점 커지고 있다.
④ ㉣은 외환 시장, 전자 상거래 시장과 같은 유형의 시장으로 분류할 수 있다.
⑤ ㉤은 생활에 필요한 재화나 서비스가 거래되는 시장이다.

08 (개), (내)에 나타난 시장의 유형을 구분할 수 있는 기준
288 은 무엇인지 쓰시오.

> (개) A는 전자 제품 대리점에서 에어컨을 구입하였다.
> (내) B는 좋아하는 캐릭터가 그려진 옷을 인터넷 쇼핑몰에서 구입하였다.

(　　　　　)

서술형 문제
09 (개)～(다)를 보고 물음에 답하시오.
289

> (개) 의료 시장
> (내) 농수산물 시장
> (다) 구인·구직 사이트

(1) (개)～(다)에서 거래되는 대상을 각각 쓰시오.

_____

(2) (개)～(다)를 생산물 시장과 생산 요소 시장으로 구분하고, 그 의미를 서술하시오.

_____

_____

논술형 문제
10 다음 사례에 나타난 시장의 종류를 제시하고, 이러한
290 시장에 최근 나타나고 있는 변화를 〈조건〉에 맞게 서술하시오.

> 　회사원 A는 출근길 지하철에서 스마트폰으로 온라인 서점 사이트에 접속하였다. 중학생인 큰딸이 부탁한 소설책과 참고서를 구매하기 위해서였다. 책을 구매한 A는 해당 사이트에서 음반 기획전이 진행 중인 것을 보고 자신이 좋아하는 가수의 음반도 함께 주문하였다.

> ● 조건 ●
> 변화의 원인과 내용을 모두 포함하여 서술한다.

_____

_____

_____

_____

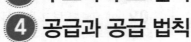

100명의
교사가 콕 찍은
주제별·유형별
대표문제

3 수요와 수요 법칙
4 공급과 공급 법칙

이 주제에서는 어떤 문제가 잘 나올까?
• 수요 법칙 이해하기
• 공급 법칙 이해하기

• 정답 및 해설 **24**쪽

차근차근 **기본다지기**

01
291

다음 설명이 맞으면 ○표, 틀리면 ✕표 하시오.

(1) 상품의 가격이 상승하면 수요량은 증가한다. (   )
(2) 상품의 가격과 공급량은 반비례 관계이다. (   )
(3) 수요 법칙과 공급 법칙에는 예외가 존재하지 않는다. (   )

02
292

빈칸에 들어갈 용어를 쓰시오.

(1) 수요 곡선에서 X축은 (   )을/를 나타내고, Y축은 상품의 가격을 나타낸다.
(2) 공급 곡선에서 X축은 (   )을/를 나타내고, Y축은 상품의 가격을 나타낸다.
(3) 수요자가 일정한 가격에 상품을 사고자 하는 욕구는 (   )이다.
(4) 공급자가 일정한 가격에 상품을 팔고자 하는 욕구는 (   )이다.

03
293

다음 괄호 안의 내용 중 알맞은 것에 ○표 하시오.

(1) 수요 법칙에 따르면 수요 곡선은 (우상향, 우하향) 곡선이다.
(2) 공급 법칙에 따르면 공급 곡선은 (우상향, 우하향) 곡선이다.
(3) 수요 법칙에 따르면 상품의 가격과 수요량은 (비례, 반비례) 관계이다.
(4) 공급 법칙에 따르면 상품의 가격과 공급량은 (비례, 반비례) 관계이다.

04
294

수요 법칙에 대한 설명으로 옳은 것은?

① 가격과 수요량은 비례 관계이다.
② 가격이 상승할 경우 수요량은 증가한다.
③ 수요 곡선은 우하향하는 모습으로 나타난다.

05
295

㉠에 대한 설명으로 옳은 것은?

> 공급자는 일정한 가격 수준에서 얼마나 상품을 판매할 것인지를 결정하는데, 이때 그 가격 수준에서 공급자가 판매하고자 하는 양을 (㉠)(이)라고 한다.

① 공급이다.
② 가격과 반비례 관계에 있다.
③ 공급 곡선에서 Y축에 해당한다.
④ ㉠과 가격의 관계를 나타낸 그래프는 오른쪽으로 갈수록 위로 올라간다.

06 ㈎, ㈏에 대한 설명으로 옳은 것은?

296

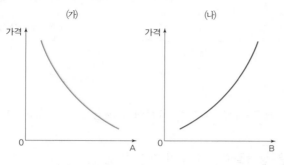

① ㈎는 공급 곡선이다.
② ㈏는 수요 곡선이다.
③ A에는 '공급량'이 들어갈 수 있다.
④ B에는 '수요량'이 들어갈 수 있다.
⑤ ㈎는 수요 법칙, ㈏는 공급 법칙을 보여 준다.

07 그림에 대한 설명으로 옳은 것은? (단, 수요자는 갑,

297 을, 병 세 사람만 존재하며, 1인당 1개씩만 구매한다.)

① 솜사탕의 가격이 600원일 때 수요량은 1개이다.
② 솜사탕의 가격이 800원일 때 수요자는 1명이다.
③ 솜사탕의 가격이 600원일 때보다 800원일 때 수요량이 더 많다.
④ 솜사탕의 가격이 하락할수록 구매하고자 하는 사람의 수는 줄어든다.
⑤ 갑, 을, 병이 사고자 하는 솜사탕의 양과 가격을 나타낸 그래프는 우하향한다.

08 ㉠에 들어갈 용어를 쓰시오.

298

> 수요 곡선은 (㉠)와/과 수요량의 관계를 그래프로 나타낸 것이고, 공급 곡선은 (㉠)와/과 공급량의 관계를 그래프로 나타낸 것이다.

(   )

서술형 문제

09 표는 핫도그의 가격 변화에 따른 수요량의 변화를 나

299 타낸 것이다. 이를 통해 알 수 있는 수요량의 변화 규칙을 서술하시오.

가격(원)	1,000	1,500	2,000	2,500	3,000
수요량 (만 개)	25	20	15	10	5

논술형 문제

10 밑줄 친 ㉠의 이유를 〈조건〉에 맞게 서술하시오.

300

> 시장에 상품을 공급하려는 사람들은 현재 그 상품의 가격이 얼마인지에 따라 상품을 얼마나 공급할지를 결정한다. 공급의 법칙에 따르면, ㉠ 상품의 가격이 상승하면 공급량은 증가하고, 상품의 가격이 하락하면 공급량은 감소한다.

> **조건**
> • 공급자의 입장에서 이유를 서술한다.
> • 공급자는 이윤의 극대화를 추구한다고 전제한다.

100명의 교사가 콕 찍은
주제별·유형별
대표문제

⑤ 시장 가격의 결정과 시장 가격의 기능

🚩 **이 주제에서는 어떤 문제가 잘 나올까?**
• 시장 가격의 결정 과정 이해하기
• 시장 가격의 변동 이해하기
• 시장 가격의 기능 파악하기

• 정답 및 해설 **25쪽**

차근차근 기본다지기

01 빈칸에 들어갈 용어를 쓰시오.
301
(1) 시장은 수요 곡선과 공급 곡선이 만나는 지점에서 균형을 이루며, 이때의 가격을 (   )(이)라고 한다.
(2) 특정한 가격 수준에서 수요량이 공급량보다 많은 상태를 (   )(이)라고 한다.

02 다음 설명이 맞으면 ○표, 틀리면 ✕표 하시오.
302
(1) 특정한 가격 수준에서 수요량이 공급량보다 많으면 수요자 간에 경쟁이 발생한다. (   )
(2) 특정한 가격 수준에서 공급량이 수요량보다 많으면 시장 가격은 상승한다. (   )
(3) 시장에서 수요량과 공급량은 항상 일치한다. (   )

03 (1)~(3)에서 설명하는 용어를 퍼즐판에서 찾아 색칠하시오.
303

균	요	수	과	초
신	형	시	장	과
가	호	거	참	공
마	셜	등	래	급
균	형	가	격	량

(1) 수요량과 공급량이 일치하는 점에서의 가격은?
(2) 특정한 가격에서 공급량이 수요량보다 많은 상태는?
(3) 수요량과 공급량이 일치하는 점에서의 거래량은?

04 시장 균형 가격에 대한 설명으로 옳은 것은?
304
① 초과 수요 상태에서 나타난다.
② 초과 공급 상태에서 나타난다.
③ 수요량과 공급량이 일치하는 상태에서 나타난다.

05 표는 초콜릿의 가격에 따른 수요량과 공급량을 나타낸 것이다. 초콜릿의 시장 가격으로 적절한 것은?
305

가격(원)	1,000	1,500	2,000	2,500	3,000
수요량 (만 개)	25	20	15	10	5
공급량 (만 개)	5	10	15	20	25

① 1,000원
② 2,000원
③ 3,000원
④ 4,000원

06 시장 가격의 결정에 대한 설명으로 옳은 것은?
306

① 한 번 결정된 시장 가격은 변하지 않는다.
② 초과 공급이 발생할 경우 시장 가격은 상승한다.
③ 초과 수요가 발생할 경우 공급자 간 경쟁이 발생한다.
④ 수요량이 최대가 되는 지점에서 시장 가격이 결정된다.
⑤ 초과 수요와 초과 공급이 해소되는 지점에서 시장 가격이 결정된다.

07 그래프는 떡볶이의 수요·공급 곡선이다. 떡볶이의 가격이 2,500원일 때 나타날 수 있는 상황으로 가장 적절한 것은?
307

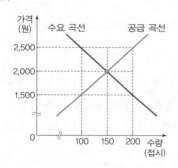

① 가격 상승 압력이 나타난다.
② 떡볶이 100접시가 부족해진다.
③ 떡볶이 100접시가 초과 공급된다.
④ 수요자는 원하는 상품을 모두 살 수 없다.
⑤ 수요자 간에 떡볶이를 구매하기 위한 경쟁이 나타난다.

08 밑줄 친 '이것'에 해당하는 용어를 쓰시오.
308

> 시장에서 어떤 상품의 수요량과 공급량이 일치하지 않으면 이것이 오르거나 내린다. 이와 같은 과정을 반복하다 보면, 시장은 수요량과 공급량이 일치하여 더는 상품의 이것이 오르거나 내리지 않는 균형 상태에 도달하게 된다.

(   )

서술형 문제

09 (가), (나)를 읽고 물음에 답하시오.
309

> (가) 어떤 가격 수준에서 수요자가 사고자 하는 상품의 수량보다 공급자가 팔고자 하는 상품의 수량이 적은 상태
> (나) 어떤 가격 수준에서 수요자가 사고자 하는 상품의 수량보다 공급자가 팔고자 하는 상품의 수량이 많은 상태

(1) (가), (나)에서 설명하는 용어를 각각 쓰시오.

_____

(2) (가), (나)의 상태에서 가격에 나타날 수 있는 변화를 각각 서술하시오.

_____
_____

논술형 문제

10 밑줄 친 '보이지 않는 손'의 의미를 제시하고, 그 기능을 두 가지 서술하시오.
310

> 우리가 매일 식사를 마련할 수 있는 것은 푸줏간 주인과 양조장 주인, 그리고 빵집 주인의 자비심 때문이 아니라 그들이 자신의 이익을 위해 일하기 때문이다. 각 개인은 공공의 이익을 증진하려고 의도하지 않고, 자신이 얼마나 공공의 이익을 촉진하는지도 모른다. 오로지 자기 자신의 이익을 위할 뿐이다. 이 경우 그는 많은 경우에서처럼 '보이지 않는 손'에 이끌려 그가 전혀 의도하지 않았던 목적을 달성하게 된다.
> – 애덤 스미스, 『국부론』

_____
_____
_____
_____

100명의 교사가 정리한 교과서 핵심 내용

03 시장 가격의 변동

① 한눈에 쏙

• 수요의 변동 요인

증가	소득 증가, 인구 증가, 선호도 증가, 대체재 가격 상승, 보완재 가격 하락 등
감소	소득 감소, 인구 감소, 선호도 감소, 대체재 가격 하락, 보완재 가격 상승 등

• 공급의 변동 요인

증가	생산 요소의 가격 하락, 공급자 수 증가, 미래 가격 하락 예상, 생산 기술의 발달 등
감소	생산 요소의 가격 상승, 공급자 수 감소, 미래 가격 상승 예상 등

❶ 연관 상품의 가격 변화에 따른 수요의 변화

구분	대체재	보완재
가격 상승	수요 증가	수요 감소
가격 하락	수요 감소	수요 증가

❷ 생산 요소의 가격 변화에 따른 공급의 변동

생산 요소 가격 상승	생산비 증가 → 공급자 이윤 감소 → 공급 감소
생산 요소 가격 하락	생산비 하락 → 공급자 이윤 증가 → 공급 증가

② 한눈에 쏙

• 수요의 변동과 시장 가격

증가	균형 가격 상승, 균형 거래량 증가
감소	균형 가격 하락, 균형 거래량 감소

• 공급의 변동과 시장 가격

증가	균형 가격 하락, 균형 거래량 증가
감소	균형 가격 상승, 균형 거래량 감소

① 수요와 공급의 변동

1 수요의 변동 [자료 ❶] 소고기와 돼지고기 같이 서로 용도가 비슷하여 대신해서 사용할 수 있는 재화를 대체재, 고기와 상추 같이 함께 사용하면 만족이 더 큰 재화를 보완재라고 함

(1) **의미**: 상품 가격 이외의 다양한 요인에 의해 수요가 변동하는 것

(2) **요인**: 소득 변화, 인구수 변화, 소비자의 선호도 변화, 연관 상품의 가격 변화 등 ❶

교과서 속 자료 읽기 ❶ 수요량의 변동과 수요의 변동

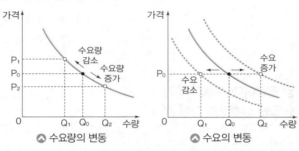

▲ 수요량의 변동   ▲ 수요의 변동

수요량의 변화는 수요 곡선상의 점의 이동으로 나타난다. 이에 비해 소비자의 기호, 선호도, 대체재 및 보완재의 가격, 인구수, 미래 가격에 관한 예상 등 재화 가격 이외의 요인이 변하게 되면 재화의 가격이 변하지 않더라도 재화의 수요에 영향을 미치게 되는데, 이러한 변화는 수요 곡선 자체의 이동으로 나타나게 된다.

2 공급의 변동 [자료 ❷] 미래에 가격이 상승할 것이라고 예상되면 현재의 공급은 감소하고, 미래에 가격이 하락할 것이라고 예상되면 현재의 공급은 증가함

(1) **의미**: 상품 가격 이외의 다양한 요인에 의해 공급이 변동하는 것

(2) **요인**: 생산 요소의 가격 변화, 생산 기술 발달, 공급자 수 변화, 미래 가격 예상 등 ❷

교과서 속 자료 읽기 ❷ 공급량의 변동과 공급의 변동

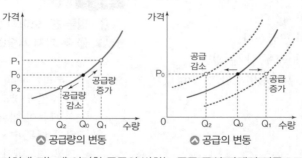

▲ 공급량의 변동   ▲ 공급의 변동

공급량의 변화는 공급 곡선상의 점의 이동으로 나타난다. 이에 비해 생산 요소의 가격, 생산 기술의 발달, 공급자의 수, 미래 가격에 관한 예상 등 재화 가격 이외의 요인이 변하게 되면 재화의 가격이 변하지 않더라도 재화의 공급에 영향을 미치게 되는데 이러한 공급의 변화는 공급 곡선 자체의 이동으로 나타나게 된다.

② 시장 가격의 변동 ❸ ❹ ❺

1 수요의 변동과 시장 가격 (단, 다른 요인은 일정함)

(1) 수요 증가 → 균형 가격 상승, 균형 거래량 증가

• 소득 증가 • 인구 증가 • 선호도 증가 • 대체재 가격 상승 • 보완재 가격 하락	⇨	수요 증가	⇨	수요 곡선의 오른쪽 이동	⇨	• 균형 가격 상승 • 균형 거래량 증가

(2) 수요 감소 → 균형 가격 하락, 균형 거래량 감소

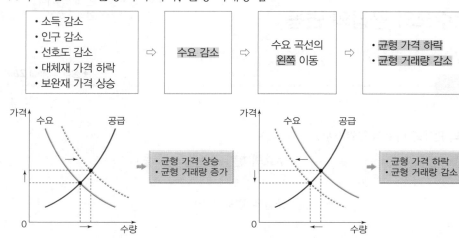

△ 수요가 증가하는 경우   △ 수요가 감소하는 경우

2 공급의 변동과 시장 가격 (단, 다른 요인은 일정함) [자료 ❸]

(1) 공급의 증가 → 균형 가격 하락, 균형 거래량 증가

| • 생산 요소 가격 하락
• 생산 기술 발달
• 공급자 수 증가
• 미래 가격 하락 예상 | ⇨ | 공급 증가 | ⇨ | 공급 곡선의
오른쪽 이동 | ⇨ | • 균형 가격 하락
• 균형 거래량 증가 |

(2) 공급의 감소 → 균형 가격 상승, 균형 거래량 감소

| • 생산 요소 가격 상승
• 공급자 수 하락
• 미래 가격 상승 예상 | ⇨ | 공급 감소 | ⇨ | 공급 곡선의
왼쪽 이동 | ⇨ | • 균형 가격 상승
• 균형 거래량 감소 |

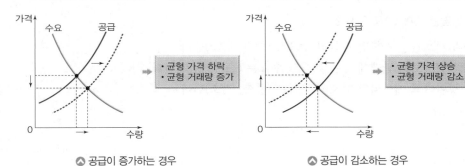

△ 공급이 증가하는 경우   △ 공급이 감소하는 경우

교과서 속 자료 읽기 ❸ 공급의 변동에 따른 라면 가격의 변동

라면의 핵심 재료인 밀가루의 가격이 올라서 라면의 생산 비용이 증가하면, 공급자는 라면의 공급을 줄일 것이다. 그 결과 공급 곡선은 왼쪽으로 이동하여, 라면의 가격은 이전보다 높은 수준에서 형성되고 거래량은 감소할 것이다. 한편, 라면의 생산 기술이 발전해서 동일한 비용으로 더 많은 양의 상품을 생산할 수 있게 된다면, 공급자는 라면의 공급을 늘릴 것이다. 그 결과 공급 곡선은 오른쪽으로 이동하여, 라면의 가격은 이전보다 낮은 수준에서 형성되고 거래량은 증가할 것이다.

라면에 사용되는 밀가루와 같이 생산 요소의 가격이 상승하는 것은 공급의 감소 요인으로 작용하고, 라면을 만드는 생산 기술이 발전하는 것은 공급의 증가 요인으로 작용한다. 공급이 감소하거나 증가한다는 것은 모든 가격 수준에서 이전보다 공급량이 감소하거나 증가한다는 뜻이므로 수요 곡선 자체의 이동을 가져오고, 이는 다시 균형 가격과 균형 거래량의 변동으로 이어진다.

❸ 수요·공급의 변동과 수요·공급 곡선의 이동

상품의 수요(공급)가 증가(감소)한다는 것은 모든 가격 수준에서 이전보다 수요량(공급량)이 증가(감소)한다는 의미이다. 따라서 수요(공급)의 증가(감소)는 수요(공급) 곡선 자체를 오른쪽(왼쪽)으로 이동시킨다.

❹ 수요와 공급이 동시에 증가하는 경우

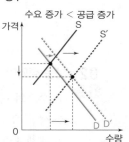

시장 가격↓, 균형 거래량↑

수요와 공급이 동시에 증가하면, 증가의 폭에 따라 시장 가격과 균형 거래량의 변화가 달라진다. 예를 들어 위 그림에서처럼 수요 증가보다 공급 증가의 폭이 큰 경우에는 시장 가격은 하락하지만 균형 거래량은 증가한다.

❺ 수요와 공급이 동시에 감소하는 경우

시장 가격↑, 균형 거래량↓

수요와 공급이 동시에 감소하면, 감소의 폭에 따라 시장 가격과 균형 거래량의 변화가 달라진다. 예를 들어 위 그림에서처럼 수요 감소보다 공급 감소의 폭이 큰 경우에는 시장 가격은 상승하지만, 균형 거래량은 감소한다.

교사가 쏙 찍은
주제별·유형별
대표문제

① 수요와 공급의 변동

이 주제에서는 어떤 문제가 잘 나올까?
• 수요의 변동 요인 파악하기
• 공급의 변동 요인 파악하기

• 정답 및 해설 26쪽

차근차근 기본 다지기

01 다음 현상과 수요·공급의 관계를 바르게 연결하시오.
`311`
(1) 소득의 변화 • • ㉠ 수요의 변동 요인
(2) 공급자 수의 변화 •
(3) 생산 기술의 변화 • • ㉡ 공급의 변동 요인
(4) 소비자 기호의 변화 •

02 다음 설명이 맞으면 ○표, 틀리면 ✕표 하시오.
`312`
(1) 수요와 공급은 상품 가격의 변동에 의해 변동한다. (   )
(2) 생산 요소의 가격이 하락하면 공급이 증가한다. (   )
(3) 대체재의 가격이 상승하면 대체 관계에 있는 재화의 수요는 감소한다. (   )

03 다음 괄호 안의 내용 중 알맞은 것에 ○표 하시오.
`313`
(1) 재화에 대한 소비자의 기호가 증가하면 재화의 수요가 (증가, 감소)한다.
(2) 보완재의 가격이 하락하면 보완 관계에 있는 재화의 수요는 (증가, 감소)한다.
(3) 미래 가격이 상승할 것이라고 예상되면 현재의 공급은 (증가, 감소)한다.

04 수요 증가의 요인으로 가장 적절한 것은?
`314`
① 인구가 감소한다.
② 재화의 가격이 하락한다.
③ 소비자의 소득이 증가한다.

05 다음 상황에서 ○○국의 라면 시장에 나타날
`315` 변화로 가장 적절한 것은?

> ○○국에서 생산하는 라면의 주원료는 밀가루이다. 그런데 최근 밀 농사가 풍년이 들어 밀가루의 생산량이 많아지면서 밀가루의 가격이 크게 하락하였다.

① 공급 감소   ② 공급 증가
③ 수요 감소   ④ 수요 증가

06 그림은 X재의 수요·공급 곡선이다. 이러한 변화가 나타날 수 있는 상황으로 가장 적절한 것은?
316

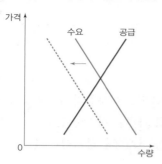

① X재의 가격이 상승하였다.
② X재의 생산비가 감소하였다.
③ X재 공급자의 수가 감소하였다.
④ X재에 대한 선호도가 증가하였다.
⑤ X재 보완재의 가격이 상승하였다.

07 그림은 수요 변동의 요인을 나타낸 것이다. ㉠~㉤ 중 수요의 변동 방향이 나머지 넷과 다른 것은?
317

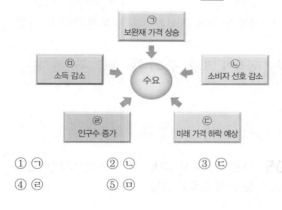

① ㉠   ② ㉡   ③ ㉢
④ ㉣   ⑤ ㉤

08 ㉠, ㉡에 들어갈 용어를 각각 쓰시오.
318

시금치가 감기 예방 및 혈액 순환 개선 등 건강에 도움이 된다는 뉴스가 방송된 후, 사람들이 시금치를 많이 구입하고 있다. 한편, 시금치를 재배하는 농가의 수는 예년에 비해 큰 폭으로 감소하였다. 그 결과 시금치의 수요는 (㉠)하였고, 공급은 (㉡)하였다.

(   )

서술형 문제

09 다음 글을 읽고 물음에 답하시오.
319

A재와 B재는 모두 X재와 연관이 있는 재화이다. X재의 가격이 상승하면 A재의 수요는 증가하고, B재의 수요는 감소한다.

(1) X재와 A재의 관계를 쓰고, 그 의미를 서술하시오.

_____

_____

(2) X재와 B재의 관계를 쓰고, 그 의미를 서술하시오.

_____

_____

논술형 문제

10 그림은 텔레비전 뉴스의 한 장면을 나타낸 것이다. 밑줄 친 ㉠의 내용을 아래 용어들을 모두 포함하여 서술하시오.
320

| • 인구 | • 선호도 | • 대체재 | • 보완재 |

_____

_____

_____

② 시장 가격의 변동

● 정답 및 해설 **27**쪽

차근차근 기본다지기

01 다음 설명이 맞으면 ○표, 틀리면 ✕표 하시오.
321
(1) 임금이 상승하면 재화의 공급이 감소하여, 공급 곡선은 왼쪽으로 이동한다. (　　)
(2) 대체재의 가격이 하락하면 대체재 관계에 있는 재화의 균형 가격은 하락한다. (　　)
(3) 보완재의 가격이 상승하면 보완재 관계에 있는 재화의 균형 거래량은 증가한다. (　　)

02 다음 변화에 따른 균형 가격과 균형 거래량의 변동을 바르게 연결하시오.
322
(1) 수요의 증가 •　　　　　　　　　　• ㉠ 균형 가격 하락, 균형 거래량 감소
(2) 수요의 감소 •　　　　　　　　　　• ㉡ 균형 가격 하락, 균형 거래량 증가
(3) 공급의 증가 •　　　　　　　　　　• ㉢ 균형 가격 상승, 균형 거래량 감소
(4) 공급의 감소 •　　　　　　　　　　• ㉣ 균형 가격 상승, 균형 거래량 증가

03 다음 괄호 안의 내용 중 알맞은 것에 ○표 하시오.
323
(1) 소득이 오르거나 인구가 증가하면 수요가 (증가, 감소)하여 수요 곡선은 (왼쪽, 오른쪽)으로 이동한다.
(2) 생산 요소의 가격이 오르거나 공급자 수가 감소하면 공급이 (증가, 감소)하여 공급 곡선은 (왼쪽, 오른쪽)으로 이동한다.

04 균형 가격과 균형 거래량의 변동에 대한 설명
324 으로 옳은 것은?

① 수요가 증가하면 균형 가격은 하락한다.
② 보완재의 가격이 상승하면 균형 가격은 하락한다.
③ 대체재의 가격이 하락하면 균형 거래량은 증가한다.

05 다음 상황에서 휴대 전화 시장에 나타날 변화
325 를 옳게 연결한 것은?

> • 휴대 전화의 주요 부품인 콜탄 가격의 상승으로 휴대 전화 생산비가 상승하였다.
> • 최신형 휴대 전화가 출시된다는 소식에 휴대 전화를 바꾸려는 소비자들의 문의가 끊이지 않고 있다.

	수요	공급	균형 가격
①	증가	증가	상승
②	증가	감소	하락
③	증가	감소	상승
④	감소	증가	상승

06 그래프는 커피 시장의 변화를 나타낸 것이다. 이와 같
326 은 변화의 발생 요인으로 가장 적절한 것은? (단, 커
피와 홍차는 대체재 관계이다.)

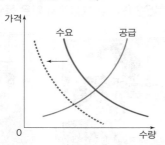

① 홍차의 가격이 하락하였다.
② 커피의 가격이 하락하였다.
③ 커피의 수요자가 증가하였다.
④ 커피 농장의 인건비가 상승하였다.
⑤ 지구 온난화로 커피 재배국이 증가하였다.

07 그림은 밀가루 떡볶이의 수요·공급 곡선이다. 이러한
327 변화의 요인으로 가장 적절한 것은? (단, 떡볶이와 순
대는 대체재 관계이고, 떡볶이와 튀김은 보완재 관계
이다.)

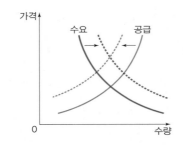

	수요	공급
①	튀김 가격 하락	순대 가격 하락
②	튀김 가격 상승	밀가루 가격 하락
③	순대 가격 상승	밀가루 가격 상승
④	떡볶이 선호도 상승	튀김 가격 하락
⑤	학생들의 용돈 감소	떡볶이 공급자 수 증가

08 다음 상황에서 사과 시장에 나타날 수 있는 균형 가격
328 의 변화를 쓰시오.

> • 추석을 앞두고 사과를 찾는 소비자들이 증가하
> 였다.
> • 여름철 태풍으로 인해 사과의 수확량이 줄어 출
> 하량이 감소하였다.

(   )

서술형 문제

09 다음 상황에서 피자의 수요 곡선과 공급 곡선의 이동
329 방향에 대해 서술하시오.

> • 피자의 원료가 되는 밀가루의 국제 가격이 폭등
> 하였다.
> • 영양가 높은 재료들이 들어가는 피자가 다양하
> 게 개발되면서 피자를 즐기는 중·장년층 고객
> 이 증가하였다.

논술형 문제

10 다음 상황이 김밥의 수요·공급에 미칠 영향을 예측하
330 고, 그에 따른 균형 가격과 균형 거래량의 변동에 대
해 서술하시오. (단, 수요의 변화보다 공급의 변화가
더 크다.)

> 최근 아침식사로 샌드위치보다 김밥을 찾는 사
> 람들이 증가하고 있는 가운데, 김밥의 주재료로
> 빠질 수 없는 단무지의 가격이 급격하게 상승하고
> 있다.

01 시장의 의미와 종류

01 다음 장소에 대한 설명으로 옳지 <u>않은</u> 것은?
331

> 상품을 사고자 하는 사람과 팔고자 하는 사람이 만나 거래가 이루어지는 장소

① 화폐가 사용되면서 더욱 발전하였다.
② 눈에 보이지 않는 추상적 공간도 포함된다.
③ 사람들이 사회적 의무를 바탕으로 상호 작용하는 장소이다.
④ 사람들이 경제적 이익을 추구하기 위해 만나는 장소이다.
⑤ 화폐 출현 전에는 각자 생산한 물건을 교환하던 장소이다.

02 밑줄 친 ㉠의 사례로 적절한 것은?
332

> 시장은 거래 형태에 따라 구체적 시장과 ㉠ 추상적 시장으로 구분할 수 있다.

① 학원
② 문구점
③ 재래시장
④ 대형 마트
⑤ 주식 시장

03 다음 교사의 질문에 <u>잘못</u> 대답한 학생은?
333

> 시장에는 어떤 기능이 있을까요?

① 갑: 거래의 효율성을 높입니다.
② 을: 상품에 관한 정보를 제공합니다.
③ 병: 거래에 드는 시간과 비용을 늘립니다.
④ 정: 다양한 상품을 선택할 기회를 줍니다.
⑤ 무: 분업을 촉진시켜 생산성을 증대시킵니다.

04 그림에 대한 옳은 분석만을 〈보기〉에서 있는 대로 고른 것은? (단, 두 그림에서 갑은 동일한 사람이다.)
334

┌─ 보기 ─────────────────────────────┐
ㄱ. 갑은 서비스를 소비하기도 하고 생산하기도 한다.
ㄴ. 을이 미용실에 고용된 사람이라면, 을의 노동력은 생산물 시장에서 거래되었을 것이다.
ㄷ. 병이 구입한 상품은 보이는 시장에서만 거래된다.
ㄹ. 갑, 을, 병 모두 시장에 참여하고 있다.
└──────────────────────────────────┘

① ㄱ, ㄷ
② ㄱ, ㄹ
③ ㄴ, ㄷ
④ ㄱ, ㄴ, ㄹ
⑤ ㄴ, ㄷ, ㄹ

02 시장 가격의 결정

05 수요와 관련된 설명으로 옳지 <u>않은</u> 것은?
335

① 수요는 아직 실현되지 않은 개념이다.
② 수요는 어떤 상품을 구매하고자 하는 욕구이다.
③ 수요량은 어떤 가격 수준에서 수요자가 사려고 하는 구체적인 수량이다.
④ 수요 법칙은 수요량이 증가할수록 가격이 하락하는 현상이다.
⑤ 수요 곡선은 상품 가격과 수요량의 관계를 나타낸 그래프이다.

06
336
그림은 X재의 수요·공급 곡선이다. X재의 가격 상승에 따른 변화로 가장 적절한 것은?

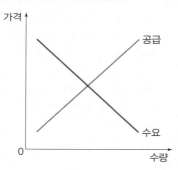

① X재의 수요가 증가한다.
② X재의 수요량이 감소한다.
③ X재의 공급이 감소한다.
④ X재의 공급량이 감소한다.
⑤ X재의 거래량이 증가한다.

07
337
㉠~㉢에 들어갈 내용을 옳게 연결한 것은?

수요는 수요자가 어떤 상품을 구매하려는 욕구이다. 일반적으로 수요자는 상품 가격이 (㉠)할 때, 수요량을 (㉡). 따라서 상품 가격과 수요량은 (㉢)의 관계를 갖는데, 이를 수요 법칙이라고 한다.

	㉠	㉡	㉢
①	상승	늘린다	비례
②	상승	늘린다	반비례
③	상승	줄인다	비례
④	하락	늘린다	반비례
⑤	하락	줄인다	비례

08
338
㉠에 대한 설명으로 옳지 않은 것은?

가위의 윗날과 아랫날이 만나 종이를 자르듯 수요와 (㉠)이/가 동시에 작용해 가격을 결정한다.

① 어떤 상품을 판매하고자 하는 욕구이다.
② ㉠을 수량으로 표시한 것은 공급량이다.
③ ㉠ 곡선은 가격이 하락할 때 왼쪽으로 이동한다.
④ ㉠과 수요가 만나는 가격 수준에서 균형 가격이 결정된다.
⑤ ㉠ 법칙이란 가격이 상승할 때 공급량이 늘어나는 현상이다.

09
339
그래프에 대한 옳은 설명만을 〈보기〉에서 있는 대로 고른 것은?

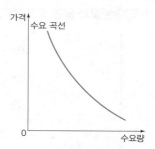

▸보기◂
ㄱ. 수요 법칙이 만족되고 있다.
ㄴ. 가격과 수요량의 관계는 비례 관계이다.
ㄷ. 가격에 변화가 생기면 수요 곡선 자체가 이동한다.
ㄹ. 상품이 비쌀수록 많이 팔리는 경우를 설명하기 어렵다.

① ㄱ, ㄷ   ② ㄱ, ㄹ   ③ ㄴ, ㄷ
④ ㄱ, ㄴ, ㄹ   ⑤ ㄴ, ㄷ, ㄹ

10
340
표는 콜라의 가격과 공급량을 나타낸 것이다. 이에 대한 옳은 설명만을 〈보기〉에서 고른 것은?

가격(원)	1,000	2,000	3,000	4,000	5,000
공급량(개)	10	20	30	40	50

▸보기◂
ㄱ. 공급 법칙이 만족되고 있다.
ㄴ. 공급 곡선은 우상향할 것이다.
ㄷ. 콜라 가격과 공급량은 반비례 관계이다.
ㄹ. 콜라 가격이 상승하면 공급 곡선은 오른쪽으로 이동할 것이다.

① ㄱ, ㄴ   ② ㄱ, ㄷ   ③ ㄴ, ㄷ
④ ㄴ, ㄹ   ⑤ ㄷ, ㄹ

11 그림은 X재에 대한 갑과 을의 수요 곡선이다. 이에 대한 옳은 분석만을 〈보기〉에서 고른 것은? (단, X재 시장의 수요자는 갑과 을만 존재한다고 가정한다.)

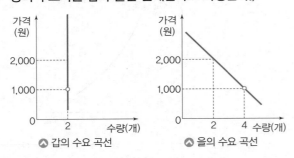

◈ 갑의 수요 곡선   ◈ 을의 수요 곡선

┌─ 보기 ─────────────────────────────┐
ㄱ. 을은 X재의 가격이 하락할 때 수요량을 줄인다.
ㄴ. X재 시장 전체의 수요 곡선은 우하향할 것이다.
ㄷ. X재의 가격이 1,000원일 때 시장 전체의 수요량은 8개이다.
ㄹ. 모든 수요자가 수요 법칙을 따르는 것은 아니다.
└──────────────────────────────────┘

① ㄱ, ㄴ   ② ㄱ, ㄷ   ③ ㄴ, ㄷ
④ ㄴ, ㄹ   ⑤ ㄷ, ㄹ

12 그래프에 대한 분석으로 옳지 <u>않은</u> 것은?

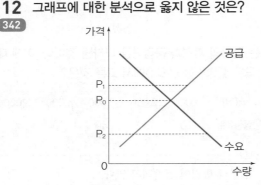

① 가격이 P₁일 때 수요량이 공급량보다 적다.
② 가격이 P₂일 때는 초과 수요가 발생한다.
③ 가격이 P₂일 때 시장은 불균형 상태이다.
④ 수요량은 가격이 P₁일 때보다 P₂일 때 더 적다.
⑤ 가격이 P₁이나 P₂인 상태는 결국 가격이 P₀인 상태로 조정될 것이다.

13 초과 수요에 대한 옳은 설명만을 〈보기〉에서 고른 것은?

┌─ 보기 ─────────────────────────────┐
ㄱ. 수요량이 공급량보다 많은 상태이다.
ㄴ. 초과 수요가 없어질 때까지 가격이 상승한다.
ㄷ. 초과 수요가 발생한 가격 수준은 시장 균형 가격 수준보다 높다.
ㄹ. 초과 수요가 발생한 가격 수준에서의 수요량은 균형 거래량보다 적다.
└──────────────────────────────────┘

① ㄱ, ㄴ   ② ㄱ, ㄷ   ③ ㄴ, ㄷ
④ ㄴ, ㄹ   ⑤ ㄷ, ㄹ

14 그래프에 대한 분석으로 옳지 <u>않은</u> 것은?

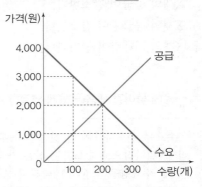

① 공급자의 판매 수입은 400,000원이다.
② 수요 법칙과 공급 법칙이 모두 만족되고 있다.
③ 균형 가격에서 수요량과 공급량은 모두 200개이다.
④ 가격이 1,000원일 때 200개의 초과 수요가 발생한다.
⑤ 가격이 4,000원일 때, 수요자들이 상품을 소비하기 위해 경쟁할 것이다.

15 다음 글을 통해 내릴 수 있는 결론으로 가장 적절한 것은?

┌────────────────────────────────────┐
생산자가 만든 상품은 가격을 지불한 소비자에게 돌아가는데, 가격을 지불했다는 것은 소비로 얻는 만족이 그 가격 이상으로 크다는 뜻이다.
└────────────────────────────────────┘

① 시장은 분업을 통한 특화를 촉진한다.
② 시장 가격은 자원을 효율적으로 배분한다.
③ 시장은 소비자에게 다양한 정보를 전달한다.
④ 시장 가격은 경제 활동의 신호등 기능을 한다.
⑤ 시장 가격은 정부 정책을 효율적으로 달성할 수 있게 한다.

16 수요 변동의 요인으로 볼 수 <u>없는</u> 것은?

346

① 소득 변화
② 인구수 변화
③ 대체재의 가격 변화
④ 미래 가격에 대한 예측
⑤ 생산 요소의 가격 변화

[17-18] 그림은 마스크의 수요·공급 곡선이다. 이를 보고 물음에 답하시오.

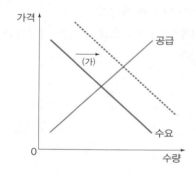

17 ㈎ 변화가 나타나는 요인으로 적절한 것만을 〈보기〉에서 고른 것은?

347

> • 보기 •
> ㄱ. 마스크 가격의 하락
> ㄴ. 마스크 수요자의 증가
> ㄷ. 마스크 생산 기술의 발전
> ㄹ. 전염성 높은 바이러스의 유행

① ㄱ, ㄴ   ② ㄱ, ㄷ   ③ ㄴ, ㄷ
④ ㄴ, ㄹ   ⑤ ㄷ, ㄹ

18 ㈎의 결과로 나타날 수 있는 마스크 가격과 거래량의

348 변화를 옳게 연결한 것은?

	가격	거래량
①	상승	증가
②	상승	감소
③	하락	증가
④	하락	감소
⑤	하락	불변

19 다음 상황에서 나타날 수 있는 현상으로 가장 적절한

349 것은?

> 스마트폰 생산 기술의 발달로 인해 스마트폰의 생산 비용이 낮아졌다. 이는 스마트폰 시장, 스마트폰 애플리케이션 시장, *피처폰 시장에 영향을 주었다. 단, 스마트폰과 스마트폰 애플리케이션은 보완재 관계이고, 스마트폰과 피처폰은 대체재 관계이다.
>
> *피처폰: 스마트폰보다 상대적으로 성능이 떨어지지만 가격이 낮은 휴대 전화

① 스마트폰 가격은 상승할 것이다.
② 피처폰의 거래량은 증가할 것이다.
③ 스마트폰의 공급은 줄어들 것이다.
④ 스마트폰 애플리케이션의 수요는 증가할 것이다.
⑤ 피처폰과 달리 스마트폰 애플리케이션 가격은 하락할 것이다.

20 그래프에 대한 옳은 설명만을 〈보기〉에서 고른 것은?

350

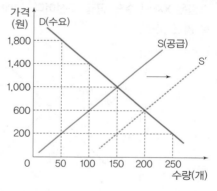

> • 보기 •
> ㄱ. S에서 S′로의 변화 원인은 상품 가격의 하락이다.
> ㄴ. 생산 여건이 악화되면 S에서 S′로의 변화가 나타난다.
> ㄷ. S에서 S′로의 변화가 나타나기 전의 균형 가격은 1,000원이다.
> ㄹ. S에서 S′로의 변화로 시장 불균형 상태가 되면 초과 공급이 발생한다.

① ㄱ, ㄴ   ② ㄱ, ㄷ   ③ ㄴ, ㄷ
④ ㄴ, ㄹ   ⑤ ㄷ, ㄹ

21 다음 현상들이 동시에 발생한 경우, 햄버거 시장에서 현재의 균형점 E가 이동할 방향으로 가장 적절한 것은?

`351`

> • 햄버거를 만들 때 들어가는 식재료 가격이 하락하였다.
> • 많은 사람들이 햄버거와 함께 먹는 음료의 가격이 하락하였다.

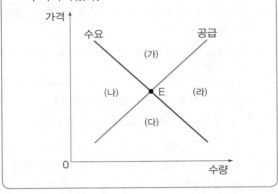

① (가) ② (나) ③ (다)
④ (라) ⑤ 변동 없음

---

22 그림은 X재의 수요·공급 곡선이다. 이에 대한 분석으로 옳은 것은?

`352`

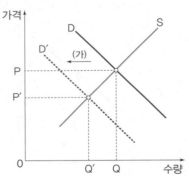

① (가)는 X재의 생산 비용이 증가한 결과이다.
② (가)로 인해 가격 P 수준에서 수요량이 공급량보다 많아졌다.
③ 기존 균형점보다 새로운 균형점에서의 거래량이 더 많다.
④ 수요 변동으로 가격이 하락하였고, 그 가격 변동에 따라 공급량은 감소하였다.
⑤ (가)는 소비자들이 X재 가격이 미래에 오를 거라고 예측할 때 나타날 수 있는 변화이다.

---

23 (가), (나)가 전기차 시장에 미치는 영향으로 적절하지 않은 것은? (단, 전기차 시장에서는 수요 및 공급 법칙이 적용된다고 가정한다.)

`353`

> (가) 최근 휘발유차 대신 전기차를 선택하는 사람이 늘고 있다.
> (나) 전기차를 연구·개발하는 자동차 회사들이 늘어나고 있다.

① (가)의 영향으로 전기차 가격이 상승할 것이다.
② (가)로 인해 전기차 수요 곡선은 오른쪽으로 이동할 것이다.
③ (나)의 영향으로 전기차 공급은 늘어날 것이다.
④ (나)의 영향으로 전기차 시장에 일시적인 초과 수요가 발생할 것이다.
⑤ (가)와 (나)의 영향으로 전기차 거래량은 증가할 것이다.

---

24 다음 상황에서 A재의 수요·공급 곡선에 나타날 변화로 가장 적절한 것은?

`354`

> A재와 B재는 보완재 관계에 있다. 그리고 C재는 A재 생산에 이용되는 부품이다. 이때, 시장에서 B재 가격은 상승하고 C재 가격은 하락하였다.

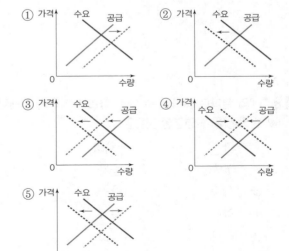

25 다음 상황에서 예상할 수 있는 감자 시장의 변화로 가
355 장 적절한 것은?

> 강원도 지역에 이상 기후가 계속되어, 감자 생
> 산에 악영향을 주었다.

① 감자 가격이 하락하였다.
② 감자 거래량이 증가하였다.
③ 감자 공급량이 증가하였다.
④ 감자의 수요 곡선이 왼쪽으로 이동하였다.
⑤ 감자의 공급 곡선이 왼쪽으로 이동하였다.

[26-27] 표는 볼펜의 가격과 수요·공급량의 관계를 나타
낸 것이다. 이를 보고 물음에 답하시오.

가격(원)	500	1,000	1,500	2,000	2,500
수요량(개)	80	70	60	50	40
공급량(개)	40	50	60	70	80

26 볼펜 시장의 균형 가격과 균형 거래량을 옳게 연결한
356 것은?

	균형 가격	균형 거래량
①	500원	80개
②	1,000원	70개
③	1,500원	40개
④	1,500원	60개
⑤	2,000원	60개

27 볼펜의 시장 가격이 2,000원인 경우 나타날 수 있는
357 현상으로 가장 적절한 것은?

① 20개의 초과 수요가 발생할 것이다.
② 40개의 초과 공급이 발생할 것이다.
③ 수요자들이 볼펜에 대한 수요를 늘릴 것이다.
④ 수요자들끼리의 경쟁으로 볼펜 가격이 하락할
　것이다.
⑤ 공급자들끼리의 경쟁으로 볼펜 가격이 하락할
　것이다.

28 다음 글을 통해 알 수 있는 시장 가격의 기능을 서
358 술하시오.

> 상품의 가격이 오르면 소비자는 소비를 자
> 제하거나 더 값싼 상품을 찾을 것이고, 생산자
> 는 더 많은 이윤을 얻을 수 있으므로 그 상품
> 의 생산을 늘릴 것이다. 반대로 상품의 가격이
> 내리면 소비자는 소비를 더 늘릴 것이며, 생산
> 자는 이전보다 이윤이 감소할 것으로 예상하
> 여 생산을 줄일 것이다.

29 한 재화의 수요 곡선에서 ㈎, ㈏의 변화가 나타나
359 는 원인을 비교하여 서술하시오.

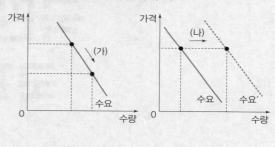

30 다음 상황에서 우리나라의 바나나 가격에 나타날
360 변화를 예상하여 서술하시오.

> 식품업계에서 바나나 맛 열풍이 불어 과자,
> 주류, 아이스크림에까지 그 인기가 확산되고
> 있다. 그러나 바나나 공급은 원활하지 않은 상
> 황이다. 우리나라에서는 대부분의 바나나를
> 필리핀에서 수입하고 있는데, 필리핀에서 심
> 각한 병충해가 발생하여 바나나 생산량이 줄
> 고 있기 때문이다.

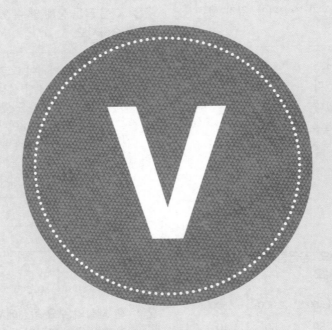

V

국민 경제와
국제 거래

01 국민 경제의 이해
~ 02 물가와 실업

① 한눈에 쏙

• 국내 총생산의 의미와 한계

의미	일정 기간 동안 한 나라 안에서 새롭게 생산한 최종 생산물의 합
한계	• 시장에서 거래되지 않는 것 제외 • 삶의 질의 정확한 반영 불가 • 국민 개개인의 분배 수준 파악 곤란

① 국내 총생산의 의미와 한계

1 국내 총생산의 의미
└ GDP(Gross Domestic Product)

> 국내 총생산은 최종 생산물의 시장 가치를 합하거나 각 생산 단계의 부가 가치를 합하여 구할 수 있음

일정 기간 동안 한 나라 안에서 새롭게 생산한 최종 생산물의 시장 가치를 합한 것
(1)   (2)   (3)   (4)   (5)

(1) **일정 기간 동안**: 보통 1년을 기준으로 함
(2) **한 나라 안에서**: 생산자의 국적과 관계없이 그 나라 영토(국경) 안에서 생산된 것만을 포함함 ─ 외국에서 생산된 것은 포함하지 않음
(3) **새롭게 생산한**: 그해에 새롭게 생산된 것만 포함함 ─ 이전에 생산되어 이미 사용되고 있는 중고품은 포함하지 않음
(4) **최종 생산물**: 최종적으로 생산된 재화와 서비스의 가치만 계산함 ① ─ 생산 과정에서 사용된 중간 생산물(중간재)의 가치는 계산하지 않음
(5) **시장 가치**: 시장에서 거래되는 상품의 가치만을 대상으로 함 ─ 시장에서 거래되지 않는 것은 포함하지 않음

① 최종 생산물과 중간 생산물

최종 생산물이란 구매 후 더는 재판매되지 않는 생산물을 말한다. 예를 들어 밀가루를 사서 빵을 만들어 팔지 않고 먹으면 밀가루가 최종 생산물이 된다. 하지만 밀가루로 빵을 만들어 판매한다면 밀가루는 중간 생산물이 된다.

2 국내 총생산의 의의: 한 나라의 전반적인 경제 규모나 생산 능력 및 국민 전체의 소득을 알려 주는 유용한 지표로 활용됨 ②

3 1인당 국내 총생산 ③
(1) **의미**: 국내 총생산을 해당 국가의 인구수로 나눈 것
(2) **의의**: 한 나라 국민들의 평균적인 소득 수준을 파악할 수 있음

② 국내 총생산(GDP)과 국민 총생산 (GNP)

| 외국인이 국내에서 벌어들인 소득 | 자국민이 국내에서 벌어들인 소득 | 자국민이 해외에서 벌어들인 소득 |

세계화 시대에 국가 간 교역이 활발해지면서 국민을 기준으로 하는 국민 총생산보다 영토와 국경을 기준으로 하는 국내 총생산이 주로 활용되고 있다.

4 국내 총생산의 특징과 한계 [자료①]

> 합법적인 시장이 아닌 곳에서 이루어지는 거래(지하 경제)도 국내 총생산에 포함되지 않음

특징	한계
시장에서 거래되는 재화와 서비스의 가치만을 측정함	가사 노동, 봉사 활동 등과 같이 시장에서 거래되지 않는 것을 포함하지 않음
자원 고갈이나 환경 오염, 교통사고 등으로 인한 문제를 해결하기 위한 비용도 포함함	삶의 질 수준을 정확히 반영하지 못함 여가를 늘려 삶의 질이 향상되어도 생산 활동이 감소하면 국내 총생산이 감소하는 것도 같은 맥락임
한 나라의 전체적인 경제 규모만을 나타내는 지표	분배 정도와 빈부 격차의 정도를 파악하기 어려움

🌱 교과서 속 자료 읽기 ① 국내 총생산의 대안 – '더 나은 삶 지수'

경제 협력 개발 기구(OECD)는 국내 총생산만으로 삶의 질을 제대로 평가할 수 없다는 이유로 더 나은 삶 지수를 발표하고 있다. '더 나은 삶 지수'는 경제 협력 개발 기구의 회원국, 러시아, 브라질 등 총 30여 개국을 대상으로, 주거, 소득, 고용, 교육, 환경, 공동체, 건강, 삶의 만족도 등 11개 부문을 평가하여 나라별 삶의 질을 종합적으로 산출한다. 2015년 '더 나은 삶 지수'에 따르면 국내 총생산이 112위인 아이슬란드가 9위를 차지하였다. 반면, 국내 총생산이 9위인 브라질과 15인 멕시코가 각각 31위, 36위에 그치며 하위권에 머물렀다. 이는 삶의 질이 반드시 경제 성장 정도에 비례하여 높아지는 것이 아님을 보여 준다.

삶의 질이나 복지 수준을 제대로 보여 주지 못하는 등 국내 총생산의 한계를 보완하기 위해 '더 나은 삶 지수'가 대안으로 제시되고 있다.

③ 1인당 국내 총생산

$$\frac{국내\ 총생산}{인구수}$$

인구가 많다면 국내 총생산이 크더라도 1인당 국내 총생산이 낮아진다. 따라서 한 나라 국민의 평균적인 소득 수준을 파악하기 위해서는 국내 총생산을 그 나라의 인구수로 나눈 1인당 국내 총생산을 알아야 한다.

② 경제 성장과 삶의 질

1 경제 성장과 경제 성장률

(1) **경제 성장** ── 경제 성장이 한 국가의 경제 규모가 지속적으로 커지는 것인데 비해, 국가의 경제 상황이 호황과 불황을 반복하는 현상은 경기 변동이라고 함

① 의미: 국가 경제의 생산 능력이 커져 재화와 서비스의 총생산이 늘어나는 것

② 지표: 국내 총생산의 증가를 통해 확인할 수 있음

(2) **경제 성장률**

① 의미: 물가의 변동을 제거한 *실질 국내 총생산의 증가율 ❹

② 의의: 경제 성장의 정도를 보여 줌

③ 계산

$$\frac{\text{금년도 실질 GDP} - \text{전년도 실질 GDP}}{\text{전년도 실질 GDP}} \times 100$$

2 경제 성장의 영향 [자료 ❷]

(1) **국내 총생산의 증가와 감소에 따른 영향**

증가	국민 소득 증가 → 소비, 생산, 투자 활동 증대
감소	국민 소득 감소 → 소비, 생산, 투자 활동 감소

(2) **경제 성장의 긍정적 영향과 부정적 영향**

긍정적 영향	부정적 영향
• 일자리 창출 및 소득 증가 • 물질적으로 풍요로운 생활 영위 • 질 높은 교육과 의료 혜택 제공 • 다양한 문화 및 여가 생활 가능	• 자원 고갈 및 환경 오염 초래 • 빈부 격차로 인한 계층 간 갈등 심화 → 사회 불안 요소로 작용할 우려 • 여가 부족으로 삶의 불균형 우려
삶의 질 향상에 기여	삶의 질에 항상 비례하는 것은 아님

⇨ 부정적 영향을 최소화하면서 지속 가능한 경제 성장을 추구해야 함
── 형평성, 복지, 환경 등을 고려한 경제 성장을 의미함

교과서 속 자료 읽기 ❷ 우리나라의 경제 성장과 생활의 변화

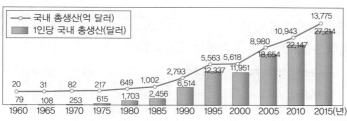

⚫ 우리나라의 국내 총생산과 1인당 국내 총생산의 변화

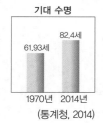  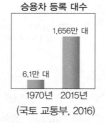 

⚫ 우리나라 국민의 생활 변화

우리나라 국내 총생산의 변화는 고도 성장의 역사를 보여 준다. 1960년대부터 추진한 경제 개발 계획으로 급격한 경제 성장을 이루어 냈고, 그 과정에서 국민의 삶의 질도 크게 향상되었다.

---

❷ 한눈에 쏙

• 경제 성장

의미	경제의 생산 능력 증대, 국내 총생산의 증가

↓

긍정적 영향	소득 증가, 물질적 풍요, 교육 수준 향상 등
부정적 영향	자원 고갈, 환경 오염, 빈부 격차 등

❹ 경제 성장률과 실질 국내 총생산
국내 총생산은 실제로 재화와 서비스를 많이 생산할 때도 증가하지만, 실제 생산량이 증가하지 않더라도 물가만 오르면 증가할 수 있다. 따라서 경제 성장률은 물가의 변동을 제거한 실질 국내 총생산의 증가율로 측정한다.

용어 사전

* **실질 국내 총생산** 물가 상승분이 반영된 명목 국내 총생산에 비해, 물가의 변동을 제거한 국내 총생산을 말함

⑤ 가격과 물가

가격	개별 상품의 가치를 화폐 단위로 나타낸 것
물가	여러 상품의 가격을 종합하여 평균적으로 나타낸 것

⑥ 물가 지수의 종류

• 소비자 물가 지수: 가계가 소비하는 주요 재화와 서비스를 대상으로 산출한 물가 지수
• 생산자 물가 지수: 기업 간에 거래되는 주요 재화와 서비스를 대상으로 산출한 물가 지수
• 생활 물가 지수: 일반 소비자들이 자주 구입하는 품목을 대상으로 산출한 물가 지수
• GDP 디플레이터: 명목 GDP를 실질 GDP로 나눈 것

용어 사전

• **총수요** 국민 경제에서 구성원들이 일정 기간 동안 구매하려는 재화와 서비스의 총량
• **총공급** 국민 경제에서 구성원들이 일정 기간 동안 공급하려는 재화와 서비스의 총량
• **통화량** 한 나라 안에서 실제로 사용되는 화폐의 양
• **인플레이션** 물가가 지속적으로 오르는 현상
• **실물 자산** 부동산, 귀금속, 자동차 등과 같은 형체가 있는 자산

---

③ 물가 상승

1 물가와 물가 지수 이슈

물가 ⑤	시장에서 거래되는 여러 상품의 가격을 종합하여 평균한 것
물가 지수 ⑥	기준 시점의 물가를 100으로 하여 비교 시점의 물가 수준을 나타낸 것

에 물가 지수가 120이라면 이는 기준 연도에 비해 물가가 20% 상승한 것이고, 물가 지수가 80이라면 기준 연도에 비해 물가가 20% 하락한 것임

⚓ 생활 속 이슈 읽기 **정부의 발표와 내가 느끼는 물가는 왜 다를까**

○○ 신문	2020년 10월 16일

통계청은 지난 9월 소비자 물가가 전년 대비 1% 상승했고, 배추 값은 전년보다 67.3% 상승했다고 발표하였다. 가격 상승의 폭이 이렇게 차이가 커지다 보니, 기관의 공식적 발표는 소비자가 느끼는 물가보다 상승률이 낮다고 여겨지고 정부의 통계가 실생활의 변화를 제대로 반영하지 못한다고 생각하게 되기도 한다.

소비자가 피부로 느끼는 체감 물가 지수는 우리가 일상생활에서 중요하게 여기고 장바구니에 주로 넣는 상품 몇 가지에 의해 결정되는 경우가 많다. 또한, 체감 물가는 소득 수준이 높은 사람보다 낮은 사람이 더 민감하게 느끼고, 소득 수준이 같은 경우라도 돈을 쓰는 대상에 따라 느낌이 다를 수 있다. 즉, 개인마다 소득 수준, 돈을 쓰는 대상, 생활 수준의 차이에 따라 정부가 공식적으로 발표하는 소비자 물가 지수와 개개인의 체감 물가가 다르게 나타난다.

2 물가 상승의 원인

(1) ***총수요 > *총공급**: 가계의 소비, 기업의 투자, 정부의 지출 증가로 총수요가 총공급보다 많아질 경우 물가가 상승함
(2) **생산비 상승**: 임금이나 임대료, 국내외 원자재 가격 상승 → 기업의 공급 감소
에 국제 유가의 상승은 생산비의 상승으로 이루어져 공급 곡선을 왼쪽으로 움직이므로 시장 균형 가격의 상승을 가져옴
(3) ***통화량 증가**: 통화량 증가 → 소비나 투자 증가 → 화폐 가치의 하락

3 물가 상승(*인플레이션)의 영향 ─ 노동자의 근로 의욕이 상실되고 불건전한 투기 행위가 이루어져 건전한 국민 경제의 성장에 걸림돌이 될 수 있음

(1) **부와 소득의 불공평한 재분배**: 화폐의 가치 하락 → 빈부 격차 심화

유리한 경제 주체	불리한 경제 주체
• *실물 자산 보유자 • 돈을 빌린 사람(채무자) • 수입업자	• 임금 근로자, 은행 예금 보유자 • 돈을 빌려준 사람(채권자) • 수출업자

(2) **투자 감소**: 저축 감소 → 기업의 투자 감소 → 생산 위축 → 경제 침체 우려
(3) **무역 불균형**: 수출 감소, 수입 증가 → 무역 적자 발생
왜냐 상대적으로 비싸진 국산 제품에 대한 수요가 감소하고, 상대적으로 싸진 해외 제품에 대한 수요가 증가하기 때문임

4 물가 안정을 위한 노력

정부	재정 지출 축소, 조세 증대, 공공 요금, 인상 억제 등
중앙은행	이자율을 높여 저축 유도, 통화량 감축
기업	경영 혁신, 기술 개발을 통한 생산의 효율성 증대
근로자	생산성 향상 노력, 과도한 임금 인상 요구 자제
가계(소비자)	합리적인 소비 생활(과소비 자제)

④ 실업

1 실업의 의미: 일을 할 수 있는 능력과 의사가 있는데도 일자리가 없는 상태 [7] 자료 ❸

교과서 속 자료 읽기 ❸ 경제 활동 인구의 구성

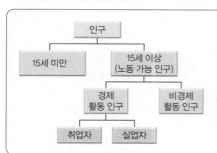

- **노동 가능 인구**: 15세 이상 인구
- **경제 활동 인구**: 노동 가능 인구 중 일할 능력과 의사를 가진 인구
- **비경제 활동 인구**: 노동 가능 인구 중 일할 능력이나 의사를 가지지 않은 인구
- **취업자**: 경제 활동 인구 중 일자리를 구한 사람
- **실업자**: 경제 활동 인구 중 일자리를 구하지 못한 사람

15세 이상의 노동 가능 인구 중에서 *구직 단념자, 학생, 노약자, 전업주부 등의 비경제 활동 인구를 제외한 것을 경제 활동 인구라고 한다. 한편, 실업률은 경제 활동 인구 중 실업자가 비율로 나타낸 것으로, 한 국가의 경제 상황을 파악할 수 있는 주요 경제 지표이다.

2 실업의 원인에 따른 실업의 유형 ⑧

유형	원인	내용
경기적 실업	경기 침체	경제 상황이 나빠지면 기업은 신규 채용을 줄이거나 고용 인원을 줄임
구조적 실업	새로운 기술의 도입 (산업 구조의 변화)	특정 산업의 쇠퇴로 기존의 기술이나 생산 방법을 사용할 수 없게 되면서 일자리를 잃음
계절적 실업	계절의 변화	농업, 건설업, 관광업 등 계절의 영향을 많이 받는 분야에서 계절에 따라 고용 기회가 감소함
마찰적 실업	근로 조건 개선	더 나은 조건의 일자리를 구하기 위해 직장을 옮기는 과정에서 발생하는 일시적 실업 상태

3 실업의 영향 — 주의 실업은 개인적으로는 경제적·심리적 고통을 가져오고, 사회적으로는 비효율성이 초래되므로 안정된 고용 수준을 유지하는 것이 매우 중요함

개인적 측면	사회적 측면	국민 경제적 측면
• 생계유지 곤란 • 자아실현의 기회 상실 • 불확실한 미래에 대한 불안감	• *인적 자원의 낭비 • 정부의 재정 부담 가중 • 사회 문제 발생	• 소비와 투자 감소 • 기업의 생산 활동 위축 • 경기 침체

└─ 예 빈부 격차 심화, 생계형 범죄 증가 등

4 고용 안정을 위한 노력 ⑨

(1) 정부의 대책

경기적 실업	재정 지출 확대 → 투자와 소비 활성화, 새로운 일자리 창출
구조적 실업	인력 개발 및 체계적인 직업 교육 시행
계절적 실업	적절한 구직 정보 제공, 일자리 탐색 지원
마찰적 실업	

(2) 근로자와 기업의 역할: 바람직한 노사 관계 확립

근로자	변화하는 작업 환경에의 적응, 적극적인 자기 계발, 실업에 대한 대비
기업	새로운 일자리 창출과 고용 안정을 위한 경영 방안 모색

---

④ 한눈에 쏙

- **실업**

의미	일할 능력과 의사가 있는데도 일자리가 없는 상태
유형	경기적 실업, 구조적 실업, 계절적 실업, 마찰적 실업
영향	• 개인적 측면: 생계유지 곤란 • 사회적 측면: 인적 자원 낭비
대책	• 정부: 재정 지출 확대, 인력 개발 등 • 근로자: 자기 계발 등 • 기업: 일자리 창출 등

[7] 실업률

$$\frac{실업자\ 수}{경제\ 활동\ 인구} \times 100$$

실업률은 경제 활동 인구 가운데 실업자가 차지하는 비율을 측정한 것이다. 만약 경제 활동 인구가 100명이고, 이 중 실업자가 10명이라면 실업률은 10%가 된다.

⑧ 자발적 실업과 비자발적 실업

경기적·구조적·계절적 실업은 본인의 의지와는 상관없이 일자리를 잃은 상태이므로 비자발적 실업에 해당하며, 마찰적 실업은 본인의 의지로 더 나은 직장을 찾기 위해 일시적으로 일자리가 없는 상태이므로 자발적 실업에 해당한다.

⑨ 청년 실업 문제

경제 성장률이 둔화되어 일자리가 부족하고 노동 시장의 자동화 및 유연화로 인해 '고용 없는 성장' 현상이 나타나면서 청년 실업이 심화되고 있다. 정부는 고용 안정과 관련하여 청년 실업 문제의 해결을 위해 다양한 정책을 실시하고 있다.

용어 사전

- *구직 단념자 취업하려고 했으나 뜻대로 되지 않아 일자리 구하기를 포기한 사람
- *인적 자원 국민 경제가 필요로 하는 상품의 생산에 투입될 수 있는 인간의 노동력

1 국내 총생산의 의미와 한계

• 정답 및 해설 **30**쪽

◆ 차근차근 **기본 다지기** ◆

01 빈칸에 들어갈 용어를 쓰시오.
361
(1) 국내 총생산이란 일정 기간 동안 한 나라 안에서 새롭게 생산한 (   )의 시장 가치의 합이다.

(2) 한 나라 국민들의 평균 소득은 1인당 (   )을/를 통해 파악할 수 있다.

02 다음 설명이 맞으면 ○표, 틀리면 ✕표 하시오.
362
(1) 국내 총생산은 한 나라의 전반적인 경제 규모나 생산 능력 및 국민 전체의 소득을 알려 준다.

(   )

(2) 국내 총생산에는 가사 노동, 봉사 활동 등의 가치도 포함된다. (   )

03 다음은 국내 총생산(GDP)의 개념을 분석한 것이다. (1)~(4)와 그 사례를 바르게 연결하시오.
363

일정 기간 동안 (1) 한 나라 안에서 (2) 새롭게 생산한 (3) 최종 생산물의 (4) 시장 가치의 합

(1) 한 나라 안에서 •

(2) 새롭게 생산한 •

(3) 최종 생산물 •

(4) 시장 가치 •

• ㉠ 외국에서 생산된 것은 포함하지 않음

• ㉡ 작년에 생산되어 올해 판매된 자동차는 포함 하지 않음

• ㉢ 빵을 만들기 위해 들어간 밀가루의 가격은 포 함하지 않음

• ㉣ 가족이 먹기 위해 텃밭에서 기른 채소의 가치 는 포함하지 않음

04 국내 총생산(GDP)에 대한 설명으로 옳지 <u>않은</u>
364 것은?

① 대표적인 국민 경제 지표이다.
② 일반적으로 1년을 기준으로 한다.
③ 한 나라의 삶의 질 수준을 정확히 반영한다.
④ 국가 간 교역이 활발해짐에 따라 국민 총 생산(GNP)보다 널리 활용되고 있다.

05 다음 사례에서 A국의 국내 총생산(GDP)으로
365 옳은 것은?

A국에는 갑, 을, 병 세 사람만 산다. 2019년 한 해 동안 세 사람의 생산 활동은 다음과 같았다. 농부 갑은 10만 원어치 밀을 생산하여 모두 제분업자 을에게 판매했고, 을은 밀가루를 19만 원어치 생산해 모두 제빵업자 병에게 판매하였다. 병은 빵을 24만 원어치 생산하였다.

① 10만 원   ② 19만 원
③ 24만 원   ④ 53만 원

06 국내 총생산(GDP)에 포함되는 사례로 적절한 것은?
366
① 작년에 산 자동차를 중고품으로 판매한 가격
② 우리나라 선수가 외국의 축구팀에서 받은 연봉
③ 아버지가 텃밭에서 직접 길러서 먹은 상추의 가치
④ 제빵업자가 빵을 만들기 위해서 산 밀가루 구입비
⑤ 외국인 근로자가 국내에서 컴퓨터를 생산하고 받은 임금

07 그림은 우리나라의 국내 총생산(GDP)과 국민 총생산(GNP)을 나타낸 것이다. ㉠~㉣의 사례를 잘못 연결한 것은?
367

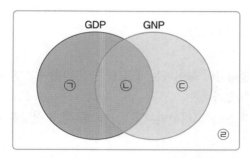

① ㉠ – 일본인이 한국 방송에 출연해 받은 출연료
② ㉠ – 미국 기업이 한국 공장에서 생산한 생수의 가치
③ ㉡ – 한국인 대학생이 한국에 있는 미국 커피 회사에서 아르바이트를 하고 받은 임금
④ ㉢ – 한국 반도체 회사가 베트남 공장에서 생산한 반도체의 가치
⑤ ㉣ – 한국에 있는 독일 자동차 회사에 취직한 이탈리아인이 생산 활동을 하고 받은 임금

08 다음 사례에서 A국의 국내 총생산을 구하시오. (단, 모든 생산 활동은 2019년 한 해 동안 A국 안에서 이루어졌다고 가정한다.)
368

> A국에는 갑, 을, 병 세 사람만 살고 있다. 갑은 농사를 지어 10가마의 쌀을 생산했고, 을은 갑에게 5가마의 쌀을 구입하여 400kg의 떡을 생산했다. 그리고 병은 을에게 200kg의 떡을 구입하여 1,000그릇의 떡국을 생산했다. 이때, 쌀 1가마의 가격은 20만 원, 떡 1kg의 가격은 1만 원, 떡국 1그릇의 가격은 5천 원이다.

( )

서술형 문제

09 다음 글을 읽고 물음에 답하시오.
369

> 우리나라 기업이 인건비가 싼 중국에서 시계를 만들어 우리나라에 판매할 경우, 그 시계의 가치는 우리나라의 ㉠ 국내 총생산에 포함되지 않는다. 왜냐하면 _____(가)_____

(1) 밑줄 친 ㉠의 의미를 서술하시오.

_____

(2) (가)에 들어갈 이유를 서술하시오.

_____

_____

논술형 문제

10 다음은 아래 표를 보면서 학생들이 나눈 대화이다. 국내 총생산(GDP)에 대해 잘못 알고 있는 학생을 있는 대로 고르고, 그 이유를 서술하시오.
370

> 갑: 이 중에서 국가 경제 규모가 가장 큰 나라는 중국이야.
> 을: 하지만 중국보다 우리나라 국민들의 평균적인 소득 수준이 더 높아.
> 병: 일본이 스웨덴보다 GDP가 높으니까 국민들의 평균적인 소득 수준도 스웨덴보다 높을 거야.
> 정: 이 중에서 오스트레일리아의 1인당 GDP가 가장 높으니까, 오스트레일리아 국민의 삶의 질이 가장 높을 거야.

국가	GDP (억 달러)	1인당 GDP (백 달러)
대한민국	13,775	272
중국	108,664	79
일본	41,233	325
오스트레일리아	13,395	563
스웨덴	4,926	503

△ 각국의 국내 총생산과 1인당 국내 총생산(2015년)

_____

_____

_____

100명의 교사가 콕 찍은 주제별·유형별 대표문제

2 경제 성장과 삶의 질

이 주제에서는 어떤 문제가 잘 나올까?
· 경제 성장의 의미 이해하기
· 경제 성장의 긍정적 기능 이해하기
· 경제 성장의 부정적 기능 이해하기

● 정답 및 해설 **31**쪽

차근차근 기본 다지기

01 다음 설명이 맞으면 ○표, 틀리면 ✕표 하시오.
371
(1) 경제는 항상 일정한 속도로 성장한다. (   )
(2) 일반적으로 국내 총생산이 증가하면 경제 성장이 이루어진다. (   )
(3) 경제 성장률은 명목 국내 총생산의 증가율로 나타낸다. (   )

02 빈칸에 들어갈 용어를 쓰시오.
372
(1) 한 나라 경제의 생산 능력이 커져 재화와 서비스의 총생산이 늘어나는 것을 (   )(이)라고 한다.
(2) 경제 성장은 주로 (   )의 증가를 통해 확인할 수 있다.
(3) 바람직한 경제 성장을 위해서는 형평성, 복지, 환경 등을 고려하면서 (   )한 경제 성장을 추구해야 한다.

03 ㉠, ㉡에 해당하는 용어를 각각 쓰시오.
373

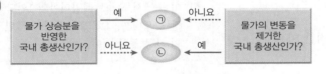

물가 상승분을 반영한 국내 총생산인가? — 예 → ㉠ ← 아니요 — 물가의 변동을 제거한 국내 총생산인가?

물가 상승분을 반영한 국내 총생산인가? — 아니요 → ㉡ ← 예 — 물가의 변동을 제거한 국내 총생산인가?

(   )

04 경제 성장의 영향으로 가장 적절한 것은?
374
① 일자리가 감소한다.
② 생산 활동에 참여한 사람의 소득이 증가한다.
③ 국민이 소비할 수 있는 재화와 서비스의 양이 감소한다.

05 다음에서 공통으로 설명하는 용어로 옳은 것은?
375

· 경제 성장의 정도를 보여 준다.
· 물가의 변동을 제거한 실질 국내 총생산의 증가율로 나타낸다.

① 총수요   ② 물가 지수
③ 경제 성장률   ④ 국민 총생산

06
376

⊙을 이루기 위한 노력으로 적절하지 <u>않은</u> 것은?

> (⊙)은/는 국민 경제가 생산하는 재화와 서비스의 양이 증가하는 것으로, 삶의 질 향상에 기여할 수 있지만 삶의 질에 항상 비례하는 것은 아니다.

① 기업이 투자를 한다.
② 근로자의 임금을 최소화한다.
③ 근로자가 창의력을 높이기 위해 노력한다.
④ 새로운 제품과 기술을 만들기 위한 연구 개발에 힘쓴다.
⑤ 기업 투자에 필요한 돈을 마련하기 위해 가계의 저축을 늘린다.

07
377

경제 성장의 긍정적 영향으로 적절한 것만을 〈보기〉에서 고른 것은?

> ┌─ 보기 ─
> ㄱ. 물질적으로 풍요로운 생활을 누릴 수 있다.
> ㄴ. 질 높은 교육과 의료 혜택을 제공받을 수 있다.
> ㄷ. 빈부 격차가 사라져 사회 불안 요소가 줄어든다.
> ㄹ. 사회 구성원 전체의 사회에 대한 만족감이 높아진다.

① ㄱ, ㄴ   ② ㄱ, ㄷ   ③ ㄴ, ㄷ
④ ㄴ, ㄹ   ⑤ ㄷ, ㄹ

08
378

다음 사례에서 A국의 경제 성장률은 얼마인지 쓰시오.

> A국의 전년도 실질 국내 총생산(GDP)은 100억 원이었고, 금년도 실질 국내 총생산(GDP)은 120억 원으로 증가하였다.

(   )

서술형 문제

09
379

표를 바탕으로 A국의 경제가 성장했다고 볼 수 없는 이유를 서술하시오. (단, A국은 사과만 생산한다.)

〈A국의 경제 상황 변화〉

구분	2018년	2019년
사과 생산량	100개	100개
사과 가격	1,000원	2,000원
국내 총생산	100,000원	200,000원

_____

_____

논술형 문제

10
380

밑줄 친 ⊙의 이유를 아래 용어 중 세 개 이상을 활용하여 서술하시오.

> 〈우리나라의 세계 순위〉
>
> | 명목 국내 총생산 | 11위 |
> |---|---|
> | 1인당 국내 총생산 | 28위 |
> | 삶의 질 | 57위 |
> | 1인당 연간 노동 시간 | 2위 |
>
> (국제 연합·통계청, 2016)
>
> 급격한 성장의 결과 세계 속에서 우리나라의 경제적 위상은 크게 높아졌다. 하지만 ⊙ 삶의 질, 1인당 연간 노동 시간 등은 상대적으로 낮은 수준에 머무르는 등 경제적 성취가 삶의 질 향상으로 제대로 연결되지 않고 있다.

> • 환경   • 빈부
> • 소득 분배   • 자연 자원

_____

_____

_____

3 물가 상승

차근차근 기본 다지기

01 다음 설명이 맞으면 ○표, 틀리면 ✕표 하시오.
381
　(1) 물가가 지속적으로 오르는 현상을 인플레이션이라고 한다. (　　)
　(2) 재정 지출의 증가는 물가 상승의 원인이 된다. (　　)
　(3) 통화량이 증가하면 화폐 가치의 상승으로 빈부 격차가 심화된다. (　　)

02 다음 괄호 안의 내용 중 알맞은 것에 ○표 하시오.
382
　(1) 물가가 상승하면 화폐 가치는 (상승, 하락)하고, 재화와 서비스의 가치는 (상승, 하락)한다.
　(2) 생산비가 지속적으로 (상승, 하락)하면 물가가 상승한다.
　(3) 물가가 상승하면 수출에 (유리, 불리)하여 무역 (균형, 불균형)이 나타날 수 있다.

03 물가 지수의 종류와 그 의미를 선으로 연결하시오.
383
　(1) 생산자 물가 지수 •
　(2) 소비자 물가 지수 •
　(3) GDP 디플레이터 •

　• ㉠ 명목 GDP를 실질 GDP로 나누어서 산출하는 물가 지수
　• ㉡ 가계가 소비하는 주요 재화와 서비스를 대상으로 산출하는 물가 지수
　• ㉢ 기업 간에 거래되는 주요 재화와 서비스를 대상으로 산출하는 물가 지수

04 물가가 지속적으로 상승할 때 가장 유리해지는 사람은?
384
　① 수출업자
　② 돈을 빌린 사람
　③ 은행 예금 보유자

05 ㉠에 들어갈 주체로 가장 적절한 것은?
385

> (㉠)은/는 물가 안정을 위해 이자율을 높여 저축을 유도하고, 민간의 소비를 줄이기 위해 노력한다.

　① 외국　　　　② 가계
　③ 기업　　　　④ 중앙은행

06 지속적인 물가 상승에 대한 각 주체들의 대응 방안으
386 로 가장 적절한 것은?

① 한국은행 – 금리를 조절하여 통화량을 늘린다.
② 근로자 – 물가 상승을 초과하는 수준의 임금 인
상을 요구한다.
③ 정부 – 세금을 적게 걷고 공공사업 등을 늘려
총수요를 증가시킨다.
④ 기업가 – 기술 개발 및 연구에 대한 투자를 확
대하여 생산비를 줄인다.
⑤ 소비자 – 물건 가격이 더 오르기 전에 필요한
물건들을 미리 구입해 놓는다.

07 물가가 지속적으로 상승할 때 상대적으로 유리한 사
387 람만을 〈보기〉에서 고른 것은?

• 보기 •
ㄱ. 수출업자
ㄴ. 임금 근로자
ㄷ. 돈을 빌린 사람
ㄹ. 실물 자산 보유자

① ㄱ, ㄴ   ② ㄱ, ㄷ   ③ ㄴ, ㄷ
④ ㄴ, ㄹ   ⑤ ㄷ, ㄹ

08 빈칸에 들어갈 용어를 세 글자로 쓰시오.
388

제1차 세계 대전 후 독일 정부는 막대한 전쟁 배
상금 등으로 인한 적자를 메꾸기 위해 천문학적
수준의 화폐를 발행하였다. 그 결과 난로에 불을
피울 때 장작이 아닌 화폐를 사용하는 사람들이
생길 만큼 화폐의 가치가 떨어지고 사회는 큰 혼
란에 빠졌다. 이처럼 (   )의 급격한 증가는
매우 심각한 사회 문제로 이어질 수 있다.

(   )

서술형 문제
09 밑줄 친 ㉠에 대한 교사의 답변을 서술하시오.
389

중학생 A는 주말에 부모님과 시장에 다녀왔다.
물가가 너무 올라 시장을 보는 비용이 많이 증가
했다는 부모님의 말씀에 학교에서 배운 물가 지수
를 찾아보았더니 그림과 같았다.

0.8%   0.8%
                0.7%
                          0.4%
2016년 5월   6월   7월   8월
(통계청, 2016)
🔺 소비자 물가 지수 변화

통계 수치는 생각보다 크게 변하지 않은 것 같
은데, 부모님께서는 왜 시장을 보는 비용이 많이
증가했다고 느끼시는 것인지 궁금해서 오늘 사회
수업 시간에 선생님께 질문을 하였다.
㉠ "물가 지수 상승률은 아주 낮은데, 왜 부모
님은 장을 보는 비용이 크게 증가했다고 느끼시는
걸까요?"

논술형 문제
10 다음 사례에서 A국의 정책이 적절했는지 판단하고,
390 그 이유를 물가와 총수요의 측면에서 서술하시오.

1973~1974년, 1978~1980년 두 차례에 걸친
국제 석유 가격의 상승으로 인해 석유에 의존하는
국가들은 높은 물가 상승으로 어려움을 겪게 되었
다. 이에 A국은 물가 안정을 위해 재정 지출을 감
소시키는 정책을 펼쳤다.

100명의 교사가 쿡 찍은 주제별·유형별 대표문제 **④ 실업**

🚩 이 주제에서는 어떤 문제가 잘 나올까?
• 실업의 의미 이해하기
• 실업의 원인에 따른 실업 유형 구분하기
• 실업의 유형별 대책 파악하기

• 정답 및 해설 **32**쪽

차근차근 기본다지기

01 다음 설명이 맞으면 ○표, 틀리면 ✕표 하시오.
391
(1) 경제 상황이 나빠지면서 기업이 신규 채용을 줄이거나 고용 인원을 줄임으로 인해 나타나는 실업은 마찰적 실업이다. (   )
(2) 특정 산업의 쇠퇴로 기존의 기술이나 생산 방법이 밀려나면서 나타나는 실업은 구조적 실업이다.
(   )
(3) 더 나은 조건의 일자리를 구하기 위해 직장을 옮기는 과정에서 발생하는 일시적 실업은 비자발적 실업에 해당한다. (   )

02 다음 괄호 안의 내용 중 알맞은 것에 ○표 하시오.
392
(1) 농업, 건설업, 관광업 등 계절의 영향을 많이 받는 분야에서 계절에 따라 고용 기회가 감소하여 발생하는 실업은 (경기적 실업, 계절적 실업)이다.
(2) 실업으로 인한 생계유지의 어려움, 자아실현 기회 상실, 불확실한 미래에 대한 불안감 등은 (개인적, 사회적) 측면에서 나타나는 실업의 영향이다.
(3) 재정 지출의 확충을 통한 투자와 소비의 활성화는 실업에 대한 (정부, 기업)의 대책에 해당한다.

03 (1)~(3)에서 설명하는 용어를 퍼즐판에서 찾아 색칠하시오.
393

구	직	단	념	자
자	조	령	화	발
유	참	적	참	적
권	평	등	실	실
공	근	로	자	업

(1) 변화하는 작업 환경에의 적응과 적극적인 자기 계발 및 실업에 대한 대비가 필요한 경제 주체는?
(2) 새로운 기술의 도입이나 산업 구조의 변화로 인해 나타나는 실업은?
(3) 마찰적 실업과 같이 본인의 의지로 일자리를 잃는 상태를 가리키는 것은?

04 국민 경제적 측면에서 나타나는 실업의 영향으로 가장 적절한 것은 것은?
394
① 생계형 범죄가 증가할 수 있다.
② 자아실현의 기회를 상실할 수 있다.
③ 기업의 생산 활동 위축으로 경기 침체가 나타날 수 있다.

05 다음에서 설명하는 실업의 유형으로 옳은 것은?
395

더 나은 일자리를 구하기 위해 직장을 옮기는 과정에서 나타나는 실업이다.

① 경기적 실업　　② 마찰적 실업
③ 계절적 실업　　④ 구조적 실업

06
396 ㉠에 해당하는 실업의 유형에 대한 설명으로 옳은 것은?

> 세계 경제 포럼(WEF)은 「일자리의 미래」 보고서에서 "인공 지능, 로봇 기술, 생명 과학 등이 주도하는 4차 산업 혁명으로 인해 ㉠ 상당수 기존 직업이 사라질 것"이라고 예측하였다.

① 마찰적 실업에 해당한다.
② 급격한 경기 변동으로 인해 나타난다.
③ 개인적 측면에서는 대비가 불가능하다.
④ 일반적으로 자발적인 의사에 의해 나타난다.
⑤ 정부는 인력 개발과 체계적인 직업 교육 시행을 대책으로 제시할 수 있다.

07
397 밑줄 친 ㉠~㉤ 중 청년 실업의 원인으로 적절하지 않은 것은?

> 최근 우리나라의 청년 실업률이 지속적으로 높아지고 있다. 청년들은 ㉠ 마음에 드는 일자리를 찾아 오랫동안 구직 활동을 하고, ㉡ 잦은 이직으로 실업률이 높게 나타나게 된다. 또한 ㉢ 경제 성장률이 낮아 새로운 일자리가 부족하고, ㉣ 평균 학력이 낮아 업무 적합도가 떨어지며, ㉤ 업무 자동화로 인해 '고용 없는 성장' 현상이 나타나는 것도 청년 실업률이 높은 이유가 되고 있다.

① ㉠   ② ㉡   ③ ㉢
④ ㉣   ⑤ ㉤

08
398 그림에 나타난 실업의 유형은 무엇인지 쓰시오.

(   )

서술형 문제

09
399 그림은 A국의 경제 상황을 나타낸 것이다. 이를 보고 물음에 답하시오.

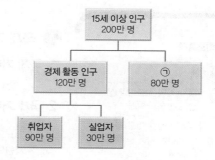

(1) A국의 실업률을 계산하시오.

_____

(2) ㉠에 들어갈 용어를 쓰고, 구체적인 예를 들어 그 의미를 서술하시오.

_____
_____

논술형 문제

10
400 다음 글에 나타난 실업의 유형을 밝히고, 그에 대한 정부의 대책을 두 가지 이상 서술하시오.

> 1997년 말 우리나라는 외환 보유액 부족으로 국제 통화 기금(IMF)의 도움을 받는 등 큰 경제적 위기를 겪었다. 수많은 기업과 금융 기관이 문을 닫았고, 실업자들이 쏟아져 나와 가정 경제는 큰 어려움에 빠졌다.

_____
_____
_____
_____

03 국제 거래와 환율

① 한눈에 쏙

• 국제 거래

의미	국가 간의 상품이나 생산 요소 등의 거래
필요성	각국의 생산 여건 차이 → 생산비 차이 → 특화 → 교환 → 이익 발생
양상	오늘날 국제 거래의 규모 확대

① 우리나라의 국제 거래
우리나라는 자원이 부족하고, 국내 시장 규모가 작아, 수출 주도형 경제 성장 정책을 추진하였다. 이로 인해 경제 성장이 이루어졌지만, 대외 의존도가 높아지는 한계도 함께 나타났다.

② 국제 거래의 원리 – 비교 우위
어떤 재화를 상대적으로 더 적은 비용으로 생산할 수 있을 때, 그 재화에 대하여 비교 우위에 있다고 말한다. 비교 우위 이론은 상대적으로 생산비가 저렴한 재화를 특화하여 교환하면 결과적으로 양국이 모두 이익을 얻을 수 있다는 이론으로, 국제 거래를 뒷받침한다.

용어 사전
• **세계 무역 기구(WTO)** 국가 간 자유로운 무역과 세계 교역 증진을 목적으로 설립된 국제기구
• **관세** 외국에서 수입하는 상품에 대하여 부과하는 세금

① 국제 거래의 필요성과 확대

1 국제 거래의 의미: 국가 간에 생산물이나 생산 요소 등이 국경을 넘어 거래되는 것

2 국제 거래의 필요성 ①

- 열대 과일: 열대 기후 지역
- 옷이나 신발 등 노동 집약 상품: 인구가 많은 지역
- 자원: 특정 자원이 매장되어 있는 지역
- 반도체, 휴대 전화 등 기술 집약 상품: 기술이 풍부한 지역

| • 자연환경의 차이 예 기후, 지형 등
 • 자원의 보유 상태 차이 예 천연자원
 • 생산 요소의 보유 상태 차이 예 노동, 자본 등
 • 기술 수준의 차이 | ⇨ | 각국의 생산 여건 차이 | ⇨ | 생산비의 차이 발생 (비교 우위) ② | 특화→ | 교역의 상호 이익 발생 | ⇨ | 국제 거래 |

3 국제 거래의 특징
(1) 나라마다 서로 다른 화폐를 사용하므로 화폐 간의 교환 비율(환율)을 고려해야 함
(2) 생산물의 이동은 비교적 자유롭지만, 노동과 자본 등 생산 요소의 이동은 쉽지 않음
(3) 법과 제도, 풍습과 문화의 차이, 각종 무역 장벽 등 여러 가지 제한이 존재함
　　　　　　　　　　　　　　　 └ 예 관세, 수입 할당제 등

4 국제 거래의 영향

소비자	다양한 상품을 선택할 기회 증가 → 풍요로운 소비 생활 영위
기업	해외 시장 확보 → 이익 증대

5 국제 거래의 확대 [자료 ①]
(1) **배경**: 교통 및 정보 통신 기술의 발달 → 세계화, 개방화
　① 세계화: 국경의 의미가 약화되고 전 세계가 하나의 공동체처럼 긴밀하게 연결됨
　② 개방화: 국경의 제약 없이 자유롭게 상품 및 생산 요소 등이 드나듦
(2) **양상**
　　　　　　　　　　　　　 ┌ 재화와 서비스 외에도 생산 요소, 지적 재산권 등으로 국제 거래의 대상이 확대됨
　① •세계 무역 기구(WTO)의 출범: 국제 거래의 대상 확대, 자유 무역의 확대 등
　② 지역 경제 협력체 구성 및 자유 무역 협정(FTA) 체결
　　　　　　　　　　　　　　　　　└ 우리나라는 터키, 미국, 유럽 연합 등과 체결하였음

지역 경제 협력체	지리적으로 가깝고 경제적으로 상호 의존도가 높은 국가들끼리 구성한 경제 공동체 예 유럽 연합(EU), 아시아·태평양 경제 협력체(APEC) 등
자유 무역 협정(FTA)	개별 국가 간 또는 개별 국가와 지역 경제 협력체 간에 •관세 및 비관세 장벽을 없애거나 완화함으로써 경제 협력을 강화하기 위한 조약

교과서 속 자료 읽기 ①   지역 경제 협력체

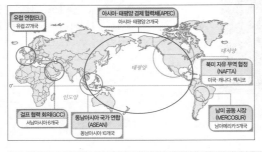

세계 각국은 지역 경제 협력체를 구성하여 회원국 간에 각종 혜택을 주거나 무역 증진을 통한 공동의 이익을 추구한다. 이러한 지역 경제 협력체의 구성은 국제 무역의 규모를 크게 확대하고 있지만, 비회원국에 대해서는 무역 장벽을 쌓는 등 차별을 하여 무역 갈등을 일으키기도 한다.

❷ 환율의 의미와 결정

1 환율의 의미: 자국의 화폐와 외국 화폐의 교환 비율(=외국 화폐의 가치)

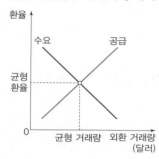

| 우리나라 화폐 1,200원 | ⇌ | 미국 화폐 1달러 | ⇨ | 1,200원/달러 |

└─ 미국 화폐 1달러가 우리나라 돈으로 1,200원이라는 의미임 ─┘

2 환율의 결정과 변동 ❸

┌─ 재화와 서비스의 가격이 수요와 공급에 의해 결정되는 것과 같은 원리임

(1) **환율의 결정**: 외환 시장에서 외환의 수요와 공급에 의해 결정됨

① 외환의 수요

의미	외환이 해외로 나가는 경우
요인	외국 상품의 수입, 자국민의 해외여행, 해외 투자 및 유학, 차관 상환 등

② 외환의 공급

의미	외환이 국내로 들어오는 경우
요인	우리나라 상품의 수출, 외국인의 국내 여행, 외국인의 국내 투자, •차관 도입 등

(2) **환율의 변동**

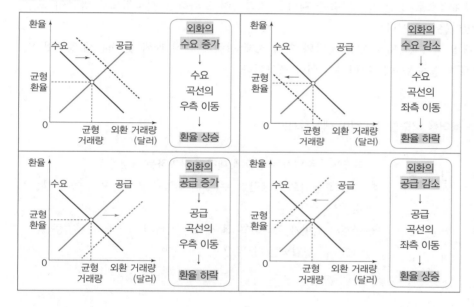

3 환율 변동의 영향 ❹ [자료 ❷] ─ 환율의 상승은 외국 화폐 1단위를 얻기 위해 더 많은 원화가 필요하다는 뜻이며, 환율의 하락은 더 적은 원화와 외국 화폐 1단위를 교환할 수 있음을 의미함

환율 변동	원화 가치	수출	수입	외채 상환 부담	물가
환율 상승	하락	증가	감소	증가	상승
환율 하락	상승	감소	증가	감소	하락

✈ **교과서 속 자료 읽기 ❷** **환율 상승의 영향**

⬆ 수출업자

⬆ 수입업자

환율이 상승하면 외화로 표시되는 수출품의 가격이 낮아지므로 수출은 증가하지만, 원화로 표시되는 수입품의 가격이 높아지므로 수입은 감소한다. 이처럼 환율이 상승하는 경우에는 수출업자, 우리나라를 여행하는 외국인 등은 유리해지지만, 수입업자, 해외를 여행하는 한국인 등은 불리해진다.

❷ 한눈에 쏙

• **환율**

의미	자국 화폐와 외국 화폐의 교환 비율
결정 (변동)	외환의 수요와 공급에 따라 결정 및 변동됨
변동의 영향	• 환율 상승: 원화 가치 하락, 수출 증가, 수입 감소 • 환율 하락: 원화 가치 상승, 수출 감소, 수입 증가

❸ 외화의 수요 요인과 공급 요인

수요	증가	외국 상품 수입 증가, 내국인 해외여행 증가, 해외 투자 및 유학 증가, 차관 상환 증가
	감소	외국 상품 수입 감소, 내국인 해외여행 감소, 해외 투자 및 유학 감소, 차관 상환 감소
공급	증가	우리나라 상품 수출 증가, 외국인 관광객 증가, 외국인 국내 투자 증가, 차관 도입 증가
	감소	우리나라 상품 수출 감소, 외국인 관광객 감소, 외국인 국내 투자 감소, 차관 도입 감소

❹ 환율 변동과 원화 가치의 관계

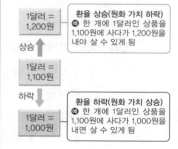

1달러 = 1,200원
환율 상승(원화 가치 하락) ⓔ 한 개에 1달러인 상품을 1,100원에 사다가 1,200원을 내야 살 수 있게 됨

상승 ⬆

1달러 = 1,100원

하락 ⬇

1달러 = 1,000원
환율 하락(원화 가치 상승) ⓔ 한 개에 1달러인 상품을 1,100원에 사다가 1,000원을 내면 살 수 있게 됨

용어 사전

• **차관** 한 나라의 정부나 기업, 은행 등이 외국 정부나 외국 공적 기관에서 자금을 빌려오는 것

100명의

교사가 콕 찍은

주제별·유형별 대표문제

🚩 **이 주제에서는 어떤 문제가 잘 나올까?**
· 국제 거래의 필요성과 특징 이해하기
· 국제 거래가 미치는 영향 이해하기
· 국제 거래가 확대되는 양상 파악하기

① 국제 거래의 필요성과 확대

● 정답 및 해설 **33**쪽

차근차근 기본다지기

01 다음 설명이 맞으면 ○표, 틀리면 ✕표 하시오.
401
(1) 국제 거래를 할 때 국내에서 생산되는 제품은 수입하지 않는다. ( )
(2) 오늘날에는 세계화의 영향으로 국제 거래의 규모가 커지고 있다. ( )
(3) 우리나라는 자원이 부족하고 국내 시장 규모가 작아 수출 주도형 경제 성장 정책을 추진하였다.
( )

02 빈칸에 들어갈 용어를 쓰시오.
402
(1) 국가 간에 생산물이나 생산 요소 등이 국경을 넘어 거래되는 것을 ( )(이)라고 한다.
(2) ( )은/는 상대적으로 생산비가 저렴한 재화를 특화하여 교환하면 결과적으로 양국이 모두 이익을 얻을 수 있다는 이론이다.
(3) ( )(이)란 개별 국가 간 또는 개별 국가와 지역 경제 협력체 간에 관세 및 비관세 장벽을 없 애거나 완화함으로써 경제 협력을 강화하기 위한 조약이다.

03 (1)~(3)에서 설명하는 용어를 퍼즐판에서 찾아 색칠하시오.
403

노	동	자	연	관
생	산	요	소	세
협	업	세	자	본
력	화	계	기	교
체	특	화	후	역

(1) 외국에서 수입하는 상품에 대하여 부과하는 세금은?
(2) 가장 효율적으로 생산할 수 있는 산업을 전문적으로 육성하는 것은?
(3) 국경의 의미가 약화되고 전 세계가 하나의 공동체가 된 것처럼 긴밀하게 연결되는 현상은?

04 국제 거래의 영향으로 가장 적절한 것은?
404
① 소비자는 다양한 상품을 선택할 기회가 줄어든다.
② 기업은 넓은 해외 시장을 확보하여 더 많은 이윤을 얻을 수 있게 된다.
③ 각 나라는 국내 산업을 활성화하여 자급 자족 경제 체제를 확립해 나간다.

05 국내 거래와 대비되는 국제 거래의 특징으로 가장 적절한 것은?
405
① 생산물의 이동보다 생산 요소의 이동이 더 자유롭다.
② 외국에서 수입하는 상품에 관세를 부과 하는 등 무역 장벽이 존재한다.
③ 우리나라의 원화를 기준 화폐로 사용하여 환율을 고려하지 않아도 된다.
④ 각국의 풍습과 문화에 대한 이해가 없더 라도 큰 어려움 없이 교역이 가능하다.

06 그림과 같은 경제 행위가 나타나는 이유로 가장 적절한 것은?
406

겨울에는 칠레산 포도를 먹어요.

한국산 자동차를 새로 샀어요.

▲ 한국인 소비자　　　▲ 미국인 소비자

① 국가 간 상호 협력과 의존 관계가 약화되고 있기 때문이다.
② 국제 거래의 대상이 서비스 위주로 한정되어 있기 때문이다.
③ 나라마다 보유하고 있는 천연 자원의 양이 동일하기 때문이다.
④ 세계 여러 나라의 기후나 지형 등 자연환경이 유사하기 때문이다.
⑤ 나라마다 생산비의 차이가 발생하여 교역을 하면 서로 이익이 되기 때문이다.

07 다음과 같은 현상이 발생하게 된 배경으로 적절하지 않은 것은?
407

전 세계 무역액이 1965년 3,890억 달러에서 2015년 33조 2,070억 달러로 약 85배 늘어났다.

① 세계화와 개방화 추세
② 국제 거래의 대상 확대
③ 국가 간 무역 마찰 심화
④ 교통 및 정보 통신 기술의 발달
⑤ 자유 무역 협정(FTA)의 체결 증가

08 밑줄 친 '이것'에 해당하는 국제기구의 명칭을 쓰시오.
408

1995년에 출범한 국제기구인 이것은 국가 간의 자유로운 무역과 세계 교역의 증진을 목적으로 설립되었다. 이것의 등장으로 공산품뿐만 아니라 농산물, 서비스, 자본, 노동, 기술, 지적 재산권 등에 이르기까지 국제 거래의 대상이 확대되었다.

(　　　　)

서술형 문제

09 다음 글을 읽고 물음에 답하시오.
409

세계적 차원의 경제 협력 노력과 함께 지리적으로 가깝고 경제적으로 상호 의존도가 높은 나라들이 경제 협력 강화를 위해 (㉠)을/를 구성하는 움직임이 커지고 있다. (㉠)에 해당하는 대표적인 사례로는 유럽 연합(EU), 아시아·태평양 경제 협력체(APEC), 동남아시아 국가 연합(ASEAN) 등이 있다.

(1) ㉠에 들어갈 용어를 쓰시오.

_____

(2) ㉠이 국제 거래에 미칠 수 있는 부정적 영향을 서술하시오.

_____

_____

논술형 문제

10 다음 사례에서 A국과 B국 간에 국제 거래가 필요한 이유를 아래 용어들을 모두 포함하여 서술하시오.
410

A국에서는 하루 동안 옷만 만들면 옷 100벌을 만들 수 있고, 하루 동안 과자만 만들면 과자 300개를 만들 수 있다. B국에서는 하루 동안 옷만 만들면 옷 500벌을 만들 수 있고, 하루 동안 과자만 만들면 과자 200개를 만들 수 있다. 따라서 A국은 B국에 비해 더 적은 비용으로 과자를 만들 수 있고, B국은 A국에 비해 더 적은 비용으로 옷을 만들 수 있다. 하지만 현재 A국과 B국은 각각 옷과 과자를 만들어 자국 내에서만 소비하고 있다.

・교환　　　・특화　　　・비교 우위

_____

_____

_____

_____

2 환율의 의미와 결정

• 정답 및 해설 **34**쪽

차근차근 기본 다지기

01 다음 설명이 맞으면 ○표, 틀리면 ✕표 하시오.
411
(1) 환율은 우리나라 화폐 한 단위를 교환하는 데 필요한 외국 화폐의 양을 말한다. (   )
(2) 환율이 하락하면 우리나라 화폐의 가치가 높아진다. (   )
(3) 외국인의 국내 투자가 증가하면 균형 환율은 상승한다. (   )
(4) 환율이 상승하면 해외여행을 하는 한국인은 불리해지고, 우리나라를 여행하는 외국인은 유리해진다. (   )

02 빈칸에 들어갈 용어를 쓰시오.
412
(1) 환율이란 자국 화폐와 외국 화폐의 (   ) 이다.
(2) 외국 화폐의 가격인 환율은 그 외국 화폐에 대한 수요와 (   )(으)로 결정된다.
(3) 환율이 하락하면 무역에서 (   )은/는 증가하고 (   )은/는 감소한다.

03 다음 괄호 안의 내용 중 알맞은 것에 ○표 하시오.
413
(1) 한류 열풍으로 외국인 관광객이 급증하여 외화의 공급이 (증가, 감소)하였다.
(2) 국내에서 일하는 외국인 근로자의 달러 송금액이 증가하여 환율이 (상승, 하락)하였다.
(3) 환율이 하락하면 외화로 진 빚을 갚을 경우 빚이 (증가, 감소)하는 효과가 나타난다.
(4) 환율이 상승하면 외화로 표시되는 우리나라 상품의 가격이 (상승, 하락)한다.

04 외화의 수요 발생 요인이 <u>아닌</u> 것은?
414
① 해외 투자
② 외채 상환
③ 차관 도입

05 그래프에 대한 설명으로 옳지 <u>않은</u> 것은?
415

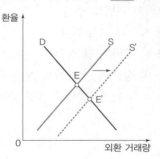

① 환율이 하락하였다.
② 외환의 공급이 늘어났다.
③ 수출 상품의 외화 표시 가격이 하락할 것이다.
④ 외환 시장에서 환율이 결정되는 과정을 나타낸 것이다.

06 (가)~(마)가 외환 시장에 미칠 영향으로 가장 적절한 것은?
416

> (가) 우리나라 기업이 베트남에서 운동화를 수입하였다.
> (나) 우리나라로 여행을 오는 외국인 관광객의 수가 늘어났다.
> (다) 외국으로 어학연수를 가는 우리나라 학생의 수가 줄어들었다.
> (라) 우리나라 기업이 외국에 수출하는 자동차 대수가 줄어들었다.
> (마) 우리나라 기업이 중국에서 현지 기업이 새로 시작하는 사업에 투자하였다.

① (가)는 외화의 수요가 감소하는 요인이다.
② (나)는 외화의 공급이 감소하는 요인이다.
③ (다)는 외화의 수요가 감소하는 요인이다.
④ (라)는 외화의 공급이 증가하는 요인이다.
⑤ (마)는 외화의 공급이 증가하는 요인이다.

07 표는 환율의 변동을 예상한 것이다. 이러한 상황에서
417 가장 합리적으로 행동한 사람은?

구분	달러(미국)	위안(중국)
현재	1달러=1,000원	1위안=200원
한 달 후	1달러=1,200원	1위안=150원

① 해외 직구로 사고 싶은 미국 제품의 구매를 미루었다.
② 미국으로의 수출이 늘어날 것에 대비해서 제품 생산을 서둘렀다.
③ 미국에서 수입한 목재의 대금을 한 달 후에 지급하기로 하였다.
④ 한 달 일정의 중국 여행을 위해서 필요한 모든 경비를 즉시 위안으로 바꾸었다.
⑤ 중국에서 공부하는 아들에게 필요한 유학 자금을 지금 모두 위안으로 바꾸어 송금하였다.

08 빈칸에 들어갈 용어를 쓰시오.
418

> 외환 시장에서 외국 상품의 수입, 해외여행, 외국에 대한 투자, 유학 등은 모두 외화의 (   ) 요인에 해당한다.

(   )

서술형 문제

09 그래프를 보고 물음에 답하시오.
419

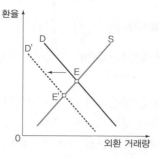

(1) 위와 같이 환율이 변동할 경우, (가)~(다) 중 유리한 사람과 불리한 사람을 구분하시오.

> (가) 외국으로 여행을 가는 우리나라 관광객
> (나) 외국에 의류를 수출하는 우리나라 기업가
> (다) 외국에서 화장품을 수입하는 우리나라 기업가

(2) (1)과 같이 구분한 이유를 서술하시오.

_____

_____

논술형 문제

10 그림과 같은 상황에서 외환 시장에 나타날 수 있는 변
420 화를 수출과 수입의 측면에서 〈조건〉에 맞게 서술하시오.

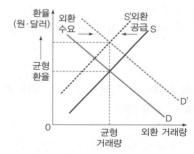

> • 조건 •
> 환율과 원화 가치의 변화를 포함하여 서술한다.

_____

_____

_____

_____

01 국민 경제의 이해

01 국내 총생산(GDP)을 파악하기 위한 방법으로 적절하
421 지 **않은** 것은?

① 중간 생산물의 가치는 제외한다.
② 우리 국민에 의해 생산된 것만 포함한다.
③ 새롭게 생산된 상품의 가치만을 포함한다.
④ 시장에서 거래되는 상품의 가치만을 포함한다.
⑤ 일정 기간 동안의 국내 총생산 변동을 측정한다.

02 그림은 우리나라의 국내 총생산(GDP)과 국민 총생산
422 (GNP)을 나타낸 것이다. ㉠~㉣의 사례를 **잘못** 연결
한 것은?

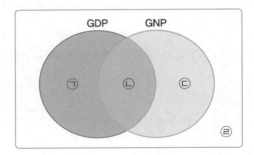

① ㉠ – 국내의 한국 기업에서 일하는 미국인의 임금
② ㉡ – 한국 기업이 국내에서 생산한 마스크의 가치
③ ㉢ – 한국 축구 선수가 영국의 축구팀에서 받는
연봉
④ ㉢ – 한국 의사의 아프리카 의료 봉사 활동의
가치
⑤ ㉣ – 육아 휴직한 직장인이 아기를 돌보는 가치

03 다음 사례에서 지적하고 있는 국내 총생산의 한계로
423 가장 적절한 것은?

> 국내 총생산(GDP)은 오염을 발생시키는 생산
> 활동은 계산에 포함하지만, 오염으로 인한 국민의
> 삶의 질 저하는 포함하지 않는다.

① 빈부 격차 정도를 파악하기 어렵다.
② 시장에서 거래되는 상품만 포함된다.
③ 중간 생산물의 가치를 측정하지 못한다.
④ 삶의 질 수준을 정확하게 반영하지 못한다.
⑤ 한 나라의 경제 활동 규모를 파악하기 어렵다.

04 다음 사례에 대한 옳은 분석을 〈보기〉에서 고른 것은?
424

> C는 올해 국내에서 활동하는 목수 A에게 의자
> 를 구입했다. 의자의 가격은 10,000원이다. 이
> 의자 생산에 사용된 목재는 A가 벌목업자 B에게
> 3,000원에 산 것이다. B는 나무를 베어 목재 형태
> 로 가공하여 A에게 팔았다.

• 보기 •
ㄱ. 목재의 가치는 국내 총생산에 포함된다.
ㄴ. 새롭게 발생한 국내 총생산은 13,000원이다.
ㄷ. A는 7,000원의 부가 가치를 발생시켰다.
ㄹ. A의 국적이 외국이더라도 의자의 가치는 국내
총생산에 포함된다.

① ㄱ, ㄴ   ② ㄱ, ㄹ   ③ ㄴ, ㄷ
④ ㄴ, ㄹ   ⑤ ㄷ, ㄹ

05 다음 교사의 질문에 대해 가장 적절하게 답한 학생은?
425

> 국민 경제를 파악할 수 있는 지표에는
> 여러 가지가 있어요. 그 중 가장 대표
> 적인 지표인 ㈎는 일정 기간 동안 한
> 나라 안에서 창출된 부가 가치의 합입
> 니다. ㈎에 대해 설명해 볼까요?

① 갑: 중간 생산물과 최종 생산물의 시장 가치의
합입니다.
② 을: 계층 간 소득 불평등 정도를 판단할 수 있
는 수치입니다.
③ 병: 대가 없이 친구의 컴퓨터를 수리해 주는 행
위의 가치를 포함합니다.
④ 정: 해당 국가의 인구수로 나누면 국민들의 평
균적인 소득 수준을 알 수 있습니다.
⑤ 무: 국내에서 우리나라 기업이 생산했지만 해외
로 수출한 자동차의 가치는 포함하지 않습니다.

06 (가)~(다) 단계에서 각각 발생한 부가 가치와 국내 총생산(GDP)을 옳게 연결한 것은?

426

> (가) 밀 농부가 100원어치의 밀을 생산하여 제분업자에게 판매했다.
> (나) 제분업자가 400원어치의 밀가루를 생산하여 제빵업자에게 판매했다.
> (다) 제빵업자가 1,000원어치의 빵을 생산하여 소비자에게 판매했다.

	(가)	(나)	(다)	GDP
①	0원	100원	400원	1,000원
②	100원	300원	600원	1,000원
③	100원	400원	1,000원	1,000원
④	100원	500원	1,400원	1,500원
⑤	100원	500원	1,500원	1,500원

07 국내 총생산(GDP)에 포함되는 것은?

427

① 밀수를 통해 거래되는 상품값
② 가사 도우미가 하는 집안일의 가치
③ 친구들과 여가를 보내는 시간의 가치
④ 교통사고 이후 발생하는 정신적 후유증
⑤ 금전적 대가 없이 행하는 봉사 활동의 가치

08 경제 성장에 대한 옳은 설명만을 〈보기〉에서 고른 것은?

428

> • 보기 •
> ㄱ. 국내 총생산(GDP)의 증가를 가져온다.
> ㄴ. 경제 성장 정도와 삶의 질 수준은 항상 비례한다.
> ㄷ. 경제 성장이 이루어지면 일반적으로 소득 수준도 높아진다.
> ㄹ. 경제 성장률이 높아질수록 빈부 격차가 줄어드는 경향이 있다.

① ㄱ, ㄴ   ② ㄱ, ㄷ   ③ ㄴ, ㄷ
④ ㄴ, ㄹ   ⑤ ㄷ, ㄹ

09 경제 성장의 영향으로 적절하지 <u>않은</u> 것은?

429

① 자원 고갈 속도가 느려진다.
② 다양한 문화 시설이 보급된다.
③ 여가 활동을 누릴 기회가 늘어난다.
④ 더 나은 의료 서비스를 받을 수 있다.
⑤ 평균 소득이 높아지고 물질적으로 풍족해진다.

10 (가), (나)에 대한 옳은 설명만을 〈보기〉에서 있는 대로 고른 것은?

430

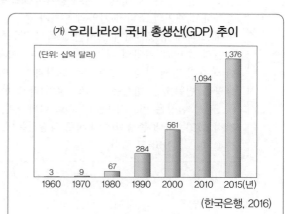

(가) 우리나라의 국내 총생산(GDP) 추이

(단위: 십억 달러)

1960	1970	1980	1990	2000	2010	2015(년)
3	9	67	284	561	1,094	1,376

(한국은행, 2016)

(나) 우리나라의 생활 모습 변화

구분	1970년	2015년
㉠ 자동차 등록 대수	6만 대	2,000만 대
㉡ 기대 수명	61.9세	82세
㉢ 유선 통신 서비스 가입자 수	100만 명	5,235만 명

> • 보기 •
> ㄱ. (가)를 통해 우리나라의 경제 규모가 2010년보다 2015년에 더 커진 것을 알 수 있다.
> ㄴ. (나)의 ㉠과 ㉡을 통해 자동차 사고 건수가 줄었음을 알 수 있다.
> ㄷ. (나)의 ㉢을 통해 빈부 격차가 줄어들고 있음을 알 수 있다.
> ㄹ. (가), (나)를 통해 경제 성장이 이루어질수록 물질적으로 풍요로운 생활을 할 수 있음을 알 수 있다.

① ㄱ, ㄴ   ② ㄱ, ㄹ   ③ ㄷ, ㄹ
④ ㄱ, ㄴ, ㄷ   ⑤ ㄴ, ㄷ, ㄹ

11 표는 A국의 국내 총생산(GDP)을 나타낸 것이다. A국
431 의 2020년 경제 성장률로 옳은 것은?

구분	2019년	2020년
명목 국내 총생산(백 달러)	100	300
실질 국내 총생산(백 달러)	100	200

① 0% ② 10% ③ 50%
④ 100% ⑤ 200%

12 (가), (나)에 들어갈 개념을 옳게 연결한 것은?
432

> 국내 총생산은 대체로 매년 증가하지만, 때때로
> 감소하기도 한다. 국내 총생산이 증가하면 소득이
> 증가하고 개인의 소비와 기업의 투자가 증가한다.
> 반대로 국내 총생산이 감소하면 소득이 감소하여
> 개인의 소비와 기업의 투자도 감소한다. 이처럼
> 한 국가의 경제 상황이 좋아지는 호황과 나빠지는
> 불황을 반복하는 현상을 (㉠)(이)라고 한다.
> (㉠) 현상은 비교적 단기적으로 나타나며, 장
> 기적으로는 국내 총생산이 대체로 상승하는데, 이
> 를 (㉡)(이)라고 한다.

	(가)	(나)
①	경제 발전	경제 성장
②	경제 성장	경제 발전
③	경제 성장	경기 변동
④	경기 변동	경제 성장
⑤	경기 변동	경제 순환

02 물가와 실업

13 물가에 대한 설명으로 옳지 않은 것은?
433
① 경제가 성장하면 일반적으로 물가도 상승한다.
② 경제 전체의 총수요가 총공급보다 많으면 물가
 가 상승한다.
③ 물가가 지속적으로 하락하는 현상을 인플레이
 션이라고 한다.
④ 물가 변동에 따라 경제 주체 간의 경제적 이익
 과 손해가 엇갈린다.
⑤ 물가는 여러 상품의 가격을 종합하여 평균적으
 로 나타낸 수치이다.

14 다음과 같은 상황이 나타나는 원인으로 적절한 것만
434 을 〈보기〉에서 고른 것은?

> A국에서는 시장에서 거래되는 여러 상품의 가
> 격을 종합하여 평균한 값이 지속적으로 오르는 현
> 상이 계속되고 있다.

• 보기 •
ㄱ. 정부가 재정 지출을 줄였다.
ㄴ. 가계의 소비 지출이 증가하였다.
ㄷ. 시중에 공급되는 통화량이 감소하였다.
ㄹ. 원유 가격 상승으로 기업의 생산비 부담이 늘
 어났다.

① ㄱ, ㄴ ② ㄱ, ㄹ ③ ㄴ, ㄷ
④ ㄴ, ㄹ ⑤ ㄷ, ㄹ

15 자료에 대한 분석으로 가장 적절한 것은?
435

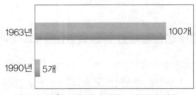

▲ 1,000원으로 살 수 있는 라면의 개수

① 1963년에 비해 1990년의 물가가 하락했다.
② 1963년에 비해 1990년의 화폐 가치가 떨어졌다.
③ 1963년에 비해 1990년에 라면 구매력이 증가했다.
④ 1963년의 라면 가격 수준은 1990년의 20배이다.
⑤ 1963년에 비해 1990년의 경제 성장 수준이 낮
 을 것이다.

16 표는 A국의 물가 지수를 나타낸 것이다. 이에 대한 옳은 분석만을 〈보기〉에서 고른 것은?

2018년	90
2019년	100
2020년	110

* 기준 연도: 2019년

┌─ 보기 ────────────────────────────────┐
ㄱ. 2018년부터 2020년까지 A국에 존재하는 모든 물건의 가격이 상승하였다.
ㄴ. 2018년에 비해 2019년의 물가가 10% 상승하였다.
ㄷ. 2020년에 비해 2019년의 화폐 가치가 더 높다.
ㄹ. 2018년부터 2020년까지 A국에서 인플레이션이 발생했다면 위와 같은 물가 지수 변화가 나타날 수 있다.
└──────────────────────────────────────┘

① ㄱ, ㄴ   ② ㄱ, ㄷ   ③ ㄴ, ㄷ
④ ㄴ, ㄹ   ⑤ ㄷ, ㄹ

17 물가가 지속적으로 상승할 경우에 가장 유리한 사람은?

① 수출업자
② 현금 보유자
③ 건물 소유자
④ 연금 생활자
⑤ 돈을 다른 사람에게 빌려준 사람

18 경제 주체와 물가 안정을 위한 노력을 잘못 연결한 것은?

① 소비자 – 과소비나 충동 구매를 자제한다.
② 근로자 – 과도한 임금 인상 요구를 자제한다.
③ 기업 – 기술 개발을 통해 생산의 효율성을 높인다.
④ 중앙은행 – 저축을 유도하기 위해 이자율을 낮춘다.
⑤ 정부 – 재정 지출을 줄여 경제 전체의 생산과 소비를 줄인다.

19 실업에 대한 설명으로 옳지 않은 것은?

① 15세 미만 인구는 실업자 통계에 영향을 미치지 않는다.
② 본인의 의지로 직장을 그만둔 경우는 실업으로 보지 않는다.
③ 정부의 재정 지출은 실업 문제의 해결에 긍정적인 영향을 미칠 수 있다.
④ 일할 능력과 의사가 있음에도 불구하고 일자리를 구하지 못한 상태를 말한다.
⑤ 실업률은 한 국가의 경제 상황을 파악할 수 있는 주요 경제 지표 중 하나이다.

20 (가)~(다)에 해당하는 실업의 유형을 옳게 연결한 것은?

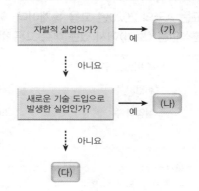

	(가)	(나)	(다)
①	경기적 실업	구조적 실업	마찰적 실업
②	경기적 실업	계절적 실업	구조적 실업
③	구조적 실업	마찰적 실업	경기적 실업
④	마찰적 실업	구조적 실업	경기적 실업
⑤	계절적 실업	경기적 실업	마찰적 실업

21 다음 사례에 대한 분석으로 옳은 것은?

441

> A는 그동안 해 왔던 사진사 자리를 잃었다. 최근 디지털 카메라와 스마트폰 카메라를 사용하는 사람들이 크게 늘면서 사진사에 대한 수요가 줄었기 때문이다. A는 현재 새로운 일자리를 구하기 위해서 노력 중이다.

① A의 실업은 경기적 실업의 사례이다.
② A는 현재 비경제 활동 인구에 속한다.
③ A가 일자리를 잃은 이유는 계절적 변화 때문이다.
④ A는 새로운 일자리를 위해 자발적으로 일을 그만두었다.
⑤ 정부의 직업 교육 지원은 A와 같은 유형의 실업 문제를 개선할 수 있다.

22 실업의 영향으로 적절하지 <u>않은</u> 것은?

442

① 정부의 조세 수입이 줄어든다.
② 개인이 생계 유지에 어려움을 겪는다.
③ 기업의 생산 비용이 증가하여 생산 활동이 위축된다.
④ 범죄, 빈부 격차와 같은 사회 불안 요소가 증가한다.
⑤ 사회적 측면에서 인적 자원이 낭비되는 결과를 초래한다.

★23 표는 A국의 2020년 고용 통계이다. 이에 대한 옳은 분석만을 〈보기〉에서 있는 대로 고른 것은?

443

15세 이상 인구	1,200명
취업자 수	950명
실업자 수	50명
㉠	200명

· 보기 ·
ㄱ. 실업률은 5%이다.
ㄴ. 경제 활동 인구는 950명이다.
ㄷ. 노동 가능 인구는 1,000명이다.
ㄹ. 15세 이상 인구 중 일자리 구하기를 포기한 사람은 ㉠에 포함된다.

① ㄱ, ㄷ   ② ㄱ, ㄹ   ③ ㄴ, ㄷ
④ ㄱ, ㄴ, ㄹ   ⑤ ㄴ, ㄷ, ㄹ

24 ㉠에 대한 옳은 설명만을 〈보기〉에서 고른 것은?

444

> 세계 각국은 (㉠)을/를 통해 재화 또는 서비스와 같은 생산물을 수출 또는 수입하거나 노동, 자본 등의 생산 요소를 국경을 넘어 거래하고 있다.

· 보기 ·
ㄱ. 교통의 발달은 ㉠의 확대에 영향을 미쳤다.
ㄴ. 과거에는 생산 요소가 주로 ㉠의 대상이었다.
ㄷ. 각국은 자국에 이익이 될 경우에만 ㉠에 참여한다.
ㄹ. 자유 무역 협정(FTA)과 달리 세계 무역 기구(WTO)는 ㉠을 위축시킨다.

① ㄱ, ㄴ   ② ㄱ, ㄷ   ③ ㄴ, ㄷ
④ ㄴ, ㄹ   ⑤ ㄷ, ㄹ

25 ㉠에 들어갈 용어로 가장 적절한 것은?

445

> 최근 국제 거래는 더욱 확대되고 있다. 그 이유는 국가별로 상품의 생산 여건이 다르고, 그로 인해 생산 비용에서 차이가 나타나기 때문이다. 국가별로 잘 만들 수 있는 물건을 집중적으로 생산한 뒤, 국제 거래를 하면 서로 이익을 얻을 수 있다. 이때 각국은 더 적은 비용으로 생산할 수 있는 상품에 (㉠)이/가 있다고 한다. 이처럼 국제 거래는 (㉠) 원리에 따라 이루어진다.

① 특화   ② 교환
③ 세계화   ④ 비교 우위
⑤ 절대 우위

26 밑줄 친 ㉠의 사례로 적절하지 <u>않은</u> 것은?
446

> 우리나라를 비롯하여 많은 국가가 국제 거래를 하는 까닭은 거래를 통해 서로 이익을 얻을 수 있기 때문이다. 국제 거래를 통한 이익은 각국이 처한 ㉠ <u>생산 여건의 차이</u>에서 비롯된다.

① 자연환경
② 기술 수준
③ 노동력의 질
④ 희소성의 발생 여부
⑤ 천연 자원의 보유 상태

27 밑줄 친 '이것'에 해당하는 기구 또는 조약으로 옳은
447 것은?

> 이것은 체결한 국가 간에 재화 또는 서비스 교역에 대한 관세 및 무역 장벽을 철폐함으로써 배타적인 무역 특혜를 서로에게 부여하는 협정이다.

① 유럽 연합(EU)
② 자유 무역 협정(FTA)
③ 걸프 협력 회의(GCC)
④ 동남아시아 국가 연합(ASEAN)
⑤ 아시아·태평양 경제 협력체(APEC)

28 ㉠~㉤에 들어갈 내용을 <u>잘못</u> 연결한 것은?
448

<수업 주제: 국제 거래>

의미	㉠
발생 배경	㉡
필요성	㉢
영향	㉣
양상	㉤

① ㉠ – 국가 간에 생산물이나 생산 요소가 거래되는 것
② ㉡ – 교통 및 정보 통신 기술의 발달
③ ㉢ – 국가별 생산 여건에 차이가 나기 때문
④ ㉣ – 소비자들이 다양한 상품을 선택할 수 있음
⑤ ㉤ – 국제 거래의 대상이 축소되고 있음

29 다음 상황에 대한 옳은 해석만을 <보기>에서 있는 대
449 로 고른 것은?

> 환율이 1달러에 1,000원에서 1,100원으로 변동되었다.

• 보기 •
ㄱ. 환율이 상승하였다.
ㄴ. 원화 가치가 상승하였다.
ㄷ. 원화를 달러로 환전할 때 더 많은 달러를 받을 수 있게 되었다.
ㄹ. 원화로 가격이 표시된 상품을 달러로 살 때 더 많이 살 수 있게 되었다.

① ㄱ, ㄷ   ② ㄱ, ㄹ   ③ ㄴ, ㄷ
④ ㄱ, ㄴ, ㄹ   ⑤ ㄴ, ㄷ, ㄹ

30 그림은 외환 시장의 변화를 나타낸 것이다. (가)의 원인
450 으로 적절하지 <u>않은</u> 것은?

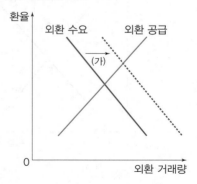

① 외국 상품의 수입 증가
② 자국민의 해외여행 증가
③ 우리 기업의 해외 투자 증가
④ 우리나라의 외국인 관광객 증가
⑤ 우리 정부가 외국 정부에 빌린 차관 상환 증가

31 ㈎~㈙의 영향을 잘못 연결한 것은? (단, 모든 거래
451 는 달러를 통해 이루어진다.)

> ㈎ 외국 기업이 우리나라 공장에 투자하였다.
> ㈏ 한국인들 사이에 해외여행 붐이 확산되었다.
> ㈐ 우리 정부가 외국에서 빌린 차관의 일부를 상환하였다.
> ㈑ 외국인 노동자들이 우리나라에 취업해서 받은 임금을 본국으로 송금하였다.
> ㈒ 국내 반도체 생산 기업이 외국에 있는 반도체 판매 기업과 대규모 수출 계약을 성사시켰다.

① ㈎ – 원/달러 환율 하락
② ㈏ – 원/달러 환율 상승
③ ㈐ – 원화 가치 하락
④ ㈑ – 원/달러 환율 상승
⑤ ㈒ – 원화 가치 하락

32 외환 시장의 균형이 E₁에서 E₂로 변했을 때, 그 요인을
452 옳게 연결한 것은?

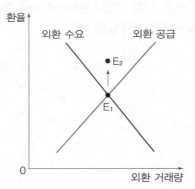

	외환 수요 요인	외환 공급 요인
①	수입 증가	해외 취업자 증가
②	수출 증가	내국인 해외 투자 증가
③	외채 상환 증가	수출 감소
④	외국인 국내 투자 증가	수입 감소
⑤	내국인 해외여행 감소	외국인 국내 여행 증가

33 원/달러 환율이 계속 하락할 때, 이익을 얻을 가능성
453 이 가장 큰 경제 주체는?

① 우리나라를 여행하는 미국인
② 자동차를 미국으로 수출하는 기업인
③ 미국에서 활동하는 우리나라 운동선수
④ 미국 여행을 위해 미리 환전을 해 둔 부부
⑤ 미국이 발행한 외채를 상환해야 하는 정부

34 다음 상황에 대한 분석 및 추론으로 옳지 <u>않은</u> 것은?
454

> A는 원/달러 환율 추세가 당분간 지속될 것이라는 소식을 듣고, 미국에서 유학 중인 딸에게 보낼 학비 부담이 줄어들게 되었다며 기뻐했다.

① 원/달러 환율은 하락 추세이다.
② 미국에서 한국산 상품이 더 잘 팔리게 될 것이다.
③ 미국산 부품을 사용하는 한국 기업의 생산비가 줄어들 것이다.
④ 미국의 금융 기관에서 돈을 빌린 기업의 부담이 줄어들 것이다.
⑤ 미국 기업에서 달러로 임금을 받는 한국인은 손해를 볼 것이다.

35 그림과 같은 환율 변동이 발생했을 때 상대적으로 불
455 리해진 경제 주체만을 〈보기〉에서 고른 것은?

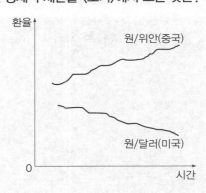

> ┌ 보기 ┐
> ㄱ. 중국에 상품을 수출하는 한국 기업
> ㄴ. 중국에서 부품을 수입하는 한국 기업
> ㄷ. 우리나라에 공장을 설립하려는 미국 기업
> ㄹ. 우리나라 은행에 원화 예금을 맡겨 둔 미국인

① ㄱ, ㄴ   ② ㄱ, ㄷ   ③ ㄴ, ㄷ
④ ㄴ, ㄹ   ⑤ ㄷ, ㄹ

36 자료를 통해 알 수 있는 국내 총생산(GDP)의 한계
456 를 서술하시오.

구분	더 나은 삶 지수 순위	국내 총생산 순위
오스트레일리아	1위	12위
스웨덴	2위	22위
노르웨이	3위	28위
아이슬란드	9위	112위
대한민국	27위	11위
브라질	31위	9위
멕시코	36위	15위

(경제 협력 개발 기구, 세계은행, 2015)

* 더 나은 삶 지수: 경제 협력 개발 기구(OECD)에서
주거, 소득, 고용, 교육, 환경, 공동체, 건강, 삶의
만족도 등을 평가하여 국가별 삶의 질을 종합적으
로 산출하는 지수

_____

_____

37 밑줄 친 ㉠으로 인해 발생하는 실업률의 한계를
457 서술하시오.

　한 나라의 경제 활동 인구 중 실업자가 차지
하는 비율을 실업률이라고 한다. 그런데 ㉠ 15세
이상의 노동 가능 인구 중 구직을 포기한 사람
을 뜻하는 구직 단념자는 실업자에 포함되지
않는다.

_____

_____

38 다음과 같은 상황이 발생한 이유를 물가 상승과
458 관련하여 서술하시오.

　1920년 독일의 길거리에서는 장난감 대신
돈을 가지고 노는 아이들을 흔하게 만날 수 있
었다.

_____

_____

39 ㈎에 들어갈 교사의 대답을 '특화'를 포함하여 서
459 술하시오.

학생: 선생님, 우리나라에서 생산되지 않은 상
　　　품을 외국에서 수입하는 것은 이해가 되
　　　는데요. 우리가 만들 수 있는 상품도 수
　　　입하는 이유는 무엇인가요?

교사: _____ ㈎

_____

_____

_____

40 밑줄 친 ㉠이 합리적인 이유를 원화 가치와 관련
460 하여 서술하시오.

　A는 다음 달에 미국 여행을 떠날 예정이다.
그런데 여행 예산이 빠듯하여 비용을 줄일 방
법을 찾고 있다. A는 다양한 정보를 조사한 끝
에 지금보다 여행을 떠나기 직전에 환율이 상
승할 것이라는 것을 알게 되었고, ㉠ 다음 달
이 되기 전에 미리 여행 경비를 달러로 환전하
려고 한다.

_____

_____

국제 사회와
국제 정치

01 국제 사회의 특성과 행위 주체

❶ 한눈에 쏙

• **국제 사회의 의미와 특징**

의미	주권을 가진 국가들이 교류하며 공존하는 사회
특징	자국의 이익 추구, 힘의 논리 적용, 중앙 정부의 부재, 국가 간 협력 강화

❶ 안전 보장 이사회와 힘의 논리
국제 사회의 중요 안건을 만장일치로 결정하는 국제 연합(UN) 안전 보장 이사회에서는 상임 이사국인 중국, 미국, 영국, 프랑스, 러시아가 거부권을 행사할 수 있다. 그러므로 상임 이사국들은 비상임 이사국들에 비해 큰 영향력을 행사한다. 이는 국제 사회가 원칙적으로는 평등한 주권 국가들의 모임이지만, 실제 의사 결정 과정은 힘의 논리에 따라 운영됨을 보여 주는 대표적인 사례이다.

❷ 한눈에 쏙

• **국제 사회의 다양한 행위 주체**

국가	국가 이외
가장 기본적이고 중요한 행위 주체	정부 간 국제기구
	국제 비정부 기구
	다국적 기업
	영향력 있는 개인, 소수 민족, 국가 내 지방 정부 등

용어 사전

• **주권** 다른 나라의 간섭을 받지 않고 국가의 의사를 최종적으로 결정할 수 있는 권력

---

❶ 국제 사회의 특성

1 국제 사회의 의미

(1) *주권을 가진 국가들이 서로 영향을 주고받으며 공존하는 사회

(2) 국제 사회의 기본 단위

2 국제 사회의 특징

자국의 이익 추구	자국의 이익에 따라 다른 국가와의 관계가 변함 → 우호적이었던 나라와 관계를 끊기도 하고, 오랫동안 적대적이었던 나라와 협력 관계를 맺기도 함 ◀ 경제력, 군사력 등
힘의 논리[1] 적용	국제 사회에서는 원칙적으로 모든 국가가 평등한 주권을 지니지만, 실제로는 **국력**에 따라 주권을 행사하는 정도의 차이가 발생함 → 강대국은 국제 사회에서 큰 영향력을 행사하지만, 약소국은 그렇지 못함
중앙 정부의 부재	강제성을 지닌 중앙 정부가 존재하는 국내 사회와 달리, 국제 사회에는 강제성을 지닌 중앙 정부가 존재하지 않아 분쟁이나 갈등이 발생했을 때 조정이나 해결이 현실적으로 어려움
국가 간 협력 강화	국가 간 상호 의존성 증가와 전 지구적 문제에 공동으로 대처해야 할 필요성이 커지고 있음

└ 환경, 빈곤, 인권, 난민 등 한 나라만의 노력으로 해결할 수 없는 국제 문제를 말함

🌱 생활 속 이슈 읽기 **국제 사회에서 국가는 어떻게 행동할까**

○○ 신문 　　　　　　　　　　　　　　　　　2019년 11월 5일

　　11월 4일 미국이 국제 연합(UN)에 성명을 보내 「파리 기후 변화 협약」(파리 협정)에서 공식 탈퇴하였다. 트럼프 대통령은 지난 2017년 6월 1일 백악관 연설에서 파리 협정 탈퇴를 공식 발표한 바 있다. 당시 그는 "오늘부터 파리 협정의 비구속 조항 이행을 중단한다."라고 말했다. 또 "재협상을 통해 파리 협정에 재가입할 수 있지만 우선 과제는 아니다."라면서 "재협상할 수 있다면 좋은 일이지만 그렇게 할 수 없어도 괜찮다."라고 밝혔다. 파리 협정 탈퇴는 트럼프 대통령의 주요 선거 공약 중 하나였다. 파리 협정을 주도했던 오바마 전 대통령은 2025년까지 온실 가스 배출량을 2005년 수준에서 28%까지 줄이겠다고 선언한 바 있다. 하지만 이후 당선된 트럼프 대통령은 미국의 파리 협정 탈퇴를 선언하였다. 그는 미국은 현재도 환경 보호를 실천하고 있는 국가이며, 파리 협정이 오히려 부정적인 경제 결과를 초래한다고 주장하였다.

온실 가스 배출로 인한 지구 온난화가 심각해지자, 이를 해결하기 위한 국제 사회의 협력이 강화되었다. 이에 전 세계 각국이 온실 가스를 줄이는 데 합의하면서 2015년 「파리 기후 변화 협약」이 체결되었다. 하지만 이후 미국의 대통령이 바뀌면서 협정의 체결을 주도한 미국이 자국의 경제적 이익을 앞세우며 협정 탈퇴를 선언하는 상황이 벌어지고 말았다. 이처럼 국제 사회에서 각국은 전 지구적 문제를 해결하기 위해 협력하지만, 동시에 자국의 이익을 우선적으로 추구한다.

❷ 국제 사회의 행위 주체

1 국가

(1) 국제 사회에서 가장 기본적이고 전통적인 행위 주체 → 오늘날 다양한 행위 주체가 등장하고 있지만, 여전히 가장 중요한 행위 주체임

(2) **국가의 °국제법상 지위**: 일정한 영토와 국민을 바탕으로 평등한 주권을 가지고 독립적인 지위를 가진 행위 주체 → 주권 평등의 원칙
<u>└ 인구, 면적, 군사력, 경제력 등의 차이와 상관없이 모든 국가는 법적으로 평등하게 대우받아야 한다는 국제법상 원칙을 말함</u>

(3) **국가의 주요 활동**
① 자국의 안전 보장과 이익(국력)의 확장을 추구함
② 다양한 °외교 활동, 국제기구에 가입하여 회원국으로서의 공식적인 활동

2 국가 이외의 행위 주체

(1) **국제기구** [자료 ❶] └ 국제 관계의 다양화와 경제적 상호 의존성 심화는 많은 국제 사회의 행위 주체를 등장시킴

① 의미: 국제 사회에서 일정한 목적이나 활동을 위해 두 나라 이상의 정부 혹은 개인이나 민간단체로 구성된 조직

② 종류 일반적으로 국가 간 ─┐   활발한 시민 사회의 참여로 역할이 커지고 있음 ─┐
조약에 의해 구성함

구분	정부 간 국제기구(IGO) ❷	국제 °비정부 기구(INGO)
의미	국가를 구성원으로 하는 국제기구로, 개별 국가의 이익과 회원국 전체의 이익을 조화시키기 위해 노력함	개인이나 민간단체가 모여 조직한 국제 기구로, 환경, 인권, 보건 등 다양한 영역에서 국경을 넘어 활동함
사례	국제 연합(UN), °경제 협력 개발 기구(OECD), °국제 통화 기금(IMF), 세계 무역 기구(WTO) 등	국제 사면 위원회, 국경 없는 의사회, 그린피스, 국제 적십자사, 세이브 더 칠드런 등

(2) **다국적 기업** ❸
① 의미: 한 나라에 본사를 두고 해외 여러 국가에 자회사와 공장을 설립하여 <u>국제적 규모로 상품을 생산하고 판매하는 기업</u>
② 국제 사회에 미치는 영향력
• 세계화, 국가 간 교류 확대 및 상호 의존성 증대 → 다국적 기업의 규모 확대와 경제력 증대 → 국제 관계에의 영향력 증가
• 경제적 측면뿐만 아니라 <u>정치적·문화적 측면 전반에 큰 영향력을 행사하고 있음</u>
└ 세계적인 다국적 기업은 개별 국가의 정책 등에 영향력을 행사하기도 함

(3) **그 외**: 영향력 있는 개인, 국가 내 지방 정부, 소수 민족 등도 국제 사회의 중요한 행위 주체로 참여함 └ 예 종교 지도자, 국가 원수, 국제 연합 사무총장 등   └ 예 중국 신장 위구르족, 티베트족 등
└ 예 스페인 카탈루냐, 캐나다 퀘벡주 등

🌲 교과서 속 자료 읽기 ❶ **다양한 국제기구**

• **국제 연합 아동 기금(UNICEF)**: 빈곤, 기아 등으로 어려움을 겪는 어린이를 돕기 위해 깨끗한 물을 제공하고 보건 환경을 개선하는 활동을 한다.
• **국제 연합 난민 기구(UNHCR)**: 난민에게 안전한 쉼터와 필수 물품을 제공하고 난민의 자발적 귀환을 도움을 준다.
• **국제 연합 교육 과학 문화 기구(UNESCO)**: 교육, 과학, 문화 분야에서 국제적인 이해를 높이고, 세계 문화 유산을 보호하기 위한 활동을 한다.
• **국제 사면 위원회**: 인권을 보호하고 국가 권력에 의해 억압당하는 양심수들을 구하기 위해 활동한다.
• **그린피스**: 국제 환경 보호 단체로서, 핵 실험 반대와 자연 보호 운동 등을 통해 지구의 환경을 보존하고 평화를 증진하고자 한다.
• **국경 없는 의사회**: 독립적으로 활동하는 비영리 국제 의료 단체로서 인종, 종교, 계급, 성별, 정치적 성향에 관계없이 도움이 필요한 사람들에게 의료를 지원한다.

국제 연합 아동 기금, 국제 연합 난민 기구, 국제 연합 교육 과학 문화 기구는 모두 정부 간 국제 기구인 국제 연합(UN)에 속하여 분야별 활동을 하고 있는 국제기구이다. 이에 비해 국제 사면 위원회, 그린피스, 국경 없는 의사회는 모두 정부와 관계없이 자발적으로 조직된 민간단체로, 국제 비정부 기구(INGO)에 해당한다.

---

❷ **국제 연합(UN)**

총회	최고 의결 기관
안전 보장 이사회	• 국제 평화와 안전을 유지하기 위한 기구 • 상임 이사국과 비상임 이사국으로 구성됨

제2차 세계 대전 이후 전쟁을 방지하고 국제 평화를 유지하기 위해 만들어진 국제기구이다. 총회와 안전 보장 이사회 외에도 국제 사법 재판소 등 다양한 기관을 두고 있다.

❸ **다국적 기업의 영향**

긍정적 영향	고용 창출, 자본 및 기술 이전 등
부정적 영향	환경 오염, 아동 노동과 같은 인권 침해, 자본 유출로 인한 경제 위축 등

용어 사전

• **국제법** 국가 간 합의에 따라 국가 간의 관계를 규칙으로 정해 놓은 법
• **외교** 국제 사회에서 한 국가가 자국의 정치적 목적이나 이익을 평화적으로 실현하기 위해 하는 모든 행위
• **경제 협력 개발 기구(OECD)** 경제 발전과 세계 무역 촉진을 위해 활동하는 국제기구
• **국제 통화 기금(IMF)** 세계 무역의 안정을 위해 설립한 국제기구로, 환율 안정과 자금 지원 등의 활동을 주로 함

① 국제 사회의 특성

차근차근 기본 다지기

01 다음 설명이 맞으면 ○표, 틀리면 ✕표 하시오.
461
(1) 국제 사회는 한 국가에 속해 있는 개인을 기본 단위로 하여 구성된다. (　　)

(2) 오늘날에는 국가, 국제기구, 다국적 기업, 개인 등 다양한 주체가 국제 사회에 참여하고 있다.
(　　)

(3) 국제법은 국제 사회에서 강제성을 바탕으로 국가와 국제기구를 엄격하게 규율한다. (　　)

02 빈칸에 들어갈 용어를 쓰시오.
462
(1) 국제 사회는 주권을 가진 (　　　)들이 서로 영향을 주고받으며 공존하는 사회이다.

(2) (　　　)에는 강제성을 가진 중앙 정부가 존재하지 않아 국가 간 갈등과 분쟁 발생 시 이를 해결하기가 쉽지 않다.

(3) 국제 사회에서 각 국가는 이념이나 도덕보다 정치·경제적 측면에서 (　　　)을/를 우선적으로 추구하는 특성이 있다.

03 (1)~(4)에서 설명하는 용어를 퍼즐판에서 찾아 색칠하시오.
463

이	강	헌	법	국
힘	국	계	사	회
의	주	제	성	재
국	권	리	연	판
가	명	확	성	합

(1) 국제 사회의 기본 단위는?

(2) 여러 국가가 서로 교류하고 의존하면서 공존하는 사회는?

(3) 국가의 의사를 최종적으로 결정할 수 있는 권력은?

(4) 제2차 세계 대전 이후 전쟁을 방지하고 국제 평화를 유지하기 위해 만들어진 국제기구는?

04 국제 사회의 특성으로 옳은 것은?
464
① 국가 간 분쟁을 해결할 중앙 정부가 존재한다.
② 전 지구적 문제에 대응하기 위한 상호 협력이 이루어진다.
③ 각국은 기본적으로 자국의 이익보다 세계 전체의 공익을 우선시한다.

05 국제 사회와 국내 사회의 공통점으로 가장 적절한 것은?
465
① 강력한 강제성을 가진 법이 존재한다.
② 중앙 정부의 권한 행사에 복종해야 한다.
③ 주권 국가를 기본 단위로 하여 형성된다.
④ 공동체 전체의 문제를 해결하기 위해 서로 돕는다.

06 국제 사회에 대해 <u>잘못</u> 말한 학생은?
466

① 갑: 각 국가는 독립적인 주권을 가지고 있어.

② 을: 어떤 국가가 국제법을 어겼을 때 제재가 현실적으로 어려워.

③ 병: 국제 여론을 통해 국제 질서를 위협하는 행위를 견제하기도 해.

④ 정: 오늘날에는 국가 및 민간 부문의 교류와 상호 의존성이 증가하고 있어.

⑤ 무: 오늘날 경제 교류는 계속 증가하고 있지만, 문화 교류는 축소되는 추세에 있어.

07 다음 글을 바탕으로 알 수 있는 국제 사회의 특성으로
467 가장 적절한 것은?

> 국제 연합(UN) 안전 보장 이사회는 국제 평화와 안전을 유지하기 위해 필요한 행동을 취할 책임과 권한을 가진 국제 연합의 핵심 기관이다. 안전 보장 이사회는 5개의 상임 이사국과 10개의 비상임 이사국으로 구성된다. 국제 연합의 중요한 결의안은 상임 이사국이 모두 찬성해야 의결되며, 상임 이사국 중 한 나라라도 거부권을 행사하면 무산된다.

① 각국은 원칙적으로 평등한 주권을 행사한다.

② 국제 사회 내의 분쟁을 해결할 강제성을 가진 중앙 정부가 존재하지 않는다.

③ 힘의 논리에 의해 실제로는 국력에 따라 주권을 행사하는 정도에 차이가 발생한다.

④ 자국의 이익을 최우선으로 추구하며, 이해관계에 따라 국가 간의 관계가 달라진다.

⑤ 국제법을 준수하고 국제 여론을 존중함으로써 국제 사회의 질서를 유지하려고 노력한다.

08 밑줄 친 '이것'은 무엇인지 쓰시오.
468

> 이것은 국제 사회에서 적용되는 법규로, 강제성을 띠지는 않지만 주로 국가와 국제기구를 규율한다. 이것에는 국제 관습법과 조약 등이 있다.

(   )

서술형 문제

09 (가), (나)에 나타난 국제 사회의 특징을 비교하여 서술하
469 시오.

> (가) 2016년 9월 국제 연합(UN) 정상 회담이 개최되었다. 회원국 정상들은 최근 심각해진 난민 문제의 해결을 위한 부담과 책임을 각국이 공평하게 분담한다는 내용의 「뉴욕 선언」을 채택하였다.
>
> (나) 2016년 6월, 영국은 회원국 간 난민 수용 분담 등에 대한 유럽 연합(EU) 의회의 결정이 영국에 불리하다고 판단하여 유럽 연합을 탈퇴하기로 결정하였다.

_____

_____

논술형 문제

10 다음 사례에서 선진국과 개발 도상국 간에 갈등이 나
470 타난 이유를 설명하고, 이러한 갈등의 해결이 어려운 이유를 〈조건〉에 맞게 서술하시오.

> 1997년 12월 제3차 기후 변화 협약 당사국 총회에서 「교토 의정서」가 채택되었다. 「교토 의정서」는 지구 평균 기온 상승에 대한 대응 방안으로 선진국의 온실 가스 감축 의무에 대한 내용을 담고 있다. 이는 온실 가스 감축과 관련된 국제 사회의 첫 번째 협약이었지만 미국, 일본, 러시아 등은 자국 산업의 보호와 경제 발전을 명목으로 「교토 의정서」의 이행을 거부하였으며, 세계 최대 온실 가스 배출국인 인도와 중국은 개발 도상국이라는 이유로 감축 의무가 부과되지 않아 실효성이 없다는 지적이 계속되었다. 이에 따라 선진국과 개발 도상국의 입장이 서로 대립하면서 갈등을 빚었다.

> • 조건 •
> 국내 사회와 국제 사회의 특징을 비교하여 이유를 서술한다.

_____

_____

_____

100명의
교사가 콕 찍은
주제별·유형별
대표문제

이 주제에서는 어떤 문제가 잘 나올까?
• 국가의 특성 파악하기
• 정부 간 기구와 국제 비정부 기구의 특징 비교하기
• 다국적 기업의 영향력 이해하기

② 국제 사회의 행위 주체

● 정답 및 해설 **38**쪽

차근차근 기본다지기

01
471
다음 설명이 맞으면 ○표, 틀리면 ✕표 하시오.

(1) 국제 사회에서 가장 기본적이고 전통적인 행위 주체는 국가이다. (　　)

(2) 정부 간 국제기구는 일반적으로 국가 간 조약에 의해 구성한다. (　　)

(3) 경제 협력 개발 기구(OECD)는 국제 비정부 기구이다. (　　)

02
472
빈칸에 들어갈 용어를 쓰시오.

(1) (　　　　)은/는 국제법상 일정한 영토와 국민을 바탕으로 평등한 주권과 독립적인 지위를 가진 행위 주체이다.

(2) (　　　　)은/는 대표적인 정부 간 국제기구로 국제 평화 유지와 협력 증진을 위해 활동하며, 다양한 활동을 위해 유니세프 등 분야별 기구를 두고 있다.

(3) (　　　　)은/는 한 나라에 본사를 두고 국제적 규모로 상품을 생산하고 판매하는 국제 사회의 행위 주체이다.

03
473
(1)~(3)에서 설명하는 용어를 퍼즐판에서 찾아 색칠하시오.

국	가	기	의	경
제	그	업	사	영
기	자	린	회	활
구	리	회	피	동
외	교	력	사	스

(1) 주권을 바탕으로 국제기구에 가입하여 회원으로서 활동하는 국제 사회의 행위 주체는?

(2) 국제 비정부 기구로서 자연 보호에 앞장서는 단체는?

(3) 다국적 기업이 해외 여러 국가에 설립하는 회사는?

04
474
국가에 대한 설명으로 옳지 <u>않은</u> 것은?

① 국제 사회에서 가장 기본적이고 전통적인 행위 주체이다.

② 동시에 여러 국제기구에 가입하여 회원국으로서 활동할 수 있다.

③ 국제법상 각국은 정치적·경제적 힘이 큰 국가일수록 강한 주권을 갖는다.

05
475
국제 사회의 행위 주체만을 〈보기〉에서 있는 대로 고른 것은?

┌─ 보기 ─────────────┐
ㄱ. 소수 민족
ㄴ. 영향력 있는 개인
ㄷ. 국제 비정부 기구
ㄹ. 국가 내 지방 정부
└────────────────┘

① ㄱ, ㄴ
② ㄱ, ㄴ, ㄷ
③ ㄴ, ㄷ, ㄹ
④ ㄱ, ㄴ, ㄷ, ㄹ

06 ㉠~㉢에 들어갈 내용을 옳게 연결한 것만을 〈보기〉
476 에서 고른 것은?

구분	정부 간 국제기구	국제 비정부 기구
사례	㉠	㉡
특징	㉢	㉣

┌─ 조건 ─
ㄱ. ㉠ – 국제 적십자사
ㄴ. ㉡ – 국제 사면 위원회
ㄷ. ㉢ – 각국 정부를 회원으로 함
ㄹ. ㉣ – 활발한 시민 사회의 참여로 역할이 작아
지고 있음
└─────

① ㄱ, ㄴ   ② ㄱ, ㄷ   ③ ㄴ, ㄷ
④ ㄴ, ㄹ   ⑤ ㄷ, ㄹ

07 다국적 기업에 대한 설명으로 옳지 <u>않은</u> 것은?
477
① 국제적 규모로 상품을 생산하고 판매한다.
② 세계화의 심화에 따라 경제력이 점점 더 커지고
있다.
③ 일부 다국적 기업의 규모는 개별 국가의 경제
규모를 넘어선다.
④ 환경 오염, 인권 침해 등의 문제를 해결하는 것
을 주요 목적으로 한다.
⑤ 경제적 측면뿐만 아니라 정치적·문화적 측면에
서도 영향력을 행사한다.

08 다음에서 공통으로 설명하는 국제 사회의 행위 주체
478 는 무엇인지 쓰시오.

• 국제 사회에서 가장 기본적이고 전통적인 행위
주체이다.
• 일정한 영토와 국민을 바탕으로 평등한 주권과
독립적인 지위를 가진다.

(   )

09 ㈎, ㈏는 서로 다른 국제기구의 사례들이다. 이를 보
479 고 물음에 답하시오.

┌─────
㈎ 국제 사면 위원회, 국경 없는 의사회, 세이브
더 칠드런 등
㈏ 국제 연합(UN), 경제 협력 개발 기구(OECD),
국제 통화 기금(IMF) 등
└─────

(1) ㈎, ㈏에 해당하는 국제기구의 종류를 각각 쓰
시오.

────────────────

(2) 아래 기준에 따라 ㈎, ㈏의 특징을 비교하여
서술하시오.

┌─────
• 구성원   • 활동 내용
└─────

────────────────

10 밑줄 친 ㉠의 내용을 〈조건〉에 맞게 서술하시오.
480

다국적 기업은 한 나라에 본사를 두고 해외 여
러 국가에 자회사와 공장을 설립하여 국제적 규모
로 상품을 생산하고 판매한다. 따라서 오늘날과
같이 국가 간 교류가 확대되고 상호 의존이 심화
되는 상황에서는 국제 사회에서 ㉠ 다국적 기업이
미치는 영향이 더욱 커질 수밖에 없다.

┌─ 조건 ─
긍정적 영향과 부정적 영향을 모두 포함하여 서
술한다.
└─────

────────────────
────────────────
────────────────
────────────────

02 국제 사회의 다양한 모습
~ 03 우리나라의 국제 관계

• 국제 사회의 모습

경쟁과 갈등	협력
영토, 자원, 민족, 종교, 환경 등을 둘러싼 경쟁과 갈등 심화	+	상호 이익과 공존 추구를 위한 협력의 필요성 인정

❶ 지속 가능 개발 목표(SDGs)
2015년 국제 연합(UN) 개발 정상 회의에서는 빈곤, 질병, 교육 불평등, 환경 오염 등 지구촌이 직면한 문제를 해결하기 위해 국제 사회가 함께 달성해야 할 지속 가능 개발 목표(SDGs: Sustainable Development Goals)에 합의하였다.

• 국제 사회의 공존을 위한 노력

외교	자국의 정치적 목적이나 이익을 평화적으로 실현하기 위한 행위
세계 시민 의식	세계 시민으로서의 참여 의식, 책임 의식
그 외	이해와 양보, 민간단체 활동, 국제법 준수 등

❷ 외교의 변화 모습
과거에는 전통적으로 국가나 외교관이 중심이 되어 정치, 안보 분야를 중심으로 외교 활동을 전개하였다. 하지만 오늘날에는 일반 시민이나 시민단체 등 다양한 주체가 참여하는 민간 외교가 활발하게 전개되고 있다.

용어 사전

• **냉전 체제** 미국 중심의 자유주의 진영과 소련 중심의 사회주의 진영으로 나뉘어 이념을 중심으로 대립하던 국제 사회 질서
• **다원화** 사회 구성원의 이해관계와 생활 양식, 가치관 등이 다양해지는 현상
• **공적 개발 원조(ODA)** 일부 국가들이 개발 도상국의 경제 발전과 복지 증진을 목적으로 도움을 주는 것

---

❶ 국제 사회의 경쟁과 갈등, 협력

1 국제 사회의 경쟁과 갈등

(1) **경쟁과 갈등의 양상**: 국가를 비롯하여 국제기구, 다국적 기업 등 여러 행위 주체 사이의 이해관계를 둘러싸고 다양한 양상으로 나타남

자국의 이익 우선시
기술 개발, 지하자원 확보, 시장 개척 등의 경제적 이익 추구

세계화
•냉전 체제의 종식 → •다원화 → 다양한 영역에서 국가 간 상호 의존성 증대

각국이 자국의 경쟁력 있는 기업을 지원하거나 다국적 기업의 투자를 유치하는 등의 과정에서 경쟁이 과열되고 있음

⇨ 국가 간 경쟁 심화 ⇨ 갈등

(2) **주요 원인** — 정보 사회의 발전과 함께 사이버 공간에서의 국가 간 분쟁도 증가하고 있음

① 영토(주권)와 자원을 둘러싼 분쟁 — 예 국제 하천을 둘러싼 분쟁 등
② 민족, 종교, 인종의 차이로 인한 갈등 — 예 카슈미르 분쟁
③ 환경 문제를 둘러싼 갈등
　　　　　　　　　　　 예 지구 온난화, 사막화 등
④ 군사력 증강이나 핵무기 개발을 둘러싼 갈등
　　　　　　　　　　 예 북한의 핵무기 개발을 둘러싼 갈등 등
⑤ 세계 시장을 차지하기 위한 다국적 기업 간의 치열한 경쟁
　　　　　　　　　　　 예 스마트폰 제조사 간의 특허 소송 등

2 국제 사회의 협력 — 국제 사회에는 경쟁과 갈등만 있는 것이 아니라 공존을 위한 협력도 동시에 나타나고 있음

(1) **협력의 필요성**: 각국의 상호 이익과 공존 추구, 국제 문제와 국제 분쟁의 방지 및 해결, 국가 간 경제 의존도 증가 등
　　　　　　　　　 예 평화와 안보의 위협, 국제 빈곤, 환경 문제, 인권 문제 등
(2) **구체적 노력**: •공적 개발 원조(ODA), 지리적으로 가까운 지역 간의 경제 협력체 구성 및 협정 체결, 지속 가능 개발 목표(SDGs) 설정 및 달성 등 ❶

❷ 국제 사회의 공존을 위한 노력

1 공존을 위한 외교적 노력 — 개별 국가나 일부 강대국의 힘만으로 해결할 수 없는 문제가 늘어나고 있음

(1) **외교** ❷

의미	한 국가가 국제 사회에서 자국의 정치적 목적이나 이익을 평화적으로 실현하기 위해 수행하는 모든 행위 → 국제 문제의 평화적 해결, 국제 사회의 공존
영향	• 긍정적 영향: 국가 간 우호 증진, 자국의 대외적 위상 향상 등 • 부정적 영향: 국가 이익의 손실, 국제적 고립 초래 등

(2) **외교 정책**: 외교를 통해 자국의 이익을 보호하고 증진할 목적으로 수립하는 정책
　　　　　 국내 상황이나 다른 나라와의 관계, 국제법과 국제기구, 시대의 변화 등 다양한 요인들을 종합적으로 고려하여 신중히 결정해야 함

2 세계 시민 의식의 함양을 통한 국제 사회의 공존 노력

(1) **세계 시민 의식의 의미**: 공동체 의식을 바탕으로 국제 사회 문제에 관심을 두고, 문제 해결을 위해 적극적으로 행동하는 세계 시민으로서의 참여 의식과 책임 의식
(2) **세계 시민 의식의 함양을 위해 필요한 자세**: 상호 의존성 이해, 국제 사회 문제에 관심, 보편적 가치의 존중, 균형적 시각, 열린 마음 등
　　　　　 예 인간의 생명과 존엄성, 자유, 평등 등

3 국제 사회의 공존을 위한 그 외의 노력

(1) 상대방의 입장을 이해하고 서로 양보하면서 평화적으로 해결하려는 노력

(2) 민간단체 활동을 통한 국제 협력 — 예 난민 보호, 사막화 방지를 위한 나무 심기, 의료 봉사 활동 등

(3) 국제법 준수, 국제 조약에 따른 문제 해결

(4) 국제 연합(UN) 등 다양한 국제기구 참여

③ 한눈에 쏙

- 우리나라가 직면한 국가 간 갈등

일본과의 갈등	독도 영유권 주장, 역사 교과서 왜곡, 일본군 '위안부' 문제 등
중국과의 갈등	동북 공정을 통한 역사 왜곡, 해양 자원을 둘러싼 갈등 등

③ 우리나라가 직면한 국가 간 갈등

1 우리나라와 일본의 갈등

(1) 일본의 독도 *영유권 주장 ③

① 우리나라의 독도 영유권에 대한 역사적 근거: 『삼국사기』(1145), 『세종실록지리지』 "신라가 우산국을 복속함" / "울릉도와 독도가 강원도 울진현에 속한 두 섬"

(1454), 『신증동국여지승람』(1530), 연합국 최고 사령관 각서(1946) 등
"일본의 영역에서 울릉도와 독도가 제외된다."

② 독도의 국제법상 지위 — 국제법상 지위를 인정받기 위해서는 영토임을 공식적으로 선포하고, 일정한 관리가 이루어지고 있음을 증명해야 함

공식적 선포	대한제국 칙령 제41호(1900)에 독도를 울릉도 관할 구역으로 명기하여 우리나라의 영토임을 법적으로 선포함
실효적 지배	우리나라 주민이 예전부터 독도에 살고 있으며, 우리 경찰이 독도를 경비하는 등 실제로 관리하고 있음

③ 일본의 국제 사법 재판소를 통한 문제 해결 주장: 우리나라는 독도가 명백한 우리의 영토이므로 외교적 교섭 및 사법적 해결의 대상이 될 수 없다고 봄

(2) 그 외: 역사 교과서 왜곡 문제, 일본군 '위안부'에 대한 반성과 사죄 부족, *야스쿠니 신사 참배 문제, 동해 표기를 둘러싼 갈등 등

> 왜? 국제법상으로 우리나라 영토임이 분명한 독도를 분쟁 지역으로 인식시키면 우리나라 입장에서 불리할 수밖에 없고, 힘의 논리가 작용하는 국제 사회에서는 일본이 상대적으로 유리하기 때문임

③ 독도의 경제적·군사적 가치

독도는 풍부한 해양 자원과 광물 자원이 매장되어 있고, 조경 수역으로 어획이 가능할 뿐 아니라 군사적 거점으로서도 매우 중요한 지정학적 위치를 가지고 있다.

2 우리나라와 중국의 갈등

(1) 동북 공정 — '동북 변경 지방의 역사와 현황에 대한 일련의 연구 공정'의 줄임말임

의미	중국의 국경 안에서 전개된 모든 역사를 중국의 역사로 편입하려는 연구
내용	고조선, 고구려, 발해의 역사까지도 중국 고대 지방 정권의 역사로 통합하려고 함
목적	여러 소수 민족 통제, 만주 지역에서의 영향력 강화
영향	주변국과의 갈등 초래, 영토 분쟁으로 발전 가능

(2) 해양 자원을 둘러싼 갈등: 중국 어선의 *불법 조업으로 중국 어선과 우리나라 해양 경찰 간에 갈등이 나타남

(3) 그 외: 한류 열풍에 따른 한류 저작권 침해 등 — 우리나라의 방송 프로그램이나 영화 등의 문화 콘텐츠가 큰 인기를 끌면서 중국 내에서 불법으로 유통되거나 표절되는 사례 등이 증가하고 있음

3 그 밖의 갈등: 우리나라와 프랑스 간의 『직지심체요절』 반환 갈등 등 ④

④ 『직지심체요절』

세계에서 가장 오래된 금속 활자본으로 인정받고 있는 『직지심체요절』은 고려 시대에 만든 우리의 문화재로, 현재 프랑스 파리 국립 도서관에서 보관하고 있다. 우리 정부는 『직지심체요절』을 돌려줄 것을 프랑스 정부에 요구하고 있지만, 프랑스 정부는 합법적으로 입수한 것임을 강조하며 돌려주지 않고 있다.

④ 우리나라의 국가 간 갈등 해결

정부	• 전문 역사 기관 등을 통한 체계적인 역사 연구 • 국제 사회에 우리의 입장을 알리는 홍보 및 외교 활동		
학계	대학, 연구 기관	연구 활동을 통해 객관적인 대응 근거 마련	상호 존중과 협력
	학자	주변국과의 공동 역사 연구 및 공동 저술	+
시민 사회	• 영토 주권과 역사적 사실에 관한 홍보 활동 • 주변국과의 민간 교류 각 주체들이 서로 존중하면서 상호 보완과 협력을 추구해야 함		
개인	적극적이고 지속적인 관심 및 참여		

④ 한눈에 쏙

- 우리나라의 국가 간 갈등 해결

정부	체계적 역사 연구, 홍보 및 외교 활동 등
학계	객관적인 대응 근거 마련
시민 사회	홍보 활동, 주변국과의 민간 교류 등
개인	관심, 참여

용어 사전

* **영유권** 일정한 영토에 대하여 해당 국가가 가지는 관할권
* **야스쿠니 신사** 일본이 벌인 주요 전쟁에서 숨진 사람들을 신격화해 제사를 지내는 일본 최대 규모의 신사
* **불법 조업** 우리나라의 배타적 경제 수역을 침범하여 불법으로 어업 활동을 하는 것

100명의 교사가 콕 찍은 **주제별·유형별 대표문제**

1 국제 사회의 경쟁과 갈등, 협력
2 국제 사회의 공존을 위한 노력

🚩 **이 주제에서는 어떤 문제가 잘 나올까?**
• 외교와 외교 정책의 의미 서술하기
• 세계 시민 의식의 필요성 이해하기
• 외교 이외의 다양한 공존 노력 파악하기

● 정답 및 해설 **39**쪽

차근차근 기본 다지기

01 다음 설명이 맞으면 ○표, 틀리면 ✕표 하시오.
`481`
(1) 외교는 한 국가가 국제 사회에서 자국의 정치적 목적이나 이익을 평화적으로 실현하기 위해 수행하는 모든 행위를 말한다. (   )
(2) 오늘날에는 외교에서 정부의 역할뿐만 아니라 일반 시민이나 시민 단체의 역할도 점차 중요해지고 있다. (   )

02 다음 국제 사회의 공존 노력과 그 사례를 바르게 연결하시오.
`482`
(1) 외교 •   • ㉠ 남북 정상 회담
(2) 민간단체 활동 •   • ㉡ 의료 봉사 활동
(3) 세계 시민 의식 함양 •   • ㉢ 국제 사회의 상호 의존성 이해

03 (1)~(3)에서 설명하는 용어를 퍼즐판에서 찾아 색칠하시오.
`483`

외	무	부	해	세
상	교	사	양	계
식	육	정	규	시
국	주	수	책	민
보	편	적	가	치

(1) 외교를 통해서 자국의 이익을 보호하고 증진할 목적으로 수립하는 정책은?
(2) 국제 사회에서 살아가는 책임 있는 시민들을 가리키는 용어는?
(3) 오늘날 국제 사회를 살아가는 사람들이 존중해야 하는 것으로서 인간의 생명이나 존엄성 등을 포함하는 용어는?

04 외교에 대한 설명으로 옳은 것은?
`484`
① 국내 문제를 평화적으로 해결하기 위해서 수행한다.
② 개인의 정치적 목적이나 이익을 실현하기 위한 행위이다.
③ 과거에는 전통적으로 정치, 안보 분야를 중심으로 전개되었다.

05 다음 글을 통해 설명할 수 있는 용어로 가장 적절한 것은?
`485`

> 우리가 좋아하는 감자칩은 팜유라는 기름을 써서 만들어지는데, 팜유는 팜나무에서 얻을 수 있다. 그런데 기업들이 팜나무를 얻기 위해 농장을 만들면서 숲이 줄어들었다. 그러자 숲에 살던 코끼리들은 식량을 찾아 떠나야 했다. 이처럼 우리의 일상은 세계와 깊이 연결되어 있다.

① 열린 마음   ② 외교 정책
③ 상호 의존성   ④ 국제법 준수

06 국제 사회에서 갈등이 발생하는 원인으로 적절한 것
486 만을 〈보기〉에서 고른 것은?

> ·보기·
> ㄱ. 상호 의존성의 이해
> ㄴ. 민족이나 종교의 차이
> ㄷ. 세계 시민 의식의 함양
> ㄹ. 다국적 기업 간의 치열한 경쟁

① ㄱ, ㄴ ② ㄱ, ㄷ ③ ㄴ, ㄷ
④ ㄴ, ㄹ ⑤ ㄷ, ㄹ

07 다음 글을 읽고 설명한 내용으로 옳은 것은?
487

> 세계 여러 나라들은 환경 오염을 줄이고 삶의 질을 높이기 위한 대책을 마련하기 시작했다. 이러한 노력으로 1992년 6월 브라질 리우 환경 회의에서 지구 온난화에 따른 기후 변화 현상을 막기 위한 「기후 변화 협약」이 채택되었다. 「기후 변화 협약」의 정식 명칭은 「기후 변화에 관한 유엔 기본 협약」이다. 회의 참가국 178개국 중 154개국이 서명하였으며, 1994년 3월 21일에 공식 발효되었다. 우리나라는 1993년 12월에 47번째 가입 국가가 되었다.

① 민간단체들이 주도하여 기후 변화 협약이 채택되었다.
② 기후 변화 협약은 조약이 아니라는 점에서 한계가 있다.
③ 여러 국가들이 자국의 이익 실현과는 관계없이 협약에 참여하였다.
④ 국제기구와는 무관하게 개별 국가들의 노력이 결실을 맺은 협약이다.
⑤ 협약에 가입함으로써 우리나라의 대외적 위상이 향상되었다고 볼 수 있다.

08 밑줄 친 '이것'에 해당하는 용어를 쓰시오.
488

> 세계 시민 의식을 공유하는 국제 사회의 행위 주체들은 지구촌 공동체에 속한 모두가 서로 연결되어 살아간다는 이것을 이해해야 한다.

( )

서술형 문제

09 다음 글을 읽고 물음에 답하시오.
489

> 페르시아만 연안에는 세계 석유 매장량의 60% 이상이 집중되어 있어 국가 간의 이권 다툼이 끊이지 않고 있다.

(1) 위 사례에서 국가 간 갈등이 발생한 원인을 서술하시오.

_____

(2) 위 사례와 다르게 나타나는 국가 간 갈등의 양상을 두 가지만 서술하시오.

_____
_____

논술형 문제

10 다음 신문 기사에 나타난 우리 정부의 활동이 무엇인
490 지 밝히고, 이러한 활동이 미치는 영향을 〈조건〉에 맞게 서술하시오.

> ○○ 신문　　　　　　　　　2015년 4월 29일
>
> 우리 정부는 지진으로 4천여 명이 넘는 사망자가 발생한 네팔에 긴급 구호대를 파견하기로 결정하였다. 긴급 구호대는 국제 연합(UN)과 협의해서 활동 지역 및 임무를 정하고, 네팔 정부와 긴밀히 협력하여 구호 활동을 펼칠 예정이다.

> ·조건·
> 긍정적 영향과 부정적 영향을 모두 포함하여 서술한다.

_____
_____
_____
_____

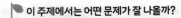
③ 우리나라가 직면한 국가 간 갈등

④ 우리나라의 국가 간 갈등 해결

● 정답 및 해설 **40**쪽

차근차근 기본 다지기

01 다음 설명이 맞으면 ○표, 틀리면 ✕표 하시오.
491
(1) 독도는 경제적으로나 군사적으로 중요한 가치를 가지고 있어 일본은 독도를 자신들의 영토라고 주장한다. (　　)
(2) 역사 교과서 왜곡 문제는 우리나라가 독일과 갈등을 겪고 있는 문제이다. (　　)
(3) 국가 간 갈등을 실질적으로 해결하기 위해서는 모든 노력이 정부 차원에서 이루어져야 한다. (　　)

02 다음 우리나라의 국가 간 갈등 문제와 연관된 국가를 바르게 연결하시오.
492
(1) 동북 공정　　　　　　·　　　　　　　· ㉠ 일본
(2) 동해 표기를 둘러싼 갈등　·　　　　　· ㉡ 중국
(3) 『직지심체요절』 반환 갈등　·　　　　　· ㉢ 프랑스

03 다음은 국가 간 갈등의 해결을 위한 각 주체의 노력에 대한 설명이다. 괄호 안의 내용 중 알맞은 것에 ○표
493 하시오.
(1) (개인, 국제기구)은/는 우리나라가 직면한 여러 가지 갈등 문제에 지속적으로 관심을 가지고 적극적으로 참여하는 자세를 가져야 한다.
(2) 외교부를 포함한 (정부, 시민 단체)는 국제 사회에 국가 간 갈등에 대한 우리의 입장을 알리는 홍보 활동과 외교 활동을 활발히 전개해야 한다.
(3) (정부, 시민 사회)는 영토 주권과 역사적 사실에 관한 홍보 활동이나 주변국과의 민간 교류를 담당한다. 이 주체는 특히 국가가 공식적으로 제기하기 어렵거나 시민 개개인 차원에서 이루어지기 힘든 국제 활동을 할 수 있다.

04 독도가 우리의 고유한 영토임을 증명하는 우리
494 나라의 역사적 근거가 **아닌** 것은?

① 『삼국사기』(1145) - 신라가 우산국을 복속하였다.
② 『세종실록지리지』(1454) - 울릉도와 독도가 강원도 울진현에 속한 두 섬이다.
③ 『은주시청합기』(1667) - 일본의 북쪽 한계는 오키 섬(독도는 오키 섬에서 북서쪽으로 157.5km 떨어져 있음)으로 한다.

05 우리나라가 직면한 국가 간 갈등 중에서 연관
495 된 국가가 나머지 셋과 **다른** 것은?

① 동북 공정
② 동해 표기 문제
③ 역사 교과서 왜곡
④ 야스쿠니 신사 참배

06 밑줄 친 ㉠~㉢에 대한 설명으로 옳은 것은?

`496`

> ㉠ 반크는 한국에 대해 알고 싶어 하는 사람들에게 이메일을 통해 정보를 알려 주는 사이버 관광 가이드이자 외교 사절단이다. 특히 ㉡ 일본해의 동해 표기를 위한 항의 서한 및 시정 요구 메일을 보내는 등 ㉢ 우리나라에 관한 역사 왜곡이나 잘못 기재되어 있는 자료를 바로잡는 활동을 전개하고 있다.

① ㉠ - 정부 간 국제기구에 해당한다.

② ㉡ - 일본은 세계 지도의 일본해 단독 표기를 주장하고 있다.

③ ㉡ - 시민 사회와 개인은 이러한 문제를 해결하는 데 기여할 방법이 없다.

④ ㉢ - 과거사에 대한 역사 왜곡은 정부 차원에서 대응할 가치가 없는 문제이다.

⑤ ㉢ - 우리나라가 직면한 역사 왜곡 문제와 연관되어 있는 국가는 국제 사회에서 일본이 유일하다.

07 동북 공정 문제의 해결을 위한 노력으로 적절한 것만을 〈보기〉에서 고른 것은?

`497`

> • 보기 •
> ㄱ. 고대사를 체계적으로 연구한다.
> ㄴ. 국제 사법 재판소에 도움을 요청한다.
> ㄷ. 적극적이고 지속적으로 관심을 가진다.
> ㄹ. 문제가 해결될 때까지 중국과 외교를 단절한다.

① ㄱ, ㄴ   ② ㄱ, ㄷ   ③ ㄴ, ㄷ

④ ㄴ, ㄹ   ⑤ ㄷ, ㄹ

08 다음 내용이 공통으로 가리키는 우리나라와 일본의 국가 간 갈등 문제는 무엇인지 쓰시오.

`498`

> • 일본이 전쟁 범죄자들의 위패를 두고 제사를 지낸다.
> • 식민 지배를 반성하지 않는 일본의 모습을 보여 준다.

(   )

[서술형 문제]

09 표는 우리나라가 일본과 갈등을 겪고 있는 문제에 대해 정리한 것이다. 밑줄 친 ㉠~㉢ 중 잘못된 부분을 골라 옳게 고쳐 쓰시오.

`499`

구분	일본의 독도 영유권 주장 문제	일본군 '위안부' 문제
내용	일본이 일방적으로 독도에 대한 영유권 주장	㉠ 일본군 '위안부'에 대한 반성과 사죄 부족
해결을 위한 우리 정부의 노력	㉡ 국제 사법 재판소를 통한 문제 해결 추구	㉢ 국제 사회에 우리의 입장을 알리는 홍보 전개

_____

_____

[논술형 문제]

10 우리나라가 직면한 국가 간 갈등을 해결하기 위해 필요한 노력을 〈조건〉에 맞게 서술하시오.

`500`

> • 조건 •
> • 정부, 학계, 시민 사회, 개인 차원의 노력을 구분하여 서술한다.
> • 정부, 학계, 시민 사회, 개인 간의 바람직한 관계를 포함하여 서술한다.

_____

_____

_____

_____

01 국제 사회의 특성과 행위 주체

01
501 다음 글을 통해 알 수 있는 국제 사회의 특징으로 가장 적절한 것은?

> 국제 사회의 중요 안건을 만장일치로 결정하는 국제 연합(UN) 안전 보장 이사회에서는 상임 이사국인 중국, 미국, 영국, 프랑스, 러시아가 거부권을 행사할 수 있다. 그러므로 상임 이사국들은 비상임 이사국들에 비해 큰 영향력을 행사한다.

① 국가 간 상호 의존성이 증가하고 있다.
② 자국의 이익에 따라 다른 국가와의 관계가 결정된다.
③ 환경, 빈곤, 인권 등 공동으로 대처해야 할 전 지구적 문제가 늘어나고 있다.
④ 강제성을 지닌 중앙 정부가 존재하지 않아 분쟁이나 갈등이 발생했을 때 조정이 어렵다.
⑤ 국제 사회는 힘의 논리가 적용되어 국력에 따라 주권을 행사하는 정도에 차이가 발생한다.

02
502 다음 사례를 통해 알 수 있는 국제 사회의 특징을 가장 적절하게 말한 학생은?

> 우리나라와 대만은 역사적으로 깊은 우호 관계에 있었다. 하지만 중국이 대만과의 단교를 국교 수립의 조건으로 내세우면서, 우리 정부는 1992년 대만 정부와 외교를 단절하게 되었다.

① 갑: 모든 국가는 평등한 주권을 지녀.
② 을: 국가 간 갈등이 끊임없이 발생해.
③ 병: 강제성을 지닌 중앙 정부가 존재하지 않아.
④ 정: 국제 사회의 질서는 군사력에 의해 유지돼.
⑤ 무: 자국의 이익에 따라 다른 국가와의 관계가 변하기도 해.

03
503 다음 글을 읽고 내릴 수 있는 결론으로 가장 적절한 것은?

> 전 지구적으로 나타나고 있는 환경 문제로는 지구 온난화, 오존층 파괴, 사막화, 열대 우림 파괴 등이 있다. 오늘날의 환경 문제는 매우 복잡하고 다양한 형태로 나타나고 있으며, 그 피해 범위가 전 세계로 넓어지고 피해 규모도 매우 커지고 있다.

① 국제 사회는 힘의 논리에 따라 운영된다.
② 국제 사회의 모든 국가는 평등한 주권을 갖는다.
③ 국제 문제에 공동으로 대처해야 할 필요성이 증대되고 있다.
④ 국제 사회에서 각국은 자국의 이익을 최우선으로 고려한다.
⑤ 강제력을 행사하는 중앙 정부가 없기 때문에 갈등을 조정하기 어렵다.

04
504 국제 사회에 대한 설명으로 옳은 것은?

① 인격을 지닌 독립된 개인을 기본 단위로 구성된다.
② 중앙 정부가 존재하지 않기 때문에 국가 간 분쟁 해결이 쉽지 않다.
③ 국제 관계의 다양화와 의존성 심화는 국제기구의 필요성을 감소시킨다.
④ 국제법은 형식상으로만 존재할 뿐 개별 국가의 행위를 제한할 수는 없다.
⑤ 개별 국가가 가진 국력과 관계없이 각국은 국제 사회에서 평등한 영향력을 행사한다.

05
505 다음 글에서 설명하는 국제기구로 옳은 것은?

> 제2차 세계 대전 이후 전쟁을 방지하고 국제 평화를 유지하기 위해 만들어진 국제기구이다. 주요 기관에는 총회, 안전 보장 이사회, 국제 사법 재판소 등이 있다.

① 그린피스
② 국제 연합(UN)
③ 유럽 연합(EU)
④ 세이브 더 칠드런
⑤ 국제 사면 위원회

06 (가), (나)에 해당하는 국제 사회의 행위 주체를 옳게 연
506 결한 것은?

> (가) 독립적인 지위를 가지고 외교 활동을 하며 국
> 제기구에 가입하여 회원으로서 공식적인 활동
> 을 한다.
> (나) 한 나라에 본사를 두고, 해외 여러 국가에 자
> 회사와 공장을 설립하여 국제적 규모로 상품을
> 생산하고 판매한다.

	(가)	(나)
①	국가	국제기구
②	국가	다국적 기업
③	국제기구	다국적 기업
④	국제기구	국가
⑤	다국적 기업	국가

07 다음 사례를 통해 알 수 있는 국제 사회 교류의 특징
507 으로 적절한 것만을 〈보기〉에서 고른 것은?

> 우리나라의 ○○ 기업은 아프리카에 위치한 A국
> 의 식수 위생 사업장과 보건소를 방문하여 현지의
> 빈곤 아동 및 주민을 돕기 위한 사업을 펼칠 예정
> 이다. ○○ 기업은 빈곤 아동과 1 : 1 후원 결연을
> 맺고 생필품과 학용품도 전달한다.

· 보기 ·
ㄱ. 국가 간 교류는 경제적 측면에서만 이루어지
고 있다.
ㄴ. 국제 사회의 교류는 인도적 차원에서도 폭넓
게 이루어지고 있다.
ㄷ. 국제 사회는 국가 차원에서 서로 협력하고 있
으므로 민간 차원의 협력은 바람직하지 않다.
ㄹ. 국제 사회에서는 수많은 국가와 단체, 기업, 개
인 등이 다양한 영역에서 상호 협력하고 있다.

① ㄱ, ㄴ   ② ㄱ, ㄷ   ③ ㄴ, ㄷ
④ ㄴ, ㄹ   ⑤ ㄷ, ㄹ

08 다국적 기업에 대해 잘못 말한 학생은?
508

① 갑: 국제적인 규모로 상품을 생산하고 판매해.
② 을: 세계화로 인해 점점 규모가 더 커지고 있어.
③ 병: 세계 여러 나라에 자회사와 생산 공장을 설
립했어.
④ 정: 전 세계의 경제에 영향을 미치지만 정치나
문화에는 영향력이 크지 않아.
⑤ 무: 다국적 기업으로 성장하기 위해서는 여러
국가의 소비자를 만족시킬 수 있는 경쟁력을 갖
추어야 해.

★
09 다음에서 설명하는 국제 사회의 행위 주체에 대한 관
509 점이 나머지 넷과 다른 것은?

> 세계 여러 나라에 자회사, 지점, 공장을 설립하
> 여 국제적 규모로 상품을 생산하고 판매한다.

① 진출한 국가에서 고용이 창출된다.
② 진출한 지역에 환경 오염 문제가 발생한다.
③ 아동 노동과 같은 인권 침해 문제가 나타나기도
한다.
④ 저개발 국가의 후발 기업들이 경쟁에서 밀려 성
장이 지연된다.
⑤ 저개발 국가의 자본 유출로 인해 해당 국가의
경제가 위축된다.

10 밑줄 친 ㉠이 해당하는 국제 사회의 행위 주체로 옳은
510 것은?

> 티베트의 종교 지도자 ㉠ 달라이 라마는 최근
> 미국이 사우디아라비아에 엄청난 양의 무기를 팔
> 고 「파리 기후 변화 협약」에서 탈퇴한 행동에 대해
> 비판하면서, 인류의 평화로운 미래를 위해 세계
> 강대국으로서 미국이 해야 할 역할을 강조하였다.

① 국가   ② 국제기구
③ 다국적 기업   ④ 영향력 있는 개인
⑤ 국가 내 지방 정부

11 다음에서 설명하는 국제기구의 사례만을 〈보기〉에서 고른 것은?
511

> 환경, 인권, 보건 등 다양한 영역에서 국경을 넘어 활동하는 개인이나 민간단체가 모여 조직한 국제기구

• 보기 •
ㄱ. 국제 연합(UN)
ㄴ. 국제 적십자사
ㄷ. 국경 없는 의사회
ㄹ. 경제 협력 개발 기구(OECD)

① ㄱ, ㄴ   ② ㄱ, ㄷ   ③ ㄴ, ㄷ
④ ㄴ, ㄹ   ⑤ ㄷ, ㄹ

12 국제 사회의 행위 주체로 적절하지 <u>않은</u> 것은?
512
① 국제기구에 회원국으로 가입하여 활동하는 국가
② 전 세계를 상대로 경제 활동을 하는 다국적 기업
③ 정치외교학을 전공하며 열심히 공부하고 있는 대학생
④ 지진 피해를 입은 지역을 방문해 사람들을 구호하는 국제 비정부 기구
⑤ 분쟁 지역을 방문하여 당사국의 입장을 조율해 보려는 국제 연합(UN) 사무총장

---

02 국제 사회의 다양한 모습

13 ㉠, ㉡에 들어갈 국가를 옳게 연결한 것은?
513

> 냉전 체제는 이념 대립의 시대로 정의할 수 있다. 국제 사회는 (㉠)을/를 중심으로 하는 자유주의 진영과 (㉡)을/를 중심으로 하는 사회주의 진영으로 나뉘어 대립하였다.

	㉠	㉡
①	미국	소련
②	미국	프랑스
③	일본	독일
④	일본	프랑스
⑤	중국	독일

14 밑줄 친 ㉠의 내용으로 적절하지 <u>않은</u> 것은?
514

> 제2차 세계 대전 이후 국제 사회에서는 이념 경쟁이 치열하게 나타났지만, 1990년대에 들어서는 그동안 이념 경쟁에 가려져 있던 새로운 갈등 요소들이 나타나는 가운데 ㉠ 세계화 시대로 접어들게 되었다.

① 각 국가의 이해관계와 가치 등이 다원화되고 있다.
② 다양한 영역에서 국가 간 상호 의존성이 증대되고 있다.
③ 소련 중심의 사회주의 이념이 전 세계적으로 영향력을 행사하게 되었다.
④ 국가 간 경쟁이 심화되어 다국적 기업의 투자 유치 등을 위해 노력하게 되었다.
⑤ 국가뿐 아니라 국제기구, 다국적 기업 등 여러 행위 주체 사이의 이해관계가 다양해졌다.

15 다음 글에 나타난 국제 사회의 갈등 유형으로 가장 적절한 것은?
515

> 카스피해에 매장되어 있는 석유, 천연가스 등의 개발을 둘러싸고 연안국인 러시아, 카자흐스탄, 투르크메니스탄, 이란, 아제르바이잔이 대립하고 있다.

① 환경 문제를 둘러싼 갈등
② 영토와 자원을 둘러싼 분쟁
③ 민족, 종교, 인종 차이로 인한 갈등
④ 세계 시장을 차지하기 위한 다국적 기업 간의 경쟁
⑤ 정보 사회의 발달과 함께 사이버 공간에서 이루어지는 국가 간 분쟁

16 국제 사회의 갈등을 해결하기 위한 방안으로 가장 바람직한 것은?

516

① 국제 연합(UN)의 권고를 비판 없이 수용한다.

② 군사비 지출을 늘려 무력 사용으로 문제를 해결한다.

③ 분쟁 당사국 간의 대화와 상호 이해를 바탕으로 해결한다.

④ 자국의 이익만을 고려하며 상대국의 입장은 고려하지 않는다.

⑤ 국제 비정부 기구가 갈등 조정자의 역할을 하는 것을 방지한다.

17 ㉠에 들어갈 용어로 적절하지 <u>않은</u> 것은?

517

> 국제 사회에서는 여러 국가 간에 갈등이나 분쟁이 발생할 경우, 이를 해결하는 것이 쉽지 않다. 하지만 (㉠) 등이 국가들의 행위를 어느 정도 제약하기 때문에 국제 사회의 질서가 유지될 수 있다.

① 국제법   ② 국제기구

③ 세계 여론   ④ 세계 정부

⑤ 국제 비정부 기구

18 다음 문제들의 공통적인 해결 방안으로 가장 적절한 것은?

518

> • 핵 확산   • 환경 오염   • 국제 사이버 범죄

① 강대국의 힘에 의존한다.

② 자국의 이익만 고려한다.

③ 무력 사용을 우선으로 한다.

④ 국가 간 상호 의존을 줄인다.

⑤ 국가 간 협력 방안을 마련한다.

19 다음 글을 통해 알 수 있는 국제 문제의 성격으로 적절하지 <u>않은</u> 것은?

519

> 세계 보건 기구(WHO)는 긴급 이사회를 열어 신종 코로나 바이러스 감염증의 국제 비상사태 선포를 결정하였다. 세계 보건 기구는 코로나 바이러스의 세계적 대유행을 막기 위해 국가 간의 이동 자제를 권고하고, 통일된 위생 및 격리 수칙 방안을 마련하는 등 긴급 대책을 내놓았다.

① 지구촌이 공동으로 당면하고 있는 문제이다.

② 여러 국가의 협력이 있어야 해결이 가능한 문제이다.

③ 문제를 해결하는 것이 자국의 이익과도 관계가 있다.

④ 전 세계에 걸쳐서 영향을 미치는 광범위성을 지닌다.

⑤ 어느 한 국가의 노력만으로 쉽게 개선되거나 해결될 수 있다.

20 ㉠에 들어갈 용어에 대한 설명으로 옳은 것은?

520

> 국제 사회에서 각국은 (㉠)을/를 통해 공존을 추구한다. 우리나라 역시 국가 안전 보장, 평화 통일, 경제 발전 등 우리나라의 정치적 목적이나 이익을 평화적으로 실현하는 것은 물론 국제 사회 전체의 공동 문제를 해결하기 위해 활발한 (㉠) 활동을 펼치고 있다.

① 협상보다는 무력 사용을 우선적으로 고려한다.

② 전쟁을 통해 자국의 이익을 실현하려는 활동이다.

③ 국가 원수나 외교관의 공식적인 활동만 인정된다.

④ 시민 단체의 활동과 국가의 대외적 위상은 관계가 없다.

⑤ 예술, 문화, 체육 등 다양한 분야에서 이루어질 수 있다.

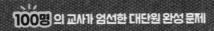
03 우리나라의 국제 관계

[21-22] 다음 글을 읽고 물음에 답하시오.

> 중국은 중국의 국경 안에서 전개된 모든 역사를 중국의 역사로 편입하려는 연구인 '동북 공정'을 실시하고 있다. 중국은 이를 통해 고조선, 고구려, 발해의 역사까지도 고대 중국 지방 정권의 일부로 편입하고자 한다.

21 윗글에서 중국이 동북 공정을 실시하는 목적으로 가
521 장 적절한 것은?

① 주변국과 상호 의존 및 협력을 강화하기 위해
② 우리나라에 대해 관심을 갖고 우리의 역사를 존중하기 위해
③ 우리나라와의 분쟁을 줄이고 원만한 외교적 교류를 하기 위해
④ 소수 민족을 통제하고, 만주 지역에서의 영향력을 강화하기 위해
⑤ 우리나라와 함께 역사 연구를 진행하면서 균형적 시각을 지니기 위해

22 윗글에 나타난 중국의 움직임에 대해 우리나라가 취
522 해야 할 자세로 적절하지 <u>않은</u> 것은?

① 우리의 역사와 영토를 지키려는 자세를 가져야한다.
② 체계적인 고대사 연구를 통해 대응 논리를 마련해야 한다.
③ 과거에 대한 왜곡이므로 오늘날 우리가 대응할필요는 없다.
④ 중국의 역사 왜곡 문제에 대해 지속적인 관심을가져야 한다.
⑤ 중국이 이러한 연구를 추진하고 있는 숨은 의도를 널리 알려야 한다.

23 ㉠에 대한 설명으로 옳지 <u>않은</u> 것은?
523

> (㉠)은/는 고려 시대에 만들어진 우리의 문화재로, 세계에서 가장 오래된 금속 활자본으로 인정받고 있다.

① 『직지심체요절』이다.
② 현재 프랑스 파리 국립 도서관에서 보관하고 있다.
③ 우리 정부가 프랑스 정부에 돌려줄 것을 요구하고 있다.
④ 우리나라가 프랑스와 국가 간 갈등을 빚는 원인이 되고 있다.
⑤ 프랑스 정부가 합법적으로 입수한 것이므로 돌려주지 않아도 된다.

24 우리나라와 일본 사이에 나타나고 있는 국가 간 갈등
524 의 사례로 적절하지 <u>않은</u> 것은?

① 동북 공정 문제
② 동해 표기 문제
③ 독도 영유권 주장
④ 역사 교과서 왜곡 문제
⑤ 야스쿠니 신사 참배 문제

25 일본이 독도를 자신들의 영토라고 주장하는 이유로
525 적절한 것만을 〈보기〉에서 있는 대로 고른 것은?

┌─ 보기 ─────────────────┐
ㄱ. 독도의 해양 자원을 선점하기 위해
ㄴ. 일본 내 소수 민족의 독립을 방해하기 위해
ㄷ. 우리나라와 일본의 역사를 바로 정립하기 위해
ㄹ. 독도가 군사적으로 중요한 가치를 가지고 있기 때문에
└─────────────────────┘

① ㄱ, ㄴ   ② ㄱ, ㄹ   ③ ㄴ, ㄷ
④ ㄱ, ㄷ, ㄹ   ⑤ ㄴ, ㄷ, ㄹ

26 일본의 독도 영유권 주장에 대한 대응 방안으로 적절하지 <u>않은</u> 것은?

① 독도가 우리 영토임을 뒷받침할 수 있는 객관적 근거를 정리한다.

② 일본 정부에 독도 영유권 주장을 철회할 것을 공식적으로 촉구한다.

③ 역사적 자료를 통해 독도가 우리나라의 영토임을 국제 사회에 알린다.

④ 독도 영유권 분쟁이 더 오래 지속될 경우에는 국제 사법 재판소의 판단을 받는다.

⑤ 독도는 우리나라 행정 구역에 속하며, 우리 국민이 거주하고 우리 경찰이 경비하고 있음을 분명히 한다.

27 밑줄 친 ㉠의 방법으로 적절하지 <u>않은</u> 것은?

> 우리나라와 주변국 간에 발생하는 갈등은 정부의 노력만으로 해결하기가 쉽지 않다. 따라서 대학과 연구 기관, 시민 단체, 개인 등 ㉠ 학계와 시민 사회에서도 적극적으로 노력해야 한다.

① 갈등 해결 과정에 지속적인 관심을 가지고 적극적으로 참여한다.

② 갈등 상황이 오래 지속되면 군사력 사용을 우선적으로 주장한다.

③ 국가 간 갈등을 평화적으로 해결하기 위해 민간 외교 활동을 펼친다.

④ 다양한 캠페인 활동과 홍보를 통해 국가 간 갈등을 국민들에게 정확하게 알린다.

⑤ 갈등 발생 분야의 학자들이 국가 간 공동 연구를 통해 갈등 상황의 사실 관계를 밝힌다.

28 밑줄 친 ㉠을 통해 알 수 있는 국제 사회의 특징을 서술하시오.

> 「교토 의정서」는 온실 가스 배출량을 줄이도록 합의한 국제 협약이다. 2005년 2월 공식 발효되면서 기후 변화에 대한 대표적인 국제 규약으로 자리 잡았으나, 개발 도상국의 대표 주자인 ㉠ 중국이 온실 가스 감축 의무에서 제외되고 미국과 일본 등 선진국들이 자국 산업 보호를 이유로 이탈하면서 반쪽짜리 규약이라는 한계를 갖게 되었다.

29 다음 글을 읽고 물음에 답하시오.

> 한 국가가 국제 사회에서 자국의 이익을 평화적으로 달성하기 위해 수행하는 모든 행위를 (㉠)(이)라고 한다.

(1) ㉠에 들어갈 용어를 쓰시오.

(2) ㉠의 목적을 두 가지 이상 서술하시오.

30 다음 교사의 질문에 대한 답을 서술하시오.

> 일본이 독도 영유권에 대해 국제 사법 재판소의 판결을 받아야 한다고 주장하는 이유는 무엇일까요?

인구 변화와
인구 문제

01 인구 분포
~ 02 인구 이동

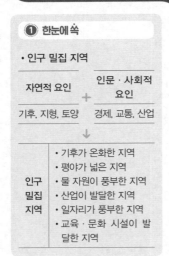

① 한눈에 쏙

- 인구 밀집 지역

자연적 요인	인문·사회적 요인
기후, 지형, 토양	경제, 교통, 산업

↓

인구 밀집 지역	• 기후가 온화한 지역 • 평야가 넓은 지역 • 물 자원이 풍부한 지역 • 산업이 발달한 지역 • 일자리가 풍부한 지역 • 교육·문화 시설이 발달한 지역

① 대륙별 인구 분포

북아메리카 / 남아메리카 / 오세아니아 0.5 / 6.6 / 6.9 / 유럽 10.1 / 아프리카 16.1 / 세계 인구 약 74억 명 / 아시아 59.8(%)

세계 인구 약 74억 명 중 약 60%가 아시아 대륙에 분포하는데, 이는 중국과 인도의 인구가 많기 때문이다. 그 다음으로는 아프리카 대륙, 유럽 대륙 순으로 인구가 많이 분포한다.

② 인구 1억 명 이상의 국가들

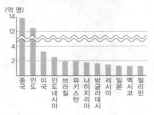

(억 명) 14 12 / 중국 인도 미국 인도네시아 브라질 파키스탄 나이지리아 방글라데시 러시아 일본 멕시코 필리핀

용어 사전

- **북반구** 적도(0°)를 기준으로 지구를 둘로 나누었을 때 북쪽 지역
- **인구 밀도** 어떤 지역이나 나라의 총인구를 총면적으로 나눈 값으로, 1km²의 면적에 사는 인구를 나타냄 (1km²당 인구수로 표시)

① 세계 인구 분포의 특징과 요인

1 세계 인구 분포: 지구상에 고르게 분포하지 않고 특정 지역에 집중 분포함

(1) **반구별**: *북반구에 세계 인구의 90% 이상 분포 왜? 북반구에 육지가 많기 때문

(2) **위도별**: 북위 20°~40° 지역은 *인구 밀도가 높고, 적도 부근 및 극지방은 인구 밀도가 낮음
└ 온화한 기후가 나타남 → 온대 및 냉대 기후 지역

(3) **지형별**: 평야와 해안 지역에 많이 거주함

(4) **대륙별①**: 아시아, 유럽의 인구 밀도가 높고, 오세아니아의 인구 밀도가 낮음

(5) **국가별②**: 중국, 인도가 세계 인구의 1/3을 차지함

2 인구 분포에 영향을 주는 요인

(1) **자연적 요인**: 기후, 지형, 토양 등 → 과거 인구 분포에 큰 영향을 줌

(2) **인문·사회적 요인**: 경제, 교통, 산업 등 → 산업 혁명 이후 영향력이 커짐

3 인구 밀집 지역과 인구 희박 지역 자료①

(1) **인구 밀집 지역**

자연적 요인	기후가 온화하고 물 자원이 풍부하며, 토양이 비옥한 평야 지역 예 동아시아와 남아시아의 벼농사 지역 등 ─ 계절풍 기후 지역이며, 넓은 평야가 발달함
인문·사회적 요인	산업이 발달하고 일자리가 풍부하며, 생활 환경(교육·문화 시설 등)이 좋은 지역 예 서부 유럽, 미국 북동부 대서양 연안 등

(2) **인구 희박 지역**

자연적 요인	• 너무 춥거나 더운 지역, 건조한 지역 예 아마존강 유역, 한대 기후 지역, 사하라 사막 ─ 스칸디나비아반도, 캐나다 북부 등 • 험준한 산지 지역 예 히말라야 산맥
인문·사회적 요인	• 교통이 불편하거나 각종 산업 시설 및 일자리가 부족한 지역 • 전쟁과 분쟁이 자주 발생하는 지역

🌳 **교과서 속 자료 읽기 ①** **세계의 인구 분포**

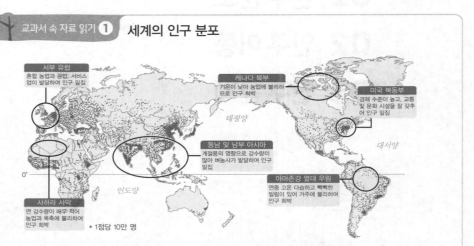

서부 유럽
혼합 농업과 공업, 서비스업이 발달하여 인구 밀집

캐나다 북부
기온이 낮아 농업에 불리하므로 인구 희박

미국 북동부
경제 수준이 높고, 교통 및 문화 시설을 잘 갖추어 인구 밀집

태평양 / 대서양 / 인도양

동남 및 남부 아시아
계절풍의 영향으로 강수량이 많아 벼농사가 발달하여 인구 밀집

아마존강 열대 우림
연중 고온 다습하고 빽빽한 밀림이 있어 거주에 불리하여 인구 희박

사하라 사막
연 강수량이 매우 적어 농업과 목축에 불리하여 인구 희박

0°

* 1점당 10만 명

인구는 북반구에 많이 분포하며, 기후가 온화한 온대 및 냉대 기후 지역, 평야와 하천 주변 지역, 산업이 발달한 지역에 밀집해 있다.

② 우리나라 인구 분포의 특징과 요인

1 우리나라 인구 분포의 특징

(1) 좁은 국토 면적에 비해 인구가 많아 **인구 밀도가 높음**

(2) 지역별 인구 분포가 고르지 않음

2 산업화 이전의 인구 분포: 기후, 지형 등 자연적 요인의 영향을 크게 받음 자료❷

〔왜〕 우리나라는 농업 중심 국가이기 때문

(1) **인구 밀집 지역**: 기후가 온화하고 평야가 발달하여 벼농사에 유리한 **남서부 지역**

(2) **인구 희박 지역**: 기온이 낮고 산지나 고원이 많아 농경에 불리한 **북동부 지역**

3 산업화 이후(1960년대 이후): 산업화로 인문 · 사회적 요인의 영향을 크게 받음 자료❷

(1) **인구 밀집 지역**: 산업이 발달하고 일자리가 풍부한 도시로 인구가 이동하는 **이촌 향도 현상** → **수도권**❸인 서울 · 경기 · 인천, 부산 · 대전 · 대구 · 울산 · 광주 등 **대도시**, 산업이 발달한 **남동 임해 공업 지역** 등 ┌ 포항, 울산, 창원, 광양, 여수 등 공업 도시

(2) **인구 희박 지역**: 태백산맥과 소백산맥 일대의 산지 및 농어촌 지역 → 산업 시설이 부족하여 경제 활동의 기회가 적음, 의료 · 교육 · 문화 시설 등이 적음

🌲 교과서 속 자료 읽기 ❷ **우리나라의 인구 분포**

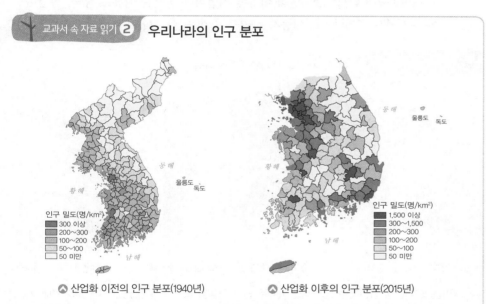

🔺 산업화 이전의 인구 분포(1940년)   🔺 산업화 이후의 인구 분포(2015년)

- 산업화 이전에는 평야가 넓고 기후가 온화하여 벼농사에 유리한 남서부 지역에 인구가 많이 분포하였다. 반면, 북동부 지역은 기온이 낮고 험준한 산지가 많아 인구가 희박하였다.
- 산업화 이후에는 이촌 향도 현상이 뚜렷하게 나타나면서 수도권과 대도시에 인구가 집중 분포하였으며, 산업이 발달한 남동 임해 공업 지역에도 많은 인구가 분포한다.

---

③ 인구 이동 요인 및 우리나라의 인구 이동

1 인구 이동❹ ┌ 최근 세계화로 인해 인구의 국제 이동이 많아지고 있음

(1) **의미**: 인구가 원래 살던 지역을 떠나 다른 지역으로 옮겨 가는 것

(2) **요인** ┌ 배출 요인이 큰 지역에서는 인구 유출이 두드러지고, 흡인 요인이 큰 지역에서는 인구 유입이 활발함

① **배출 요인**: 인구를 다른 지역으로 밀어내는 요인 예 낮은 임금, 열악한 주거 환경, 빈곤, 교육 · 문화 시설의 부족, 전쟁, 자연재해 등

② **흡인 요인**: 인구를 지역으로 끌어들여 머무르게 하는 요인 예 높은 임금, 풍부한 일자리, 쾌적한 주거 환경, 정치적 자유, 다양한 교육 · 문화 · 의료 시설 등

---

❷ 한눈에 쏙

- 우리나라의 인구 분포

산업화 이전	남서부 평야 지역
↓ 이촌 향도 현상	
산업화 이후	• 수도권 및 대도시 • 남동 임해 공업 지역

---

❸ 수도권과 비수도권의 인구 비율 변화

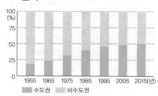

우리나라 전체 인구의 약 50%가 정치 · 경제 · 문화의 중심지이자 일자리와 교육 기회가 풍부한 수도권에 살고 있다.

---

❸ 한눈에 쏙

- 시기별 인구 이동

일제 강점기	북부 지방으로 이동
광복 후	해외 동포의 귀국
6 · 25 전쟁	남부 지방으로 피난
1960년대 이후	수도권, 대도시, 신흥 공업 도시로 이동
1990년대 이후	도시 주변 지역으로 이동

---

❹ 인구 이동의 유형

기준	인구 이동
이동 범위	국제 이동, 국내 이동
이동 동기	자발적 이동, 강제적 이동
이동 기간	일시적 이동(여행, 유학), 영구적 이동(이민)
이동 목적	정치적 이동, 경제적 이동, 종교적 이동 등

용어 사전

- **이촌 향도** 산업화와 도시화로 농촌의 인구가 도시로 이동하는 현상

⑤ 시도별 유입 및 유출 인구

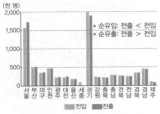

경기도로 인구가 유입된 주된 이유는 주택 구입과 관련된 것이고, 제주와 충남으로 인구가 유입된 이유는 직업 변동 때문인 것으로 조사되었다. 순유출이 가장 많은 서울의 경우 전출자의 약 62%가 주택 문제 때문에 서울을 떠났으며, 이 인구는 대부분 경기도에서 흡수하였다.

└ **알기** 서울의 비싼 주거 비용을 감당하기 어렵기 때문

⑥ 미국으로의 인구 이동

미국에는 라틴 아메리카 출신의 이주민이 많으며, 아시아 출신 이주민도 증가하고 있다. 이들은 주로 임금이 낮고 사람들이 꺼려하는 일에 종사하는데, 최근 일자리 경쟁이 심화되면서 미국인들과의 갈등이 커지고 있다.

④ 한눈에 쏙

• 세계 인구의 국제 이동

종교적 이동	청교도의 이동
강제적 이동	흑인의 이동(노예 무역)
정치적 이동	난민의 이동
경제적 이동	일자리를 찾기 위한 이동

용어 사전

* **역도시화 현상** 대도시의 생활 환경이 나빠지면서 도시에서 농어촌으로 인구가 이동하는 현상으로, 유턴(U-turn) 현상이라고도 함

2 우리나라의 인구 이동 [자료 ❸]

(1) 국내 이동 ⑤

① 일제 강점기: 일자리를 찾아 광공업이 발달한 북부 지방(함경도 지방)으로 이동

② 6·25 전쟁: 월남한 동포들이 남부 지방으로 피란

③ 1960~1980년대: 이촌 향도 → 수도권, 대도시, 신흥 공업 도시로 인구 집중

④ 1990년대 이후: *역도시화(U-turn) 현상 → 대도시의 생활 환경 악화로 일부 인구가 쾌적한 생활 환경을 찾아 도시 주변 지역이나 농촌으로 이동

└ 인구가 밀집한 대도시에서 교통 혼잡, 집값 상승, 환경 오염 등의 문제 발생

(2) 국제 이동

① 우리나라 인구의 국제 이동

• 일제 강점기: 중국 만주 및 구소련의 연해주 지역, 일본 등지로 이동

• 광복 후: 해외 동포의 귀국

• 1960~1970년대: 일자리를 찾아 미국, 독일, 서남아시아, 북부 아프리카 등 해외 여러 지역으로 청장년층 인구 이동

• 1990년대 이후: 유학, 해외 취업 등 일시적 이동, 이민 증가

② 외국인의 국내 유입: 1990년대 이후에 취업이나 결혼을 이유로 중국, 동남아시아 등지에서 우리나라로 이동하는 인구 증가 → 다문화 가정 증가

교과서 속 자료 읽기 ❸   우리나라의 시기별 인구 이동

△ 일제 강점기   △ 광복 후   △ 6·25 전쟁   △ 1960년대 이후   △ 1990년대 이후

우리나라는 1960년대 이전에는 정치적인 이유로 인구 이동을 하는 경우가 많았으나, 1960년대 이후에는 경제적인 이유로 인구 이동을 하는 경우가 많다.

④ 세계의 인구 이동 및 인구 유입·유출 지역

1 세계의 인구 이동 [자료 ❹]

(1) 국제 이동 └ 최근 세계화와 교통·통신의 발달로 오늘날 인구의 국제 이동이 활발하게 이루어지고 있음

알기 대규모 농장과 광산의 부족한 노동력을 보충하기 위해 아프리카 흑인을 강제 이주시킴

① 종교적 이동: 종교의 자유를 찾아 아메리카 대륙으로 이주한 영국의 청교도

② 강제적 이동: 아프리카 흑인들이 아메리카 대륙으로 이동(노예 무역)

③ 정치적 이동: 전쟁, 분쟁, 정치적 탄압 등을 피하기 위한 이동(난민)

④ 경제적 이동: 일자리를 찾아 이동(개발 도상국 → 선진국) ⑥, 중국인들이 경제적 어려움을 해결하기 위해 동남아시아나 미국 등지로 이동

⑤ 일시적 이동: 해외여행, 유학, 파견 등 → 최근 증가 추세

⑥ 환경적 이동: 지구 온난화, 자연재해의 증가로 거주지를 떠나는 환경 난민

(2) **국내 이동**: 경제적 이유로 인한 이동이 많은 비중을 차지함

    ① **개발 도상국**: 농촌 인구가 일자리가 풍부하고 높은 임금을 받을 수 있는 도시로 이동 → 이촌 향도 현상

    ② **선진국**: 쾌적한 환경을 찾아 도시 인구가 도시 주변 지역이나 농촌으로 이동 → <u>역도시화 현상(U-turn 현상)</u> ❼

❼ 미국 내 인구 이동

과거 인구가 밀집했던 북동부 해안에서 기후가 온화하고 환경이 쾌적한 남부 지역과 태평양 연안으로 많은 사람이 이동하고 있다.

교과서 속 자료 읽기 ❹ 세계의 국제·국내 이동

      주요 인구 유출 지역
      주요 인구 유입 지역
    ❶ 유럽인의 아메리카 이동
    ❷ 아프리카인의 강제적 이동
    ❸ 중국인의 동남아시아 이동
    ❹ 1990년 이후 주요 경제적 이동
    ❺ 난민의 이동

• 유럽, 북아메리카 등의 선진국과 석유 자본이 풍부한 서남아시아의 일부 국가는 인구 유입이 많고, 라틴 아메리카와 아프리카, 아시아의 일부 개발 도상국은 인구 유출이 많다.

• 과거의 세계 인구 이동: 신항로 개척 이후 많은 유럽인들은 식민지를 개척하기 위해 신대륙인 아메리카 대륙과 오스트레일리아 등지로 이동하였고(❶), 아프리카인들은 노예 무역 때문에 강제적으로 아메리카 대륙으로 이동하였다(❷). 중국인들은 19세기 이후 일자리를 찾아 동남아시아로 이동하였다(❸).

• 오늘날 세계 인구 이동: 일찍부터 산업과 경제가 발달한 북아메리카에서는 멕시코, 콜롬비아 등 라틴 아메리카를 비롯한 세계의 각 지역으로부터 인구 유입이 활발하게 일어나며, 서부 유럽에서는 일자리를 찾아 아프리카와 서남아시아 지역으로부터 이동하는 인구가 유입하고 있다(❹). 서부 유럽에서는 서남아시아 지역의 내전이나 정치적 불안 등을 피하기 위해 이동하는 난민의 수도 증가하고 있다(❺).

❽ 이슬람 전통 의상 착용 금지법
프랑스 정부는 부르카, 히잡, 니캅 등 이슬람 전통 의상을 착용하는 것이 여성의 인권을 침해한다며 착용 금지법을 시행한다고 밝혔다. 이 법은 공공장소에서 얼굴을 가리는 옷을 입는 사람을 단속한다는 내용을 담고 있다. 이에 이슬람 신자들은 정부의 조치를 '종교의 자유를 억압하는 행위'라며 반발하고 있다.

2 세계의 인구 유입 지역과 인구 유출 지역

(1) **인구 유입 지역**: 정치적으로 안정되고 경제가 발전한 곳 예 서부 유럽과 앵글로아메리카, 오세아니아 지역 등

긍정적 영향	• 노동력이 풍부해져 경제 활성화, 문화적 다양성 증가 • 새로운 문화의 유입으로 다양한 문화 교류가 가능해짐
부정적 영향	• 이주민과 현지인 간의 문화적 차이로 인한 갈등 ❽ 예 이주해 온 이슬람교도와 크리스트교의 전통이 강한 현지인 간의 종교적 갈등 • 흑인이나 아시아 출신 이주자를 향한 인종 차별로 인한 사회적 문제

(2) **인구 유출 지역** ❾: 정치적으로 불안정하고, 경제가 발전하지 못한 지역 예 아프리카, 라틴 아메리카, 남부 아시아 지역

    예 아프리카, 서남아시아 지역 난민들이 유럽으로 이동,
    일자리를 찾기 위해 멕시코에서 미국으로 이동

긍정적 영향	• 노동력의 유출로 실업률이 낮아짐 • 이주자들이 본국으로 송금하는 *외화 증가로 인한 경제 활성화
부정적 영향	• 청장년층 인구와 고급 기술 인력 감소 → 노동력 부족 및 경제 성장 둔화 • 주로 남성들이 이주하기 때문에 *성비 불균형 현상 발생

❾ 모로코인의 이주 국가

모로코인은 일자리를 찾기 위해 경제가 발달한 북서부 유럽 지역으로 이주한다. 북서부 유럽에서 얻은 소득을 본국으로 송금해 모로코의 경제 발전에는 기여하지만, 모로코 본국에서는 젊은 노동력이 해외로 유출되어 노동력 문제가 발생하기도 한다.

용어 사전

• **외화** 외국의 돈을 말하며, 외국의 통화로 표시된 수표나 유가 증권 등을 포함함
• **성비** 여성 100명에 대한 남자의 수

① 세계 인구 분포의 특징과 요인

주제별·유형별 대표문제

● 차근차근 **기본다지기** ●

● 정답 및 해설 **43**쪽

01 다음 설명이 맞으면 ○표, 틀리면 ✕표 하시오.
531

(1) 세계의 인구는 지구상에 고르게 살고 있다. (　　)

(2) 과거에 세계 인구 분포는 인문·사회적 요인보다 자연적 요인의 영향이 컸다. (　　)

(3) 산업화가 진행되면서 자연적 요인보다 인문·사회적 요인이 인구 분포에 더 큰 영향을 미치고 있다.

(　　)

02 다음 괄호 안의 내용 중 알맞은 것에 ○표 하시오.
532

(1) 세계 인구의 약 90%는 (남반구 , 북반구)에 살고 있다.

(2) 서부 유럽, 미국 북동부 지역, 동아시아의 평야 지역은 인구 (밀집 , 희박) 지역이다.

(3) 세계에서 가장 많은 인구를 가지고 있는 국가는 (유럽 , 아시아) 대륙에 위치한다.

03 (1)~(3)에서 설명하는 용어를 퍼즐판에서 찾아 색칠하시오.
533

오	스	만	자	연
세	리	스	본	수
아	랑	북	반	구
니	카	극	지	방
아	시	아	구	안

(1) 위도별로 보면 북위 20°~40° 지역은 인구 밀도가 높고, 적도 부근이나 ○○○은 인구 밀도가 낮다.

(2) 인구 밀도가 가장 낮은 대륙은?

(3) 세계 인구 분포에 영향을 끼치는 기후, 지형, 토양 등의 ○○적 요인은?

04 다음 지도의 A~C 중 인구 밀도가 가장 높은
534 지역은?

① A　　　② B　　　③ C

05 밑줄 친 ㉠에 들어갈 알맞은 세계 인구 분포의
535 특징은?

> 세계에는 약 75억 명의 인구가 살고 있다. 그들은 아시아, 유럽, 아메리카, 오세아니아 등 서로 사는 곳이 다르다. 세계의 인구는 _____㉠_____

① 지구상에 고르게 분포한다.

② 대부분 남반구에 분포한다.

③ 오세아니아 대륙에 가장 많다.

④ 산지보다 평야 지역에 많이 분포한다.

06
536
그래프는 대륙별 인구 비중을 나타낸 것이다. (가)~(다) 대륙으로 옳은 것은?

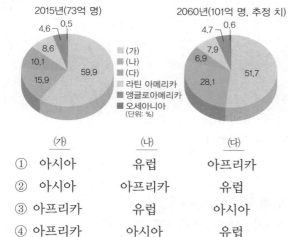

2015년(73억 명)
4.6 0.5
8.6
10.1
15.9
59.9

2060년(101억 명, 추정 치)
4.7 0.6
7.9
6.9
28.1
51.7

- (가)
- (나)
- (다)
- 라틴 아메리카
- 앵글로아메리카
- 오세아니아
(단위: %)

	(가)	(나)	(다)
①	아시아	유럽	아프리카
②	아시아	아프리카	유럽
③	아프리카	유럽	아시아
④	아프리카	아시아	유럽
⑤	유럽	아시아	아프리카

07
537
지도는 세계 인구 분포를 나타낸 것이다. (가)~(라) 지역의 인구 분포 요인으로 옳은 설명만을 〈보기〉에서 고른 것은?

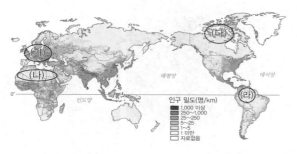

인구 밀도(명/km)
- 1,000 이상
- 250~1,000
- 25~250
- 5~25
- 1~5
- 1 미만
- 자료없음

┌─ 보기 ─
ㄱ. (가)는 일찍부터 산업이 발달하여 경제 성장을 이루었다.
ㄴ. (나)는 벼농사가 발달하여 쌀 생산량이 많다.
ㄷ. (다)는 연평균 기온이 낮아 농업 활동이 어렵다.
ㄹ. (라)는 연 강수량이 적어 물을 구하기 어렵다.
└─

① ㄱ, ㄴ   ② ㄱ, ㄷ   ③ ㄴ, ㄷ
④ ㄴ, ㄹ   ⑤ ㄷ, ㄹ

08
538
㉠, ㉡에 들어갈 알맞은 말을 각각 쓰시오.

┌─────
동아시아와 남아시아 벼농사 지역과 서부 유럽, 미국 북동부 연안 지역은 모두 인구 (㉠) 지역이며, 사하라 사막과 아마존 열대 우림, 높은 산지 지역과 기온이 낮은 북극해 주변 지역은 모두 인구 (㉡) 지역이다.
└─────

㉠: (   ), ㉡: (   )

서술형 문제

09
539
지도는 세계의 인구 밀도를 나타낸 것이다. 이를 보고, 물음에 답하시오.

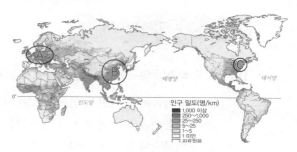

인구 밀도(명/km)
- 1,000 이상
- 250~1,000
- 25~250
- 5~25
- 1~5
- 1 미만
- 자료없음

(1) A~C 중 자연적 요인의 영향을 크게 받아 인구가 많이 분포하는 지역을 쓰시오.

_____

(2) 세계 인구가 많이 분포하는 지역과 적게 분포하는 지역을 대륙별, 반구별로 각각 서술하시오.

_____

논술형 문제

10
540
다음 자료를 보고, 물음에 답하시오.

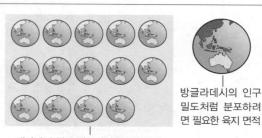

캐나다의 인구 밀도처럼 분포하려면 필요한 육지 면적

방글라데시의 인구 밀도처럼 분포하려면 필요한 육지 면적

┌─────
만약 전 세계 인구 약 73억 명이 캐나다와 같은 인구 밀도로 살려면 지구가 약 14개 필요하고, 방글라데시와 같은 인구 밀도로 살려면 오스트레일리아에 모두 모여 사는 것과 같다.
└─────

(1) 캐나다와 방글라데시 중 어느 나라의 인구 밀도가 더 높은지 쓰시오.

_____

(2) 전 세계 인구가 우리나라와 같은 인구 밀도처럼 분포하려면 어느 정도의 육지 면적에 모두 모여 사는 것과 같은지 방글라데시와 비교하여 서술하시오. (단, 인구 밀도는 방글라데시가 약 6,406명/km², 우리나라(남한)가 약 510명/km²임.)

_____

② 우리나라 인구 분포의
특징과 요인

● 정답 및 해설 **43**쪽

차근차근 기본 다지기

01 다음 설명이 맞으면 ○표, 틀리면 ✕표 하시오.
541

(1) 우리나라는 지역별로 인구가 고르게 분포하고 있다. (　　　)

(2) 태백산맥과 소백산맥 일대의 산지는 인구 밀도가 낮은 편이다. (　　　)

(3) 우리나라의 남서부 지역은 산업화 이전에 인구 밀집 지역이었다. (　　　)

02 다음 괄호 안의 내용 중 알맞은 것에 ○표 하시오.
542

(1) 우리나라 전체 인구의 약 50%는 (수도권 , 남동 임해 공업 지역)에 분포한다.

(2) 우리나라는 국토 면적에 비해 인구가 많아 인구 밀도가 (낮은 , 높은) 편이다.

(3) 산업화 이후 우리나라의 인구 분포는 (자연적 , 인문적) 요인의 영향을 크게 받고 있다.

03 다음 자료를 보고 빈칸에 들어갈 알맞은 말을 쓰시오.
543

산업화 이전의 인구 분포(1940년)	산업화 이후의 인구 분포(2015년)
	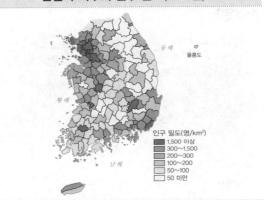

(1) 인구 밀집 지역: _____ 에 유리한 남서부 지역

(2) 인구 희박 지역: 산지가 많은 _____ 지역

(3) _____ 현상으로 수도권과 대도시에 인구 집중

(4) _____ 공업 지역에도 많은 인구 분포

04 산업화 이전 우리나라의 인구 분포 특징으로 옳은 것은?
544

① 대다수 인구가 산지 지역에 거주하였다.

② 평야가 발달한 지역에 인구가 많은 편이었다.

③ 하천 주변 지역에는 인구가 거의 분포하지 않았다.

05 밑줄 친 '이 지역'은?
545

> 우리나라는 산업화에 따라 도시화가 진행되면서 많은 인구가 서울과 부산 등 대도시 및 수도권으로 이동하였다. 그리고 산업이 발달하여 일자리가 풍부한 이 지역에도 많은 인구가 집중되었다. 이 지역은 포항, 울산, 창원, 광양, 여수 등을 포함한다.

① 농어촌 지역　　② 남서부 평야 지역

③ 북동부 산간 지역　④ 남동 임해 공업 지역

[06-07] 다음 자료를 보고, 물음에 답하시오.

(가)

◈ 우리나라의 인구 분포

(나)

◈ 강원도 인제군

06 (가)를 보고 우리나라의 지역별 인구 분포 특성에 대한
546 옳은 설명만을 〈보기〉에서 고른 것은?

┌─ 보기 ─────────────────────────┐
│ ㄱ. 경상남도 해안 지역은 인구 밀도가 낮다. │
│ ㄴ. 전라남도 해안 지역은 인구 밀도가 낮다. │
│ ㄷ. 태백산맥 일대에는 높은 인구 밀도가 나타난다. │
│ ㄹ. 수도권은 서울을 중심으로 많은 인구가 집중 │
│   되어 있다. │
└────────────────────────────┘

① ㄱ, ㄴ   ② ㄱ, ㄷ   ③ ㄴ, ㄷ
④ ㄴ, ㄹ   ⑤ ㄷ, ㄹ

07 강원도의 인구 분포가 (가)와 같이 나타나는 이유를 (나)
547 를 보고 바르게 추론한 것은?

① 교통이 발달하여 이동이 편하기 때문에
② 산지나 고원이 많고 기온이 낮기 때문에
③ 농경에 유리하여 농업이 활발하기 때문에
④ 산업이 발달하여 일자리가 풍부하기 때문에
⑤ 다양한 겨울철 스포츠를 즐기기 좋기 때문에

08 다음 설명에 해당하는 용어를 쓰시오.
548

┌────────────────────────────┐
│ • 농촌의 인구가 도시로 이동하는 현상을 말한다. │
│ • 산업화 이후 우리나라의 인구 분포를 크게 바꾸 │
│   는 데 많은 영향을 준 인구 이동이다. │
└────────────────────────────┘

(   )

서술형 문제

09 지도는 우리나라의 시도별 인구와 인구 밀도를 나타
549 낸 것이다. 이를 보고, 물음에 답하시오.

(1) 서울과 울산의 인구 분포 특징을 간단히 서술하
   시오.

   _____

(2) 서울과 울산의 인구 분포가 (1)의 답과 같이 나
   타나는 이유를 인구 분포에 영향을 주는 인문적
   요인과 관련지어 서술하시오.

   _____
   _____
   _____

논술형 문제

10 지도는 우리나라의 인구 분포를 나타낸 것이다. 각 시
550 대별 인구 분포의 특징을 쓰고, 인구 분포가 변화한
요인을 인구 이동과 관련지어 서술하시오.

1940년	2015년

_____
_____
_____
_____
_____

차근차근 기본 다지기

01 다음 설명이 맞으면 ○표, 틀리면 ✕표 하시오.
551
(1) 교통 수단의 발달과 함께 지역 간 이동뿐만 아니라 국가 간 이동도 활발해지고 있다. (   )
(2) 흡인 요인은 좋은 일자리, 쾌적한 환경 등 사람들을 끌어들이는 요인을 말한다. (   )
(3) 오늘날 우리나라로 오는 외국인들이 빠르게 감소하고 있다. (   )

02 다음 괄호 안의 내용 중 알맞은 것에 ○표 하시오.
552
(1) 배출 요인이 큰 지역에서는 인구 (유입 , 유출)이 활발하고, 흡인 요인이 큰 지역에서는 인구 (유입 , 유출)이 활발하다.
(2) 우리나라는 1960년대 이후 (역도시화 , 이촌 향도) 현상이 나타났다.
(3) 1960년대 이후 우리나라의 인구 이동은 대부분 (경제적 , 정치적)인 이유로 일어나고 있다.

03 우리나라 시기별로 이루어진 인구 이동을 바르게 연결하시오.
553
(1) 일제 강점기 •
(2) 광복 후 •
(3) 6·25 전쟁 •
(4) 1960년대 이후 •
(5) 1990년대 이후 •

• ㉠ 해외에서 국내로 이동
• ㉡ 광공업이 발달한 북부 지방으로 이동
• ㉢ 월남한 동포들이 남부 지방으로 이동
• ㉣ 도시 인구가 주변 지역이나 촌락으로 이동
• ㉤ 촌락 인구가 서울 등 대도시로 이동

04 다음과 같은 인구 이동이 일어난 시기로 옳은
554 것은?

> 산업화가 진행되면서 이촌 향도 현상이 나타나 많은 인구가 수도권과 신흥 공업 도시로 이동하였다. 국제적으로는 우리나라의 많은 청년들이 탄광 노동자, 간호사 등으로 취업하기 위해 독일로 이주하였다.

① 일제 강점기　　② 광복 후
③ 1960년대 이후

05 인구 이동의 흡인 요인만을 〈보기〉에서 고른
555 것은?

- 보기 -
ㄱ. 낮은 임금
ㄴ. 쾌적한 환경
ㄷ. 정치적 불안정
ㄹ. 우수한 교육 여건

① ㄱ, ㄴ　　　　② ㄱ, ㄷ
③ ㄴ, ㄷ　　　　④ ㄴ, ㄹ

[06-07] 다음 지도를 보고, 물음에 답하시오.

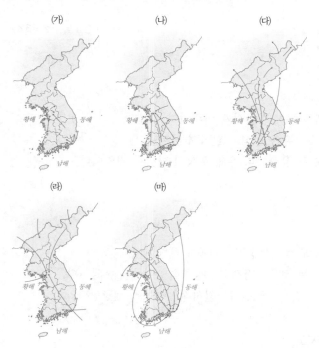

서술형 문제

09 다음 지도를 보고, 물음에 답하시오.
559

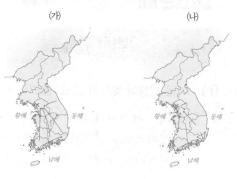

(1) ㈎와 ㈏의 인구 이동이 발생한 시기를 각각 쓰시오.

_____

(2) ㈎와 ㈏ 시기의 인구 이동의 방향 및 원인을 각각 서술하시오.

_____

06 ㈎~㈐ 중 다음 글과 관련 있는 지도는?
556

> '굳세어라 금순아'는 6·25 전쟁으로 인한 혼란과 그 시대의 아픔을 잘 표현한 노래이다. 피란민으로 혼잡한 흥남 부두에서 금순이와 헤어지고 홀로 부산으로 와 국제 시장에서 장사를 하면서 잃어버린 가족을 찾는 실향민의 아픔을 그렸다.

① ㈎　　　② ㈏　　　③ ㈐

④ ㈑　　　⑤ ㈒

07 ㈎~㈒를 시기 순으로 바르게 나열한 것은?
557

① ㈐ - ㈏ - ㈎ - ㈑ - ㈒

② ㈐ - ㈑ - ㈏ - ㈒ - ㈎

③ ㈐ - ㈑ - ㈒ - ㈏ - ㈎

④ ㈒ - ㈎ - ㈑ - ㈏ - ㈐

⑤ ㈒ - ㈑ - ㈐ - ㈏ - ㈎

08 다음 설명에 해당하는 용어를 쓰시오.
558

> 1990년대 이후 대도시의 생활 환경 악화로 일부 인구가 주변 소도시나 촌락으로 이동하는 현상

(　　　　　)

논술형 문제

10 다음 자료를 보고, 물음에 답하시오.
560

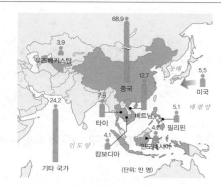

△ 우리나라 등록 외국인의 주요 출신 국가 (2015년)

이들은 대부분 중국, 베트남, 타이, 필리핀 등의 국가에서 왔으며, 중소기업의 생산 시설이나 건설 현장 등에서 일하고 있다.

(1) 위 인구 이동의 가장 주된 요인은 무엇인지 간단히 쓰시오.

_____

(2) 위의 인구 이동이 우리 사회에 미치는 영향을 긍정적인 측면과 부정적인 측면에서 서술하시오.

_____

◆ 차근차근 기본다지기 ◆

01 다음 설명이 맞으면 〇표, 틀리면 ✕표 하시오.
561

(1) 최근 세계화와 교통·통신의 발달로 인구의 국제 이동이 활발하게 이루어지고 있다. (　　　)

(2) 정치적으로 안정되고 경제가 발전한 곳에서는 인구 유출 현상이 활발히 일어난다. (　　　)

(3) 아프리카, 라틴 아메리카, 남부 아시아 지역은 인구 유출보다 유입 현상이 활발한 지역이다.

(　　　)

02 다음 괄호 안의 내용 중 알맞은 것에 〇표 하시오.
562

(1) 과거 영국 청교도가 아메리카로 이주한 것은 (종교적 , 환경적) 이동에 해당한다.

(2) 개발 도상국에서 선진국으로 일자리를 찾아 떠나는 것은 (경제적 , 정치적) 이동에 해당한다.

(3) 해외 여행, 유학, 파견 등으로 거주지를 이동하는 것은 (영구적 , 일시적) 이동에 해당한다.

03 (1)~(3)에서 설명하는 용어를 퍼즐판에서 찾아 색칠하시오.
563

여	노	차	지	유
수	예	호	실	출
박	무	민	추	짱
지	역	도	시	화
란	웅	산	포	교

(1) 아프리카의 흑인들이 아메리카로 이주한 강제적 이동의 대표적인 사례는?

(2) 쾌적한 환경을 찾아 도시 인구가 도시 주변 지역이나 농촌으로 이동하는 현상은?

(3) 정치적으로 불안정하고 경제가 발전하지 못해 인구가 빠져나가는 지역을 일컫는 말은? 〇〇 지역

04 (가), (나) 사례와 인구 이동의 유형을 바르게 연결한 것은?
564

> (가) 저의 모국은 시리아지만 분쟁이 발생하여 현재 터키 난민촌에서 살고 있어요.
> (나) 우리 가족은 투발루에 살고 있었는데 해수면이 상승하여 다른 지역으로 이주해왔어요.

	(가)	(나)
①	경제적 이동	정치적 이동
②	환경적 이동	경제적 이동
③	정치적 이동	환경적 이동

05 밑줄 친 ㉠에 들어갈 내용으로 가장 적절한 것은?
565

> 교사: 미국 내 인구 이동을 살펴보면, 과거 인구가 밀집했던 북동부 해안에서 남부 지역과 태평양 연안으로 많은 사람이 이동하였습니다. 그 이유는 무엇일까요?
> 학생: 남부 지역과 태평양 연안은 _____ ㉠

① 제조업이 발달하였기 때문입니다.

② 정치적으로 불안정하기 때문입니다.

③ 자연재해가 빈번히 일어나기 때문입니다.

④ 기후가 온화하고 환경이 쾌적하기 때문입니다.

06 지도는 세계의 인구 이동을 나타낸 것이다. 옳은 설명
566 만을 〈보기〉에서 고른 것은?

주요 인구 유출 지역
주요 인구 유입 지역
→ 유럽인의 아메리카 이동
→ 아프리카인의 강제적 이동
→ 중국인의 동남아시아 이동
→ 1990년 이후 주요 경제 이동
→ 난민의 이동

· 보기 ·
ㄱ. 신항로 개척 이후 유럽인들이 신대륙으로 이
 동하였다.
ㄴ. 오늘날은 선진국에서 개발 도상국으로 이동하
 는 경제적 이동이 대부분이다.
ㄷ. 서부 유럽, 앵글로아메리카, 오세아니아 지역
 은 인구 유출 현상이 나타난다.
ㄹ. 과거 아프리카 흑인들은 노예 무역으로 강제
 적으로 아메리카 대륙으로 이동하였다.

① ㄱ, ㄴ   ② ㄱ, ㄹ   ③ ㄴ, ㄷ
④ ㄴ, ㄹ   ⑤ ㄷ, ㄹ

07 인구 유입 지역에서 주로 나타나는 현상으로 옳은 것
567 만을 〈보기〉에서 고른 것은?

· 보기 ·
ㄱ. 문화적 다양성 감소
ㄴ. 노동력 부족 문제 증가
ㄷ. 이주자와 현지인 간의 문화적 갈등 발생
ㄹ. 이주자 인종 차별로 인한 사회적 문제 발생

① ㄱ, ㄴ   ② ㄱ, ㄹ   ③ ㄴ, ㄷ
④ ㄴ, ㄹ   ⑤ ㄷ, ㄹ

08 다음 설명에 해당하는 용어를 쓰시오.
568

• 전쟁, 분쟁, 정치적 탄압 등을 피하기 위해 다른
 나라로 탈출하는 사람들을 가리킨다.
• 내전 중인 시리아, 아프가니스탄, 소말리아 등
 지에서 주로 발생한다.

(   )

서술형 문제
09 지도는 모로코 출신
569 자들의 이주 흐름을
나타낸 것이다. 이를
보고, 물음에 답하시
오.

교사: 위 지도와 같이 이주가 지속될 때 모로코에
 미칠 수 있는 ㉠ 긍정적인 영향과 ㉡ 부정적
 인 영향은 무엇일까요?

(1) ㉠에 해당하는 내용을 두 가지 서술하시오.

(2) ㉡에 해당하는 내용을 두 가지 서술하시오.

논술형 문제
10 다음 자료를 보고 유럽으로의 난민 유입에 대한 찬성
570 또는 반대 의견을 근거를 포함하여 논술하시오.

6월 20일은 '세계 난민의 날'로 최근 10년간 난
민 발생이 증가해 왔다. 특히 프랑스, 독일 등 서
부 유럽은 북부 아프리카와 터키로부터 많은 인구
가 유입되었고, 최근에는 아프리카나 서남아시아
에서 난민이 대규모로 유입되고 있다.

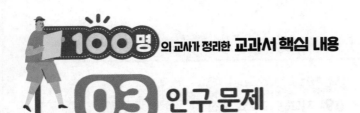

100명의 교사가 정리한 **교과서 핵심 내용**

03 인구 문제

① 한눈에 쏙

• 세계의 인구 문제와 대책

선진국	개발 도상국
인구 문제 +	인구 문제
저출산·고령화	인구 급증
↓	↓
대책	대책
출산 장려 정책, 노인 재취업 기회 제공, 복지 제도 개선 등	식량 확보와 경제 발전, 인구 증가 억제를 위한 가족계획 등

① 세계 인구 성장

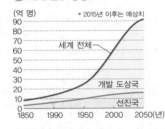

② 국가별 *합계 출산율과 65세 이상 인구 비율

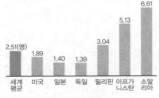

▲ 국가별 합계 출산율(2010~2015년)

▲ 국가별 65세 이상 인구 비율(2015년)

용어 사전

• **합계 출산율** 한 여성이 평생 동안 낳을 수 있는 평균 자녀 수로, 최소 2.1명이 되어야 인구가 유지됨
• **인구 부양력** 한 나라의 인구가 그 나라의 사용 가능한 자원으로 생활할 수 있는 능력
• **성비** 여성 100명에 대한 남자의 수

① 선진국과 개발 도상국의 인구 문제와 대책

1 세계 인구의 빠른 성장①

(1) 배경: 18세기 후반 산업 혁명 이후 의학 기술 발달 및 생활 수준 향상 → 평균 수명 연장, 영아 사망률 감소

(2) 특징
① 세계의 인구 증가는 개발 도상국의 인구 성장이 주도하고 있음
② 경제 발전 수준에 따라 지역별로 차이가 큼 자료①

선진국	산업화가 일찍 진행되어 산업 혁명 이후부터 인구가 성장하였음, 현재는 출산율과 사망률이 모두 낮아서 인구 증가 속도가 완만하거나 정체됨 ⑩ 유럽, 앵글로아메리카 등의 선진국
개발 도상국	제2차 세계 대전 이후 경제 성장과 의료 기술 및 생활 환경의 개선, 높은 출생률과 낮은 사망률로 인구가 폭발적으로 증가 ⑩ 아프리카, 라틴 아메리카, 아시아 등의 개발 도상국

2 선진국의 인구 문제와 대책

(1) 저출산·고령화 문제②

• 고령화 사회의 구분

구분	65세 이상 인구 비율
고령화 사회	7%
고령 사회	14%
초고령 사회	20%

구분	저출산	고령화
원인	여성의 사회 활동 증가로 자녀에 관한 가치관 변화, 육아에 따른 경제 부담 증가 등	경제 수준 향상 및 의료 기술의 발달로 평균 수명 증가
문제점	• 생산 가능 인구 감소 → 경제 성장 둔화, 청장년층의 노년층 부양 비용 증가 • 부족한 노동력을 채우기 위해 외국인 근로자 유입 → 새로운 문화적 갈등과 사회 문제 발생 ┗15~64세 연령층 인구	

(2) 저출산·고령화 문제의 대책
① 출산율을 높이기 위한 대책: 출산과 육아에 대한 지원을 강화하는 등 출산 장려 정책 시행
② 고령화에 대비한 대책: 노인 재취업 기회 제공, 정년 연장, 연금 제도 및 노인 복지 제도 개선
③ 노동력 부족에 대한 대책: 외국인 노동자 유입 확대 추진

3 개발 도상국의 인구 문제와 대책

┗왜? 식량 생산량 증가, 의학 발달 때문

인구 급증	• 원인: 낮은 사망률과 높은 출생률 ┗왜? 농업, 종교, 전통문화 등의 영향 때문 • 문제점: *인구 부양력이 인구 증가에 미치지 못해 빈곤과 기아 발생 • 대책: 가족계획 시행(출산 억제 정책), 농업의 기계화(식량 확보)와 산업화(경제 발전)를 위한 정책을 시행하여 인구 부양력을 높임
대도시 인구 과밀	• 원인: 산업화 과정에서 농촌의 인구가 일자리를 찾아 도시로 이동(이촌 향도) • 문제점: 도시의 주택 부족, 교통 혼잡, 환경 오염과 촌락의 노동력 부족 문제 발생 • 대책: 인구의 지방 분산 정책, 촌락의 생활 환경을 개선해 인구 이동을 막음
*성비 불균형	• 원인: 중국, 인도 등 일부 아시아 국가의 남아 선호 사상 • 문제점: 남성이 결혼 적령기에 배우자를 구하기 어려움 • 대책: 남아 선호 사상 타파, 양성 평등 문화 정착, 태아 성감별 금지

선진국과 개발 도상국의 인구 구조

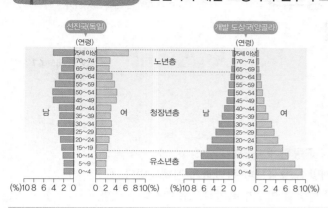

· **선진국의 인구 구조**: 선진 국은 출산율이 낮고 평균 수명이 길어 유소년층 인 구 비율은 낮고, 노년층 인구 비율은 높다.
└ 0~14세 연령층 인구

· **개발 도상국의 인구 구조**: 출산율이 높고 평균 수명 이 짧아 유소년층 인구 비 율은 높고, 노년층 인구 비 율은 낮다.

---

❷ 우리나라의 인구 문제와 대책 [자료 ❷]

1 저출산 문제와 대책 ❸

(1) **현황**: 2015년 기준 합계 출산율이 1.24명 → 세계적으로 매우 낮은 수준

(2) **원인**: 자녀 양육비 부담, 결혼 연령 상승 및 미혼 인구 증가, 주택 마련 비용 증가, 결혼 및 가족에 대한 가치관 변화 등 복합적임
└ 예) 요즘 젊은 연령층은 자녀를 낳지 않거나 한 자녀만 낳겠다는 생각을 많이 하고 있음

(3) **문제**: 인구 감소로 인한 노동력 부족, 경기 침체 등

(4) **대책**: 임신과 출산 관련 의료비와 양육비(보육료) 지원, 영·유아 보육 시설 확대, 청년층의 고용 안정, 남성의 육아 참여 확대, 결혼과 가족에 대한 인식 변화 등

2 고령화 문제와 대책

(1) **현황**: 2000년에 고령화 사회 진입, 2015년에 *중위 연령이 40대 진입

(2) **원인**: 의학 기술의 발달, 인구 부양력 증대 등

(3) **문제**: 노인 부양에 따른 청장년층의 부담 증대, 젊은 노동력 부족으로 국가 경쟁 력 약화

(4) **대책**: 노인 직업 훈련 및 일자리 제공, 정년 연장, 안정적 생활을 위한 연금 확대, 노인 복지 시설 확충 등
└ 일정 기간마다 지급되는 돈

우리나라의 인구 구성 비율 변화

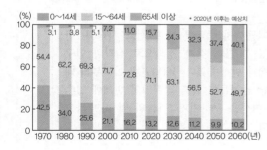

우리나라의 유소년층과 청장년층 비율은 감소하고 있으며, 노년층 인구 비율은 빠 르게 증가하고 있다. 우리나라는 2000년 에 이미 고령화 사회로 진입하였다.

---

3 시기별 인구 문제 변화 ❹

6·25 전쟁 이후	사회의 안정화, 출생률 증가, 사망률 감소 → 인구 급증
1960~1980년대	정부의 인구 증가 억제 정책 시행 → 출생률이 급격하게 감소
1990년대	출생률 감소로 저출산·고령화 현상이 심각해짐

· **우리나라의 인구 문제와 대책**

인구 문제	저출산·고령화 문제

↓ 출생율 낮음, 평균 수명 높음

인구 대책	· 양육비와 보육비 지원, 남성의 육아 참여 등 · 노인 복지 시설 확대, 노인 일자리 창출

---

❸ **우리나라의 합계 출산율**

우리나라는 1970~80년대를 거치면 서 출생률이 급격히 낮아졌고, 2015 년에는 합계 출산율이 1.24명을 기록 해 초저출산 사회로 진입하였다.

---

❹ **우리나라의 가족 계획 포스터**

▲ 1960년대　　▲ 1970년대

▲ 1980년대　　▲ 1990년대

▲ 2000년대

용어 사전

*중위 연령 총인구를 연령순으로 나 열할 때 정중앙에 있는 사람의 해당 연령

1 선진국과 개발 도상국의
인구 문제와 대책

이 주제에서는 어떤 문제가 잘 나올까?
• 선진국과 개발도상국의 인구 문제 비교하기
• 인구 문제의 대책 제시하기

• 정답 및 해설 **47**쪽

차근차근 기본 다지기

01 다음 설명이 맞으면 ○표, 틀리면 ✕표 하시오.
571

(1) 세계 인구의 증가 양상은 경제 발전 수준과 달리 균등하게 나타난다. (　　　)

(2) 산업 혁명 이후 시작된 선진국의 인구 증가는 개발 도상국보다 완만하게 진행되었다. (　　　)

(3) 개발 도상국들은 생활 환경의 개선, 의학 기술의 발달로 인구가 폭발적으로 증가하고 있다. (　　　)

02 다음 괄호 안의 내용 중 알맞은 것에 ○표 하시오.
572

(1) 개발 도상국은 선진국보다 출생률이 (낮다 , 높다).

(2) 개발 도상국은 선진국과 비교하여 평균 수명이 (짧다 , 길다).

(3) 선진국은 개발 도상국보다 유소년층의 인구 비율이 (낮다 , 높다).

03 (1)~(4)에서 설명하는 용어를 퍼즐판에서 찾아 색칠하시오.
573

인	구	부	양	력	비
구	직	업	육	아	고
피	임	성	비	연	령
라	오	스	혼	인	화
미	합	계	출	산	율
드	산	신	생	아	기

(1) 여성 100명에 대한 남성 수를 의미하는 것은?

(2) 한 국가의 인구가 그 국가 내에서 사용 가능한 자원으로 생활할 수 있는 능력을 나타내는 것은?

(3) 한 여성이 평생 낳을 것으로 예상되는 평균 자녀의 수를 말하는 것은?

(4) 한 국가에서 65세 이상 노인 인구가 전체 인구의 7%를 넘으면 ○○○ 사회라고 한다.

04 다음 글을 읽고 유추할 수 있는 인구 문제로 옳지 **않은** 것은?
574

> 저는 말리에 사는 카푸치예요. 우리는 다 함께 모여 살아요. 할아버지는 작년에 50세의 연세로 돌아가셨어요. 우리 가족은 할머니, 엄마, 아빠, 동생 2명과 외삼촌과 외숙모, 이모 2명과 이모부 2명, 사촌 동생 4명까지 총 열여섯 식구가 함께 살지요.

① 식량 부족

② 주택 부족

③ 노동력 부족

05 다음 글을 통해 알 수 있는 중국의 인구 문제로 옳은 것은?
575

> 최근까지 중국은 남아 선호 사상과 '한 가정 한 자녀 갖기' 정책으로 심각한 인구 문제가 발생하였다. 1990년대 이후부터 태어난 남성들이 결혼 적령기인 현재에 결혼할 여성을 구하기가 '하늘의 별 따기'라고 한다.

① 저출산

② 성비 불균형

③ 세대 간 갈등

④ 노동 가능 인구 감소

06
576 그래프는 일본의 인구 구조 변화를 나타낸 것이다. 이를 통해 알 수 있는 설명으로 옳지 <u>않은</u> 것은?

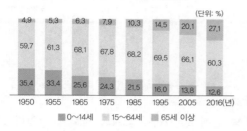

(단위: %)

① 일본은 2005년에 초고령 사회에 진입하였다.
② 15~64세 인구의 노인 인구 부양 부담이 완화될 것이다.
③ 부족한 노동력을 보충하기 위해 외국인 근로자의 유입이 증가할 것이다.
④ 의학 기술이 발달하고 생활 수준이 높아져 인구의 고령화 현상이 나타나고 있다.
⑤ 결혼 및 출산에 대한 여성의 가치관이 변화하면서 0~14세 인구가 감소하였다.

07
577 다음 그래프에서 (가), (나)에 들어갈 용어를 바르게 연결한 것은?

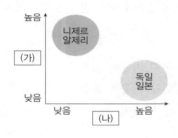

	(가)	(나)
①	인구 증가율	14세 이하 인구 비율
②	합계 출산율	14세 이하 인구 비율
③	합계 출산율	65세 이상 인구 비율
④	평균 출산 연령	인구 증가율
⑤	평균 출산 연령	65세 이상 인구 비율

08
578 ㉠에 공통으로 들어갈 알맞은 용어를 쓰시오.

• (㉠)은/는 생산 활동이 가능한 15세부터 64세까지 나이의 사람을 말한다.
• 선진국에서는 (㉠)이/가 감소하여 경제 성장이 둔화하고 노년층 인구를 부양하는 비용이 증가하는 문제가 발생하고 있다.

(   )

서술형 문제

09
579 다음은 인도의 인구 문제에 대한 설명이다. 밑줄 친 인구 문제의 원인과 대안을 서술하시오.

인도의 인구는 1965년 약 5억 명에서 2015년 약 13억 명으로 50년 동안 약 8억 명이 증가하였다.
인도는 사망률이 감소하고 사회적으로 남아 선호 사상, 종교적 전통, 높은 문맹률과 출생률로 인구가 빠르게 증가하고 있다. 인도의 인구는 2025년을 전후하여 중국의 인구를 추월할 것으로 전망된다. <u>인도의 일부 대도시에는 인구가 급증하여 교통 문제, 학교·병원·주택 부족 등의 문제가 나타나고 있다.</u>

(1) 원인: ＿＿＿＿＿＿＿＿＿＿＿＿＿＿

＿＿＿＿＿＿＿＿＿＿＿＿＿＿＿＿

＿＿＿＿＿＿＿＿＿＿＿＿＿＿＿＿

(2) 대안: ＿＿＿＿＿＿＿＿＿＿＿＿＿＿

＿＿＿＿＿＿＿＿＿＿＿＿＿＿＿＿

＿＿＿＿＿＿＿＿＿＿＿＿＿＿＿＿

＿＿＿＿＿＿＿＿＿＿＿＿＿＿＿＿

논술형 문제

10
580 그래프는 영국의 시기별 인구 피라미드이다. 1881년과 2015년의 변화를 바탕으로 2070년 영국의 인구 피라미드를 예상해 보고 그 이유를 서술하시오.

＿＿＿＿＿＿＿＿＿＿＿＿＿＿＿＿＿＿＿＿＿＿

＿＿＿＿＿＿＿＿＿＿＿＿＿＿＿＿＿＿＿＿＿＿

＿＿＿＿＿＿＿＿＿＿＿＿＿＿＿＿＿＿＿＿＿＿

＿＿＿＿＿＿＿＿＿＿＿＿＿＿＿＿＿＿＿＿＿＿

＿＿＿＿＿＿＿＿＿＿＿＿＿＿＿＿＿＿＿＿＿＿

100명의 교사가 콕 찍은 **주제별·유형별 대표문제** | ② 우리나라의 인구 문제와 대책

● 정답 및 해설 **47**쪽

차근차근 기본 다지기

01 다음 설명이 맞으면 ○표, 틀리면 ✕표 하시오.
581
(1) 우리나라는 출산율이 높아 인구가 증가할 예정이다. (   )
(2) 우리나라는 의학 기술의 발달과 인구 부양력 증대로 인해 2000년에 고령화 사회에 진입하였다.
(   )
(3) 우리나라는 저출산과 고령화 문제로 앞으로 인구가 계속 늘어날 전망이다. (   )

02 다음 괄호 안의 내용 중 알맞은 것에 ○표 하시오.
582
(1) 우리나라는 노인 부양에 따른 청장년층의 부담이 (감소 , 증대)하였다.
(2) 1960~1980년대에는 정부에서 인구 (인구 감소 예방 , 인구 증가 억제) 정책을 실시하였다.
(3) 2015년에 우리나라의 합계 출산율은 1.24명으로 세계적으로 매우 (낮은 , 높은) 수준이다.

03 다음 그래프는 우리나라의 인구 구성 비율 변화를 나타낸 것이다. 빈칸에 들어갈 알맞은 말을 쓰시오.
583

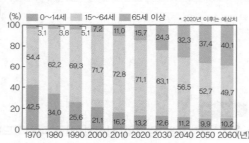

(1) 유소년층 인구 비율이 점점 _____ 할 것이다.
(2) 청장년층 인구 비율이 점점 _____ 할 것이다.
(3) 노년층 인구 비율이 점점 _____ 할 것이다.

04 밑줄 친 '이 문제'로 옳은 것은?
584

> 우리나라는 경제 발전과 의학 기술 발달 등으로 평균 수명이 늘어나면서 노인 인구가 급증하여 인구의 '이 문제'가 빠르게 진행되고 있다.

① 저출산
② 고령화
③ 인구 급증

05 다음 그래프의 제목으로 적절한 것은?
585

① 우리나라의 인구 구성
② 시기별 인구 문제 변화
③ 우리나라의 합계 출산율
④ 우리나라의 65세 이상 인구 비율

06 (가)~(다)는 우리나라의 시대별 인구 포스터이다. 시대
586 순으로 바르게 나열한 것은?

(가)	(나)	(다)

① (가) - (나) - (다)　　② (가) - (다) - (나)

③ (나) - (가) - (다)　　④ (나) - (다) - (가)

⑤ (다) - (나) - (가)

07 다음 그림에서 나타나는 우리나라 인구 문제의 원인
587 만을 〈보기〉에서 고른 것은?

┌─ 보기 ─
ㄱ. 자녀 양육비 부담
ㄴ. 의학 기술의 발달
ㄷ. 남성의 육아 참여 확대
ㄹ. 결혼 및 가족에 대한 가치관 변화
└

① ㄱ, ㄴ　　② ㄱ, ㄹ　　③ ㄴ, ㄷ

④ ㄴ, ㄹ　　⑤ ㄷ, ㄹ

08 다음 설명에 해당하는 용어를 쓰시오.
588

┌
총인구를 연령 순으로 나열할 때 정중앙에 있는
사람의 해당 연령으로 우리나라는 2015년에 40대
에 진입하였다.
└

(　　　　)

서술형 문제

09 그래프는 우리나라의 인구 피라미드이다. 이를 보고,
589 물음에 답하시오.

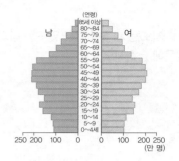

(1) 위의 인구 피라미드를 통해 우리나라에서 나타날
수 있는 인구 문제를 예상하여 두 가지 쓰시오.

_____

(2) (1)에서 예상한 우리나라의 인구 문제가 해결되
지 않는다면, 어떤 문제가 발생할지 서술하시오.

_____

_____

논술형 문제

10 다음 자료를 보고, 물음에 답하시오.
590

┌
우리나라는 2060년에 생산 가능 인구(15~64
세) 1명이 노인(65세 이상) 1명을 부양하게 될 만
큼 (㉠)이/가 빠르게 진행되고 있다.
└

(1) ㉠에 들어갈 우리나라의 인구 문제를 쓰시오.

_____

(2) ㉠에 들어갈 인구 문제에 대한 대책을 서술하시오.

_____

_____

_____

01 인구 분포

[01-02] 지도는 세계의 인구 밀도를 나타낸 것이다. 이를 보고, 물음에 답하시오.

01 (가), (나)에서 설명하는 지역을 지도의 A~E에서 고른
591 것은?

> (가) 벼농사가 활발하게 이루어져 쌀 생산량이 많은 곳이다.
> (나) 건조 기후 지역에서 오아시스 농업과 유목 생활이 이루어지는 곳이다.

	(가)	(나)		(가)	(나)
①	A	E	②	B	A
③	C	B	④	C	E
⑤	E	B			

02 A~E 지역의 인구 분포에 대한 설명으로 옳은 것은?
592
① A – 인간 거주에 불리한 열대 기후 지역이다.
② B – 벼농사 지역으로 인구 밀도가 높다.
③ C – 잦은 내전으로 인구 유출이 많은 지역이다.
④ D – 인간 거주에 불리한 한대 기후 지역이다.
⑤ E – 저지대보다 고산 기후가 나타나는 지역을 중심으로 인구 밀도가 높다.

03 (가) 지역이 (나) 지역보다 인구 밀도가 높은 원인을 탐구
593 할 때 주제로 가장 적절한 것은?

① 계절풍이 벼농사에 미치는 영향
② 종교가 출산율의 지역 차에 미치는 영향
③ 화산재 토양이 작물 재배에 미치는 영향
④ 해발 고도의 차이가 기온 분포에 미치는 영향
⑤ 경제적 수준이 임금의 지역 차에 미치는 영향

[04-05] 지도는 국가의 면적을 인구수에 비례하여 왜곡시켜 그린 것이다. 이를 보고, 물음에 답하시오.

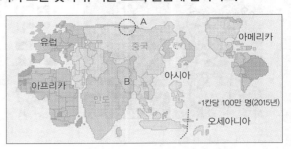

04 세계의 인구 분포에 대한 옳은 설명만을 〈보기〉에서
594 고른 것은?

> • 보기 •
> ㄱ. 오세아니아는 유럽보다 인구 밀도가 낮다.
> ㄴ. 가장 인구수가 많은 대륙은 아프리카이다.
> ㄷ. 세계 인구는 남반구보다 북반구에 많이 분포한다.
> ㄹ. 기후가 추운 극지방으로 갈수록 인구수는 많아진다.

① ㄱ, ㄴ   ② ㄱ, ㄷ   ③ ㄴ, ㄷ
④ ㄴ, ㄹ   ⑤ ㄷ, ㄹ

05 (가), (나)는 아시아 어떤 국가의 지리 정보를 나타낸 것
595 이다. 옳은 설명만을 〈보기〉에서 고른 것은? (단, (가),
(나)는 지도의 A, B 국가 중 하나임.)

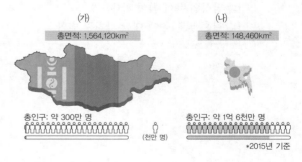

> • 보기 •
> ㄱ. (나)는 (가)보다 인구 밀도가 높다.
> ㄴ. (나)는 (가)보다 벼농사가 활발하다.
> ㄷ. (나)는 (가)보다 건조 기후 지역의 면적이 넓다.
> ㄹ. (가)는 B, (나)는 A이다.

① ㄱ, ㄴ   ② ㄱ, ㄷ   ③ ㄴ, ㄷ
④ ㄴ, ㄹ   ⑤ ㄷ, ㄹ

06 그래프는 세계의 지역(대륙)별 인구수의 변화를 나타낸 것이다. 옳은 설명만을 〈보기〉에서 고른 것은? (단, (가)~(다)는 앵글로아메리카, 아프리카, 아시아 중 하나임.)

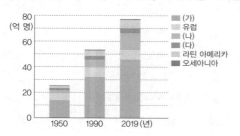

보기
ㄱ. (가)는 세계 인구 규모 1위 국가를 포함한다.
ㄴ. (가)는 (나)보다 1950~2019년 사이 인구 증가율이 높다.
ㄷ. (나)는 유럽보다 합계 출산율이 높다.
ㄹ. (나)는 (다)보다 1인당 국내 총생산이 높다.

① ㄱ, ㄴ　　② ㄱ, ㄷ　　③ ㄴ, ㄷ
④ ㄴ, ㄹ　　⑤ ㄷ, ㄹ

07 A, B 지역의 인구 분포 요인을 그래프와 같이 표현할 때 (가), (나)에 들어갈 내용으로 옳지 <u>않은</u> 것은?

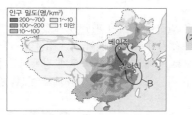

① (가) – 해발 고도　　② (가) – 쌀 생산량
③ (나) – 기온　　④ (나) – 습도
⑤ (나) – 1인당 공업 생산액

08 그래프는 우리나라 수도권과 비수도권 인구수의 변화를 나타낸 것이다. 옳은 설명은?

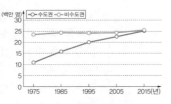

① 우리나라 전체 인구는 점차 감소하고 있다.
② 수도권으로 인구 집중 현상이 나타나고 있다.
③ 2005년부터 수도권 인구가 비수도권 인구보다 많아졌다.
④ 1985년부터 우리나라 전체 인구의 절반 이상이 수도권에 살게 되었다.
⑤ 우리나라 전체 인구에서 비수도권의 인구가 차지하는 비율은 대체로 변화가 없다.

09 지도는 우리나라 인구 분포를 나타낸 것이다. 이에 대한 옳은 분석만을 〈보기〉에서 고른 것은?

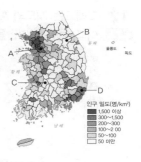

보기
ㄱ. A에는 행정 중심 복합 도시가 조성되어 유입 인구가 증가하였다.
ㄴ. B는 지형적인 요인으로 인구 밀도가 낮다.
ㄷ. C는 전형적인 촌락으로 지역 내 고령 인구 비율이 높게 나타난다.
ㄹ. D는 인구 부양력이 높은 벼농사가 발달하여 인구 밀도가 높다.

① ㄱ, ㄴ　　② ㄱ, ㄷ　　③ ㄴ, ㄷ
④ ㄴ, ㄹ　　⑤ ㄷ, ㄹ

10 우리나라 인구 분포에 대한 설명으로 옳지 <u>않은</u> 것은?

① 북동부 지역보다 남서부 지역의 인구 밀도가 높다.
② 현재 서울을 중심으로 하는 수도권 지역에 전체 인구의 약 절반이 살고 있다.
③ 산업화 이전에는 인구 분포가 기후와 지형 등 자연적 요인의 영향을 크게 받았다.
④ 태백산맥과 소백산맥 일대의 산간 지역은 인구가 감소하거나 정체되어 인구 밀도가 낮다.
⑤ 2000년대 이후 산업화 과정과 함께 이촌 향도 현상에 의해 도시의 인구 밀도가 높아졌다.

11 우리나라의 인구 분포 변화에 대한 옳은 설명만을 〈보기〉에서 있는 대로 고른 것은?

보기
ㄱ. 산지가 많은 북동부 지역이 인구 밀도가 높다.
ㄴ. 대도시, 위성 도시, 공업 도시가 발달한 곳을 중심으로 인구가 집중하였다.
ㄷ. 1940년에는 기후나 지형과 같은 자연적인 요인이 인구 분포의 지역 차에 영향을 미쳤다.
ㄹ. 1940년과 비교해 2015년에 인구 밀도가 낮아진 곳은 이촌 향도에 의해 인구가 감소한 곳이다.

① ㄱ, ㄴ　　② ㄱ, ㄷ　　③ ㄴ, ㄷ
④ ㄱ, ㄴ, ㄹ　　⑤ ㄴ, ㄷ, ㄹ

12 그래프는 지도의 A, B 지역의 인구 변화를 나타낸 것
602 이다. 옳은 설명만을 〈보기〉에서 고른 것은?

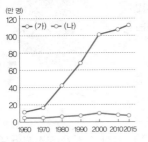

• 보기 •
ㄱ. (가)는 1960년대 공업 도시로 지정되면서 인구
   가 성장하였다.
ㄴ. (나)는 남동 임해 공업 지역에 속한다.
ㄷ. 의료 · 교육 · 문화 시설에 대한 접근성은 (가)가
   (나)보다 높다.
ㄹ. (가)는 A, (나)는 B이다.

① ㄱ, ㄴ   ② ㄱ, ㄷ   ③ ㄴ, ㄷ
④ ㄴ, ㄹ   ⑤ ㄷ, ㄹ

13 (가), (나) 지역을 지도의 A~E에서 찾아 바르게 연결한
603 것은?

(가) 과거에는 많은 사람들이 모여 살았지만, 이촌
   향도 현상에 따라 도시로 인구가 이동하면서
   인구 밀도가 낮은 지역이 되었다.
(나) 정부의 중화학 공업 육성 정책에 따라 대규모
   공업 단지가 조성되면서 인구 밀집 지역이 되
   었다.

	(가)	(나)		(가)	(나)
①	A	C	②	B	C
③	C	E	④	D	E
⑤	E	A			

02 인구 이동

14 인구 배출 요인과 흡인 요인을 바르게 연결한 것은?
604

	배출 요인	흡인 요인
①	자연재해	풍부한 일자리
②	자연재해	의료 시설의 부족
③	정치적 박해	자연재해
④	쾌적한 주거 환경	정치적 불안정
⑤	의료 시설의 부족	정치적 불안정

15 자료는 대중가요에 나타난 우리나라 인구 이동을 나
605 타낸 것이다. 옳은 설명만을 〈보기〉에서 고른 것은?

(가) '귀국선'이라는 노래는 ㉠ 징용이나 징병으로 끌
   려가거나 식민지 삶의 고통에서 벗어나기 위해
   외국으로 떠났던 많은 이들이 귀국선에 몸을 싣
   고 고국으로 돌아오는 감격을 표현하고 있다.
(나) '서울행 삼등실'이라는 노래는 ㉡ 산업화 과정에
   서 어쩔 수 없이 도시로 떠나야 했던 사람들의
   정서와 아픔이 잘 드러나 있다. 노래는 ㉢ 이촌
   향도 현상을 배경으로 한다.

• 보기 •
ㄱ. ㉠은 일자리를 찾아 떠난 경제적 이동이다.
ㄴ. ㉡은 정치적 자유를 찾아 떠난 정치적 이동이다.
ㄷ. ㉢으로 인해 도시화가 빠르게 진행되었다.
ㄹ. 인구 이동의 시기는 (가)가 (나)보다 이르다.

① ㄱ, ㄴ ② ㄱ, ㄷ ③ ㄴ, ㄷ ④ ㄴ, ㄹ ⑤ ㄷ, ㄹ

16 (가), (나) 인구 이동에 대한 옳은 설명만을 〈보기〉에서
606 고른 것은?

(가) 영화 『국제시장』 속에서 주인공 덕수는 가족의
   생계를 책임지기 위해서 독일의 광부 인력 모
   집 공고에 지원하여 독일로 떠난다.
(나) 영화 『방가? 방가!』의 배경인 경기도 안산시 원
   곡동은 대규모 산업 단지가 조성되어 많은 외
   국인 노동자들이 유입된 지역이다.

• 보기 •
ㄱ. (가)는 일자리를 찾아 떠난 경제적 이동이다.
ㄴ. (나)는 내전을 피해 이주한 경우이다.
ㄷ. (가)는 (나)보다 인구 이동의 시기가 이르다.
ㄹ. (가)와 (나) 모두 인구 유입국보다 인구 유출국의
   경제적 수준이 높다.

① ㄱ, ㄴ ② ㄱ, ㄷ ③ ㄴ, ㄷ ④ ㄴ, ㄹ ⑤ ㄷ, ㄹ

17 오늘날 국제 인구 이동에 관한 설명으로 옳지 <u>않은</u> 것은?
607

① 아프리카는 유출 인구가 유입 인구보다 많다.

② 교통의 발달은 국제 인구 이동을 촉진하고 있다.

③ 기후 변화에 따른 환경 난민 형태의 국제 이주는 강제적 이주에 해당한다.

④ 임금 수준이 높은 선진국에서, 임금 수준이 낮은 개발 도상국으로의 이주 형태가 뚜렷하다.

⑤ 인구 유출 지역은 이주 노동자들의 송금으로 외화 유입 증가로 지역 경제가 활성화되기도 한다.

18 A, B 국가의 특성을 그래프와 같이 표현할 때, (가), (나)에 들어갈 지표로 옳은 것은?
608

A: 같은 기간 동안 유출 인구보다 유입 인구가 많은 국가
B: 같은 기간 동안 유입 인구보다 유출 인구가 많은 국가

	(가)	(나)
①	일자리	소득 수준
②	일자리	쾌적한 주거 환경
③	임금 수준	교육 및 문화 시설
④	정치적 안정성	경제적 빈곤
⑤	교육 및 문화 시설	임금 수준

19 밑줄 친 ㉠~㉤에 대한 설명으로 옳지 <u>않은</u> 것은?
609

　역사적으로 16세기 이후 유럽인들은 종교의 자유와 식민지 개척을 위해 ㉠ 아메리카와 오세아니아 등지로 이동하였고, 아프리카인들은 ㉡ 노예 무역으로 유럽과 아메리카 등지로 이동하였다. 오늘날에는 주로 　㉢　 에 의한 인구 이동이 활발하다. 이러한 인구 이동은 대체로 　㉣　 (으)로 이동하는 경우가 많다. 그 밖에도 ㉤ 환경 재앙 등으로 인한 국제 이동이 나타나고 있다.

① ㉠으로 인해 원주민 문화가 파괴 및 변형되었다.

② ㉡은 비자발적인 강제적 인구 이동에 해당한다.

③ ㉢에는 '종교적 원인'이 들어갈 수 있다.

④ ㉣에는 '개발 도상국에서 선진국'이 들어갈 수 있다.

⑤ ㉤의 사례로 지구 온난화에 따른 해수면 상승으로 인한 인구 이동을 들 수 있다.

20 (가), (나)는 인구의 국제 이주 사례를 나타낸 것이다. 옳은 설명만을 〈보기〉에서 고른 것은?
610

(가) 우리 가족은 10년 전에 멕시코에서 뉴욕으로 일자리를 찾아 이민을 왔어요. 뉴욕에는 150개국 이상에서 온 이민자들이 거주하고 있는데, 이는 뉴욕시 인구의 40%, 뉴욕시 근로자의 46%를 차지한다고 해요.

(나) 저는 인도계 우간다인이에요. 1972년 우간다 대통령의 명령으로 떠나야 했는데, 캐나다가 우리 가족을 받아줬어요.

· 보기 ·
ㄱ. (가)는 정치적 이주에 해당한다.
ㄴ. (가)와 (나) 유출국의 경제적 수준이 높다.
ㄷ. (가)는 (나)보다 이주의 자발성이 높다.
ㄹ. (가)는 (나)보다 이주 이동 거리가 더 짧다.

① ㄱ, ㄴ　　② ㄱ, ㄷ　　③ ㄴ, ㄷ
④ ㄴ, ㄹ　　⑤ ㄷ, ㄹ

21 지도는 오늘날 세계의 인구 이동을 나타낸 것이다. 옳은 설명만을 〈보기〉에서 고른 것은? (단, (가), (나)는 난민 이동과 노동력 이동 중 하나임.)
611

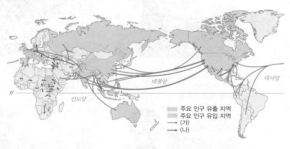

· 보기 ·
ㄱ. (가)는 선진국에서 개발 도상국으로 이동한다.
ㄴ. (나)는 정치적 요인에 의한 이동에 해당한다.
ㄷ. (나)로 인해 인구 유입 지역에서는 문화적인 갈등이 일어나기도 한다.
ㄹ. 오늘날 세계 인구 이동에서 (가)로 인한 이주자 수보다 (나)로 인한 이주자 수가 많다.

① ㄱ, ㄴ　　② ㄱ, ㄷ　　③ ㄴ, ㄷ
④ ㄴ, ㄹ　　⑤ ㄷ, ㄹ

22 그래프는 지역(대륙)별 인구의 순이동 인구수를 나타낸 것이다. A~C 지역(대륙)명으로 옳은 것은?

612

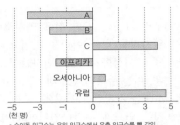

* 순이동 인구수는 유입 인구수에서 유출 인구수를 뺀 값임.
* 1990~2020년 합계

	A	B	C
①	아시아	라틴 아메리카	앵글로 아메리카
②	아시아	앵글로 아메리카	라틴 아메리카
③	앵글로 아메리카	라틴 아메리카	아시아
④	앵글로 아메리카	아시아	라틴 아메리카
⑤	라틴 아메리카	앵글로 아메리카	아시아

23 (가)~(라) 인구 이동 유형에 대한 설명으로 옳지 않은 것은?

613

(가) 동남아시아는 자연 경관이 아름답고 프랑스보다 물가가 저렴하여 여행하기에 좋아요.

(나) 저는 내전 때문에 터키에 있는 난민촌으로 오게 되었어요.

(다) 저의 조상들은 18세기에 아메리카의 부족한 노동력을 보충하려고 강제로 이주하게 되었다고 해요.

(라) 저는 일자리를 찾아 한국에 왔으며 가족들은 제가 보내 준 돈으로 필리핀에서 생활하고 있어요.

① (가)는 유입 지역 관광을 위한 이동이다.
② (나)는 정치적인 안정을 찾아 떠난 이동이다.
③ (다)는 일반적으로 정착지에서의 사회·경제적 지위가 낮다.
④ (가)는 (다)보다 이주 기간이 짧다.
⑤ (나)는 (라)보다 이주의 자발성이 높다.

24 다음 인구 이동에 대한 옳은 설명만을 〈보기〉에서 고른 것은?

614

최근 유럽은 북부 아프리카와 서남아시아로부터 많은 이주자를 받아들이고 있다.

•보기•
ㄱ. 유입 지역보다 유출 지역의 경제적 발전 수준이 높다.
ㄴ. 유입된 난민들은 유럽의 노동력 부족 문제를 완화시켜줄 수 있다.
ㄷ. 난민의 대다수는 내전과 기아 등에 대한 두려움에서 벗어나려고 이동한다.
ㄹ. 이슬람교 전통이 강한 유럽으로 크리스트교 문화 지역의 인구가 유입되면서 문화적 차이로 인한 갈등이 발생한다.

① ㄱ, ㄴ   ② ㄱ, ㄷ   ③ ㄴ, ㄷ
④ ㄴ, ㄹ   ⑤ ㄷ, ㄹ

03 인구 문제

25 (가), (나)는 합계 출산율을 나타낸 것이다. 옳은 설명만을 〈보기〉에서 고른 것은?

615

(가)
필리핀 3.04
아프가니스탄 5.13
소말리아 6.61

(나)
미국 1.89
일본 1.40
독일 1.39

•보기•
ㄱ. (가)는 저출산·고령화로 인구 문제를 겪고 있다.
ㄴ. (나)의 인구 문제 해결을 위해서는 적극적인 출산 장려 정책이 필요하다.
ㄷ. 중위 연령은 (가)가 (나)보다 높다.
ㄹ. 65세 이상 노년 인구 비율은 (나)가 (가)보다 높다.

① ㄱ, ㄴ   ② ㄱ, ㄷ   ③ ㄴ, ㄷ
④ ㄴ, ㄹ   ⑤ ㄷ, ㄹ

26 ⊙, ⓒ에 대한 옳은 분석만을 〈보기〉에서 고른 것은?
616

> 2011년 시리아 내전으로 유럽행 ⊙ 난민의 숫
> 자는 폭발적으로 증가하였다. 이러한 난민 사태를
> 해결하기 위해 ⓒ 유럽 연합 국가들은 여러 대책
> 을 마련하고 있다.   － 연합뉴스, 2016. 9. 19.

• 보기 •
ㄱ. ⊙의 대부분은 이슬람교를 믿는다.
ㄴ. ⊙의 이동은 자발적 이동에 해당된다.
ㄷ. ⊙이 유입된 ⓒ 지역에서는 저임금 노동력 확
  보가 유리해졌다.
ㄹ. ⓒ 지역 대부분은 높은 출생률과 낮은 사망률
  에 따른 과잉 인구 성장 문제를 겪고 있다.

① ㄱ, ㄴ   ② ㄱ, ㄷ   ③ ㄴ, ㄷ   ④ ㄴ, ㄹ   ⑤ ㄷ, ㄹ

27 선진국과 개발 도상국에서 나타나는 인구 문제의 해
617 결 방안으로 옳지 <u>않은</u> 것은?

① 선진국 – 육아 휴직 제도를 보장한다.
② 선진국 – 노인 복지 시설을 확충한다.
③ 개발 도상국 – 식량 증산 정책을 통해 과잉 인
  구 문제를 해결한다.
④ 개발 도상국 – 가족 계획을 세워 높은 출산율
  을 억제한다.
⑤ 개발 도상국 – 노동력 부족 문제를 해결하기
  위해서 외국인 근로자를 받아들인다.

28 (가), (나) 국가에 대한 옳은 설명만을 〈보기〉에서 있는
618 대로 고른 것은?

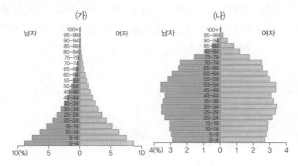

• 보기 •
ㄱ. (가)는 산아 제한 정책이 필요하다.
ㄴ. (나)는 젊은 노동력 부족 문제를 겪고 있다.
ㄷ. 경제 발전 수준은 (가)가 (나)보다 높다.
ㄹ. (나)는 (가)보다 고령 인구를 위한 각종 사회 보장
  제도의 필요성이 높다.

① ㄱ, ㄴ   ② ㄱ, ㄷ   ③ ㄴ, ㄷ
④ ㄱ, ㄴ, ㄹ   ⑤ ㄴ, ㄷ, ㄹ

29 자료에 대한 옳은 설명만을 〈보기〉에서 고른 것은?
619

> 아래의 그래프는 서남아시아에 위치한 ⊙ 아랍
> 에미리트의 인구 구조를 나타낸 것이다. 아랍 에
> 미리트는 석유와 천연가스 개발로 건설업이 활기
> 를 띠게 되면서 ⓒ 외국인 노동력의 유입이 많아
> 졌다.

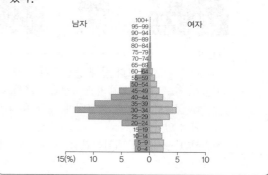

• 보기 •
ㄱ. 청장년층 남성 인구가 여성 인구보다 많다.
ㄴ. ⊙은 저출산·고령화에 따른 인구 문제를 겪
  고 있다.
ㄷ. ⓒ은 자발적인 성격의 인구 이동이다.
ㄹ. ⓒ의 대부분은 여성 인구이다.

① ㄱ, ㄴ   ② ㄱ, ㄷ   ③ ㄴ, ㄷ
④ ㄴ, ㄹ   ⑤ ㄷ, ㄹ

30 그래프는 세계의 인구 성장을 나타낸 것이다. (가), (나)
620 국가군의 인구 특성에 대한 옳은 설명만을 〈보기〉에
서 고른 것은? (단, (가), (나)는 선진국과 개발 도상국 중
하나임.)

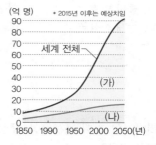

• 보기 •
ㄱ. (가)는 (나)보다 합계 출산율이 낮다.
ㄴ. (가)는 (나)보다 인구 급증에 따른 문제점이 크다.
ㄷ. (가)는 (나)보다 노인 1명을 부양하는 생산 가능
  인구가 적다.
ㄹ. (가)는 개발 도상국, (나)는 선진국이다.

① ㄱ, ㄴ   ② ㄱ, ㄷ   ③ ㄴ, ㄷ
④ ㄴ, ㄹ   ⑤ ㄷ, ㄹ

31 (가)~(다)에 대한 옳은 설명만을 〈보기〉에서 고른 것은?
621

(가)

(나)

(다)

• 보기 •
ㄱ. (가)는 (나) 시기보다 합계 출산율이 높다.
ㄴ. (가), (다)는 출산 억제의 필요성을 강조하고 있다.
ㄷ. (다)에는 남녀 성비 불균형에 대한 문제 의식이 담겨 있다.
ㄹ. 시기 순서대로 배열하면 (가) – (나) – (다)이다.

① ㄱ, ㄴ　　　② ㄱ, ㄷ　　　③ ㄴ, ㄷ
④ ㄴ, ㄹ　　　⑤ ㄷ, ㄹ

32 그래프는 우리나라 인구 구성 비율의 변화를 나타낸
622 것이다. 시간 변화에 따라 점차 커지는 인구 지표만을 〈보기〉에서 있는 대로 고른 것은?

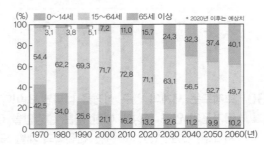

• 보기 •
ㄱ. 중위 연령　　　ㄴ. 인구 성장률
ㄷ. 합계 출산율　　　ㄹ. 65세 이상 인구 비율

① ㄱ, ㄴ　　　② ㄱ, ㄹ　　　③ ㄱ, ㄴ, ㄷ
④ ㄱ, ㄴ, ㄹ　　　⑤ ㄴ, ㄷ, ㄹ

33 우리나라의 합계 출산율이 감소하는 원인으로 가장
623 적절한 것은?

① 공중 보건 환경이 개선되었기 때문이다.
② 여성의 사회 진출이 늘어났기 때문이다.
③ 노인을 위한 일자리가 많이 보급되었기 때문이다.
④ 농업 노동력으로서 자식이 갖는 중요성이 높아졌기 때문이다.
⑤ 적극적인 출산 장려 정책으로 양육 부담이 감소했기 때문이다.

34 교사의 질문에 대해 옳지 않은 답변을 한 학생은?
624

교사: 우리나라의 고령화 진행 속도를 다른 나라들과 비교해 볼까요?
갑 : 우리나라의 고령화 진행 속도는 미국, 일본, 독일, 프랑스보다 빠른 편입니다.
교사: 이와 같은 추세가 지속된다면 우리나라는 앞으로 어떤 인구 문제를 겪게 될까요?
을 : 청장년층 인구의 노인 부양 부담이 크게 늘어납니다.
병 : 노인 빈곤층 인구 증가에 따른 사회 문제가 심각해집니다.
교사: 이와 같은 문제를 해결하기 위해서는 어떤 노력이 필요할까요?
정 : 젊은 사람들의 고용을 늘리기 위해서 정년을 단축해야 합니다.
무 : 노인 질환에 특화된 전문 병원 및 요양 시설을 보급해야 합니다.

① 갑　　　② 을　　　③ 병
④ 정　　　⑤ 무

35 그래프는 우리나라의 65세 이상 인구 비율의 변화를
625 나타낸 것이다. 이를 통해 알 수 있는 인구 문제에 대한 옳은 대책만을 〈보기〉에서 고른 것은?

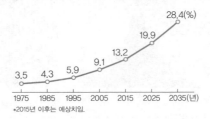

• 보기 •
ㄱ. 실버 산업을 발전시킨다.
ㄴ. 직장 내 보육 시설을 설치한다.
ㄷ. 안정적 생활을 위한 연금 제도를 확대한다.
ㄹ. 청장년층에게 필요한 주거 공간을 확충한다.

① ㄱ, ㄴ　　　② ㄱ, ㄷ　　　③ ㄴ, ㄷ
④ ㄴ, ㄹ　　　⑤ ㄷ, ㄹ

36
626
그림은 ㈎, ㈏ 국가의 어떤 가족 구성원을 나타낸 것이다. 인구 문제와 대책을 각각 한 가지씩 서술하시오.

(1) ㈎ 국가의 인구 문제와 대책: _____

_____

(2) ㈏ 국가의 인구 문제와 대책: _____

_____

37
627
지도는 세계 각 지역별 인구 순이동을 나타낸 것이다. 인구가 유입되는 지역과 유출되는 지역의 특징을 각각 두 가지씩 서술하시오.

_____

_____

38
628
지도는 미국 내 어떤 민족(인종)의 주별 거주 비율을 나타낸 것이다. 이들의 출신 지역을 쓰고, 인구 이동의 특징을 서술하시오.

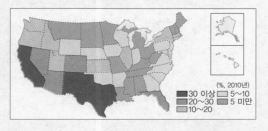

_____

39
629
그래프는 두 국가의 인구 구조를 나타낸 것이다. ㈎, ㈏ 국가에서 나타날 수 있는 인구 문제를 한 가지씩 서술하시오.

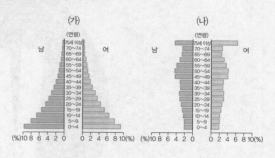

_____

_____

40
630
㈎, ㈏ 인구 문제를 해결하기 위한 방안을 각각 두 가지씩 서술하시오.

(가)

◈ 주요 국가의 합계 출산율(2015년)

(나)

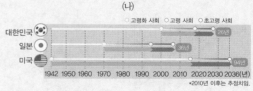

◈ 주요 국가의 고령화 진행 속도

(1) ㈎ 인구 문제의 해결 방안

_____

_____

(2) ㈏ 인구 문제의 해결 방안

_____

_____

사람이 만든 삶터,
도시

01 세계의 다양한 도시
~02 도시의 경관

① 한눈에 쏙

· 도시의 특징

- 높은 인구 밀도
- 집약적 토지 이용
- 2 · 3차 산업의 종사자 수가 많음
- 주변 지역에 중심지 역할을 함
- 촌락과 다양한 기능 및 영향을 주고받음

① 도시와 촌락의 비교

구분	도시	촌락
인구 밀도	높음	낮음
건물 높이	높음	낮음
산업 구조	2 · 3차 산업 중심	1차 산업 중심
토지 이용	많은 도로와 건물	많은 농경지

② 랜드마크

도시의 독특하고 매력적인 건축물로 도시를 대표하는 역할을 한다. 예 로마의 콜로세움, 파리의 에펠탑, 카이로의 피라미드, 베이징의 자금성, 시드니의 오페라 하우스, 뉴욕의 자유의 여신상, 서울의 N 서울 타워, 리우데자네이루의 구세주 그리스도상 등

② 한눈에 쏙

· 세계적인 도시

- 세계 도시
- 역사 유적이 많은 도시
- 생태 도시
- 고산 도시
- 아름다운 항구 도시

용어 사전

- **촌락** 농업, 목축업, 수산업, 임업 등으로 생활하는 지역 사회
- **집약적** 좁은 면적에 많은 자본과 노동력을 집중하여 최대한의 수익을 얻는 것(반의어 – 조방적)
- **중심지** 주변 지역에 재화와 서비스를 제공하는 지역
- **생태 도시** 사람과 자연 또는 환경이 조화되어 공생할 수 있도록 체계를 갖춘 도시

① 도시의 특징 및 발달

1 도시의 의미와 특징

일반적으로 인구를 기준으로 함 예 우리나라는 2만 명 이상

의미	*촌락과 함께 사람들이 거주하는 공간
특징①	· 높은 인구 밀도: 좁은 지역에 많은 사람이 모여 있기 때문 · *집약적 토지 이용: 한정된 공간의 효율적 활용 → 고층 건물이 많음 · 2 · 3차 산업 발달: 다양한 직업과 생활 모습이 나타남(종사자 수가 많음) · *중심지 역할: 생활 편의 시설과 각종 기능이 집중되어 있음 · 촌락과의 상호 작용: 촌락은 도시에 농수산물과 휴양 및 자연 체험 활동 공간 등을 제공, 도시는 촌락에 공산품, 의료 서비스 등을 제공

2차 산업에는 광업, 제조업 등이 있고, 3차 산업에는 서비스업(지식 · 정보 산업, 금융업) 등이 있음

2 도시 형성과 발달

인구 500만 명 이상의 도시들은 대부분 북반구에 위치하고 있으며, 인구가 많은 아시아에 많이 분포하고 있음

도시의 발달	정치 · 경제 · 산업 · 교통의 중심지에서 발달하거나 새로운 자원이 개발된 곳, 종교와 문화의 중심지가 도시로 발달하기도 함
도시의 발달 과정	· 기원전 3,500년: 최초의 도시로, 농업에 유리한 조건을 갖춘 문명의 발상지(티그리스 · 유프라테스강 유역)에서 발달 · 중세: 상업 발달 → 교역과 교환이 활발한 시장을 중심으로 상업 도시 발달 · 근대: 18세기 후반 산업 혁명 → 석탄 산지를 중심으로 공업 도시 발달 · 20세기 이후: 공업 기능과 함께 첨단 산업, 서비스업, 교육, 문화 등의 여러 가지 기능을 수행하는 도시 발달

② 세계적인 도시의 위치와 특징

1 세계의 다양한 도시

(1) **도시의 다양한 모습**: 지리와 역사, 문화, 지역 사람들의 삶터에 관한 가치관 등에 따라 다양함 → 도시는 각각 다른 매력과 특징을 갖고 있음②

(2) **세계적으로 유명하거나 매력적인 도시**

세계 도시	다국적 기업의 본사가 많고 자본과 정보가 집중하여 주변 국가와 도시들에 미치는 영향력이 큰 도시 예 미국의 뉴욕, 영국의 런던, 일본의 도쿄
역사 유적이 많은 도시	오랜 세월에 걸쳐 만들어진 도시로, 유물과 유적지를 보기 위해 방문하는 관광객이 많음 예 그리스의 아테네, 중국의 시안, 이탈리아의 로마와 베네치아
*생태 도시	자연과 인간이 공존하는 방법을 찾기 위해 노력하는 도시 예 브라질의 쿠리치바, 독일의 프라이부르크 등
고산 도시	저위도 고산 지역에 위치해 연중 온화한 날씨가 나타남 예 에콰도르의 키토
관광 도시	백야 현상과 오로라 관찰 예 아이슬란드의 레이캬비크, 아름다운 항구 예 오스트레일리아의 시드니, 이탈리아의 나폴리, 브라질의 리우데자네이루
기타	· 거주에 불리한 자연환경을 극복한 도시: 사막 극복 예 미국의 라스베이거스, 아랍 에미리트의 두바이 등 · 열대 우림 지역에 세워진 비즈니스 도시: 인도양과 태평양을 연결하는 교역의 중심 도시 예 싱가포르
위치와 관계	· 경제, 기후, 생태, 역사 · 문화적 기능에 따라 세계 곳곳에 다양하게 분포하기도 함 · 세계의 주요 도시들은 선진국의 중심 도시이거나 개발 도상국의 수도가 많음 · 교통과 통신의 발달로 주요 도시들은 서로 연계되어 상호 작용을 함 예 미국 뉴욕에서 증시가 폭락하면 세계 여러 지역의 증시도 그 영향을 받아 함께 폭락함

❸ 도시 내부의 지역 분화

1 도시 경관

의미	눈으로 파악할 수 있는 도시의 겉모습
특징	도시 중심부는 건물 높이가 높고, 주변 지역으로 갈수록 건물 높이가 낮아지는 등 모습이 달라짐 → 중심부와 주변 지역이 수행하는 기능이 다름
변화	• 도시 규모가 작을 때: 관공서, 상점, 주택, 학교, 공장 등이 도시 내부에 섞여 있음 • 도시 규모가 클 때: 같은 종류의 기능은 모이고 다른 종류의 기능은 분리됨

> 왜? 지가가 높아 좁은 공간을 효율적으로 이용하기 위해서 건물을 높게 짓기 때문

2 도시 내부의 지역 분화 [자료❶]

의미	도시가 성장하면서 도시 내부가 중심 업무 지역, 상업 지역, 공업 지역, 주거 지역 등 여러 지역으로 나뉘는 것
원인	•접근성, •지대, •지가의 차이 → 교통이 편리한 지역일수록 접근성이 높으며, 접근성이 높은 지역일수록 지가가 높음
과정 ③	• 집심 현상: 비싼 땅값을 지불하고도 높은 이익을 낼 수 있는 상업 기능이 도시 중심부로 집중되는 현상 예 중심 업무 기능, 상업 기능 • 이심 현상: 비싼 땅값을 지불할 수 없는 주택이나 학교 등이 외곽으로 빠져나가는 현상 예 주택, 학교, 공장 등

교과서 속 자료 읽기 ❶ 도시 내부의 지역 분화와 지가

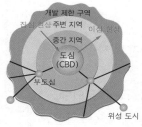

△ 도시 내부 구조

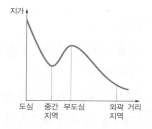

△ 토지 이용별 지가 그래프

도시의 규모가 커지면서 도시 내부 지역은 도심, 부도심, 주변 지역 등으로 분화된다. 도심은 접근성이 높아 지가가 가장 높고, 부도심은 도심의 기능을 분담하는 지역으로, 도심 다음으로 지가가 높다. 도심에서 멀어질수록 지가는 낮아진다.

❹ 도시 내부의 모습

1 도시 내부의 모습

도심	• 도시 중심부에 위치: 교통이 편리해 접근성이 높고, 지가 및 지대가 비쌈 • 고층 건물 밀집: 한정된 토지를 효율적으로 이용하기 위함 • 중심 업무 지구(CBD) 형성: 행정 기관, 금융 기관, 기업의 본사, 백화점, 고급 상점 등이 모여 있음 ┗ Central Business District • 인구 공동화 현상 ❹ 발생: 주간에는 유동 인구가 많지만, 야간에는 유동 인구가 주거 지역으로 빠져나감 → 출퇴근 시 교통 혼잡 문제 발생
부도심	도심과 주변 지역을 연결하는 교통의 •요지에 형성, 도심의 기능 분담(상업 및 업무 기능 집중) → 도시 교통 혼잡 완화 예 백화점, 금융 기관, 각종 편의 시설 등
중간 지역	• 도심과 주변 지역 사이에 위치, 주택, 공장, 상가 등이 혼재되어 나타남 • 중간 지역에서 주변 지역으로 갈수록 공장이 더 많아짐
주변 지역	• 도시와 농촌의 모습이 혼재되어 나타남, 대규모 주거 단지가 조성되어 있음 • 일부 지역은 개발 제한 구역(Greenbelt)으로 지정 ┗ 왜? 도시의 무질서한 팽창을 막기 위해

2 위성 도시: 대도시 주변에 위치하면서 대도시의 주거, 공업, 행정 등 일부 기능을 분담하는 도시 예 부천, 의정부, 구리, 성남 등

---

❸ 한눈에 쏙

• 도시 내부의 지역 분화

작은 도시	상업, 공업, 주거 기능 혼재
┌요인: 접근성, 지대, 지가 └과정: 집심 현상, 이심 현상	
큰 도시	상업, 공업, 주거 기능 분화

❸ 도시 내부의 지역 분화

❹ 한눈에 쏙

• 도시 내부의 모습

도심	• 높은 접근성과 지대 • 중심 업무 지구(CBD) • 인구 공동화 현상
부도심	• 도심과 외곽을 연결하는 교통의 요지에 위치 • 도심의 기능 분담
중간 지역	공장, 학교, 주택 혼재
주변 지역	• 도시와 농촌 모습 혼재 • 개발 제한 구역
위성 도시	대도시의 기능 분담

❹ 인구 공동화 현상

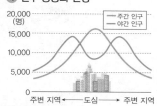

용어 사전

• 접근성 어느 한 장소에서 다른 장소에 도달하기 쉬운 정도
• 지대 건물이나 토지를 이용해 얻을 수 있는 수익 또는 대가
• 지가 땅의 가격, 땅의 임대료 등을 포함한 땅의 가치
• 요지 핵심이 되는 중요한 곳

① **도시의 특징 및 발달**

• 이 주제에서는 어떤 문제가 잘 나올까?
• 도시와 촌락의 특징 비교하기
• 도시의 발달 과정 파악하기

• 정답 및 해설 53쪽

차근차근 기본 다지기

01 다음 설명이 맞으면 ○표, 틀리면 ✕표 하시오.
631
(1) 촌락에는 생활 편의 시설과 각종 기능들이 집중되어 있다. (   )
(2) 도시는 한정된 공간을 효율적으로 활용하기 위해 고층 건물이 많다. (   )
(3) 최초의 도시는 기원전 3,500년경 이집트 나일강 유역에서 발달하였다. (   )

02 다음 괄호 안의 내용 중 알맞은 것에 ○표 하시오.
632
(1) 도시는 대체로 인구 밀도가 (높은 , 낮은) 편이다.
(2) 도시는 (1차 , 2 · 3차) 산업이 주로 발달하였다.
(3) 도시는 촌락에 비해 토지 이용이 (조방적 , 집약적)인 편이다.
(4) 도시는 촌락에 비해 (자연 경관 , 인문 경관)이 우세한 편이다.

03 도시에 대한 설명을 각각 바르게 연결하시오.
000
(1) 중심지 •
(2) 상업 도시 •
(3) 도시 •
(4) 공업 도시 •

• ㉠ 정치 · 경제 · 사회적 활동의 중심지로 사람들이 거주하는 공간이다.
• ㉡ 주변 지역에 재화와 서비스를 제공하는 지역이다.
• ㉢ 중세에 교역과 교환이 활발한 곳을 중심으로 발달한 도시이다.
• ㉣ 근대에 석탄 산지를 중심으로 발달한 도시이다.

04 지도는 세계 주요 도시 분포를 나타낸 것이다.
634 이에 대한 설명으로 옳은 것은?

① 큰 도시들은 아프리카에 많이 분포하고 있다.
② 미국 북동부 지역은 해안가를 중심으로 큰 도시들이 분포한다.
③ 인구 500만 명 이상의 큰 도시들은 대부분 남반구에 위치한다.

05 다음 글에서 설명하는 공간에 대한 특징으로
635 옳지 않은 것은?

> 촌락과 함께 인간의 대표적인 거주 공간으로 다양한 기능을 수행하고 있다.

① 인구 밀도가 높다.
② 토지 이용이 집약적이다.
③ 고층 건물이 많이 분포하고 있다.
④ 주민들의 직업 구성이 단순한 편이다.

06 도시와 촌락의 특징을 비교한 내용 중 옳지 <u>않은</u> 것은?
636

구분		도시	촌락
①	인구 밀도	높음	낮음
②	건물 높이	높음	낮음
③	산업 구조	1차 산업 발달	2·3차 산업 발달
④	주요 경관	인문 경관	자연 경관
⑤	토지 이용	도로, 건물	농경지

07 다음 도시의 형성과 발달 과정을 시대 순으로 바르게
637 나열한 것은?

> ㈎ 농업에 유리한 조건을 갖춘 문명의 발상지에서
> 발달하였다.
> ㈏ 교역과 교환이 활발한 시장을 중심으로 상업
> 도시가 발달하였다.
> ㈐ 산업 혁명의 발달과 함께 석탄 산지를 중심으
> 로 공업 도시가 발달하였다.
> ㈑ 정치·경제·교육·문화 등 다양한 기능을 수
> 행하는 도시가 발달하였다.

① ㈎ - ㈏ - ㈐ - ㈑
② ㈎ - ㈐ - ㈑ - ㈏
③ ㈏ - ㈎ - ㈐ - ㈑
④ ㈏ - ㈐ - ㈎ - ㈑
⑤ ㈐ - ㈎ - ㈑ - ㈏

08 다음 설명에 해당하는 용어를 쓰시오.
638

> 인구 밀도가 높은 곳으로 사회적·경제적·정
> 치적 활동의 중심지이다. 주로 서비스업, 제조업
> 에 종사하는 사람들이 많고 주변 지역에 재화와
> 서비스를 공급하는 역할을 한다.

(   )

서술형 문제

09 다음은 도시와 촌락의 상호 작용을 나타낸 것이다.
639 ㉠, ㉡에 들어갈 알맞은 내용을 각각 서술하시오.

도시   ⟶ ㉠   ⟵ ㉡   촌락

㉠: _____

_____

㉡: _____

_____

논술형 문제

10 ㈎, ㈏는 인간의 거주 공간을 나타낸 것이다. ㈎ 지역
640 과 비교했을 때 ㈏ 지역이 가지는 특징을 〈보기〉의 항
목에 맞추어 서술하시오.

        ㈎   ㈏

> • 보기 •
> 인구 밀도, 산업 구조, 주민 직업 구성, 토지 이용

_____

_____

_____

_____

_____

② 세계적인 도시의 위치와 특징

차근차근 기본 다지기

01
641
다음 설명이 맞으면 ○표, 틀리면 ✕표 하시오.

(1) 도시들은 대체로 비슷한 모습에 같은 매력과 특징을 갖게 된다. (　　)
(2) 자금성은 베이징을, 자유의 여신상은 뉴욕을 대표하는 랜드마크이다. (　　)
(3) 세계 도시에 다국적 기업들의 본사가 위치하는 경우가 많다. (　　)

02
642
다음 괄호 안의 내용 중 알맞은 것에 ○표 하시오.

(1) 로마를 대표하는 랜드마크는 (에펠탑 , 콜로세움)이다.
(2) 세계 도시는 주변 지역이나 도시에 미치는 영향이 (작다 , 크다).
(3) 미국의 라스베이거스는 (사막 , 초원)이라는 자연환경을 극복한 도시이다.

03
643
(1)~(3)에서 설명하는 단어를 쓰고, 퍼즐판에서 찾아 색칠하시오.

고	도	생	태	랜
산	시	베	안	드
세	계	네	리	마
파	리	치	대	크
뉴	욕	아	관	광

(1) 도시를 대표하는 독특하고 매력적인 건축물을 일컫는 말은?
(2) 미국의 뉴욕, 영국의 런던, 일본의 도쿄 등과 같이 주변에 미치는 영향력이 큰 도시를 무엇이라고 하는가? ○○ 도시
(3) 사람과 자연 또는 환경이 조화되며 공생할 수 있는 체계를 갖춘 도시를 무엇이라고 하는가? ○○ 도시

04
644
다음과 같은 스카이라인을 지닌 도시와 랜드마크가 바르게 연결된 것은?

① 카이로 – 피라미드
② 뉴욕 – 자유의 여신상
③ 시드니 – 오페라 하우스

05
645
다음에서 설명하는 도시는?

　　이민족의 침입을 피하기 위하여 석호의 습지와 모래톱 위에 건설한 도시이다. 해상 진출에 유리하여 중세 시대부터 지중해를 통한 동서양 교역으로 많은 부를 쌓아 왔다. 독특한 도시 경관을 보려고 매년 약 2,000만 명의 관광객이 방문한다.

① 두바이　　　　② 베네치아
③ 싱가포르　　　④ 프라이부르크

[06-08] 다음 지도를 보고, 물음에 답하시오.

06 위 지도의 A~E 도시와 (가), (나) 사진 속 도시가 바르게
646 연결된 것은?

(가)   (나)

	(가)	(나)		(가)	(나)
①	A	B	②	B	E
③	A	D	④	C	A
⑤	E	C			

07 위 지도에 표시된 A~E 도시의 위치와 특징에 대한
647 설명으로 옳은 것은?

① A – 연중 봄과 같은 기후가 나타난다.
② B – 오페라 하우스로 유명한 도시이다.
③ C – 세계의 환경 수도로 불리는 곳이다.
④ D – 잘 보존된 성벽을 볼 수 있는 곳이다.
⑤ E – 저위도의 산지 지역으로 고산 도시라 불린다.

08 ㉠에 해당하는 도시를 위 지도에서 찾아 기호로 쓰고,
648 ㉡에 들어갈 알맞은 말을 쓰시오.

> 환경 문제가 크게 부각되면서 도시가 만들어내
> 는 오염 물질에 대한 경각심도 커지고 있다. 독일
> 의 (㉠)은/는 친환경 에너지 사용을 통해 이
> 러한 문제를 극복하려 하고 있다. 이 밖에 브라질
> 의 쿠리치바도 이와 유사한 노력을 하고 있는데,
> 이처럼 환경과의 조화와 공생을 위해 노력하는 도
> 시들을 '(㉡) 도시'라고 부른다.

㉠: (   ), ㉡: (   )

서술형 문제
09 다음 사진을 보고, 물음에 답하시오.
649

(1) 위 사진 속 도시와 같이 저위도의 높은 산지에
형성된 도시를 부르는 명칭을 쓰시오.

_____

(2) 위의 도시가 산치에 형성된 이유를 설명하시오.

_____

_____

_____

_____

논술형 문제
10 다음 도시들에 대한 물음에 답하시오.
650

> • 미국의 뉴욕   • 영국의 런던
> • 일본의 도쿄

(1) 위 도시들을 '세계 도시'라고 부른다. 이 도시들
의 공통적인 특성을 쓰시오.

_____

_____

(2) 위 도시들의 경제 · 사회 · 문화적 변화는 우리
나라에도 큰 영향을 미친다. 그 이유를 설명하
고, 앞으로도 이런 상황이 계속될 것인지 서술
하시오.

_____

_____

_____

_____

_____

③ 도시 내부의 지역 분화

• 정답 및 해설 **55**쪽

차근차근 기본 다지기

01 다음 설명이 맞으면 ○표, 틀리면 ✕표 하시오.
651

(1) 도심의 중심은 접근성이 높아 지대가 높다. (   )

(2) 교통이 편리한 지역일수록 접근성이 낮다. (   )

(3) 지대는 건물이나 토지를 이용해 얻을 수 있는 수익 또는 대가를 말한다. (   )

02 다음 괄호 안의 내용 중 알맞은 것에 ○표 하시오.
652

(1) 주택은 높은 땅값 때문에 도시 (주변 , 중심) 지역에 있게 된다.

(2) 도심에는 중심 업무 기능이나 (공업 , 상업) 기능이 집중된다.

(3) 어느 한 장소에서 다른 장소까지 도달하기 쉬운 정도를 (이동성 , 접근성)이라고 한다.

03 (1)~(3)에서 설명하는 단어를 쓰고, 퍼즐판에서 찾아 색칠하시오.
653

접	이	심	현	상
근	교	지	집	지
성	통	역	심	대
기	능	분	현	공
학	교	화	상	장

(1) 업무 기능과 상업 기능이 도시 중심부로 집중하는 현상은?

(2) 비싼 땅값을 지불할 수 없는 학교, 공장 등이 외곽으로 빠져나가는 현상은?

(3) 건물이나 토지를 이용하여 얻을 수 있는 수익 또는 건물이나 토지를 빌린 대가로 지급하는 비용은?

04 A~C 중 지대 지불 능력이 가장 높은 것은?
654

> A. 주택
> B. 학교
> C. 대기업 본사

① A   ② B   ③ C

05 이심 현상과 관련 있는 기능만을 〈보기〉에서 고른 것은?
655

> **보기**
> ㄱ. 공장   ㄴ. 학교
> ㄷ. 관공서   ㄹ. 대기업 본사

① ㄱ, ㄴ   ② ㄱ, ㄷ

③ ㄴ, ㄷ   ④ ㄷ, ㄹ

06 그림은 수평으로 본 도시 내부의 모습을 나타낸 것이
656 다. A 지역의 특징으로 옳은 것은?

① 건물의 높이가 낮다.
② 토지 이용의 집약도가 낮다.
③ 교통이 불편하여 접근성이 낮다.
④ 주택, 학교, 공장 등이 모여 있다.
⑤ 지대가 높아 중심 업무 기능이 입지한다.

07 그림은 어느 도시 지역의 일부를 나타낸 것이다. 그림
657 을 보고 나눈 학생들의 대화로 옳은 것은?

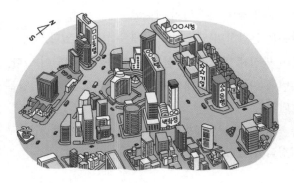

① 갑: 이심 현상을 대표적으로 보여 주고 있어.
② 을: 교통이 불편하여 접근성이 낮은 지역이야.
③ 병: 도시 내부의 지역 분화가 이루어지지 않았어.
④ 정: 건물의 높이가 다른 지역에 비해 낮은 편이야.
⑤ 무: 높은 땅값을 지불할 수 있는 상업 기능이 모여 있어.

08 다음 설명에 해당하는 용어를 쓰시오.
658

> 비싼 땅값을 지불하고도 높은 이익을 낼 수 있는 중심 업무 기능, 상업 기능이 도심으로 집중되는 현상을 말한다.

(   )

서술형 문제

09 지도는 우리나라 200대 기업의 본사 분포를 나타낸
659 것이다. 이를 보고, 물음에 답하시오.

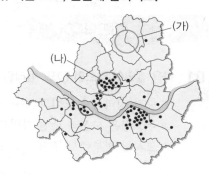

(1) 이심 현상으로 (가)에 주로 입지하는 기능(시설)을 쓰시오.

_____

(2) (나) 지역에 기업의 본사가 입지하는 이유를 서술하시오.

_____
_____

논술형 문제

10 다음 자료에서 학교가 도시의 중심부에서 주변 지역으
660 로 이전한 이유를 주거 지역과 연결 지어 서술하시오.

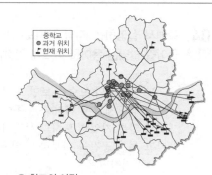

△ 학교의 이전

  지도는 과거와 현재의 중학교 위치를 나타내고 있다. 도시의 중심부에 있던 학교들이 도시 주변 지역으로 이전하였음을 알 수 있다. 이는 도시 내부의 지역 분화 과정 중 이심 현상을 보여 주고 있다.

_____
_____
_____

주제별·유형별 대표문제

④ 도시 내부의 모습

• 정답 및 해설 56쪽

차근차근 기본다지기

01 다음 설명이 맞으면 ○표, 틀리면 ✕표 하시오.
661

(1) 중간 지역은 부도심과 주변 지역 사이에 위치한다. (　　)

(2) 부도심은 도심과 주변 지역을 연결하는 교통의 요지에 형성된다. (　　)

(3) 도시 중심부에서 주변 지역으로 갈수록 주거 기능보다 상업 기능이 많이 분포한다. (　　)

02 다음 괄호 안의 내용 중 알맞은 것에 ○표 하시오.
662

(1) 도심은 교통이 편리해 접근성이 (낮고 , 높고), 지가 및 지대가 (싸다 , 비싸다).

(2) 도심에서 주변 지역으로 나갈수록 대체로 건물의 높이가 (높아진다 , 낮아진다).

(3) 도심은 (낮 , 밤) 시간대에는 많은 사람으로 북적이지만, (낮 , 밤) 시간대에는 한적하다.

03 대도시권을 구성하는 공간과 이에 대한 설명을 바르게 연결하시오.
663

(1) 도심　　　　•

(2) 부도심　　•

(3) 중간 지역　•

(4) 주변 지역　•

(5) 위성 도시　•

• ㉠ 주택, 공장, 상가 등이 혼재되어 나타난다.

• ㉡ 도심의 기능을 분담하며 교통의 요지에 형성되어 있다.

• ㉢ 고층 건물이 밀집해 있으며, 중심 업무 지구가 형성되어 있다.

• ㉣ 대도시 주변에 위치하면서 대도시의 주거, 공업, 행정 등 일부 기능을 분담한다.

• ㉤ 도시와 농촌의 경관이 혼재되어 나타나며, 일부 개발 제한 구역으로 지정되어 있다.

04 글에서 설명하는 지역을 지도에서 찾고, ㉠에 들어갈 알맞은 용어를 바르게 연결한 것은?
664

> 도시 내부의 모습을 보면 도시와 농촌의 모습이 혼재되어 나타나는 곳이 있다. 이곳의 일부 지역은 도시의 무질서한 팽창을 막고 녹지 공간을 확보하기 위해 (㉠)(으)로 지정되어 있다.

* 공시 지가는 2016년 기준(단위: 원/㎡)

🔺 서울의 지가 분포(2012)

① A – 신도시

② A – 개발 제한 구역

③ B – 중간 지역

05 밑줄 친 '이 지역'에서 발달하는 기능으로 보기 어려운 것은?
665

> 도시의 중심에 위치한 이 지역은 교통이 편리하고 사람들이 쉽게 접근할 수 있어 상업과 업무 활동에 유리한 지역이다. 그래서 이 지역은 토지를 이용하여 얻을 수 있는 이익이 많기 때문에 지가가 높은 편이다.

① 공장

② 기업 본사

③ 행정 기관

④ 금융 기관

[06-08] 다음은 도시 내부 구조의 모식도이다. 이를 보고, 물음에 답하시오.

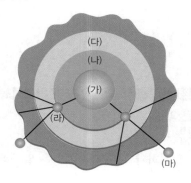

06 위 모식도에 대한 옳은 설명만을 〈보기〉에서 있는 대
666 로 고른 것은?

┌─ 보기 ─────────────────────────────┐
│ ㄱ. ㈎에는 중심 업무 기능과 전문 상업 기능이 입 │
│   지한다.   │
│ ㄴ. ㈏는 주간에 유동 인구가 많지만, 야간에는 유 │
│   동 인구가 ㈐로 빠져나간다.   │
│ ㄷ. ㈐는 도시와 농촌의 모습이 함께 나타나며 대 │
│   규모 아파트 단지를 많이 볼 수 있다.   │
│ ㄹ. ㈑는 도심과 주변 지역을 연결하는 교통의 요 │
│   지에 형성되어 있으며, 도심의 기능을 분담 │
│   한다.   │
└─────────────────────────────────┘

① ㄱ, ㄴ　　　② ㄱ, ㄷ　　　③ ㄴ, ㄹ

④ ㄱ, ㄴ, ㄹ　　⑤ ㄱ, ㄷ, ㄹ

07 다음 설명에 해당하는 지역을 위의 모식도에서 찾아
667 기호를 쓰고, '이곳'에 형성되는 핵심 지역을 일컬어
무엇이라 하는지 쓰시오.

┌─────────────────────────────────┐
│ 　이곳은 도시의 심장부에 해당하는 곳으로서 비 │
│ 록 도시의 좁은 공간을 점유하는 지역이지만, 그 │
│ 기능은 매우 다양하다. 도시 경제·사회의 중요도 │
│ 가 높은 지역으로, 주로 접근성과 교통 여건이 좋 │
│ 은 도심의 주요 지역에 형성된다. 특히 도심 속에 │
│ 서도 고층·복합 건물이 밀집되고, 최고의 지가를 │
│ 나타내는 전문직과 일반 사무실, 은행의 본점, 유 │
│ 명 백화점, 고급 상점과 음식점, 극장, 호텔 등 비 │
│ 거주 기능이 다수 입지한다.   │
└─────────────────────────────────┘

(　　　　　　)

08 다음 A, B와 같은 출구 정보가 나타나는 지역을 모식
668 도에서 찾아 각각 바르게 연결한 것은?

A	B
을지로 입구	노원
〈출구 정보〉	〈출구 정보〉
①번 서울시청,	①번 상계동 주민 센터
◆◆은행 본점	②번 □□병원
②번 한국관광공사	⑤번 ○○아파트
⑤번 ▲▲생명 본사	⑥번 ◇◇고등학교,
⑥번 □□대사관	◆◆중학교
⑦번 △△백화점, ○○	⑦번 노원구청
백화점	⑩번 △△아파트
⑧번 △△호텔, ◇◇호텔	

	A	B		A	B
①	㈎	㈏	②	㈎	㈐
③	㈎	㈑	④	㈑	㈏
⑤	㈑	㈐			

[09-10] 다음 지도는 서울의 구별 지가를 나타낸 것이다.
지도를 보고, 물음에 답하시오.

* 지가는 각 지점이 있는 구(區)의 1m²당 평균 지가임.
* 2013년 기준

서술형 문제

09 A~D 중 *상주 인구 밀도가 가장 낮은 지역을 찾아보
669 고, 그 이유를 제시된 지도를 활용하여 쓰시오. (*상주
인구: 한 지역에 거주하는 인구)

_____

_____

논술형 문제

10 A와 B의 출근 시간대 유출 및 유입 인구 특성을 추론
670 하고, 이에 따른 지역 문제와 해결 방안에 대해 서술
하시오.

_____

_____

_____

03 선진국과 개발 도상국의 도시화
~ 04 살기 좋은 도시

① 한눈에 쏙

- 선진국과 개발 도상국의 도시화

도시화
도시 수가 증가하고 도시에 거주하는 인구 비율이 높아지는 현상

↓

선진국의 도시화	개발 도상국의 도시화
• 서서히 진행	• 급격히 진행
• 현재 종착 단계	• 현재 가속화 단계
• 역도시화 현상	• 이촌 향도 현상

① 도시화 곡선

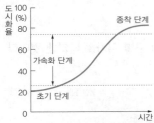

도시화율의 변화에 따라 S자 형태의 곡선으로 나타나며 초기 단계, 가속화 단계, 종착 단계로 구분한다.

② 선진국과 개발 도상국의 도시화

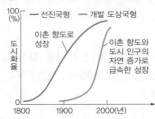

선진국의 도시화는 산업 혁명 이후 200여 년에 걸쳐 서서히 진행되었고, 개발 도상국의 도시화는 짧은 시간에 매우 급속히 진행되었다.

용어 사전

- **도시화율** 어떤 지역의 전체 인구 중에서 도시에 사는 인구가 차지하는 비율로, $\dfrac{\text{도시 거주 인구}}{\text{전체 인구}} \times 100$으로 계산함
- **수위 도시** 인구가 가장 많은 제1의 도시

---

① 선진국과 개발 도상국의 도시화

1 도시화

(1) **의미**: 도시에 인구가 집중하면서 전체 인구에서 도시 인구가 차지하는 비율이 높아지고 도시적 생활 양식이 확대되는 과정
　└ 예 대형 마트, 편의점에서 물건을 사고, 대형 영화관에서 영화를 보며 문화 생활을 즐김

(2) **특징**
　① 일반적으로 산업화와 함께 진행, 도시화가 진행되는 지역은 일자리가 많아 인구 유입이 활발
　② 1차 산업 종사자의 비율은 감소하고 2, 3차 산업 종사자의 비율은 증가

(3) **과정**: •도시화율에 따라 초기 단계, 가속화 단계, 종착 단계로 구분 ①
　└ 도시화 단계는 경제 성장과 밀접한 관계가 있어 한 국가의 경제 수준을 파악할 수 있음

초기 단계	• 도시화율이 매우 낮고 완만한 상승을 보임 • 대부분의 인구가 촌락에 분포, 주로 1차 산업에 종사하는 사람이 많음
가속화 단계	• 도시화율이 급격하게 상승 • 본격적으로 산업화 진행 → 제조업과 서비스업의 발달로 이촌 향도 현상 발생
종착 단계	• 도시화율이 높고, 도시의 성장 속도가 늦어짐 • 도시 간 인구 이동이 활발하고, 역도시화 현상이 나타나기도 함

2 선진국과 개발 도상국의 도시화 ② 자료 ①

(1) **선진국의 도시화**
　① **과정**: 산업 혁명 이후 200여 년에 걸쳐 점진적으로 진행(현재 종착 단계)
　② **특징**: 촌락에서 도시로 인구가 이동하면서 이루어짐, 도시화의 정체 및 역도시화 현상이 나타남
　└ 왜 제조업이 발달한 도시에서 많은 노동력이 필요하고, 농업 기술의 발달로 농촌에서 일자리를 구하기 어려웠기 때문

(2) **개발 도상국의 도시화**
　① **과정**: 20세기 중반 이후 30~40년 정도의 단기간에 매우 급속하게 진행
　② **특징**: 이촌 향도 현상 발생, 청장년층을 중심으로 인구가 이동하여 자연적 증가도 급속하게 이루어짐, •수위 도시로 인구가 집중하는 현상 발생
　└ 왜 경제 발전이나 기술 혁신 등을 동반하지 못하였기 때문

교과서 속 자료 읽기 ① 세계의 도시화율

도시화율(%, 2014년)	
75 이상	25 미만
50~75	자료 없음
25~50	

도시화율이 75% 이상인 국가들은 주로 선진국이 많은 앵글로아메리카와 라틴 아메리카, 유럽, 오세아니아에 분포하고 있다. 반면 도시화율이 낮은 국가들은 개발 도상국이 많은 아시아와 아프리카에 주로 분포하고 있다.

3 우리나라의 도시화❸
  └ 대도시, 공업 도시를 중심으로 진행
(1) **1960년대:** 산업화 → 이촌 향도에 따른 도시화가 빠르게 진행
(2) **1970년대:** 우리나라 인구의 절반 이상이 도시에 거주 → 도시 문제 발생
(3) **1990년대 이후:** 도시화 속도가 늦어짐, 대도시 외곽 지역에 위성 도시 발달
(4) **현재:** 도시화율이 약 90%(종착 단계), 인구 및 기능이 수도권과 남동 해안 지역에 집중하는 국토 불균형 문제 발생

❸ 우리나라의 도시화율 변화

39.1 50.1 68.1 79.6 88.3 90.9 91.8(%)
1960 1970 1980 1990 2000 2010 2015(년)
우리나라는 1960년대에 산업화가 진행되면서 도시화가 빠르게 진행되었고, 현재 도시화 종착 단계에 있다.

② 도시 문제와 살기 좋은 도시

1 선진국과 개발 도상국의 도시 문제와 대책

(1) **선진국의 도시 문제와 대책** ┌ 오랜 기간 동안 도시화가 이루어져 체계적인 도시
     계획을 바탕으로 도시 문제를 해결하거나 완화함

도시 문제	• 인구 감소 및 성장 정체: 교외화로 도시 내부 지역의 기능이 약화됨 • 시설 노후화, 도심의 불량 주거 지역 형성 : 도시 성장 초기에 건설된 건물들이 낡고 허름해지기 때문 • 실업률 상승: 세계화에 따른 경제 환경의 변화로 일부 도시 내의 제조업 쇠퇴 때문 • 범죄 문제, 노숙자 문제, 지역 주민과 이주민 간의 갈등 등
대책	• 도시 재개발 사업 진행: 노후화된 시설을 문화 공간으로 새롭게 조성 등 • 산업 구조 개편: 첨단 산업과 관광 산업을 중심으로 개편 → 도시 내 일자리 창출

(2) **개발 도상국의 도시 문제와 대책**
     └ 단기간 급격하게 도시화가 이루어져 도시 문제가 더욱 심각함

도시 문제	• 과도시화 현상: 도시의 인구 부양력보다 더 많은 인구가 집중됨 • 주택, 상하수도 시설 등 각종 시설 부족 → 무허가 주택, 빈민촌, 슬럼 등 형성 • 급속한 산업화 → 환경 문제, 실업, 범죄 문제 등 • 특정 지역에 개발 집중: 특정 도시에 인구 집주 → 국토가 고르지 못하게 개발됨
대책	• 경제 발전: 선진국의 자본과 기술을 받아들여 일자리를 늘리고 주거 환경 개선 • 부족한 시설 및 도시 기반 시설 확충을 위해 노력

② 한눈에 쏙

• 선진국과 개발 도상국의 도시 문제

선진국	• 인구 감소와 시설의 노후화 • 도시 내 제조업 쇠퇴
개발 도상국	• 도시 기반 시설의 부족 • 무허가 불량 주거 지역

2 살기 좋은 도시

(1) **도시 문제를 해결하기 위한 노력** ┌ 무분별하게 개발이 이루어져 도시 문제가
                                          나타나고, 삶의 질이 떨어지기도 함
  ① **도시 문제 발생 원인:** 특정 도시로 많은 인구와 기능 집중
  ② **도시 문제 해결 방안** ┌ 도시 문제 해결을 위해서는 지방 자치 단체뿐만 아니라
                             지역 주민, 정부 등의 참여와 실천이 필요함

교통 문제	도로 환경 개선, 대중교통과 자전거 이용 장려, 혼잡 통행료 부과
환경 문제	쓰레기 분리수거 및 친환경 에너지 사용 정책 추진
주택 문제	공공 주택 건설, 낡은 지역 재개발
지역 불균형	지역 균형 개발 정책 추진(집중된 인구와 기능을 주변으로 분산)

  ③ **도시 문제를 해결한 도시❹**

브라질 쿠리치바	이중 굴절 버스, 원통형 정류장 등의 도입 → 교통 및 대기 오염 문제 해결
에스파냐 빌바오	철강 산업 쇠퇴 → 문화와 예술 공간으로 탈바꿈하여 관광 도시로 변모
오스트리아 그라츠	그라츠는 무어강을 기준으로 동쪽과 서쪽(소득 낮음)의 소득 차이가 큼 → 두 지역을 잇는 다리 건설, 서쪽에 미술관을 건립하여 교류 확대
대한민국 울산	태화강 오염 → 수질과 주변 환경 개선, 생태공원 조성
인도 벵갈루루	일자리 부족 및 빈곤 → 소프트웨어 산업 육성으로 세계 IT 산업의 중심 도시가 됨

(2) **살기 좋은 도시:** 거주민들의 삶의 질❺이 높은 도시, 범죄율이 낮고 정치적으로 안정된 도시, 교육·의료·보건·문화·주거 환경·행정 서비스 등이 잘 갖추어진 도시 등
  └ 살기 좋은 도시의 조건은 시대, 국가 등에 따라 다르며 절대적인 기준을 세우기 어려움

❹ 도시 문제를 해결한 도시

⬆ 쿠리치바의 원통형 정류장

⬆ 빌바오의 구겐하임 미술관

⬆ 그라츠의 동서를 잇는 다리

❺ 삶의 질

삶의 질은 경제적 조건뿐만 아니라 개인의 행복감과 정치·경제·사회적 조건에 따라 결정되는 주관적인 개념이다.

• 정답 및 해설 **57**쪽

이 주제에서는 어떤 문제가 잘 나올까?

• 도시화의 의미를 파악하기
• 선진국과 개발 도상국의 도시화를 도시화 곡선을 통해 비교하기

1 선진국과 개발 도상국의 도시화

차근차근 기본 다지기

01 다음 설명이 맞으면 ○표, 틀리면 ×표 하시오.
671
(1) 도시화가 진행되면 도시적 생활 양식이 확대된다. ( )
(2) 도시화가 진행될수록 도시의 수와 면적은 감소한다. ( )
(3) 도시화율을 통해 지역의 산업 및 경제 발전 수준을 파악할 수 있다. ( )

02 다음 괄호 안의 내용 중 알맞은 것에 ○표 하시오.
672
(1) 도시화가 진행되면 1차 산업 종사자 비율은 (증가 , 감소)하고, 2·3차 산업 종사자 비율은 (증가 , 감소)한다.
(2) 선진국의 도시화는 (빠르게 , 느리게) 진행되었으며 개발 도상국의 도시화는 (빠르게 , 느리게) 진행되었다.
(3) 우리나라는 현재 도시화 단계 중 (초기 , 가속화 , 종착) 단계에 속해 있다.

03 도시화 단계에 맞는 특징을 모두 바르게 연결하시오.
673

(1) 초기 단계 •

(2) 가속화 단계 •

(3) 종착 단계 •

• ㉠ 인구 대부분이 촌락에 거주
• ㉡ 도시화율이 급격하게 상승
• ㉢ 이촌 향도 현상
• ㉣ 역도시화 현상
• ㉤ 도시의 성장 속도가 느려짐
• ㉥ 1차 산업의 비중이 높음

04 다음 도시화에 대한 설명으로 옳지 <u>않은</u> 것은?
674
① 도시 인구 비율이 증가한다.
② 도시적인 생활 양식이 확대된다.
③ 도시화가 진행되면 유입 인구는 감소한다.

05 다음 도시화의 각 단계별 특징으로 옳은 것은?
675
① 도시화 초기에는 1차 산업이 주를 이룬다.
② 도시화 초기에는 대부분의 인구가 도시에 거주한다.
③ 가속화 단계에서는 역도시화 현상을 볼 수 있다.
④ 종착 단계에 속한 국가들은 대부분 개발 도상국이다.

06
676 자료는 중국 상하이의 도시 경관과 중국의 도시화율 변화를 나타낸 것이다. 이를 통해 유추할 수 있는 내용으로 옳지 <u>않은</u> 것은?

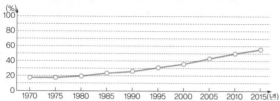

① 급격한 도시화로 도시 문제가 나타날 것이다.

② 중국은 도시 인구가 급격히 증가하였을 것이다.

③ 중국은 짧은 기간 동안 급격히 도시화가 진행되었다.

④ 중국은 도시화율이 높아 역도시화 현상이 나타날 것이다.

⑤ 촌락의 많은 사람들이 일자리를 구하기 위해 도시로 몰릴 것이다.

07
677 밑줄 친 ㉠, ㉡이 도시화 곡선의 어느 단계에 속하는지 각각 쓰시오.

> 우리나라는 ㉠ 1960년대 중반 서울과 부산, 대구 등 대도시와 공업 도시를 중심으로 산업화가 시작되면서 도시화가 빠른 속도로 진행되었다. 1970년대에는 인구의 절반 이상이 도시에 살게 되었고 도시 문제가 나타나기 시작하였다. ㉡ 1990년대에는 서울과 부산 등 대도시 외곽 지역에 성남, 고양, 양산 등의 위성 도시가 발달하였다.

㉠ (   ), ㉡ (   )

08
678 다음에서 설명하는 내용에 해당하는 용어를 쓰시오.

> 어떤 지역의 전체 인구 중에서 도시에 사는 인구가 차지하는 비율로 $\dfrac{\text{도시 거주 인구}}{\text{전체 인구}} \times 100$으로 계산한다.

(   )

서술형 문제

09
679 그래프는 도시화 곡선을 나타낸 것이다. 이를 보고, 물음에 답하시오.

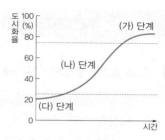

(1) (가)~(다) 단계의 명칭을 쓰시오.

_____

(2) (나) 단계에서 나타나는 인구 이동의 특징을 서술하시오.

_____

_____

_____

논술형 문제

10
680 다음 자료를 참고하여 선진국과 개발 도상국의 도시화 과정의 차이에 대해 서술하시오.

△ 대륙 및 국가별 도시화율(2014년)

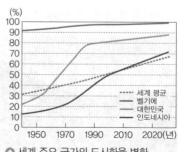

△ 세계 주요 국가의 도시화율 변화

_____

_____

_____

_____

_____

② 도시 문제와 살기 좋은 도시

이 주제에서는 어떤 문제가 잘 나올까?
- 선진국과 개발 도상국의 도시 문제 차이점 구분하기
- 살기 좋은 도시를 만들기 위한 노력 방법 생각해 보기

● 정답 및 해설 **57**쪽

차근차근 기본 다지기

01 다음 설명이 맞으면 ○표, 틀리면 ×표 하시오.
681
(1) 급속한 산업화는 대체로 환경 보전과 함께 이루어졌다. (   )
(2) 도심의 주택 부족 현상은 선진국에서 주로 나타나는 도시 문제이다. (   )
(3) 대중교통과 자전거 이용 장려는 도시 문제 중 교통 문제 해결을 위한 방안이다. (   )

02 다음 괄호 안의 내용 중 알맞은 것에 ○표 하시오.
682
(1) 선진국은 다양한 도시 문제로 인해 (도심 , 교외) 지역이 쇠퇴한다.
(2) 개발 도상국의 도시는 (과도시화 , 역도시화) 현상으로 인해 인구 부양력보다 더 많은 인구가 집중된다.
(3) 선진국의 도시는 세계화에 따른 경제 환경의 변화로 실업률이 (상승 , 하락)하는 문제가 나타나고 있다.

03 도시 문제를 해결한 도시의 이름과 사례를 바르게 연결하시오.
683

(1) 대한민국 울산 •

(2) 에스파냐 빌바오 •

(3) 브라질 쿠리치바 •

• ㉠ 오염된 강의 수질과 환경을 개선하여 생태 도시로 탈바꿈

• ㉡ 이중 굴절 버스, 원통형 정류장 등 대중교통을 혁신하여 교통 및 환경 문제 개선

• ㉢ 도시의 주요 산업인 철강 산업이 쇠퇴하자 문화와 예술 도시로 탈바꿈하여 관광 도시로 변모

04 다음 사진을 통해 알 수 있는 도시 문제는?
684

① 교통 문제
② 빈부 격차
③ 인구 감소

05 다음 중 선진국의 도시를 여행할 때 볼 수 있는 모습으로 옳지 않은 것은?
685

① 도심에서 나타나는 낡고 허름한, 오래된 건물
② 교외와 도심을 연결하는 기나긴 대중교통 노선들
③ 많은 학생 수로 인해 교실이 부족한 도심 지역의 학교들
④ 지역 재개발을 두고 찬반으로 나누어 다투는 지역 주민들

VIII. 사람이 만든 삶터, 도시

06 다음은 ○○ 시 시장의 연설문이다. 밑줄 친 ㉠에 들
686 어갈 문장으로 가장 적절한 것은?

> 시장: 현재 우리 ○○ 시는 많은 문제를 직면하고
> 있습니다. 그중 가장 큰 문제가 교통 및 대
> 기 오염 문제입니다. 저에게 이 두 문제를
> 동시에 해결할 방법이 있습니다. 내년부터
> 우리 ○○ 시는 _____ ㉠ _____

① 범죄 없는 도시로 탈바꿈할 것입니다.
② 대중교통의 운행 시간을 축소시킬 것입니다.
③ 시민들에게 무료로 자전거를 대여해 줄 것입니다.
④ 공원을 활성화하여 생태 도시로 재탄생할 것입
니다.
⑤ 도시 재개발을 통한 '스마트 시티'로 재탄생할
것입니다.

07 다음 살기 좋은 도시의 조건으로 옳은 것만을 〈보기〉
687 에서 고른 것은?

> ┌ 보기 ┐
> ㄱ. 시설이 노후화된 도시
> ㄴ. 과도한 인구와 기능이 집중된 도시
> ㄷ. 범죄율이 낮고 정치적으로 안정된 도시
> ㄹ. 도시 기반 시설을 잘 갖추고 있는 도시

① ㄱ, ㄴ   ② ㄱ, ㄷ   ③ ㄴ, ㄷ
④ ㄴ, ㄹ   ⑤ ㄷ, ㄹ

08 다음 설명에 해당하는 용어를 쓰시오.
688

> • 살기 좋은 도시의 조건 중 하나이다.
> • 경제적 조건뿐만 아니라 개인의 행복감과 정
> 치·경제·사회적 조건에 따라 결정되는 주관
> 적 개념이다.

(   )

서술형 문제

09 다음 글을 읽고, 물음에 답하시오.
689

> 피츠버그의 ㉠ 과거 제철소를 비롯해 대형 공장
> 들이 있던 지역의 주택가에는 오랜 기간 빈 상태
> 로 방치된 집들이 눈에 띄었다. 피츠버그 주민들
> 사이에서는 도시 미관을 해치고 범죄도 많이 발생
> 하는 동네로 여겨진다.
> 그런 피츠버그가 변신하고 있다. 세계 철강 산
> 업을 이끌던 제철소 건물들도 흉물스러운 모습으
> 로 방치돼 있다가 최근 (㉡   )을/를 위한
> 새로운 공간으로 거듭나고 있다.
>   – 동아일보, 「피츠버그에 '새 피'가 돈다」

(1) ㉠과 같은 현상이 발생한 이유를 서술하시오.

_____

(2) ㉡에 알맞은 산업의 유형을 쓰시오.

논술형 문제

10 다음 글을 읽고, 물음에 답하시오.
690

> 도시 재개발은 쇠퇴한 (㉠   )에 저렴한 임대
> 료를 찾는 문화·예술인들이 유입되면서 지역의
> 문화 가치가 상승하고, 이를 쫓아 대자본의 상업
> 투자나 중산층 이상의 계층이 (㉠   ) 주택에 재
> 투자하여 이주해 옴으로써 (㉠   )이/가 재활성
> 화되는 현상, 또한 이로 인해 기존 원주민들이 새
> 로운 입주자들로 대체되는 현상을 일컫는다.
>   ㉡ 도시 재개발에 대해서는 긍정적인 견해와 부
> 정적인 견해가 공존하고 있다.
>   – 강원발전연구원,
>   「도심 활성화 양날의 검, 젠트리피케이션 중에서」

(1) ㉠에 알맞은 도시 내부 구조의 명칭을 쓰시오.

_____

(2) ㉡에서 말하는 도시 재개발에 대한 긍정적인 견해
와 부정적인 견해를 각각 한 가지씩 서술하시오.

_____

_____

_____

_____

01 세계의 다양한 도시

01 도시에 대한 설명으로 옳지 않은 것은?
691
① 촌락과 함께 대표적인 거주 공간이다.
② 주변에 정치, 경제, 문화의 중심지 역할을 한다.
③ 촌락에 다양한 기능을 제공하며 상호 작용을 한다.
④ 1차 산업이 발달하여 직업과 생활 모습이 다양하다.
⑤ 한정된 공간에 인구가 많아 토지를 집약적으로 이용한다.

02 (가), (나) 사진의 특징을 〈보기〉에서 찾아 바르게 연결한
692 것은?

(가)

(나)

• 보기 •
ㄱ. 낮은 인구 밀도　　ㄴ. 고층 건물이 많음
ㄷ. 2, 3차 산업 위주　ㄹ. 높은 농경지 비율

　　　(가)　　(나)　　　　　　(가)　　(나)
① ㄱ, ㄴ　ㄷ, ㄹ　② ㄱ, ㄷ　ㄴ, ㄹ
③ ㄴ, ㄷ　ㄱ, ㄹ　④ ㄴ, ㄹ　ㄱ, ㄷ
⑤ ㄷ, ㄹ　ㄱ, ㄴ

03 지도를 보고 알 수 있는 인구 500만 명 이상의 대도
693 시에 대한 설명으로 옳지 않은 것은?

① 해안가에 많이 위치한다.
② 대부분 북반구에 위치한다.
③ 적도 부근의 저위도 지역에 집중한다.
④ 인구가 많은 아시아에 가장 많이 있다.
⑤ 오세아니아를 제외하고 아프리카에 가장 적게 있다.

04 다음 설명과 관계 없는 것은?
694

지역을 대표하는 상징물인 랜드마크는 많은 관광객을 불러모으고 막대한 경제적 이익을 얻을 수 있어 관심이 높아지고 있다.

①

②

③

④

⑤

05 다음 글의 주제로 알맞은 것은?
695

도시라고 하면 높은 빌딩과 많은 사람들, 자동차와 쇼핑 센터 등을 쉽게 떠올리지만 세계의 모든 도시가 이런 모습은 아니다. 15~16세기 지중해 연안의 북부 아프리카와 중남부 아프리카를 연결하는 교역 도시로 성장한 아프리카 말리의 팀북투는 건축물이 흙으로 지어져 있어 독특하고 매력적인 도시 경관이 나타나고, 지중해 무역의 중심지로 성장한 이탈리아의 베네치아는 석호에 건설되어 '물의 도시'라고 불린다.

① 도시의 랜드마크
② 도시의 위치적 특성
③ 도시 경관의 다양성
④ 세계적으로 유명한 도시
⑤ 생활 공간으로서의 도시

06 ⑤~⑩에 해당하는 도시를 바르게 연결한 것은?

696

> 세계 곳곳에는 수많은 도시가 존재하는데 그 중 유명한 도시는 주로 인구 규모가 큰 도시이거나 ⑤ 정치, 경제의 중심 도시, 또는 ⑥ 문화를 이끌어 가는 도시이다. 이외에도 ⑥ 종교적, 역사적 의미가 있는 도시나 ⑥ 빼어난 자연 경관을 자랑하며 관광 산업이 발달한 도시, ⑥ 환경이 쾌적하여 삶의 질이 높은 도시로 명성이 높다.

① ⑤ – 브라질의 쿠리치바
② ⑥ – 프랑스의 파리
③ ⑥ – 아이슬란드의 레이캬비크
④ ⑥ – 미국의 뉴욕
⑤ ⑥ – 이스라엘의 예루살렘

07 다음 두 도시의 공통된 특징으로 옳은 것은?

697

이민족의 침입을 피하기 위해 건설한 도시로 중세 시대부터 교역으로 많은 부를 쌓아 왔다.

과거 원, 명, 청에 걸친 여러 왕조의 수도로 오랜 기간 통치의 중심 도시다.

① 친환경적 생태 도시
② 세계 경제 활동의 중심지
③ 다양한 자연환경을 가진 도시
④ 쾌적한 환경의 살기 좋은 도시
⑤ 오랜 역사와 문화를 자랑하는 도시

08 다음 두 도시의 공통점으로 옳은 것은?

698

> • 미국의 라스베이거스
> • 아랍 에미리트의 두바이

① 저위도에 위치한 고산 도시이다.
② 아름다운 항구로 유명한 도시이다.
③ 사막이라는 불리한 자연환경을 극복한 도시이다.
④ 오랜 세월에 걸쳐 만들어진 유적이 많은 도시이다.
⑤ 백야 현상과 오로라를 볼 수 있어 유명해진 관광 도시이다.

09 다음에서 설명하는 도시의 특징으로 옳은 것은?

699

> 일 년 내내 온화한 기후가 나타난다. 노인들을 위한 의료 서비스, 복지 혜택 등이 잘 갖추어져 있으며, 최근 미국과 가까우면서 물가 수준이 상대적으로 낮아 미국의 은퇴자들이 살고 싶은 도시로 꼽히기도 하였다.

① 생태 도시
② 고산 도시
③ 세계 도시
④ 비즈니스 도시
⑤ 아름다운 항구 도시

10 내가 가고 싶은 도시에 대해 작성한 카드이다. 빈칸에 들어갈 내용으로 옳은 것은?

700

도시	가고 싶은 곳	도시의 특징
⑩ 로마	콜로세움	고대, 중세, 르네상스 시대의 유산을 잘 간직하여 지상과 지하에 유적이 많다.
싱가포르	리틀인디아, 아랍스트리트	

① 교역의 중심 도시로 독특한 문화가 형성되어 있다.
② 각종 상공업이 발달한 남아메리카의 경제의 중심이다.
③ 천년이 넘는 역사를 간직한 아프리카 최대의 도시이다.
④ 정치, 경제, 교통의 중심지로 유럽 연합(EU) 본부가 있다.
⑤ 적도 부근 고원에 위치하여 야생 동물이 서식하기에 유리하다.

02 도시의 경관

11 다음 그림과 같이 도시 중심부에 고층 건물이 많은 이유는?
701

① 주거 기능이 집중되기 때문이다.
② 평소 유동 인구가 적기 때문이다.
③ 토지 이용의 밀집도가 낮기 때문이다.
④ 한정된 토지를 효율적으로 이용하기 위해서이다.
⑤ 공업, 행정 등과 같은 기능을 함께하기 때문이다.

[12-14] 그림은 도시 내부 구조의 모식도를 나타낸 것이다. 이를 보고, 물음에 답하시오.

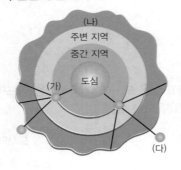

12 (가)~(다)의 명칭으로 옳은 것은?
702

	(가)	(나)	(다)
①	부도심	개발 제한 구역	위성 도시
②	개발 제한 구역	부도심	위성 도시
③	위성도시	개발 제한 구역	부도심
④	부도심	위성 도시	개발 제한 구역
⑤	위성 도시	부도심	개발 제한 구역

13 주거지가 외곽에 있는 이유로 옳은 것은?
703
① 교육 환경이 좋기 때문에
② 교통이 발달하였기 때문에
③ 사람들이 많은 곳이기 때문에
④ 좁은 부지를 필요로 하기 때문에
⑤ 높은 땅값을 지불할 수 없기 때문에

14 (나) 지역이 필요한 이유를 모두 고르면?
704
① 농업 용지로 사용하기 위해
② 출퇴근 시 혼잡한 교통 때문에
③ 대도시의 기능을 분담하기 위해
④ 도시 녹지 공간을 확보하기 위해
⑤ 도시의 무질서한 팽창을 막기 위해

15 도시 내부 공간이 다양한 까닭으로 옳지 않은 것은?
705
① 주택 – 넓고 쾌적한 곳으로 가자.
② 은행 본점 – 사람이 많이 다니는 곳이 좋아.
③ 기업 본사 – 높은 땅값쯤은 감당할 수 있어.
④ 공장 – 땅값이 비싼 곳으로 가서 넓은 공장을 만들거야.
⑤ 백화점 – 사람들이 쉽게 올 수 있도록 교통이 편리한 곳으로 가야지.

16 ㉠, ㉡ 들어갈 말로 옳은 것은?
706

> (㉠)은/는 여러 지점에서 출발하여 도달하기 쉬운 정도를 말하며, 교통이 편리한 지역일수록 (㉠)이/가 높다.
> (㉡)은/는 땅의 가격, 땅의 임대료를 포함한 땅의 가치를 의미한다.

	㉠	㉡
①	지가	접근성
②	지대	지가
③	지가	지대
④	접근성	지대
⑤	접근성	지가

17 다음 자료에 대한 설명으로 옳은 것은?

[707]

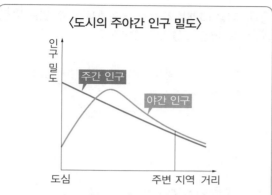

〈도시의 주야간 인구 밀도〉

인구 밀도

주간 인구

야간 인구

도심   주변 지역   거리

〈지하철 승하차 인원으로 알아보는 도시 내부 구조〉

지하철역	승하차 구분	07~10시	17~20시
명동역	승차	1,751	12,842
	하차	11,207	8,804
노원역	승차	6,341	3,840
	하차	3,251	8,015

(단위: 명)

① 명동역은 도심에 위치해 있을 것이다.
② 노원역은 주간 인구가 더 많을 것이다.
③ 도심은 주간 인구보다 야간 인구가 더 많다.
④ 노원역은 07~10시에 승차 인원보다 하차 인원이 더 많다.
⑤ 명동역은 17~20시에 하차 인원이 승차 인원보다 더 많다.

18 사진은 아침 출근 상황을 찍은 것이다. 이를 통해 유추할 수 있는 내용으로 옳은 것은?

[708]

① 학교는 ㈎ 방향의 지역에 더 많을 것이다.
② ㈎ 방향의 지역은 야간 인구가 많을 것이다.
③ ㈎ 방향의 지역에 주거 지역이 위치해 있을 것이다.
④ ㈏ 방향의 지역은 중심 업무 지역일 것이다.
⑤ 퇴근 시간에는 ㈏ 방향으로 통행량이 많을 것이다.

19 위성 도시에 대한 설명으로 옳은 것은?

[709]

① 도심과 외곽 지역 사이에 분포한다.
② 상주 인구가 적어 야간 인구가 적다.
③ 지가가 비싸 고층 건물이 주로 보인다.
④ 대도시의 기능 일부를 분담하는 도시이다.
⑤ 상업이나 업무 기능 등 도심의 기능을 분담한다.

20 도시 내부의 지가 분포 차이에 대한 설명으로 옳지 않은 것은?

[710]

① 지대가 높은 토지는 지가가 낮다.
② 지가는 토지의 시장 거래 가격을 의미한다.
③ 지가가 높은 토지는 기대 수익이 높은 곳이다.
④ 지대는 토지를 이용하여 얻는 수익을 의미한다.
⑤ 지대는 토지 이용자가 소유자에게 지불해야 하는 사용료를 의미한다.

21 다음 설명에 해당하는 것은?

[711]

> 도시가 처음 형성될 때는 상업 및 업무 기능, 주거 기능, 공업 기능이 뒤섞여서 분포하지만 도시가 성장하면서 점차 공간적으로 구분되는 것

① 도시의 구조
② 도시 경관의 변화
③ 도시의 다양한 경관
④ 도시 내부 지역의 특징
⑤ 도시 내부의 지역 분화

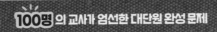

22 빈칸에 들어갈 말로 옳은 것은?

712

> 중심 업무 기능이나 상업 기능이 도시 중심부로 집중되는 현상을 (㉠)(이)라고 하며, 주택이나 학교, 공장 등이 외곽으로 빠져나가는 현상을 (㉡)(이)라고 한다.

	㉠	㉡
①	도시화	지역 분화
②	이심 현상	집심 현상
③	집심 현상	이심 현상
④	지역 분화	도시 경관
⑤	이심 현상	인구 공동화 현상

23 도시 내부 경관에 대한 설명으로 옳은 것은?

713

	도시 내부 경관	설명
①	도심	도시의 중심에 위치하고 있어 교통이 편리하여 중심 업무 지구가 형성되었을 것이다.
②	그린벨트	도시의 쾌적한 환경을 유지하기 위해 설치하였을 것이다.
③	부도심	공업 지역이 발달하여 상주 인구가 적을 것이다.
④	위성 도시	교통이 발달하여 중심 업무 기능이 모여 있을 것이다.
⑤	주변 지역	비싼 지가로 인해 주택 대신 아파트가 밀집해 있을 것이다.

03 선진국과 개발 도상국의 도시화

24 다음 그래프의 종착 단계에서 볼 수 있는 특징으로 옳지 **않은** 것을 모두 고르면?

714

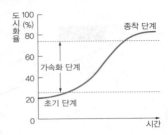

① 도시화 속도가 감소한다.
② 인구가 농촌에 고르게 분포한다.
③ 대도시 주변에 위성 도시가 발달하기도 한다.
④ 우리나라는 이 시기에 국토 불균형 문제가 대두되었다.
⑤ 농촌에서 도시로의 이동보다 도시 간 이동이 증가한다.

25 그래프를 보고 유추할 수 있는 내용으로 옳은 것은?

715

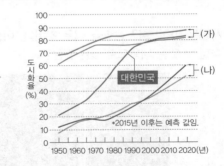

① (가) 국가들은 현재 농촌에서 도시로의 인구 이동이 많을 것이다.
② (가) 국가들은 (나) 국가들에 비해 도시화가 빠르게 진행되었다.
③ (나) 국가들은 산업 구조가 1차에서 2 · 3차로 급격히 바뀌고 있다.
④ (나) 국가들은 인구가 전국에 걸쳐 고르게 분포하는 현상을 보인다.
⑤ 1950년대에도 높은 도시화율을 보이고 있는 (가) 국가들은 개발 도상국일 것이다.

26 그래프는 우리나라의 도시화율 변화를 나타낸 것이다. 이를 통해 알 수 있는 것으로 옳은 것은? **716**

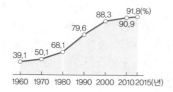

① 1960년대 우리나라는 종착 단계에 해당한다.
② 2000년대 이후 도시화가 급격히 진행되고 있다.
③ 현재 우리나라 대부분의 사람들이 도시에 거주할 것이다.
④ 1970년 우리나라는 90%가 넘는 도시화율을 보이고 있다.
⑤ 2000~2010년 사이에 도시화율이 가장 급격하게 변화하였다.

27 다음 지도와 그래프에 대한 설명으로 옳은 것은? **717**

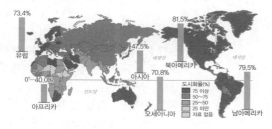

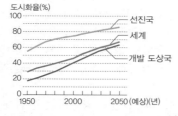

① 도시화율이 가장 높은 지역은 남아메리카이다.
② 유럽의 도시화율이 아프리카의 도시화율보다 낮다.
③ 개발 도상국이 많은 아시아는 도시화율이 낮은 편이다.
④ 선진국보다 개발 도상국의 도시화율 증가 속도가 더 느리다.
⑤ 1950년보다 2050년에 선진국과 개발 도상국의 도시화율 차이가 더 크게 날 것이다.

28 지도는 1~10위까지 세계 도시 인구를 나타낸 것이다. 2014년에 비해 2030년에 새로 등장할 도시들에 대한 옳은 설명만을 〈보기〉에서 고른 것은? **718**

· 보기
ㄱ. 대부분 개발 도상국의 도시에 해당한다.
ㄴ. 서서히 도시화가 진행되는 선진국들이다.
ㄷ. 주로 아시아, 아프리카의 도시들이 등장한다.
ㄹ. 상파울루와 뉴욕은 2030년 새롭게 지도에 등장하는 도시이다.

① ㄱ, ㄴ   ② ㄱ, ㄷ   ③ ㄴ, ㄷ
④ ㄴ, ㄹ   ⑤ ㄷ, ㄹ

29 다음 글을 읽고 나눈 대화 중 옳은 것은? **719**

> 19세기 전반기에 농업 국가였던 이 국가는 중화학 공업의 성장으로 20세기 초 유럽 최대의 산업 국가가 되었다.

① 현재 이 국가는 도시화율이 아주 낮을 거야.
② 요즘 이 국가는 이촌 향도 현상이 활발할 거야.
③ 아주 오랜 기간 천천히 도시화가 이루어졌을 거야.
④ 지금도 아주 빠르게 도시화가 진행되고 있을 거야.
⑤ 부족한 기반 시설로 교통 체증, 공공 서비스 부족 등 도시 문제가 발생하고 있을 거야.

04 살기 좋은 도시

30 도시 문제와 그 해결 방안을 연결한 것으로 옳지 않은 것은? **720**

	도시 문제	해결 방안
①	도심 교통 체증	혼잡 통행료 징수
②	넘치는 쓰레기	재활용 시스템의 정비
③	심각한 대기 오염	친환경 에너지 사용 정책
④	제조업 쇠퇴로 인한 실업률 상승	도심의 기능 분산
⑤	시설 노후화, 도심 불량 주거 지역 형성	도시 재개발 사업

31 (가), (나)의 도시 문제를 〈보기〉에서 찾아 바르게 연결한 것은?
721

> (가) 영국의 맨체스터는 1750년 인구 1만 5천 명의 소도시에서 1861년 50만 명, 1911년 230만 명의 인구를 가진 대도시가 되었다.
> (나) 중국의 선전은 1979년 인구가 2만 5천 명인 지역이었는데, 2011년 인구 1,000만 명의 도시로 성장하였다.

> • 보기 •
> ㄱ. 시설 노후화   ㄴ. 실업률 상승
> ㄷ. 과도시화 현상   ㄹ. 인구 감소 및 성장 정체
> ㅁ. 공공 기반 시설 부족

	(가)	(나)
①	ㄱ, ㄴ, ㄷ	ㄹ, ㅁ
②	ㄱ, ㄴ, ㄹ	ㄷ, ㅁ
③	ㄴ, ㄷ	ㄱ, ㄹ, ㅁ
④	ㄷ, ㅁ	ㄱ, ㄴ, ㄹ
⑤	ㄹ, ㅁ	ㄱ, ㄴ, ㄷ

32 밑줄 친 부분과 관련된 도시 문제로 가장 적절한 것은?
722

> 과거 상업의 중심지였던 이 지역은 쇠퇴하였다. 그러나 전통 가옥이나 옛 골목길 등 역사와 문화를 보존하여 지역이 다시 활성화되고 있다.

① 늘어나는 생활 쓰레기 처리 문제
② 공업 성장에 따른 도시 하천의 오염
③ 급속한 인구 유입으로 인한 주택 부족
④ 도시 구조 변화에 따른 도심 지역 쇠퇴
⑤ 산업 구조 변화에 따른 도시 시설 노후화

33 살기 좋은 도시에 대한 설명으로 옳은 것은?
723
① 거주민들의 삶의 질이 높은 도시이다.
② 경제적 조건이 가장 크게 영향을 미친다.
③ 살기 좋은 도시를 선정하는 절대적인 기준이 있다.
④ 선진국의 중심 도시이거나 개발 도상국의 수도가 많다.
⑤ 국가별로 통일된 기준으로 살기 좋은 도시를 선정한다.

34 다음 글에 나타난 살기 좋은 도시의 조건을 〈보기〉에서 있는 대로 고른 것은?
724

> 1850년대 금광 개발로 성장한 이 도시는 '공원의 도시'라고 불릴 만큼 많은 숲이 우거진 공원들이 있고, 노인들을 위한 간호사와 같은 생활 서비스가 지원된다. 또한 장기 학자금 대출 제도로 학비 부담이 적은 편이다.

> • 보기 •
> ㄱ. 정치적 안정성   ㄴ. 낮은 범죄율
> ㄷ. 쾌적한 자연환경   ㄹ. 풍부한 문화 시설
> ㅁ. 교통의 편의성
> ㅂ. 교육, 의료, 보건, 복지, 행정 서비스 등의 기반

① ㄱ, ㄴ   ② ㄷ, ㅂ   ③ ㄱ, ㄴ, ㄹ
④ ㄱ, ㄷ, ㅁ, ㅂ   ⑤ ㄷ, ㄹ, ㅁ, ㅂ

35 살기 좋은 도시를 만들기 위한 노력으로 (가)와 (나)의 사례를 통해 알 수 있는 것이 아닌 것은?
725

> (가) 브라질의 쿠리치바에서는 비용이 많이 드는 지하철을 건설하는 대신에 기존 도로망을 활용한 버스 교통 체계를 마련하였다. 버스를 중심으로 하는 대중 교통 시스템과 시민의 보행권을 우선으로 하는 교통 정책은 오늘날 세계적인 모범 사례로 꼽힌다.
> (나) 울산광역시는 시민, 환경 단체들과 함께 '태화강 살리기 사업'을 본격적으로 추진하였다. 우선 태화강으로 유입되는 폐수를 차단하고, 하수 처리장 건설 및 낡은 하수관 정비, 강바닥의 오염된 흙 제거, 시민의 자발적인 감시와 청소 등을 통해 수질과 주변 환경을 개선하였다.

① 자연과 인간이 공존하는 방법을 찾기 위해 노력하였다.
② 브라질의 쿠리치바는 심각한 교통 문제를 겪었을 것이다.
③ 울산의 태화강은 공업화로 인한 하천 오염 문제가 있었을 것이다.
④ 효율성을 중요시하여 정부가 주도하여 도시 문제를 해결하였다.
⑤ 두 도시 모두 특정 도시로 인구와 기능이 집중되면서 생긴 문제를 해결하였다.

36
726

다음 글을 읽고, 물음에 답하시오.

> 서울 종로구의 한 초등학교는 한때 전교생이 5,000명에 가까웠으나, 최근에는 학생 수가 급감해 현재 전교생이 120명으로 축소되었다.

(1) 위와 같은 현상을 일컫는 말을 쓰시오.

_____

(2) 제시된 용어를 사용하여 위 현상을 서술하시오.

> 상주 인구   주간 인구   야간 인구

_____

_____

_____

37
727

㉮와 ㉯ 도시 문제의 사례에 알맞은 해결 방안을 서술하시오.

> ㉮ 노후화된 도시 시설에 의해 다리 붕괴, 노후 하수관 등의 문제가 발생하고 한때 성장 동력이었던 공업이 쇠퇴하여 각종 문제가 발생하고 있다.
> ㉯ 주택 부족 문제가 심각하여 불법 주택이나 무허가 주택 등이 많아지고, 쓰레기 처리 능력이 부족하여 문제가 되고 있다. 그러나 정부의 투자가 집중되어 아직도 많은 사람들이 몰리고 있다.

㉮: _____

_____

㉯: _____

_____

38
728

그래프는 어느 대도시의 구별 평균 지가를 나타낸 것이다. '접근성'을 이용하여 도시 중심과 주변 지역의 지가를 서술하시오.

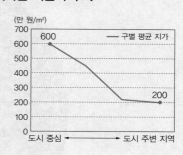

_____

_____

39
729

그래프에서 ㈎의 위치적, 기능적 특징을 서술하시오.

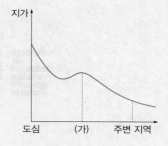

_____

_____

40
730

그래프를 보고, 물음에 답하시오.

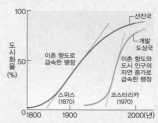

(1) 그래프를 이르는 명칭은?

_____

(2) 선진국과 개발 도상국의 도시화의 특징을 그래프의 기울기를 비교하여 서술하시오.

_____

_____

글로벌 경제 활동과
지역 변화

01 농업 생산의 기업화와 세계화에 따른 변화

① 한눈에 쏙

• 농업 생산의 기업화와 세계화

전통적 농업
자급적 농업

교통·통신의 발달, 생활 수준 향상 ↓	경제 활동의 세계화, 상업적 농업 발달

농업의 세계화	농업의 기업화
• 수입 농산물을 쉽게 구매 • 우리 농산물의 해외 수출 가능	• 상업적 농업 • 대규모 농업 • 생산, 수확, 가공 및 상품화 전 과정 담당

① 세계 무역 기구(WTO)

자유 무역을 통한 세계 무역 증진을 위해 1995년에 설립된 기구로, 무역 분쟁과 마찰 등을 조정하는 역할을 한다.

② 대규모 기업적 농업

미국의 대규모 농장에서는 비행기, 트랙터 등의 농기계를 이용하여 대량의 밀을 재배한다. 이렇게 재배된 밀은 생산 비용이 저렴하기 때문에 싼값에 전 세계로 수출되고 있으며, 미국은 2016년 중반까지 세계에서 밀을 가장 많이 수출하는 국가였다.

용어 사전

• **자급적 농업** 생산물을 판매하기 위해서가 아닌 주로 가족을 포함한 생산자 스스로가 소비하기 위한 농업
• **상업적 농업** 시장 판매를 목적으로 생산물을 생산하는 농업으로서 상품 교역에 대한 정부의 간섭을 최소화하고 자유롭게 거래하는 제도
• **다국적 기업** 세계 각지에 자회사, 지사, 합병 회사, 공장 등을 확보하고 생산·판매 활동을 국제적 규모로 수행하는 기업

① 농업 생산의 기업화와 세계화

1 농업의 변화

(1) **과거**: 전통적 농업은 곡물을 소규모로 재배하여 농가에서 직접 소비 → •자급적 농업의 형태로 이루어짐 예 벼, 밀, 옥수수 등 재배

(2) **현재**: 산업화·도시화 및 세계화 진행 → •상업적 농업 발달 예 낙농업, 원예 농업, 기업적 곡물 농업, 기업적 목축 등
└ 곡물 농업과 함께 다양한 종류의 원예 작물이나 기호 작물 등을 재배하는 농업 생산의 다각화가 이루어짐

2 농업 생산의 세계화와 기업화

(1) **농업 생산의 세계화**

의미	전 세계를 대상으로 농산물의 생산이 이루어지는 현상
배경	• 교통·통신의 발달, 세계 무역 기구(WTO)① 체제 출범, 자유 무역의 확대 등 → 지역 간 교류 증가 • 세계적 생산 네트워크와 유통 네트워크를 갖는 다국적 농업 기업의 등장과 기술의 발달 • 경제 성장으로 인한 생활 수준의 향상으로 다양한 농산물에 대한 수요 증가
영향	• 다양한 수입 농산물을 쉽게 구매할 수 있음 • 우리 농산물의 해외 수출

└ 새로운 종자 개발, 농축산물 운송을 위한 냉장 및 냉동 기술 등

(2) **농업 생산의 기업화** 자료①
─ 세계 곳곳에서 곡물을 재배하거나 유통을 주도하는 기업을 '곡물 메이저'라고 함

의미	다국적 농업 기업이 막대한 자본을 바탕으로 농·축산물의 생산과 유통을 장악하는 것
배경	경제 활동의 세계화, 상업적 농업 발달
영향	• 소규모 농업 → 농기계와 화학 비료를 사용하는 대규모 기업적 농업②으로 변화(•다국적 기업들의 대규모 플랜테이션 농업) └ 열대 기후 지역에서 선진국의 자본, 개발 도상국의 값싼 노동력이 결합하여 하나의 상품 작물을 대규모로 재배하는 상업적 농업 방식 • 농작물의 생산, 수확, 가공, 상품화의 전 과정이 기업에 의해 이루어짐 → 농작물의 생산과 소비 구조, 가격 등에 영향을 미침

왜? 농작물을 대규모로 생산하여 생산량을 줄이거나 늘림에 따라 가격이 변동되기 때문

교과서 속 자료 읽기 ① **다국적 기업과 농업 생산의 세계화와 기업화**

△ D 농업 회사의 글로벌 네트워크와 제품 판매

미국에 본사를 두고 있는 세계적인 D 다국적 기업은 열대 기후가 나타나는 온두라스, 에콰도르, 필리핀 등지에 바나나 농장과 파인애플 농장을 두고 있다. 이곳에서 생산된 과일은 회사 소유의 공장에서 포장 및 가공 처리되어 전 세계 각지의 소비자들에게 제공되고 있다.

---

❷ 농업 생산의 기업화가 생산 지역과 소비 지역에 미친 영향

1 농작물 생산 지역의 변화

(1) **농업 생산 구조의 변화**

① **상업적 농업 확대**: 원예 작물, 기호 작물 등 상품 작물을 대규모로 재배

② 곡물 농업을 하는 *자영농의 비중 감소, 다국적 농업 기업을 중심으로 하는 기업농의 비중 증가

(2) **토지 이용의 변화**

상품 작물 재배 면적 확대	• 곡물 재배 지역이 플랜테이션 농업을 통한 상품 작물 재배가 확대됨 • 곡물 가격의 변동성이 커지자 동남아시아의 국가들(쌀 생산)이 커피, 바나나 등과 같은 상품 작물을 재배하기 시작 ❸
사료 작물 재배 면적 확대	육류 소비의 증가로 가축의 사료가 되는 작물 재배를 위해 목초지 확대 예 남아메리카의 열대림이 목초지로 변하거나 기업적 밀 재배 지역이 옥수수나 콩 재배 지역으로 변화

(3) **다국적 농업 기업이 진출한 지역** 자료 ❷

① 새로운 일자리 제공, 농작물의 국제적 판매 증가 → 지역 경제 활성화

② 단일 작물의 대규모 재배 → 생태계 교란, 막대한 농약 사용 → 환경 파괴

예 열대 우림 지역에서는 과자, 초콜릿, 튀김용 기름, 비누 등에 사용하는 식물성 기름인 '팜유'를 채취하기 위해 기름야자 농장을 만드는 과정에서 생태계의 보고인 열대 우림이 파괴되고 있음

2 농작물 소비 지역의 변화 자료 ❷

(1) 세계 각지의 농산물을 쉽고 저렴하게 구할 수 있음

(2) **식생활의 변화**: 생활 수준의 향상으로 채소, 과일, 육류 등의 소비량 증가, 패스트 푸드를 비롯한 음식 문화의 보편화로 쌀 소비량 감소

(3) ***식량 자급률 하락**: 과거에 자급하던 식량 자원을 수입하는 등 외국산 농산물 소비가 증가하면서 나타남 → 국내산 농산물 수요 감소로 농민 피해 발생

(4) **식량 부족**: 수입 곡물의 의존도가 높아지면서 일부 국가에서는 국제 농산물의 가격이 급등 ❹ 하면서 안정적 식량 공급이 어려워 식량 부족 문제 발생

예 필리핀의 경우 벼농사를 포기하고 쌀을 수입하면서 식량 부족 문제가 발생함

(5) **농산물의 안전성 문제 발생**: 수입 과정에서 농산물의 부패를 막기 위해 화학 약품을 사용하기 때문 → 유기농, 로컬 푸드 등에 대한 관심 증가

장거리 운송 과정을 거치지 않고 같은 지역에서 생산, 소비되는 농축수산물

🌳 **교과서 속 자료 읽기 ❷** 세계화에 따른 농업 생산과 소비의 변화

(단위: %, 세계 125개국 진출)

🔺 곡물 메이저(C 기업)의 해외 사업 진출

🔺 우리나라의 식량 자급률

• (가) 곡물 메이저란 전 세계에 곡물 생산지를 두고 곡물을 수출입하는 다국적 기업을 일컫는 말이다. 먹거리의 생산 · 유통 · 식품 가공에 이르는 전체 과정에서 세계적 차원의 시스템을 형성한다. 곡물 메이저는 세계 곡물 시장에서 큰 영향력을 행사한다.

• (나) 세계화를 통한 농산물의 수입으로 우리나라의 식량 자급률은 빠르게 감소하고 있다. 쌀을 제외한 주요 작물의 자급률은 20% 이하로 낮게 나타난다.

❸ **커피 수출국이 된 베트남**

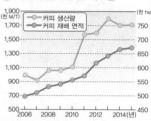

베트남은 열대 기후 지역에 있는 대표적인 쌀 수출국이었다. 그러나 쌀의 가격 변동성이 커지고, 기호 작물의 수요가 증가하면서 베트남에서는 쌀보다 커피 생산에 집중하기 시작하였다. 2007년부터는 커피 수출량이 쌀 수출량을 앞질렀다.

❹ **우리나라 농산물 수출입 변화**

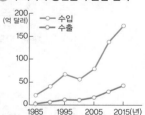

우리나라는 농산물의 세계화로 인해 농산물의 수출액보다 수입액이 더 빠르게 증가하고 있다. 다양한 농산물을 쉽게 구할 수 있다는 장점도 있지만, 식량 자급률의 하락과 농산물의 안정성에 대한 문제도 제기되고 있다.

용어 사전

• *자영농* 자신이 소유한 땅에서 농사를 짓는 사람

• *식량 자급률* 식량의 국내 소비량에서 국내 생산량이 차지하는 비율

① 농업 생산의 기업화와
세계화

이 주제에서는 어떤 문제가 잘 나올까?
• 농업의 변화 모습 파악하기
• 농업 생산의 기업화와 세계화의 양상 이해하기

• 정답 및 해설 62쪽

차근차근 기본 다지기

01 다음 설명이 맞으면 ○표, 틀리면 ×표 하시오.
731
(1) 과거의 전통적 농업은 필요한 만큼 생산하여 농가에서 직접 소비하였다. (   )
(2) 기업적 농업은 최소한의 자본과 기술을 투입하여 작물을 재배한다. (   )
(3) 농업 기술의 발달로 세계 여러 곳에서 생산되는 다양한 농산물의 수요가 감소하였다. (   )
(4) 기업적 농업의 경우 농작물의 생산, 가공, 상품화의 전 과정을 기업이 담당한다. (   )

02 다음 괄호 안의 내용 중 알맞은 것에 ○표 하시오.
732
(1) 시장 판매를 목적으로 농산물을 생산하는 농업을 (자급적 , 상업적) 농업이라고 한다.
(2) 기업들은 많은 자본과 기술을 농업에 투입하여 농업 생산의 (기계화 , 기업화)를 주도하였다.
(3) 오늘날에는 곡물 농업과 함께 다양한 종류의 원예 작물이나 기호 작물 등을 재배하는 농업 생산의
(다각화 , 세계화)가 이루어지고 있다.

03 다음은 과거와 현재의 농업을 비교한 것이다. 빈칸에 들어갈 알맞은 말을 쓰시오.
733

구분	과거	현재
주요 노동력	가족 노동 중심	(1) _____ 사용
농업의 성격	(2) _____	상업적
농업의 규모	소규모	대규모
농업의 목적	생산자가 직접 소비하기 위함	기업이 (3) _____ 추구
재배 작물의 종류	(4) _____ 중심	다양한 원예 작물, 기호 작물

04 다음 농업 생산의 기업화에 대한 설명으로 옳
734 은 것은?
① 생산된 지역에서 대부분 소비된다.
② 농기계와 화학 비료 사용을 자제한다.
③ 넓은 농업 지역에서 개발 도상국까지 확
대되었다.

05 오늘날 농업의 변화를 가져온 원인에 해당하는
735 것만을 〈보기〉에서 고른 것은?

┌─ 보기 ─────────
ㄱ. 보호 무역의 확대
ㄴ. 교통·통신의 발달
ㄷ. 자급적 농업의 발달
ㄹ. 세계 무역 기구 체제 출범
└────────────

① ㄱ, ㄴ   ② ㄱ, ㄹ
③ ㄴ, ㄷ   ④ ㄴ, ㄹ

06 다음 사진을 통해 알 수 있는 현상으로 옳은 것은?
736

① 농업의 기계화가 진전되었다.
② 농업 생산의 세계화가 진행되고 있다.
③ 유기농 작물의 재배가 증가하고 있다.
④ 농업 기술의 발달로 생산성이 감소하였다.
⑤ 농산물의 생산 지역과 소비 지역이 동일해졌다.

07 밑줄 친 ㉠에 들어갈 농업 방식에 대한 옳은 설명만을
737 〈보기〉에서 고른 것은?

> 아프리카와 아시아 지역에 진출한 다국적 기업
> 들은 대규모 ___㉠___ 농장을 만들어 커피와
> 바나나 등의 작물을 생산하여 전 세계로 유통한다.

· 보기 ·
ㄱ. 다양한 작물을 소규모로 재배한다.
ㄴ. 열대와 아열대 지역에서 주로 행해진다.
ㄷ. 식량 작물보다는 상품 작물을 주로 재배한다.
ㄹ. 선진국의 값싼 노동력과 개발 도상국의 기술
   을 결합하여 이루어진다.

① ㄱ, ㄴ   ② ㄱ, ㄷ   ③ ㄴ, ㄷ
④ ㄴ, ㄹ   ⑤ ㄷ, ㄹ

08 다음 설명에 해당하는 용어를 쓰시오.
738

> 세계 곳곳에서 곡물을 재배하거나 유통을 주도
> 하며 곡물 시장에서 큰 영향력을 행사하고 있는
> 기업을 말한다.

(   )

서술형 문제

09 그래프 ㈎는 우리나라의 과일류 수입 현황, 그래프 ㈏
739 는 우리나라의 과일 수입 대상국 수의 변화를 나타낸
것이다. 이를 보고, 물음에 답하시오.

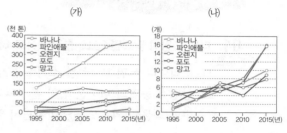

(1) ㈎와 ㈏ 그래프를 분석하여 1995년 이후 우리
나라의 농업의 변화에 대해 쓰시오.

_____

_____

(2) (1)과 같은 변화가 일어나는 현상의 배경을 세
가지 서술하시오.

_____

_____

_____

논술형 문제

10 지도는 D 농업 회사의 글로벌 네트워크와 제품 판매
740 를 나타낸 것이다. 이를 통해 농업의 세계화와 농업의
기업화의 관계를 추론하여 서술하시오.

_____

_____

_____

_____

_____

2 농업 생산의 기업화가 생산 지역과 소비 지역에 미친 영향

🚩 **이 주제에서는 어떤 문제가 잘 나올까?**
• 농업 생산 구조의 변화 파악하기
• 농작물 생산·소비 지역의 생활 변화 알아보기

• 정답 및 해설 **63**쪽

차근차근 기본다지기

01 다음 설명이 맞으면 ○표, 틀리면 ✕표 하시오.
741
(1) 우리나라 국민 1인당 쌀 소비량은 점차 증가하고 있다. (   )
(2) 상업적 농업의 비중은 점차 확대되고, 자영농의 비중은 점차 감소하고 있다. (   )
(3) 수입 곡물의 의존도가 높아지면서 일부 국가에서는 식량 부족 문제가 발생하기도 한다. (   )

02 다음 괄호 안의 내용 중 알맞은 것에 ○표 하시오.
742
(1) 베트남은 세계적인 쌀 수출국에서 (커피 , 바나나) 생산 지역으로 변화하였다.
(2) 사료 작물 재배 면적이 확대됨에 따라 (쌀 , 옥수수)의 재배 면적이 확대되고 있다.
(3) 식량 작물인 쌀과 밀 중 우리나라에서는 (쌀 , 밀)의 식량 자급률이 더 높게 나타난다.

03 (1)~(3)에서 설명하는 단어를 쓰고, 퍼즐판에서 찾아 색칠하시오.
743

바	환	경	음	식
커	피	무	대	량
나	팜	유	통	자
공	역	무	역	급
환	경	파	괴	률

(1) 식량의 국내 소비량에서 국내 생산량이 차지하는 비율을 나타내는 용어는?
(2) 단일 작물의 대규모 재배는 생태계를 교란하고, 막대한 농약 사용으로 ○○○○을/를 유발한다.
(3) 인도네시아에서 가장 많이 생산되는 것으로 과자, 세제, 화장품 및 바이오 에너지로 활용 가능한 것은?

04 다음 중 농업의 세계화, 기업화로 인한 생산 지역의 변화로 옳은 것은?
744
① 자영농 비중 증가
② 식량 자급률 상승
③ 상품 작물 재배 확대

05 밑줄 친 ㉠에 들어갈 내용으로 가장 적절한 것은?
745

> 농업의 세계화, 기업화로 인해 소비 지역에서 다양한 변화가 나타난다. 식량 자급률 하락의 위험성이 있고, 일부 국가에서는 식량 부족 문제가 발생하기도 한다. 그럼에도 불구하고 농업의 세계화, 기업화는 ___㉠___ 때문에 계속 진행되고 있다.

① 새로운 일자리를 제공하기
② 자영농의 비중이 증가하기
③ 단일 작물의 소규모 재배로 인한 이점
④ 다양한 농산물을 저렴하게 구입할 수 있기

06 밑줄 친 ㉠, ㉡에 대한 설명으로 옳지 않은 것은?

746

> 농업 생산의 기업화에 따라 생산 지역에서는 상업적 농업이 확대되고, 자영농의 비중이 감소하고 있다. 이에 따라 토지 이용의 형태는 ㉠ 상품 작물 재배 면적의 확대와 ㉡ 사료 작물 재배 면적 확대로 나타나고 있다.

① ㉠으로 인해 식량 자급률이 증가한다.
② ㉠은 주로 플랜테이션 농업을 통해 나타난다.
③ ㉠의 대표적인 상품 작물은 커피, 바나나이다.
④ ㉡의 주요 원인은 육류 소비량의 증가이다.
⑤ ㉡은 아메리카 대륙의 대평원에서 활발하다.

07 그래프는 우리나라의 식량 자급률을 나타낸 것이다.

747 옳은 설명만을 〈보기〉에서 고른 것은?

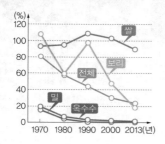

> • 보기 •
> ㄱ. 1980~1990년 쌀 생산량은 증가하였다.
> ㄴ. 보리와 밀 중 보리의 자급도가 더 낮다.
> ㄷ. 우리나라의 식량 자급률은 감소하고 있다.
> ㄹ. 1970년 보리는 국내 생산량만으로 자급 가능하였다.

① ㄱ, ㄴ   ② ㄱ, ㄷ   ③ ㄴ, ㄷ
④ ㄴ, ㄹ   ⑤ ㄷ, ㄹ

08 다음 설명에 해당하는 용어를 쓰시오.

748

> 생산 지역과 소비 지역이 같고, 장거리 운송을 거치지 않은 신선한 식품을 말한다.

(　　　　)

서술형 문제

09 다음 자료를 보고, 물음에 답하시오.

749

> 푸드 마일(kg · km)=무게(kg)×거리(km)

> 농축산물의 무게에 이동 거리를 곱한 값을 '푸드 마일리지(food miles)'라고 한다. 푸드 마일리지의 값이 클수록 ㉠ 농축산물이 생산지에서 소비지까지 먼 거리를 이동해 왔다는 것을 뜻한다.

(1) 밑줄 친 ㉠의 문제점을 쓰시오.

_____

(2) 푸드 마일리지를 줄이기 위한 대안적 성격을 띤 운동의 이름을 쓰고, 이 운동의 의미를 서술하시오.

_____

_____

논술형 문제

10 다음 자료를 보고, 물음에 답하시오.

750

> 필리핀은 다국적 기업이 바나나를 재배하면서 바나나 수출량이 많이 증가하였다. 반면에 급격한 인구 성장에 따른 쌀 소비량의 증가로 쌀 수출국에서 수입국으로 전락하였다. 또한 바나나 생산량의 증가에도 불구하고 경제적 위기를 겪기도 하였다.

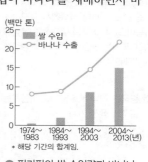

🔺 필리핀의 쌀 수입량과 바나나 수출량의 변화

(1) 필리핀의 저렴한 노동력과 넓은 토지, 그리고 다국적 기업의 자본과 기술이 결합한 생산 방식을 무엇이라고 하는지 쓰시오.

_____

(2) 필리핀의 바나나 생산량이 증가하였지만 경제적 위기를 겪은 이유와 그에 대한 해결책을 서술하시오.

_____

_____

_____

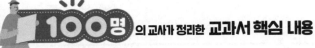
02 다국적 기업의 발달과 지역 변화
~ 03 세계화 시대의 서비스 산업 변화

① . ② 한눈에 쏙

• 다국적 기업의 공간적 분업화

구분	기능	입지(위치)
본사	중요한 의사 결정	본국
연구소	핵심 기술, 디자인 개발	선진국의 대도시
생산 공장	제품 생산	저렴한 노동력이 풍부한 개발 도상국

① 다국적 기업의 성장과 매출액

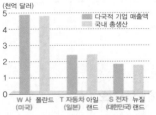

세계적인 다국적 기업의 연매출액은 한 국가의 국내 총생산과 비슷하거나 많을 정도로 세계 경제에서 차지하는 비중이 크다. 미국의 대표적인 유통업체인 W 사는 폴란드의 국내 총생산보다 연매출액이 많다.

② 중국을 떠나 베트남으로 이동하는 글로벌 생산 기지

중국에 있던 수많은 다국적 기업의 생산 공장들이 중국을 떠나, 베트남으로 생산 기지를 이동하고 있다. 이는 중국의 인건비가 높아지면서 생산 기지로서의 매력이 떨어졌기 때문이다.

용어 사전

* **경제 블록** 여러 나라가 공통된 경제적 목적을 가지고 단합하여 이룬 배타적 성격의 경제권

---

① 세계화와 다국적 기업의 성장

1 경제 활동의 세계화: 교통 · 통신의 발달로 국가 간 교류 활발 → 전 세계를 대상으로 생산, 소비 등 경제 활동을 함, 지역 간 경제적 상호 의존도가 높아짐

2 다국적 기업의 의미와 성장 배경

의미	국경을 넘어 제품의 기획, 생산, 판매 활동을 하는 기업
성장 배경	• 교통 · 통신의 발달로 세계 여러 지역 간의 교류 증가 • 세계 무역 기구(WTO)의 등장과 자유 무역 협정(FTA)의 확대
특징	• 생산 공장과 영업 지점을 세계 여러 국가로 분산하는 과정에서 발달함 ^{참고} 생산비 감소, 시장 개척 등을 위해 • 국가 간 무역 장벽이 낮아지면서 다국적 기업의 수가 빠르게 증가함 • 초기에 선진국의 기업이 많았음, 최근에 개발 도상국의 기업도 다국적 기업으로 발전함 • 제조업, 농산물 생산 · 가공, 자원 개발, 유통 등 다양한 분야의 다국적 기업이 나타남 • 최근에는 세계 경제에서 차지하는 영향력이 점차 커짐 ①

3 다국적 기업의 성장 과정

🔺 단일 기업 단계   🔺 국내 확장 단계   🔺 해외 진출 단계   🔺 다국적 기업 단계

대도시에 공장을 만들고 기업 활동을 시작했어요. | 제품 판매량이 늘어 지방에 영업 지점을 만들고 생산 시설도 확충했어요. | 외국에도 영업 지점을 만들어 제품 판매 시장을 확대했어요. | 본사, 생산 공장, 영업 지점 등이 여러 국가에 분포하는 기업이 되었습니다.

② 다국적 기업의 발달이 미친 영향

1 다국적 기업의 공간적 분업 ── ^{참고} 경영의 효율성을 높이고 이윤을 극대화하기 위함

의미	기업의 기획 및 관리 · 연구 · 생산 · 판매 기능을 서로 다른 지역에 배치하는 것
기능별 입지 특성 _{자료 ①}	• 본사: 의사 결정을 내리며, 회사를 경영하고 관리함, 본국, 선진국의 대도시에 위치 → 다양한 정보와 자본을 확보하는 데 유리한 지역 • 연구소: 신제품과 핵심 기술, 디자인 등을 개발, 선진국의 대도시 → 기술을 갖춘 고급 인력이 풍부한 지역 • 생산 공장 ②: 주로 개발 도상국(동남아시아, 라틴 아메리카 등) → 생산 비용을 줄이기 위해 지가와 임금이 싼 지역에 위치, 선진국 → 시장을 확대하고 무역 장벽을 피하기 위해 기업이 속한 국가 밖의 *경제 블록으로 진출

🌳 **교과서 속 자료 읽기 ① 다국적 기업의 공간적 분업**

● 본사
● 연구소
▣ 판매 법인
▲ 생산 공장

다국적 기업인 H 자동차 회사의 본사는 의사 결정을 위해 대한민국(본국)에 위치하며, 연구소는 미국, 유럽 등 선진국의 대도시에 위치한다. 반면 생산 공장은 인건비가 저렴한 중국, 브라질, 인도, 러시아 등 개발 도상국에 주로 위치하며, 판매 법인은 자동차의 소비자가 많은 유럽과 아메리카 대륙에 많이 위치한다.

2 다국적 기업의 입지에 따른 지역 변화

생산 공장이 빠져 나간 지역의 변화	● 과거에 비해 인건비가 상승한 지역 • *산업 공동화 현상으로 산업 기반을 잃게 됨, 일자리 감소 및 실업자 증가 → 지역 경제 침체 ── ● 과거 부산은 세계적인 신발 생산지였으나, 1980년대 후반에 기업 들이 인도네시아, 베트남 등으로 이전하면서 신발 산업이 쇠퇴함
생산 공장이 진출한 지역의 변화	• 긍정적 변화: 일자리가 증가하고 관련 산업이 발달해 지역 경제 활성화, 해당 산업과 관련된 기술의 이전으로 지역의 장기적 발전에 도움 • 부정적 변화: 공장에서 발생하는 유해 물질 증가로 환경 오염 심화, 이윤의 대 부분이 다국적 기업의 본사로 빠져나가 지역 경제에 도움이 되지 못하기도 함

❸ 서비스업의 세계화와 주민 생활의 변화

1 서비스업의 특성과 유형

의미	인간이 필요로 하는 재화나 용역 등을 공급하는 산업
유형	누구에게 서비스를 제공하느냐에 따라 구분 – 소비자 서비스업: 일반 소비자에게 직접 제공하는 서비스 ⑩ 음식업, 숙박업, 소매업 등 – 생산자 서비스업: 기업 활동에 도움을 주는 서비스 ⑩ 금융, 법률, 광고, 시장 조사 등
특징	• 소비자에 따라 원하는 서비스 형태가 달라 표준화하기 어려움 • 서비스업을 찾는 사람이 증가할수록 노동력이 많이 필요 → 고용 창출 효과가 큼, 기계 화하기 어려움 • 대부분 선진국에서는 제조업보다 서비스 산업이 경제 성장을 이끄는 *탈공업화 현상이 나타남

2 서비스업의 세계화

의미	서비스 산업이 전 세계적으로 확대되고 있음 ── 시간이 단축되고, 거리가 짧아졌다는 것을 의미함
원인	교통·통신 기술의 발달로 시·공간적 제약 완화, 다국적 기업의 활동 확대
과정	• 세계 경제에서 서비스업이 차지하는 비중이 커짐 • 서비스 산업의 공간적 분업 → 선진국의 기업들은 비용을 절감하고 업무의 효율성을 높 이기 위해 업무의 일부를 개발 도상국으로 분산함 ⑩ 해외 콜센터 • 택배업, 통신 산업, 운수업 등 *유통 서비스가 크게 성장 → 유통의 세계화 • 여가 및 관광 기회의 증가 → 관광업의 세계화

3 서비스업의 세계화로 인한 지역 변화

유통의 세계화	• 배경: 정보 통신의 발달, 전자 상거래❸의 발달 • 전자 상거래: 인터넷 통신망을 이용하여 물건을 사고파는 행위 • 전자 상거래의 특징 　– 시간과 공간의 제약 완화: 소비자가 상점을 방문할 필요 없이 상품을 구매하고 원하 　는 곳에서 받을 수 있기 때문 　– 해외 상점에 쉽게 접속 가능하여 소비 활동의 범위가 전 세계로 확대됨 • 전자 상거래의 발달로 인한 변화 　– 상품 배송을 위한 택배 산업 성장, 교통이 편리한 대도시 주변에 *물류 창고 위치, 소 　비자가 직접 방문하여 물건을 구입하는 상점이 감소함, 외식 업체가 배달 업체로 변 　화함
관광의 세계화	• 배경: 교통·통신의 발달, 소득 수준의 향상, 여가의 증대로 관광 활동 확대 → 관광 산 업 발달 ── 교통의 발달: 이동이 편리해짐 　　　　　　　　　　　　　　　　── 통신의 발달: 관광과 관련된 정보를 쉽게 얻음 • 관광 산업의 발달로 나타난 변화

	긍정적 영향	지역 주민의 일자리 확대, 소득 증가 등 다양한 경제 효과
	부정적 영향	• 지나친 상업화로 인해 지역의 고유문화가 사라지기도 함 • 자연환경 파괴: 관광 시설 건설과 도로 확장 등 때문

　　　　• 최근 변화: 음악, 영화, 드라마, 축제 등 소재를 체험해 볼 수 있는 관광 발달, *공정 여행
　　　　의 필요성 인식❹

---

❸ 한눈에 쏙

• 서비스업의 세계화

서비스업	
의미	재화와 용역 등을 공급하 는 산업
유형	• 소비자 서비스업 • 생산자 서비스업

↓

서비스 업의 세계화	• 유통 서비스업의 성장 • 관광 산업의 빠른 성장

❸ 전자 상거래

제조 공장에서 만들어진 상품이 유통
센터에서 소비자에게 직접 전달되는
방식으로, 중간 유통 단계가 사라지기
때문에 가격을 절감할 수 있게 된다.

❹ 공정 여행의 증가

공정 여행을 하는 사람들은 날로 증
가하고 있다. 이들은 현지 주민이 운
영하는 숙소나 식당을 이용하고, 현지
주민의 삶을 이해하기 위해 노력한다.
환경 보호를 위해 도보나 자전거, 기
차 등을 이용하기도 한다. 이를 통해
관광객과 현지 주민 모두가 행복해지
는 것이 공정 여행의 목적이다.

용어 사전

• *산업 공동화 지역의 기반을 이루던
산업이 다른 지역으로 이전하면서
해당 산업이 쇠퇴하는 현상
• *탈공업화 현상 산업 구조가 2차 산
업인 공업에서 3차 산업인 서비스업
중심으로 바뀌어 가는 현상
• *유통 상품·화폐·유가증권 등이
생산자에서 소비자에게 전달되기까
지의 과정
• *물류 창고 공장에서 생산된 상품을
보관하는 장소
• *공정 여행 관광 지역의 환경을 파괴
하지 않고 현지 주민에게 더 많은 혜
택이 돌아가게 하는 여행으로, '착한
여행'이라고도 함

① 세계화와 다국적 기업의 성장

● 정답 및 해설 **64**쪽

이 주제에서는 어떤 문제가 잘 나올까?
• 다국적 기업의 성장 배경과 특징 알아보기
• 다국적 기업의 성장 과정 순서 알아보기

차근차근 기본 다지기

01 다음 설명이 맞으면 ○표, 틀리면 ╳표 하시오.
751
(1) 경제 활동의 세계화는 교통·통신 발달로 국가 간 교류가 활발해지는 현상이다. (   )
(2) 국경을 넘어 제품 기획, 생산, 판매 활동을 하는 기업을 다국적 기업이라고 한다. (   )
(3) 다국적 기업은 세계 경제에서 차지하는 영향력이 점차 작아지고 있다. (   )

02 다음 괄호 안의 내용 중 알맞은 것에 ○표 하시오.
752
(1) 다국적 기업은 생산 공장과 영업 지점을 세계 여러 국가로 (분산 , 집중)하는 과정에서 발달하였다.
(2) 다국적 기업 발달 초기에는 (선진국 , 개발 도상국)의 기업이 많았다.
(3) 1995년 세계 무역의 관리 및 자유화를 촉진하기 위해 설립된 국제 기구는 (FTA , WTO)이다.

03 다음 관련 있는 것끼리 바르게 연결하시오.
753
(1) 국내에서 영업 지점과 생산 시설을 늘림 •   • ㉠ 단일 기업 단계
(2) 해외에 영업 지점 및 해외 지사 설치 •   • ㉡ 국내 확장 단계
(3) 국가 내에서 단일 공장으로 기업 활동 시작 •   • ㉢ 해외 진출 단계
(4) 본사, 생산 공장, 영업 지점 등이 해외 여러 국가에 입지 •   • ㉣ 다국적 기업 단계

04 다음 그래프에서 폴란드의 국내 총생산보다 연
754 매출액이 많은 다국적 기업은?

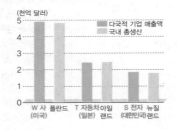

① W 사   ② S 전자   ③ T 자동차

05 다음 중 다국적 기업의 성장 배경 요인으로 옳
755 지 않은 것은?
① 무역 장벽의 강화
② 교통·통신의 발달
③ 자유 무역 협정(FTA)
④ 세계 무역 기구(WTO)

06 다국적 기업의 특징으로 옳은 것만을 〈보기〉에서 고른 것은?
756

> **보기**
> ㄱ. 다국적 기업은 제조업 분야에서만 나타난다.
> ㄴ. 세계 경제에서 차지하는 영향력이 커지고 있다.
> ㄷ. 세계 여러 지역 간 교류의 감소로 인한 결과물이다.
> ㄹ. 최근에는 개발 도상국의 기업도 다국적 기업으로 발전하고 있다.

① ㄱ, ㄴ　　　② ㄱ, ㄷ　　　③ ㄴ, ㄷ
④ ㄴ, ㄹ　　　⑤ ㄷ, ㄹ

07 그림은 다국적 기업의 성장 과정을 나타낸 것이다.
757 (가), (나)의 단계가 바르게 연결된 것은?

(가)
제품 판매량이 늘어 지방에 영업 지점을 만들고 생산 시설도 확충했어요.

(나)
외국에도 영업 지점을 만들어 제품 판매 시장을 확대했어요.

	(가)	(나)
①	단일 기업 단계	국내 확장 단계
②	단일 기업 단계	해외 진출 단계
③	국내 확장 단계	해외 진출 단계
④	국내 확장 단계	다국적 기업 단계
⑤	해외 진출 단계	다국적 기업 단계

08 다음 빈칸에 들어갈 용어를 쓰시오.
758

> 상품, 자본, 노동, 기술, 서비스 등이 국경을 초월하여 자유롭게 이동하면서 세계적 차원에서 경제적 상호 의존도가 높아지는 현상을 (　　　　)(이)라고 한다. 이 현상으로 인해 다국적 기업이 등장하였다.

(　　　　　　)

서술형 문제

09 지도는 패스트푸드 기업 M 사가 생산 및 영업 활동을
759 하고 있는 지역을 나타낸 것이다. 이를 보고, 물음에 답하시오.

대평양　대서양
대서양　인도양

☐ M 사가 있는 지역
☐ M 사가 없는 지역
(2016년 기준)

(1) 패스트푸드 기업 M 사와 같은 기업을 부르는 용어를 쓰고, 해당 용어의 의미를 쓰시오.

_____

(2) M 사가 없는 지역보다 있는 지역이 비중이 높아질 수 있었던 배경을 세 가지 서술하시오.

_____

논술형 문제

10 그래프는 H 자동차의 국내 및 해외 생산 현황을 나타
760 낸 것이다. 이를 보고, 물음에 답하시오.

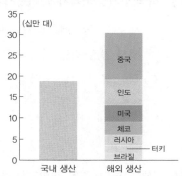

(십만 대)
중국
인도
미국
체코
러시아　터키
브라질
국내 생산　해외 생산

(1) H 자동차 제품의 해외 생산 비중이 높은 국가 1, 2위를 쓰시오.

_____

(2) H 자동차 제품의 국내 생산보다 해외 생산 비중이 높은 이유를 (1)의 1, 2위 국가의 특성을 고려하여 서술하시오.

_____
_____
_____

② 다국적 기업의 발달이 미친 영향

• 차근차근 **기본 다지기** •

01 다음 설명이 맞으면 ○표, 틀리면 ✕표 하시오.
761
(1) 대부분의 다국적 기업은 관리, 연구, 생산, 판매 기능을 모두 같은 지역에 배치한다. (   )
(2) 다국적 기업의 생산 공장은 주로 선진국보다는 개발 도상국에 입지한다. (   )
(3) 중국의 공장들이 베트남으로 빠져나가는 이유는 중국의 인건비가 올라갔기 때문이다. (   )

02 다음 빈칸에 들어갈 알맞은 말을 쓰시오.
762
(1) 기업의 기획 및 관리·연구·생산·판매 기능을 서로 다른 지역에 배치하는 것을 (   )(이)라고 한다.
(2) 선진국에 생산 공장이 입지하는 목적은 (   )을/를 피하기 위함이다.
(3) 생산 공장이 빠져나가는 지역은 (   ) 현상으로 일자리가 감소하고 산업 기반을 잃게 된다.

03 다국적 기업의 입지에 따른 지역 변화를 바르게 연결하시오.
763
(1) 생산 공장이 빠져나간 지역의 변화 •   • ㉠ 산업 공동화 현상
(2) 생산 공장 진출 지역의 긍정적 변화 •   • ㉡ 기술 이전으로 지역 경제 활성화
(3) 생산 공장 진출 지역의 부정적 변화 •   • ㉢ 유해 물질 증가로 환경 오염 심화

04 다음 그림과 같은 상황에서 해당 지역의 변화
764 모습을 예상한 것으로 적절하지 <u>않은</u> 것은?

우리 지역은 한적한 어촌 마을이었어요.

그러던 어느 날 갑자기 화학 제품을 생산하는 다국적 기업의 공장이 세워졌어요.

① 일자리가 증가한다.
② 환경 오염이 증가한다.
③ 산업 공동화 현상이 발달한다.

05 다음과 같은 조건의 지역에 입지하기 유리한
765 다국적 기업의 기능으로 옳은 것은?

┌─ 보기 ─────────────────
• 저렴한 노동력이 풍부하다.
• 토지 구매 비용이 저렴하다.
• 다른 지역에 비해 고학력 노동자 수가 적다.
└────────────────────────

① 생산 기능   ② 관리 기능
③ 연구 기능   ④ 판매 기능

06
766 지도는 ○○ 자동차 기업의 공간적 분업 현황 일부, 그래프는 주요 유럽 연합(EU) 회원국의 시간당 임금 (2015년)을 나타낸 것이다. 이에 대한 옳은 설명만을 〈보기〉에서 고른 것은?

 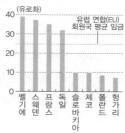

· 보기 ·
ㄱ. 독일은 자동차 산업 기술을 갖춘 고급 인재가 풍부한 지역이다.
ㄴ. ○○ 자동차의 생산 공장은 주로 기술력이 높은 지역에 입지한다.
ㄷ. ○○ 자동차 기업의 경영 과정에서 발생하는 의사 결정은 한국에서 이루어진다.
ㄹ. 슬로바키아의 시간당 임금이 10유로 상승한다면 해당 지역의 생산 공장들은 벨기에로 이전할 것이다.

① ㄱ, ㄴ   ② ㄱ, ㄷ   ③ ㄱ, ㄹ
④ ㄴ, ㄷ   ⑤ ㄴ, ㄹ

07
767 다음 ○○ 회사 신규 사업 계획서의 ㈎, ㈏에 들어갈 말을 바르게 연결한 것은?

○○ 회사 신규 사업 계획서
1. ○○ 기업의 현재 상황
 • ○○ 회사는 최근 회사가 성장함에 따라 새로운 생산 공장을 건설하고자 함.
 • ○○ 회사의 본사는 대한민국에 위치함.
2. ○○ 기업의 신규 생산 공장의 입지 계획

공장	목적	후보 지역
A 공장	㈎	미국, 영국
B 공장	㈏	베트남, 필리핀

	㈎	㈏
①	저임금 노동력 확보	무역 장벽 극복
②	무역 장벽 극복	생산 비용 절감
③	시장 확대	고급 인력 확보
④	저임금 노동력 확보	고급 인력 확보
⑤	생산 비용 절감	시장 확대

08
768 다음 설명에 해당하는 용어를 쓰시오.

• 기업의 기획 및 관리·연구·생산·판매 기능을 서로 다른 지역에 배치하는 것이다.
• 기업은 이를 통해 경영의 효율성을 높이고 이윤을 극대화하고자 한다.

(   )

서술형 문제
09
769 다음 글을 읽고, 물음에 답하시오.

우리나라에 본사를 둔 세계적인 다국적 기업인 ○○전자는 최근 들어 우리나라에 있던 생산 공장을 동남아시아로 이전하고 있다. 2010년 세탁기 생산 라인을 해외로 이전한 데 이어, 2014년에는 청소기의 생산 라인을 베트남으로 옮겼다.

(1) ○○ 전자가 생산 공장을 동남아시아로 이전한 목적을 쓰시오.

_____

(2) ○○ 전자의 생산 공장이 이전한 베트남에서 발생할 수 있는 긍정적 변화와 부정적 변화를 두 가지씩 서술하시오.

_____

논술형 문제
10
770 다음 글을 읽고, 물음에 답하시오.

캄보디아에서 의류·섬유 산업에 종사하는 약 70만 명의 사람들 중 대부분은 다국적 의류 기업의 생산 공장에서 일하고 있다. 그런데 캄보디아 내 다국적 의류 기업에서 상당수 인권 침해 사례가 발생하고 있다는 조사 결과가 발표되었다. 특히 수도인 프놈펜과 주변 지역의 여러 생산 공장에서 법정 근무 연령 기준에 어긋나는 15세 이하의 아동을 고용하거나 불법적 연장 근무 등이 수시로 이루어지는 것으로 나타났다.
– 연합뉴스, 2015. 3. 12.

(1) 위와 같은 현상의 발생 이유를 다국적 기업의 기능별 입지 특성을 토대로 제시하시오.

_____

(2) 위와 같은 문제에 대한 대책을 서술하시오.

_____

③ 서비스업의 세계화와 주민 생활의 변화

차근차근 기본다지기

01 다음 설명이 맞으면 ○표, 틀리면 ✕표 하시오.
771
(1) 서비스업은 제조업보다 기계화와 자동화 정도가 높고 고용 창출 효과가 낮다. (　　　)
(2) 인터넷을 이용한 상품 구매가 증가하면서 국가 간 상품 교역은 점차 감소하고 있다. (　　　)
(3) 최근에는 지역 주민들에게 실질적인 소득 증대에 도움을 주는 지속 가능한 관광에 대한 관심이 증가하고 있다. (　　　)

02 다음 괄호 안의 내용 중 알맞은 것에 ○표 하시오.
772
(1) 금융, 법률, 광고 등 기업 활동에 도움을 주는 서비스를 (소비자 서비스 , 생산자 서비스)라고 한다.
(2) 인터넷과 스마트폰 사용이 활발해지면서 서비스의 제공 범위가 (확대 , 축소)되고 있다.
(3) 다국적 기업은 소비자를 위한 콜센터를 인건비와 각종 운영비를 절감할 수 있는 (선진국 , 개발도상국)으로 이전하고 있다.

03 (1)~(3)에서 설명하는 단어를 쓰고, 퍼즐판에서 찾아 색칠하시오.
773

탈	택	배	물	류
콜	공	정	여	행
센	분	업	변	교
터	세	계	화	통
전	자	상	거	래

(1) 산업 구조가 2차 산업인 공업에서 3차 산업인 서비스업 중심으로 바뀌어 가는 현상은?
(2) 오프라인에서 이루어지던 기존의 상거래와 달리 온라인을 통해 상품을 주고받는 행위는?
(3) 관광 지역의 환경을 파괴하지 않고 현지 주민에게 더 많은 혜택이 돌아가게 하는 여행으로, '착한 여행'이라고도 하는 것은?

04 밑줄 친 ㉠, ㉡에 해당하는 사례가 바르게 연결된 것은?
774

　　상점과 식당, 학교, 병원 등에서는 인간이 필요로 하는 재화와 용역 등을 공급하는데 이를 서비스 산업이라고 한다. 서비스 산업은 누구에게 서비스를 제공하느냐에 따라 ㉠ 소비자 서비스업과 ㉡ 생산자 서비스업으로 구분된다.

	㉠	㉡
①	금융	광고
②	법률	음식업
③	숙박업	시장 조사

05 밑줄 친 ㉠에 들어갈 대답으로 옳지 않은 것은?
775

　　서비스업이 전 세계적으로 확대되고 있는데, 교통·통신 기술의 발달로 시·공간적 제약이 완화되고 다국적 기업의 활동이 확대되고 있기 때문이다. 이러한 세계화에 따른 서비스업의 변화 모습 사례에는 _____㉠_____ 이 있다.

① 원격 무료 강의 수강
② 스마트폰 앱을 통한 쇼핑
③ 인터넷을 통한 숙박 시설 예약
④ 상품권을 이용한 재래시장 쇼핑

06 ㈎, ㈏ 상거래 방식에 대한 설명으로 옳은 것은?

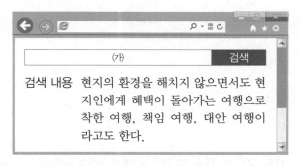

① ㈎의 성장은 택배 산업을 활성화 시켰다.
② ㈏는 정보 통신 기술의 발달과 관련이 있다.
③ ㈎는 ㈏보다 대형 매장의 필요성이 작다.
④ ㈎는 ㈏보다 상품 유통 구조가 단순하다.
⑤ ㈏는 ㈎보다 시공간의 제약이 크다.

07 검색 화면의 ㈎에 들어갈 옳은 검색어만을 〈보기〉에서 고른 것은?

| ㈎ | 검색 |

검색 내용 현지의 환경을 해치지 않으면서도 현지인에게 혜택이 돌아가는 여행으로 착한 여행, 책임 여행, 대안 여행이라고도 한다.

· 보기 ·
ㄱ. 한국보다 저렴한 골프장 이용
ㄴ. 다국적 기업의 리조트에서 숙박
ㄷ. 베트남 국적기를 이용하여 베트남 도착
ㄹ. 원주민 가이드와 함께 현지 재래 시장 체험

① ㄱ, ㄴ   ② ㄱ, ㄷ   ③ ㄴ, ㄷ
④ ㄴ, ㄹ   ⑤ ㄷ, ㄹ

08 다음 ㉠에 들어갈 공통된 용어를 쓰시오.

1. ㉠ : 소비자가 해외 온라인 쇼핑몰에 직접 접속하여 필요한 상품을 구매하는 소비 행위

2. ㉠ 대중화의 원인과 그 영향

원인	영향
• 교통과 통신의 발달	• 해외 배송 업체의 증가
• 온라인 구매 확대	• 수입 업체의 매출 감소

(   )

서술형 문제
09 다음 자료를 읽고, 물음에 답하시오.

미국에 본부를 두고 있는 세계적인 (㉠) 업체인 □□사는 최근 필리핀 콜센터 직원을 두 배로 늘렸다. 수도 마닐라, 세부, 바탕가스 등 필리핀에서만 사무실 3개를 운영하는 이 회사에서 일하는 필리핀 직원은 무려 1만여 명에 육박한다. '콜센터'로 대표되는 (㉠) 산업은 다양한 분야에 종사하는 다국적 기업의 전반적인 업무 과정을 전문적으로 대신 처리하는 산업을 말한다. 필리핀은 이 산업이 발달하기에 ㉡ 유리한 조건을 갖추고 있어 많은 다국적 기업들이 필리핀을 선호한다. 필리핀은 이미 세계 콜센터의 중심지 역할을 하고 있다.

(1) ㉠에 공통으로 들어갈 산업의 명칭을 쓰시오.

_____

(2) ㉡에 해당하는 조건을 두 가지 서술하시오.

_____
_____
_____

논술형 문제
10 다음 글을 읽고, 물음에 답하시오.

뉴질랜드의 마타마타 호비튼은 2001년 개봉한 「반지의 제왕」, 2012년 개봉한 「호빗」의 촬영지로 유명하다. 이곳은 영화 개봉 이후 세계 영화 팬들이 몰려드는 유명한 관광지로 변하였다. ㉠ 영화 세트장 투어뿐만 아니라 농장 체험도 할 수 있는 프로그램을 개발하였다.

(1) 밑줄 친 ㉠에 해당하는 관광 형태를 무엇이라고 하는지 쓰시오.

_____

(2) 스크린 투어리즘이 뉴질랜드의 호비튼에 미치는 긍정적인 영향에 대해 두 가지 이상 서술하시오.

_____
_____
_____

01 농업 생산의 기업화와 세계화에 따른 변화

01 지도는 영국에서 소비되는 먹거리의 원산지와 이동
781 거리를 나타낸 것이다. 변화의 배경으로 옳은 것은?

① 농산물의 자급도 향상
② 로컬 푸드 운동의 영향
③ 교통과 통신 기술의 발달
④ 관세 및 비관세 장벽의 강화
⑤ 친환경적 농산물에 대한 수요 증가

02 지도는 어떤 농작물의 생산국과 소비국을 나타낸 것
782 이다. 옳은 설명만을 〈보기〉에서 고른 것은?

● 보기 ●
ㄱ. 작물의 국제 가격 변동이 작다.
ㄴ. 생산 작물의 대부분이 선진국으로 수출된다.
ㄷ. 생산지에서 대부분 소비되어 국제 이동량이
　적다.
ㄹ. 주로 열대 기후 지역에 위치한 플랜테이션 농
　장에서 생산된다.

① ㄱ, ㄴ　　② ㄱ, ㄷ　　③ ㄴ, ㄷ
④ ㄴ, ㄹ　　⑤ ㄷ, ㄹ

03 ㈎, ㈏ 농업 방식에 대한 옳은 설명만을 〈보기〉에서
783 고른 것은?

● 보기 ●
ㄱ. ㈎는 ㈏보다 생산량 대비 수출량이 많다.
ㄴ. ㈎는 ㈏보다 상업적 농업의 성격이 강하다.
ㄷ. ㈏는 ㈎보다 노동 생산성이 높다.
ㄹ. ㈏는 ㈎보다 일정한 토지 면적에 대한 노동 투
　입이 적다.

① ㄱ, ㄴ　　② ㄱ, ㄷ　　③ ㄴ, ㄷ
④ ㄴ, ㄹ　　⑤ ㄷ, ㄹ

04 지도는 D 사의 글로벌 네트워크를 나타낸 것이다. 옳
784 은 설명만을 〈보기〉에서 있는 대로 고른 것은?

● 보기 ●
ㄱ. D 사는 다국적 농업 기업이다.
ㄴ. D 사의 농산물은 현지인의 저렴한 노동력과
　다양한 농기계를 통해서 생산된다.
ㄷ. D 사는 기존의 다변화된 사업 영역을 축소하
　여 농산물 생산에만 집중하고 있다.
ㄹ. D 사는 전용 선박, 부두, 물류 센터를 갖추고
　생산에서부터 유통까지 장악하고 있다.

① ㄱ, ㄴ　　② ㄱ, ㄷ　　③ ㄷ, ㄹ
④ ㄱ, ㄴ, ㄹ　　⑤ ㄴ, ㄷ, ㄹ

05 그림은 밥상 위에 오른 먹거리의 원산지를 나타낸 것
785 이다. 이와 같은 변화의 배경으로 옳지 <u>않은</u> 것은?

[고등어구이]
• 노르웨이 고등어
• 프랑스 포도씨유
• 에스파냐 레몬

[해물 파전]
• 미국 밀가루
• 타이 새우
• 칠레 오징어
• 뉴질랜드 홍합
• 중국 콩(간장)

[밥]
• 대한민국 쌀

① 자영농의 수가 늘어났다.
② 다국적 농업 기업이 등장하였다.
③ 농업의 기계화로 먹거리 대량 생산이 가능해졌다.
④ 농업 기술의 발달로 먹거리의 생산 가능 범위가 확대되었다.
⑤ 냉장 및 냉동 기술의 발달로 먹거리의 장거리 운송이 가능해졌다.

06 ㉠에 대한 옳은 설명만을 〈보기〉에서 고른 것은?
786

> 세계적인 팜유 생산 국가가 위치하고 있는 보르네오 섬은 최근 팜유에 대한 수요 가 증가하면서 ㉠ 생태계 및 환경 변화 문제를 겪고 있다.

• 보기 •
ㄱ. 자급적 농업 지역이 확대되고 있다.
ㄴ. 원주민의 생활 수준이 높아지고 있다.
ㄷ. 열대 우림이 줄어들면서 희귀 동물의 서식지도 파괴되고 있다.
ㄹ. 온실 가스 배출량이 늘어나면서 지구 온난화가 가속화되고 있다.

① ㄱ, ㄴ ② ㄱ, ㄷ ③ ㄴ, ㄷ ④ ㄴ, ㄹ ⑤ ㄷ, ㄹ

07 ㉠에 들어갈 수 있는 내용으로 옳지 <u>않은</u> 것은?
787

요즘에는 사물 인터넷(IoT)과 연결된 첨단 농기계가 알아서 농경지를 경작합니다.

이처럼 스마트 팜(Smart farm)을 이용하면 ㉠

① 농축산물의 경쟁력을 높일 수 있습니다.
② 농부들의 근로 시간이 늘어날 수 있습니다.
③ 원격으로 농장과 농기계를 제어할 수 있습니다.
④ 농산물 재배에 알맞은 환경을 조성할 수 있습니다.
⑤ 일정한 면적의 토지에서 많은 양의 농축산물을 생산할 수 있습니다.

08 그래프는 우리나라 주요 곡물의 자급률 변화를 나타
788 낸 것이다. 옳은 설명만을 〈보기〉에서 고른 것은?

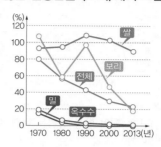

• 보기 •
ㄱ. 쌀의 수입 의존도는 밀보다 높다.
ㄴ. 우리나라의 곡물 자급률이 증가하고 있다.
ㄷ. 세계 곡물 생산에 문제가 생기면 식량 부족 우려가 있다.
ㄹ. 1970년 대비 2013년의 자급률 감소폭은 보리가 쌀보다 크다.

① ㄱ, ㄴ ② ㄱ, ㄷ ③ ㄴ, ㄷ
④ ㄴ, ㄹ ⑤ ㄷ, ㄹ

02 다국적 기업의 발달과 지역 변화

09 그림은 기업의 성장 과정을 나타낸 것이다. (가), (나)시
789 기에 대한 옳은 설명만을 〈보기〉에서 고른 것은?

(가)

제품 판매량이 늘어 지방에 영업 지점을 만들고 생산 시설도 확충했어요.

(나)

외국에도 영업 지점을 만들어 제품 판매 시장을 확대했어요.

• 보기 •
ㄱ. (가)는 다국적 기업이다.
ㄴ. (가)는 (나)보다 판매 시장의 공간적 범위가 넓다.
ㄷ. (가)는 (나)보다 총 생산액 중 국내 생산액이 차지하는 비중이 크다.
ㄹ. (나)는 (가)보다 전체 네트워크를 관리하는 본사의 명령·통제·의사 결정 기능이 강화되었다.

① ㄱ, ㄴ ② ㄱ, ㄷ ③ ㄴ, ㄷ
④ ㄴ, ㄹ ⑤ ㄷ, ㄹ

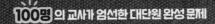

10 그림은 기업의 성장 단계와 공간적 분업의 변화를 나타낸 것이다. 옳은 설명만을 〈보기〉에서 고른 것은?
790

1단계　2단계　3단계　4단계

외국 ← 핵심 지역 국내 → 외국

■ 모기업과 본사　● 분공장　▲ 영업 지점

• 보기 •
ㄱ. 1단계: 기업 활동 범위는 핵심 지역에 한정된다.
ㄴ. 2단계: 해외 투자를 통해서 다국적 기업으로 성장하였다.
ㄷ. 3단계: 시장 잠재력이 큰 외국에 영업 지점을 설치하였다.
ㄹ. 4단계: 2단계보다 본사의 의사 결정 기능이 약화되었다.

① ㄱ, ㄴ　② ㄱ, ㄷ　③ ㄴ, ㄷ　④ ㄴ, ㄹ　⑤ ㄷ, ㄹ

11 다음은 다국적 기업의 공간적 분업을 설명한 것이다. (가), (나)의 기능으로 옳은 것은?
791

(가) 고급 인력이 풍부하고, 교육 및 연구 시설이 잘 갖추어진 지역에 두는 것이 좋다.
(나) 인구가 많거나 소득이 높아 제품을 많이 구매할 것으로 예상되는 지역에 위치시킨다.

	(가)	(나)
①	연구소	판매 지점
②	연구소	생산 공장
③	판매 지점	연구소
④	판매 지점	생산 공장
⑤	생산 공장	연구소

12 ㉠에 들어갈 생산 공장의 이전 배경으로 옳은 것은?
792

　미국의 F 사와 G 사에 이어 일본의 T 사도 오스트레일리아에서 자동차 생산을 중단할 예정이다. 오스트레일리아는 세금이 매우 적어 세계적 자동차 회사들이 모여들었으나, 오스트레일리아 달러의 강세와 ＿＿＿㉠＿＿＿, 정부의 노동 규제로 생산 조건이 불리해졌다. ― 파이낸셜뉴스, 2013. 12. 12.

① 높은 임금 수준　② 기업 투자 증가
③ 생산 비용 감소　④ 산업 규제 약화
⑤ 본국의 자동차 수요 증가

13 지도는 미국의 N 신발 제조업체의 성장 과정을 나타낸 것이다. 옳은 설명만을 〈보기〉에서 고른 것은?
793

❸ 1970년대 후반 대한민국, 타이완으로 생산 공장을 이전하였다.　❷ 1960년대에는 운동화 생산 공장이 일본에 입지하였다.　❶ 1962년 미국 오리건주에서 창업하였고, 1978년 상표를 개발하였다.
❹ 1980년대에는 중국에 생산 공장을 건설하였다. → ❺ 1990년대에는 동남아시아 등지로 생산 공장을 이전하였다.
● 사업 본부　● 해외 지사　● 연구소　■ 생산 국가

• 보기 •
ㄱ. 1990년대보다 1960년대에 N 사의 기업 활동 범위가 넓었다.
ㄴ. N 사의 사업 본부와 연구소는 선진국의 핵심 지역에 입지한다.
ㄷ. 1990년대 이후 동남아시아보다 중국의 시간당 평균 인건비가 저렴하다.
ㄹ. 신발 생산 공장을 계속 옮긴 이유는 인건비 때문이다.

① ㄱ, ㄴ　② ㄱ, ㄷ　③ ㄴ, ㄷ
④ ㄴ, ㄹ　⑤ ㄷ, ㄹ

14 지도는 영국 L 기업의 청바지 생산 과정을 나타낸 것이다. 옳은 설명만을 〈보기〉에서 있는 대로 고른 것은?
794

본사에서 제품 생산 결정, 연구소에서 청바지 디자인
영국　염색　청바지 바느질　지퍼 구매　일본
이탈리아　튀니지　면직물 구매
0°　베냉　단추용 구리 구매
나미비아

• 보기 •
ㄱ. 본사가 입지한 곳에 제품 개발을 위한 연구소가 입지해 있다.
ㄴ. 청바지 바느질은 저임금 노동력이 풍부한 지역에서 이루어진다.
ㄷ. 기업 간 분업을 통해 세계적 범위의 생산 네트워크를 구축하였다.
ㄹ. 청바지 제조를 위한 원자재는 모두 개발 도상국에서 구매하고 있다.

① ㄱ, ㄴ　② ㄱ, ㄷ　③ ㄱ, ㄴ, ㄷ
④ ㄱ, ㄴ, ㄹ　⑤ ㄴ, ㄷ, ㄹ

15
795
그림은 제품의 생산과 판매 과정을 나타낸 것이다. 옳은 설명만을 〈보기〉에서 있는 대로 고른 것은?

> ・보기・
> ㄱ. △△ 사는 다국적 기업이다.
> ㄴ. 제품은 공간적 분업을 통해 생산 및 판매되고 있다.
> ㄷ. 디자인을 의뢰받은 회사가 입지한 국가는 염색 공장이 입지한 국가보다 임금 수준이 높다.
> ㄹ. 중국에서 완성된 제품의 물류 운송비는 영국 시장보다 한국 시장으로 판매될 때 더 비싸다.

① ㄱ, ㄴ   ② ㄱ, ㄷ   ③ ㄱ, ㄴ, ㄷ
④ ㄱ, ㄴ, ㄹ   ⑤ ㄴ, ㄷ, ㄹ

17
797
지도는 ○○ 자동차 기업의 공간적 분업 상황 일부를 나타낸 것이다. 옳은 설명만을 〈보기〉에서 고른 것은?

> ・보기・
> ㄱ. 영업소가 가장 많이 입지한 국가는 스웨덴이다.
> ㄴ. 자동차 생산에 대한 최종 의사 결정 및 기획 기능은 독일에 있다.
> ㄷ. 생산 공장의 입지 결정에는 저임금 노동력이 풍부하다는 점이 크게 고려되었다.
> ㄹ. 기술 연구소와 디자인 센터는 전문 기술 인력을 쉽게 확보할 수 있는 곳에 입지하였다.

① ㄱ, ㄴ   ② ㄱ, ㄷ   ③ ㄴ, ㄷ
④ ㄴ, ㄹ   ⑤ ㄷ, ㄹ

16
796
밑줄 친 ㉠~㉣에 대한 옳은 설명만을 〈보기〉에서 있는 대로 고른 것은?

> 　최근 패스트푸드처럼 빠르게 소비하는 ㉠'패스트 패션(Fast Fashion)' 의류가 인기를 끌고 있다. '패스트 패션' 의류는 ㉡ 제품의 디자인과 옷감의 생산, 옷의 재봉 과정 등을 공간적으로 분업화하여 생산하고 있다. 국내에 들어온 U 사, Z 사, H 사 등 일부 업체는 ㉢ 소비자의 취향에 빠르게 반응하여 의류 제품의 생산, 유통 등 전 과정을 하나의 기업이 통합 관리하는 체계를 만들었다. '패스트 패션' 의류를 생산하기 위해서 ㉣ .

> ・보기・
> ㄱ. ㉠은 높은 가격과 고급 품질을 특징으로 한다.
> ㄴ. ㉡은 주로 전문 인력 확보가 용이한 선진국에서 이루어진다.
> ㄷ. ㉢은 정보 통신 기술을 활용한다.
> ㄹ. ㉣에는 '생산 지역의 근로자들은 낮은 임금을 받고 장시간 일해야 한다'가 들어갈 수 있다.

① ㄱ, ㄴ   ② ㄱ, ㄷ   ③ ㄱ, ㄴ, ㄷ
④ ㄱ, ㄴ, ㄹ   ⑤ ㄴ, ㄷ, ㄹ

18
798
지도는 중국 및 동남아시아 지역 생산 공장의 이동 현황을 나타낸 것이다. 옳은 설명만을 〈보기〉에서 고른 것은?

> ・보기・
> ㄱ. 중국보다 베트남의 임금 수준이 높다.
> ㄴ. 중국보다 베트남으로 생산 공장의 유입이 활발하다.
> ㄷ. 유입 기업 수와 유출 기업 수의 차이가 가장 큰 국가는 중국이다.
> ㄹ. 생산 공장의 유입이 활발한 국가는 저임금 노동력을 활용한 산업이 발달하였다.

① ㄱ, ㄴ   ② ㄱ, ㄷ   ③ ㄴ, ㄷ
④ ㄴ, ㄹ   ⑤ ㄷ, ㄹ

03 세계화 시대의 서비스 산업 변화

19
799
지도는 주요 국가의 산업 구조를 나타낸 것이다. A~C 산업을 쓰시오. (단, A~C는 1차 산업, 2차 산업, 3차 산업 중 하나임.)

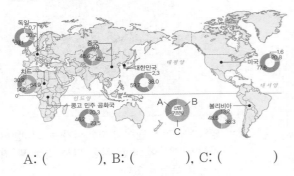

A: (　　　　), B: (　　　　), C: (　　　　)

20
800
다음 중 서비스 산업의 특징으로 옳지 <u>않은</u> 것은?

① 다른 산업을 지원하고 보조하는 성격을 갖는다.
② 대표적인 예로 도·소매업, 음식 및 숙박업, 광고업과 부동산업 등이 있다.
③ 기계화와 자동화 수준이 높아 다른 산업에 비해 고용 창출 효과가 낮은 편이다.
④ 경제가 발전하면서 생산과 고용 측면에서 서비스업이 차지하는 비중이 커진다.
⑤ 선진국은 개발 도상국보다 생산과 고용 측면에서 서비스업이 차지하는 비중이 높다.

21
801
그래프는 우리나라의 온라인 쇼핑 해외 직접 구매 규모의 변화를 나타낸 것이다. 이와 같은 추세가 지속되면 나타나게 될 변화만을 〈보기〉에서 고른 것은?

┌─ 보기 ─────────────────────────────
│ ㄱ. 유통 단계가 늘어난다.
│ ㄴ. 제품 구매에 시간적·공간적 제약이 커진다.
│ ㄷ. 항공 화물, 택배업과 같은 물류 산업이 발달한다.
│ ㄹ. 해외 상품과 비슷한 상품을 판매하는 국내 기업들의 시장 점유율이 하락할 수도 있다.
└──────────────────────────────────

① ㄱ, ㄴ　　② ㄱ, ㄷ　　③ ㄴ, ㄷ
④ ㄴ, ㄹ　　⑤ ㄷ, ㄹ

22
802
밑줄 친 ㉠에 대한 설명으로 가장 적절한 것은?

┌──────────────────────────────────
│ ㉠ 기업 콜센터가 많이 입지한 전 세계 상위 8개 도시들이 인도와 필리핀에 집중하고 있다.
└──────────────────────────────────

① 풍부한 천연자원 매장
② 연구소가 가까워 고급 인력 확보에 유리
③ 영어 사용 능력이 우수한 저임금 노동력 풍부
④ 녹지 비율이 높아 쾌적한 환경에서 근무 가능
⑤ 물류 교통이 발달하여 신속한 제품 배달 가능

23
803
밑줄 친 ㉠의 특징으로 옳지 <u>않은</u> 것은?

┌──────────────────────────────────
│ 　최근에는 여행자에게도 환경과 현지인에 대한 책임 의식을 강조하는 　㉠　 이/가 강조되고 있다. 멸종 위기의 동물을 구하는 활동에 참여하는 생태 자원 봉사 여행, 지구 온난화의 위험성을 알리며 세계 곳곳을 누비는 여행 등 그 모습은 다양하다.
│ 　　　　　　　　－ 전국지리교사연합회, 『살아 있는 지리 교과서』
└──────────────────────────────────

① 단순 관광보다 체험을 중시한다.
② 관광객과 지역 주민 간 상호 작용을 강조한다.
③ 지역 특색을 활용한 관광 자원 개발에 힘쓴다.
④ 주민 참여보다 외부 기업의 투자를 중시한다.
⑤ 단체 관광보다 개별 관광의 형태로 이루어진다.

24
804
그래프는 의료 관광 지수 상위 10개국을 나타낸 것이다. 이에 대한 옳은 설명만을 〈보기〉에서 고른 것은?

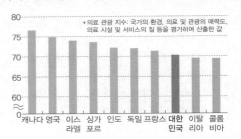

┌─ 보기 ─────────────────────────────
│ ㄱ. 의료 관광 지수는 인도가 우리나라보다 낮다.
│ ㄴ. 교통과 통신 기술의 발달은 의료 관광 확대에 영향을 미친다.
│ ㄷ. 의료 관광 지수 상위 10개국은 모두 경제 발전 수준이 높은 선진국이다.
│ ㄹ. 의료 관광은 의료 기술뿐만 아니라, 교통 및 숙박 등 연관 산업의 발전에 영향을 미친다.
└──────────────────────────────────

① ㄱ, ㄴ ② ㄱ, ㄷ ③ ㄴ, ㄷ ④ ㄴ, ㄹ ⑤ ㄷ, ㄹ

25 (가), (나) 운동의 공통점에 대해 서술하시오.
805

> (가) 100마일 다이어트 운동은 100마일(약 160km) 범위 내에서 생산되는 먹거리만을 먹자는 운동이다. 이 운동은 인근 지역 공동체 주민들이 가까운 곳에서 생산한 먹거리를 소비할 것을 권장한다.
> (나) 일본 농협은 지난 2000년부터 '지산지소(地産地消)', 곧 '지역 농산물을 지역에서 소비하자'는 운동을 내걸고 농산물 직매장을 본격적으로 운영해 왔다.

---

26 밑줄 친 ㉠과 같은 농산물 생산 체계의 긍정적 측
806 면과 부정적 측면을 각각 서술하시오.

> 곡물 다국적 기업은 ㉠ 먹거리의 생산·유통·식품 가공에 이르는 전 과정을 통합한 세계적 차원의 네트워크를 형성하였다. 오늘날은 곡물 다국적 기업을 통하지 않고는 곡물의 국제 거래가 쉽지 않다. 이들 곡물 다국적 기업은 먹거리를 신선한 상태로 운반하기 위해 전용 선박과 전용 부두(항만), 물류 센터를 갖추고 있다.

---

27 지도는 미국에 본사를 두고 있는 스포츠 의류 및
807 신발 제조 업체의 생산 공장 분포를 나타낸 것이다. 생산 공장의 입지 요인을 서술하시오.

---

28 디트로이트 시에서 나타나게 될 지역 변화를 두 가
808 지 서술하시오.

> 미국 북동부 오대호 연안에 자리한 디트로이트 시는 한 때 미국 자동차 산업의 왕국이었다. 그러나 디트로이트 시는 일본 자동차와 경쟁, 글로벌 경제 위기 등의 영향으로 점차 쇠퇴하기 시작하였다.

---

29 그림과 같이 거래가 이루어지는 상거래 방식을 쓰
809 고, 그 특징을 서술하시오.

---

30 밑줄 친 ㉠과 같은 문제점을 해결하기 위한 대안
810 적 관광의 특징을 두 가지 서술하시오.

> 최근 네팔은 관광의 세계화의 영향으로 산악 자전거를 타거나 트레킹을 하려는 사람들이 많이 찾는다. ㉠ 현지인들은 제때 전기나 물 공급을 받지 못하는 경우가 많아졌고, 관광객들이 버리고 간 쓰레기 처리로 몸살을 앓고 있다.

환경 문제와
지속 가능한 환경

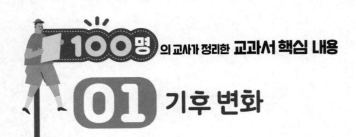
01 기후 변화

① 한눈에 쏙

• 기후 변화

자연적 요인	인위적 요인
• 화산재 분출 • 태양 활동의 변화	• 화석 연료 사용에 따른 온실 가스 배출 • 토지 및 삼림 개발

↓ 온실 효과

지구 온난화

① 온실가스의 종류

메테인(CH₄)
가축의 배설물,
음식물 쓰레기 분해 등

이산화 탄소
88.6%
석탄, 석유 등
화석 연료 사용

4.8%
2.8% — 이산화 질소(N₂O)
3.8% 석탄, 질소 비료, 폐기물 소각 등

수소 불화 탄소(HFCs)
과불화 탄소(PFCs)
육불화 황(SF₆)
냉매, 세정제, 절연체 등

② 지구 평균 기온 변화

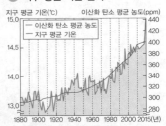

산업 활동이 활발해진 1800년대 후반 이후 지구의 평균 기온이 꾸준히 상승하고 있다.

② 한눈에 쏙

• 기후 변화의 영향과 해결 노력

기후 변화

↓ 영향

• 빙하 면적, 만년설 등 감소
• 평균 해수면 상승 → 침수 위기
• 태풍, 홍수, 가뭄 등 발생 빈도 증가
• 폭염과 열대야, 혹한 현상 증가
• 동물의 서식지 변화

↓ 노력

• 교토 의정서(1997): 선진국의 온실가스 감축
• 파리 협정(2015): 선진국, 개발 도상국 모두 온실가스 배출 감축

① 기후 변화의 원인 및 지구 온난화

1 기후 변화

(1) **기후 변화**: 일정한 지역에서 장기간에 걸쳐서 나타나는 기후의 평균적인 상태가 변화하는 것 → 홍수나 가뭄, 폭염 등과 같은 비정상적인 기상을 일으킴

(2) **기후 변화의 요인**: 최근 인위적 요인의 영향을 크게 받음 ── 인간의 활동이 강하게 영향을 미치기 시작한 것은 산업 혁명 이후임

자연적 요인	화산재의 분출, 태양 활동의 변화, 태양과 지구의 상대적인 위치 변화 등
인위적 요인	공장과 가정에서 화석 연료 사용에 따른 온실가스 배출, 토지 및 삼림 개발 등

└ 예 석유와 석탄, 천연가스 등 └ 이산화 탄소가 온실가스의 70% 이상을 차지함

2 지구 온난화 [자료 ①]

(1) **지구 온난화**: 대기 중 온실가스 증가로 온실 효과가 과도하게 나타나 지구의 평균 기온이 점점 높아지는 현상

(2) **지구 온난화를 가속화시키는 요인**: 화석 연료의 사용과 무분별한 삼림 개발로 이산화 탄소의 증가 → 숲을 무분별하게 파괴하는 것도 문제가 됨
└ 이산화 탄소를 흡수하고 저장하는 기능이 있음

(3) **지구 온난화의 양상**: 지난 100년 동안 지구의 연평균 기온이 급격하게 상승 → 현재와 같은 속도로 온실가스가 배출되면 그 속도는 더욱 빨라질 것으로 예상

📖 교과서 속 자료 읽기 ① **온실 효과**

적정한 온실 효과

태양광
복사열

과도한 온실 효과

태양광
복사열

• 태양으로부터 방출된 열에너지는 지구에 도달하였다가 다시 우주로 방출된다. 그러나 지구에서 복사되는 열이 온실가스에 막혀 지구 밖으로 나가지 못하고 지구로 다시 흡수되어 대기와 지표면 온도를 높이는 현상을 온실 효과라고 한다.

• 온실가스 중 이산화 탄소는 전체 온실가스의 절반 이상을 차지하는 지구 온난화의 주범으로 알려져 있다.

---

② 기후 변화에 따른 지역 변화 및 기후 변화 해결을 위한 노력

1 기후 변화에 따른 지역 변화 [자료 ②]

(1) **빙하 감소와 해수면 상승** ── 아시아와 유럽을 잇는 북극 항로의 항해 가능 일수가 늘어나 2030년에는 일 년 내내 통행이 가능할 것으로 예측하고 있음

① 남극과 북극의 빙하가 녹으면서 빙하의 면적 감소

② 알프스산맥, 히말라야산맥, 안데스산맥 등 해발 고도가 높은 산의 만년설 감소

③ 지구의 평균 해수면 상승: 해발 고도가 낮은 섬나라와 해안 저지대 침수 위기
└ 예 투발루, 몰디브 등

(2) 기상 이변 증가

원인	• 지구의 기온 상승: 많은 양의 물 증발 → 건조한 땅이 많아지고, 물이 부족해짐 ┌전 세계 사막의 면적 점차 증가 • 해류의 순환 방해: 빙하가 녹아 바다로 흘러들면서 바닷물의 염분 농도 낮아짐
영향	• 태풍, 홍수, 폭우, 가뭄, 폭설 등과 같은 기상 이변 증가 • 폭염, 열대야 같은 여름철 고온 현상 및 겨울철 혹한 발생

(3) 생태계 변화

① 해양 생태계 변화❸: 바닷물 온도 상승 → 수온 변화에 적응하지 못한 물고기들이 죽거나, 수온이 낮은 고위도로 수역을 옮김

② 식생 분포에 영향: 지표면의 기온 상승 → 고산 식물의 분포 범위가 줄어들거나 멸종 위기에 처함

③ 식물의 개화 시기가 빨라지고 동식물의 서식지가 변화함

④ 질병의 확산: 기온이 오르면 미생물의 번식이 빨라져 새로운 질병 발생

⑤ 농작물의 재배 환경 변화❹로 심각한 혼란 초래

교과서 속 자료 읽기 ❷ 20세기 이후 기후 변화로 인해 나타난 주요 현상

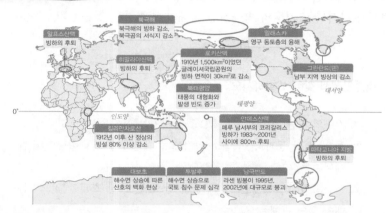

기후 변화는 세계 여러 지역에 다양한 변화를 초래하고 있다. 지구의 평균 기온 상승으로 인해 극지방과 고산 지역의 빙하가 녹아 해수면이 상승하고 있으며, 그 결과 해발 고도가 낮은 곳은 바다에 침수되고 있다. 한편 집중 호우와 홍수가 잦아지거나 가뭄과 사막화가 심해지는 등의 다양한 기후 변화가 발생하고 있다.

---

2 기후 변화를 해결하려는 노력

(1) 전 지구적 차원의 노력: 전 지구적인 환경 문제를 해결하고 지속 가능한 발전을 모색하기 위한 국제적 차원의 노력과 협력 필요

① **기후 변화 협약(1992)**: 국제 연합 환경 개발 회의(UNCED)에서 합의

② **교토 의정서(1997)**: 지구 온난화 규제와 방지를 위한 국제 협약 → 선진국의 온실가스 감축을 목표로 함

③ **파리 협정(2015)❺**: 교토 의정서를 대체할 신 기후 체제 → 선진국과 개발 도상국 ┌200여 개의 국가가 협정을 이행 중임
모두 온실가스 배출 감축을 목표로 함

(2) 우리나라의 노력

① •**녹색 성장 정책 추진**: 기후 변화에 대응하기 위해 경제와 환경이 조화를 이루는 정책 추진 ┌파리 협정으로 2030년까지 전망치 대비 37%의 온실가스 감축을 목표로 하고 있음

② **온실가스 배출권 거래 제도 시행**: 기업들이 자발적으로 탄소 배출량을 줄이도록 유도❻

① 기후 변화의 원인 및 지구 온난화

• 정답 및 해설 **70**쪽

차근차근 기본다지기

01 다음 설명이 맞으면 ◯표, 틀리면 ✕표 하시오.
811
(1) 화산 폭발로 화산재가 대규모로 분출되면 지구의 평균 기온은 높아진다. (　　　)
(2) 이산화 탄소 배출량 증가와 지구의 평균 기온은 비례하는 경향이 나타난다. (　　　)
(3) 삼림을 벌채한 곳에 목초지를 조성하면 지구의 이산화 탄소 흡수 능력은 증가한다. (　　　)

02 다음 괄호 안의 내용 중 알맞은 것에 ◯표 하시오.
812
(1) 온실가스의 절반 이상을 차지하는 것은 (메테인 , 이산화 탄소)이다.
(2) 가축 사육이 증가하면서 (메테인 , 염화플루오린화 탄소)의 배출량이 증가하고 있다.
(3) 일정한 지역에서 장기간에 걸쳐서 나타나는 기후의 평균적인 상태가 변화하는 것을 (기후 변화 , 지구 온난화)라고 한다.

03 (1)~(4)에서 설명하는 단어를 쓰고, 퍼즐판에서 찾아 색칠하시오.
813

지	메	가	온	환
구	탄	축	실	경
온	실	가	스	문
난	화	산	재	제
화	석	에	너	지

(1) 지구의 평균 기온이 지속적으로 높아지는 현상은?
(2) 석유, 석탄 등과 같이 연소 과정에서 이산화 탄소 배출량이 많은 에너지는?
(3) 이산화 탄소, 메테인, 염화 불화 탄소 등 온실 효과를 일으키는 대기 중의 기체는?
(4) 인간 활동에 의해 대기, 물, 토양, 생태계 등의 자연환경이 훼손되어 그 피해가 인간에게 돌아오는 것은?

04 그래프는 이산화 탄소 농도 변화를 나타낸 것
814 이다. 이와 같은 현상의 발생 원인으로 옳지 <u>않</u>은 것은?

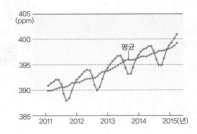

① 육류 소비량이 증가하였다.
② 화석 에너지 소비량이 증가하였다.
③ 건조 기후 지역에서 조림 사업을 실시하였다.

05 다음 밑줄 친 부분에 해당하는 내용으로 옳은
815 것은?

> 기후는 지구의 역사가 시작된 이래 끊임없이 변화하고 있다. 이러한 기후 변화는 <u>자연적 요인</u>과 인문적 요인에 의해 나타난다.

① 삼림 벌채
② 가축 사육 증가
③ 석유 사용량 증가
④ 태양 활동의 변화

06 다음 중 바르게 답한 학생만을 있는 대로 고른 것은?
816

대기 중에 이산화 탄소, 메테인과 같은 온실가스의 농도가 더욱 높아지고 빙하 면적의 감소로 반사율이 낮아져 우주로의 열 방출량이 감소하면서 지구의 평균 기온이 높아지고 있다.

교사: 그림은 지구 온난화의 원인을 나타낸 것입니다. 이 그림을 보고 지구 온난화를 심화하는 요인을 말해 보세요.
갑: 산림을 개발하여 도시를 조성합니다.
을: 곡물 소비를 줄이고 육류 소비를 늘립니다.
병: 사료 작물을 재배하기 위해 삼림을 개간합니다.
정: 화석 에너지를 대체할 재생 에너지를 개발합니다.

① 갑, 을　　② 갑, 정　　③ 갑, 을, 병
④ 갑, 병, 정　　⑤ 을, 병, 정

07 다음 그래프와 같은 현상이 나타나는 원인과 가장 거리가 먼 것은?
817

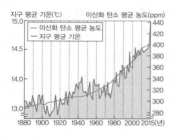

① 육류 소비량이 증가하였다.
② 화석 에너지 소비량이 증가하였다.
③ 햇빛을 이용한 에너지 생산량이 증가하였다.
④ 지구의 이산화 탄소 평균 농도가 증가하였다.
⑤ 농경지가 주거지, 도로 등으로 이용되는 면적이 넓어졌다.

08 다음 설명에 해당하는 용어를 쓰시오.
818

- 지구의 평균 기온이 상승하는 현상
- 대기 중에 이산화 탄소, 메테인, 아산화 질소 등이 증가하면서 나타나는 현상

(　　　　)

09 그래프는 지구의 평균 기온 변화를 나타낸 것이다. 이를 보고, 물음에 답하시오.
819

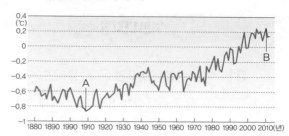

(1) A에서 B로 변화한 원인을 쓰시오.

_____

_____

(2) A에서 B로 변화함에 따라 나타나는 영향을 서술하시오.

_____

_____

10 다음 글을 읽고, 물음에 답하시오.
820

최근 세계은행이 발간한 보고서에 따르면, 항공기의 일등석 이용은 이코노미석에 비교할 때에 9배 가량 많은 온실가스를 내뿜는다. 일등석은 좌석이 크기 때문에 이용 가능한 승객 수가 적어 1인당 연료 소비량이 많기 때문이다. 일등석 승객들은 보통 더 많은 짐을 지닌 채 여행한다는 점도 고려되어야 한다. 짐 무게가 증가할수록 더 많은 연료를 쓰게 마련이다.

– 기후 변화 행동 연구소

(1) 일등석이 이코노미석보다 온실가스를 많이 배출하는 이유를 찾아 쓰시오.

_____

_____

(2) 자신의 생활 방식 중에서 온실가스 배출량이 많은 사례를 찾고 이를 줄이기 위해 노력할 수 있는 방법을 서술하시오.

_____

_____

_____

_____

100명의 교사가 콕 찝은 주제별·유형별 대표문제

2 지구 변화에 따른 지역 변화 및 기후 변화 해결을 위한 노력

• 정답 및 해설 **70**쪽

차근차근 기본 다지기

01
821

다음 설명이 맞으면 ○표, 틀리면 ✕표 하시오.

(1) 지구 온난화의 영향으로 세계 어느 지역이나 똑같이 기온이 상승한다. (　　　)

(2) 바다 생물의 약 4분의 1이 살아가는 산호초가 지구 온난화로 최악의 위기에 직면하였다. (　　)

(3) 온실가스의 구체적인 감축 이행 방안으로 1997년 교토 의정서가 채택되었다. (　　　)

02
822

다음 괄호 안의 내용 중 알맞은 것에 ○표 하시오.

(1) 지구의 평균 기온이 상승하면서 극지방과 고산 지역의 빙하가 녹아 해수면이 꾸준히 (상승 , 하강) 하고 있다.

(2) 온실가스를 줄이기 위한 기후 변화 협약은 1992년 (일본 교토 , 브라질 리우)에서 최초로 채택되었다.

(3) 지구 온난화로 식물의 개화 시기는 점점 (느려 , 빨라)지고 있다.

03
823

다음 글에서 틀린 부분을 찾아 바르게 고쳐 쓰시오.

(1) 지구 온난화의 영향으로 지표면의 온도가 올라가면서 빙하의 면적이 증가하고 있다.

(2) 지구의 기온이 상승하면서 폭염, 열대야와 같은 여름철 고온 현상이 감소하고 있다.

(3) 지구의 기온 상승은 남반구보다 북반구에서 더 느리게 진행되고 있다.

(4) 지구 온난화로 고산 식물의 분포 범위가 점차 늘어나고 있다.

04
824

다음 글의 밑줄 친 '이 나라'는?

> 인도양에 있는 이 나라는 산호초와 모래 해변으로 이루어진 아름다운 섬나라이다. 하지만 지구 온난화로 인한 해수면 상승으로 가까운 미래에 국토 전체가 물에 잠길 것이라는 비관적인 전망이 나오고 있다.

① 몰디브
② 스리랑카
③ 인도네시아

05
825

사진은 미국 몬태나 빙하 국립 공원의 변화 모습이다. 이러한 변화의 주된 원인으로 옳은 것은?

① 사막화의 빠른 전개
② 지구의 평균 기온 상승
③ 산성비로 인한 토양 오염
④ 생물종 다양성의 빠른 붕괴

06 다음 지도의 ㉠~㉤에서 발생하고 있는 기후 변화에
826 대한 설명으로 옳은 것은?

① ㉠ - 빙하의 면적이 증가하고 있다.
② ㉡ - 아시아와 유럽을 잇는 북극 항로의 항해 가능 일수가 점점 늘어나고 있다.
③ ㉢ - 태평양의 온도 상승으로 태풍의 횟수가 줄어들고 있다.
④ ㉣ - 수온 상승으로 산호초 지대가 점점 확장되고 있다.
⑤ ㉤ - 해수면 상승으로 투발루의 해발 고도가 높아지고 있다.

07 다음 글의 ㉠의 사례로 옳은 것만을 〈보기〉에서 고른
827 것은?

> 기후 변화는 ㉠ 생태계에도 큰 영향을 미친다. 해양 생태계는 물론 농작물의 재배 환경, 질병 발생 지역과 빈도의 변화 등에도 영향을 준다.

┌─ 보기 ─────────────────────┐
ㄱ. 전 세계 산호초가 늘어나고 있다.
ㄴ. 고산 식물의 분포 범위가 줄어든다.
ㄷ. 아열대 과일의 재배 지역이 확대되고 있다.
ㄹ. 말라리아와 같은 열대 질병의 분포 지역이 축소되고 있다.
└────────────────────────────┘

① ㄱ, ㄴ   ② ㄱ, ㄷ   ③ ㄴ, ㄷ
④ ㄴ, ㄹ   ⑤ ㄷ, ㄹ

08 다음 설명에 해당하는 용어를 쓰시오.
828

> • 제21차 국제 연합 기후 변화 협약 당사국 총회에서 체결된 협정
> • 196개 국가가 온실가스 감축 의무를 분담하기로 한 협정

(   )

서술형 문제

09 다음 그래프에서 알 수 있는 변화로 나타날 수 있는
829 문제점과 이로운 점을 각각 두 가지씩 서술하시오.

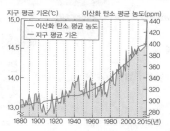

(1) 문제점: _____

_____

_____

(2) 이로운 점: _____

_____

_____

논술형 문제

10 다음은 한 영화배우가 영화제에서 말한 수상 소감의
830 일부이다. 밑줄 친 ㉠ 내용에 대한 개인적 및 국가적,
국제적 차원으로 나누어 자신의 의견을 서술하시오.

> 영화 「레버넌트」는 인간과 자연의 관계를 다룬 영화입니다. 2015년은 매우 더운 해였으며, 이 때문에 영화 제작진은 눈을 찾아 지구의 남쪽 끝까지 내려가야 했습니다. 기후 변화는 인류가 직면한 가장 큰 위협이며, 우리는 ㉠ 이를 해결하기 위하여 노력해야 합니다.

(1) 개인적 차원: _____

_____

_____

(2) 국가적 차원: _____

_____

_____

(3) 국제적 차원: _____

_____

_____

의 교사가 정리한 교과서 핵심 내용

02 산업 이전에 따른 환경 문제
~03 생활 속의 환경 이슈

① 환경 문제를 유발하는 산업의 국제적 이동

1 환경 문제 유발 산업

(1) 종류와 특징

예 매연·폐수·소음 배출 산업, 석면·수은·카드뮴 등 유해 물질 배출 산업

종류	섬유, 의류 등 공해 유발 산업, •전자 쓰레기 처리 산업, •화훼 산업① 등
특징	제품 생산 과정에서 다량의 오염 물질 배출, 폐기물 처리 과정에서 환경 문제 유발

(2) 이동 경향

개발 도상국은 경제 성장을 우선시 해 전자 쓰레기 부품을 분해하여 금속 자원을 채취함

선진국	개발 도상국
• 환경 오염에 대한 사회적 인식이 높음 • 공해 유발 산업 규제에 대한 법적 장치가 강함 →	• 환경 오염에 대한 사회적 인식이 낮음 • 인권(노동권) 및 환경에 대한 규제가 느슨함 • 인건비가 저렴하고 산업 운영비가 적게 듦

2 환경 문제 유발 산업의 이동 자료① — 그럼에도 불구하고 재활용 또는 기부라는 이름으로 버려지고 있음

(1) **전자 쓰레기의 국제적 이동**: 대부분 산업화된 선진국에서 전자 쓰레기 배출

선진국	개발 도상국
• 자국에서 안전한 쓰레기 처리 가능 • 환경 및 경제적 부담을 줄이기 위해 개발 도상국으로 수출 →	• 전자 쓰레기의 부품을 분리하면 금속 자원 채취 가능 → 경제적 이익 • 환경 오염 및 생태계 파괴가 심각함

(2) **석면 공장의 이전②**: 서유럽 중심의 선진국에서는 석면 사용 전면 금지 → 개발 도상국으로 공장 이전

(3) **농장과 농업 기술의 이전**: 교통의 발달로 선진국의 농장이 임금과 땅값이 저렴한 개발 도상국으로 이전 → 개발 도상국의 지역 경제에 도움을 줌, 토양의 황폐화와 관개용수 남용 등에 따른 물 부족, 식수 오염 문제 등을 유발함

교과서 속 자료 읽기 ① 전자 쓰레기의 국제적 이동

전자 쓰레기의 이동(2011년)
전자 쓰레기 발생 지역
전자 쓰레기 처리 지역
전자 쓰레기 이동 지역

전자 쓰레기 발생 지역은 주로 선진국이다. 선진국에서 발생한 전자 쓰레기는 중국을 비롯하여 아프리카, 동남아시아, 남아메리카의 개발 도상국으로 수출되고 있다.

3 환경 문제 유발 산업의 이동으로 인한 영향 및 해결 노력

(1) **유출 지역 및 유입 지역의 영향**: 유출 지역은 환경 문제 해결, 유입 지역은 새로운 일자리 창출 및 소득 증가로 경제 활성화, 환경 오염 발생, 각종 질병에 노출되어 주민들의 건강 위협, 노동자는 직업병을 얻게 됨

(2) **환경 문제의 공간적 불평등을 해결하기 위한 노력**: 개발 도상국의 환경 규제를 강화, 국제 사회는 환경 문제 유발 산업의 불법적 확산 방지, 국제 협약 체결(예 바젤 협약) 유해 폐기물의 교역을 규제하는 국제 환경 협약으로, 유해 폐기물에 관한 국제적 이동의 통제와 규제를 목적으로 함

---

① 한눈에 쏙

• 환경 문제 유발 산업의 국제적 이동

선진국	• 환경 보존 우선 정책 • 환경에 대한 강한 규제 • 높은 인건비
↓ 환경 문제 유발 산업 이전	
개발 도상국	• 경제 성장 우선 정책 • 환경에 대한 느슨한 규제 • 저렴한 인건비

① 네덜란드 화훼 산업

(개) — 업체 수 — 재배 면적 (ha)
1,000 ─ 921
800 ─ 689 853 780
600 ─ 575 652 532
470 459 384
400 ─ 356 265 283
200 ─ 212 171 120
0
2001 2003 2005 2007 2009 2011 2013 2015(년)

⬢ 네덜란드 화훼 기업의 수와 재배 면적

네덜란드는 유럽 화훼 생산의 중심지였지만, 최근 유럽 시장에 공급되는 장미꽃의 약 70%는 케냐에서 생산된다. 케냐의 화훼 산업은 관광, 차 산업 다음으로 큰 외화 수입원이며, 그 규모가 매년 빠르게 성장하고 있다.

② 석면 공장의 국제적 이동

석면 공장은 1970년대 이후 미국에서 일본, 유럽 등지로 이동하였고, 이후 1980년대에 우리나라로 이동하였다. 현재는 우리나라에서 중국과 동남아시아로 석면 공장이 이동하였다.

용어 사전

• **전자 쓰레기(e-waste)** 더는 가치가 없게 된 낡고 수명이 다한 여러 가지 형태의 전기·전자 제품
• **화훼 산업** 관상용 꽃 등의 식물을 재배·판매하는 산업

② 생활 속의 환경 이슈

1 환경 이슈: 환경 문제 중 원인과 해결 방안이 입장에 따라 서로 다른 것
 └ 시대별로 다르게 나타나며, 지역적인 것부터 세계적인 것까지 다양함

2 생활 속의 주요 환경 이슈

(1) **유전자 재조합 식품(GMO)❸**

① 의미: 유전 공학 기술을 이용하여 개발된 농수산물

② 유전자 재조합 식품에 대한 입장 차이

긍정적 입장	부정적 입장
• 적은 비용으로 많은 양 수확 가능 • 세계 식량 부족 문제 해결 ┌ 농약 사용량 감소 • 추위와 병충해에 강한 작물을 만들 수 있음 • 수확 후 관리나 운송 면에서 용이함	• 인체에 미치는 영향에 대한 안전성이 충분히 검증되지 않음 • 재배하는 과정에서 주변 생태계 교란의 위험성이 있음

(2) **미세 먼지❹** — 입자가 매우 작아 호흡기에서 걸러지지 않음

① 미세 먼지 발생 요인

자연적 요인	흙먼지나 식물 꽃가루
인위적 요인	화력 발전소에서 사용하는 석탄 연료, 화석 연료를 사용하는 자동차의 배기가스, 건설 현장 등에서 발생하는 날림 먼지, 소각장 연기 등

② 미세 먼지의 문제점: 호흡기 질환, 폐와 심장 질환, 치매 등과 같은 뇌 질환 유발, 가시거리를 떨어뜨리기 때문에 비행기나 여객선 운항에 지장

③ 미세 먼지를 줄이기 위한 우리나라의 노력: 1995년 1월부터 미세 먼지를 새로운 대기 오염 물질로 규제하고 발생 원인을 다각도로 분석하고 있음

(3) **˚로컬 푸드 운동** [자료❷]

① 의미: 푸드 마일리지❺가 높은 글로벌 푸드의 대안으로 지역에서 생산된 먹을거리를 그 지역에서 소비하자는 운동

② 로컬 푸드의 장점: 신선하고 안전한 먹을거리 확보, 이동 과정에서 발생하는 온실가스 감소로 환경 보호, 농민들의 안정적인 소득 보장 및 지역 경제 활성화

🌲 교과서 속 자료 읽기 ❷ **주요 수입 먹을거리의 푸드 마일리지**

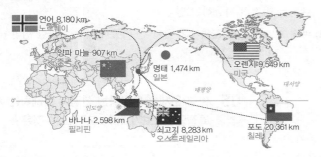

연어 8,180 km 노르웨이
양파 마늘 907 km
명태 1,474 km 일본
오렌지 9,549 km 미국
바나나 2,598 km 필리핀
쇠고기 8,283 km 오스트레일리아
포도 20,361 km 칠레

푸드 마일리지가 높은 먹을거리에는 수입 과정에서 신선도를 유지하기 위해 다량의 방부제와 살충제가 사용되며, 이동 거리에 비례하여 연료 사용량도 많아진다. 이에 따라 배출되는 온실가스의 양이 많아져 환경에 부정적인 영향을 끼친다.

---

3 환경 이슈를 해결하기 위한 노력

(1) **환경 문제에 대한 지속적 관심**: 환경 이슈를 둘러싼 자신의 의견 정립

(2) **환경 보전 활동**: 대중교통 이용, 저탄소 제품 사용, 일회용품 사용 자제 등

---

❷ 한눈에 쏙

• 생활 속의 환경 이슈

유전자 재조합 식품	유전자 재조합 식품에 대한 인체 유해성과 효율성을 둘러싼 갈등
미세 먼지	미세 먼지를 발생 시키는 산업을 둘러싼 갈등

❸ **유전자 재조합 식품**

(Genetically Modified Organism)
특정한 목적에 맞도록 유전자 일부를 변형시켜 만든 농산물로, 잘 무르지 않는 토마토, 잡초에 강한 옥수수 등이 대표적이다.

❹ **미세 먼지**

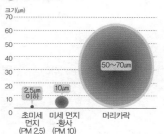

크기(μm)
70
60
50
40
50～70μm
30
20
2.5μm 10μm
이하
10
0
초미세 미세 먼지 머리카락
먼지 ·황사
(PM 2.5) (PM 10)

미세 먼지는 우리 눈에 보이지 않을 정도로 가늘고 작은 먼지 입자로, 호흡기에서 걸러지지 않는다. 크기에 따라 지름 10μm 이하를 미세 먼지(PM_{10}), 지름 2.5μm 이하를 초미세 먼지($PM_{2.5}$)로 구분한다.

❺ **푸드 마일리지(food mileage)**

먹을거리가 생산자의 손을 떠나서 소비자의 식탁에 오르기까지 소요된 이동 거리(km)에 식품 중량(t)을 곱한 값이다. 이동 거리가 멀수록 푸드 마일리지가 높아진다.

용어 사전

˚ **로컬 푸드(local food)** '지역 먹을거리, 근거리 먹을거리'로, 좁은 의미로는 50km 이내에서 생산되어 당일 소비하는 먹을거리를 의미함(↔ 글로벌 푸드)

1 환경 문제를 유발하는 산업의 국제적 이동

이 주제에서는 어떤 문제가 잘 나올까?
• 환경 문제 유발 산업의 이동 경로 및 특징 파악하기
• 환경 문제 유발 산업이 지역에 미치는 영향 파악하기

• 정답 및 해설 **71쪽**

차근차근 기본 다지기

01 다음 설명이 맞으면 ○표, 틀리면 ✕표 하시오.
831
(1) 환경 문제 유발 산업은 개발 도상국에서 선진국으로 이동한다. (   )
(2) 선진국은 유해 물질을 배출하는 공장에 대해 규제가 엄격하다. (   )
(3) 화훼 산업은 매연, 폐수, 소음 등과 관련 없는 친환경 산업이다. (   )

02 다음 괄호 안의 내용 중 알맞은 것에 ○표 하시오.
832
(1) (바젤 협약 , 파리 협약)은 유해 폐기물에 대한 국제적 이동의 통제와 규제를 목적으로 하는 국제 협약이다.
(2) (전자 쓰레기 , 산업 폐기물)은/는 첨단 기능을 갖춘 전자 제품이 새롭게 등장할 때마다 그전에 사용하던 제품을 교체하면서 자연스럽게 버려지는 제품을 말한다.
(3) 매연, 폐수, 소음뿐만 아니라 석면, 수은, 카드뮴 등의 유해 물질을 배출하여 심각한 환경 문제를 일으키는 산업을 (환경 산업 , 공해 유발 산업)이라 한다.

03 (1)~(4)에서 설명하는 단어를 쓰고, 퍼즐판에서 찾아 색칠하시오.
833

전	스	만	자	폐
자	리	스	본	기
쓰	랑	석	면	물
레	카	극	지	구
기	시	아	케	냐

(1) 선진국이 개발 도상국으로 ○○○○○를 이전하여 해당국들의 환경 오염이 심화되고 있다.
(2) ○○는 화훼 농업의 발달로 전 세계적으로 장미를 수출하고 있으나 물 오염 문제로 어려움을 겪고 있다.
(3) 건축 자재로 사용되는 ○○은 인체에 유해하여 서유럽 등 선진국에서는 사용을 전면 금지하고 있으나 인도, 중국 등 개발 도상국에서는 여전히 사용하고 있다.
(4) 바젤 협약은 유해 ○○○의 국가 간 이동과 처리에 관한 협약이다.

04 다음 빈칸에 공통으로 들어갈 용어는?
834

(   )은/는 사용하고 난 전자 제품에서 나오는 폐기물을 말한다. 기술 발달로 전자 제품의 사용 주기가 짧아져 (   )의 양도 점차 증가하고 있다.

① 산업 폐기물
② 전자 쓰레기
③ 공해 유발 물질

05 환경 문제를 유발하는 산업이 존재하는 지역의 특징만을 〈보기〉에서 모두 고른 것은?
835

┌─ 보기 ─────────────
ㄱ. 엄격한 환경 규제
ㄴ. 비싼 노동 비용
ㄷ. 환경보다는 경제 개발 우선 정책
ㄹ. 환경 문제에 대한 주민의 인식 부족
└──────────────────

① ㄱ, ㄴ   ② ㄱ, ㄷ
③ ㄴ, ㄹ   ④ ㄷ, ㄹ

06 지도는 전자 쓰레기에 대한 발생량과 상위 국가의 주
836 요 이동 경로를 나타낸 것이다. 옳은 것만을 〈보기〉에
서 고른 것은?

전자 쓰레기의 이동(2011년)
■ 전자 쓰레기 발생 지역
■ 전자 쓰레기 처리 지역
→ 전자 쓰레기 이동 지역

• 보기 •
ㄱ. 전자 쓰레기 발생 지역은 주로 선진국이다.
ㄴ. 개발 도상국이 선진국보다 환경 규제가 엄격
하다.
ㄷ. 전자 쓰레기가 아프리카, 동남아시아, 남아메
리카 등의 개발 도상국으로 수출되고 있다.
ㄹ. 전자 제품의 사용 주기가 늘어나면서 전자 쓰
레기의 양도 늘어나고 있다.

① ㄱ, ㄴ ② ㄱ, ㄷ ③ ㄴ, ㄷ ④ ㄴ, ㄹ ⑤ ㄷ, ㄹ

07 다음 글에 대한 설명으로 옳은 것만을 〈보기〉에서 고
837 른 것은?

1984년 12월 2일 밤, 미국 석유 화학 기업인 ○
○가 인도 보팔에 세운 살충제 공장에서 메틸아이
소사이안염 가스 40톤이 누출되었다. 이 사고로
현장에서 2,259명이 사망하고, 사고 후유증으로
지금까지 2만여 명이 더 사망하였다.
– 경향신문, 2014. 11. 2.

• 보기 •
ㄱ. 환경 문제는 공간적, 지역적으로 평등하다.
ㄴ. 환경 문제를 유발하는 산업은 주로 선진국에
집중되어 있다.
ㄷ. 환경 문제를 유발하는 산업이 유입된 지역은
각종 질병에 노출되어 있다.
ㄹ. 선진국이 환경 문제를 유발하는 산업을 이전하
는 것은 자국의 환경 문제를 해결하기 위함이다.

① ㄱ, ㄴ ② ㄱ, ㄷ ③ ㄴ, ㄷ ④ ㄴ, ㄹ ⑤ ㄷ, ㄹ

08 다음 글에서 알 수 있는 협약의 명칭을 쓰시오.
838

1989년 3월 유엔 환경 계획(UNEP)의 후원으로
스위스에서 채택된 협약이다. 이 협약은 유해 폐
기물에 관한 국제적 이동의 통제와 규제를 목적으
로 하며, 1992년에 발효된 국제 협약이다.

( )

서술형 문제
09 지도는 석면 산업의 이동 경로를 나타낸 것이다. 이를
839 보고, 물음에 답하시오.

1981년 독일 석면 기업 I사가 대한민국 J사로 석면 방직 기계 수출
1970년대 미국의 석면 시멘트 공장이 일본으로 진출
1970년대 초 일본 석면 기업 T사는 청석면과 백석면 방직 기계를 대한민국 J사로 수출
1990~2000년 대한민국의 석면 방직 공장 J사는 인도네시아, 말레이시아, 중국으로 진출

(1) 석면 산업 이동 경로의 특징을 쓰시오.

_____
_____

(2) 중국과 동남아시아에서 환경 문제가 발생하는
석면 공장이 이전하는 것을 허용한 까닭을 서술
하시오.

_____
_____

논술형 문제
10 다음 글을 읽고 물음에 답하시오.
840

케냐는 일 년 내내 꽃을 기를 수 있어 화훼 농업
이 발달하였다. 특히 케냐 남서부에 위치한 나이바
샤 호수 근처에는 물이 풍부하여 대규모의 장미 농
장이 들어서 있다. 또한 수도인 나이로비는 유럽과
연결되는 항공 노선이 발달하여 수출이 유리하다.
하지만 화훼 농업이 발달한 이후 나이바샤 호에는
호수의 수량 감소와 농약 사용 등으로 물 오염 문제
가 나타나 주민들의 생활 터전을 위협하고 있다.

(1) 케냐의 장미 산업이 발달할 수 있었던 배경을
쓰시오.

_____
_____

(2) 케냐의 장미 산업이 지역에 미치는 긍정적인 영
향과 부정적인 영향을 서술하시오.

_____
_____

100명의
교사가 콕 찍은
주제별·유형별
대표문제

② 생활 속의 환경 이슈

📣 이 주제에서는 어떤 문제가 잘 나올까?
• 유전자 재조합 식품 환경 이슈 알아보기
• 글로벌 푸드와 로컬 푸드 비교하기

• 정답 및 해설 **72쪽**

● 차근차근 **기본다지기** ●

01 다음 설명이 맞으면 ○표, 틀리면 ✕표 하시오.
841
(1) 유전자 재조합 식품(GMO)은 재배하는 과정에서 주변 생태계 교란의 위험성이 없다. (   )
(2) 미세 먼지는 가시 거리를 떨어뜨리기 때문에 비행기나 여객선 운항에 지장을 준다. (   )
(3) 로컬 푸드는 농민들의 안정적인 소득 보장 및 지역 경제 활성화에 기여할 수 있다. (   )

02 다음 빈칸에 들어갈 알맞은 말을 쓰시오.
842
(1) 환경 문제 중 원인과 해결 방안이 입장에 따라 서로 다른 것을 (   )(이)라고 한다.
(2) (   )은/는 유전 공학 기술을 이용하여 개발된 농수산물이다.
(3) 수입산 먹거리를 많이 소비하면 이동 과정에서 온실가스가 증가해 (   )을/를 가중시킬 수 있다.

03 다음 사진을 보고 빈칸에 들어갈 알맞은 말에 ○표 하시오.
843

로컬 푸드	글로벌 푸드

• (1) (대규모 , 소규모) 생산	• (3) (대규모 , 소규모) 생산
• (2) (짧은 , 긴) 수송 거리	• (4) (짧은 , 긴) 수송 거리
• 제철 생산	• 계절과 관계없는 생산

04 다음 환경 이슈에 대한 설명으로 옳은 것만을
844 〈보기〉에서 고른 것은?

┌─ 보기 ─────────────────┐
ㄱ. 정치, 경제, 사회, 문화 등 모든 문제점
　 을 포함하고 있다.
ㄴ. 시대별로 유사하며, 주로 지역적인 규
　 모에서만 나타난다.
ㄷ. 환경 문제 중 해결 방향을 쉽게 정하지
　 못하는 것들을 의미한다.
ㄹ. 사례로는 갯벌 간척, 신공항 건설, 국
　 립 공원 케이블카 건설 등이 있다.
└──────────────────────┘

① ㄱ, ㄴ　　② ㄴ, ㄷ　　③ ㄷ, ㄹ

05 다음 글의 밑줄 친 용어에 대한 설명으로 옳지
845 <u>않은</u> 것은?

┌──────────────────────┐
유전자 재조합 식품(GMO)은 생물체의
유용한 유전자를 다른 생물체의 유전자와
결합하여 특정 목적에 맞도록 일부를 변형
시킨 것이다.
└──────────────────────┘

① 세계 식량 부족 문제를 해결할 수 있다.
② 적은 비용으로 많은 양의 수확이 가능하다.
③ 추위와 병충해에 강한 작물을 만들 수 있다.
④ 인체에 미치는 영향에 대한 안전성이 충
　 분히 검증되었다.

06 다음 자료에 대해 바르게 설명한 학생만을 〈보기〉에
846 서 고른 것은?

> 북태평양에는 거대한 섬이 만들어졌는데, 그 면적이 우리나라 영토의 14배에 달하며 '제7의 대륙'으로 불린다.

> **·보기·**
> 갑: 주요 구성 물질은 금방 자연 정화될 것입니다.
> 을: 해류의 흐름이 강한 곳에 모여 있을 것입니다.
> 병: 해양 물고기가 오염되거나 폐사할 수 있습니다.
> 정: 해결책으로는 플라스틱과 비닐 사용을 줄여야
>   합니다.

① 갑, 을   ② 갑, 병   ③ 을, 병
④ 을, 정   ⑤ 병, 정

07 밑줄 친 ㉠을 줄이기 위한 개인 및 정부의 노력으로
847 옳지 않은 것은?

> ㉠ 미세 먼지는 공기 중에 떠다니는 먼지 중 지름이 $10\mu m$(0.001mm) 이하의 것을 말한다. 특히 지름이 $2.5\mu m$(0.00025mm) 이하의 미세 먼지는 '초미세 먼지'로 분류된다.

① 대기 오염 물질을 규제해야 한다.
② 발생 원인을 다각도로 분석해야 한다.
③ 자가용보다 대중교통을 자주 이용한다.
④ 석탄 화력 발전소의 비중을 늘려야 한다.
⑤ 신·재생 에너지 이용 비중을 높여야 한다.

08 다음 설명에 해당하는 용어를 쓰시오.
848

> • 우리말로 '지역 먹을거리(식품, 농산물)', '근거리 먹을거리'라는 뜻이다.
> • 지역에서 생산된 먹을거리를 그 지역에서 소비하자는 운동을 뜻한다.

(   )

09 다음 자료를 보고, 물음에 답하시오.
849

> _____ ㉠ 은/는 먹을거리가 생산자의 손을 떠나서 소비자의 식탁에 오르기까지의 이동 거리(km)에 식품 중량(t)을 곱한 값으로 나타낸다. 이동 거리가 멀수록 _____ ㉠ _____ 이/가 높아진다. _____ ㉠ _____ 이/가 높은 먹을거리는 _____ ㉡

(1) 밑줄 친 ㉠에 공통으로 들어갈 용어를 쓰시오.

_____

(2) 밑줄 친 ㉡에 들어갈 부정적인 영향을 두 가지 이상 서술하시오.

_____
_____
_____

10 다음 그림을 보고, 물음에 답하시오.
850

(1) 미세 먼지로 인해 나타난 환경 이슈에 대해 쓰시오.

_____
_____

(2) 미세 먼지로 인해 나타나는 피해를 서술하시오.

_____
_____

01 기후 변화

01 기후 변화의 자연적인 요인과 인위적 요인을 〈보기〉
851 에서 찾아 바르게 연결한 것은?

• 보기 •
ㄱ. 화산재의 분출
ㄴ. 태양 활동의 변화
ㄷ. 지나친 화석 연료의 사용
ㄹ. 도시화와 무분별한 산림 개발
ㅁ. 태양과 지구의 상대적인 위치 변화

	자연적 요인	인위적 요인
①	ㄱ, ㄴ, ㄹ	ㄷ, ㅁ
②	ㄱ, ㄴ, ㅁ	ㄷ, ㄹ
③	ㄷ, ㄹ, ㅁ	ㄱ, ㄴ
④	ㄴ, ㄷ	ㄱ, ㄹ, ㅁ
⑤	ㄹ, ㅁ	ㄱ, ㄴ, ㄷ

02 그래프는 어떤 기체 A의 농도 변화와 지구의 평균 기
852 온 변화를 나타낸 것이다. 이를 통해 알 수 있는 것으
로 옳은 것은?

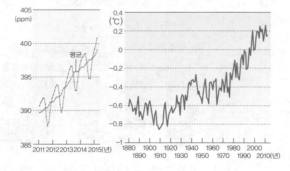

① A는 메테인이다.
② A와 지구의 평균 기온은 반비례 관계이다.
③ A의 농도가 올라갈수록 지구의 평균 기온이 증
가한다.
④ 지구의 평균 기온은 일시적인 하락 없이 계속
상승하고 있다.
⑤ A의 농도는 증가와 감소를 반복하면서 평균적
으로는 감소하는 추세이다.

03 기후 변화의 영향으로 옳지 <u>않은</u> 것은?
853
① 기상 이변의 감소
② 빙하 면적의 감소
③ 동물의 서식지 변화
④ 평균 해수면의 상승
⑤ 작물의 재배 지역 변화

04 기후 변화에 따른 지역 변화로 옳은 것만을 〈보기〉에
854 서 있는 대로 고른 것은?

• 보기 •
ㄱ. 사막화 면적이 늘어난다.
ㄴ. 식물의 개화 시기 느려진다.
ㄷ. 멸종 위기의 동식물이 감소한다.
ㄹ. 고산 지역 빙하의 면적이 감소한다.
ㅁ. 해발 고도가 낮은 저지대는 침수 위험이 있다.

① ㄱ, ㄴ   ② ㄱ, ㄷ   ③ ㄴ, ㄷ
④ ㄱ, ㄹ, ㅁ   ⑤ ㄴ, ㄷ, ㄹ

05 다음 설명에 해당하는 국제적 협의에 대한 것으로
855 옳은 것은?

2015년 말, 190여 개국이 서명한 협정으로 주
요 내용은 산업화 이전과 비교하여 지구 평균
온도 상승폭을 2℃ 이내로 제한하고 가능한 한
1.5℃ 이내로 상승폭을 제한하는 것이다. 또 선진
국은 2025년까지 개발 도상국이 온실가스 감축
기술을 개발할 수 있도록 재정적 지원을 하기로
약속하였다.

① 바젤 협약이다.
② 교토 의정서 이전 협약이다.
③ 선진국의 온실가스 배출 감소를 목표로 한다.
④ 브라질 리우 환경 개발 회의에서 채택된 협약
이다.
⑤ 목표 자체에 구속력이 없어 당사국의 자발적인
참여가 중요하다.

06 지도는 전자 쓰레기의 이동을 나타낸 것이다. 특징으로 옳은 것은?
856

전자 쓰레기의 이동(2011년)
전자 쓰레기 발생 지역
전자 쓰레기 처리 지역
전자 쓰레기 이동 지역

① 유럽에서 발생하는 전자 쓰레기는 전부 아프리카로 이동한다.
② 중국에서 발생하는 전자 쓰레기는 주로 오스트레일리아로 이동한다.
③ 전자 쓰레기가 많이 발생하는 국가는 대표적으로 미국, 중국이 있다.
④ 1인당 전자 쓰레기 발생량이 많은 지역은 아프리카와 남아메리카이다.
⑤ 그래프에서 가장 먼 거리를 이동하는 것은 미국에서 발생한 전자 쓰레기이다.

07 다음 대화에서 환경 문제 유발 산업의 이동에 대한 설명으로 옳지 않은 것은?
857

> Q 항구에 있는 폐선박은 어디서 왔나요?
> A 대부분 미국이나 유럽의 선진국에서 온 배입니다.
> Q 폐선박 해체 시 어려운 점은 뭔가요?
> A 배에 같이 실려 오는 유해 물질 처리 과정에서 목숨을 잃는 경우도 있고 과거 선박의 단열재로 많이 쓰인 발암 물질인 석면의 해체 과정에서 질환을 얻기도 합니다.
> Q 예전 이곳의 모습은 어땠나요?
> A 해산물이 풍부한 어촌이었는데 지금은 선박을 해체하면서 흘러나온 기름으로 물고기가 줄어들고 있습니다.

① 환경 및 경제적 부담을 줄이기 위해 이동하였다.
② 환경 오염에 대한 인식이 낮은 곳으로 이동하였다.
③ 경제적으로 어렵고 인건비가 저렴한 곳으로 이동하였다.
④ 인권 및 환경에 대한 규제가 느슨한 곳으로 이동하였다.
⑤ 위와 같은 이동을 규제하기 위한 국제적인 협의는 없었다.

08 다음 케냐에 대한 다양한 의견 중 옳은 것은?
858

> 케냐는 해발 고도가 높은 고원 지대가 널리 나타나 기후 조건이 장미 재배에 적합하며 나이바샤 호수의 물을 이용할 수 있어 장미 재배 산업이 활발하다. 또한 수도 나이로비는 주요 수출 시장인 유럽과 연결되는 항공 노선이 발달하여 수출에 유리하다.

① 수질이 개선되어 인근에서 잡히는 물고기가 늘어났어요.
② 친환경적인 장미 재배로 인근 지역의 생태계에 전혀 지장이 없어요.
③ 장미 농장에서 일하면서 고정적인 수입이 생겼고 생활이 나아졌어요
④ 나이바샤 호수의 물이 장미 재배에 필요한 지하수가 유입되어 늘었어요.
⑤ 장미 농장에서 다량의 물을 뽑아 가서 호수가 줄어들어 경작지가 늘어났어요.

09 밑줄 친 곳에 들어갈 말로 가장 적합한 것은?
859

> 쾌적한 환경에 대한 요구가 높고 환경 오염 물질에 대한 배출 허용 기준이 엄격한 선진국에서 개발 도상국으로의 환경 문제를 유발하는 산업의 국제적 이동은 _____을/를 심화시킨다.

① 기후 변화 문제
② 생활 환경 이슈
③ 환경 문제의 공간적 불평등
④ 환경 문제와 지속 가능한 환경
⑤ 다양한 공간적 규모의 환경 이슈

10 다음 내용과 관련 있는 것은?
860

> • 각 나라는 유해 폐기물의 발생을 최소화해야 한다.
> • 유해 폐기물을 적절히 관리할 수 없는 국가에 수출해서는 안 된다.
> • 유해 폐기물의 국가 간 이동은 협약에 규정된 방법에 따라 이루어져야 한다.

① 바젤 협약 　　　　② 스위스 협약
③ 교토 의정서 　　　　④ 파리 협정
⑤ 경제 개발 협력 기구

11 다음 중 성격이 <u>다른</u> 하나는?

861

① 가나의 아그보그블로시는 전자 쓰레기를 처리하는 과정에서 유독 가스를 들이마시고 중금속에 쉽게 노출된다.

② 태평양 한가운데에 썩지 않는 비닐과 플라스틱이 뒤엉켜 거대한 쓰레기 섬이 만들어졌는데, 그 면적이 우리나라 영토의 14배에 달한다.

③ 세계적인 의류 회사들이 이전한 인도 최대의 의류 산업 도시인 티루푸르에서는 폐수로 강물이 오염되었고, 이로 인한 피해는 해당 지역의 주민들이 받고 있다.

④ 1984년 12월 2일 밤, 미국 어느 기업이 인도 보팔에 세운 살충제 공장에서 유독가스 40톤이 누출되어 많은 인원이 죽거나 다치고 현재까지 사고 후유증으로 고생하고 있다.

⑤ 일본의 한 회사가 말레이시아 주석 생산지인 이포시에 설립한 공장 주변에서 방사능 오염이 되어 1980년대 말 인근 마을의 어린이들에게 백혈병, 소아암이 비정상적으로 높게 발생하였다.

03 생활 속 환경 이슈

12 다음 글을 읽고 〈보기〉의 찬성과 반대의 의견을 구분

862 한 것 중 옳은 것은?

> 최근 유전자 재조합 기술이 본래의 유전자를 변형시켜 기존의 번식 방법으로는 나타날 수 없는 새로운 성질의 유전자를 지니도록 개발한 농산물을 유전자 변형 농산물이라고 한다.

> • 보기 •
> ㄱ. 세계 식량 부족 문제 해결
> ㄴ. 수확 후 관리 운송이 용이
> ㄷ. 적은 비용으로 많은 양 수확
> ㄹ. 인체에 미치는 안전성 미확보
> ㅁ. 추위와 병충해에 강한 작물 재배
> ㅂ. 재배 과정에서 생태계 교란의 문제 발생

	찬성	반대
①	ㄱ, ㄴ, ㄷ	ㄹ, ㅁ, ㅂ
②	ㄱ, ㄴ, ㄷ, ㅁ	ㄹ, ㅂ
③	ㄴ, ㄹ, ㅁ	ㄱ, ㄷ, ㅂ
④	ㄷ, ㄹ, ㅁ, ㅂ	ㄱ, ㄴ
⑤	ㄹ, ㅂ	ㄱ, ㄴ, ㄷ, ㅁ

13 환경 이슈에 대한 설명으로 옳지 <u>않은</u> 것은?

863

① 환경 관련 기관의 환경 정책에 관심을 두고 지켜본다.

② 주로 전 지구적 규모로 나타나는 기후 변화 문제에 해당한다.

③ 환경 이슈에 대해 자신만의 견해를 정립하여 적극적으로 행동한다.

④ 환경 단체에 가입하여 환경 문제에 대한 감시, 관찰, 캠페인 활동, 후원 활동을 한다.

⑤ 환경 문제 중 원인이나 해결 방안을 서로 다르게 생각하여 논쟁이 벌어지는 것을 말한다.

14 생활과 밀접한 환경 이슈 중 성격이 <u>다른</u> 하나는?

864

① 밤에도 대낮 같은 인공 조명으로 인한 빛 공해

② 발암 물질인 석면 공장의 개발 도상국 이전 문제

③ 아파트와 같은 공동 주택에서 발생하는 층간 소음

④ 가습기 살균제와 같은 화학 제품의 안전성에 대한 문제

⑤ 바다로 흘러들어가 해양 생태계를 오염시키는 세제 속 미세플라스틱

15 국립 공원의 케이블카 설치에 대한 찬성과 반대의 의

865 견을 〈보기〉에서 나눈 것 중 옳은 것은?

> • 보기 •
> ㄱ. 생태계와 자연경관이 파괴된다.
> ㄴ. 무분별한 개발을 유발할 수 있다.
> ㄷ. 신체적 약자도 관광을 즐길 수 있다.
> ㄹ. 등산객이 분산되어 등산로 훼손이 줄어든다.
> ㅁ. 관광 소득이 늘어나고 지역 경제가 활성화된다.
> ㅂ. 케이블카 설치 주변 지역에만 이익이 돌아간다.
> ㅅ. 관광객이 늘면 자연 훼손이 더 심각해질 수 있다.
> ㅇ. 환경 친화적 개발을 통해 환경 파괴를 최소화한다.

	찬성	반대
①	ㄱ, ㄴ, ㄷ, ㄹ	ㅁ, ㅂ, ㅅ, ㅇ
②	ㄴ, ㄹ, ㅂ, ㅅ	ㄱ, ㄷ, ㅁ, ㅇ
③	ㄷ, ㄹ, ㅁ, ㅇ	ㄱ, ㄴ, ㅂ, ㅅ
④	ㄹ, ㅁ, ㅅ, ㅇ	ㄱ, ㄴ, ㄷ, ㅂ
⑤	ㅁ, ㅂ, ㅅ, ㅇ	ㄱ, ㄴ, ㄷ, ㄹ

16 다음 기사를 읽고 환경 이슈에 관한 갈등 해결 과정에 대한 것으로 옳지 <u>않은</u> 것은?

> 〈수도권 매립지 사용 연장에 대한 논란〉
>
> 인천광역시 서구에 위치한 수도권 매립지는 서울특별시, 경기도, 인천광역시의 쓰레기 처리를 위해 조성된 대규모 쓰레기 매립장이다. 이곳은 2016년까지 사용하고 매립을 종료할 예정이었지만 서울특별시와 경기도, 환경부에서는 수도권 매립지의 매립 기한을 연장할 것을 요구하였다. 그러나 매립지의 악취와 부정적 이미지 때문에 해당 지역 주민들은 연장을 극심하게 반대하였다. 결국 치열한 논쟁 끝에 2025년까지 수도권 매립지를 연장하여 사용하기로 결정하였다. 그 대신 도시 철도와 테마파크 조성, 매립장 관리 권한 부여 등 매립지가 위치한 인천광역시에 경제적 이익을 줄 수 있는 방안이 제시되었다. 하지만 2025년 이후 매립지를 어디로 이전할 것인지에 대한 갈등이 남아있어 논쟁은 쉽게 마무리되지 못할 것으로 예상된다.
>
> – 한국경제, 2016. 8. 15.

① 환경 이슈가 지역 이기주의로 발전되는 경우는 별로 없다.
② 갈등을 해결하기 위해서 기본적으로 관련법과 제도를 확인해야 한다.
③ 공정한 의사결정을 위해 토의와 토론 등을 통해 다양한 의견을 수렴한다.
④ 개인과 지역 사회가 대안을 협력적으로 모색하여 실천하려는 태도가 필요하다.
⑤ 해결 방안을 찾기 위한 공청회를 개최하는 등 합리적이고 민주적인 절차가 필요하다.

17 환경 이슈 중 성격이 <u>다른</u> 하나는?

① 댐 건설 논란
② 지하 터널 공사를 둘러싼 갈등
③ 원자력 발전소 건설을 둘러싼 갈등
④ 쓰레기 봉투 실명제를 둘러싼 논쟁
⑤ 신공항 건설 부지 선정을 둘러싼 논란

18 그림을 보고, 물음에 답하시오.

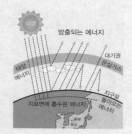

(1) 그림에서 설명하는 현상을 쓰고, 이러한 현상이 나타나는 원인을 서술하시오.

_____

(2) (1)의 현상이 과도할 때 나타나는 현상을 쓰시오.

_____

19 다음 글을 읽고, 물음에 답하시오.

> 공기 중에 떠다니는 먼지 중 지름이 $10\mu m$ (0.001mm)이하의 것을 말한다. 주로 질산염, 황산염 등의 이온 성분과 탄소 화합물, 금속 화합물 등으로 이루어져 있으며, 환경 호르몬이나 중금속이 달라붙기도 한다. 이에 세계 보건 기구(WHO)에서는 1급 발암 물질로 정하였다.

(1) 위 글이 설명하는 먼지의 명칭과 주요 발생 원인을 쓰시오.

_____

(2) (1)의 문제점에 대한 국가와 개인의 대응 방안을 서술하시오.

_____
_____

20 ㉠에 들어갈 명칭과 그 장점을 서술하시오.

> 최근 환경에 대한 관심이 커지고 안전하고 건강한 먹을거리를 찾는 소비자들이 늘면서 지역에서 생산된 농산물을 소비하는 ____㉠____ 이/가 펼쳐지고 있다.

_____
_____

XI

세계 속의 우리나라

01 우리나라의 영역과 독도의 중요성

❶ 우리나라의 영역과 배타적 경제 수역

1 우리나라의 영역

(1) **영역의 의미**: 한 국가의 주권이 미치는 공간적 범위 → 국민의 생활이 이루어지는 공간, 다른 국가의 간섭을 받지 않고 지배할 수 있는 공간

(2) **영역의 구성**: 영토, 영해, 영공으로 구성❶

영토	한 국가에 속한 육지의 범위 → 국토 면적과 일치
영해	영토 주변의 바다 → 대부분 *최저 조위선에서부터 12*해리(약 22 km)까지의 바다로 정함
영공	• 영토와 영해의 수직 상공 → 일반적으로 대기권 내로 그 범위를 제한함 • 다른 국가의 비행기가 해당 국가의 허가 없이 비행할 수 없음

(3) **우리나라의 영역** 〔자료❶〕

┌ 북한 면적은 약 12.3km²임

영토	• 한반도와 그 부속 섬들로 구성 → 총 면적 약 22.3만 km², 남한 면적은 약 10만 km² • 삼면이 바다로 둘러싸인 반도국, 간척 사업으로 인해 영토가 조금씩 확장되고 있음
영해	• 영해를 정하는 기준선에서부터 12해리까지의 범위 • 영해 설정 기준선에는 통상 기선과 직선 기선 적용 → **동해안 · 제주특별자치도 · 울릉도 · 독도는 통상 기선, 서 · 남해안은 직선 기선 적용**, 대한 해협은 직선 기선에서부터 3해리 적용 └ 가장 바깥쪽에 위치한 섬들을 직선으로 연결한 선
영공	영토와 영해의 수직 상공 → 최근 항공 교통과 우주 산업의 발달로 중요성이 더욱 커짐

🌲 교과서 속 자료 읽기 ❶ 우리나라의 4극과 영해

해안선이 단조로운 동해안과 울릉도, 독도, 제주도에서는 통상 기선으로부터 12해리, 해안선이 복잡한 서·남해안에서는 직선 기선으로부터 12해리, 대한 해협은 일본과의 거리가 가까워 12해리를 확보할 수 없으므로 예외적으로 직선 기선으로부터 3해리까지를 영해로 설정한다.

2 배타적 경제 수역(EEZ; Exclusive Economic Zone)❷

의미	영해를 설정한 기선으로부터 200해리에 이르는 수역 중 영해를 제외한 바다
특징	• 연안국은 어업 활동과 천연자원의 탐사 · 개발 · 이용 · 관리 등에 관한 **경제적 권리**를 보장받음 　　　　　　　　　　└ 자원의 관리나 해양 오염 방지의 의무도 있음 • 연안국 외의 다른 국가의 선박과 항공기 등이 자유롭게 통행 가능 • 통신 및 수송을 위한 케이블이나 파이프 설치 가능 • 바다의 폭이 좁아 200해리로 설정할 수 없는 경우에는 인접국끼리의 협상을 통해 수역을 나누게 됨 　　　　　　　　└ 각국의 이권과 직결되어 있어 분쟁이 발생하기도 함

📌 한눈에 쏙

• 우리나라의 영역

영토	한반도와 그 부속 섬
영해	• 기준선으로부터 12해리 • 동해안, 제주도, 울릉도, 독도: 통상 기선으로부터 12해리 • 서 · 남해안: 직선 기선에서부터 12해리 • 대한 해협: 직선 기선으로부터 3해리
영공	영토와 영해의 수직 상공

❶ 영역의 구성

영역은 국민의 생활하는 삶터이자 국가가 존재하기 위한 기본 조건으로, 국가의 주권이 미치는 공간적 범위이다.

❷ 배타적 경제 수역

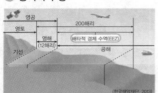

우리나라와 일본 간에는 한 · 일 중간 수역, 우리나라와 중국 간에는 한 · 중 잠정 조치 수역을 설정하여 어족 자원을 공동으로 관리하고 있다.

용어 사전

* **최저 조위선** 썰물 시 바닷물이 빠져나가 해수면이 가장 낮았을 때의 해안선
* **해리(海里)** 바다 위나 공중에서 긴 거리를 나타낼 때 쓰는 단위(1해리는 1,852 m이고, 12해리는 22,224 m)

② 소중한 우리 영토, 독도

1 독도의 지리적 특색과 가치

(1) **위치**[3]: 우리나라의 영토 중 가장 동쪽에 위치(경상북도 울릉군 울릉읍 독도리)

(2) **역사**: 512년 신라 장군 이사부가 우산국을 신라의 영토로 편입한 이후 울릉도와 함께 우리나라 영토가 됨 → 현재 독도에는 우리나라 주민이 거주하고 있음

(3) **자연환경** ┌─ 초기에는 하나의 섬이었으나, 바닷물의 오랜 침식 작용으로 나뉘게 됨

┌─ 제주도, 울릉도보다 먼저 형성됨

형성 원인	• 약 460~250만 년 전에 해저에서 분출한 용암이 굳어져 형성된 화산섬 • 동도와 서도 2개의 큰 섬과 89개의 부속 도서로 이루어짐
환경	• 난류의 영향을 많이 받는 해양성 기후 • 연평균 기온은 비교적 온화한 편이고, 일 년 내내 강수량이 고른 편임 • 대부분 해안이 급경사를 이루기 때문에 거주 환경에 불리한 편임

(4) **가치**

영역적 가치	• 군사적 요충지: 태평양과 접함 → 항공 교통과 방어 기지, 해상 전진 기지로서 중요 • 우리나라의 동쪽 끝: 배타적 경제 수역 설정의 기준점, 독도 주변 12해리는 우리나라의 영해
경제적 가치	┌─ 얼음 형태이지만, 불을 붙이면 활활 타오름 • 조경 수역 형성: 난류와 한류가 만나는 곳 → 플랑크톤이 풍부해 어족 자원이 풍부 • *메테인하이드레이트 매장: 미래의 에너지로 주목받고 있음 • 해양 심층수: 수심 200 m 이하의 물 → 식수와 식품, 의약품 등의 원료로 이용
환경·생태적 가치	• 천연 보호 구역: 독도 전체가 천연 보호 구역으로 지정됨, 다양한 동식물의 서식지 • 지형과 지질 경관이 뛰어나며, 해저 화산의 진화 과정을 살펴볼 수 있음

└─ 독도는 바다제비, 슴새, 괭이갈매기의 집단 서식지이자 철새들의 중간 휴식지로 1982년 '천연기념물 제336호 독도 해조류 번식지'로 지정됨. 이후 지질학적 가치가 밝혀져 1999년 '천연기념물 제336호 독도 천연 보호 구역'으로 명칭이 바뀌어 다시 지정됨

2 독도를 지키려는 노력

(1) **우리나라의 고유 영토**: 지리적, 역사적, 국제법상으로 명백한 우리나라의 영토 → 세종실록지리지[4], 팔도총도, 삼국접양지도, 동국지도 등 (자료 ②)

(2) **독도를 지키기 위한 다양한 노력**: 독도 경비대, 독도 관련 학술 연구, 음악회 등 다양한 행사 진행, '독도의 날' 지정, 해외 광고 등

교과서 속 자료 읽기 ② 고문헌 속 독도

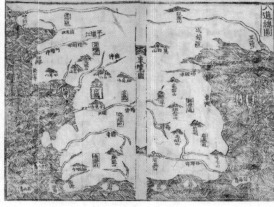
▲ 팔도총도

▲ 삼국접양지도

• 조선 전기에 만들어진 「팔도총도」는 「신증동국여지승람」에 실린 조선 전도로, 이 지도의 동해상에 울릉도와 우산도 두 섬이 그려져 있어 명백한 우리나라의 영토임을 표시하고 있다.

• 삼국접양지도는 일본 지리학자가 그린 지도로, 일본을 둘러싼 세 나라가 색으로 구분되어 있다. 울릉도와 독도는 조선과 같은 색으로 표시되어 있으며, 일본어로 '조선의 것'이라고 적혀 있어 일본에서도 울릉도와 독도를 명백한 우리나라의 영토로 표시하였다.

---

② 한눈에 쏙

• 우리나라의 영토, 독도

위치	우리나라의 최동단
가치	• 군사적 요충지 • 배타적 경제 수역 설정의 기준점 • 조경 수역 형성 • 메탄하이드레이트 매장 • 천연 보호 구역으로 지정
노력	• 명백한 우리 영토임을 입증 예 고문헌 속 독도 • '독도의 날' 지정, 해외 광고 등

③ 독도의 위치

북위 37°, 동경 132°에 위치한 독도는 울릉도에서 동남쪽으로 87.4 km 떨어져 있으며, 일본에서 독도와 가장 가까운 오키 섬보다 울릉도와 독도 사이가 더 가깝다. 날씨가 맑은 날에는 울릉도에서 독도를 볼 수 있다.

④ 세종실록지리지 속 독도

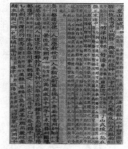

「세종실록지리지」에는 "우산도(독도)와 무릉도(울릉도) 두 섬은 울진현의 정 동쪽 바다 가운데에 있다. 두 섬 간의 거리는 그리 멀지 않아 바람이 불어 청명한 날에는 섬을 볼 수 있다."라고 기록되어 있다.

용어 사전

• *메테인하이드레이트 천연가스와 물이 결합하여 형성된 자원으로, 주로 수심 300 m 이상인 깊은 바다에서 발견됨

① 우리나라의 영역과 배타적 경제 수역

• 정답 및 해설 **75**쪽

차근차근 기본 다지기

01 다음 설명이 맞으면 ○표, 틀리면 ✕표 하시오.
871
(1) 영역은 다른 국가의 간섭을 받지 않고 지배할 수 있는 공간이다. (   )
(2) 영토는 바다의 섬을 제외한 육지의 범위이다. (   )
(3) 배타적 경제 수역은 영해를 설정한 기준선으로부터 12해리까지의 범위이다. (   )

02 다음 빈칸에 들어갈 알맞은 말을 쓰시오.
872
(1) 한 국가의 주권이 미치는 공간적 범위를 (   )(이)라고 한다.
(2) 우리나라 영해는 영해를 정하는 기준선에서부터 (   )까지의 범위이다.
(3) 최근 항공 교통과 우주 산업의 발달로 (   )의 중요성이 더욱 커지고 있다.

03 (1)~(5)에서 설명하는 단어를 쓰고, 퍼즐판에서 찾아 색칠하시오.
873

영	토	배	최	영
공	통	타	저	해
해	상	적	조	대
리	기	대	위	한
직	선	기	선	해
영	역	권	계	협

(1) 한 국가에 속하는 육지의 범위는?
(2) 가장 바깥쪽에 위치한 섬들을 직선으로 연결한 선은?
(3) 일본과의 거리가 가까워 12해리를 확보할 수 없는 우리나라의 해협은?
(4) 영해는 대부분 어디에서부터 12해리까지의 바다로 정하는가?
(5) 영공의 수직적 한계는 일반적으로 어디 내로 그 범위를 제한하는가?

04 밑줄 친 ㉠에 들어갈 내용으로 알맞은 것은?
874

우리나라는 서 · 남해안에서 이루어지는 대규모 간척 사업으로 인해 _____㉠_____

① 영토의 면적이 확대되고 있다.
② 영토와 영해의 면적이 확대되고 있다.
③ 영공의 면적은 확대되지만 영해는 축소되고 있다.

05 다음 설명을 기준으로 영해를 설정한 곳만을 고른 것은?
875

가장 바깥쪽에 위치한 섬들을 직선으로 연결한 선

① 동해안, 제주도
② 동해안, 대한 해협
③ 제주도, 서 · 남해안
④ 대한 해협, 서 · 남해안

06
876

⊙~ⓒ에 해당하는 내용을 바르게 연결한 것은?

> 대부분의 국가는 (⊙)에서부터 12해리까지를 영해의 범위로 정하고 있다. 해안선이 단조로운 동해안과 제주도에서는 (ⓛ)으로부터 12해리를 영해로 설정하며, 대한 해협은 (ⓒ)으로부터 3해리까지를 영해로 설정한다.

	⊙	ⓛ	ⓒ
①	최고 조위선	직선 기선	통상 기선
②	최고 조위선	통상 기선	직선 기선
③	최저 조위선	직선 기선	통상 기선
④	최저 조위선	통상 기선	직선 기선
⑤	최저 조위선	통상 기선	통상 기선

07
877

A~D에 대한 설명으로 옳은 것은?

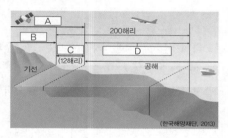

(한국해양재단, 2013)

① A는 B의 수직 상공을 가리킨다.
② A는 다른 국가의 비행기가 해당 국가의 허가 없이 비행할 수 없다.
③ B는 국토 면적과 일치하지는 않는다.
④ C를 설정하는 기준선으로 우리나라는 통상 기선을 적용한다.
⑤ D는 연안국 외의 다른 국가의 선박과 항공기 등이 자유롭게 통행할 수 없다.

08
878

다음 설명에 해당하는 용어를 쓰시오.

> • 영해를 설정한 기선에서부터 200해리에 이르는 수역 중 영해를 제외한 바다이다.
> • 연안국의 경제적 권리를 보장 받는 수역이다.

( )

서술형 문제

09
879

지도는 우리나라 주변 바다의 배타적 어업 수역을 나타낸 것이다. 황해에 한·중 잠정 조치 수역, 동해에 한·일 중간 수역을 설정한 이유를 서술하시오.

논술형 문제

10
880

다음 글을 읽고, 영공의 수직적 한계를 대기권에 한정했을 때의 문제점을 서술하시오.

> 영공의 수직적 한계는 아직 국제적으로 통일된 기준을 확립하지 못한 상태다. 영공의 범위에 대해서는 영공무한설, 인공위성설, 실효적 지배설 등이 있으나, 대기권에 한정된다고 보는 것이 일반적이다.
> 최근 인공위성이 발사되어 지구상의 모든 국가의 상공을 통과하고 있음에도 다른 국가들은 자국의 영공을 침범한 것이라는 항의를 하지 않는다. 국제연합총회나 우주평화이용회는 상공을 대기권과 외기권으로 구별하여 후자에 대하여는 국가의 영역권이 미치지 않는 것으로 보고 있다.

② 소중한 우리 영토, 독도

• 정답 및 해설 **76**쪽

차근차근 기본 다지기

01 다음 빈칸에 들어갈 알맞은 말을 쓰시오.
[881]

(1) 독도는 (　　　) 울릉군 울릉읍 독도리에 있는 섬으로, 우리나라 영토 중 가장 (　　　)쪽에 있다.

(2) 독도는 (　　　)의 영향으로 기후가 온화한 편이며, 기온의 연교차가 작은 (　　　) 기후가 나타난다.

02 독도의 가치와 그 내용을 바르게 연결하시오.
[882]

(1) 영역적 가치　　•

(2) 경제적 가치　　•

(3) 환경·생태적 가치　•

• ㉠ 독도는 해저 화산의 진화 과정을 살펴볼 수 있다.

• ㉡ 독도는 영해와 배타적 경제 수역을 설정하는 데 중요한 기점이 된다.

• ㉢ 독도 주변 바다에는 미래의 에너지로 주목받는 메테인하이드레이트가 매장되어 있다.

03 (1)~(4)에서 설명하는 단어를 쓰고, 퍼즐판에서 찾아 색칠하시오.
[883]

삼	이	사	부	조
국	영	구	역	경
접	해	심	충	수
양	화	산	섬	역
독	도	경	비	대

(1) 독도 인근 해역에 분포하며 식수와 식품, 의약품 또는 화장품의 원료로 사용되는 것은? 해양 ○○○

(2) 난류와 한류가 만나 플랑크톤이 풍부하여 좋은 어장을 형성하는 곳은?

(3) 일본 지리학자가 작성한 것으로 울릉도와 독도가 조선의 색으로 표시되어 있으며 일본어로 '조선의 것'이라고 적혀 있는 지도는?

(4) 현재 독도에서 외부 세력의 침범에 대비하여 24시간 해안을 경계하고 있는 것은?

04 다음 자료에서 설명하고 있는 지도는?
[884]

독도를 지도 상에 뚜렷하게 수록한 현존하는 최초의 지도이다.

① 동국지도　　② 팔도총도
③ 삼국접양지도

05 다음과 같은 내용이 기록되어 있는 문헌은?
[885]

"우산(于山, 독도)과 무릉(武陵, 울릉도) 두 섬이 울진현의 정동쪽 바다에 있다. 두 섬은 거리가 멀지 않아 날씨가 맑으면 서로 바라볼 수 있다. 신라 때에는 우산국이라 칭하였으며, 울릉도라고도 하였다."

① 강계고
② 태정관 지령
③ 세종실록지리지
④ 대한제국 칙령 제41호

06 지도의 A 지역에 대한 설명으로 옳은 것은?
886

① 행정 구역상 강원도에 속하는 섬이다.
② 제주도와 울릉도보다 늦게 만들어졌다.
③ 우리나라 주민이 거주하지 않는 무인도이다.
④ 난류의 영향으로 기후가 온화하고 연평균 강수량이 적다.
⑤ 동도와 서도 두 개의 큰 섬과 89개의 바위섬으로 이루어져 있다.

07 독도의 가치에 대한 설명으로 옳지 않은 것은?
887
① 주변 바다는 난류와 한류가 만나 조경 수역을 형성한다.
② 해안의 경사가 완만하여 거주하기에 유리한 환경이 나타난다.
③ 독도는 배타적 경제 수역 설정과 관련하여 중요한 기점이 된다.
④ 주변 깊은 바다에 메탄하이드레이트와 해양 심층수 등의 자원이 풍부하다.
⑤ 섬 전체가 천연 보호 구역으로 지정될 만큼 다양한 동식물이 서식하고 있다.

08 다음에서 설명하는 것은?
888

> 천연가스와 물이 결합하여 만들어진 지하자원으로 독도 주변 수심 300 m 이상의 깊은 바다에 많이 매장되어 있다.

(   )

서술형 문제

09 다음은 독도의 다양한 가치에 대한 지리학자와 기업가의 대화이다. (가)와 (나)에 들어갈 내용을 각각 서술하시오.
889

지리학자	기업가
(가)	(나)
이와 같이 독도는 영역적 가치가 매우 큽니다.	이와 같이 독도는 자원이 풍부하여 경제적 가치가 뛰어납니다.

_____

_____

_____

_____

_____

논술형 문제

10 다음은 독도를 지키기 위해 노력한 역사 속 인물들과의 가상 인터뷰 내용이다. 물음에 답하시오.
890

> 사회자: 지금부터 독도를 지키기 위해 노력한 분들을 모시고 이야기를 나누겠습니다.
> ㉠ : 나는 조선 시대의 어부입니다. 독도 근해에서 어업을 하던 일본인들을 꾸짖고 일본에서 울릉도와 독도가 조선 땅임을 확인하는 문서를 받아왔소.
> ㉡ : 우리는 6·25 전쟁 이후 일본인들이 독도에 세운 영토 푯말을 제거하고 '한국령'이라는 표지석을 만들었습니다.

(1) ㉠과 ㉡에 들어갈 인물과 단체를 쓰시오.

_____

(2) 오늘날 독도를 지키기 위해 우리가 할 수 있는 노력을 서술하시오.

_____

_____

_____

_____

_____

02 우리나라 여러 지역의 경쟁력
~ 03 국토 통일과 통일 한국의 미래

① 한눈에 쏙

• 지역화 전략

| 지역화 전략 | • 지역의 가치를 높임
• 지역의 긍정적 이미지 강화
• 지역 주민의 정체성 확립
• 지역 경제 활성화 |

↓

| 지역 브랜드 | + | 장소 마케팅 | + | 지리적 표시제 |

① 미국 뉴욕의 지역 브랜드

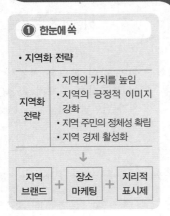

I ♥ NY

'I ♥ NY'은 1970년대 경기 침체와 높은 범죄율로 어려운 상황에 처한 뉴욕이 이를 극복하고 관광객을 유치하기 위해 만든 슬로건이다.

② 문경의 장소 마케팅

🔺 석탄 박물관
경상북도 문경시는 폐광 시설에 석탄 박물관을 만들고, 석탄을 나르던 철로에 레일 바이크를 설치해 관광 자원으로 활용하고 있다.

③ 지리적 표시제 인증 마크

지리적표시
(PGI)
농림축산식품부

지리적 표시제에 등록되면 다른 곳에서 임의로 상표권을 이용하지 못하도록 하는 법적 권리가 생긴다.

용어 사전

• **슬로건** 지역의 특성을 간결하게 나타낸 말이나 문장 또는 어구
• **랜드마크** 건축물이나 조형물 등 지역을 대표하는 상징물

① 우리나라 여러 지역의 경쟁력

1 세계화 시대의 지역 경쟁력

세계화 시대의 지역 경쟁력	세계화, 교통·통신의 발달과 함께 지역 간 교류 증대 → 지역 간 경쟁이 치열해지면서 각 지역의 경쟁력 있는 특성을 발굴하기 위해 노력
지역화 전략	지역의 경쟁력을 높이기 위해 경제적·문화적 측면에서 다른 지역과 차별화할 수 있는 계획을 마련하는 것
지역화 전략의 중요성	• 지역의 가치를 높임: 지역의 긍정적인 이미지를 강화하거나 부정적 이미지를 긍정적 이미지로 변화시킬 수 있음 • 지역 주민의 정체성 확립: 지역에 대한 자긍심을 높일 수 있음 • 지역 경제 활성화: 기업을 유치하여 일자리가 늘어나고, 관광객 증가
경쟁력 있는 우리나라 여러 지역	• 세계 자연 유산: 제주도의 한라산과 성산 일출봉, 거문오름 용암동굴계 • 세계 문화유산: 서울의 종묘, 수원의 화성, 경주의 문화 유적 지구 등

2 다양한 지역화 전략

| 지역 브랜드
자료 ① | • 의미: 상표 개념을 지역에 적용한 것
• 특징: 지역의 상품이나 서비스에 지역성이 잘 드러나는 이미지, •슬로건, 캐릭터 등을 결합하여 이를 소비자가 특별한 브랜드로 인식하게 만드는 전략
• 효과: 지역을 홍보하고 경쟁력을 높이는 데 효과적인 수단, 지역의 상품과 서비스에 대한 신뢰도가 높아져 지역 이미지 향상과 지역 경제에 큰 도움이 됨
• 대표 사례: 미국 뉴욕의 'I ♥ NY'①, 독일 베를린의 'be berlin' 등 |

'be berlin'은 독일이 분단국가라는 어두운 이미지를 지우고 밝고 경쾌한 이미지로 탈바꿈하기 위해 만든 지역 브랜드이다.

🌲 **교과서 속 자료 읽기 ① 우리나라의 지역 브랜드 사례**

지역 브랜드를 개발할 때는 각 지역의 자연환경과 역사, 문화, 산업, 인물 등을 활용하며, 각 지역은 지역 자체를 브랜드로 만드는 것은 물론이고 지역에서 생산되는 농산품을 브랜드로 만들기도 한다.

| 장소 마케팅 | • 의미: 지역의 특정 장소가 가지고 있는 자연환경이나 역사적·문화적 특성을 드러내 장소를 매력적인 상품으로 만들어 이를 판매하는 전략
• 전략: 지역 축제 개최: 함평 나비 축제, 보령 머드 축제 등, •랜드마크 이용: 파리 에펠탑, 시드니 오페라 하우스, 뉴욕 자유의 여신상 등, 박물관, 미술관 활용: 문경의 석탄 박물관과 레일 바이크② 등
• 효과: 관광객과 투자자 유치를 통해 지역 경제 활성화, 지역 주민들의 소속감과 자긍심을 높임 |
| 지리적 표시제 ③ | • 의미: 상품의 품질, 명성, 특성 등이 근본적으로 해당 지역에서 비롯한 경우 지역 생산품임을 증명하고 표시하는 제도
• 효과: 특산품 보호, 상품의 품질 향상과 소비자의 알 권리 충족, 지역 이미지를 개선해 주어 지역 경제 발전에 이바지함
• 대표 사례: 2002년 보성 녹차를 시작으로 이천 쌀, 횡성 한우 등이 지리적 표시제 인증을 받음 |

└ 지리적 표시제는 생산자에게 안정적인 생산 활동을 할 수 있게 하고, 소비자에게는 믿을 수 있는 제품을 살 기회를 제공한다는 장점이 있다.

3 지역화 전략 개발하기

전략 개발	지역의 정체성 확인 및 지역 고유의 특징 반영 → 지역이 추구하는 모습에 어울리는 이미지 구축 및 캐릭터, 문구 등 개발
고려 사항	지역 주민의 참여와 협조 필요

② 우리나라 위치의 지리적 장점과 분단에 따른 문제

1 우리나라 위치의 지리적 특징

유라시아 대륙 동쪽에 위치한 **반도국** └ 유럽 대륙과 아시아 대륙을 합하여 일컫는 말	• 유라시아 대륙과 태평양을 연결하는 지리적 요충지: 북쪽으로는 유라시아 대륙에 진출할 수 있고, 남쪽으로는 태평양에 진출할 수 있는 위치적 장점 • 동아시아 교통의 중심지: 동아시아의 중심에 한반도가 위치함 → 교통의 중심지이자 지리적 요충지로서 우리나라의 역할이 더 커지고 있음
문제점	• 대륙으로 진출하는 통로 단절: 제2차 세계 대전 이후 강대국의 이해관계에 의해 남북이 분단되었기 때문 • 국토 공간의 불균형 심화: 남한은 발전한 반면 북한은 상대적으로 낙후됨, 남한은 대륙으로 통하는 육로가 막히고 북한은 태평양 진출의 제약을 받음

2 분단에 따른 문제

반도국의 이점 활용 제한	대륙으로의 육로 통행 차단 → 경제적·사회적·문화적 발전 저해 └ 반도국이지만 섬나라와 같은 생활을 하고 있음
민족의 동질성 약화 [4]	분단의 세월이 60년 이상 지속됨 → 문화, 언어, 생활 양식 등이 달라짐, 이산가족과 실향민 발생
분단 비용 발생	군사비 부담 증가, 경제적·비경제적 비용이 지속적으로 발생
국가의 위상 하락	국제 사회에서 '전쟁 위험이 있는 국가'라는 이미지로 인식 → 한반도 및 세계 평화에 불안 요소로 작용

③ 통일의 필요성과 통일 한국의 미래 모습

1 통일의 필요성

지리적 장점 활용 가능	• 유라시아 대륙과 태평양을 연결하는 *중계 무역의 핵심지로 성장 • 동아시아뿐만 아니라 세계적인 핵심 국가로 발돋움
민족의 동질성 회복	이산가족 상봉, 경제·사회·문화적인 측면에서 동질성 회복 가능
경제적 이익 증대	군사 비용 감소 → 경제·교육·문화·복지 분야에 투자 가능
국제적 위상 상승	국가 경쟁력이 강화되어 국제 사회에서의 지위 향상

2 통일 한국의 미래

국토 공간의 변화	• 국토의 효율적 이용: 삶의 터전 확대, 균형 있는 국토 개발 가능 • 매력적인 국토 공간 조성: 제주도와 백두산, 금강산, 비무장 지대 [5] 등의 생태 지역과 남북한의 역사 문화유산 결합 → 생태·환경·문화가 어우러진 국토 공간 조성 • 동아시아의 중심지로 성장: 대륙과 해양으로의 진출 용이 → 동아시아의 정치·경제·교통·관광의 중심지
정치 체제의 변화	• 세계의 중심 국가로 성장: 북한의 풍부한 지하자원 [6]과 남한의 자본 및 높은 수준의 기술력 결합으로 경제 발전 └예 금, 은, 동, 석탄, 철 등 • 철의 실크로드 완성: 한반도와 유라시아 대륙이 연결되어 물자의 이동 시간과 비용 감소, 중국, 러시아, 유럽과의 육로를 이용한 교역 증대
생활 모습의 변화	• 분단 시대의 이념과 갈등에 따른 긴장 완화, 자유 민주주의적 이념 확대 → 개인의 생각과 가치를 존중하는 분위기 형성 • 생활권 확대 → 새로운 직업과 일자리 증가, 경제 성장으로 삶의 질 향상 • 세계 시민으로서의 긍지와 자부심을 느낌 └예 북한 전문 여행사, 남북 문화 통합 전문가 등

---

❷, ❸ 한눈에 쏙

• 우리나라의 위치적 장점

우리나라 위치의 지리적 장점
북쪽으로는 대륙, 남쪽으로는 해양 진출에 유리한 반도국
↓ 남북 분단
현재의 상황
대륙으로의 진출 통로 단절

• 통일의 필요성

필요성	• 지리적 장점 활용 가능 • 민족의 동질성 회복 • 경제적 이익 증대 • 국제적 위상 상승
미래 모습	• 반도국의 이점 회복 • 육로를 통한 교역 및 유라시아 대륙으로의 관광 가능

④ 남북한의 언어 비교

남한 말	북한 말
수제비	뜨더국
도넛	가락지빵
주스	과일단물
아이스크림	얼음보숭이
양계장	닭공장

⑤ 비무장 지대(DMZ)

비무장 지대는 군사 시설이나 인원을 배치하지 않은 지역으로, 충돌을 방지하는 역할을 한다.

⑥ 남북한 자원 보유량 비교

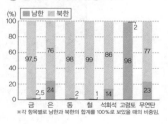

※각 항목별로 남한과 북한의 합계를 100%로 보았을 때의 비중임.

용어 사전

* 중계 무역 다른 국가로부터 사들인 물자를 그대로 제3국에 수출하는 무역 형식

① 우리나라 여러 지역의 경쟁력

● 정답 및 해설 **77**쪽

차근차근 기본다지기

01 다음 설명이 맞으면 ○표, 틀리면 ✕표 하시오.
891
(1) 세계화 시대가 열리고 교통과 통신이 발달하면서 사람들의 지역 간 교류가 증대되었다. (   )
(2) 서울의 종묘, 수원의 화성 등은 유네스코 세계 자연 유산으로 지정되었다. (   )

02 다음 용어의 설명에 해당되는 내용을 바르게 연결하시오.
892

(1) 장소 마케팅 •

(2) 지역 브랜드 •

(3) 지리적 표시제 •

• ㉠ 특정 지역에서 생산한 상품에 그 지역명을 표시함

• ㉡ 상품이나 지역 자체에 고유한 상표를 부여함

• ㉢ 장소의 고유한 특성을 이용하여 장소를 상품으로 발전시킴

03 (1)~(4)에서 설명하는 단어를 쓰고, 퍼즐판에서 찾아 색칠하시오.
893

지	평	선	축	제
역	리	스	레	팅
화	경	한	옥	구
전	평	라	지	반
략	화	산	구	만

(1) 지역의 경쟁력을 높이기 위해 경제적·문화적 측면에서 다른 지역과 차별화할 수 있는 계획을 마련하는 것은?
(2) 한반도에서 유일하게 하늘과 땅이 맞닿은 모습을 바라볼 수 있는 김제 평야 지역에서 개최하는 축제는?
(3) 외국인들에게 인기가 많아지면서 수많은 관광객이 찾는 명소로 자리 잡은 서울, 전주 등의 마을은? ○○ 마을
(4) 화산 활동으로 만들어진 남한에서 가장 높은 산으로 유네스코 세계 자연 유산으로 등재된 산은?

04 지도의 A~C 중 갯벌을 활용한 머드 축제가 열리는 지역은?
894

① A
② B
③ C

05 다음 그림이 의미하는 것과 거리가 먼 것은?
895

① 상표 개념을 지역에 적용한 것이다.
② 소비자가 지역을 특별한 브랜드로 인식하게 된다.
③ 지역의 특산품 보호 및 상품의 품질 향상에 기여한다.
④ 경기 침체와 높은 범죄율로 어려운 상황에 처하자 이를 극복하기 위해 만든 슬로건이다.

06 함평의 나비 축제, 문경의 석탄 박물관과 레일 바이
896 크, 진주의 남강 유등 축제에서 공통적으로 활용하고
있는 지역화 전략은?

① 지역 브랜드   ② 장소 마케팅

③ 특산품 보호   ④ 지리적 표시제

⑤ 세계 문화유산

07 다음 자료를 보고, 전주가 도시의 이미지를 구축하기
897 위해 사용하는 방법만을 〈보기〉에서 고른 것은?

> 판소리 모임을 뜻하는 '대사습'은 조선 시대 때
> 전주에서 생겨난 뒤, 오늘날까지도 이어져 명창
> 들의 축제의 장이 되고 있다. 또한 전주에서는 판
> 소리를 토대로 전 세계의 음악을 한자리에서 즐길
> 수 있는 전주 세계 소리 축제도 열린다.

> **• 보기 •**
> ㄱ. 환경 친화적인 지역 개발을 통해 생태 도시로
> 서의 이미지를 구축하고 있다.
> ㄴ. 깨끗하고 독특한 자연환경을 이용하여 관광
> 명소로 변모하고 있다.
> ㄷ. 전통 문화 유산을 활용하여 문화 도시의 이미
> 지를 만들고 있다.
> ㄹ. 축제를 개최하여 관광객이나 투자자를 유치하
> 여 지역 경제를 활성화하고자 한다.

① ㄱ, ㄴ   ② ㄱ, ㄷ   ③ ㄴ, ㄷ

④ ㄴ, ㄹ   ⑤ ㄷ, ㄹ

08 다음 설명에 해당하는 용어를 쓰시오.
898

> • 건축물이나 조형물 등 지역을 대표하는 상징물
> 이다.
> • 프랑스 파리의 에펠탑, 미국 뉴욕의 자유의 여
> 신상 등이 대표적이다.

(   )

서술형 문제

09 다음 자료를 읽고, 물음에 답하시오.
899

> 지리적 표시제는 상품의 품질, 명성, 특성 등이
> 근본적으로 해당 지역에서 비롯한 경우 지역 생산
> 품임을 증명하고 표시하는 제도이다.
> 우리나라에서는 2002년 보성 ___㉠___ 을/를
> 시작으로, 이천 ___㉡___ , 횡성 ___㉢___ 등
> 많은 상품이 정부의 지리적 표시제 인증을 받았다.

(1) ㉠~㉢에 들어갈 단어를 쓰시오.

_____

(2) 위와 같은 지리적 표시제의 효과를 생산자(지
역)와 소비자의 두 가지 측면으로 나누어 서술
하시오.

_____

_____

_____

논술형 문제

10 다음 지도를 보고, 물음에 답하시오.
900

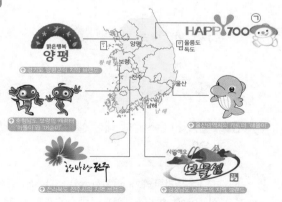

(1) 위의 지도에 표시된 ㉠ 캐릭터와 로고를 활용하
여 지역 브랜드를 개발한 지역은 어디인지 쓰시오.

_____

(2) 위와 같은 ㉠ 캐릭터와 로고를 제작하여 지역
브랜드를 개발하게 된 배경과 그로 인한 기대
효과를 해당 지역의 지역적 특징을 포함하여 서
술하시오.

_____

_____

② 우리나라 위치의 지리적 장점과 분단에 따른 문제

이 주제에서는 어떤 문제가 잘 나올까?
• 우리나라의 위치적 특징 이해하기
• 남북 분단에 따른 문제점 구분하기

• 정답 및 해설 **78**쪽

차근차근 기본다지기

01
901
다음 설명이 맞으면 ○표, 틀리면 ✕표 하시오.

⑴ 우리나라는 유라시아 대륙 동쪽에 위치한 반도국이다. (   )

⑵ 현재 우리나라는 유라시아 대륙과 태평양을 연결하는 교통 중심지 역할을 하고 있다. (   )

⑶ 분단으로 인해 남북 문화의 이질화, 민족 동질성이 약화되는 문제가 나타나고 있다. (   )

02
902
다음 빈칸에 들어갈 알맞은 말을 쓰시오.

⑴ 동아시아는 대한민국, 중국, 일본, 몽골 등을 포함하는 지역으로 동쪽은 (   ), 남쪽은 남중국해에 접하고 있다.

⑵ 우리나라는 분단되면서 대륙으로의 육로 통행이 차단되어 (   )의 이점을 활용할 수 없게 되었다.

⑶ 남과 북은 분단으로 인해 군사비를 포함한, 경제적·비경제적 (   )이/가 발생하고 있다.

03
903
⑴～⑷에서 설명하는 단어를 쓰고, 퍼즐판에서 찾아 색칠하시오.

시	베	리	아	이
리	아	통	일	산
아	열	대	랜	가
반	도	국	드	족
대	국	가	균	형

⑴ 삼면이 바다로 둘러싸이고 한 면은 육지에 이어진 국가는?

⑵ 우리나라 철도와 연결되면 유럽 간 물자 수송이 육로로도 가능해지는 러시아의 철도는? ○○○○ 횡단 철도

⑶ 남북 분단으로 흩어져서 서로 소식을 모르는 가족은?

⑷ 국토 분단으로 발생하는 문제점을 해결하기 위해서는 ○○이/가 이루어져야 한다.

04
904
밑줄 친 ㉠～㉢에 대한 설명으로 옳지 <u>않은</u> 것은?

> 우리나라가 위치한 한반도는 ㉠ 동아시아에 속한 ㉡ 반도이다. 이곳은 북쪽으로 대륙, 남쪽으로는 ㉢ 해양을 통해 세계 여러 나라와 교류하기 유리한 지리적 장점을 가지고 있다.

① ㉠ – 한국, 중국, 일본을 포함한다.

② ㉡ – 대륙에서 바다로 돌출한 땅을 말한다.

③ ㉢ – 우리나라와 접한 해양은 대서양이다.

05
905
다음 지도를 통해 알 수 있는 한반도의 지리적 특징은?

① 외래 문화의 영향을 적게 받는다.

② 천연자원과 인적 자원이 풍부하다.

③ 육로로 북아메리카까지 연결되어 있다.

④ 중국, 러시아, 유럽으로 진출할 수 있다.

06 다음 자료를 통해 알 수 있는 남북한 분단의 문제점
906 은?

남한 말	북한 말	남한 말	북한 말
볶음밥	기름밥	도넛	가락지빵
달걀	닭알	주스	과일단물
달걀찜	닭알두부	도시락	곽밥
달걀말이	색쌈	족발	발쪽찜
양계장	닭공장	잡곡밥	얼럭밥
수제비	뜨더국	아이스크림	얼음보숭이

① 세계 평화 위협　　② 경제 격차 확대
③ 군사비 부담 증가　　④ 민족의 동질성 약화
⑤ 한반도의 위치적 장점 상실

07 밑줄 친 (가)~(라)에 대한 설명으로 옳은 것만을 〈보기〉
907 에서 고른 것은?

> 분단으로 인해 (가) 남한은 대륙으로의 육로 통행이 차단되었고, 북한은 해양 진출에 어려움을 겪게 되었다. 분단이 60년 이상 지속됨으로 인해
> ＿＿(나)＿＿의 아픔은 커졌고, 남과 북의 생활 수준과 문화적 이질성도 심화되고 있다. 또한 계속된 휴전 상태로 (다) 남북한 모두 군사비 부담이 커졌고, 이런 군사적 긴장 상태는 전쟁에 대한 불안감을 조성하여 (라) 세계 평화와 국제 정세에 불안요소로 작용하고 있다.

• 보기 •
ㄱ. (가)는 남과 북의 경제 발전에 모두 장애가 된다.
ㄴ. (나)에 들어갈 말은 '이산가족'이다.
ㄷ. (다)는 통일 비용에 해당한다.
ㄹ. (라)로 인해 우리나라의 국가 위상이 높아졌다.

① ㄱ, ㄴ　　② ㄱ, ㄷ　　③ ㄴ, ㄷ
④ ㄴ, ㄹ　　⑤ ㄷ, ㄹ

08 다음 설명에 해당하는 용어를 쓰시오.
908

> • 아시아 32개 국가, 55개 노선을 연결하는 14만 km의 고속도로
> • 우리나라 부산에서 중국과 러시아를 거쳐 동남 아시아, 유럽까지 이어지는 길

(　　　　　)

서술형 문제

09 지도는 국가의 위치에 따른 특성을 나타낸 것이다. 물
909 음에 답하시오.

(1) A에 들어갈 내용을 쓰시오.

＿＿＿＿＿＿＿＿＿＿＿＿＿＿＿＿＿

(2) 도서국인 영국, 내륙국인 스위스와 비교했을 때 이탈리아가 가진 위치적 장점을 서술하시오.

＿＿＿＿＿＿＿＿＿＿＿＿＿＿＿＿＿
＿＿＿＿＿＿＿＿＿＿＿＿＿＿＿＿＿
＿＿＿＿＿＿＿＿＿＿＿＿＿＿＿＿＿

논술형 문제

10 다음 자료를 보고, 물음에 답하시오.
910

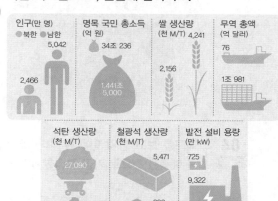

(1) 제시된 자료에서 북한이 남한보다 지표값이 높은 것은 무엇인지 쓰시오.

＿＿＿＿＿＿＿＿＿＿＿＿＿＿＿＿＿

(2) 제시된 자료를 바탕으로 남북 분단에 따른 문제점을 서술하시오.

＿＿＿＿＿＿＿＿＿＿＿＿＿＿＿＿＿
＿＿＿＿＿＿＿＿＿＿＿＿＿＿＿＿＿
＿＿＿＿＿＿＿＿＿＿＿＿＿＿＿＿＿

❸ 통일의 필요성과 통일 한국의 미래 모습

● 정답 및 해설 **79**쪽

● 차근차근 기본 다지기

01
911
다음 설명이 맞으면 ○표, 틀리면 ✕표 하시오.

(1) 통일 이후 우리나라는 총인구가 많아지고, 65세 이상 인구 비중이 감소한다. (　　　)

(2) 통일 이후 우리나라는 유라시아 대륙과 태평양을 연결하는 물류 중심지로 성장할 수 있다. (　　　)

(3) 통일 이후 북한의 자본 및 기술이 남한의 풍부한 지하자원과 효율적으로 결합할 수 있다. (　　　)

02
912
다음 괄호 안의 알맞은 말에 ○표 하시오.

(1) 군사적 대립을 방지하기 위해 설정한 완충 지대를 (군사 분계선 , 비무장 지대)(이)라고 한다.

(2) 통일 이후 한반도와 (아메리카 , 유라시아) 대륙을 연결하는 철의 실크로드가 완성될 수 있다.

(3) 아시아 대륙을 이어 주는 아시안 하이웨이가 연결되면 (육로 , 해로)를 이용한 교역 비중이 증가할 것이다.

03
913
다음 자료를 보고, 빈칸에 들어갈 알맞은 말을 쓰시오.

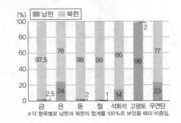

통일이 된 이후에는 우리나라의 총 인구가

(1) _____하고, 석탄 및 철광석 자급율이

(2) _____한다.

통일 이후에는 남한의 (3) _____와/과 북한의

(4) _____이/가 결합하여 경제가 더욱 성장할 것이다.

04
914
그래프를 보고 통일 이후 우리나라의 미래 사회를 예측한 것으로 가장 적절한 것은?

(%) ■남한 ■북한
100
80
60
40
20
0
금 은 동 철 석회석 고령토 무연탄
97.5 76 98 99 86 98 77
2.5 24 2 1 14 2 23
※각 항목별로 남한과 북한의 합계를 100%로 보았을 때의 비중임.

① 우리나라의 인구 밀도가 높아진다.

② 문화적인 면에서의 민족 동질성이 회복된다.

③ 북한의 풍부한 지하자원을 효율적으로 활용할 수 있다.

05
915
밑줄 친 ⊙에 들어갈 문장으로 적절하지 <u>않은</u> 것은?

> 우리나라 국토가 통일되면 한반도 주변 국가들 간의 긴장 상태가 완화되고 전쟁의 위협에서 벗어날 수 있습니다. 아울러 _____ ⊙ _____ 와/과 같은 긍정적인 효과가 나타날 수 있습니다.

① 경제적 이익 증대

② 민족의 동질성 회복

③ 우리 민족의 군사비 확대

④ 한반도의 위치적 장점 극대화

06 다음 중 선생님의 질문에 옳게 대답한 학생은?
916

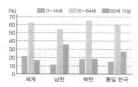

남북 통일을 하면 우리 생활은 어떻게 달라질까요?

갑 을 병 정 무

① 갑: 국제 경쟁력이 약화될 것입니다.
② 을: 군사비 지출이 증가할 것입니다.
③ 병: 노동력이 크게 감소할 것입니다.
④ 정: 이용 가능한 지하자원이 줄어듭니다.
⑤ 무: 유럽까지 육로로 이동할 수 있게 됩니다.

07 그래프는 2050년 예상 인구 구조와 국내 총생산 예상
917 지표를 나타낸 것이다. 옳은 설명만을 〈보기〉에서 고
른 것은?

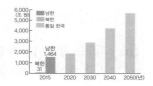

보기
ㄱ. 북한은 남한보다 인구 고령화가 뚜렷하다.
ㄴ. 통일 한국은 남한보다 평균 연령이 낮다.
ㄷ. 통일 한국은 남한보다 15세 미만 인구가 적다.
ㄹ. 통일 한국은 남한에 비해 국내 총생산이 크다.

① ㄱ, ㄴ   ② ㄱ, ㄷ   ③ ㄴ, ㄷ
④ ㄴ, ㄹ   ⑤ ㄷ, ㄹ

08 다음 설명에 해당하는 용어를 쓰시오.
918

• 한반도의 서쪽 끝인 파주 정동면 임진강 하구에
서 강원도 고성까지 군사 분계선 248 km를 중
심으로 남과 북 2 km 이내의 지역이다.
• 군사 시설이나 인원을 배치하지 않는 지역으로,
충돌을 방지하는 구실을 한다.

(   )

서술형 문제

09 다음 지도를 보고, 물음에 답하시오.
919

△ 유라시아 횡단 철도 예상 노선

(1) A에 해당하는 철도의 이름을 쓰시오.

_____

(2) 지도를 보고, 남북 간 철도망이 연결되었을 때
의 장점을 서술하시오.

_____

_____

논술형 문제

10 다음 지도를 참고하여 통일 이후 북한 여행기를 상상
920 하여 쓰시오.

_____

_____

_____

_____

_____

_____

_____

01 우리나라의 영역과 독도의 중요성

01 그림은 영역을 나타낸 모식도이다. A~D에 관한 옳은
921 설명만을 〈보기〉에서 고른 것은?

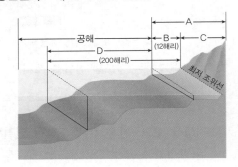

• 보기 •
ㄱ. A는 영토와 영해의 수직 상공으로 항공 교통
의 발달과 함께 그 중요성이 커지고 있다.
ㄴ. B는 배타적 경제 수역이다.
ㄷ. 우리나라에서 C는 한반도와 그 부속 도서를
포함한다.
ㄹ. 타국의 선박이나 항공기가 D에서 자유롭게 이
동하기 위해서는 반드시 인접국의 사전 허가
가 필요하다.

① ㄱ, ㄴ　　② ㄱ, ㄷ　　③ ㄴ, ㄷ
④ ㄴ, ㄹ　　⑤ ㄷ, ㄹ

02 ㈎, ㈏ 섬에 대한 옳은 설명만을 〈보기〉에서 있는 대
922 로 고른 것은?

㈎

㈏

 동경 131도 52분 22초　　🔺 북위 33도 06분 45초

• 보기 •
ㄱ. ㈎ 섬은 우리나라 동쪽 끝에 위치하고 있다.
ㄴ. ㈎ 섬과 가장 가까이 위치한 유인도는 울릉도
이다.
ㄷ. ㈏ 섬은 행정구역상 경상북도에 속한다.
ㄹ. ㈎ 섬은 ㈏ 섬보다 일출 시각이 더 빠르다.

① ㄱ, ㄴ　　② ㄱ, ㄷ　　③ ㄴ, ㄷ
④ ㄱ, ㄴ, ㄹ　　⑤ ㄴ, ㄷ, ㄹ

03 밑줄 친 ㉠~㉑에 대한 설명으로 옳지 <u>않은</u> 것은?
923

㉠ 영역은 영토와 영해, 영공으로 구성된다. ㉡
영토는 국민의 삶의 터전이 되는 땅이다. 영해는
영토 주변의 바다로, 보통 ㉢ 영해 기선으로부터
12해리까지의 해역을 가리킨다. 최근에는 ㉣ 배타
적 경제 수역(EEZ)에 대한 관심이 높아지고 있다.
㉤ 영공은 영토와 영해의 수직 상공이다.

① ㉠은 한 나라의 주권이 미치는 공간적 범위를
말한다.
② 우리나라의 ㉡ 중에서 가장 면적이 넓은 섬은
울릉도이다.
③ 서·남해안에서 ㉢은 가장 바깥쪽의 섬을 연결
한 선이다.
④ ㉣에는 영해가 포함되지 않는다.
⑤ ㉤은 보통 대기권 내로 범위를 한정한다.

04 지도는 우리나라 주변의 배타적 수역도를 나타낸 것
924 이다. A~E에 대한 설명으로 옳은 것은?

① A의 상공에서 일본의 헬기가 우리나라의 사전
허가 없이 비행할 수 있다.
② B에서 한국과 일본 어선이 공동으로 조업 활동
할 수 있다.
③ C의 상공에서 중국의 군용기가 우리나라의 사
전 허가 없이 비행할 수 없다.
④ D는 한·중 잠정 조치 수역이다.
⑤ E는 한국과 일본이 공동으로 어족 자원을 관리
하는 수역이다.

05 (가)에 대한 옳은 설명만을 〈보기〉에서 고른 것은?

925

• 보기 •
ㄱ. 우리나라의 영토이다.
ㄴ. 종합 해양 과학 기지가 설치되어 있다.
ㄷ. 해수면 바깥으로 드러나 있는 암초이다.
ㄹ. 우리나라의 배타적 경제 수역에 포함된다.

① ㄱ, ㄴ   ② ㄱ, ㄷ   ③ ㄴ, ㄷ
④ ㄴ, ㄹ   ⑤ ㄷ, ㄹ

06 오늘날 ㉠, ㉡ 섬의 이름을 각각 쓰시오.

926

『세종실록지리지』에는 "㉠ 우산도와 ㉡ 무릉도 두 섬은 울진현의 정동쪽 바다 가운데에 있다. 두 섬 간의 거리는 그리 멀지 않아 바람이 불어 청명한 날에는 섬을 볼 수 있다."라고 기록되어 있다.

㉠: (   ), ㉡: (   )

07 ㉠, ㉢에 들어갈 말과 밑줄 친 ㉡에 대한 옳은 설명만을 〈보기〉에서 고른 것은?

927

약 460~250만 년 전에 해저에서 형성된 화산 섬인 ┌㉠┐은/는 다양한 동식물이 서식하는 생태계의 보고이며, 주변 바다에는 해양 자원이 풍부하다. ㉡ 약 50~60여 종의 희귀한 식물이 자생하고 있다. 또한 이 섬이 1982년 ┌㉢┐(으)로 지정되면서 괭이갈매기, 바다제비, 슴새 등의 서식지가 보호받을 수 있게 되었다.

• 보기 •
ㄱ. ㉠은 우리나라 영토 중 가장 남쪽에 위치한다.
ㄴ. 제시된 내용은 ㉠의 생태학적 가치의 중요성을 강조하고 있다.
ㄷ. ㉡은 강한 해풍에 잘 견디는 특성이 있다.
ㄹ. ㉢ 내용은 '유네스코 세계 자연 유산'이다.

① ㄱ, ㄴ   ② ㄱ, ㄷ   ③ ㄴ, ㄷ
④ ㄴ, ㄹ   ⑤ ㄷ, ㄹ

08 독도에 대한 설명으로 옳지 <u>않은</u> 것은?

928

① 화산 활동으로 분출한 용암이 굳어 형성된 섬이다.
② 동도와 서도, 그리고 89개의 부속 도서로 이루어져 있다.
③ 육지의 영향으로 기온의 연교차가 큰 대륙성 기후가 나타난다.
④ 조류, 식물, 곤충 등 다양한 생물이 가득한 생태계의 보고이다.
⑤ 주변 바다는 한류와 난류가 교차하여 영양 염류가 풍부한 조경 수역을 이루고 있다.

09 ㉠~㉢에 대한 옳은 설명만을 〈보기〉에서 있는 대로 고른 것은?

929

1693년에 ㉠ 울릉도에서 고기잡이를 하던 부산 동래 출신 (㉡)은/는 일본 오키 섬으로 납치되었다. 여기에서 (㉡)은/는 울릉도와 ㉢ 독도가 조선의 땅임을 주장하고 이를 인정하는 문서를 받았다고 한다.

• 보기 •
ㄱ. ㉡에 들어갈 인물은 심흥택이다.
ㄴ. ㉠ 섬이 ㉢ 섬보다 거주 인구가 많다.
ㄷ. ㉠과 ㉢ 섬은 모두 화산 활동으로 형성되었다.
ㄹ. ㉢ 섬의 영해 기선 바깥쪽 12해리까지의 수역은 대한민국의 영해이다.

① ㄱ, ㄴ   ② ㄱ, ㄷ   ③ ㄴ, ㄷ
④ ㄱ, ㄴ, ㄹ   ⑤ ㄴ, ㄷ, ㄹ

02 우리나라의 여러 지역의 경쟁력

10 (가), (나) 브랜드 이미지를 사용하는 지역을 A~E에서 고른 것은?

930

(가)

(나)

	(가)	(나)		(가)	(나)
①	A	D	②	B	E
③	C	A	④	D	B
⑤	E	C			

11 지리적 표시제에 대한 설명으로 옳지 <u>않은</u> 것은?
931

① '이천 쌀'이 우리나라 최초로 등록되었다.
② 원산지의 지명을 상표권으로 인정해 준다.
③ 소비자에게 특산품에 대한 신뢰감을 준다.
④ 지역의 이미지를 개선해 주는 효과가 있다.
⑤ 상품이 지역의 생산품임을 증명하고 표시한다.

12 지역 브랜드 ㉠~㉤에 대한 설명으로 옳은 것은?
932

① ㉠: 청색은 바다를, 주황색은 대게와 일출을, 녹색은 청정 자연과 친환경적 농업을 상징한다.
② ㉡: 왕관은 지역에서 출토된 유물을 표현하고, 여섯 개의 점은 첨성대에서 바라본 별을 상징한다.
③ ㉢: 다양한 문화적 기반을 둔 지역의 역동성을 상징한다.
④ ㉣: 고장의 특산물인 배 모양으로 나이테는 오랜 역사를, 푸른색은 영산강을 상징한다.
⑤ ㉤: 청정 환경에서 자란 벼와 통일 한국의 중심 도시, 철새 도래지, 자연환경을 표현한다.

13 다음 지도를 통해 알 수 있는 우리나라 위치의 지리적
933 장점만을 〈보기〉에서 고른 것은?

┌─ 보기 ─────────────────────────────
│ ㄱ. 우리나라는 반도국이어서 외세의 침략과 지배
│   를 받기 쉽다.
│ ㄴ. 대륙과 해양 사이의 다리 역할을 하며 문화의
│   발달과 전파에 큰 역할을 하였다.
│ ㄷ. 유라시아 대륙과 태평양을 연결하는 중계 무
│   역의 핵심지로 성장할 잠재성이 크다.
│ ㄹ. 남북 통일로 해양의 진출이 차단되는 대신에
│   대륙으로의 진출이 활발해질 것이다.
└───────────────────────────────────

① ㄱ, ㄴ ② ㄱ, ㄷ ③ ㄴ, ㄷ ④ ㄴ, ㄹ ⑤ ㄷ, ㄹ

14 지도는 우리나라의 아시안 하이웨이를 나타낸 것이
934 다. 옳은 설명만을 〈보기〉에서 고른 것은?

┌─ 보기 ─────────────────────────────
│ ㄱ. 남북 통일이 되면 육로를 통해 유럽까지 진출
│   할 수 있다.
│ ㄴ. 기존 해상 운송과 비교할 때, 아시안 하이웨
│   이를 통한 물류 비용은 비싸다.
│ ㄷ. 6번 아시안 하이웨이보다 1번 아시안 하이웨
│   이가 더 많은 수의 국가를 통과한다.
│ ㄹ. 동남아시아를 거쳐 유럽으로 가기 위해서는
│   아시안 하이웨이 6번 도로를 이용해야 한다.
└───────────────────────────────────

① ㄱ, ㄴ   ② ㄱ, ㄷ   ③ ㄴ, ㄷ
④ ㄴ, ㄹ   ⑤ ㄷ, ㄹ

03 국토 통일과 통일 한국의 미래

15 지도는 남북 통일 이후의 철도 노선을 나타낸 것이다.
935 이를 토대로 남북 통일 이후 국토 공간의 변화 모습을
추론한 내용으로 옳지 <u>않은</u> 것은?

① 육로로 유럽까지 가는 길이 단순해질 것이다.
② 북한의 자원을 활용하는 공업이 성장할 것이다.
③ 러시아의 자원을 육로로 수입할 수 있을 것이다.
④ 물류 중심지로 신의주의 역할이 강화될 것이다.
⑤ 남북 간 교류가 늘어 관광 산업이 발전할 것이다.

16
936 자료는 통일 후 북한 여행을 가상하고 개발한 여행 상품 내용을 나타낸 것이다. 여행 일정에 따른 순서를 지도의 A~C에서 골라 순서대로 나열한 것은?

> 1일차: 한반도에서 가장 높은 산에 올라 분화구가 무너져 생긴 호수인 천지를 보고, 주변에서 온천욕을 즐긴다.
> 2일차: 고운 모래가 10리에 걸쳐 뻗어 있는 해변이라는 뜻을 갖는 곳에서 깨끗한 백사장을 거닐며 자연풍광을 감상한다.
> 3일차: 유네스코 세계유산으로 지정된 역사 지구 내에 위치한 만월대와 첨성대 유적, 고려 성균관 등을 둘러본다.

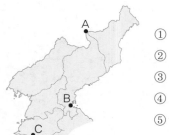

① A → B → C
② A → C → B
③ B → A → C
④ B → C → A
⑤ C → B → A

17
937 다음 대화에서 예측할 수 있는 통일 한국의 미래 모습으로 옳지 않은 것은?

> 소정: 우아! 중국을 거치지 않고 백두산 천지를 볼 수 있어.
> 충원: 주변국의 역사 왜곡이나 영유권 주장에 대해 남북이 공동으로 대처할 수 있게 되었어.
> 지후: 통일 이후 남북한이 지닌 경쟁력에 따라 대표적인 산업을 특색 있게 발전시킬 수 있어.
> 민수: 이제 유럽으로 수출품을 운송할 때는 철도를 이용한다고 해.

① 국제 사회에 정치적·경제적 영향력이 높아진다.
② 유라시아 대륙과 육로를 통해 연결되어 물류 산업이 발달한다.
③ 관광 산업이 활성화되어 관광 수입을 통해 지역 경제를 발전시킬 수 있다.
④ 언어, 생활 양식 등 남북 간 민족 문화 이질화가 심화되어 사회적 갈등이 지속될 수 있다.
⑤ 남한의 자본과 기술이 북한의 지하자원, 노동력과 결합되어 국토를 효율적으로 이용할 수 있다.

18
938 지도는 우리나라의 영해를 나타낸 것이다. ㈎와 ㈏에서 영해를 설정하는 기준이 어떻게 다른지 각각 서술하시오.

_____

_____

19
939 자료에서 설명하는 지역화 전략의 명칭을 제시한 후, 얻을 수 있는 긍정적인 효과를 두 가지 서술하시오.

> 1. 의미: 특정 장소가 가지고 있는 자연환경이나 역사적·문화적 특성을 드러내어 장소를 매력적인 상품으로 만들어 이를 판매하려는 활동을 말한다.
> 2. 사례: 함평 나비 축제, 화천 산천어 축제, 무주 반딧불 축제, 보령 머드 축제 등

_____

_____

20
940 다음 글을 읽고, 통일 이후 비무장 지대(DMZ) 활용 방안을 두 가지 서술하시오.

> 비무장 지대(DMZ)는 군사적 대립을 막기 위해 군사 분계선을 기준으로 남북 간 각각 2 km를 범위에 설치한 완충 지대이다. 이곳은 지난 60여 년간 일반인의 출입이 통제되어 하천과 습지가 자연 그대로 보존되어 있다. 그리고 산양, 수달, 사향노루, 백로 등 멸종 위기 동물들이 서식하고 있다.

_____

_____

더불어 사는 세계

01 세계의 다양한 지리적 문제

XII 더불어 사는 세계

① 한눈에 쏙

• 지구상의 지리적 문제

지구상의 지리적 문제	
종교, 민족, 경제적 격차, 영토 및 자원 문제, 환경 오염 등 ↓	
기아 문제	• 자연재해 • 급격한 인구 증가 • 잦은 분쟁 등
생물 다양성 감소	• 원인: 기후 변화, 산업화·도시화로 인한 숲의 파괴 • 노력: 생물 다양성 협약 채택

① 대륙별 영양 부족 및 비만 비율

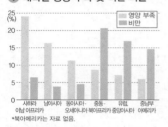

개발 도상국이 많은 사하라 사막 이남 아프리카에서 영양 부족 비율이 가장 높게 나타나고, 다음으로 남아시아 높게 나타나고 있다.

② 식량 분배의 국제적 불균형

식량 생산이 많아 식량이 남는 지역과 식량 생산이 부족한 지역 간의 분배가 이루어지지 않는 것을 말한다.

③ 생물 다양성 협약

생물 다양성 보전과 생물 자원의 지속 가능한 이용, 이를 이용하여 얻는 이익을 공정하고 공평하게 분배할 것을 목적으로 국제 연합 환경 계획 회의에서 채택되었다.

용어 사전

• **가치관** 인간이 삶이나 어떤 대상에 대해서 무엇이 좋고, 옳고, 바람직한 것인지를 판단하는 관점
• **남획** 사냥이나 어업 등에서 자원량이 변동될 정도로 많이 잡는 것

① 기아 문제 및 생물 다양성의 감소 문제

1 지구상의 지리적 문제

(1) **의미**: 사람들이 살아가는 공간에서 발생하는 문제

(2) **발생 원인**: 지구촌은 다양한 모습과 °가치관, 생활 양식을 가진 사람들이 함께 거주하기 때문

(3) **특징**: 지역의 특성을 반영함, 특정 지역만의 문제가 아니라 다른 지역과 연관되어 있고 여러 요인이 복합되어 나타남 → 지구촌이 함께 노력해 해결해야 함

2 기아 문제와 생물 다양성의 감소 문제

(1) **기아 문제** 자료①

영양실조가 나타남.
식량 부족으로 주민들이 충분히 영양을 섭취하지 못해 발생함

① **의미**: 인간이 생존하는 데 필요한 물과 영양소가 결핍된 상태①

② **영향**: 성장하는 어린이에게 피해를 줌, 단기적으로 면역력을 낮추고 전염병을 유행시키며 장기적으로는 성장을 방해하여 노동 생산성을 떨어뜨림

③ **발생 원인**

자연적 요인	가뭄, 홍수, 태풍 등 자연재해
인위적 요인	• 급격한 인구 증가: 개발 도상국의 인구 급증 → 곡물 수요 증대 • 곡물 가격 상승: 식량 작물이 가축 사료, 바이오 에너지의 원료로 사용되면서 가격이 상승함 • 식량 분배의 국제적 불균형②: 국제 곡물 대기업이 유통량 조절 → 곡물 가격 상승으로 이어져 개발 도상국의 곡물 수입이 어려워짐 • 잦은 분쟁으로 인한 식량 공급의 어려움: 식량 생산 및 공급에 차질이 생김

(2) **생물 다양성의 감소 문제**

① **의미**: 자연계에 존재하는 생물과 서식 환경의 다양성이 손실되는 것

② **원인**: 기후 변화, 환경 오염, 산업화·도시화로 인한 숲의 파괴, 동식물의 서식지 파괴, 무분별한 °남획, 외래종의 침입 등

③ **영향**: 인간이 이용 가능한 생물 자원의 수 감소, 먹이 사슬이 끊겨 생태계가 빠르게 파괴 등

④ **노력**: 1992년 국제 연합이 생물 다양성 협약③을 채택

교과서 속 자료 읽기 ① 세계의 기아 현황

🔺 국가별 인구 대비 기아 비율

저개발 국가가 많은 아프리카 대륙에서는 기아 비율이 높고, 선진국이 많은 유럽, 북아메리카 대륙에서는 기아 비율이 낮게 나타난다. 아프리카 대륙에는 급격한 인구 증가와 잦은 분쟁 등으로 식량 공급에 어려움을 겪는 국가가 많이 있다.

② 영역을 둘러싼 분쟁

1 영역을 둘러싼 분쟁

(1) **영역 분쟁**: 영토, 영해의 주권을 두고 벌어지는 국가 간의 분쟁

(2) **영역 분쟁의 원인**: 민족, 역사, 종교, 자원 등이 복잡하게 얽혀 발생

2 영토를 둘러싼 분쟁 [자료 ②]

(1) **원인**: 국경선 설정이 모호한 지역, 자원 확보 경쟁을 벌이는 지역, 여러 종교와 언어가 섞여 문화적 충돌을 겪는 지역에서 주로 발생

(2) **분쟁 지역**

팔레스타인	제2차 세계 대전 이후 팔레스타인 지역에 유대교를 믿는 이스라엘이 건국되면서 주변 아랍 국가들과의 갈등이 시작됨
카슈미르 ④	─ 힌두교도가 많음 이슬람교도가 많은 카슈미르 지역이 인도로 귀속되면서 갈등이 시작됨
수단	수단 북부 지역은 이슬람교, 남부 지역은 크리스트교를 믿으면서 갈등 발생 → 지속적으로 전쟁을 벌이다가 2011년에 남부 지역이 남수단으로 독립
아프리카 국경선 ⑤	국경과 부족 경계가 달라 분쟁, 내전, 난민 발생

3 영해를 둘러싼 분쟁 [자료 ②]

(1) **원인**: 육상 자원의 고갈로 해양 자원의 가치 상승, 해상 교통로의 요지와 군사적 요충지 획득, 자원 확보 등을 위해 영해와 배타적 경제 수역 확보를 위함

(2) **분쟁 지역**

센카쿠 열도 (댜오위다오)	─ 일본이 실효 지배 중임 청일 전쟁 이후 일본 영토로 편입되면서 중국과 타이완이 영유권 주장, 1970년대 섬 주변에 석유가 매장된 사실이 알려지면서 갈등 심화
난사 군도 (스프래틀리 군도)	석유와 천연가스가 매장되어 있어 중국, 필리핀, 브루나이, 말레이시아, 베트남, 타이완이 영유권을 주장하며 갈등 중
북극해	북극 항로와 자원이 매장된 지역에 대해 러시아, 캐나다, 미국, 덴마크, 노르웨이 간의 영유권 분쟁
쿠릴 열도	러시아가 실효 지배 중인 쿠릴 열도 남부의 4개 섬에 대해 일본이 반환 요구를 하면서 갈등 중
카스피해	석유와 천연가스 매장량이 많다는 것이 알려지면서 카스피해가 바다인지, 호수인지 갈등 → 해안선이 긴 국가는 바다, 해안선이 짧은 국가는 호수라고 주장함

📖 교과서 속 자료 읽기 ② 영토와 영해를 둘러싼 갈등

△ 센카쿠 열도 　　　　　△ 난사 군도

센카쿠 열도는 청일 전쟁 이후 일본이 현재까지 실효 지배 중이지만, 섬 주변의 석유 매장이 확인되면서 주변 국가와의 갈등이 더 심해졌다. 난사 군도에서는 매장된 자원과 무역 항로를 확보하기 위해 주변국들이 영유권을 주장하고 있으며, 중국은 남중국해의 90 %가 자국의 해역이라고 주장하고 있다.

② 한눈에 쏙

- **영역을 둘러싼 분쟁**

원인	민족, 역사, 종교, 자원 등이 복잡하게 얽힘
↓	
분쟁 지역	• 팔레스타인 분쟁 • 카슈미르 분쟁 • 센카쿠 열도 분쟁 • 난사 군도 분쟁 • 북극해 분쟁

④ **카슈미르 분쟁**

카슈미르 지역은 주민 대부분이 이슬람교를 믿기 때문에 파키스탄으로 귀속될 예정이었으나, 이곳을 통치하던 힌두교 지도자가 인도에 통치권을 넘기면서 파키스탄과 인도 간의 갈등이 시작되었다.

⑤ **아프리카의 국경선**

과거에 유럽 강대국의 이해관계에 따라 국경선이 설정되었는데, 독립 이후에 국경과 부족 경계가 달라 분쟁, 내전 등이 끊이지 않고 있다.

1 기아 문제 및 생물 다양성의 감소 문제

이 주제에서는 어떤 문제가 잘 나올까?
• 기아 문제의 원인 분석하기
• 생물 다양성 감소의 원인과 결과 파악하기

• 정답 및 해설 82쪽

차근차근 기본 다지기

01 다음 설명이 맞으면 ○표, 틀리면 ✕표 하시오.
941
(1) 기아 문제, 생물 다양성과 관련된 문제는 특정 지역에만 치우쳐 나타나는 현상이다. (   )
(2) 기아 문제의 원인은 전적으로 식량 생산량이 부족하기 때문에 발생하는 것이다. (   )
(3) 경제 개발과 인간 활동이 활발해질수록 생물 다양성이 감소하는 추세이다. (   )

02 다음 괄호 안의 내용 중 알맞은 것에 ○표 하시오.
942
(1) 북아메리카 대륙과 유럽 대륙은 영양 결핍 인구의 비율이 (낮게 , 높게) 나타난다.
(2) 인간이 생존하는 데 필요한 물과 영양소가 결핍되어 (기아 , 난민) 문제가 나타난다.
(3) 지구상에서 생물 다양성이 가장 풍부한 지역은 (냉대림 , 열대림) 지역이다.

03 (1)~(3)에서 설명하는 단어를 쓰고, 퍼즐판에서 찾아 색칠하시오.
943

아	마	존	영	덕
생	물	다	양	성
수	살	도	실	대
병	충	해	조	남
원	균	일	선	획
영	역	권	계	협

(1) 음식을 섭취하지 못해 영양소가 부족한 상태로, 섭취한 영양보다 소비하는 에너지가 많아 발생하는 질환은?
(2) 동식물과 미생물, 그리고 이들이 유기적으로 연결된 생태계와 생물 종 안에 있는 유전자의 다양성을 모두 포괄하는 말은?
(3) 사냥이나 어업 등에서 자원 양의 변화를 미칠 정도로 많이 잡는 것은?

04 지도의 ⒜~ⓒ 지역 중 생물 다양성이 가장 풍부한 곳은?
944

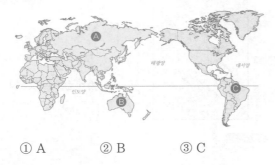

① A   ② B   ③ C

05 지도의 A 대륙에서 발생하는 기아 문제의 원인으로 거리가 먼 것은?
945

① 가뭄과 같은 자연재해가 발생한다.
② 부족들 간 분쟁이 심각한 지역이 많다.
③ 식량 생산량에 비해 인구 증가율이 높다.
④ 식량 대부분이 바이오 에너지의 원료로 이용된다.

06 다음 지구상에서 발생하는 지리적 문제에 대한 설명
946 으로 옳지 않은 것은?

① 언어, 종교 등 문화 차이로 인한 갈등
② 점점 복잡하고 많아지는 생물 다양성
③ 인구 증가로 인한 도시화와 환경 오염 심화
④ 홍수, 지진 등 자연재해로 인한 피해 증가
⑤ 불균등한 발전으로 인한 국가 간 빈부 격차 심화

07 그래프는 대륙별 인구 대비 영양 부족 및 비만 비율을
947 나타낸 것이다. A, B군에 속하는 국가를 바르게 연결
한 것은?

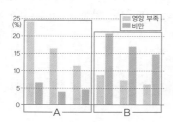

	A	B
①	영국	일본
②	노르웨이	영국
③	일본	차드
④	에티오피아	대한민국
⑤	인도	에티오피아

08 다음 설명에 해당하는 용어를 쓰시오.
948

> 이 협약은 생물 다양성의 보전과 생물 자원의
> 지속 가능한 이용, 이를 이용하여 얻는 이익을 공
> 정하고 공평하게 분배할 것을 목적으로 국제 연합
> 환경 계획(UNEP) 회의에서 채택되었다.

(   )

서술형 문제

09 지도는 세계 삼림의 변화를 나타낸 것이다. 이를 보
949 고, 물음에 답하시오.

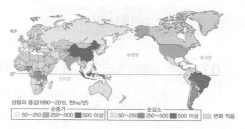

삼림의 증감(1990~2015, 천ha/년)
순증가: 50~250 / 250~500 / 500 이상
순감소: 50~250 / 250~500 / 500 이상 / 변화 적음

(1) 지도에 붉게 표시된 지역에서 삼림이 감소하게
된 원인을 인간 활동과 관련 지어 두 가지 서술
하시오.

_____

(2) (1) 지역에서 삼림이 감소하면서 발생하는 문제
를 서술하시오.

_____

_____

논술형 문제

10 다음 자료를 보고, 물음에 답하시오.
950

> … 이러한 기아 문제는 식량이 부족해서 발생하
> 는 것일까? 국제 연합 식량 농업 기구(FAO)에 따
> 르면 오늘날 세계 곡물 생산량은 2일 성인 기준
> 2,200 kcal로 120억 명의 인구가 먹고 살 수 있는
> 양이다.   – 경향신문, 2014. 4. 7.

최근 햄버거용 고기를 얻기
위한 소 사육 농가가 증가하
고 있다.

1인분의 고기와 우유 한 잔을
얻기 위해서는 소에게 22인분
의 곡식을 먹여야 한다.

(1) 위의 신문 기사와 같이 식량 생산량이 충분함에
도 불구하고 기아 문제가 심각해지는 이유를 그
림과 연관 지어 쓰시오.

_____

(2) 위의 자료 이외에 기아 문제에 영향을 미치는
인위적 요인에 대해 서술하시오.

_____

_____

② 영역을 둘러싼 분쟁

• 정답 및 해설 **83**쪽

차근차근 기본 다지기

01 다음 설명이 맞으면 ○표, 틀리면 ✕표 하시오.
951
(1) 영토의 영유권을 차지하기 위해 벌어지는 국가 간의 분쟁을 영토 분쟁이라고 한다. (　　　)
(2) 영토 및 영해와 관련된 국가 간의 영역 분쟁은 경제 수준이 높은 선진국 사이에서만 발생한다.
(　　　)
(3) 영해 분쟁이란 영해 및 배타적 경제 수역을 확보하기 위해 바다와 섬을 차지하려는 국가 간의 분쟁을 의미한다. (　　　)

02 다음 빈칸에 들어갈 알맞은 말을 쓰시오.
952
(1) 이스라엘의 건국 후 종교 및 영토 분쟁이 발생하고 있는 지역은 (　　　)이다.
(2) (　　　) 지역은 러시아, 캐나다, 미국, 덴마크, 노르웨이 등이 영유권을 주장하고 있다.
(3) 힌두교를 믿는 인도와 이슬람교를 믿는 파키스탄 간의 종교 및 영토 분쟁이 지속되고 있는 곳은 (　　　) 지역이다.

03 영해 분쟁 지역과 현재의 실효적 지배국을 바르게 연결하시오.
953
(1) 쿠릴 열도　　•　　　　　　　• ㉠ 중국
(2) 난사 군도　　•　　　　　　　• ㉡ 일본
(3) 센카쿠 열도　•　　　　　　　• ㉢ 러시아

04 다음 지도의 A 지역과 관련한 영유권을 주장하
954 는 국가가 <u>아닌</u> 것은?

① 일본　　② 중국　　③ 베트남

05 영토 분쟁에 대한 설명으로 옳지 <u>않은</u> 것은?
955
① 영토의 영유권을 둘러싼 국가 간의 분쟁이다.
② 모호하게 설정된 국경선은 영토 분쟁의 원인이 될 수 있다.
③ 지하자원 확보와 관련하여 영토 분쟁이 발생하기도 한다.
④ 세계 정치의 패권을 노리는 군사 강대국 사이에서만 발생한다.

06 다음 지도에 표시된 분쟁 지역에 대한 옳은 설명만을
956 〈보기〉에서 고른 것은?

> • 보기 •
> ㄱ. 인도, 파키스탄, 중국의 접경 지역이다.
> ㄴ. 중국의 침공 이후 인도령과 중국령 두 곳으로
>   분리되었다.
> ㄷ. 인도와 파키스탄 간의 종교 및 영토 분쟁이 지
>   속되고 있다.
> ㄹ. 석유 자원 개발의 이권을 둘러싼 강대국들의
>   개입으로 분쟁이 발생하였다.

① ㄱ, ㄴ   ② ㄱ, ㄷ   ③ ㄴ, ㄷ
④ ㄴ, ㄹ   ⑤ ㄷ, ㄹ

07 다음 지도에 표시된 지역에 대한 옳은 설명만을
957 〈보기〉에서 고른 것은?

> • 보기 •
> ㄱ. 중국이 실효적으로 지배하고 있다.
> ㄴ. 주변 해역은 수산 자원이 풍부하다.
> ㄷ. 산호초의 무리로 구성된 무인도이다.
> ㄹ. 일본이 지속적으로 영유권을 주장하고 있다.

① ㄱ, ㄴ   ② ㄱ, ㄷ   ③ ㄴ, ㄷ
④ ㄴ, ㄹ   ⑤ ㄷ, ㄹ

08 다음 설명에 해당하는 용어를 쓰시오.
958

> 석유와 천연가스 매장량이 많다는 것이 알려지
> 면서 바다인지 호수인지를 놓고 갈등을 하고 있는
> 지역이다.

(   )

서술형 문제

09 지도는 아프리카의 부족 경계와 국경선을 나타낸 것이
959 다. 아프리카에서 영토 분쟁이 자주 발생하는 이유를
국경선의 형태와 부족 경계를 관련 지어 서술하시오.

_____

_____

_____

_____

논술형 문제

10 다음 지도의 A 지역에서 최근 영유권 분쟁이 발생하게
960 된 배경을 자연환경의 변화와 연결 지어 서술하시오.

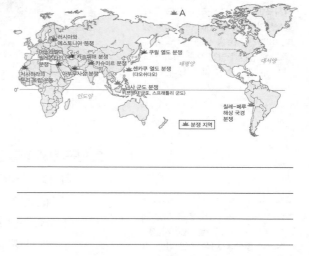

_____

_____

_____

_____

_____

_____

02 지역 격차와 빈곤 문제
~03 지역 간 불평등 해결을 위한 국제적 협력

❶ 한눈에 쏙

• 지역별 발전 수준 차이

지역별 발전 수준 차이
자연, 환경 기술 및 교육 수준, 자원 보유량 등이 다름
↓

선진국	• 서부 유럽, 앵글로아메리카 • 1인당 국내 총생산 높음
개발 도상국	• 동남아시아, 라틴 아메리카, 아프리카 • 1인당 국내 총생산 낮음

❶ 1인당 국내 총생산 비교(2015년)

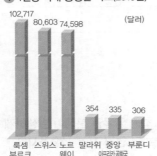

102,717 80,603 74,598 (달러)

354 335 306

룩셈 스위스 노르 말라위 중앙 부룬디
부르크 웨이 아프리카공화국

선진국과 개발 도상국의 1인당 국내 총생산의 차이가 300배 이상 나고 있다. 이 발전 지표를 통해 선진국과 개발 도상국 간의 발전 수준 차이가 크게 나타나고 있음을 알 수 있다.

용어 사전

• 성 불평등 지수 국제 연합 개발 계획(UNDP)에서 국가별 모성 사망률, 청소년 출산율, 여성 의원 비율, 중등학교 이상 교육 받은 여성 인구, 남녀 경제 활동 참가율 격차 정도를 측정한 지표

❶ 지역 격차와 빈곤 문제

1 지역별 발전 수준의 차이

(1) **원인**: 국가마다 자연환경, 기술 및 교육 수준, 자원 보유량, 자본, 토지, 인구 등이 다르기 때문

(2) **발전 수준의 다양한 지표**: 인간 개발 지수(HDI), 1인당 국내 총생산(GDP)❶, •성 불평등 지수, 기대 수명, 영아 사망률, 교사 1인당 학생 수 등 [자료❶]

선진국에서 높게 나타나는 지표	인간 개발 지수, 1인당 국내 총생산, 기대 수명, 성인 문자 해독률 등
개발 도상국에서 높게 나타나는 지표	성 불평등 지수, 영아 사망률, 교사 1인당 학생 수 등

(3) **지역별 발전 수준의 차이**

① **남북 문제**: 주로 북반구에 위치한 선진국과 남반구에 위치한 저개발국 사이의 사회·경제적 격차에 따라 나타나는 갈등

② **발전 수준의 지역 차**

선진국	• 18세기 산업 혁명 이후 일찍이 산업화를 이룸 • 대체로 소득 수준이 높음 • 해당 지역: 서부 유럽(영국, 프랑스 등)과 앵글로아메리카(미국, 캐나다)의 국가들
개발 도상국	• 20세기 이후부터 현재까지 산업화 진행 • 대체로 소득 수준이 낮음 • 해당 지역: 동남아시아, 라틴 아메리카, 아프리카의 국가들

> **교과서 속 자료 읽기 ❶ 국가별 인간 개발 지수(HDI)**
>
>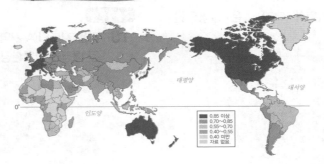
>
> | 0.85 이상 |
> | 0.70~0.85 |
> | 0.55~0.70 |
> | 0.40~0.55 |
> | 0.40 미만 |
> | 자료 없음 |
>
> 인간 개발 지수(HDI)는 매년 1인당 국민 소득, 평균 수명과 학력 수준 등을 기준으로 국가별 국민의 삶의 질을 평가한 지표이다. 인간 개발 지수는 선진국에서 높게 나타나고, 개발 도상국에서는 낮게 나타나고 있다.

2 빈곤 문제 해결을 위한 노력

(1) **저개발 지역의 자체적인 노력** ┌ 저개발 지역은 정치적으로 불안정하고 인구 부양력과 기술 수준이 낮기 때문에 한계가 있음

① **식량 생산성 증대**: 관개 시설 확충, 수확량이 많은 품종 개발

② **사회 기반 시설 확충**: 도로, 전력망 등을 구축해 경제 발전의 기반 마련

③ **해외 투자 유치 및 기술 개발**: 국내 산업의 생산성 향상을 위함

④ **문맹률을 낮춤**: 지속적인 교육을 통해 문맹률을 낮춰 인적 자원 개발

(2) **국제적인 지원과 협력**: 국제 연합과 국제 비정부 기구들의 지원 확대

② 지역 간 불평등 해결을 위한 국제적 협력

1 국제기구와 비정부 기구의 노력

(1) 국제기구

① **국제 연합(UN)**: 지구상의 여러 문제를 해결하기 위한 전문 기구들이 활동함

국제 연합 평화 유지군(PKF)	분쟁 지역에 파견되어 질서 유지 및 주민 안전 보장
국제 연합 난민 기구(UNHCR)	난민 보호 및 난민 문제 해결
세계 식량 계획(WFP)	기아와 빈곤으로 고통 받는 지역에 식량 지원
국제 연합 아동 기금(UNICEF)	아동 *구호와 아동의 복지 향상
세계 보건 기구(WHO)	세계의 질병 및 보건 위생 문제 해결

② **경제 협력 개발 기구(OECD)의 공적 개발 원조(ODA)** ❷: 선진국에서 개발 도상국의 경제 발전과 복지 증진 등을 목적으로 개발 도상국이나 국제기구에 도움을 주는 것 → 경제 협력 개발 기구 *산하의 개발 원조 위원회(DAC)에서 주도 〔자료 ❷〕

(2) 국제 비정부 기구(NGO)

① **특징**: 국가 간 이해관계를 넘어 인도주의적 차원에서 구호 활동을 함

② 대표적인 국제 비정부 기구

그린피스	지구의 환경을 보존하고 평화를 증진하기 위한 활동을 함
국경 없는 의사회	인종, 종교, 성, 정치적 성향과 관계없이 도움이 필요한 사람들에게 의료 서비스를 함
월드비전	긴급 구호 및 지역 개발 사업

(3) **공정 무역 운동** ❸

① **의미**: 선진국과 개발 도상국의 불공정한 무역을 개선하여 생산자에게 정당한 가격을 지급하는 무역 방식

② **효과**: 개발 도상국 생산자의 경제적 자립을 도움, 친환경적인 방식으로 상품을 생산하여 소비자에게 공급

교과서 속 자료 읽기 ❷   공적 개발 원조

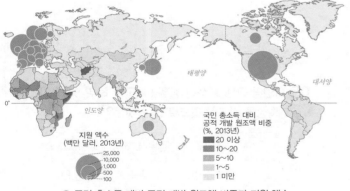

원조를 주는 국가들은 대부분 선진국들이며, 아프리카, 남아시아 등의 국가들이 주로 원조를 받는다.

△ 국민 총소득 대비 공적 개발 원조액 비중과 지원 액수

---

2 세계 시민으로서의 자세

(1) 지구촌을 하나의 공동체로 인식하고 세계 곳곳의 지리적 문제에 관심을 가짐

(2) 빈곤과 기아 문제를 해결한 위한 봉사 활동이나 기부 등에 동참

(3) 일회용품의 자제와 생태 환경 보호를 위한 노력

(4) 서로의 차이와 다양성을 인정하고 존중하려는 자세

---

❷ 한눈에 쏙

• 지역 간 불평등 완화를 위한 다양한 노력

국제기구	• 국제 연합(UN) • 공적 개발 원조(ODA)
비정부기구	• 그린피스 • 국경 없는 의사회 • 공정 무역 운동 등

❷ 우리나라의 공적 개발 원조

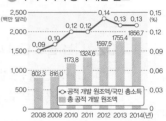

우리나라는 1991년에 대외 무상 원조를 전담하는 한국 국제 협력단(KOICA)을 설립해 저개발국에 원조하고 있다. 우리나라는 과거에 국제 원조를 받던 국가에서 국제 원조를 하는 국가로 바뀐 최초의 국가가 되었다.

❸ 공정 무역

개발 도상국에서 생산되는 환경 친화적인 제품들에 대해 중간 유통 과정을 거치지 않고 선진국의 소비자가 정당한 가격을 지급하여 생산자들에게 무역의 혜택이 돌아가도록 하자는 운동이다.

용어 사전

*구호 재해나 재난 등으로 어려움에 처한 사람을 도와 보호하는 것

*산하 어떤 조직체의 관할 아래에 있는 것

100명의 교사가 콕 찍은
주제별·유형별 대표문제

1 지역 격차와 빈곤 문제

🚩 이 주제에서는 어떤 문제가 잘 나올까?
• 지역별 발전 수준 차이 알아보기
• 빈곤 문제 해결을 위한 노력 이해하기

• 정답 및 해설 **84**쪽

차근차근 기본 다지기

01
961

다음 설명이 맞으면 ○표, 틀리면 ✕표 하시오.

(1) 저개발 지역의 빈곤 문제 해결을 위해 국제 연합과 국제 비정부 기구들의 지원이 필요하다. (　　　)

(2) 국가마다 자연환경, 기술 및 교육 수준, 자원 보유량이 다르므로 지역별 발전 수준이 차이가 나게 된다. (　　　)

02
962

다음 괄호 안의 내용 중 알맞은 것에 ○표 하시오.

(1) 성 불평등 지수, 영아 사망률 등은 (선진국 , 개발 도상국)에서 높게 나타나고 있다.

(2) 지구적으로 지역별 발전 수준 차이는 (남북 문제 , 동서 문제)로 강하게 나타난다.

03
963

다음 용어와 내용을 바르게 연결하시오.

(1) 사회 기반 시설　•

(2) 성 불평등 지수　•

• ㉠ 국가별 모성 사망률, 청소년 출산율, 여성 의원 비율, 남녀 경제 활동 참가율 등을 측정한 지표다.

• ㉡ 도로, 전력망 등을 구축해 경제 발전의 기반을 마련하는 것이다.

04
964

글은 어떤 국가의 삶의 모습과 관련된 것이다. 이 국가와 가장 비슷한 삶의 모습을 보이는 국가는?

> 8살 패티는 각종 전자 쓰레기가 버려진 쓰레기장을 뒤지며 살아간다. 쓸만한 금속을 모아 봤자, 받는 돈은 0.25 달러도 안 된다. 몇 년 전에 감염된 말라리아 후유증으로 눈물이 날 만큼 아프지만, 쓰레기장 뒤지는 일을 멈출 수 없다.
> – 허핑턴포스트, 2014. 6. 16.

① 미국　　② 말라위　　③ 노르웨이

05
965

1인당 국내 총생산 상위 5개국과 하위 5개국의 특성을 비교한 것으로 옳은 것은?

구분	상위 5개국	하위 5개국
① 기대 수명	낮음	높음
② 성 불평등 지수	낮음	높음
③ 휴대 전화 이용률	낮음	높음
④ 중·고 진학률	낮음	높음

06 지도는 5세 미만 영·유아 사망자 수를 나타낸 것이
966 다. 이와 유사한 분포를 보이는 지표는?

① 문맹률 ② 기대 수명
③ PC 보급률 ④ 인간 개발 지수
⑤ 1인당 국민 총생산

07 그래프는 1인당 국내 총생산 상·하위 3개 국가를 나
967 타낸 것이다. 그래프를 보고 유추할 수 있는 내용 중
옳지 <u>않은</u> 것은?

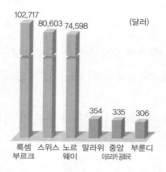

① 룩셈부르크가 부룬디보다 영아 사망률이 낮을
 것이다.
② 룩셈부르크가 부룬디보다 교사 1인당 학생 수
 가 많을 것이다.
③ 선진국과 개발 도상국 간의 경제 발전 수준 차
 이가 크게 나타난다.
④ 룩셈부르크와 부룬디의 1인당 국내 총생산은
 300배 이상 차이가 난다.
⑤ 1인당 국내 총생산 상위 3개 국가와 하위 3개
 국가는 전형적인 남북 문제의 특성을 반영한다.

08 다음 설명에 해당하는 용어를 쓰시오.
968

> • 매년 1인당 국민 소득, 평균 수명과 학력 수준
> 등을 기준으로 국가별 국민의 삶을 평가한 지표
> • 선진국에서 높게 나타나며, 개발 도상국에서 낮
> 게 나타나는 경향이 있음.

( )

서술형 문제

09 그래프는 대륙별 국내 총생산(GDP)을 나타낸 것이다.
969 이를 보고, 물음에 답하시오.

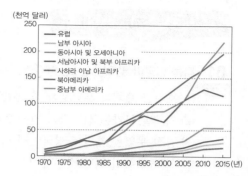

(1) 국내 총생산(GDP)이 높은 대륙 세 곳과 낮은
 대륙 세 곳을 나누어 쓰시오.

_____

(2) (1)에서 알 수 있는 사실을 '남반구', '적도', '북
 반구'라는 용어를 포함하여 서술하시오.

_____

_____

_____

논술형 문제

10 세계에는 지구상의 여러 문제를 해결하기 위해 활동
970 하는 〈보기〉와 같은 기구들이 있다. 물음에 답하시오.

> ┌ 보기 ────────────────
> 세계 식량 계획(WFP), 세계 보건 기구(WHO),
> 국제 연합 아동 기금(UNICEF), 국경 없는 의사회,
> 월드비전

(1) 빈곤 문제 해결에는 〈보기〉와 같은 기구들이
 지원에도 한계가 있다. 그 이유가 무엇인지 쓰
 시오.

_____

_____

(2) (1)의 한계를 극복하기 위해 저개발 지역에서 해
 야 할 자체적인 노력을 세 가지 이상 서술하시오.

_____

_____

_____

100명의 교사가 콕 찍은 주제별·유형별 대표문제

2 지역 간 불평등 해결을 위한 국제적 협력

이 주제에서는 어떤 문제가 잘 나올까?
- 국제기구와 비정부 기구 구분하기
- 세계 시민으로서의 자세 이해하기

● 정답 및 해설 84쪽

차근차근 기본 다지기

01 다음 설명이 맞으면 ○표, 틀리면 ×표 하시오.
971

(1) 오늘날 세계가 해결해야 할 과제 중의 하나로는 지역 간 불평등 문제가 있다. (　　)
(2) 저개발 국가는 선진국의 지원 없이 스스로 경제 발전을 이룩하기 위해 노력하고 있다. (　　)
(3) 공정 무역은 개발 도상국에서 생산되는 제품들에 대해 중간 유통 과정을 늘려 모두에게 혜택이 돌아가게 하기 위한 것이다. (　　)

02 다음 괄호 안의 내용 중 알맞은 것에 ○표 하시오.
972

(1) 우리나라는 2009년 개발 원조 위원회에 가입한 이후 원조를 (받는 , 주는) 국가가 되었다.
(2) 지역 간 불평등 해결을 위한 국제 기구는 (국가 , 민간) 단위에서의 협력을 말한다.
(3) 아동 구호와 아동 복지 향상을 돕는 국제 기구를 (유니세프 , 국경 없는 의사회)라고 한다.

03 (1)~(3)에서 설명하는 단어를 쓰고, 퍼즐판에서 찾아 색칠하시오.
973

세	계	난	민	기	구
계	의	사	회	아	호
보	월	유	니	세	프
건	드	평	화	유	랑
기	비	그	린	피	스
구	전	개	발	원	조

(1) 세계의 질병 및 보건 위생 문제를 해결하는 국제기구는?
(2) 지구의 환경을 보존하고 평화를 증진하기 위한 활동을 하는 비정부 기구는?
(3) 긴급 구호 및 지역 개발 사업을 하는 비정부 기구는?

04 '국경 없는 의사회'에 대한 옳은 설명만을 〈보기〉에서 고른 것은?
974

보기
ㄱ. 국가 간 협력 기구이다.
ㄴ. 인도주의적 차원에서 구호 활동을 한다.
ㄷ. 인종, 종교, 성, 정치적 성향과 관계없이 의료 서비스를 지원한다.

① ㄱ, ㄴ　② ㄴ, ㄷ　③ ㄱ, ㄷ

05 다음 (가)~(라)에 대한 설명과 국제기구의 명칭이 바르게 연결된 것은?
975

(가) 난민 보호 및 난민 문제 해결
(나) 분쟁 지역에 파견되어 질서 유지 및 주민 안전 보장
(다) 기아와 빈곤으로 고통 받는 지역에 식량 지원
(라) 세계의 질병 및 보건 위생 문제 해결

① (가) – 국제 연합 평화 유지군
② (나) – 한국 국제 협력단
③ (다) – 세계 식량 계획
④ (라) – 그린피스

06 지역 간 불평등 해결을 위한 세계 시민으로서의 자세
976 로 옳지 <u>않은</u> 것은?

① 생태 환경을 보호하려는 의식을 가진다.
② 지구촌을 하나의 공동체로 인식하고 관심을 가진다.
③ 빈곤과 기아 문제 해결을 위한 봉사, 기부 활동에 동참한다.
④ 정부 간 협력이 효과적이므로 민간 단체의 구호 활동을 줄인다.
⑤ 지구촌 다양한 사람들의 차이를 인정하고 존중하는 자세를 가진다.

07 다음 (개)에 들어갈 단체를 〈보기〉에서 고른 것은?
977

> 오늘날에는 ___(개)___의 비중이 점점 커지고 있다. 민간 단체가 중심이 되어 만들어진 조직으로 인도주의적 차원에서 구호 활동을 하는 단체이다. 이들은 자체 활동을 하면서 국제기구를 보조하기도 하는데 최근 이들의 기여도가 높아지고 있다.

> • 보기 •
> ㄱ. 그린피스   ㄴ. 월드비전
> ㄷ. 유니세프   ㄹ. 한국 국제 협력단
> ㅁ. 국경 없는 의사회

① ㄱ, ㄴ, ㄷ   ② ㄱ, ㄴ, ㅁ   ③ ㄴ, ㄷ, ㄹ
④ ㄴ, ㄹ, ㅁ   ⑤ ㄷ, ㄹ, ㅁ

08 다음 설명에 해당하는 '이 단체'의 명칭을 쓰시오.
978

> 이 단체는 우리 정부에서 운영하는 대외 원조 전담 기관으로 저개발국의 경제, 사회 발전의 지원과 상호 우호 협력 증진 등을 목적으로 한다. 우리나라는 1991년에 이 단체를 설립하였다.

(   )

서술형 문제

09 자료는 공적 개발 원조액 비중과 지원 액수를 나타낸
979 것이다. 물음에 답하시오.

◎ 공적 개발 원조를 하는 국가와 받는 국가

> 개발 원조는 정부나 국제기구가 공식적으로 지원하는 형태인 공적 개발 원조와 비정부 기구와 민간 재단이 지원하는 민간 개발 원조가 있다. 개발 원조는 경제 협력 기구(OECD) 산하의 (㉠) 이/가 주도하고 있다. 우리나라는 2009년에 이 단체에 가입하였다.

(1) ㉠에 들어갈 단체의 명칭을 쓰시오.

_____

(2) 공적 개발 원조 지원 액수가 높은 국가와 원조액 비중이 높은 국가들의 특징을 비교하여 서술하시오.

_____
_____

논술형 문제

10 그림은 공정 무역을 나타낸 것이다. 공정 무역의 의미
980 를 쓰고, 이를 통해 생산자와 소비자가 얻을 수 있는 효과를 각각 서술하시오.

_____
_____
_____
_____
_____

01 세계의 다양한 지리적 문제

01 다음 글에서 나타나는 세계의 다양한 문제의 원인만
981 을 〈보기〉에서 있는 대로 고른 것은?

> 1948년 팔레스타인에 유대인 국가인 이스라엘
> 이 세워지면서 원래 거주하던 팔레스타인 사람들
> 은 삶의 터전을 잃게 되었다. 이들은 이스라엘과
> 전쟁을 시작하였고, 두 진영 사이의 전쟁은 아직
> 도 진행 중이다.

> • 보기 •
> 지구상의 지리적 문제는 ㉠ 국가 및 지역 간 경
> 제 격차의 심화, ㉡ 서로 다른 종교 또는 민족 간
> 의 대립, ㉢ 자원을 둘러싼 국가 간의 이해관계 대
> 립, ㉣ 환경 오염 물질의 장거리 이동 등 여러 원
> 인이 있다.

① ㉠　　　② ㉡　　　③ ㉢
④ ㉣　　　⑤ ㉡, ㉢

02 다음 자료의 주제로 가장 적합한 것은?
982

> 〈세계적인 곡물 유통 회사의 운영 현황〉
>
> | | |
> |---|---|
> | 연매출 | 1,349억 달러 (약 148조 원) |
> | 순수익 | 18억 7,000만 달러 (약 2조 594억 원) |
> | 직원 수 | 14만 3,000명 |
>
> | | |
> |---|---|
> | 거래 국가 | 130개국 |
> | 사업장 수 | 67개국 1,200곳 |
> | 곡물 창고 수 | 8,000개 |
> | 접안 시설 | 확보한 항구 수 600곳 |
>
> 세계 곡물 유통 시장의 약 80 %는 4대 곡물 대
> 기업이 장악하고 있다. 곡물 대기업들은 이윤을
> 극대화하려고 유통량을 조절하는데, 이 과정에서
> 곡물 가격이 상승하면서 저개발 국가의 곡물 수입
> 이 더욱 어려워지는 문제가 발생한다.

① 세계의 기아 현황
② 식량 생산량의 감소
③ 대기업의 이익 창출
④ 식량 작물의 용도 변화
⑤ 식량 분배의 국제적 불균형

[03-04] 다음 글을 읽고, 물음에 답하시오.

> 지구는 다양한 생명체가 서로 영향을 주고받으
> 며 살아가고 있는 곳으로 생물 다양성은 생태계가
> 변화에 적응하고 스스로 회복할 수 있도록 하는
> 기본 조건이다. 그런데 최근 생물의 다양성이 감
> 소하고 있다. 생물종이 감소하면 인간이 이용 가
> 능한 생물 자원의 수가 감소할 뿐만 아니라 먹이
> 사슬이 끊겨 생태계가 빠르게 파괴된다.

03 생물 다양성 감소의 원인만을 〈보기〉에서 있는 대로
983 고른 것은?

> • 보기 •
> ㄱ. 기후 변화　　　ㄴ. 무분별한 남획
> ㄷ. 외래종의 유입　　ㄹ. 동물의 서식지 파괴
> ㅁ. 산업화 도시화로 인한 숲의 파괴

① ㄱ, ㄴ　　　　　② ㄱ, ㄹ, ㅁ
③ ㄴ, ㄷ, ㄹ　　　④ ㄴ, ㄷ, ㄹ, ㅁ
⑤ ㄱ, ㄴ, ㄷ, ㄹ, ㅁ

04 위의 문제를 위해 국제 연합(UN)이 1992년 채택한 것
984 은?

① 바젤 협약
② 파리 협약
③ 교토 의정서
④ 세계 자연 기금
⑤ 생물 다양성 협약

05 기아 문제의 발생 원인 중 성격이 <u>다른</u> 하나는?
985

① 잦은 분쟁
② 빈번한 자연재해
③ 곡물 가격의 상승
④ 급격한 인구 증가
⑤ 식량 자원의 분배 문제

06 다음 사례에서 해결하고자 하는 문제로 옳은 것은?

986

> 적정 기술은 어느 특정한 지역의 사정에 알맞은 기술로 문제 해결에 적절하게 사용될 수 있는 기술이다. 주로 개발 도상국에 적용된다.
> ⓔ 전기가 들어오지 않는 더운 지역의 항아리 냉장고, 한 번에 많은 양의 물을 쉽게 옮길 수 있는 큐 드럼, 매연이 줄어들고 연료비가 절감되는 지 세이버, 오염된 물을 정화해주는 빨대 형태의 라이프스트로, 페트병과 물, 표백제로 만드는 페트병 전구

① 농작물의 다양성을 늘릴 수 있다.

② 불공정한 국제 무역 구조를 개선할 수 있다.

③ 저개발국의 영양 부족 문제를 해결할 수 있다.

④ 배타적 경제 수역을 둘러싼 갈등을 해결할 수 있다.

⑤ 빈곤 지역 주민들의 삶을 개선하고 소득을 증대할 수 있다.

07 지도는 각국의 인구 대비 기아 현황(2015년)을 나타낸 것이다. 이에 대한 설명으로 옳은 것은?

987

① 유럽은 비만 비율이 낮고 기아 비율이 높게 나타난다.

② 남아시아는 가뭄, 홍수 등에 따른 식량 부족으로 기아 비율이 가장 높게 나타난다.

③ 사하라 이남 아프리카는 사막화 면적이 증가함에 따라 기아 비율이 낮게 나타난다.

④ 중남부 아메리카는 식량 분배의 국제적인 불균형으로 인해 기아 비율이 가장 낮게 나타난다.

⑤ 급격한 인구 증가와 잦은 분쟁으로 어려움을 겪고 있는 지역에서 기아 비율이 높게 나타난다.

08 지도의 지역이 분쟁을 겪는 원인으로 옳은 것은?

988

① 빈곤   ② 민족 대립   ③ 자연 재해

④ 종교 갈등   ⑤ 오염 물질의 이동

09 지도를 통해 유추할 수 있는 잦은 분쟁의 원인으로 옳은 것은?

989

① 다양한 인종이 섞여 있기 때문

② 국가별로 경제 체제가 다르기 때문

③ 국경과 부족의 경계가 다르기 때문

④ 각 지역마다 추구하는 이념이 다르기 때문

⑤ 농사에 유리한 평원과 산악 지형의 구분 때문

10 지도와 같이 영역을 둘러싼 갈등이 증가하는 이유로 옳은 것을 〈보기〉에서 있는 대로 고른 것은?

990

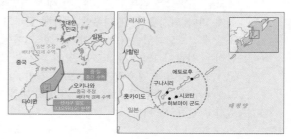

・보기・
ㄱ. 자원의 확보   ㄴ. 해상 교통로의 요지
ㄷ. 군사적 요충지 획득   ㄹ. 해양 자원의 가치 상승

① ㄱ, ㄴ   ② ㄴ, ㄷ   ③ ㄱ, ㄴ, ㄷ

④ ㄴ, ㄷ, ㄹ   ⑤ ㄱ, ㄴ, ㄷ, ㄹ

11 지도는 세계의 지리적 문제 발생 지역을 나타낸 것이다. A에 들어갈 말로 옳은 것은?

① 빈곤 문제　　② 언어 분쟁　　③ 역사적 배경
④ 민족·종교 분쟁　　⑤ 바다를 둘러싼 분쟁

03 지역 간 불평등 해결을 위한 국제적 협력

12 발전 수준의 다양한 지표 중 선진국과 개발 도상국에서 각각 높게 나타나는 것끼리 바르게 연결한 것은?

ㄱ. 1인당 국내 총생산(GDP)　ㄴ. 기대 수명
ㄷ. 성 불평등 지수　　　　　ㄹ. 성인 문자 해독률
ㅁ. 교사 1인당 학생 수　　　ㅂ. 영아 사망률

	선진국	개발 도상국
①	ㄱ, ㄴ, ㄹ	ㄷ, ㅁ, ㅂ
②	ㄱ, ㄷ, ㅁ	ㄴ, ㄹ, ㅂ
③	ㄴ, ㄹ, ㅁ	ㄱ, ㄷ, ㅂ
④	ㄷ, ㅂ	ㄱ, ㄴ, ㄹ, ㅁ
⑤	ㄷ, ㄹ, ㅁ, ㅂ	ㄱ, ㄴ

13 다음 글과 관련 있는 국제기구는?

노벨 평화상을 받은 ○○○이 전 세계 억만장자에게 기아 퇴치를 위한 기부에 동참해 달라고 호소했다고 보도하였습니다. 올해 극심한 기아에 시달리는 사람이 1억 3천 800만 명에 다가갈 것이고, 기후 충격과 경제적 압박으로 곤경이 악화했고, 세계적인 감염병으로 더욱 기아로 내몰리고 있다고 말하였습니다.
– MBC 뉴스, 2020. 10. 10.

① 국제 연합(UN)
② 세이브 더 칠드런
③ 세계 식량 계획(WFP)
④ 경제 협력 개발 기구(OECD)
⑤ 국제 연합 식량 농업 기구(FAO)

14 지도는 인간 개발 지수(HDI)를 나타낸 것이다. 이에 대한 설명으로 옳은 것은?

① 국가별 국민의 행복 지수를 평가한 지표이다.
② 국제 연합 평화 유지군(PKF)에서 지표를 종합하여 발표한다.
③ 1인당 국민 소득, 평균 수명과 학력 수준 등을 기준으로 한다.
④ 주로 선진국에서 낮게 나타나고, 개발 도상국에서 높게 나타난다.
⑤ 국내 총생산, 기대 수명, 사회적 자본, 부패 지수, 관용의 지표를 활용한다.

15 ㉠~㉤에 들어갈 내용을 바르게 연결한 것은?

국제 연합(UN)	㉠
㉡	분쟁 지역에 파견되어 질서 유지 및 주민 안전 보장
㉢	난민 보호 및 난민 문제 해결
국제 연합 아동 기금 (UNICEF)	㉣
㉤	세계의 질병 및 보건 위생 문제 해결

① ㉠ – 아동 구호와 아동의 복지 향상
② ㉡ – 국제 연합 난민 기구(UNHCR)
③ ㉢ – 국제 연합 평화 유지군(PKF)
④ ㉣ – 국제 평화와 안전의 유지, 인권 및 자유 확보를 위해 노력
⑤ ㉤ – 세계 보건 기구(WHO)

16 다음 자료를 보고 지역 간 불평등 완화를 위한 노력으로 옳지 <u>않은</u> 것은?

996

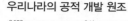

우리나라의 공적 개발 원조

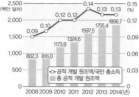

개발 원조란 개발 도상국의 빈곤 문제를 해결하기 위해 국제 사회가 재정 및 기술, 물자 등을 지원하는 것을 일컫는다.

① 우리나라는 한국 국제 협력단(KOICA)을 통해 지원하고 있다.
② 우리나라는 원조를 받던 나라에서 도움을 주는 나라가 되었다.
③ 공적 개발 원조는 개발 도상국의 경제 발전과 복지 증진이 목적이다.
④ 경제 협력 개발 기구(OECD)의 개발 원조 위원회(DAC)에서 담당한다.
⑤ 과거에는 사회 기반 시설 구축을 지원하였으나 최근에는 식량이나 물품의 형태로 지원한다.

17 다음의 문제에 대응하는 세계 시민으로서의 자세로 옳지 <u>않은</u> 것은?

997

오늘날 우리의 삶의 공간이 전 지구로 확대되고 국가 간, 지역 간 상호 의존성이 더욱 높아지면서 환경 오염, 분쟁, 빈곤 등 전 지구적 차원의 협력이 필요한 문제가 나타나고 있다.

① 일회용품 사용 자제와 생태 환경 보호를 위한 노력
② 서로의 차이와 다양성을 인정하고 존중하려는 자세
③ 경제 발전을 위해 사회적 책임보다 효율성을 중요시하는 자세
④ 빈곤과 기아 문제를 해결하기 위한 봉사 활동이나 기부 등에 동참
⑤ 지구촌을 하나의 공동체로 인식하고 세계 곳곳의 지리적 문제에 관심을 가짐

18 다음에서 설명하는 현상을 무엇이라고 하는지 쓰고, 이를 해결하기 위한 방안을 서술하시오.

998

지구상에는 경제 발전 수준이 높은 국가와 경제 발전 수준이 낮은 국가가 있다. 경제 발전 수준이 높은 선진국들은 주로 북반구에 있고, 상대적으로 경제 발전 수준이 낮은 개발 도상국들은 주로 적도 주변과 남반구에 위치한다. 이들 간에는 경제적 격차 때문에 다양한 갈등이 나타나고 있다.

19 다음과 같은 활동을 하는 단체들을 총칭하는 명칭을 쓰고, 그 특징을 세 가지 서술하시오.

999

국경 없는 의사회는 재난과 전염병, 분쟁 발생 지역에 의료 서비스를 제공하여 1999년 노벨 평화상을 받은 기구이다. 그리고 빈곤 퇴치에 중점을 두는 옥스팜, 환경 보호 운동을 하는 그린피스 등이 있다.

20 밑줄 친 '운동'이 무엇인지 쓰고, 이에 대한 효과를 생산자와 소비자로 나누어 서술하시오.

1000

최근 기존의 국제 무역 체계로는 세계의 가난을 해결하는 데 한계가 있다는 인식 아래 개발 도상국에서 생산되는 환경 친화적인 제품들에 대해 중간 유통 과정을 거치지 않고 선진국의 소비자가 정당한 가격을 지급하여 생산자들에게 무역의 혜택이 돌아가도록 하자는 <u>운동</u>이 확대되고 있다.

MEMO

100명의 사회 교사 1000개의 사회 문제

정답 및 해설

중학 사회 ②

100명의 사회 교사 1000개의 사회 문제

정답 및 해설

중학 사회 ②

정답 및 해설

I. 인권과 헌법

01 인권 보장과 기본권

1 인권의 의미와 중요성

12~13쪽

01 (1) ○ (2) × (3) ×　**02** (1) 천부 인권 (2) 세계 인권 선언
(3) 연대권　　**03** (1) - ⓒ (2) - ⓐ (3) - ⓑ　　**04** ③
05 ④　　**06** ③　　**07** ①　　**08** 세계 인권 선언
09~10 해설 참조

04 출제 의도: 인권의 의미와 특징
③ 인권은 인간답게 살아가기 위해 마땅히 누려야 할 권리로서 인간의 존엄성 유지 및 보장을 위한 전제 조건이다.

그래서 오답!

① 국가가 제도적으로 보장할 때에만 주어진다. (×) → 인권은 국가의 법이나 제도적으로 보장되기 이전에 자연적으로 주어지는 권리이다.
② 일정한 조건을 갖추어야만 보장되는 권리이다. (×) → 인권은 조건에 상관없이 인간이라면 누구나 가지는 권리이다.

플러스 개념 인권의 성격

• 기본적 · 보편적 권리: 조건에 상관없이 인간이라면 누구나 가지는 권리
• 천부 인권: 인간이 태어나면서부터 가지는 권리로, 하늘이 준 권리
• 자연권: 국가의 법이나 제도로 보장되기 이전에 자연적으로 주어진 권리
• 불가침의 권리: 국가가 함부로 침해할 수 없는 권리

05 출제 의도: 근대 시민 혁명
④ 영국의 명예혁명과 프랑스 혁명은 모두 억압에 대해 저항하여 자유와 평등한 권리를 보장하고자 했던 시민 혁명이다.

그래서 오답!

① 미국 독립 혁명에 영향을 주었다. (×) → 프랑스 혁명은 미국 독립 혁명의 영향을 받았다.
② 바이마르 헌법의 영향을 받아 발생하였다. (×) → 바이마르 헌법은 시민 혁명 이후인 1919년에 제정되었다.

③ 참정권 보장을 위한 「인민 헌장」이 발표되었다. (×) → 인민 헌장은 차티스트 운동에서 발표된 문서이다.

06 출제 의도: 프랑스 인권 선언
제시된 자료는 프랑스 인권 선언이다. 프랑스 혁명 과정에서 발표된 프랑스 인권 선언의 정식 명칭은 「인간의 자유와 권리에 관한 인권 선언」으로, 발표된 이후 세계 각국의 헌법과 민주 정치의 발전에 크게 기여하였다. '인간에게 자연적이고 빼앗길 수 없는 신성한 여러 권리'라는 표현을 통해 인권의 자연권적 성격을 확인할 수 있다.

07 출제 의도: 차티스트 운동
시민 혁명 이후 시민의 자유와 평등이 제도적으로 보장되었지만, 누구에게나 선거에 투표할 수 있는 권한이 있는 것은 아니었다. 특히 가난한 노동자 계층은 투표할 수 있는 권리가 보장되지 않았다. 이에 영국에서는 노동자의 참정권 확대 운동인 차티스트 운동이 1838년에서 1848년까지 나타났다. 「인민 헌장」으로 대표되는 차티스트 운동은 이후 보통 선거의 원칙이 확립되는 기틀이 되었다.

그래서 오답!

ㄷ. 절대 군주의 억압에 대한 저항에서 시작되었다. (×) → 절대 군주의 억압에 대한 저항에서 시작한 것은 시민 혁명이다.
ㄹ. 사회권이 제도적으로 보장되는 계기가 되었다. (×) → 사회권이 제도적으로 보장되기 시작한 것은 바이마르 헌법 제정 (1919년) 이후이다.

08 출제 의도: 세계 인권 선언의 내용
제시된 자료는 1948년 국제 연합(UN)이 발표한 세계 인권 선언이다. 세계 인권 선언은 인종, 피부색, 성, 언어, 종교 등에 상관없이 누구에게나 평등하고 보편적인 인권의 보장을 전 세계가 합의하여 문서로 나타낸 것이다.

09 출제 의도: 인권의 의미와 성격

예시 답안

(1) 인권
(2) 인권은 천부 인권이고, 자연권이며, 기본적이고 보편적인 권리이고, 불가침의 권리이다.

핵심 단어 천부 인권, 자연권, 기본적 · 보편적 권리, 불가침의 권리

등급	채점 기준
상	핵심 단어 중 두 가지 이상을 포함하여 서술한 경우
하	핵심 단어 중 한 가지만 포함하여 서술한 경우

10 출제 의도: 인권의 확대 과정

예시 답안

시민 혁명인 (가)를 통해 시민의 자유와 평등이 제도적으로 보장되고, 차티스트 운동인 (다)를 통해 참정권이 확대되었으며, 바이마르 헌법 제정인 (나)를 통해 사회권이 등장하였다. 마지막으로 세계 인권 선언인 (라)를 통해 연대권으로서의 집단적 권리가 등장하였다.

등급	채점 기준
상	㈎~㈐를 순서대로 나열하고, 자유와 평등, 참정권, 사회권, 연대권을 모두 포함하여 서술한 경우
중	㈎~㈐를 순서대로 나열하고, 자유와 평등, 참정권, 사회권, 연대권을 일부 포함하여 서술한 경우
하	㈎~㈐를 순서대로 나열한 경우

② 기본권의 종류 및 기본권 제한의 요건과 한계

14~15쪽

01 (1) 인간의 존엄과 가치 및 행복 추구권 (2) 자유권, 사회권 (3) 법률 **02** ㉠ 자유권, ㉡ 사회권, ㉢ 청구권 **03** (1) 기본권 (2) 행복 추구권 (3) 청구권 (4) 공공복리 **04** ① **05** ④ **06** ③ **07** ② **08** 평등권 **09~10** 해설 참조

04 출제 의도: 기본권
① 기본권은 인권 중에서 헌법을 통해 보장하는 국민의 권리이다.

그래서 오답!

② 기본권 중 평등권, 자유권은 모든 기본권의 토대가 된다. (×) → 모든 기본권의 토대가 되는 것은 인간의 존엄과 가치 및 행복 추구권이다.
③ 국가 안전 보장, 질서 유지, 공공복리를 위한 경우에는 조건 없이 기본권을 제한할 수 있다. (×) → 국가 안전 보장, 질서 유지, 공공복리를 위한 경우에도 기본권은 국민의 대표인 국회가 만든 법률에 따라 제한되어야 한다.

05 출제 의도: 기본권의 내용
제시문에서 설명하는 기본권은 사회권이다. 사회권에는 인간다운 생활을 할 권리, 교육을 받을 권리, 사회 보장을 받을 권리, 쾌적한 환경에서 살 권리, 근로의 권리 등이 포함된다.

그래서 오답!

① 청원권 (×) → 청구권
② 신체의 자유 (×) → 자유권
③ 법 앞의 평등 (×) → 평등권

06 출제 의도: 기본권의 내용
미란다 원칙은 수사 과정 및 재판 과정을 공정하게 함으로써 신체의 자유(자유권)를 보장하기 위한 법적 장치이다.

그래서 오답!

① 모든 국민은 선거권을 가진다. (×) → 참정권
② 모든 국민은 법 앞에 평등하다. (×) → 평등권
④ 모든 국민은 재판을 받을 권리를 가진다. (×) → 청구권
⑤ 모든 국민은 인간다운 생활을 할 권리를 가진다. (×) → 사회권

07 출제 의도: 기본권의 제한과 한계
우리나라 헌법 제37조 ②항에서는 국가 안전 보장, 질서 유지, 공공복리를 위하여 필요한 경우에 한하여 법률로써 기본권을 제한할 수 있음을 명시하고 있다. 하지만 이렇게 기본권 제한을 하는 경우에도 자유와 권리의 본질적인 내용은 침해할 수 없음을 분명하게 명시함으로써 기본권 제한과 관련된 국가 권력의 남용을 방지하고, 국민의 기본권을 최대한 보장하고자 하고 있다.
② 기본권을 제한하는 요건과 한계를 헌법으로 엄격하게 정하여 국가 권력의 남용을 방지하고 있다.

08 출제 의도: 기본권의 종류
모든 국민은 법 앞에 평등하다. 따라서 누구든지 성별·종교 또는 사회적 신분에 의해 정치적·경제적·사회적·문화적 생활의 모든 영역에서 차별을 받지 않아야 한다. 제시된 사례에서 성별, 피부색 등에 의해 부당하게 차별받은 것은 평등권이 침해된 것이다.

09 출제 의도: 인간의 존엄과 가치 및 행복 추구권

예시 답안

(1) 청구권
(2) 국가에 대해 일정한 행위를 요구하거나 침해당한 기본권의 구제를 청구할 수 있는 권리로, 다른 기본권 보장을 위한 수단적 성격을 갖는다.

등급	채점 기준
상	국가에 대해 일정한 행위를 요구하는 것, 수단적 성격을 모두 포함하여 서술한 경우
하	국가에 대해 일정한 행위를 요구하는 것, 수단적 성격 중 한 가지만 포함하여 서술한 경우

10 출제 의도: 기본권의 제한과 한계

예시 답안

정당하다. 학생 안전이라는 공공복리(공익) 측면에서 제한되는 개인의 사익보다 달성하는 공익이 더 크기 때문이다. 하지만 기본권을 제한하더라도 인간의 존엄과 가치 같은 본질적인 내용은 침해해서는 안 된다.

등급	채점 기준
상	제한의 목적과 한계를 모두 포함하여 서술한 경우
하	제한의 목적과 한계 중 한 가지만 포함하여 서술한 경우

플러스 개념 기본권 제한의 내용과 한계

제한 사유	국가 안전 보장, 질서 유지, 공공복리
제한 수단	법률
제한의 한계	자유와 권리의 본질적인 내용은 침해할 수 없음

02 인권 침해와 구제 ~ 03 근로자의 권리와 보호

❶ 일상생활 속 인권 침해
❷ 국가 기관을 통한 인권 침해 구제 방법
18~19쪽

01 (1) × (2) × (3) ○　**02** (1) 행정 재판 (2) 헌법 소원 심판 (3) 국가 인권 위원회　**03** (1) 인권 침해 (2) 형사 재판 (3) 헌법 재판소　**04** ①　**05** ④　**06** ④　**07** ④　**08** 재판(민사 재판)　**09~10** 해설 참조

04 출제 의도: 인권 침해 유형
ㄱ은 성별, ㄴ은 성적을 이유로 인권을 침해당한 사례이다.

그래서 오답!

ㄷ. 실력이 부족해 축구 국가 대표로 뽑히지 못한 선수 (×)
→ 국가 대표로 선발되기 위해 필요한 축구 실력이 부족하여 선발되지 못한 사례이므로 인권 침해에 해당하지 않는다.
ㄹ. 키가 110cm 이하라는 이유로 보호자와 동반해야만 놀이 기구를 탑승할 수 있는 어린이 (×) → 안전한 놀이 기구 탑승을 위해 키를 제한하는 것은 인권 침해에 해당하지 않는다.

05 출제 의도: 한국 소비자원
제시된 사례에서는 진공청소기 판매자에 의해 소비자의 권리가 침해되었다. 따라서 A는 소비자의 권리를 보호하는 기관인 한국 소비자원에 도움을 요청할 수 있다.

06 출제 의도: 헌법 재판소
법률 또는 국가의 공권력에 의해 헌법상 보장된 인권이 침해된 경우 국민은 헌법 재판소에 헌법 소원 심판을 청구할 수 있다. 헌법 재판소는 해당 법률이나 사건이 헌법에 위배되었는지 판단하여 국민의 침해된 인권을 구제해 준다.

07 출제 의도: 국가 인권 위원회
제시된 사례에서는 영화관에서 장애인을 위한 자막을 제공하지 않아 장애인이라는 이유로 영화를 관람하지 못한 차별이 이루어졌다. 국가 인권 위원회는 이러한 인권 침해 및 차별 행위를 조사하여 구제하고, 인권을 침해하는 법이나 제도의 문제점을 찾아 개선할 것을 권고하는 기관이다.

그래서 오답!

① 시민 단체이다. (×) → 국가 기관이다.
② 법무부 소속 기관이다. (×) → 어디에도 속하지 않는 독립된 기관이다.
③ 위헌 법률 심판을 담당한다. (×) → 헌법 재판소의 역할이다.
⑤ 범죄 행위로 개인의 권리가 침해되었을 때 재판을 통해 권리를 구제한다. (×) → 법원의 형사 재판에 대한 설명이다.

08 출제 의도: 민사 재판
제시된 사례에서는 개인의 행위로 인해 권리를 침해당했으므로 법원의 민사 재판을 통해 권리를 구제받을 수 있다.

09 출제 의도: 인권 침해 구제 기관

예시 답안

개인 또는 국가로 인해 인권이 침해되었을 때 구제해 주는 기관이다.

핵심 단어 인권 침해 구제 기관

등급	채점 기준
상	인권이 침해되었을 때 구제해 주는 기관이라고 서술한 경우
하	인권 침해 구제 기관 외에 다른 표현을 사용하여 서술한 경우

10 출제 의도: 인권 보호를 위한 자세

예시 답안

다른 사람의 인권을 존중하고 인권 침해가 발생하지 않는지 주의 깊게 살피며, 인권 침해 상황에 민감하게 반응할 수 있도록 인권 감수성을 기른다. 인권을 침해당한 경우에는 권리 구제 방법과 절차를 정확히 알고 적극적으로 대응한다.

핵심 단어 존중, 인권 감수성, 구제 방법과 절차, 적극적 대응

등급	채점 기준
상	일반 시민으로서 가져야 할 자세와 인권을 침해당한 사람으로서 가져야 할 자세를 모두 서술한 경우
하	일반 시민으로서 가져야 할 자세와 인권을 침해당한 사람으로서 가져야 할 자세 중 한 가지만 서술한 경우

❸ 근로자의 권리
20~21쪽

01 (1) × (2) ○ (3) ×　**02** (1) – ㉠ (2) – ㉡ (3) – ㉢　**03** (1) 근로 (2) 최저 임금 (3) 노동권　**04** ②　**05** ②　**06** ⑤　**07** ②　**08** 근로자　**09~10** 해설 참조

04 출제 의도: 단체 교섭권
제시문에는 노동조합을 통해 사용자와 근로 조건을 협의한 사례가 나타나 있다. 따라서 노동 3권 중 단체 교섭권이 행사된 사례로 판단할 수 있다.

05 출제 의도: 노동 3권
노동 3권은 근로자가 사용자와 대등한 지위를 가지고 근로 조건을 결정할 수 있는 권리이며, 단결권은 근로자가 노동조합을 만들어 자주적으로 활동할 수 있는 권리이다.

06 출제 의도: 근로의 권리 및 최저 임금 보장
⑤ 헌법 제32조 ①항은 근로의 권리와 최저 임금을 보장하여 근로자의 인간다운 삶을 실현하기 위한 헌법 조항이다.

07 출제 의도: 노동권의 침해
ㄱ. 최저 임금을 보장받는 것은 헌법 제32조 ①항에 명시되어 있는 근로자의 권리이기 때문에 최저 임금 미만을 받은 A는 노동권을 침해당하였다.
ㄷ. 노동 3권의 내용 중 단체 교섭권은 노동조합을 통해 사용자와 근로 조건을 협의할 수 있는 권리이다. 따라서 사용

　사회 ②

자가 노동조합과의 단체 교섭을 계속 거부한 것은 단체 교섭권을 위반한 것이다.

그래서 오답!

> ㄴ. B는 휴게실 확보를 위해 노동조합을 만들었다. (×) → 근로자들이 노동조합을 만들어 활동하는 것은 단결권이 행사된 사례이다.
>
> ㄹ. D는 사용자와 단체 교섭이 원만하게 이루어지지 않자 파업에 참여하였다. (×) → 사용자와 단체 교섭이 원만하게 이루어지지 않을 때 일정한 절차를 거쳐 쟁의 행위를 하는 것은 단체 행동권이 행사된 사례이다.

08 출제 의도: 근로자

근로자란 임금을 받기 위해 사용자에게 근로를 제공하는 사람이다.

플러스 개념 근로자와 사용자

- 근로자: 임금을 목적으로 노동력을 제공하는 사람으로, 근로 시간의 길고 짧음은 문제되지 않는다. 따라서 아르바이트생도 근로자에 해당한다.
- 사용자: 근로자의 근로를 제공받기 위해 근로자를 지휘·감독하고 그 대가로 임금을 지급하는 사람이다.

09 출제 의도: 노동 3권의 내용 및 목적

예시 답안

(1) ㉠ – 단결권, ㉡ – 단체 행동권
(2) 사회적·경제적 약자의 위치에 있는 근로자가 사용자와 대응한 위치에서 근로 조건을 협의할 수 있도록 하고, 근로자의 근로 조건 및 권리를 보호한다.

핵심 단어 사회적·경제적 약자, 사용자와 대응한 위치, 근로 조건 협의, 근로 조건 및 권리 보호

등급	채점 기준
상	노동 3권의 목적을 두 가지 모두 서술한 경우
하	노동 3권의 목적을 한 가지만 서술한 경우

10 출제 의도: 근로자의 의미

예시 답안

A는 근로자이다. 근로 시간의 길고 짧음과 관계없이 임금을 받기 위해 사용자에게 근로를 제공하는 사람을 근로자라고 하기 때문이다.

핵심 단어 임금, 사용자, 근로 제공

등급	채점 기준
상	근로자라고 쓰고, 핵심 단어를 모두 사용하여 근로자의 의미를 서술한 경우
중	근로자라고 쓰고, 핵심 단어 중 한두 가지만 사용하여 근로자의 의미를 서술한 경우
하	근로자라고만 쓴 경우

④ 노동권의 침해와 구제 방법

22~23쪽

> **01** (1) 부당 노동 행위 (2) 노동 위원회 (3) 민사 소송
> **02** ㉠ 지방 노동 위원회, ㉡ 중앙 노동 위원회, ㉢ 행정 법원
> **03** (1) 부당 해고 (2) 고용 노동부 (3) 노동 위원회
> **04** ① **05** ② **06** ① **07** ② **08** 노동 위원회
> **09~10** 해설 참조

04 출제 의도: 노동권 침해 사례

① 계약 기간이 만료하여 회사를 퇴직하는 경우는 정당한 퇴직 사유에 해당하기 때문에 노동권 침해로 볼 수 없다.

그래서 오답!

> ② 을: 노동조합에 가입했다는 이유로 승진에서 누락되었다. (○) → 사용자가 근로자에게 노동조합의 조직, 가입, 활동 등을 이유로 불이익을 주는 행위는 부당 노동 행위에 해당한다.
>
> ③ 병: 청소년이라는 이유로 최저 임금보다 적은 임금을 받았다. (○) → 최저 임금법은 연령 등 다른 조건과 관계없이 모든 근로자에게 동일하게 적용된다. 따라서 최저 임금을 준수하지 않은 노동권 침해 사례이다.

05 출제 의도: 노동권 침해 사례

② 정당한 이유 없이 갑자기 해고를 통보하였으므로 부당 해고에 해당한다.

06 출제 의도: 부당 노동 행위

부당 노동 행위는 사용자가 근로자의 '노동 3권'을 침해하는 경우를 의미한다. 즉, 노동자의 단결권, 단체 교섭권, 단체 행동권을 방해하거나 그 권리의 행사를 이유로 근로자에게 불이익을 주는 경우를 부당 노동 행위라고 한다.

그래서 오답!

> ㄷ. 임신한 근로자가 출산이 다가와서 출산 휴가를 신청했다는 이유로 해고한 경우 (×) → 부당 해고
>
> ㄹ. 사용자가 회사의 사정을 이유로 월급의 80%만 지급하고 나머지 20%를 지급하지 않는 경우 (×) → 임금 체불

06 출제 의도: 고용 노동부

② 고용 노동부는 근로 기준, 고용 알선 등 전반적인 노동 관련 분야를 담당하는 행정부 소속의 국가 기관으로, 제시된 사례에서 A는 고용 노동부에 임금 체불을 신고할 수 있다.

08 출제 의도: 노동 위원회

노동 위원회는 근로자 위원, 사용자 위원, 공익 위원으로 구성된 합의제 행정 기관으로, 노사 문제를 조정하고 판정하는 역할을 한다.

09 출제 의도: 부당 해고

예시 답안

해고의 이유가 정당하지 않고, 30일 이전에 해고 계획을 알리지 않았으며, 문서로 먼저 시행하지 않고 구두(말)로 해고를 하였기 때문이다.

등급	채점 기준
상	부당 해고인 이유를 두 가지 이상 서술한 경우
하	부당 해고인 이유를 한 가지만 서술한 경우

10 출제 의도: 노동권 침해와 구제

예시 답안

정당하지 않다. ○○ 마트는 근로자와 합의 없이 법으로 정해진 8시간 외에 10분의 추가 근로를 하도록 요구해 왔으며, 그에 대한 추가 수당도 지급하지 않았다. 이에 근로자들은 자신들의 정당한 권리를 보장받기 위해 단체 행동을 한 것인데, 그 행위를 이유로 해고한다면 정당한 이유 없는 부당 해고에 해당한다.

핵심 단어 8시간, 추가 근로, 추가 수당, 부당 해고

등급	채점 기준
상	근로 기준법을 바탕으로 근로자들의 요구가 정당함을 밝히고, 정당한 이유 없는 부당 해고라고 서술한 경우
하	근로 기준법에 대한 언급 없이 정당한 이유 없는 부당 해고라고만 서술한 경우

대단원 완성 문제 Ⅰ 인권과 헌법

24~29쪽

01 ②	02 ④	03 ①	04 ①	05 ⑤	06 ①
07 ④	08 ②	09 ②	10 ③	11 ③	12 ⑤
13 ③	14 ①	15 ③	16 ③	17 ⑤	18 ⑤
19 ③	20 ④	21 ②	22 ④	23 ④	24 ⑤
25 ①	26 ③	27 ④	28~30 해설 참조		

01 출제 의도: 인권의 의미

인권은 인간이 인간답게 살아가기 위해 마땅히 누려야 할 권리이며, 인간의 존엄성 유지 및 보장을 위한 전제 조건이다.

그래서 오답!

① 인간이 태어나 성인이 되면 주어지는 권리이다. (×) → 인간이 태어나면서부터 가지는 권리이다.
③ 사회적 의무를 다하는 사람에게 주어지는 권리이다. (×) → 의무를 이행했는지 여부와 관계없이 인간이라면 누구나 가지는 권리이다.
④ 일정한 조건을 갖춘 사람에게만 보장되는 제한적 권리이다. (×) → 인간이라면 누구나 마땅히 누려야 할 권리이다.
⑤ 국가에 속하지 않은 자연적인 상태의 경우 보장받을 수 없다. (×) → 국가의 법이나 제도로 보장되기 이전에 자연적으로 주어지는 자연권이다.

02 출제 의도: 인권의 성격

인권은 기본적 · 보편적 권리로 조건에 상관없이 인간이라면 누구나 가지는 권리이다.

03 출제 의도: 프랑스 인권 선언

프랑스 인권 선언 제7조에서는 신체의 자유에 대한 내용을 명시하고 있는데, 신체의 자유는 자유권에 해당한다.

04 출제 의도: 바이마르 헌법

제시된 문서는 독일의 바이마르 헌법이다. 바이마르 헌법은 세계 최초로 사회권을 헌법으로 규정하였다.

그래서 오답!

② 근대 민주 정치가 시작되는 계기가 되었다. (×) → 근대 시민 혁명에 대한 설명이다.
③ 절대주의 왕정의 억압에 대항하여 등장하였다. (×) → 절대주의 왕정의 억압에 대항한 것은 프랑스 혁명으로 나타난 프랑스 인권 선언이다.
④ 노동자에 의한 참정권 확대 운동의 결과로 등장하였다. (×) → 차티스트 운동 당시 인민 헌장에 대한 설명이다.
⑤ 민족이나 집단 차원에서 누리는 연대권의 개념을 제기하였다. (×) → 세계 인권 선언에 대한 설명이다.

05 출제 의도: 인권과 헌법의 관계

⑤ 오늘날 대부분의 국가에서는 헌법에 인권을 국민의 기본권으로 규정하고 있다. 우리나라 헌법도 자유권, 평등권, 참정권, 사회권, 청구권 등으로 기본권을 보호하고 있다.

06 출제 의도: 참정권

첫 번째 내용은 선거권, 두 번째 내용은 국민 투표권, 세 번째 내용은 공무 담임권에 대한 설명이다. 선거권, 국민 투표권, 공무 담임권은 모두 청구권에 해당한다.

그래서 오답!

② 국가에 대해 일정한 행위를 요구할 수 있는 권리이다. (×) → 청구권
③ 국민들이 부당하게 차별받지 않고 동등하게 대우받을 권리이다. (×) → 평등권
④ 국민이 국가에 인간다운 생활을 요구할 수 있는 적극적 권리이다. (×) → 사회권
⑤ 국가의 간섭이나 침해를 받지 않고 자유롭게 생활할 수 있는 권리이다. (×) → 자유권

07 출제 의도: 청구권

청구권은 국가에 대하여 일정한 행위를 요구할 수 있는 권리로서 그 종류로는 청원권, 재판 청구권, 국가 배상 청구권 등이 있다. 청구권의 특징은 다른 기본권을 보장하기 위한 수단적 성격의 권리라는 점이다.

그래서 오답!

ㄱ. 다른 기본권을 실현하기 위한 전제 조건이다. (×) → 평등권
ㄷ. 국민의 인간다운 생활 보장을 위한 적극적 권리이다. (×) → 사회권

08 출제 의도: 평등권

제시문에서 설명하는 기본권은 평등권이다. 평등권은 다른 기본권을 실현하기 위한 전제 조건이다.

09 출제 의도: 사회권

사회권은 국민이 국가에 인간다운 생활을 요구할 수 있는 적극적 권리로서, 교육을 받을 권리, 근로의 권리, 쾌적한 환경에서 살 권리 등을 포함한다.

10 출제 의도: 국민 투표권

대의제는 국민의 의사가 정치에 정확하게 반영되지 않거나, 시민의 정치적 무관심을 초래할 수 있다는 한계를 가지고 있다. 참정권 중 국민 투표권은 이러한 대의제의 한계를 보완하기 위한 직접 민주제 요소에 해당한다.

11 출제 의도: 헌법 조항과 기본권

(가)의 공무 담임권은 참정권에 해당하고, (나)의 언론 · 출판 · 집회 · 결사의 자유는 자유권에 해당하며, (다)의 쾌적한 환경에서 생활할 권리는 사회권에 해당한다.

12 출제 의도: 국가 배상 청구권

⑤ 국가 배상 청구권이란 공무원의 불법 행위 때문에 손해를 입은 국민이 국가에 손해 배상을 청구할 권리를 말한다. 제시된 사례에서는 지방 자치 단체가 의도한 것은 아니지만, 맨홀의 설치 또는 관리상의 하자가 있었다고 볼 수 있다. 따라서 A는 국가 배상법에 따라 맨홀의 관리자인 지방 자치 단체 또는 국가를 상대로 실족 사고로 인한 손해 배상을 청구할 수 있다.

13 출제 의도: 기본권의 제한 수단

기본권은 질서 유지, 국가 안전 보장, 공공복리를 위해 필요한 경우 법률에 의해 제한될 수 있다. 법률은 국민의 대표로 구성된 국회에서 제정된다.

14 출제 의도: 기본권 제한의 요건과 한계

① 기본권 제한의 한계를 헌법으로 규정하는 이유는 국가 권력의 남용을 방지하고 국민의 자유와 권리를 최대한 보장하기 위해서이다.

> **그래서 오답!**
>
> ② 국민의 자유와 권리를 침해하기 위해 (×) → 기본권 제한은 국민의 자유와 권리를 보장하기 위한 조치이다.
> ③ 기본권 제한의 한계를 두지 않기 위해 (×) → 기본권 제한의 한계를 헌법으로 명확하게 규정하고 있다.
> ④ 기본권 제한의 사유를 만들지 않기 위해 (×) → 기본권 제한의 사유는 국가 안전 보장, 질서 유지, 공공복리 세 가지로 한정 짓고 있다.
> ⑤ 기본권의 본질적인 내용까지 제한하기 위해 (×) → 필요한 경우에 기본권을 제한하더라도 자유와 권리의 본질적인 내용은 침해할 수 없다.

15 출제 의도: 국민의 기본권 제한

③ 필요한 경우에 한해 법률로서 기본권을 제한하더라도 자유와 권리의 본질적인 내용은 침해할 수 없다. 여기서 자유와 권리의 본질적인 내용이란 인간의 존엄과 가치를 의미한다.

16 출제 의도: 기본권 제한의 사유

(가)에서 과속 운전을 제한하는 것은 교통 질서를 유지하기 위해서이고, (나)에서 군사 보호 지역에 민간인의 출입을 통제하는 것은 군사 보호 지역이 국가의 안보와 관계있는 곳이기 때문이며, (다)에서 개발 제한 구역 내의 재산권(자유권)을 제한하는 것은 도시의 무분별한 팽창과 개발을 막아 사회 구성원 전체의 공통되는 이익을 실현하기 위한 조치이므로 공공복리가 그 사유라고 할 수 있다.

17 출제 의도: 감염병으로 인한 기본권 제한

제시문에서 확진자를 격리 조치하고 동선을 공개하는 것은 확진자의 자유권을 제한한 것이다. 이는 감염병 예방의 이익이 확진자의 자유권보다 크다고 판단하여 공공복리를 위해 확진자의 자유권을 제한한 것이다.

18 출제 의도: 인권 침해

⑤ 인권 침해는 개인뿐만 아니라 국가의 잘못된 법률이나 제도, 즉 국가 기관에 의해 발생하기도 한다.

19 출제 의도: 인권 보장을 위한 노력

③ 사회나 집단의 관습이나 관행, 국가의 잘못된 법률이나 제도 등은 인권 침해의 대표적인 발생 원인이다.

20 출제 의도: 인권 침해와 구제 방법

제시된 사례에서 나이를 이유로 국회 도서관 이용을 제한하는 것을 기본권 침해라고 판단하는 경우에는, 국가 인권 위원회에 차별 행위가 성립되는지 확인하고 구제 요청을 할 수 있다.

> **그래서 오답!**
>
> ① 국회 도서관을 상대로 형사 재판을 청구한다. (×) → 형사 재판은 범죄 행위로 개인의 권리가 침해당했을 때 청구하는 것인데, 국회 도서관의 규정은 범죄 행위로 볼 수 없다.
> ② 최우선적으로 헌법 소원 심판을 고려해 본다. (×) → 헌법 소원 심판은 침해된 기본권을 구제받을 다른 수단이 없을 경우에 고려해야 한다.
> ③ 한국 소비자원에 소비자로서의 권리에 대해 문의한다. (×) → 소비자의 권리가 침해된 경우로 보기 어려우므로 적절하지 않다.
> ⑤ 언론 중재 위원회를 통해 발생한 피해에 대해 개선을 요청한다. (×) → 언론 보도로 인해 피해가 발생한 경우로 보기 어려우므로 적절하지 않다.

21 출제 의도: 헌법 재판소의 기능

헌법 재판소는 헌법에 보장된 국민의 기본권 및 국가 질서를 보호하기 위한 기관으로, 위헌 법률 심판과 헌법 소원 심판 등을 통해 국민의 권리를 보호한다.

22 출제 의도: 국가 인권 위원회의 기능

국가 인권 위원회는 어떤 국가 기관에도 소속되지 않은 독립적인 인권 전담 기구이다.

> **그래서 오답!**
>
> ㄱ. 사법 작용을 담당한다. (×) → 법원에 대한 설명이다.
> ㄷ. 법률이 헌법에 위반되는지를 심판한다. (×) → 헌법 재판소에 대한 설명이다.

23 출제 의도: 법원의 인권 침해 구제 방법

형사 재판은 범죄 행위로 인해 개인의 권리가 침해된 경우, 민사 재판은 타인의 행위로 인해 개인의 권리가 침해된 경우,

행정 재판은 행정 기관의 잘못으로 인해 개인의 권리가 침해된 경우에 구제 방법이 될 수 있다.

24 출제 의도: 근로자의 권리

근로자는 근로 기준법에 의해 최소한의 인간다운 생활을 영위할 수 있는 근로 조건을 보장받는다.

그래서 오답!

① 근로자는 단체 행동을 해서는 안 된다. (×) → 최후의 수단으로 단체 행동권을 발휘할 수 있다.

② 사용자는 근로자에 비해 상대적으로 약자의 위치에 있다. (×) → 근로자는 사용자에 비해 경제적·사회적 약자의 위치에 있다.

③ 근로자는 근로 조건에 관하여 사용자와 1:1로만 협의할 수 있다. (×) → 근로자는 단체 교섭권을 가지며, 노동조합을 통해 사용자와 근로 조건을 협의할 수 있다.

④ 근로 조건을 협의하기 위해 노동조합을 결성하는 것은 해고 사유가 된다. (×) → 사용자가 근로자의 노동조합 활동과 관련하여 불이익을 주는 것은 부당 노동 행위이다.

25 출제 의도: 노동 3권

노동조합과 같은 단체를 만들 수 있는 권리는 단결권이며, 노동조합을 통해 사용자와 근로 조건을 협의할 수 있는 권리는 단체 교섭권이다. 사용자와 단체 교섭이 원만하게 이루어지지 않을 때 일정한 절차를 거쳐 쟁의 행위를 할 수 있는 권리는 단체 행동권이다.

26 출제 의도: 임금 체불 시 해결 방법

제시된 사례에서 A는 계약보다 짧게 일했지만, 한 달간의 노동에 대해서는 정당한 임금을 받을 권리가 있다. 따라서 고용 노동부에 신고하여 문제를 해결할 수 있다.

27 출제 의도: 노동권 침해 사례

④ 회사에 고지 없이 계속해서 무단결근을 하는 것은 정당한 징계 사유로 볼 수 있기 때문에 노동권 침해 사례로 부적절하다.

28 출제 의도: 기본권 제한의 사유

예시 답안

어린이의 안전과 같은 공공복리를 위해 제한하는 것이므로 과도한 침해라고 보기 어려워.

핵심 단어 어린이의 안전, 공공복리

등급	채점 기준
상	어린이의 안전과 같은 공공복리를 위해 제한하는 것이라고 서술한 경우
하	어린이의 안전에 대한 언급 없이 공공복리를 위해 제한한다고만 서술한 경우

29 출제 의도: 기본권 침해 구제 방법

예시 답안

헌법 재판소에 헌법 소원 심판을 청구하거나 국가 인권 위원회에 진정을 넣어 권리 구제를 요청할 수 있다.

핵심 단어 헌법 재판소, 헌법 소원 심판, 국가 인권 위원회, 진정

등급	채점 기준
상	헌법 소원 심판과 진정을 모두 서술한 경우
하	헌법 소원 심판과 진정 중 한 가지만 서술한 경우

30 출제 의도: 노동권 구제 방법

예시 답안

(1) 근로자의 노동조합 활동을 이유로 사용자가 근로자에게 불이익을 주는 행위는 부당 노동 행위에 해당하고, 이는 정당한 해고 사유가 될 수 없다.

핵심 단어 부당 노동 행위, 구제 요청

등급	채점 기준
상	부당 노동 행위임을 지적하고 정당하지 않다고 서술한 경우
하	부당 노동 행위에 대한 언급 없이 정당하지 않다고만 서술한 경우

(2) A는 노동 위원회에 구제를 요청할 수 있다.

핵심 단어 노동 위원회, 구제 요청

등급	채점 기준
상	노동 위원회에 구제를 요청할 수 있다고 서술한 경우
하	노동 위원회에 구제를 요청하는 것 외에 다른 방법을 서술한 경우

II. 헌법과 국가 기관

01 국회

① 국회의 위상과 조직

34~35쪽

01 (1) 대의(간접) (2) 국회 (3) 지역구 (4) 정당   **02** (1) – ㉠ (2) – ㉡ (3) – ㉢   **03** (1) × (2) ○ (3) × (4) ×   **04** ②
05 ④   **06** ③   **07** ②   **08** 입법   **09~10** 해설 참조

04 출제 의도: 국회의 지위와 관련된 헌법 조항

② 국회는 국민의 선거에 의해 선출된 국회 의원으로 구성된 국민의 대표 기관이다.

그래서 오답!

① 입법 기관으로서의 국회 (×) → 헌법 제40조 입법권은 국회에 속한다.

③ 국가 권력의 견제 기관으로서의 국회 (×) → 헌법 제61조 ① 국회는 국정을 감사하거나 특정한 국정 사안에 대하여 조사할 수 있으며, …(후략)…

05 출제 의도: 국회의 주요 조직

④ 상임 위원회는 전문 분야별로 조직된 상설 위원회로 본회의에서 결정할 안건을 미리 조사하고 심의한다. 국방 위원회, 보건 복지 위원회 등이 이에 속한다.

06 출제 의도: 우리나라 국회의 특징

③ 국회는 국민들의 선거에 의해 선거구별로 선출된 지역구 국회 의원과 정당의 득표율에 비례하여 선출된 비례 대표 국회 의원으로 구성된다.

> **그래서 오답!**
>
> ① 법을 만드는 국가 작용을 하므로 사법부라고 한다. (×)
>   → 국회는 법을 만드는 국가 작용을 하므로 입법부라고 한다.
> ② 5년에 한 번씩 선거를 통해 선출된 대표로 구성된다. (×)
>   → 국회 의원 선거는 4년에 한 번씩 이루어진다.
> ④ 현행 헌법상 300명 이상의 국회 의원으로 구성되어야 한다. (×) → 헌법 제41조 ② 국회 의원의 수는 법률로 정하되, 200인 이상으로 한다.
> ⑤ 10명 이상의 소속 의원을 가진 정당은 교섭 단체를 구성할 수 있다. (×) → 20인 이상의 소속 의원을 가진 정당은 교섭 단체를 구성할 수 있다.

07 출제 의도: 국회 본회의

본회의는 국회의 최종적인 의사 결정을 하는 회의로, 매년 1회씩 열리는 정기회와 대통령 또는 국회 재적 의원 4분의 1 이상의 요구에 따라 수시로 열리는 임시회로 구분된다. 국회 의원 전원으로 구성된 본회의는 회의 내용을 공개하는 것이 원칙이다.

> **그래서 오답!**
>
> ㄴ. 재정, 외교, 국방, 교육, 복지 등 전문 분야별로 구성된다. (×)
>   → 상임 위원회에 대한 설명이다.
> ㄹ. 원활한 국회 운영을 위해 일정한 수 이상의 국회 의원으로 구성되는 단체이다. (×) → 교섭 단체에 대한 설명이다.

08 출제 의도: 입법 작용

국가 권력을 입법, 행정, 사법으로 나누고 입법권을 의회에 부여한다. 따라서 의회는 국가 운영의 중심 기관으로서 법률 제정, 즉 입법을 담당한다.

09 출제 의도: 국회의 지위

예시 답안

(1) 국회
(2) 국민의 다양한 요구와 의사를 반영하여 법률을 제정하는 입법 기관, 국민이 직접 뽑은 대표들로 구성된 국민의 대표 기관, 다른 국가 기관을 견제·감시하여 국민의 자유와 권리를 보장하는 국가 권력의 견제 기관이다.

핵심 단어 입법 기관, 국민의 대표 기관, 국가 권력의 견제 기관

등급	채점 기준
상	국회의 지위를 세 가지 모두 서술한 경우
중	국회의 지위를 두 가지만 서술한 경우
하	국회의 지위를 한 가지만 서술한 경우

10 출제 의도: 비례 대표 국회 의원 선출 방식

예시 답안

기존 선거 방식은 선호하는 후보자가 속한 정당과 지지하는 정당이 다를 경우나 무소속 후보자에게 투표한 경우 유권자의 선호가 정확하게 반영되기 힘들다는 한계가 있다. 이에 비해 제17대 총선의 선거 방식은 선호하는 지역구 의원과 정당에 별도로 투표하기 때문에 지역구에서 당선자를 배출하지 못한 정당도 정당 득표율에 따라 국회의 의석을 받을 수 있다는 장점이 있다.

핵심 단어 유권자의 선호 반영 곤란, 지역구 의원과 정당에 별도 투표, 정당 득표율에 따라 의석 배분

등급	채점 기준
상	기존 선거 방식의 한계와 새로운 선거 방식의 장점을 모두 서술한 경우
하	기존 선거 방식의 한계와 새로운 선거 방식의 장점 중 한 가지만 서술한 경우

② 국회의 역할

36~37쪽

01 (1) 법률 (2) 본회의 (3) 국정 감사 **02** ㉠ 정부, ㉡ 상임 위원회, ㉢ 본회의, ㉣ 거부권 행사 **03** (1) - ㉡ (2) - ㉢ (3) - ㉠ **04** ① **05** ③ **06** ⑤ **07** ④ **08** 조약 **09~10** 해설 참조

04 출제 의도: 국회의 권한과 기능

① 법률안 거부권은 대통령(정부)이 국회를 견제하기 위해 사용할 수 있는 권한이다.

> **그래서 오답!**
>
> ② 예산안 심의·확정권 (×) → 재정에 관한 권한
> ③ 국무총리 임명에 관한 동의권 (×) → 일반 국정에 관한 권한

05 출제 의도: 탄핵 소추의 의미

③ 대통령 등 고위 공무원이 직무를 수행하는 과정에서 헌법이나 법률을 위반한 경우 국회에서 그들의 파면을 요구하는 것을 탄핵 소추라고 한다. 국회가 탄핵 소추를 의결하면 헌법 재판소에서 이를 심판하여 해당 공무원의 파면 여부를 결정한다.

06 출제 의도: 일반 국정에 관한 기능

헌법 제104조 ②항에 나타난 것은 헌법 기관 구성원에 대한 임명 동의권으로 일반 국정에 관한 권한이다. 일반 국정에 관한 권한에는 국정 감사 및 국정 조사권, 헌법 재판소장에 대한 임명 동의권 등이 있다.

> **그래서 오답!**
>
> ㄱ. 예산안 심의·확정권 (×) → 재정에 관한 권한
> ㄴ. 조세 종목 및 세율 결정권 (×) → 재정에 관한 권한

07 출제 의도: 법률의 제정 및 개정 절차

법률의 제정은 '법률안 제출 → 상임 위원회 심사 → 본회의 가결 → 대통령 공포'의 순서로 이루어진다.

08 출제 의도: 조약과 국회의 권한

조약은 국가 간에 문서로서 약속한 협약으로, 국회는 정부가 체결한 조약에 대해 동의권을 행사한다. 조약 체결 동의권은 국회의 권한 중 입법에 관한 권한에 해당한다.

09 출제 의도: 본회의 법률안 통과 조건

〔예시 답안〕

(1) 입법에 관한 권한
(2) 국회 본회의에서 재적 의원 과반수 출석과 출석 의원 과반수가 찬성하면 법률안은 통과된다.

〔핵심 단어〕 재적 의원 과반수 출석, 출석 의원 과반수 찬성

등급	채점 기준
상	재적 의원 과반수 출석, 출석 의원 과반수 찬성을 모두 서술한 경우
하	재적 의원 과반수 출석, 출선 의원 과반수 찬성 중 한 가지만 서술한 경우

10 출제 의도: 재정에 관한 권한

〔예시 답안〕

국가 예산은 국민의 세금을 전제로 하므로 국민의 의사를 반영하고 재산권을 보호하기 위해 법률에 근거하도록 규정하고 있기 때문이다.

〔핵심 단어〕 세금, 법률, 재산권

등급	채점 기준
상	핵심 단어를 세 가지 모두 포함하여 서술한 경우
중	핵심 단어를 두 가지만 포함하여 서술한 경우
하	핵심 단어를 한 가지만 포함하여 서술한 경우

02 대통령과 행정부

① 행정과 행정부
② 행정부의 조직과 기능
40~41쪽

01 (1) 행정 (2) 행정부 (3) 국무 위원 **02** (1) × (2) ○ (3) ○ (4) × **03** (1) 행정부 (2) 국무총리 (3) 직접, 5년 (4) 감사원 **04** ② **05** ③ **06** ④ **07** ④ **08** ㉠ 대통령, ㉡ 국무총리 **09~10** 해설 참조

04 출제 의도: 행정부의 주요 조직과 기능

② 국무 의원은 국무 회의의 구성원으로 국무총리의 제청에 의해 대통령이 임명한다.

05 출제 의도: 행정부의 주요 조직과 기능

③ 학급의 중요한 일을 학급 회의를 통해 결정하듯이 국가의 주요 정책도 국무 회의를 통해 결정된다. 국무 회의는 행정부의 최고 심의 기관으로 대통령, 국무총리, 국무 위원으로 구성되어 있다.

06 출제 의도: 행정과 행정부

행정 작용의 목적은 우리나라 국민들의 공익을 실현하고 국민 복리를 증진하는 것이다. 특히 현대 사회가 복잡해지고 국민의 요구가 증가함에 따라 과거보다 행정부의 역할이 증대되어 행정부 강화 현상이 나타난다.

07 출제 의도: 행정부의 주요 조직과 기능

④ ㉠에 들어갈 행정부의 조직은 감사원이다. 대통령을 도와 행정 각부를 지휘 또는 조정하는 것은 국무총리이다. 감사원은 대통령 직속 기관이지만 독립적인 지위를 가지기 때문에 행정 각부의 지휘 또는 조정의 역할을 하지 않는다.

08 출제 의도: 행정부의 주요 조직과 기능

대통령은 행정부 수반으로서 행정부를 이끌고, 국무총리는 대통령을 보좌하며 핵정 각부를 이끈다.

09 출제 의도: 행정부의 조직과 기능

〔예시 답안〕

(1) 행정 각부의 장(여성 가족부 장관)
(2) 행정 각부의 장은 국무총리의 제청으로 대통령이 임명한다.

〔핵심 단어〕 국무총리 제청, 대통령 임명

등급	채점 기준
상	국무총리의 제청과 대통령 임명을 모두 서술한 경우
하	국무총리의 제청과 대통령의 임명 중 한 가지만 서술한 경우

10 출제 의도: 행정부 강화 현상

〔예시 답안〕

행정부의 권한 강화 현상은 권력 분립의 원칙을 위협하여 국민의 자유와 권리를 침해할 우려가 있다. 이를 해결하기 위해서는 입법부의 권한을 강화하고, 행정부에 대한 견제 장치를 마련해야 한다.

권력 분립의 원칙, 행정부의 권한 견제

등급	채점 기준
상	권력 분립 원칙의 침해, 행정부에 대한 견제 방법을 모두 서술한 경우
하	권력 분립 원칙의 침해, 행정부에 대한 견제 방법 중 한 가지만 서술한 경우

③ 대통령의 지위와 권한

42~43쪽

01 (1) 선거 (2) 행정부 수반 (3) 국가 원수　**02** (1) ○ (2) ×
(3) ○　**03** (1) 행정부 (2) 중임 (3) 국무 회의 (4) 국무총리
04 ③　**05** ①　**06** ④　**07** ⑤　**08** 행정부 수반
09~10 해설 참조

04 출제 의도: 우리나라 대통령의 기본 특징
③ 행정부 수반으로서 대통령은 행정부를 지휘·감독할 수 있는 최고 책임자이다.

그래서 오답!

① 임기는 5년이며, 중임할 수 있다. (×) → 대통령의 임기는 5년이며, 중임할 수 없다.
② 국가의 원수로서 국군을 통솔한다. (×) → 국군을 통솔하는 것은 행정부 수반으로서의 권한에 해당한다.

05 출제 의도: 헌법에서 보장하는 대통령의 권한
① 우리나라 헌법 제66조에서는 대통령은 국가를 대표하는 국가 원수이자 행정부 수반으로서의 지위를 동시에 갖는다고 밝히고 있다.

06 출제 의도: 행정부 수반으로서의 대통령의 권한
④ 대통령은 법률에서 위임받은 사항과 법률을 집행하는 데 필요한 사항에 대해 대통령령을 만들 수 있는 권한이 있다. 이는 행정부 수반으로서 대통령의 권한에 해당한다. 또한 행정부 수반으로서 대통령은 국회에서 만든 법률을 집행하고, 법률안 거부권을 통해 국회를 견제할 수 있는 권한이 있다.

그래서 오답!

①, ②, ③, ⑤는 모두 국가 원수로서의 권한에 해당한다.

07 출제 의도: 국가 원수로서의 대통령
외국과의 조약 체결 등 외교에 관한 권한은 대통령이 국가 원수로서 행사하는 권한이다.

그래서 오답!

ㄱ. 행정부 수반으로서 행사하는 권한이다. (×) → 국가 원수로서 행사하는 권한이다.
ㄴ. 법률안 거부권과 같은 유형의 권한이다. (×) → 법률안 거부권은 행정부 수반으로서 행사하는 권한이다.

08 출제 의도: 행정부 수반으로서의 대통령의 권한
대통령은 행정부 수반으로서 행정부를 지휘·감독하고, 국군을 지휘·통솔하며, 공무원을 임명하거나 해임하는 등의 역할을 수행한다. 그리고 국회를 견제하기 위한 수단으로 법률안 거부권을 행사하기도 한다.

09 출제 의도: 대통령 단임제의 특징
예시 답안

(1) 직접 선거
(2) 국익을 우선시하는 소신 있는 국정 운영이 가능하고, 대통령에 의한 독재를 방지할 수 있다.

소신 있는 국정 운영, 독재 방지

등급	채점 기준
상	소신 있는 국정 운영과 독재 방지를 모두 서술한 경우
하	소신 있는 국정 운영과 독재 방지 중 한 가지만 서술한 경우

10 출제 의도: 대통령과 의회의 권력 분립
예시 답안

대통령은 국회의 동의를 얻어 대법원장, 대법관, 헌법 재판소장 등 헌법 기관의 구성원을 임명하고, 국회는 이들의 임명에 대해 동의권을 행사함으로써 대통령의 인사권을 견제할 수 있다.

권력 분립, 견제와 균형

등급	채점 기준
상	대통령의 헌법 기관 구성권, 국회의 동의권 행사를 통한 견제를 모두 서술한 경우
하	대통령의 헌법 기관 구성권, 국회의 동의권 행사를 통한 견제 중 한 가지만 서술한 경우

03 법원과 헌법 재판소

① 법원의 조직과 권한

46~47쪽

01 (1) 사법 (2) 법원 (3) 대법원　　**02** (1) × (2) × (3) ○
03 (1) 특허 법원 (2) 가정 법원　　**04** ③　　**05** ④
06 ①　　**07** ②　　**08** 가정 법원　　**09~10** 해설 참조

04 출제 의도: 법원의 역할
③ 위헌 법률 심판은 법원이 아닌 헌법 재판소에서 담당한다.

05 출제 의도: 사법부의 독립
헌법 제103조는 사법부의 독립 중 법관의 독립과 관련한 내용을 다루고 있다. 법관이 독립되어 존재하는 궁극적인 이유는 공정한 재판을 통해 국민의 기본권을 보장하는 것이다.

06 출제 의도: 심급 제도의 내용
① 1심 판결에 불복하여 다시 재판을 청구하는 것을 항소, 2심 판결에 불복하여 다시 재판을 청구하는 것을 상고라고 한다.

07 출제 의도: 법원의 조직

② 지방 법원, 가정 법원, 행정 법원의 1심 판결에 불복하여 항소한 사건에 대해서는 고등 법원이 재판을 담당한다. 즉, 고등 법원은 일반적으로 2심 재판을 담당한다.

그래서 오답!

① ㈎의 판사는 항상 3명으로 이루어진다. (×) → 가볍고 간단한 사건의 경우 단독 판사가 진행하며, 무거운 사건의 경우에만 판사 3명으로 이루어진 합의부에서 담당한다.
③ ㈐는 헌법 재판소에서 이루어진다. (×) → 3심 재판은 대법원에서 이루어진다.
④ ㈎ 또는 ㈏ 단계에서는 사건이 종결될 수 없다. (×) → ㈎, ㈏에서도 판결을 인정하고 받아들인다면 사건은 종결된다.
⑤ 반드시 한 사건당 세 번의 재판을 해야 한다. (×) → 원칙적으로 세 번까지 재판을 받을 수 있지만, 반드시 그렇게 해야 하는 것은 아니다.

08 출제 의도: 법원의 종류

제시된 소년 보호 사건이나 이혼 사건은 가사 사건에 해당하며, 가사 사건을 담당하는 법원은 가정 법원이다.

09 출제 의도: 법원의 조직

예시 답안

(1) 대법원
(2) 고등 법원의 판결에 불복하여 상고한 사건에 대한 3심 재판, 특허 법원의 판결에 불복한 사건에 대한 2심 재판을 담당한다.

핵심 단어 고등 법원, 상고, 3심 재판, 특허 법원, 2심 재판

등급	채점 기준
상	고등 법원의 판결에 불복해 상고한 사건의 3심 재판, 특허 법원의 판결에 불복한 사건에 대한 2심 재판을 모두 서술한 경우
하	고등 법원의 판결에 불복해 상고한 사건의 3심 재판, 특허 법원의 판결에 불복한 사건에 대한 2심 재판 중 한 가지만 서술한 경우

10 출제 의도: 사법권의 독립

예시 답안

사법부의 위헌 법률 심사 제청권을 통해서는 입법부를 견제할 수 있고, 명령·규칙·처분 심사권을 통해서는 행정부를 견제할 수 있다. 이렇게 입법부와 행정부를 견제하는 수단은 국가 권력의 남용을 방지함으로써 국민의 기본권 보장에 기여할 수 있다.

핵심 단어 위헌 법률 심사 제청권, 명령·규칙·처분 심사권, 권력 남용 방지, 기본권 보장에 기여

등급	채점 기준
상	핵심 단어를 모두 포함하여 서술한 경우
중	핵심 단어를 두세 가지만 포함하여 서술한 경우
하	핵심 단어를 한 가지만 포함하여 서술한 경우

❷ 헌법 재판소의 지위와 역할

48~49쪽

01 (1) × (2) × (3) ○ (4) × **02** (1) 국회 (2) 국민 (3) 정부
03 (1) – ㉠ (2) – ㉢ (3) – ㉡ **04** ③ **05** ② **06** ③
07 ① **08** 탄핵 심판 **09~10** 해설 참조

04 출제 의도: 헌법 소원 심판의 청구 주체

③ 헌법 소원 심판의 청구 주체는 기본권을 침해당한 국민이다.

05 출제 의도: 권한 쟁의 심판

권한 쟁의 심판은 국가 기관이나 지방 자치 단체 사이에 권한 다툼이 발생했을 때 이를 해결하기 위해 헌법 재판소가 담당하는 역할이다.

06 출제 의도: 위헌 법률 심판

③ ㉠은 위헌 법률 심판이다. 위헌 법률 심판은 정부가 아니라 법원이 제청한다. 정부가 청구 주체가 되는 헌법 재판소의 심판은 정당 해산 심판이다.

07 출제 의도: 헌법 소원 심판

제시된 사례에서 A는 국가 기관인 구치소의 행정 작용에 의해 기본권을 침해당했다고 주장하고 있다. 따라서 A는 헌법 재판소에 대해 헌법 소원 심판을 청구할 수 있다. ㉠은 기본권, ㉡은 헌법 소원 심판이다.

그래서 오답!

ㄷ. ㉡은 법원이 청구할 수 있다. (×) → 헌법 소원 심판은 기본권을 침해당한 국민이 청구할 수 있다.
ㄹ. 구치소의 행위는 사법 작용에 해당한다. (×) → 구치소의 행위는 행정 작용에 해당한다.

08 출제 의도: 탄핵 심판

국회의 청구에 따라 헌법 재판소가 피청구인인 대통령을 파면하는 결정을 내린 것은 탄핵 심판에 해당한다. 탄핵 심판은 대통령을 포함한 고위 공무원을 국회에서 파면하기로 했을 때 그 여부를 결정하는 심판이다.

09 출제 의도: 정당 해산 심판

예시 답안

정당 해산 심판은 정당의 목적이나 활동이 민주적 기본 질서에 어긋날 때 그 정당을 해산할 수 있는 심판이다.

핵심 단어 정당 해산 심판, 정당의 목적이나 활동, 민주적 기본 질서

등급	채점 기준
상	정당 해산 심판을 쓰고, 그 의미를 서술한 경우
하	정당 해산 심판이라고만 쓴 경우

10 출제 의도: 권한 쟁의 심판과 권력 분립의 원리

예시 답안

권력 분립의 원리와 헌법 재판소의 권한 쟁의 심판은 국가 기관이 권력을 남용하는 것을 방지함으로써 국민의 기본권을 보장하는 것을 공통적인 목적으로 한다.

등급	채점 기준
상	국가 권력의 남용 방지, 국민의 기본권 보장을 모두 서술한 경우
하	국가 권력의 남용 방지, 국민의 기본권 보장 중 한 가지만 서술한 경우

대단원 완성 문제 Ⅱ 헌법과 국가 기관

50~57쪽

01 ①	02 ②	03 ③	04 ②	05 ①	06 ④
07 ④	08 ⑤	09 ②	10 ④	11 ④	12 ①
13 ①	14 ①	15 ②	16 ③	17 ②	18 ⑤
19 ②	20 ④	21 ⑤	22 ②	23 ③	24 ⑤
25 ④	26 ④	27 ③	28 ②	29 ④	30 ④
31 ③	32 ⑤	33 ②	34 ②	35 ②	

36~40 해설 참조

01 출제 의도: 국회의 위상
국회는 국민의 권리를 보장하여 민주주의를 실현하는 기관이다. 따라서 국민의 다양한 요구와 의사를 반영하여 법률을 제정하는 입법 기관, 국민이 선거를 통해 직접 뽑은 대표들로 구성된 국민의 대표 기관, 다른 국가 기관을 견제·감시하여 국민의 자유와 권리를 보장하는 국가 권력의 견제 기관으로서의 위상을 지닌다.

02 출제 의도: 국회의 구성 요소
② 국무총리는 대통령이 국회의 동의를 얻어 임명하여 행정 각부를 지휘·조정하는 행정부의 조직으로 국회의 구성 요소가 아니다.

03 출제 의도: 비례 대표 국회 의원
③ 각 지역 선거구에서 가장 많은 표를 얻어 선출되는 것은 지역구 국회 의원이다. 비례 대표 국회 의원은 정당이 얻은 득표수에 비례하여 선출된다.

04 출제 의도: 국회 의원의 지위 및 국회의 조직
② 국회는 임기 4년의 연임이 가능한 국회 의원들로 구성되어 있다.

05 출제 의도: 국회의 기능
제시된 사례에서 A는 지역 주민의 요구를 반영하여 그들의 어려움을 개선하기 위해 새로운 법률안을 마련하였다. 이처럼 국회는 국민의 다양한 의견을 반영하여 새로운 법률을 만들거나 기존의 법률을 고치는 역할을 수행한다.

06 출제 의도: 국회의 조직
국회의 각종 위원회 및 교섭 단체가 존재하는 목적은 국회에서 다루는 수많은 안건들에 대해 전문성을 갖춘 조직에서 미리 조사하고 심의함으로써 본회의에서 효율적인 의사 진행이 가능하도록 하기 위해서이다.

07 출제 의도: 본회의의 의사 결정 조건
국회 본회의에서는 특별한 규정이 있는 경우를 제외하고, 일반적으로 재적 의원 과반수의 출석과 출석 의원 과반수의 찬성으로 국회의 의사가 결정된다.

08 출제 의도: 법률안 제정 절차
⑤ 본회의를 통과한 법률안은 대통령이 15일 이내에 공포하여야 하며, 특별한 경우 대통령은 거부권을 행사할 수 있다.

09 출제 의도: 국회의 권한
제시문에서는 국회의 권한 중 재정에 관한 권한이 주어진 배경을 설명하고 있다. 국회가 지닌 재정에 관한 권한에는 예산안 심의·확정권과 결산 심사권이 있다.

그래서 오답!
> ㄴ. 조약 체결 동의 (×) → 입법에 관한 권한
> ㄹ. 탄핵 소추 의결 (×) → 일반 국정에 관한 권한

10 출제 의도: 국회의 국정 견제 기능
국회는 국정을 감시하고 행정부를 견제함으로써 권력 분립을 실현하고 국민의 권리를 최대한 보장하기 위해 탄핵 소추 의결권, 주요 공무원 임명 동의권, 국정 감사 및 국정 조사권 등의 권한을 행사한다.

그래서 오답!
> ㄱ. 법률 제·개정권 (×) → 입법에 관한 권한
> ㅁ. 헌법 개정안 제안 및 의결권 (×) → 입법에 관한 권한

11 출제 의도: 헌법 기관 구성 임명 동의권
국회는 대통령이 국무총리, 대법원장, 헌법 재판소장 등 헌법 기관 구성권을 임명하는 데 대해 동의권을 가짐으로써 대통령의 인사권을 견제한다.

12 출제 의도: 행정부의 조직
행정부는 대통령, 국무총리, 국무 회의, 행정 각부 및 감사원으로 구성되어 있다.
① 국회는 입법 기관이다.

13 출제 의도: 행정부 관료 임명 또는 선출 방식
대통령은 국민의 직접 선거를 통해 선출되고, 국무총리는 국회의 동의를 얻어 대통령이 임명하며, 행정 각부의 장은 국무 위원 중에서 국무총리의 제청으로 대통령이 임명한다.

14 출제 의도: 국무 회의의 의장과 부의장
제시된 내용은 국무 회의에 대한 설명이다. 국무 회의의 의장은 대통령이고, 부의장은 국무총리로, 국무 회의에서는 행정 각부의 장들이 대통령을 보좌하고 국정을 심의한다.

15 출제 의도: 행정 각부의 역할
㈎에서 인적 자원을 개발하고 학교 교육, 평생 교육, 학술에 관한 사무와 연구 개발을 담당하는 부서는 교육부이고, ㈏에서 국가의 치안, 재난 관리와 예방을 담당하는 부서는 행정 안전부이다. 이처럼 행정 각부는 구체적인 전문 행정 분야를 담당한다.

16 출제 의도: 감사원의 역할

감사원은 독립적 지위를 가진 행정부의 최고 감사 기관으로서, 국가의 세입·세출 결산을 검사하고 행정 기관과 공무원의 직무를 감찰한다.

> **그래서 오답!**
>
> ㄱ. 국무총리 소속의 기관이다. (×) → 대통령 직속 기관이다.
> ㄹ. 법률의 제·개정안 및 예산안 등 행정부의 중요한 정책을 심의한다. (×) → 국무 회의에 대한 설명이다.

17 출제 의도: 감사원의 역할

제시문의 밑줄 친 '이 기관'은 감사원이다. 감사원은 대통령 직속 기관으로, 독립적인 지위를 가지는 행정부의 최고 감사 기관이다.

18 출제 의도: 행정부 비대 현상

행정부는 행정 작용을 담당하는 국가 기관으로, 최근 현대 복지 국가의 등장으로 복지 서비스 요구 증대 등 국가의 적극적인 개입과 역할이 필요해짐에 따라 행정부의 역할이 증대되고 있다.

> **그래서 오답!**
>
> ① 행정부의 필요성이 약화되고 있다. (×) → 현대 복지 국가의 등장으로 행정부의 필요성이 강화되고 있다.
> ② 권력 분립의 원칙이 엄격하게 지켜지고 있다. (×) → 권력 분립의 원리가 위협받는다.
> ③ 국민의 대표 기관으로서 국회의 권한이 강화되고 있다. (×) → 국회의 기능과 역할이 오히려 축소된다.
> ④ 행정부에 비해 국회의 역할이 상대적으로 커지고 있다. (×) → 행정부에 비해 국회의 역할이 상대적으로 약화되고 있다.

19 출제 의도: 대통령의 권한

대통령이 국가 원수로서 행사하는 권한에는 국정 조정 권한, 외교에 관한 권한, 헌법 개정 발의권 및 국민 투표 부의권, 헌법 기관 구성권, 긴급 명령권과 계엄 선포권, 전쟁 선포권 등이 있다.

> **그래서 오답!**
>
> ㄴ, ㄹ은 행정부 수반으로서 대통령이 행사하는 권한에 해당한다.

20 출제 의도: 대통령의 권한

외국을 국빈 자격으로 방문하여 조약을 체결하는 것은 대통령의 조약 체결권 행사에 해당한다.

21 출제 의도: 대통령의 역할과 권한

제시문에 나타난 대통령의 역할은 국무 회의의 의장으로서 국가의 중요한 정책을 심의하고 최종적으로 결정하는 것이다. 이는 행정부 수반으로서 대통령이 행사하는 권한에 해당한다.

22 출제 의도: 대통령의 역할과 권한

② 국무총리에 대한 탄핵 소추를 의결하는 것은 행정부를 견제하기 위한 국회의 권한이다. 대통령은 국회의 동의를 얻어 국무총리를 임명하거나 해임할 수 있다.

23 출제 의도: 대통령의 권한

③ 대통령의 법률안 거부권은 행정부 수반으로서의 권한이다. 전쟁 선포, 헌법 개정 발의, 외국과의 조약 체결, 긴급 명령과 계엄 선포는 모두 국가 원수로서의 권한 행사에 해당한다.

24 출제 의도: 사법(司法) 활동

⑤ 범죄 행위를 다스려 사회 질서를 유지하는 사법 활동의 사례이다.

> **그래서 오답!**
>
> ①, ③, ④는 행정 활동이고, ②는 입법 활동이다.

25 출제 의도: 사법(司法)과 사법부

사법(司法)은 분쟁이 발생하였을 때 법을 해석하고 적용하여 판단하는 국가 활동을 말한다.
④ 사법권의 독립은 법원의 독립과 법관의 독립을 의미한다.

26 출제 의도: 사법과 사법부

사법(司法)은 분쟁이 발생하였을 때 법을 해석하고 적용하여 판단하는 국가 활동을 의미한다. 이러한 사법 작용을 담당하는 국가 기관은 사법부이고, 사법부는 법원에서 재판을 통해 이러한 역할을 수행한다.

27 출제 의도: 법원의 역할

법원은 재판을 통해 사회 질서를 유지하고 분쟁을 해결하며, 궁극적으로 국민의 권리를 보호한다.

> **그래서 오답!**
>
> ①, ②는 정부의 역할이고, ④, ⑤는 국회의 역할이다.

28 출제 의도: 법원의 주요 기능

② 국민의 다양한 요구와 의사를 반영하여 법률을 제정하는 기관은 국회이다.

29 출제 의도: 대법원에서 담당하는 재판

제시문의 밑줄 친 '이 법원'은 대법원이다. 대법원은 3심 재판 기관으로서 고등 법원의 판결에 불복하고 상고한 사건에 대한 3심 재판을 담당한다.
④ 특허 법원의 판결에 불복한 경우 대법원이 2심 재판을 담당한다.

30 출제 의도: 사법권의 독립

법관은 헌법과 법률에 의하여 양심에 따라 공정하게 심판해야 한다. 이는 법관이 독립되어 있음을 보여 준다.

31 출제 의도: 법원의 종류

이혼, 양자, 상속과 같은 가사 사건이나 소년 보호 사건을 담당하는 법원은 가정 법원이고, 국가 기관의 잘못된 행정 작용 등 행정 관련 사건을 담당하는 곳은 행정 법원이다.

32 출제 의도: 사법부의 견제 수단

㉠에는 입법부나 행정부에 대한 사법부의 견제 수단이 들어가야 한다.
ㄷ. 사법부가 입법부를 견제할 수 있는 수단이다.
ㄹ. 사법부가 행정부를 견제할 수 있는 수단이다.

ㄱ. 법률안 거부권 (×) → 행정부가 입법부를 견제할 수 있는 수단이다.
ㄴ. 국정 감사 및 조사권 (×) → 입법부가 행정부를 견제할 수 있는 수단이다.

33 출제 의도: 헌법 재판소의 특징

헌법 재판소는 법원과 별도로 독립된 기관으로 설치되었다. 헌법의 위반 사항을 심판하여 위헌 법률 심판, 헌법 소원 심판, 탄핵 심판, 정당 해산 심판, 권한 쟁의 심판을 담당한다.

① 우리나라의 최고 법원이다. (×) → 우리나라의 최고 법원은 대법원이다.
③ 9인의 재판관은 모두 대통령이 지명하고 임명한다. (×) → 헌법 재판소 재판관은 9인으로 모두 대통령이 임명하지만, 국회에서 3인을 선출하고, 대통령이 3인을 지명하며, 대법원장이 3인을 지명한다.
④ 헌법 재판소의 결정은 재판관 9인의 만장일치로 이루어진다. (×) → 만장일치가 아니어도 위헌이 결정될 수 있다.
⑤ 헌법 재판소가 위헌이라고 결정한 법률은 대통령의 공포 후에 효력을 상실한다. (×) → 헌법 재판소가 위헌 결정을 하면 즉시 그 법률의 효력이 상실되고, 대통령의 공포 절차는 필요하지 않다.

34 출제 의도: 헌법 재판소의 성격

헌법 재판소는 국가 기관으로부터 독립된 국가 기관으로서 헌법을 수호하고 국민의 기본권을 보장하는 기관이다.

35 출제 의도: 헌법 재판소의 권한

제시문에서 인터넷 실명제에 대해 위헌 결정을 내린 것은 법률이 헌법에 위배되어 국민의 기본권을 침해하고 있는지를 심판한 것이다.

①은 정당 해산 심판, ③은 탄핵 심판, ④, ⑤는 권한 쟁의 심판에 대한 설명이다.

36 출제 의도: 국회 의원의 선출 방식

예시 답안

지역구 국회 의원은 자기 지역에 출마한 국회 의원 후보자에 투표함으로써 직접 선출되고, 비례 대표 국회 의원은 자신이 지지하는 정당에 투표함으로써 선거에서 정당에 얻은 득표수에 비례하여 선출된다.

핵심 단어 지역, 후보자, 정당, 득표수, 비례

등급	채점 기준
상	지역구 국회 의원과 비례 대표 국회 의원의 선출 방식을 모두 정확하게 서술한 경우
하	지역구 국회 의원과 비례 대표 국회 의원의 선출 방식을 한 가지만 정확하게 서술한 경우

37 출제 의도: 대통령의 지위와 권한

예시 답안

(1) 행정부 수반
(2) 행정부를 지휘·감독한다. 국군을 지휘·통솔한다. 공무원을 임명·해임한다. 국회가 의결한 법률안을 거부한다. 등

핵심 단어 행정부 지휘·감독, 국군 지휘·통솔, 공무원 임면, 법률안 거부 등

등급	채점 기준
상	행정부 수반으로서 대통령의 권한을 두 가지 이상 서술한 경우
하	행정부 수반으로서 대통령의 권한을 한 가지만 서술한 경우

38 출제 의도: 사법권의 독립

예시 답안

사법권의 독립을 보장하여 공정한 재판을 실현함으로써 국민의 기본권을 보호하고자 한다.

핵심 단어 공정한 재판, 기본권 보호

등급	채점 기준
상	공정한 재판과 기본권 보호를 모두 서술한 경우
하	공정한 재판과 기본권 보호 중 한 가지만 서술한 경우

39 출제 의도: 사법권의 독립

예시 답안

위헌 법률 심판으로, 재판에 적용되는 법률이 헌법에 위반되는지가 문제가 되는 경우 위반 여부를 판단한다.

핵심 단어 위헌 법률 심판, 법률의 헌법 위반 여부

등급	채점 기준
상	위헌 법률 심판을 쓰고, 그 의미를 서술한 경우
하	위헌 법률 심판이라고만 쓴 경우

문제 자료 분석하기

제시된 신문 기사에서 "이번 결정은 2001년 4월 ○○ 법원이 헌법 재판소에 심판을 제청하면서 시작되어"라는 부분을 통해 위헌 법률 심판의 사례임을 확인할 수 있다.

40 출제 의도: 국가 기관 간의 견제와 균형

예시 답안

국가 기관 간의 견제와 균형을 통해 국가 권력의 남용을 방지함으로써 국민의 기본권을 보장하고자 한다.

핵심 단어 견제와 균형, 국가 권력 남용 방지, 기본권 보장

등급	채점 기준
상	핵심 단어를 모두 사용하여 서술한 경우
중	핵심 단어 중 두 가지만 사용하여 서술한 경우
하	핵심 단어 중 한 가지만 사용하여 서술한 경우

III. 경제생활과 선택

01 경제 활동과 경제 체제

1 경제 활동

62~63쪽

01 (1) 소비 (2) 정부　　　**02** (1) – ⓒ (2) – ⓒ (3) – ㉠
03 (1) 경제 활동 (2) 기업 (3) 서비스 (4) 소비　　**04** ②
05 ①　**06** ④　**07** ②　**08** 18,000원　**09~10** 해설 참조

04 출제 의도: 경제 활동의 주체
제시된 그림의 ㉠에 들어갈 경제 주체는 소비 활동의 주체인 가계이다. 가계는 기업에 노동, 토지, 자본 등과 같이 생산에 필요한 요소를 제공하여 얻은 소득으로 소비 활동을 한다.

플러스 개념 경제 활동의 주체

가계	• 소비 활동의 주체 • 기업에 생산 요소를 제공하고 소득 획득
기업	• 생산 활동의 주체 • 가계에 생산 요소에 대한 대가로 임금, 지대, 이자 지불
정부	• 경제 전체를 관리하는 주체 • 세금을 바탕으로 공공재, 사회 간접 자본 제공

05 출제 의도: 경제 활동의 종류
① 제시문은 생산에 대한 설명이다. 생산 요소인 노동을 제공하고 임금을 지급받는 것은 분배 활동에 해당한다.

06 출제 의도: 경제 주체 간의 상호 작용
제시된 표에서 '세금을 납부하나요?'라는 질문에 경제 주체 중 가계와 기업만 '예'라고 대답할 수 있다. '생산 요소를 제공하나요?'라는 질문에는 가계만 '예'라고 대답할 수 있다. '공공재나 사회 간접 자본을 생산하나요?'라는 질문에는 정부만 '예'라고 대답할 수 있다. 따라서 ㈎는 기업, ㈏는 가계, ㈐는 정부에 해당한다.

그래서 오답!

ㄱ. ㈎는 가계, ㈏는 기업, ㈐는 정부이다. (×) → ㈎는 기업, ㈏는 가계, ㈐는 정부이다.
ㄷ. ㈏는 재화와 서비스를 생산해 ㈐에게 공급한다. (×) → ㈏는 소비 주체인 가계이다. 재화와 서비스를 생산하여 공급하는 경제 주체는 ㈎ 기업이다.

07 출제 의도: 경제 주체와 경제 활동
A와 B는 기업, C는 가계에 해당한다.
② B는 농수산물 가공식품을 생산하는 것이 아니다. 물류업체로서 농수산물 가공식품의 가치를 증대시키는 보관 서비스를 제공하고 있다.

08 출제 의도: 경제 활동의 대상
1,000원(버스 요금), 9,000원(머리 커트 비용), 8,000원(영화 관람비)를 모두 합한 금액은 18,000원이다.

문제 자료 분석하기

요일	내용	지출 금액(원)
월	버스 요금 → 운송 서비스	1,000
화	핫도그 구입 → 재화	2,000
수	머리 커트 비용 → 미용 서비스	9,000
목	사회 문제집 구입 → 재화	12,000
금	영화 관람비 → 영화 서비스	8,000

09 출제 의도: 가계와 기업의 상호 작용

예시 답안

(1) ㉠ 가계, ⓒ 기업
(2) 가계는 기업에 노동, 자본, 토지 등과 같이 생산에 필요한 요소를 제공하고, 그에 대한 대가로 임금, 이자, 지대 등의 소득을 얻는다. 기업은 가계로부터 얻은 생산 요소를 이용하여 재화와 서비스를 생산해 가계에 제공한다.

핵심 단어 가계, 기업, 생산 요소, 재화와 서비스(상품) 제공

등급	채점 기준
상	가계와 기업 간의 상호 작용을 구체적 사례를 들어 서술한 경우
하	가계와 기업 간의 상호 작용을 구체적 사례를 들지 않고 서술한 경우

10 출제 의도: 경제 활동의 종류

예시 답안

㉠은 분배 활동, ⓒ은 소비 활동, ⓒ, ㉣은 생산 활동이다. ㉠은 생산 활동에 참여한 대가로 임금을 받은 것이므로 분배 활동이고, ⓒ은 재화(사회 문제집)를 구입한 것이므로 소비 활동이다. ⓒ은 재화(떡볶이)를 만드는 활동이고, ㉣은 판매 서비스를 제공하고 있으므로 모두 생산 활동이다.

핵심 단어 분배, 소비, 생산, 임금, 재화, 서비스 등

등급	채점 기준
상	경제 활동을 모두 옳게 구분하고, 그 이유를 서술한 경우
중	경제 활동을 일부만 옳게 구분하고, 그 이유를 서술한 경우
하	경제 활동을 일부만 옳게 구분한 경우

2 희소성과 합리적 선택

64~65쪽

01 (1) 희소성 (2) 기회비용 (3) 편익, 비용(기회비용)
02 (1) × (2) ○ (3) ×　　**03** (1) 희소성 (2) 기회비용 (3) 편익
04 ③　　**05** ④　　**06** ④　　**07** ④　　**08** 기회비용
09~10 해설 참조

04 출제 의도: 자원의 희소성

③ 자원의 희소성이란 인간의 욕구에 비해 자원이 상대적으로 적은 상태를 의미한다.

> **그래서 오답!**
>
> ① 선택의 문제와는 관련이 없다. (×) → 자원의 희소성 때문에 모든 선택의 문제가 발생한다.
> ② 희소성이 작을수록 시장에서 거래되는 가격이 높다. (×) → 시장에서 거래되는 재화 또는 서비스의 가격은 희소성이 클수록 높아진다.

05 출제 의도: 기회비용

④ 기회비용은 선택할 수 있는 여러 대안 중에서 어떤 선택을 함으로써 포기하게 된 대안 중 가장 가치가 큰 것을 의미한다. 제시된 표에서 A가 만족감이 100으로 가장 큰 영화 관람을 선택했다면, 그에 따른 기회비용은 영화 관람을 제외한 다른 대안들 중 만족감이 가장 큰 90(축구 선택에 따른 만족감)이다.

06 출제 의도: 자원의 희소성

㉠은 희소성이고, 희소성이 클수록 높은 가격에 거래된다. 자원의 희소성은 선택의 문제가 발생하는 원인이 된다.

> **그래서 오답!**
>
> ㄱ. 희귀성이다. (×) → 희소성이다.
> ㄷ. 언제 어디서나 동일하게 나타난다. (×) → 희소성은 시간과 장소에 따라 달라지는 상대성을 지닌다.

07 출제 의도: 합리적 의사 결정 과정

④ 합리적 의사 결정은 '문제의 인식 → 대안 탐색 → 대안 평가 → 대안 선택 및 실행 → 대안 평가 및 반성'의 과정으로 진행된다.

08 출제 의도: 기회비용

제시문의 밑줄 친 '이것'은 기회비용이다. 합리적 선택을 위해서는 선택으로 인해 발생하는 비용과 편익을 충분히 고려해야 한다. 이때 비용은 어떤 것을 선택함으로써 들어가는 돈이나 노력, 시간뿐만 아니라 선택으로 인해 포기하는 것의 가치까지 포함한다. 경제적 의사 결정에서의 비용은 기회비용을 의미한다.

09 출제 의도: 자원의 희소성

> **예시 답안**

자원의 희소성은 시대와 장소에 따라 달라지는 상대성을 지닌다.

> **핵심 단어** 자원의 희소성, 시대와 장소, 상대성

등급	채점 기준
상	시대와 장소에 따라 달라지는 상대성을 지닌다고 서술한 경우
하	시대와 장소에 따라 달라진다고만 서술한 경우

10 출제 의도: 합리적 선택

> **예시 답안**

㈏를 선택해야 한다. 합리적 선택을 위해서는 선택을 할 때 발

생하는 비용 중 이미 투입되어 회수할 수 없는 비용, 즉 매몰 비용은 고려하지 말아야 하기 때문이다.

> **핵심 단어** 합리적 선택, 매몰 비용, 회수할 수 없는

등급	채점 기준
상	㈏를 선택하고, 그 이유를 매몰 비용과 관련하여 서술한 경우
중	㈏를 선택하고, 매몰 비용을 언급하지 않고 이유를 서술한 경우
하	㈏를 선택한다고만 쓴 경우

③ 경제 문제와 경제 체제

66~67쪽

01 (1) × (2) × (3) ○   **02** (1) 희소성 (2) 경제 체제
(3) 정부(국가)   **03** (1) – ㉡ (2) – ㉠ (3) – ㉢   **04** ②
05 ③   **06** ④   **07** ⑤   **08** 혼합 경제 체제
09~10 해설 참조

04 출제 의도: 혼합 경제 체제

② 중국은 계획 경제 체제를 기본으로 시장 경제 체제 요소를 도입하고 있다.

> **그래서 오답!**
>
> ①, ③ 미국과 프랑스는 시장 경제 체제를 기본으로 계획 경제 체제의 요소를 일부 받아들인 혼합 경제 체제이다.

05 출제 의도: 경제 문제

③ 중국음식점에서 수타식으로 면을 만들지 아니면 기계를 사용해서 만들지의 문제는 어떻게 생산할 것인가, 즉 생산 방법의 문제이다.

> **그래서 오답!**
>
> ① 무엇을 생산할 것인가? (×) → 생산물의 종류 문제
> ② 얼마나 생산할 것인가? (×) → 생산물의 수량 문제
> ④ 누구를 위하여 생산할 것인가? (×) → 분배의 문제

06 출제 의도: 계획 경제 체제

A국은 국가가 공장을 소유하고 생산 품목과 생산량을 결정하는 계획 경제 체제를 채택하고 있다.

> **그래서 오답!**
>
> ㄴ. 빈부 격차가 심해질 수 있다. (×) → 시장 경제 체제
> ㄹ. 사회 전체의 생산성이 향상된다. (×) → 시장 경제 체제

07 출제 의도: 시장 경제 체제와 계획 경제 체제

⑤ 효율성은 최소의 비용으로 최대의 효과를 얻으려는 원칙으로, 경제적 효율성은 계획 경제 체제보다 시장 경제 체제에서 더 높다. 계획 경제 체제에서는 효율성보다는 형평성을 추구하여 경제 주체가 일한 만큼 분배받는 것이 아니기 때문에 경제 활동에 열심히 참여할 동기가 없어 경제적 효율성이 떨어진다는 한계가 있다.

08 출제 의도: 혼합 경제 체제

사유 재산제와 시장 경제를 기본으로 하면서도 계획 경제 체제의 요소를 도입하여 정부가 일정 부분 경제에 관여하는 경제 체제를 혼합 경제 체제라고 한다.

09 출제 의도: 시장 경제 체제

예시 답안

(1) 시장 경제 체제
(2) 빈부 격차가 심화될 수 있으며, 개인이나 기업이 지나치게 이익을 추구하는 과정에서 환경 오염과 같은 사회 문제가 발생할 수 있다.

핵심 단어) 시장 경제 체제, 빈부 격차, 지나친 이익 추구

등급	채점 기준
상	시장 경제 체제의 문제점을 두 가지 서술한 경우
하	시장 경제 체제의 문제점을 한 가지만 서술한 경우

10 출제 의도: 우리나라의 경제 체제

예시 답안

헌법 제119조 ①항을 통해서는 시장 경제 체제를 확인할 수 있고, 제119조 ②항을 통해서는 계획 경제 체제의 요소를 일부 채택하고 있음을 알 수 있다. 따라서 우리나라의 경제 체제는 시장 경제 체제를 원칙으로 계획 경제 체제의 요소를 일부 받아들인 혼합 경제 체제이다.

핵심 단어) 시장 경제 체제 원칙, 계획 경제 체제 요소, 혼합 경제 체제

등급	채점 기준
상	핵심 단어를 모두 사용하여 서술한 경우
중	핵심 단어 중 두 가지만 사용하여 서술한 경우
하	핵심 단어 중 한 가지만 사용하여 서술한 경우

02 기업의 역할과 사회적 책임 ~ 03 지속 가능한 경제 생활

① 기업의 의미와 역할
② 기업의 사회적 책임과 기업가 정신 70~71쪽

01 (1) 기업 (2) 이윤 (3) 기업가 정신 **02** (1) × (2) × (3) ○ **03** (1) 이윤 (2) 임금 (3) 사회적 책임 (4) 혁신 **04** ② **05** ④ **06** ③ **07** ① **08** 기업가 정신 **09~10** 해설 참조

04 출제 의도: 기업의 역할

② 기업은 재화, 서비스를 생산하기 위해 근로자를 고용하고, 근로자가 제공한 노동의 대가로 임금을 지급하여 가계에 소득을 창출한다.

그래서 오답!

① 재화와 서비스를 소비하는 활동을 한다. (×) → 재화, 서비스를 소비하는 주체는 가계이다.
③ 세금으로 사회 간접 자본을 생산하여 공급한다. (×) → 정부에 대한 설명이다.

05 출제 의도: 사회적 책임

제시된 사례들에서 기업은 사회적 책임을 저버리고 이윤만을 추구하였다. 기업은 기업과 관련된 이해관계자의 기대와 가치 등에 부합하는 행동을 해야 할 사회적 책임이 있다.

06 출제 의도: 생산 요소의 대가

③ ㉠은 임금, ㉡은 이자, ㉢은 지대로 생산 요소인 노동, 자본, 토지에 대한 대가이다.

07 출제 의도: 기업의 역할

① 기업은 이윤의 극대화를 추구하지만, 상품의 가격을 무조건 높게 정해서 이윤을 극대화하려는 것은 기업의 사회적 책임에 어긋난다. 기업은 기업과 관련된 이해관계자의 기대와 가치 등에 부합하는 행동을 해야 할 책임이 있고, 이를 사회적 책임이라고 한다.

08 출제 의도: 기업가 정신

제시된 사례에서 A는 실패를 이겨 내면서 새로운 상품을 만들어 내는 혁신을 통해 수익을 창출하고 경쟁력을 확보하였으므로 기업가 정신을 실천했다고 판단할 수 있다.

09 출제 의도: 기업가 정신

예시 답안

○○ 기업은 혁신과 창의성을 바탕으로 새로운 제품을 개발하는 생산 활동을 하고 있으므로 기업가 정신을 실천했다고 볼 수 있다.

핵심 단어) 기업가 정신, 혁신, 창의성, 새로운 제품 개발

등급	채점 기준
상	혁신과 창의성을 바탕으로 새로운 제품을 개발했기 때문이라고 서술한 경우
하	새로운 제품을 개발했기 때문이라고만 서술한 경우

10 출제 의도: 사회적 책임

예시 답안

사회적 책임이 나타나고 있다. 사회적 책임이란 기업이 소비자와 노동자, 지역 사회 등이 요구하는 사회적 의무를 충족하는 방향으로 활동해야 한다는 윤리적 책임 의식으로, 사회 전체의 발전에 기여할 수 있을 뿐만 아니라 소비자에게 좋은 인상을 심어 주어 기업의 성장도 촉진할 수 있다.

핵심 단어) 사회적 책임, 윤리적 책임 의식, 사회 발전에 기여, 기업의 성장 촉진

등급	채점 기준
상	기업의 사회적 책임의 의미와 필요성을 모두 서술한 경우
하	기업의 사회적 책임의 의미와 필요성 중 한 가지만 서술한 경우

③ 일생 동안의 경제생활

01 (1) ○ (2) × (3) ×　　**02** (1) − ㉣ (2) − ㉠ (3) − ㉢
(4) − ㉡　　**03** (1) 생애 주기 (2) 유소년기 (3) 중장년기
(중 · 장년기)　　**04** ②　　**05** ②　　**06** ⑤　　**07** ⑤
08 생애 주기　　**09~10** 해설 참조

04 출제 의도: 생애 주기와 시기별 경제생활
② 경제 활동은 전 생애 주기에 걸쳐 이루어진다.

그래서 오답!

① 청년기, 중 · 장년기, 노년기로 구분된다. (×) → 생애 주기는
유소년기, 청년기, 중 · 장년기, 노년기로 구분된다.
③ 시기별로 개인의 소득과 소비 수준은 동일하게 나타난다.
(×) → 생애 주기의 시기별로 개인의 소득과 소비 수준은 다
르게 나타난다.

05 출제 의도: 청년기의 경제생활
② 청년기는 인생에서 첫 직장을 가지고 본격적으로 생산 활
동에 참여하여 소득을 형성하는 시기이다. 소득이 적은 편
이지만 소비도 적은 시기로, 결혼과 자녀 출산 등에 대비
하는 시기이다.

06 출제 의도: 중장년기의 경제생활
⑤ 생애 주기는 유소년기, 청년기, 중 · 장년기, 노년기로 구분
되며, ㉎에 해당하는 시기는 중 · 장년기이다. 중 · 장년기에
는 소득이 크게 늘어나지만 자녀 양육, 주택 마련, 노부모
부양, 노후 대비 등으로 인해 소비도 증가하는 시기이다.

그래서 오답!

① 노후 대비 자금이나 연금으로 생활한다. (×) → 노년기
② 주로 부모의 소득에 의존하여 소비 생활을 한다. (×) → 유소
년기
③ 인생에서 첫 직장을 가지고 본격적으로 생산 활동에 참여한
다. (×) → 청년기
④ 직장에서 은퇴하여 소득은 크게 줄어들지만 소비 생활은 지
속된다. (×) → 노년기

07 출제 의도: 생애 주기에 따른 소득과 소비
⑤ 생애 주기에 따라 소득과 소비는 다르게 나타나며, 소득을
얻을 수 있는 기간은 제한되어 있지만 소비 생활은 평생에
걸쳐 지속된다. 따라서 장기적인 관점에서 재무 계획을 수
립하여 안정적인 경제생활을 영위하기 위해 노력해야 한다.

그래서 오답!

① ㉎는 소득이 소비보다 많아 저축이 가능한 시기이다. (×)
→ ㉎는 소비가 소득보다 많은 시기이다.
② ㉏는 소비가 소득보다 많아 저축이 어려운 시기이다. (×)
→ ㉏는 소득이 소비보다 많아 저축이 가능한 시기이다.
③ ㉐는 소득이 크게 늘지만 의료비, 주택 확장 등으로 지출이
많아지는 시기이다. (×) → ㉐는 소득이 크게 줄어들거나 사
라지는 시기이다.

08 출제 의도: 생애 주기의 의미
제시문에서는 생애 주기에 대해 설명하고 있다. 인간의 경제
생활은 생애 주기에 따라 다르게 나타난다.

09 출제 의도: 생애 주기와 경제생활

예시 답안

(1) ㉎ 유소년기, ㉏ 청년기, ㉐ 중 · 장년기, ㉑ 노년기
(2) 생애 주기에 따라 주요 과제 및 경제생활의 모습이 달라진다.

핵심 단어 생애 주기, 주요 과제, 경제생활 모습

등급	채점 기준
상	생애 주기에 따라 주로 이루어야 하는 과제 및 경제생활의 모습이 달라진다고 서술한 경우
하	시기별로 경제생활이 달라진다고만 서술한 경우

10 출제 의도: 안정적인 경제생활을 위한 노력

예시 답안

생애 주기에 따른 소득과 소비를 고려해 장기적 관점에서 재
무 계획을 수립하고 실천해야 한다. 미래에 예상되는 지출뿐
만 아니라 예상하지 못한 사고나 질병 등에 대비해야 한다.

핵심 단어 생애 주기, 소득, 소비, 장기적 관점, 재무 계획, 사고
나 질병 대비

등급	채점 기준
상	소득과 소비를 고려해 장기적 관점에서 재무 계획 수립, 사고나 질병 대비를 모두 서술한 경우
하	소득과 소비를 고려해 장기적 관점에서 재무 계획 수립, 사고나 질병 대비 중 한 가지만 서술한 경우

④ 자산 관리의 필요성과 방법
⑤ 신용의 의미와 중요성

01 (1) 자산 관리 (2) 안전성 (3) 신용　　**02** (1) − ㉠ (2) − ㉡
03 (1) 적금 (2) 수익성 (3) 유동성 (4) 신용　　**04** ②　　**05** ④
06 ②　　**07** ④　　**08** 연금　　**09~10** 해설 참조

04 출제 의도: 채권의 개념
② 정부 기관이나 기업이 일반인으로부터 자금을 빌리고 발행
하는 차용 증서를 채권이라고 한다.

05 출제 의도: 분산 투자의 필요성
④ 자금을 여러 자산으로 나누어 투자하는 것을 분산 투자 또
는 포트폴리오 투자라고 한다.

06 출제 의도: 지속 가능한 경제생활
제시문에서는 지속 가능한 경제생활을 유지하기 위해 소득
과 소비를 고려한 자산 관리의 필요성에 대해 설명하고 있다.

소비 생활은 평생 동안 계속되지만 소득을 얻을 수 있는 기간은 정해져 있고, 미래의 경제적 어려움에도 대비해야 하기 때문에 자산 관리가 필요하다.

> ㄴ. 소득은 원하면 어느 때나 얻을 수 있다. (×) → 소득을 얻을 수 있는 기간은 정해져 있다.
> ㄹ. 평균 수명의 연장으로 은퇴 후의 생활 기간이 짧아지고 있다. (×) → 평균 수명의 연장으로 은퇴 후의 생활 기간이 길어지고 있다.

07 출제 의도: 자산 관리와 신용 관리
④ 신용도가 떨어지면 경제생활에서 불이익을 받게 된다. 따라서 신용을 잘 활용하면 경제생활을 더 편리하게, 더 높은 수준으로 꾸려 나갈 수 있다.

> ① 예금이나 적금은 수익성은 높은 데 비해 안전성은 낮은 편이다. (×) → 예금이나 적금은 수익성은 낮은 데 비해 안전성은 높은 편이다.
> ② 수익성은 쉽고 빠르게 현금으로 바꿀 수 있는 정도를 가리킨다. (×) → 유동성은 쉽고 빠르게 현금으로 바꿀 수 있는 정도를 가리킨다.
> ③ 지속 가능한 경제생활을 하려면 현재의 소득만을 고려하여 자산을 관리해야 한다. (×) → 지속 가능한 경제생활을 하려면 현재와 미래의 소득을 고려하여 자산을 관리해야 한다.
> ⑤ 신용을 잘 관리하면 자신의 소득이나 경제적 능력과 관계없이 원하는 대로 신용 거래를 할 수 있다. (×) → 신용 거래는 소득이나 경제적 능력의 범위 내에서 신중하게 해야 한다.

플러스 개념 자산 관리

의미	장기적 관점에서 일생 동안의 소득과 소비를 관리하는 것
목적	지속 가능한 경제생활, 안정적인 소비 생활
방법	유동성, 수익성, 안전성 등을 고려한 포트폴리오 관리

08 출제 의도: 연금의 의미
연금은 노후의 안정적인 생활을 보장하기 위하여 미리 일정액을 낸 후 노후에 계속하여 일정 금액을 지급받는 금융 상품이다.

09 출제 의도: 신용과 신용 관리

예시 답안

(1) 신용
(2) 신용을 잘 관리하면 신용 등급이 높아져서 대출을 포함한 경제생활을 더 편리하게 할 수 있고 높은 수준으로 꾸릴 수 있으며, 신용 불량자가 되는 등의 불이익을 예방할 수 있다.

핵심 단어 경제생활 편리, 불이익 예방

등급	채점 기준
상	잘 관리하면 대출 등 경제생활에 편리하고 불이익을 예방할 수 있다고 서술한 경우
하	잘 관리하면 유리하다고만 서술한 경우

10 출제 의도: 자산 관리 방법

예시 답안

㉠은 ㉡보다 수익률이 높지만 위험성이 높고, ㉡은 ㉠보다 위험성이 낮지만 수익률이 낮다. 따라서 자산 관리 방법을 선택할 때에는 수익과 위험을 함께 고려하여 분산 투자를 해야 한다.

핵심 단어 수익, 위험, 분산 투자

등급	채점 기준
상	㉠, ㉡의 특징을 비교하고, 수익과 위험을 함께 고려해 분산 투자를 해야 한다고 서술한 경우
중	㉠, ㉡의 특징을 비교하고, 분산 투자를 해야 한다고 서술한 경우
하	㉠, ㉡의 특징만 비교한 경우

대단원 완성 문제 Ⅲ 경제생활과 선택

76~81쪽

01 ③	02 ⑤	03 ②	04 ②	05 ⑤	06 ②
07 ③	08 ②	09 ②	10 ⑤	11 ②	12 ①
13 ③	14 ③	15 ⑤	16 ③	17 ①	18 ④
19 ⑤	20 ⑤	21 ⑤	22 ②	23 ②	24 ①
25 ①	26 ④	27 ⑤	28~30 해설 참조		

01 출제 의도: 경제 활동의 종류
③ 제시문의 밑줄 친 '이것'은 소비이다. 화장품, 즉 재화를 구입한 행위는 소비에 해당한다.

> ①은 분배 활동이고, ②, ④, ⑤는 생산 활동이다.

02 출제 의도: 경제 주체
㈎는 가계, ㈏는 기업, ㈐는 정부이다. 가계는 노동, 토지, 자본과 같은 생산 요소를 기업에 제공하고, 정부는 건전한 시장 경제를 유지하기 위해 가계, 기업의 경제 활동에 대해 규제와 조정을 할 수 있다.

> ㄱ. ㈎는 상품을 생산하여 시장에 공급한다. (×) → 상품을 생산하여 시장에 공급하는 경제 주체는 기업이다.
> ㄴ. ㈏는 공공재를 생산한다. (×) → 공공재를 생산하는 경제 주체는 정부이다.

03 출제 의도: 재화와 서비스
상품은 재화와 서비스로 구분된다. 분식점에서 판매하는 떡볶이는 재화이고, 의사의 진료, 택배 기사의 배달, 요가 강사의 수업, 극장에서의 영화 상영은 모두 서비스이다.

04 출제 의도: 경제 활동의 개념
경제 활동은 필요나 욕구를 충족하기 위해 상품(재화나 서비스)을 생산, 분배, 소비하는 활동이다.

② 경제 활동은 경제 주체, 즉 가계, 기업, 정부, 외국에 의해 이루어진다.

05 출제 의도: 자원의 희소성
자원의 희소성은 인간의 욕구는 무한한 데 비해 이를 충족해 줄 자원 또는 재화가 부족한 상태를 의미한다. ㉠에는 인간의 욕구, ㉡에는 자원 또는 재화의 존재량이 들어간다. 인간의 욕구가 자원의 존재량보다 큰 상품일수록 구하기가 어렵기 때문에 가격이 높아지고, 동일한 재화라도 주관적인 인간의 욕구는 일정하게 정해져 있는 것이 아니라 시대와 장소에 따라 달라질 수 있다.

06 출제 의도: 자원의 희소성
② 희소성은 가격의 결정 요인이고, 희소성이 클수록 가격이 높아진다. 따라서 인형 가게에서 가장 비싼 강아지 인형의 희소성이 가장 크다.

07 출제 의도: 자원의 희소성
자원의 희소성은 시대와 지역에 따라 달라지기도 한다. 시대와 지역마다 사용 가능한 자원의 양이나 기술 수준이 다를 뿐 아니라 사람들의 선호와 취향도 다르기 때문이다. 제시된 사례에서 나타난 문어의 경우 우리나라와 북유럽 지역에서 다르게 평가되면서 희소성의 정도가 다르게 나타났음을 알 수 있다.

08 출제 의도: 기회비용 계산
어떤 선택에서 여러 대안이 있을 때 기회비용이 작은 대안을 선택하는 것이 합리적이다. 제시된 사례에서 짜장면 선택의 기회비용은 11,000원(짜장면 값+짬뽕의 만족감)이고, 짬뽕 선택의 기회비용은 12,000원(짬뽕 값+짜장면의 만족감)이다. 따라서 A는 짬뽕이 아니라 짜장면을 선택해야 합리적 선택을 한 것이 된다.

> **그래서 오답!**
>
> ㄴ. A가 짬뽕을 선택할 때의 기회비용은 6,500원이다. (×)
> → 짬뽕 선택의 기회비용은 12,000원이다.
> ㄷ. A의 선택은 재화와 서비스 중 서비스를 소비하는 행위이다.
> (×) → 짜장면과 짬뽕 모두 재화에 속한다.

09 출제 의도: 비용 – 편익 분석
② 합리적 선택을 위해서는 비용 – 편익 분석을 한 후, 여러 대안 중에 편익에서 비용을 뺀 값이 가장 큰 대안을 선택해야 한다. 이때 비용은 '기회비용'으로, 어떤 대안에서 실제로 지출한 금액과 함께 그 대안을 선택함으로써 포기한 대안에서 발생하는 만족감까지 포함해야 한다.

10 출제 의도: 경제 문제와 경제 체제
경제 문제의 발생 원인은 ㉠ 자원의 희소성이며, 그로 인해 발생하는 기본적 경제 문제는 ㉡ 생산물의 종류와 수량 문제, ㉢ 생산 방법의 문제, ㉣ 생산물의 분배 문제가 있다. 이 기본적 경제 문제를 해결하는 방식에 따라 시장 경제 체제와 계획 경제 체제로 구분할 수 있는데, A 체제는 시장 가격 기구로 경제 문제를 해결하는 시장 경제 체제이고, B 체제는 정부의 계획과 명령에 의해 경제 문제를 해결하는 체제는 계획 경제 체제이다.

⑤ 시장 경제 체제의 대표적인 한계점이 빈부 격차가 심화된다는 점이다. 따라서 생산물의 분배가 시장 경제 체제에서 더 공정하게 이루어진다고 볼 수 없다.

11 출제 의도: 기본적 경제 문제
기본적 경제 문제는 '무엇을 얼마나 생산할 것인가?', '어떻게 생산할 것인가?', '누구에게 분배할 것인가?'의 세 가지 유형으로 구분된다. 제시문에서 A의 경우 생산 방법과 관련된 대책을 제시했으므로 '어떻게 생산할 것인가?'에 해당하고, B의 경우 생산물의 종류에 대한 결정을 내렸으므로 '무엇을 얼마나 생산할 것인가?'에 해당한다.

12 출제 의도: 경제 체제 비교
ㄱ과 ㄴ은 시장 경제 체제의 특징이고, ㄷ과 ㄹ은 계획 경제 체제의 특징이다.

13 출제 의도: 경제 체제 비교
③ 시장에 대한 정부 개입이 강하고 생산 수단을 사적으로 소유하는 것은 허용하는 정도가 낮으며, 경제적 효율성을 중요하게 생각하는 정도가 낮은 A국은 계획 경제 체제에 가깝다. 따라서 B국은 시장 경제 체제에 가깝다.

14 출제 의도: 기업의 역할 파악
시장 경제에서 재화와 서비스를 만드는 일은 주로 기업이 담당한다. 기업은 이윤을 얻기 위해 소비자에게 필요한 상품을 생산하여 시장에 공급한다. 이 과정에서 일자리를 만들어 노동자를 고용하고, 생산에 참여한 사람들에게 임금이나 지대, 이자 등을 지급하여 가계의 소득을 창출한다.
③ 재정 활동을 통해 공공재를 생산하는 것은 정부의 역할이다.

15 출제 의도: 기업의 사회적 책임
기업가는 회사를 설립하고 이윤을 추구하는 과정에서 기업 윤리와 사회적 책임도 고려해야 한다. 기업가는 법규를 준수하고, 노동자나 소비자의 권리를 존중해야 하며, 기업의 행위가 사회 전체에 영향을 미친다는 것을 인식하고 사회적 책임을 다하는 자세를 가져야 한다. 제시된 사례에서 ○○ 기업은 사회 취약 계층의 고용을 통해 사회적 책임을 실천하고 있다.

16 출제 의도: 기업의 특징
제시된 그림에서 ㉮에 들어갈 경제 주체는 기업이다. 기업은 기술 혁신을 통해 다른 기업과 경쟁하며 이윤을 추구하며, 나아가 국가 경제 발전에 이바지한다.

> **그래서 오답!**
>
> ① 재화와 서비스를 소비하는 주체이다. (×) → 가계
> ② 세금을 바탕으로 공공의 이익을 추구한다. (×) → 정부
> ④ 다른 두 경제 주체와 경쟁하여 이윤을 창출한다. (×)
> → 기업은 다른 기업과 경쟁한다.
> ⑤ 생산 요소를 제공하고 임금, 지대, 이자를 지급받는다. (×)
> → 가계

17 출제 의도: 기업가 정신
불확실한 미래를 예측하는 통찰력, 새로운 것에 도전하는 혁신 정신, 남과 다른 생각을 하는 창의성, 위험을 극복하는 인내심과 소신 등이 기업가 정신의 요소이다. 슘페터는 이러한 기업가의 노력을 '창조적 파괴'라고도 하였다.

18 출제 의도: 기업가 정신과 혁신

미국의 경제학자 슘페터는 혁신을 추구하고 위험에 도전하는 기업가의 행동을 '창조적 파괴'라는 용어로 설명하였다.

19 출제 의도: 생애 주기에 따른 경제생활

⑤ 노년기의 삶은 직장 생활을 시작하는 청년기부터 준비하여 중·장년기 때 가장 크게 대비하는 것이 현명하다.

20 출제 의도: 생애 주기에 따른 소득 – 소비 곡선

ㄷ. 중장년기에 소득 곡선이 소비 곡선보다 높이 위치하고 있으므로 옳은 분석이다.

ㄹ. 중장년기의 저축 정도와 자산 관리의 성공 여부에 따라 적자 상태인 노년기의 경제적 삶이 결정된다.

그래서 오답!

ㄱ. 청년기에 흑자 인생을 살았다. (×) → 청년기와 노년기에는 저축이 음수이므로 적자이고, 중·장년기에는 저축이 양수이므로 흑자이다.

ㄴ. 소득과 소비는 평생 일정한 수준으로 유지되었다. (×) → 소득과 소비는 평생에 걸쳐 변화하였는데, 변화의 정도는 소득이 더 크다.

21 출제 의도: 자산 관리의 필요성

미래의 불확실한 상황이나 노후를 대비하기 위해서는 자산을 확보하고 효율적으로 자산 관리를 해야 한다. 특히 평균 수명이 늘어나면서 은퇴 이후 안정된 노후를 보내기 위한 자산 관리의 중요성이 더욱 커지고 있다.

⑤ 금융 기관에서 자금을 수월하게 빌리기 위해서는 신용을 높여야 한다.

22 출제 의도: 소득, 소비, 저축의 관계 이해

제시된 표에서 ㉠에 들어갈 개념은 저축이다.

그래서 오답!

ㄴ. ㉠의 크기가 감소하면 소비 또한 감소한다. (×) → 저축의 크기가 감소하면 소비는 증가한다.

ㄹ. 소비가 감소할수록 자산에 투자할 수 있는 여력이 줄어든다. (×) → 소비가 감소할수록 저축 부분이 늘어나기 때문에 자산에 투자할 수 있는 여력이 늘어난다.

23 출제 의도: 분산 투자의 필요성

합리적인 투자자라면 가진 돈을 한 금융 상품에 모두 투자하기보다는 수익성과 안전성, 유동성을 고려하여 다양한 금융 상품에 적절하게 분산하여 투자하는 것이 좋다. 분산 투자를 할 경우 어느 한 곳에서 손해를 보더라도 다른 곳에서 그 손해를 보충할 수 있기 때문이다.

24 출제 의도: 예금과 주식 비교

(개)는 주식, (내)는 예금에 해당한다. 주식은 수익성이 높은 대신 안전성이 낮고, 예금은 수익성이 낮은 대신 안전성이 높다.

그래서 오답!

ㄷ. (개), (내) 모두 실물 자산에 해당한다. (×) → 주식과 예금은 금융 자산에 해당한다.

ㄹ. (내)는 (개)와 달리 배당금을 기대할 수 있다. (×) → 주식은 예금과 달리 배당금을 기대할 수 있다.

25 출제 의도: 합리적 자산 관리 방법

① 연령이 높을수록 노후의 삶을 대비해야 하기 때문에 공격적으로 투자하기보다 원금 손실이 없는 안정적인 자산에 투자하는 것이 좋다.

26 출제 의도: 신용

제시문의 밑줄 친 '이것'은 신용이다. 신용이란 미래의 어느 시점에 갚을 것을 약속하고 상품이나 돈을 얻을 수 있는 능력을 의미한다. 신용을 잘 활용하면 경제생활을 더 편리하게 더 높은 수준으로 꾸려 나갈 수 있으나 결국 미래의 소득으로 갚아야 하는 부채(빚)에 해당한다.

27 출제 의도: 신용 관리 방법

⑤ 대출을 받을 때에는 자신의 소득을 고려해서 상환 능력 내에서 받는 것이 좋다.

28 출제 의도: 희소성

예시 답안

다이아몬드의 희소성이 석탄보다 크기 때문이다. 즉, 다이아몬드에 대한 인간의 욕구와 그 존재량의 차이가 석탄보다 월등하게 크기 때문이다.

핵심 단어 희소성, 인간의 욕구, 존재량의 차이

등급	채점 기준
상	희소성을 활용하여 다이아몬드의 가격이 석탄보다 비싼 이유를 서술한 경우
하	희소성에 관한 언급 없이 다이아몬드의 가치가 석탄보다 크다고만 서술한 경우

29 출제 의도: 우리나라의 경제 체제

예시 답안

시장 경제 체제를 기본으로 계획 경제 체제의 요소를 일부 받아들인 혼합 경제 체제를 채택하고 있다.

핵심 단어 시장 경제 체제, 계획 경제 체제, 혼합 경제 체제

등급	채점 기준
상	혼합 경제 체제를 쓰고, 그 의미를 서술한 경우
하	혼합 경제 체제라고만 쓴 경우

30 출제 의도: 기회비용 파악

예시 답안

A가 매몰 비용인 입장료 10,000원을 기회비용에 넣어 계산하면서 비용 – 편익 분석을 잘못했기 때문이다.

핵심 단어 기회비용, 매몰 비용, 합리적 선택

등급	채점 기준
상	매몰 비용을 고려해서 이유를 서술한 경우
하	비용 – 편익 분석을 잘못했다고만 서술한 경우

IV. 시장 경제와 가격

01 시장의 의미와 종류 ~
02 시장 가격의 결정

1 시장의 의미와 역할

88~89쪽

01 (1) 시장 (2) 분업 (3) 화폐 **02** (1) ○ (2) × (3) ○
03 (1) 자급자족 (2) 특화 (3) 화폐 **04** ② **05** ④
06 ④ **07** ② **08** 물물 교환 **09~10** 해설 참조

04 출제 의도: 시장의 의미

② 인터넷 쇼핑몰, 외환 시장과 같이 눈에 보이지 않더라도 거래가 이루어지면 시장에 속한다.

05 출제 의도: 시장의 의미

④ 인터넷 쇼핑몰은 눈에 보이지 않는 시장에 해당한다.

06 출제 의도: 시장의 기능

④ 시장의 형성은 분업화를 촉진시키고 생산성을 증가시킨다.

그래서 오답!

① 거래 비용이 증가하였다. (×) → 거래 비용이 감소하였다.
② 화폐의 사용이 감소하였다. (×) → 화폐의 사용이 증가하였다.
③ 상품에 관한 정보 교환이 감소하였다. (×) → 상품에 관한 정보 교환이 증가하였다.
⑤ 특정 분야를 전문적으로 담당하는 사람들이 감소하였다. (×) → 특정 분야를 전문적으로 담당하는 사람들이 증가하였다.

07 출제 의도: 생산자와 소비자

② ㄱ은 재화에 대한 소비자이고, ㄷ은 서비스에 대한 소비자이다.

그래서 오답!

ㄴ, ㄹ은 상품을 팔고자 하는 사람인 생산자에 해당한다.

08 출제 의도: 물물교환

시장이 형성되기 이전에는 제시된 사례의 반투족과 피그미족처럼 남은 잉여 생산물을 직접 서로 교환하는 방법으로 필요한 물건을 충당하였다. 이와 같은 거래 형태를 물물 교환이라고 한다.

09 출제 의도: 특화와 분업

예시 답안

(1) ㈎ 특화, ㈏ 분업
(2) 특화와 분업으로 교환이 본격화되면서 효율적인 교환을 위해 사람들이 일정한 장소에 모여 거래하기 시작하였고, 그 결과 시장이 발달하였다.

핵심 단어 거래, 교환, 시장

등급	채점 기준
상	핵심 단어를 모두 사용하여 서술한 경우
하	핵심 단어 중 두 가지만 사용하여 서술한 경우

10 출제 의도: 화폐의 발달

예시 답안

화폐의 등장에 따라 물물 교환으로 이루어지던 거래가 간편해지면서 시장이 활성화되었고, 이후 다양한 화폐의 발달과 함께 시장 거래도 더욱 활발해져 왔다.

핵심 단어 물물 교환, 화폐의 등장, 시장 활성화, 다양한 화폐 발달, 활발한 시장 거래

등급	채점 기준
상	화폐 등장 이전과 비교하여 화폐의 발달에 따라 시장이 활성화되었다고 서술한 경우
하	화폐 등장으로 시장이 활성화되었다고만 서술한 경우

2 다양한 시장의 종류

90~91쪽

01 (1) 생산물, 생산 요소 (2) 상설, 정기 (3) 전자 상거래
02 (1) × (2) ○ (3) × **03** ㉠ 보이는 시장(구체적 시장),
㉡ 보이지 않는 시장(추상적 시장), ㉢ 생산물 시장, ㉣ 생산
요소 시장 **04** ② **05** ② **06** ③ **07** ⑤ **08** 거래 형태 **09~10** 해설 참조

04 출제 의도: 시장의 종류

② 시장은 판매 대상에 따라 상인을 대상으로 하는 도매 시장, 소비자를 대상으로 하는 소매 시장으로 나눌 수 있다.

그래서 오답!

① 상설, 정기 (×) → 개설 주기에 따라 상설 시장과 정기 시장으로 구분할 수 있다.
③ 생산물, 생산 요소 (×) → 거래 상품의 종류에 따라 생산물 시장과 생산 요소 시장으로 구분할 수 있다.

05 출제 의도: 보이는 시장과 보이지 않는 시장

거래하는 모습이 구체적으로 드러나는 시장을 보이는 시장이라고 하며 재래시장, 백화점, 대형 할인점 등이 있다.

그래서 오답!

ㄴ, ㄹ은 거래하는 모습이 눈에 보이지 않는 시장이다.

06 출제 의도: 시장의 종류

㈎는 보이는 시장이고, ㈏는 보이지 않는 시장이다.
③ 정보 통신 기술의 발달로 소비자와 판매자가 직접 만나지 않고 온라인상에서 거래가 이루어지는 시장이 등장하였다. 온라인 시장은 시공간의 제약과 거래 비용을 줄여 주어 오늘날 전체 시장에서 차지하는 비중이 증가하고 있다.

① ㈎는 생산 요소가 거래되는 시장이다. (×) → 생산물이 거래
되는 시장이다.

② ㈎에서는 특정 분야의 상품만을 거래한다. (×) → 대형 마트
는 특정 분야의 상품뿐만 아니라 다양한 상품을 한 곳에서
동시에 구매할 수 있다.

④ ㈏에서는 소비자와 판매자가 직접 만나 거래가 이루어진다.
(×) → 온라인 시장은 소비자와 판매자가 직접 만나지 않고
온라인상에서 거래가 이루어진다.

⑤ ㈎, ㈏는 모두 거래하는 모습이 눈에 보이지 않는 시장이다.
(×) → ㈎는 눈에 보이는 시장이고, ㈏는 눈에 보이지 않는
시장이다.

07 출제 의도: 다양한 시장의 종류

⑤ 생활에 필요한 재화나 서비스가 거래되는 시장은 생산물
시장을 말한다. 노동 시장은 노동이 거래되는 시장으로,
생산 요소 시장에 해당한다.

08 출제 의도: 전자 상거래

㈎, ㈏는 거래 형태, 즉 거래하는 모습이 눈에 보이는지 여부
에 따라 보이는 시장과 보이지 않는 시장으로 구분할 수 있다.

09 출제 의도: 거래 상품의 종류에 따른 시장의 분류

예시 답안

(1) ㈎ 의료 서비스, ㈏ 농수산물, ㈐ 노동

(2) ㈎와 ㈏는 생활에 필요한 재화나 서비스가 거래되는 생산
물 시장에 해당하고, ㈐는 상품을 생산하는 데 필요한 토지
나 노동, 자본 등의 생산 요소가 거래되는 생산 요소 시장
에 해당한다.

핵심 단어 생산물 시장, 생산 요소 시장

등급	채점 기준
상	생산물 시장과 생산 요소 시장을 구분하고, 그 의미를 모두 서술한 경우
중	생산물 시장과 생산 요소 시장을 구분하고, 한 가지 의미만 서술한 경우
하	생산물 시장과 생산 요소 시장만 구분한 경우

10 출제 의도: 전자 상거래

예시 답안

전자 상거래 시장은 정보 통신 기술과 인터넷의 발달로 최근
그 규모가 커지고 있으며, 좀 더 효율적인 거래를 위해 계속해
서 증가하고 있다.

핵심 단어 전자 상거래, 정보 통신 기술과 인터넷의 발달, 효율
적인 거래, 보이지 않는 시장

등급	채점 기준
상	변화의 원인과 내용을 모두 서술한 경우
하	변화의 원인과 내용 중 한 가지만 서술한 경우

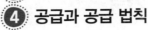

③ 수요와 수요 법칙
④ 공급과 공급 법칙

92~93쪽

01 (1) × (2) × (3) ×　　**02** (1) 수요량 (2) 공급량 (3) 수요
(4) 공급　　**03** (1) 우하향 (2) 우상향 (3) 반비례 (4) 비례
04 ③　　**05** ④　　**06** ⑤　　**07** ⑤　　**08** 가격
09~10 해설 참조

04 출제 의도: 수요 법칙

③ 수요 법칙에 따르면 가격이 하락하면 수요량이 증가하므로
수요 곡선은 오른쪽으로 갈수록 내려가는 우하향의 모습으
로 나타난다.

① 가격과 수요량은 비례 관계이다. (×) → 가격과 수요량은 반
비례 관계이다.

② 가격이 상승할 경우 수요량은 증가한다. (×) → 가격이 상승
할 경우 구매하고자 하는 상품의 양은 감소한다.

05 출제 의도: 공급 법칙

㉠에 들어갈 용어는 공급량이다. 일반적으로 공급자는 어떤
상품의 가격이 올라가면 공급량을 늘리고, 가격이 내려가면
공급량을 줄인다. 즉, 상품의 가격과 공급량은 비례 관계를 나
타낸다.

06 출제 의도: 수요 곡선과 공급 곡선

⑤ ㈎는 수요량이 가격에 반비례한다는 수요 법칙을 그래프로
나타낸 수요 곡선, ㈏는 공급량이 가격에 비례한다는 공급
법칙을 그래프로 나타낸 공급 곡선이다.

① ㈎는 공급 곡선이다. (×) → ㈎는 수요 곡선이다.

② ㈏는 수요 곡선이다. (×) → ㈏는 공급 곡선이다.

③ A에는 '공급량'이 들어갈 수 있다. (×) → A에는 '수요량'이
들어갈 수 있다.

④ B에는 '수요량'이 들어갈 수 있다. (×) → B에는 '공급량'이
들어갈 수 있다.

07 출제 의도: 수요 법칙

⑤ 솜사탕의 가격이 600원일 때는 갑, 을, 병 세 명 모두 구입
할 것이고, 가격이 800원일 때는 을과 병 두 사람만이, 가
격이 1,000원일 때는 을만 구입할 것이다. 즉, 가격이 상
승할수록 수요량이 감소하고 있으며, 이를 그래프로 나타
낼 경우 우하향한다.

① 솜사탕의 가격이 600원일 때 수요량은 1개이다. (×) → 수요
량은 3개이다.

② 솜사탕의 가격이 800원일 때 수요자는 1명이다. (×) → 수요
자는 2명이다.

③ 솜사탕의 가격이 600원일 때보다 800원일 때 수요량이 더

많다. (×) → 600원일 때의 수요량은 3개, 800원일 때의 수요량은 2개이다.
④ 솜사탕의 가격이 하락할수록 구매하고자 하는 사람의 수는 줄어든다. (×) → 가격이 하락할수록 구매하고자 하는 사람은 늘어난다.

08 출제 의도: 수요 곡선과 공급 곡선
수요 곡선은 가격과 수요량의 관계, 공급 곡선은 가격과 공급량의 관계를 나타낸 것이다.

09 출제 의도: 수요 법칙

예시 답안

가격이 오르면 수요량이 감소하고, 가격이 내리면 수요량은 증가한다.

핵심 단어 수요량, 가격

등급	채점 기준
상	가격이 오르면 수요량이 감소하는 것, 가격이 내리면 수요량이 증가하는 것을 모두 서술한 경우
하	가격이 오르면 수요량이 감소하는 것, 가격이 내리면 수요량이 증가하는 것 중 한 가지만 서술한 경우

10 출제 의도: 공급 법칙

예시 답안

공급자는 기본적으로 이윤의 극대화를 추구한다. 상품의 가격이 상승할 경우 공급량을 늘릴수록 판매 가격에서 비용을 뺀 이윤이 증가하기 때문에 공급자는 공급량을 늘리고자 한다.

핵심 단어 공급자, 공급량, 이윤

등급	채점 기준
상	가격 상승 시 공급량을 증가시키면 이윤이 극대화된다는 내용을 서술한 경우
하	단순히 이윤 극대화를 추구한다고만 서술한 경우

⑤ 시장 가격의 결정과 시장 가격의 기능

94~95쪽

01 (1) 시장 가격(균형 가격) (2) 초과 수요　**02** (1) ◯ (2) ×
(3) ×　　**03** (1) 균형 가격 (2) 초과 공급 (3) 균형 거래량
04 ③　**05** ②　**06** ⑤　**07** ③　**08** 시장 가격
09~10 해설 참조

04 출제 의도: 시장 균형 가격의 의미
③ 수요량과 공급량이 일치하는 상태에서 나타난다.

그래서 오답!

① 초과 수요 상태에서 나타난다. (×) → 초과 수요는 상품의 가격이 시장에서 형성된 균형 가격보다 낮아 수요량이 공급량보다 많은 상태이다.

② 초과 공급 상태에서 나타난다. (×) → 초과 공급은 상품의 가격이 시장에서 형성된 균형 가격보다 높아 공급량이 수요량보다 많은 상태이다.

05 출제 의도: 시장에서의 가격 결정
시장 가격은 수요와 공급에 의해 결정된다. 시장에서 수요자와 공급자가 자유롭게 거래하다 보면 수요량과 공급량이 일치하는 지점이 생기는데 이 지점에서 시장이 균형을 이룬다. 제시된 표에서는 2,000원에서 수요량과 공급량이 일치하는 지점이 보인다.

06 출제 의도: 시장 가격의 결정 원리
⑤ 시장 가격은 시장에서 상품이 거래되고 있는 가격 수준이다. 균형 가격은 수요자와 공급자의 상호 작용 속에서 수요량과 공급량이 같아지는 지점에서 결정되는 가격이다. 시장 가격이 균형 가격보다 높으면 초과 공급이 발생하고, 시장 가격이 균형 가격보다 낮으면 초과 수요가 발생한다.

그래서 오답!

① 한 번 결정된 시장 가격은 변하지 않는다. (×) → 시장에서 수요량과 공급량이 일치하지 않으면 시장 가격은 오르거나 내린다.

② 초과 공급이 발생할 경우 시장 가격은 상승한다. (×) → 초과 공급 상태에서는 일부 공급자들이 가격을 낮추어서라도 상품을 팔고자 노력할 것이기 때문에 가격은 하락하게 된다.

③ 초과 수요가 발생할 경우 공급자 간 경쟁이 발생한다. (×) → 초과 수요 상태에서는 상품이 희소해서 수요자는 높은 가격을 지불하더라도 상품을 구입하고자 서로 경쟁하게 된다. 즉, 수요자 간 경쟁이 나타난다.

④ 수요량이 최대가 되는 지점에서 시장 가격이 결정된다. (×) → 시장 가격은 수요량과 공급량이 일치하는 점에서 결정된다.

07 출제 의도: 시장 가격의 변동
제시된 떡볶이 시장에서는 떡볶이 가격이 한 접시에 2,000원일 때 수요량은 150접시이고, 공급량도 150접시이다. 따라서 이 가격에서는 수요량과 공급량이 일치하여 수요와 공급 사이에 균형이 이루어진다.
③ 가격이 2,500원일 때는 상품의 가격이 시장에서 형성된 균형 가격보다 높은 초과 공급 상황으로 떡볶이의 공급량이 수요량보다 100접시 많은 상태이다.

그래서 오답!

① 가격 상승 압력이 나타난다. (×) → 공급자 간 경쟁으로 가격 하락 압력이 나타난다.

② 떡볶이 100접시가 부족해진다. (×) → 초과 공급 상황으로 100접시의 상품이 남는 상태이다.

④ 수요자는 원하는 상품을 모두 살 수 없다. (×) → 초과 공급 상태에서 공급자 간 경쟁으로 수요자는 원하는 상품을 모두 살 수 있다.

⑤ 수요자 간에 떡볶이를 구매하기 위한 경쟁이 나타난다. (×) → 초과 공급 상태에서는 남는 상품을 판매하기 위해 공급자 간 경쟁이 나타나서 가격이 하락하게 된다.

08 출제 의도: 시장 가격의 결정 과정

시장 가격은 시장에서 상품이 거래되고 있는 가격 수준이다. 균형 가격은 수요자와 공급자의 끊임없는 상호 작용 속에서 형성된다. 수요량과 공급량이 일치하지 않으면 가격이 오르거나 내리기를 반복적으로 하는 과정에서 균형 상태인 시장 가격에 도달하게 되는 것이다.

09 출제 의도: 시장 가격의 기능

예시 답안

(1) ㈎ 초과 수요, ㈏ 초과 공급
(2) ㈎ 수요자 간의 경쟁으로 가격이 상승한다. ㈏ 공급자 간의 경쟁으로 가격이 하락한다.

핵심 단어 수요자 간 경쟁, 가격 상승, 공급자 간 경쟁, 가격 하락

등급	채점 기준
상	초과 수요와 초과 공급 상태에서 가격의 변화를 모두 서술한 경우
하	초과 수요와 초과 공급 중 한 가지 상태에서 가격의 변화만 서술한 경우

10 출제 의도: 시장 가격의 기능

예시 답안

시장 가격은 경제 주체들에게 어떠한 의사 결정을 해야 하는지를 알려 주는 신호등 역할을 수행하고, 시장에서 생산된 상품이 가장 필요로 하는 곳에 배분되게 하는 자원의 효율적 배분 역할을 수행한다.

핵심 단어 의사 결정, 신호등 역할, 자원의 효율적 배분

등급	채점 기준
상	시장의 기능 두 가지를 모두 서술한 경우
하	시장의 기능을 한 가지만 서술한 경우

03 시장 가격의 변동

① 수요와 공급의 변동

98~99쪽

01 (1) – ㉠ (2) – ㉢ (3) – ㉢ (4) ㉠　02 (1) × (2) ○ (3) ×
03 (1) 증가 (2) 증가 (3) 감소　04 ③　05 ②　06 ⑤
07 ④　08 ㉠ 증가, ㉡ 감소　09~10 해설 참조

04 출제 의도: 수요 증가 요인

③ 소비자의 소득이 증가하는 경우 재화의 수요가 증가한다.

그래서 오답!

① 인구가 감소한다. (×) → 인구가 감소하면 재화의 수요가 감소한다.
② 재화의 가격이 하락한다. (×) → 재화의 가격이 하락하면 재화의 수요량이 증가한다.

05 출제 의도: 공급 증가 요인

② 라면의 원자재인 밀가루 가격이 하락하였으므로 라면의 생산비가 하락한다. 따라서 라면 생산자의 이윤이 증가하므로 라면의 공급이 증가할 수 있다.

06 출제 의도: 수요 감소 요인

⑤ 보완재의 가격이 상승하여 수요량이 감소하면, 함께 사용하면 만족이 더 커지는 재화의 수요도 감소한다. 수요가 감소하는 경우 수요 곡선이 왼쪽으로 이동한다.

그래서 오답!

① X재의 가격이 상승하였다. (×) → 가격이 상승하면 수요량이 감소하여 수요 곡선은 이동하지 않는다.
② X재의 생산비가 감소하였다. (×) → 생산비가 감소하면 공급이 증가하여 공급 곡선이 오른쪽으로 이동한다.
③ X재 공급자의 수가 감소하였다. (×) → 공급자의 수가 감소하면 공급이 감소하여 공급 곡선이 왼쪽으로 이동한다.
④ X재에 대한 선호도가 증가하였다. (×) → 선호도가 증가하면 수요가 증가하여 수요 곡선이 오른쪽으로 이동한다.

07 출제 의도: 수요 변동 요인

④ 인구수가 증가하면 재화를 구입할 수 있는 사람들이 많아지므로 수요가 증가한다.

그래서 오답!

① 보완재 가격 상승 (×) → 보완재의 가격이 상승하면 보완재의 수요량이 감소한다. 따라서 같이 사용할 때 만족도가 더 커지는 재화의 수요도 감소한다.
② 소비자 선호 감소 (×) → 재화에 대한 소비자의 선호가 감소하면 구입을 꺼려하는 것이므로 수요가 감소한다.
③ 미래 가격 하락 예상 (×) → 재화의 미래 가격이 하락할 것으로 예상되면, 나중에 구입하기 위해 현재 구입을 줄이므로 수요가 감소한다.
⑤ 소득 감소 (×) → 소득이 감소하면 재화를 덜 구입하게 되므로 수요가 감소한다.

08 출제 의도: 수요와 공급의 변동 요인

시금치에 대한 소비자의 선호도가 높아졌으므로 수요는 증가하고, 시금치의 공급자 수가 감소하였으므로 공급은 감소한다.

09 출제 의도: 대체재와 보완재

예시 답안

(1) A재는 X재의 대체재이다. 대체재는 서로 용도가 비슷하여 대신해서 사용할 수 있는 재화이다.

핵심 단어 대체재, 대신 사용

등급	채점 기준
상	대체재를 쓰고, 대신 사용할 수 있다는 내용을 정확하게 서술한 경우
하	대체재라고만 쓴 경우

(2) B재는 X재의 보완재이다. 보완재는 함께 사용하면 만족이 더 커지는 재화이다.

핵심 단어 보완재, 함께 사용

등급	채점 기준
상	보완재를 쓰고, 함께 사용하면 만족이 커진다는 내용을 서술한 경우
하	보완재라고만 쓴 경우

10 출제 의도: 수요 증가 요인

예시 답안

인구가 증가함에 따라 자연스럽게 돼지고기의 소비도 늘어나고 있습니다. 또한 돼지고기의 각종 효능이 알려지며 돼지고기에 대한 선호도가 상승하여 돼지고기 판매량이 늘어났습니다. 한편 돼지고기의 대체재인 쇠고기의 가격이 급등하는 바람에 돼지고기를 찾는 사람들이 늘어나고 있습니다. 돼지고기와 같이 자주 먹는 상추와 깻잎 등 보완재의 가격이 하락하여 채소 소비가 늘어난 것도 돼지고기 판매량 증가에 영향을 주고 있습니다.

핵심 단어 인구 증가, 선호도 상승, 대제재 가격 상승, 보완재 가격 하락

등급	채점 기준
상	핵심 단어를 세 개 이상 사용하여 서술한 경우
중	핵심 단어를 두 개 이상 사용하여 서술한 경우
하	핵심 단어를 한 개만 사용하여 서술한 경우

② 시장 가격의 변동

100~101쪽

01 (1) ○ (2) ○ (3) ×　　**02** (1) – ② (2) – ⊙ (3) – ⓒ
(4) – ⓒ　　**03** (1) 증가, 오른쪽 (2) 감소, 왼쪽　　**04** ②
05 ③　　**06** ①　　**07** ③　　**08** 상승　　**09~10** 해설 참조

04 출제 의도: 수요의 변동에 의한 시장 가격의 변동
② 보완재의 가격이 상승하면 수요가 감소하고, 수요 곡선이 왼쪽으로 이동하여 균형 가격은 하락한다.

05 출제 의도: 수요와 공급의 변동에 의한 시장의 변화
③ 수요는 증가, 공급은 감소될 것으로 예측되어 균형 가격은 상승하게 된다.

문제 자료 분석하기

• 휴대 전화의 주요 부품인 콜탄 가격의 상승으로 휴대 전화 생산비가 상승하였다. → 생산 요소 가격의 상승으로 생산비가 늘어나 공급이 감소한다.
• 최신형 휴대 전화가 출시된다는 소식에 휴대 전화를 바꾸려는 소비자들의 문의가 끊이지 않고 있다. → 선호도가 증가하여 수요가 증가한다.

06 출제 의도: 수요의 변동에 의한 가격의 변화
제시된 그래프에서 수요 곡선이 왼쪽으로 이동한 것은 수요 감소를 의미한다.
① 커피의 대체재인 홍차의 가격 하락은 커피 수요의 감소를 가져온다.

그래서 오답!

② 커피의 가격이 하락하였다. (×) → 커피 가격이 하락하면 수요 법칙에 따라 커피의 수요량이 증가한다. 따라서 수요 곡선 자체의 이동이 아니라 수요 곡선상에서의 점의 이동이 나타난다.
③ 커피의 수요자가 증가하였다. (×) → 커피를 구매하려는 수요자가 증가하면 수요가 증가하여 수요 곡선이 오른쪽으로 이동한다.
④ 커피 농장의 인건비가 상승하였다. (×) → 커피 농장의 인건비는 공급 요소에 해당한다. 공급 요소의 가격이 오르면 커피 공급이 감소할 가능성이 크다.
⑤ 지구 온난화로 커피 재배국이 증가하였다. (×) → 지구 온난화로 커피를 재배하는 나라가 늘어나는 것은 공급 증가를 가져온다.

07 출제 의도: 시장 가격의 변동
제시된 그래프에서 떡볶이의 수요는 증가하고, 공급은 감소하였음을 알 수 있다.
③ 대체재인 순대의 가격이 상승하면 떡볶이의 수요는 증가하고, 주재료인 밀가루 가격이 상승하면 떡볶이의 공급은 감소한다.

08 출제 의도: 균형 가격과 균형 거래량의 변화
제시된 상황에서는 과일의 수요는 증가하고 공급은 감소하면서 균형 가격은 상승하게 된다.

09 출제 의도: 수요와 공급의 변동

예시 답안

수요의 증가와 공급의 감소를 가져와 수요 곡선은 오른쪽, 공급 곡선은 왼쪽으로 이동한다.

핵심 단어 수요 증가, 수요 곡선 오른쪽, 공급 감소, 공급 곡선 왼쪽

등급	채점 기준
상	수요와 수요 곡선의 변화, 공급과 공급 곡선의 변화를 모두 서술한 경우
중	수요와 수요 곡선의 변화, 공급과 공급 곡선의 변화 중 한 가지만 서술한 경우
하	수요 곡선과 공급 곡선에 대한 언급 없이 수요와 공급의 변화만 서술한 경우

10 출제 의도: 시장 가격의 변동

예시 답안

수요는 증가하고 공급은 감소하여, 균형 가격은 상승하고 균형 거래량은 감소한다.

등급	채점 기준
상	수요와 공급의 변화, 균형 가격의 변동, 균형 거래량의 변동을 모두 서술한 경우
중	수요와 공급의 변화, 균형 가격의 변동, 균형 거래량의 변동 중 두 가지만 서술한 경우
하	수요와 공급의 변화, 균형 가격의 변동, 균형 거래량의 변동 중 한 가지만 서술한 경우

대단원 완성 문제 Ⅳ 시장 경제와 가격

102~107쪽

01 ③	02 ⑤	03 ③	04 ②	05 ④	06 ②
07 ④	08 ③	09 ②	10 ①	11 ④	12 ④
13 ①	14 ⑤	15 ②	16 ⑤	17 ④	18 ①
19 ④	20 ⑤	21 ④	22 ④	23 ④	24 ⑤
25 ⑤	26 ④	27 ⑤	28~30 해설 참조		

01 출제 의도: 시장의 의미와 등장 배경
③ 시장은 상품 수요자와 공급자가 자발적으로 만나 거래하는 장소이다. 소비자는 상품 소비를 통해 만족감을 얻고 생산자는 상품 판매를 통해 이윤을 얻는다. 즉, 시장 참여자는 사회적 의무가 아니라 자신의 경제적 이익을 위해 자발적으로 시장에 모이는 것이다.

02 출제 의도: 시장의 구분
구체적 시장은 눈에 보이는 시장, 추상적 시장은 눈에 보이지 않는 시장이다. 추상적 시장에는 노동 시장, 주식 시장, 외환 시장, 전자 상거래 시장 등이 있다.

03 출제 의도: 시장의 기능
③ 시장의 존재는 시장 참여자 간 거래에 드는 시간과 비용을 줄여 준다.

04 출제 의도: 시장의 구분
갑은 미용 시장과 택배 서비스 시장, 을은 미용 시장, 병은 인터넷 거래 시장에 참여하였다. 한편, 갑은 미용 서비스를 소비하는 동시에 택배 서비스를 공급하고 있다.

그래서 오답!
> ㄴ. 을이 미용실에 고용된 사람이라면, 을의 노동력은 생산물 시장에서 거래되었을 것이다. (×) → 노동은 생산 요소이므로 생산 요소 시장에서 거래된다.
> ㄷ. 병이 구입한 상품은 보이는 시장에서만 거래된다. (×) → 만약 병이 상품을 인터넷 쇼핑몰에서 구매했다면 보이지 않는 시장에서 거래된 것이다.

05 출제 의도: 수요
수요 법칙은 상품 가격과 수요량이 반비례 관계를 나타내는 현상이다. 즉, 가격이 상승할 때 수요량은 감소하고, 가격이

하락할 때 수요량이 증가하는 것이다. 이때, 가격이 원인이고, 그 결과 수요량이 변한다는 사실을 꼭 알아야 한다.
④ 원인과 결과를 반대로 진술하고 있기 때문에 옳지 않다.

06 출제 의도: 수요 곡선
상품 가격이 상승하면 해당 상품의 수요량은 감소하고, 공급량은 증가한다. 그리고 수요 및 공급은 가격 변화에 영향을 받지 않으며, 거래량 또한 변하지 않는다.

07 출제 의도: 수요 법칙
수요 법칙은 상품 가격과 수요량이 반비례의 관계를 나타내는 현상이다. 즉, 상품 가격이 상승할 때 수요량은 감소하고, 상품 가격이 하락할 때 수요량은 증가한다.

08 출제 의도: 공급
③ ㉠에 들어갈 용어는 공급이다. 가격이 하락하면 공급 곡선의 위치는 변하지 않고 공급량만 감소한다.

09 출제 의도: 수요 곡선
수요 법칙이 만족될 때, 수요 곡선은 우하향 형태를 보인다. 한편, 비쌀수록 많이 팔리는 현상은 수요 법칙에 위배되는 현상이다. 이때 수요 곡선은 우상향 형태가 될 것이다.

그래서 오답!
> ㄴ. 가격과 수요량의 관계는 비례 관계이다. (×) → 가격과 수요량의 관계는 반비례 관계이다.
> ㄷ. 가격에 변화가 생기면 수요 곡선 자체가 이동한다. (×) → 수요 곡선 자체 이동은 가격 이외의 요인이 변할 때 나타난다.

10 출제 의도: 공급
제시된 표에서 콜라 가격이 상승할 때, 공급량이 증가하고 있으므로 콜라 시장에서 공급 법칙이 만족되고 있음을 알 수 있다. 공급 법칙이 만족될 때 공급 곡선은 우상향한다.

11 출제 의도: 개별 수요와 시장 전체 수요
갑은 수요 법칙을 따르지 않고 있지만, 시장 전체의 수요 곡선은 수요 법칙에 따라 우하향할 것이다.

그래서 오답!
> ㄱ. 을은 X재의 가격이 하락할 때 수요량을 줄인다. (×) → 을은 X재의 가격이 하락할 때 수요량을 늘린다.
> ㄷ. X재의 가격이 1,000원일 때 시장 전체의 수요량은 8개이다. (×) → 가격이 1,000원일 때 시장 전체의 수요량은 갑 2개와 을 4개를 합친 6개이다.

12 출제 의도: 초과 수요와 초과 공급
가격이 P_1일 때는 초과 공급, P_2일 때는 초과 수요이며, P_0는 균형 가격이다.
④ 수요량은 가격 선과 수요 곡선이 만나는 지점의 수량이다. 가격이 P_1일 때보다 P_2일 때 수요량이 더 많다.

13 출제 의도: 초과 수요
어떤 상품의 수요량이 공급량보다 많아 초과 수요가 발생할

경우, 시장에서 상품이 부족하여 수요자들은 돈을 더 내고서라도 상품을 사고자 할 것이다. 이러한 수요자들 간의 경쟁으로 상품의 가격이 오르면 수요량은 줄어들고 공급량은 늘어나 초과 수요가 감소한다. 이 과정은 수요량과 공급량이 일치할 때까지 진행된다.

ㄷ. 초과 수요가 발생한 가격 수준은 시장 균형 가격 수준보다 높다. (×) → 초과 수요가 발생한 가격 수준은 시장 균형 가격 아래쪽에 위치한다.
ㄹ. 초과 수요가 발생한 가격 수준에서의 수요량은 균형 거래량보다 적다. (×) → 초과 수요가 발생한 가격 수준에서의 수요량은 균형 거래량보다 많다.

14 출제 의도: 시장 균형
⑤ 가격이 4,000원일 때는 초과 공급 상태이다. 초과 공급 상태에서는 공급자들이 자신의 상품을 판매하기 위해 서로 경쟁한다.

15 출제 의도: 시장 가격의 기능
시장 가격은 그 사회에 필요한 적당한 양의 자원을 가장 효율적인 방법으로 생산하게 하고, 이를 효율적으로 배분하는 기능을 한다.

16 출제 의도: 수요 변동의 요인
수요 변동의 요인에는 소득, 기호, 연관재(대체재와 보완재)의 가격, 인구(수요자)의 수, 미래 가격에 대한 예측 등이 있다.
⑤ 생산 요소의 가격 변화는 공급 변동의 요인이다.

17 출제 의도: 수요 변동의 요인
마스크 수요자의 수가 증가하면 수요 곡선이 오른쪽으로 이동하고, 바이러스의 유행(재화에 대한 관심 증가)은 마스크 수요를 증가시킨다.

18 출제 의도: 수요 변동의 결과 파악
공급이 불변인 상태에서 수요가 증가하면 가격 상승 및 거래량 증가의 결과가 나타난다.

19 출제 의도: 연관 상품의 가격 변화에 따른 수요 변동
스마트폰 생산 기술의 발달은 스마트폰 공급 증가 요인이며, 그에 따른 가격 변화는 연관재인 스마트폰 애플리케이션과 피처폰의 수요에 영향을 준다. 자료에 나타난 세 가지 상품의 수요, 공급, 가격, 거래량의 변동은 표와 같다.

구분	수요	공급	가격	거래량
스마트폰	불변	증가	하락	증가
스마트폰 애플리케이션	증가	불변	상승	증가
피처폰	감소	불변	하락	감소

20 출제 의도: 공급 곡선의 변동
제시된 그래프에서 공급 변화 전 균형 가격은 1,000원이고 변화 후의 균형 가격은 600원이다. 그리고 공급 곡선이 S에서 S′로 변화되면 수요량은 150개이고 공급량은 250개가 되어 초과 공급이 발생한다.

ㄱ. S에서 S′로의 변화 원인은 상품 가격의 하락이다. (×) → 상품 가격 하락은 공급에 영향을 주지 못한다.
ㄴ. 생산 여건이 악화되면 S에서 S′로의 변화가 나타난다. (×) → 생산 여건의 악화는 공급에 부정적인 영향을 끼쳐 공급을 감소시킨다. 이때 공급 곡선은 왼쪽으로 이동한다.

21 출제 의도: 수요 – 공급의 변동
햄버거의 식재료 가격의 하락은 햄버거 공급에 긍정적인 요인이 되어, 공급 곡선을 오른쪽으로 이동하게 한다. 햄버거와 함께 먹는 음료는 햄버거와 보완재 관계이다. 보완재의 가격이 하락하면 기준이 되는 재화(햄버거)의 수요 증가에 영향을 준다. 따라서 수요 곡선도 오른쪽으로 이동한다.

22 출제 의도: 수요 곡선 변동
㉮는 수요 감소를 나타낸다. 수요 감소가 나타나면 가격이 하락하고 거래량이 감소한다. 이때 공급 곡선을 보면, 공급 곡선상의 점의 이동이 나타나는 것을 알 수 있다. 즉, X재의 가격 하락에 따라 공급량이 감소한다.

23 출제 의도: 수요와 공급의 변동
㉮는 전기차에 대한 선호도 증가를 나타내며, 전기차 수요 증가 요인이다. 이에 비해 ㉯는 전기차 공급자 수의 증가를 나타내며, 전기차 공급 증가 요인이다.
④ 공급 증가로 시장 불균형 상태가 되면 기존 가격 수준에서 일시적으로 초과 공급이 발생했다가 가격이 하락하면서 시장 균형으로 조정된다.

24 출제 의도: 수요와 공급의 변동
A재와 보완재 관계인 B재 가격 상승은 A재 수요 감소 요인이기 때문에 수요 곡선의 왼쪽 이동으로 나타난다. 그리고 A재의 부품인 C재의 가격 하락은 A재의 생산 비용 감소로 볼 수 있기 때문에 A재의 공급 증가 요인이며, 공급 곡선의 오른쪽 이동으로 나타난다.

25 출제 의도: 공급 변동의 요인
농산물의 경우, 이상 기후는 생산 여건을 악화시키므로 공급에 부정적인 영향을 미친다. 이때 공급은 감소하며, 공급 곡선이 왼쪽으로 이동하여 가격은 상승하고, 거래량은 감소한다.

26 출제 의도: 시장 균형
시장 균형에서는 수요량과 공급량이 같으며, 그 수량이 균형 거래량이다. 제시된 표에서는 균형 거래량이 60개이고, 이때의 가격인 1,500원이 균형 가격이다.

27 출제 의도: 시장 균형
볼펜 가격이 2,000원일 때 공급량이 수요량보다 많은 초과 공급 상태가 나타난다. 이와 같은 시장 불균형 상태에서는 공급자들끼리의 경쟁으로 볼펜 가격이 하락할 것이다.

28 출제 의도: 시장 가격의 기능

예시 답안

시장 가격은 시장 참여자가 경제 활동을 조절하는 신호등 또는 안내자 역할을 한다.

핵심 단어 신호등(안내자), 시장 가격, 경제 활동

등급	채점 기준
상	시장 가격이 경제 활동을 조절하는 신호등(안내자) 역할을 한다고 서술한 경우
하	시장 가격이 경제 활동을 조절한다고만 서술한 경우

29 출제 의도: 수요 변동과 수요량 변동

예시 답안

㈎는 가격 하락에 따라 수요량이 증가한 것이고, ㈏는 가격 이외의 요인이 변화하여 수요가 증가한 것이다.

핵심 단어 가격, 수요량 변동, 수요 변동

등급	채점 기준
상	수요량 변동과 수요 변동의 원인을 모두 서술한 경우
하	수요량 변동과 수요 변동의 원인 중 한 가지만 서술한 경우

30 출제 의도: 시장 균형의 변동 예측

예시 답안

바나나 수요는 증가하고 바나나 공급은 감소한 결과, 바나나 가격은 상승한다.

핵심 단어 수요, 공급, 가격

등급	채점 기준
상	수요, 공급, 가격의 변화를 모두 서술한 경우
하	수요, 공급에 대한 언급 없이 가격의 변화만 서술한 경우

V. 국민 경제와 국제 거래

01 국민 경제의 이해 ~ 02 물가와 실업

① 국내 총생산의 의미와 한계

114~115쪽

01 (1) 최종 생산물 (2) 국내 총생산 **02** (1) ○ (2) ×
03 (1) ─ ㉠ (2) ─ ㉡ (3) ─ ㉢ (4) ─ ㉣ **04** ③ **05** ③
06 ⑤ **07** ⑤ **08** 800만 원 **09~10** 해설 참조

04 출제 의도: 국내 총생산의 한계

④ 국내 총생산은 시장에서 거래되는 가치만을 고려하므로 삶의 질 수준을 정확히 반영하지는 못한다.

그래서 오답!

① 대표적인 국민 경제 지표이다. (×) → 국내 총생산은 경제 성장률, 물가 상승률, 실업률 등과 함께 대표적인 국민 경제 지표로 활용된다.

② 일반적으로 1년을 기준으로 한다. (×) → 일반적으로 국내 총생산은 1년을 기준으로 계산한다.

④ 국가 간 교역이 활발해짐에 따라 국민 총생산(GNP)보다 널리 활용되고 있다. (×) → 과거에는 국민 총생산(GNP)이 주로 활용되었으나, 세계화가 진행되면서 인력과 자본의 이동이 활발해짐에 따라 최근에는 국내 총생산(GDP)이 보다 널리 활용되고 있다.

05 출제 의도: 국내 총생산의 의미

③ 최종 생산물인 빵의 시장 가치의 합인 24만 원이 A국의 국내 총생산이 된다.

06 출제 의도: 국내 총생산의 의미

⑤ 국적에 관계없이 그 나라의 국경 안에서 생산된 생산물은 국내 총생산에 포함된다.

그래서 오답!

① 작년에 산 자동차를 중고품으로 판매한 가격 (×)
→ GDP는 새롭게 생산된 것만을 고려하므로 중고품의 가치는 GDP에 포함되지 않는다.

② 우리나라 선수가 외국의 축구팀에서 받은 연봉 (×)
→ GDP는 그 나라의 국경 안에서 생산된 것만을 고려하므로 해외에서 받은 연봉은 포함되지 않는다.

③ 아버지가 텃밭에서 직접 길러서 먹은 상추의 가치 (×)
→ GDP는 시장에서 거래된 것만을 고려하므로 텃밭에서 길러서 먹은 상추의 가치는 GDP에 포함되지 않는다.

④ 제빵업자가 빵을 만들기 위해서 산 밀가루 구입비 (×)
→ GDP는 최종 생산물의 가치만을 고려하므로 중간 생산물의 가치는 GDP에 포함되지 않는다.

07 출제 의도: 국내 총생산의 의미

⑤ 국내에서 외국인에 의해 생산 활동이 이루어졌으므로 ㉠의 사례에 해당한다.

08 출제 의도: 국내 총생산의 의미

국내 총생산은 최종 생산물의 가격의 합으로 구한다. 사례에서 최종 생산물의 가격을 모두 합하면 800만 원이 된다.

문제 자료 분석하기

구분	중간 생산물	최종 생산물	단위 가격
갑	쌀 5가마	쌀 5가마	1가마 = 20만 원
을	떡 200kg	떡 200kg	1kg = 1만 원
병		떡국 1,000그릇	1그릇 = 5천 원

⇩

쌀 5가마×200,000원 + 떡 200kg×10,000원 + 떡국 1,000그 릇×5,000원 = 1,000,000원 + 2,000,000원 + 5,000,000원 = 8,000,000원

09 출제 의도: 국내 총생산의 의미

예시 답안

(1) 일정 기간 동안 한 나라 안에서 새롭게 생산한 최종 생산물의 시장 가치의 합이다.

일정 기간 동안, 한 나라 안, 새롭게 생산, 최종 생산물, 시장 가치

등급	채점 기준
상	모든 핵심 단어를 포함하여 완성된 문장으로 서술한 경우
하	일부 핵심 단어를 포함하여 완성된 문장으로 서술한 경우

(2) 국내 총생산은 생산자의 국적에 관계없이 한 나라의 국경 안에서 생산된 것만을 포함하기 때문이다.

핵심 단어 국적 무관, 국경 안에서 생산

등급	채점 기준
상	생산자의 국적에 관계없이 국경 안에서 생산된 것만을 포함한다는 내용을 서술한 경우
하	국경 안에서 생산된 것만을 포함한다고만 서술한 경우

10 출제 의도: 국내 총생산의 의미와 한계

예시 답안

병. 국민들의 평균적인 소득 수준은 1인당 GDP로 비교해야 한다. GDP는 일본이 스웨덴보다 높지만 1인당 GDP는 스웨덴이 더 높기 때문에 국민들의 평균적인 소득 수준은 스웨덴이 더 높을 것이다.

정. GDP나 1인당 GDP는 시장에서 거래되지 않는 가치를 반영하지 못하고 소득 분배 상태도 알려 주지 않기 때문에 오스트레일리아의 1인당 GDP가 높다고 해서 반드시 삶의 질도 높다고 할 수 없다.

핵심 단어 국민들의 평균 소득 수준, 1인당 GDP, 시장에서 거래되지 않는 가치, 소득 분배 상태

등급	채점 기준
상	병, 정을 고르고, 두 명을 고른 이유를 모두 서술한 경우
중	병, 정을 고르고, 두 명 중 한 명을 고른 이유만 서술한 경우
하	병, 정이라고만 쓴 경우

② 경제 성장과 삶의 질

116~117쪽

01 (1) × (2) ○ (3) ×　　**02** (1) 경제 성장 (2) 국내 총생산 (3) 지속 가능　　**03** ㉠ 명목 국내 총생산, ㉡ 실질 국내 총생산　　**04** ②　　**05** ③　　**06** ②　　**07** ①　　**08** 20% **09~10** 해설 참조

04 출제 의도: 경제 성장의 긍정적 영향

② 경제가 성장하면 생산 활동이 증가하게 되고, 생산 활동에 참여한 사람들 역시 증가된 생산 활동을 했으므로 그에 따른 소득이 증가한다.

05 출제 의도: 경제 성장률

③ 실질 국내 총생산의 증가율인 경제 성장률을 통해 경제 성장의 정도를 확인할 수 있다.

06 출제 의도: 경제 성장의 요인

② ㉠은 경제 성장이다. 경제가 성장하기 위해서는 근로자에게 적정한 임금을 지불하고 근로자의 생산성을 높여야 한다.

07 출제 의도: 경제 성장의 영향

경제가 성장하면 물질적으로 풍요로운 생활을 누릴 수 있고, 질 높은 교육과 의료 혜택도 제공받을 수 있다.

그래서 오답!

ㄷ. 빈부 격차가 사라져 사회 불안 요소가 줄어든다. (×)
→ 경제가 성장하면 절대적 빈곤은 감소하지만 빈부 격차가 사라지는 것은 아니다.
ㄹ. 사회 구성원 전체의 사회에 대한 만족감이 높아진다. (×)
→ 경제가 성장한다고 해서 모든 사회 구성원의 사회에 대한 만족감이 높아진다고 보기는 어렵다.

08 출제 의도: 경제 성장률

경제 성장률은 [(금년도 실질 GDP−전년도 실질 GDP)÷전년도 실질 GDP×100]으로 구한다. 금년도 실질 GDP는 120억 원이고, 전년도 실질 GDP는 100억 원이므로 [(120억 원−100억 원)÷100억 원×100]은 20%이다.

09 출제 의도: 경제 성장의 의미

예시 답안

경제가 성장했다고 볼 수 없다. 사과 가격이 상승했을 뿐 생산 능력이 향상된 것은 아니기 때문이다.

문제 자료 분석하기

국내 총생산이 커졌다고 해서 반드시 경제가 성장했다고 판단할 수 있는 것은 아니다. 제시된 자료에서처럼 생산량은 동일함에도 불구하고 가격이 상승하는 경우에도 국내 총생산은 증가하기 때문이다.

핵심 단어 사과 가격 상승, 생산 능력 향상 아님

등급	채점 기준
상	생산 능력이 향상된 것이 아니라고 서술한 경우
하	생산 능력의 향상이 아니라는 것 외에 다른 이유를 서술한 경우

10 출제 의도: 경제 성장의 부정적 영향

예시 답안

경제 성장만을 지향할 경우 자연 자원이 고갈되고 환경이 오염되거나 파괴되며, 공평한 소득 분배가 이루어지지 못할 경우 빈부 격차가 심해질 수 있다. 따라서 경제 성장이 곧 삶의 질 향상으로 연결되지 못하게 된다.

핵심 단어 자연 자원 고갈, 환경 오염 또는 환경 파괴, 빈부 격차, 불공정한 소득 분배

등급	채점 기준
상	핵심 단어를 3개 이상 사용하여 서술한 경우
하	핵심 단어를 2개 이하로 사용하여 서술한 경우

③ 물가 상승

118~119쪽

01 (1) ○ (2) ○ (3) ×   **02** (1) 하락, 상승 (2) 상승 (3) 불리, 불균형   **03** (1) − ⓒ (2) − ⓛ (3) − ⓟ   **04** ②   **05** ④   **06** ④   **07** ⑤   **08** 통화량   **09~10** 해설 참조

04 출제 의도: 물가 상승의 영향

② 돈을 빌린 사람은 갚아야 하는 돈의 가치가 줄어들기 때문에 유리하다.

05 출제 의도: 물가 안정을 위한 노력

④ 물가 안정을 위해 이자율을 높여 저축을 유도하고 민간의 소비가 줄어들도록 유도하는 주체는 중앙은행이다. 우리나라에서 중앙은행의 역할은 한국은행이 담당하고 있다.

06 출제 의도: 물가 안정을 위한 대응 방안

④ 생산비 증가는 물가 상승의 중요한 원인이기 때문에 물가 상승에 대응하는 기업의 노력으로 생산비 절감 노력은 적절하다.

그래서 오답!

① 한국은행 – 금리를 조절하여 통화량을 늘린다. (×) → 통화량 증가는 물가 상승의 원인으로 작용한다.
② 근로자 – 물가 상승을 초과하는 수준의 임금 인상을 요구한다. (×) → 임금은 기업의 입장에서 비용에 속하므로 생산비 증가는 물가 상승으로 이어질 수 있다.
③ 정부 – 세금을 적게 걷고 공공사업 등을 늘려 총수요를 증가시킨다. (×) → 세금을 덜 걷고 공공사업을 늘리면 총수요가 증가하여 물가가 상승할 수 있다.
⑤ 소비자 – 물건 가격이 더 오르기 전에 필요한 물건들을 미리 구입해 놓는다. (×) → 미리 물건을 구입하면 총수요가 증가하여 더 높은 물가 상승을 유발한다.

07 출제 의도: 물가 상승

⑤ 물가가 지속적으로 상승하면 실물 자산 보유자와 돈을 빌린 사람은 상대적으로 유리해진다.

그래서 오답!

ㄱ, ㄴ은 물가가 지속적으로 상승할 때 상대적으로 불리해진다.

08 출제 의도: 물가 상승의 원인

제시된 사례에서는 정부가 화폐를 지나치게 찍어 내면서 통화량 증가로 화폐 가치가 하락하여 심각한 물가 상승이 발생하였다.

09 출제 의도: 물가 지수의 원인

예시 답안

소비자 물가 지수는 소비자가 주로 구매하는 상품들의 평균적인 가격 수준이지만, 체감 물가는 생활 속에서 구매하는 몇 가지 재화와 서비스의 가격 수준에 대한 것이기 때문입니다. 따라서 평균적인 수준은 변화가 없어도 가격이 오른 재화와 서비스를 주로 구매하는 사람들은 물가가 많이 올랐다고 느낄 수 있습니다.

핵심 단어 소비자 물가 지수, 평균적 수준, 체감 수준

등급	채점 기준
상	소비자 물가 지수가 평균적 개념이기 때문에 체감 물가 지수와 다를 수 있다고 서술한 경우
하	사람들이 느끼는 물가 지수는 저마다 다를 수 있다고만 서술한 경우

10 출제 의도: 인플레이션에 대한 정부의 개입

예시 답안

어느 정도 필요했지만, 한계가 있는 정책이었다. A국의 정책은 물가는 안정시킬 수 있지만, 총수요를 감소시켜 경기 침체가 나타날 수 있기 때문이다.

핵심 단어 물가 안정, 총수요 감소, 경기 침체

등급	채점 기준
상	물가는 안정시킬 수 있지만 총수요를 감소시켜 경기 침체로 이어질 수 있기 때문에 한계가 있는 정책이었다고 평가한 경우
중	물가 안정과 총수요 감소 중 한쪽 측면에서만 평가한 경우
하	논리적 근거 없이 평가만 제시한 경우

④ 실업

120~121쪽

01 (1) × (2) ○ (3) ×   **02** (1) 계절적 실업 (2) 개인적 (3) 정부   **03** (1) 근로자 (2) 구조적 실업 (3) 자발적 실업   **04** ③   **05** ②   **06** ⑤   **07** ④   **08** 계절적 실업   **09~10** 해설 참조

04 출제 의도: 실업의 영향

③ 실업은 국민 경제 측면에서 소비와 투자 감소, 기업의 생산 활동 위축으로 경기 침체로 이어질 수 있다.

그래서 오답!

① 생계형 범죄가 나타날 수 있다. (×) → 사회적 차원에서 나타날 수 있는 실업의 영향이다.
② 자아실현의 기회를 상실할 수 있다. (×) → 개인적 측면에서 나타날 수 있는 실업의 영향이다.

05 출제 의도: 마찰적 실업

② 더 나은 조건의 일자리를 구하기 위해 직장을 옮기는 과정에서 발생하는 일시적 실업은 마찰적 실업이다.

06 출제 의도: 구조적 실업

⑤ 4차 산업 혁명의 결과로 나타나는 실업은 구조적 실업이다. 구조적 실업에 대해서 정부는 인력 개발 및 체계적인 직업 교육 등을 대책으로 제시할 수 있다.

07 출제 의도: 청년 실업

④ 청년들의 평균 학력은 매우 높은 편이므로 평균 학력이 낮아서 실업률이 높다고 볼 수는 없다.

08 출제 의도: 실업의 원인에 따른 유형

제시된 그림에서처럼 건설업 등 계절의 영향을 크게 받는 분야에서 계절에 따라 나타나는 실업의 유형은 계절적 실업이다.

09 출제 의도: 실업자의 구분

⑴ 25%

⑵ 비경제 활동 인구이다. 15세 이상의 노동 가능 인구 중에서 전업주부, 학생, 노약자, 구직 단념자 등이 비경제 활동 인구에 해당한다.

핵심 단어 비경제 활동 인구, 전업주부, 학생, 노약자, 구직 단념자

등급	채점 기준
상	비경제 활동 인구라고 쓰고, 그 예를 옳게 서술한 경우
하	비경제 활동 인구라고만 쓴 경우

10 출제 의도: 경기적 실업의 원인과 대책

경기적 실업이다. 정부는 경기적 실업을 해결하기 위해 재정 지출을 늘려 투자와 소비를 활성화하고, 새로운 일자리를 만들기 위해 노력해야 한다.

핵심 단어 경기적 실업, 재정 지출 확대, 투자와 소비 활성화, 일자리 창출

등급	채점 기준
상	경기적 실업을 쓰고, 정부의 대책을 두 가지 이상 서술한 경우
중	경기적 실업을 쓰고, 정부의 대책을 한 가지만 서술한 경우
하	경기적 실업이라고만 쓴 경우

03 국제 거래와 환율

① 국제 거래의 필요성과 확대

124~125쪽

01 ⑴ × ⑵ ○ ⑶ ○ **02** ⑴ 국제 거래 ⑵ 비교 우위 이론
⑶ 자유 무역 협정(FTA) **03** ⑴ 관세 ⑵ 특화 ⑶ 세계화
04 ② **05** ② **06** ⑤ **07** ③ **08** 세계 무역 기구(WTO)
09~10 해설 참조

04 출제 의도: 국제 거래가 미치는 영향

② 국제 거래가 활발해지면 시장의 범위가 확대되므로 기업은 더 많은 이윤을 얻을 수 있게 된다.

그래서 오답!

① 소비자는 다양한 상품을 선택할 기회가 줄어든다. (×)
→ 국제 거래를 통해 소비자는 다양한 상품을 선택할 기회가 확대된다.
③ 각 나라는 국내 산업을 활성화하여 자급자족 경제 체제를 확

립해 나간다. (×) → 각 나라는 자급자족을 하기보다 효율적으로 생산할 수 있는 산업을 전문적으로 육성하여 국제 거래를 통해 이익을 얻으려고 한다.

05 출제 의도: 국내 거래와 국제 거래의 차이점

② 국제 거래에는 관세나 수입 할당제 등 각종 무역 장벽이 존재한다.

그래서 오답!

① 생산물의 이동보다 생산 요소의 이동이 더 자유롭다. (×)
→ 재화와 서비스 등 생산물의 이동은 비교적 자유롭지만 노동과 자본 등 생산 요소의 이동은 쉽지 않다.
③ 우리나라의 원화를 기준 화폐로 사용하여 환율을 고려하지 않아도 된다. (×) → 나라마다 서로 다른 화폐를 사용하므로 국제 거래에는 화폐 간의 교환 비율(환율)을 고려해야 한다.
④ 각국의 풍습과 문화에 대한 이해가 없더라도 큰 어려움 없이 교역이 가능하다. (×) → 각국의 풍습과 문화의 차이로 인해 국제 거래에 제한이 가해질 수 있으므로 각 나라의 풍습과 문화에 대한 기본적인 이해가 필요하다.

06 출제 의도: 국제 거래의 필요성

⑤ 제시된 그림에는 국제 거래의 모습이 나타나 있다. 이처럼 국제 거래가 발생하는 근본적인 이유는 각국이 처한 생산 여건의 차이로 인해 생산비의 차이가 발생하여 비교 우위가 있는 상품을 특화하게 되면 교역을 통해 상호 이익을 얻을 수 있기 때문이다. 국제 거래를 통해 각국이 이익을 얻게 되면 교역이 더욱 활발해지게 된다.

그래서 오답!

① 국가 간 상호 협력과 의존 관계가 약화되고 있기 때문이다. (×) → 국가 간 상호 협력과 의존 관계가 강화되면서 국제 거래가 활발해지고 있다.
② 국제 거래의 대상이 서비스 위주로 한정되어 있기 때문이다. (×) → 최근 국제 거래의 대상은 재화, 서비스 등 생산물뿐만 아니라 노동, 자본, 기술 등 생산 요소로까지 확대되고 있다.
③ 나라마다 보유하고 있는 천연 자원의 양이 동일하기 때문이다. (×) → 나라마다 보유하고 있는 천연 자원의 양에는 차이가 있어 각국마다 생산비의 차이가 발생한다.
④ 세계 여러 나라의 기후나 지형 등 자연환경이 유사하기 때문이다. (×) → 세계 여러 나라의 기후나 지형 등 자연환경에 차이가 있어 각국마다 생산비의 차이가 발생한다.

07 출제 의도: 국제 거래 규모의 확대

제시문의 내용은 전 세계의 무역액이 이전에 비해 크게 증가했다는 것이다.

③ 무역 마찰이 심화되면 국제 거래는 오히려 감소할 수 있다.

08 출제 의도: 세계 무역 기구(WTO)의 역할

세계 무역 기구(WTO)는 각종 불공정 행위를 규제하고 국가 간 무역 마찰을 조정하여 자유 무역 확대에 큰 역할을 하고 있다.

09 출제 의도: 지역 경제 협력체

⑴ 지역 경제 협력체

(2) 지역 경제 협력체에 가입하지 않은 비회원국들에 대해서는 무역 장벽을 쌓는 등 차별을 하여 무역 갈등을 일으킬 우려가 있다.

`핵심 단어` 비회원국 차별, 무역 갈등

등급	채점 기준
상	비회원국에 대한 차별이 무역 갈등으로 이어질 수 있다고 서술한 경우
하	비회원국에 대한 차별이 나타날 수 있다고만 서술한 경우

`플러스 개념` 지역 경제 협력체의 영향

긍정적 영향	회원국 간에 각종 혜택을 주어 국제 무역 활성화에 기여함
부정적 영향	비회원국에 대해서는 무역 장벽을 쌓는 등 차별을 하여 무역 갈등을 일으키기도 함

10 출제 의도: 국제 거래의 원리 – 비교 우위 이론

`예시 답안`

A국과 B국이 각자 비교 우위가 있는 과자와 옷에 특화하여 교환하면 양국 모두에게 이익이 발생할 수 있기 때문에 국제 거래가 필요하다.

`핵심 단어` 비교 우위, 특화, 교환, 양국 모두에게 이익 발생, 국제 거래

등급	채점 기준
상	교환, 특화, 비교 우위를 모두 포함하여 서술한 경우
중	교환, 특화, 비교 우위 중 두 가지만 포함하여 서술한 경우
하	교환, 특화, 비교 우위 중 한 가지만 포함하여 서술한 경우

② 환율의 의미와 결정

126~127쪽

01 (1) × (2) ○ (3) × (4) ○   **02** (1) 교환 비율 (2) 공급
(3) 수입, 수출   **03** (1) 증가 (2) 상승 (3) 감소 (4) 하락
04 ③   **05** ③   **06** ③   **07** ②   **08** 수요
09~10 해설 참조

04 출제 의도: 외화의 수요 요인

외화의 수요 요인에는 외국 상품의 수입, 외국에 대한 투자, 해외여행, 유학, 외채 상환 등이 있다.
③ 해외의 자본인 차관을 도입하는 것은 외화의 공급이 증가하는 요인이다.

05 출제 의도: 환율 결정

③ 재화와 서비스의 가격이 시장에서 수요와 공급으로 결정되듯이 외국 화폐의 가격인 환율도 그 외국 화폐의 수요와 공급으로 결정된다. 제시된 그래프에서는 외화의 공급이

증가하여 환율이 하락하였다. 이로 인해 외국 화폐에 대해 원화의 가치가 상승하여 수출 상품의 외화 표시 가격은 상승할 것이다.

06 출제 의도: 외화의 수요와 공급

③ (다)에서 외국으로 어학연수를 가는 우리나라 학생의 수가 줄어드는 것은 외국 화폐에 대한 수요가 감소하는 결과를 가져온다. 이는 외환 시장에서 외화의 수요가 감소하는 요인이 된다.

07 출제 의도: 환율의 변동

제시된 표에 따라 달러는 한 달 후에 환율이 상승하여 원화의 가치가 하락할 것이고, 중국 위안은 한 달 후에 환율이 하락하여 원화의 가치가 상승할 것이다. 따라서 달러를 사용할 예정이면 지금 사용하는 것이 더 합리적이고, 위안을 사용할 예정이면 한 달 후에 사용하는 것이 더 합리적이다.
② 환율이 상승하면 수출은 증가하게 되므로 이에 대비하는 것은 합리적인 행동이다.

08 출제 의도: 환율의 수요 요인

외환 시장에서 외화의 수요 요인에 해당하는 것은 외국 상품의 수입, 해외 여행 및 유학, 외국 빚의 상환, 외국에 대한 투자 등 외국에서 외화를 사용하려는 경우이다.

09 출제 의도: 환율 변동의 영향

`예시 답안`

(1) (가), (다)는 유리하고, (나)는 불리하다.
(2) 환율이 하락하면 원화의 가치가 상승하여 수출업자는 수출 상품의 외화 표시 가격이 상승하여 불리해지고, 수입업자는 반대로 수입 상품의 원화 표시 가격이 하락하여 유리해진다. 그리고 해외여행자는 원화로 바꿀 수 있는 외화의 양이 많아져 유리해진다.

`핵심 단어` 외화 표시 가격, 원화 표시 가격

등급	채점 기준
상	유리한 이유와 불리한 이유를 모두 서술한 경우
하	유리한 이유와 불리한 이유 중 한 가지만 서술한 경우

10 출제 의도: 외환 시장의 변화

`예시 답안`

외환 시장에서 외화의 수요가 증가하고 공급이 감소하여 환율이 상승하였다. 이로 인해 수출에서는 수출 상품의 외화 표시 가격이 하락하여 수출은 유리하고(증가하고), 수입 상품의 원화 표시 가격이 상승하여 수입은 불리할 것이다(줄어들 것이다).

`핵심 단어` 외화 수요, 외화 공급, 환율 상승

등급	채점 기준
상	수요 증가, 공급 감소, 환율 상승, 수출 유리, 수입 불리를 모두 서술한 경우
하	수요 증가, 공급 감소, 환율 상승, 수출 유리, 수입 불리 중 일부만 서술한 경우

01 ②	02 ④	03 ④	04 ⑤	05 ④	06 ②
07 ②	08 ②	09 ①	10 ②	11 ④	12 ④
13 ③	14 ④	15 ②	16 ⑤	17 ③	18 ④
19 ②	20 ④	21 ⑤	22 ③	23 ②	24 ②
25 ④	26 ④	27 ②	28 ⑤	29 ②	30 ④
31 ⑤	32 ③	33 ⑤	34 ②	35 ③	

36~40 해설 참조

01 출제 의도: 국내 총생산 개념
② 국내 총생산은 생산자의 국적과 관계없이 그 나라 영토 안에서 생산된 것을 포함한다.

02 출제 의도: 국내 총생산과 국민 총생산
④ 우리나라 의사가 아프리카에서 의료 봉사를 한 행위는 가치 있는 일임에도 불구하고, 시장에서 거래되는 상품이 아니기 때문에 경제적 가치를 발생시킨다고 보지 않는다.

03 출제 의도: 국내 총생산의 한계
국내 총생산은 한 나라의 경제 활동 규모를 나타내는 데 매우 유용하지만, 국민들의 삶의 질을 정확하게 반영하지는 못한다. 예를 들어 교통사고나 환경 오염은 인간의 삶의 질을 떨어뜨리지만, 이를 회복하기 위한 사고 처리 비용이나 오염을 정화하는 데 들어가는 비용은 국내 총생산에 포함된다.

04 출제 의도: 국내 총생산 계산
국내 총생산에는 국내에서 생산된 최종 생산물인 의자의 가치만이 포함된다. 따라서 제시된 사례에서 발생한 국내 총생산은 10,000원이다.
ㄷ. 목수는 3,000원 가치의 목재를 가공하여 10,000원짜리 의자를 생산하였으므로 7,000원의 부가 가치를 발생시켰다.
ㄹ. 국내 총생산은 생산자의 국적과 상관없이 국내에서 생산되어 시장에서 거래되는 상품의 가치를 모두 포함한다.

05 출제 의도: 국내 총생산 개념
④ ㈎는 국내 총생산이다. 1인당 국내 총생산은 국내 총생산 값을 해당 국가의 인구수로 나눈 것으로 한 국가 국민들의 평균적인 소득 수준을 파악할 수 있는 수치이다.

06 출제 의도: 국내 총생산 계산
㈎ 단계에서는 농부가 밀을 생산해서 제분업자에게 100원에 판매하면서 100원의 부가 가치가 발생했다. ㈏ 단계에서는 밀을 구입한 제분업자가 밀가루를 생산하여 제빵업자에게 400원에 판매하면서 300원의 부가 가치가 발생했다. ㈐ 단계에서는 밀가루를 구입한 제빵업자가 소비자에게 빵을 1,000원에 판매하면서 600원의 부가 가치가 발생했다. 따라서 각 단계에서 발생한 부가 가치를 모두 합하면 최종 생산물인 빵의 시장 가치와 같고, 1,000원이 GDP가 된다.

07 출제 의도: 국내 총생산
국내 총생산은 시장에서 거래되는 상품의 가치만을 포함한다.

② 가사 노동이라고 할지라도 가정주부가 아니라 가사 도우미가 한다면 금전적 가치를 발생시키는 것이기 때문에 국내 총생산에 포함된다.

08 출제 의도: 경제 성장 개념
경제 성장은 한 나라 경제의 생산 능력이 커져 재화와 서비스의 총 생산량이 늘어나는 것으로, 국내 총생산의 증가를 의미한다.

그래서 오답!

ㄴ. 경제 성장 정도와 삶의 질 수준은 항상 비례한다. (×) → 삶의 질이 항상 경제 성장 정도에 비례하여 향상되는 것은 아니다.
ㄹ. 경제 성장률이 높아질수록 빈부 격차가 줄어드는 경향이 있다. (×) → 경제 성장의 혜택이 적절하게 분배되지 않으면 빈부 격차가 오히려 심화될 수 있다.

09 출제 의도: 경제 성장의 영향
① 경제 성장은 재화와 서비스 생산이 늘어나는 것을 의미한다. 이를 위해서는 경제 활동이 증가해야 하는데, 경제 활동이 급격히 증가하면 자원 고갈과 환경 오염을 일으킬 수 있다.

10 출제 의도: 경제 성장에 관한 자료
국내 총생산은 한 나라의 경제 규모를 나타낸다. 2010년보다 2015년에 국내 총생산이 커졌으므로 경제 규모가 커졌다는 것을 알 수 있다. 또한 ㈎를 통해 경제 성장이 이루어지고 있음을 알 수 있고, ㈏를 통해서는 우리나라 사람들이 과거에 비해 물질적으로 풍요로운 생활을 하고 있다는 것을 추론할 수 있다.

11 출제 의도: 경제 성장률 계산
경제 성장률을 구하는 공식은 다음과 같다.

$$경제\ 성장률(\%) = \frac{금년도\ 실질\ GDP - 전년도\ 실질\ GDP}{전년도\ 실질\ GDP} \times 100$$

위 공식을 문제에 적용해서 계산하면 [(200−100)/100×100] 이므로 경제 성장률은 100%가 된다.

12 출제 의도: 경기 변동과 경제 성장
한 국가의 경제 상황이 좋아졌다가 나빠지기를 반복하는 현상을 경기 변동이라고 한다. 한 국가의 경제는 단기적으로 호황과 불황을 반복하면서 경기 변동이 나타나지만, 장기적으로는 국내 총생산이 대체로 증가하는 경제 성장이 나타난다.

13 출제 의도: 물가 개념
물가는 오르기도 하고 내리기도 하면서 경제생활에 영향을 미치는데, 한 국가의 경제가 성장할 경우에는 일반적으로 물가도 상승한다. 이때 물가가 지속적으로 상승하는 현상을 인플레이션이라고 한다.

14 출제 의도: 물가 변동의 요인
물가 상승의 세부적인 요인이 있지만 크게 살펴보면 총수요가 총공급보다 커질 경우 발생한다. 즉, 총수요가 늘어나거나 총공급이 감소하면 물가 상승이 발생한다.

다는 것은 기업 입장에서 지급해야 할 임금이 감소하는 것이기 때문에 생산 비용은 줄어든다.

23 출제 의도: 실업률 통계

제시된 표에서 ㉠은 비경제 활동 인구이다. 취업을 하려고 했으나 뜻대로 되지 않아 일자리 구하기를 포기한 사람은 구직 단념자로, 비경제 활동 인구에 포함된다. 한편, 경제 활동 인구는 취업자와 실업자를 합친 1,000명이고, 노동 가능 인구는 총인구 중 15세 이상 인구이므로 제시된 표에서 노동 가능 인구는 1,200명이다.

24 출제 의도: 국제 거래

㉠에 들어갈 용어는 국제 거래(무역)이고, 교통의 발달은 국제 거래 확대의 배경이다. 국제 거래에 참여하는 국가는 자국에 경제적 이익이 있을 때에만 참여한다. 즉, 경제적 이익 실현이라는 조건에 맞지 않으면 국제 거래에 참여하지 않는다.

그래서 오답!

- ㄴ. 과거에는 생산 요소가 주로 ㉠의 대상이었다. (×) → 과거에는 주로 생산물이 국제 거래의 대상이었다.
- ㄹ. 자유 무역 협정(FTA)과 달리 세계 무역 기구(WTO)는 ㉠을 위축시킨다. → 세계 무역 기구(WTO)와 자유 무역 협정(FTA) 모두 국제 거래의 확대에 기여하였다.

25 출제 의도: 국제 거래의 원리

㉠에 들어갈 용어는 비교 우위이다. 각국이 상대적으로 더 효율적으로 생산할 수 있는 품목이 있을 때 그에 대해 비교 우위가 있다고 말한다.

26 출제 의도: 국제 거래의 발생 원인

④ 희소성은 모든 사회에서 발생하므로 그 발생 여부가 국가 간 생산 여건의 차이에 영향을 미친다고 보기는 어렵다.

27 출제 의도: 자유 무역 협정

자유 무역 협정은 회원 간 상품 및 서비스의 무역 장벽을 완화함으로써 상호 교역을 증진하기 위한 국가 간 협정이다.

28 출제 의도: 국제 거래

⑤ 국제 거래의 대상은 점점 확대되고 있는 추세이다. 과거에 재화 위주로 거래되었다면, 최근에는 서비스, 노동 및 자본 등의 생산 요소, 지적 재산권 등으로 거래 대상이 확대되고 있다.

29 출제 의도: 환율 변동

달러 가치는 상승하였고, 원화 가치는 하락한 상황이다. 달러 가치가 상승하면 원화로 가격이 표시된 상품을 달러로 살 때 더 많은 상품을 살 수 있게 된다.

30 출제 의도: 환율 변동 그래프

④ ㈎ 이동은 외환 수요가 증가한 상황을 나타낸다. 우리나라에 외국인 관광객이 증가하면 우리나라 외환 시장에 외환 공급이 늘어난다.

31 출제 의도: 환율 변동의 영향

⑤ ㈒에서 국내 기업의 수출액이 증가하면 외환 공급이 증가하므로 환율은 하락하고, 원화 가치는 상승한다.

그래서 오답!

- ㄱ. 정부가 재정 지출을 줄였다. (×) → 정부의 재정 지출이 줄어들면 총수요가 줄어들어 물가 하락의 원인이 된다.
- ㄷ. 시중에 공급되는 통화량이 감소하였다. (×) → 시중에 통화량 공급이 감소하면 총수요가 줄어들고, 이는 물가 하락의 원인이 된다.

15 출제 의도: 물가 변동

1963년에는 1,000원으로 라면 100개를 살 수 있었지만, 1990년에는 라면 5개만 살 수 있다. 물가가 상승하여 화폐 가치가 하락하고 구매력이 감소하였기 때문이다.

16 출제 의도: 물가 지수 분석

제시된 표에서는 2018년부터 2020년까지 계속해서 물가 지수가 높아졌다.

그래서 오답!

- ㄱ. 2018년부터 2020년까지 A국에 존재하는 모든 물건의 가격이 상승하였다. (×) → 물가는 시장에서 거래되는 상품의 가격을 종합해서 나타낸 것이다. 따라서 모든 물건의 가격이 상승했다고 볼 수 없다.
- ㄴ. 2018년에 비해 2019년의 물가가 10% 상승하였다. (×) → 2018년에 비해 2019년의 물가가 10% 상승했다면 2019년의 물가 지수는 99가 되어야 한다.

17 출제 의도: 물가 변동의 영향

물가가 상승하면 화폐 가치가 하락하고 실물 자산의 가치는 상승한다. 따라서 현금 소유자와 채권자는 불리해지고 건물, 금과 같은 실물 소유자와 채무자는 유리해진다. 또한 국내 상품 가격이 외국 상품에 비해 상대적으로 비싸지기 때문에 수입업자는 유리해지고 수출업자는 불리해진다.

18 출제 의도: 물가 안정을 위한 노력 파악

④ 중앙은행이 저축을 유도하기 위해서는 이자율을 높여야 한다.

19 출제 의도: 실업

② 실업은 일자리를 구하고자 하는 주체의 의지에 따라 자발적 실업과 비자발적 실업으로 구분할 수 있다. 따라서 본인의 의지로 직장을 그만둔 경우도 실업에 포함된다.

20 출제 의도: 실업의 유형 구분

㈎는 마찰적 실업, ㈏는 구조적 실업, ㈐는 계절적 실업 또는 경기적 실업에 해당한다.

21 출제 의도: 구조적 실업의 사례

제시문에는 사회 변동에 따른 구조적 실업의 사례가 나타나 있다.

⑤ 구조적 실업의 경우 정부에서 인력 개발 및 체계적인 직업 교육을 통해 지원할 수 있다.

22 출제 의도: 실업의 영향

③ 기업은 경영 활동에 비효율이 발생하면 효율성을 높이기 위해 여러 노력을 하게 된다. 그 중에 하나가 인력 구조 조정으로, 이는 실업자의 증가로 이어진다. 실업자가 증가한

32 출제 의도: 외환 시장 그래프

외환 시장의 균형이 E_1에서 E_2로 움직이기 위해서는 외환 수요 증가(오른쪽 이동), 외환 공급 감소(왼쪽 이동)이 동시에 나타나야 한다.

⑤ 외채 상환이 증가하면 외환 수요가 증가하고, 수출이 감소하면 외환 공급이 감소한다.

33 출제 의도: 환율 변동의 영향

환율이 하락하면 수입업자, 해외를 여행하는 한국인, 외국에서 유학 중인 한국인, 외국에서 빌린 돈(외채)을 갚아야 하는 경제 주체 등이 유리해진다.

34 출제 의도: 환율 변동

딸을 미국에 유학 보낸 사람이 학비 부담이 줄어들게 된다고 기뻐하는 것을 보아 원화 가치가 상승하고 달러 가치는 하락하였다는 것을 알 수 있다. 즉, 환율이 하락하고 있는 것이다.
② 환율이 하락하면 미국에서 우리 상품이 비싸지기 때문에 예전보다 잘 안 팔리게 된다.

35 출제 의도: 환율 변동의 영향

제시된 그래프를 통해 원/위안 환율은 상승하고, 원/달러 환율은 하락하고 있는 것을 알 수 있다. 원/위안 환율 변동을 통해서는 중국과의 관계에서 원화 가치 하락, 위안화 가치 상승을 알 수 있다. 원/달러 환율 변동을 통해서는 미국과의 관계에서 원화 가치 상승, 달러 가치 하락을 알 수 있다. 이러한 상황에서는 중국에서 부품을 수입하는 한국 기업의 비용이 증가하고, 우리나라에 공장을 설립하려는 미국 기업의 비용도 증가하여 상대적으로 불리해진다.

36 출제 의도: 국내 총생산의 한계

예시 답안

국내 총생산 개념으로 한 나라의 전반적인 생산 활동 수준을 파악할 수 있지만 삶의 질 수준을 완벽하게 파악하기는 힘들다.

핵심 단어 국내 총생산, 삶의 질

등급	채점 기준
상	국내 총생산 개념과 삶의 질의 관계를 비판적으로 서술한 경우
하	국내 총생산 개념의 한계를 삶의 질 외의 다른 측면에서 서술한 경우

37 출제 의도: 실업률 지표의 한계

예시 답안

구직을 포기한 사람을 뜻하는 구직 단념자는 실업자에 포함되지 않아, 실업률 지표는 실제로 사람들이 느끼는 것보다 낮게 측정되는 경향이 있다.

핵심 단어 실업률, 실업자, 구직 단념자

등급	채점 기준
상	구직 단념자 개념을 활용하여 실업률 지표가 갖는 한계를 서술한 경우
하	구직 단념자 개념을 활용하지 않고 단순하게 실업률 지표를 비판한 경우

38 출제 의도: 물가 상승의 영향

예시 답안

극심한 물가 상승으로 화폐의 가치가 떨어졌기 때문이다.

핵심 단어 물가 상승, 화폐 가치 하락

등급	채점 기준
상	극심한 물가 상승으로 화폐 가치가 떨어졌다고 서술한 경우
하	장난감의 가격이 크게 올랐다고만 서술한 경우

39 출제 의도: 국제 거래의 필요성

예시 답안

각국이 더 저렴하게 생산할 수 있는 상품 생산에 집중하는 특화를 하여 국제 거래를 하면 서로에게 더 이익이기 때문입니다.

핵심 단어 특화, 국제 거래

등급	채점 기준
상	특화의 의미를 포함하여 국제 거래의 필요성을 서술한 경우
하	특화에 대한 언급 없이 국제 거래의 필요성을 서술한 경우

40 출제 의도: 환율 변동의 영향

예시 답안

환율이 상승하면 원화 가치가 하락하기 때문에, 다음 달이 되기 전에 미리 원화를 달러로 환전해야 한다.

핵심 단어 환율, 원화 가치

등급	채점 기준
상	환율 변동과 원화 가치의 관계를 포함하여 서술한 경우
하	원화 가치에 대한 언급 없이 서술한 경우

VI. 국제 사회와 국제 정치

01 국제 사회의 특성과 행위 주체

① 국제 사회의 특성

140~141쪽

01 (1) × (2) ○ (3) ×　　**02** (1) 국가 (2) 국제 사회 (3) 자국의 이익　　**03** (1) 국가 (2) 국제 사회 (3) 주권 (4) 국제 연합
04 ②　　**05** ④　　**06** ⑤　　**07** ③　　**08** 국제법
09~10 해설 참조

04 출제 의도: 국제 사회의 특성

② 국제 사회는 전 지구적 문제에 대응하기 위해 서로 협력한다.

그래서 오답!

① 국가 간 분쟁을 해결할 중앙 정부가 존재한다. (×) → 국제 사회에는 강제성을 지닌 중앙 정부가 존재하지 않는다.

③ 각국은 기본적으로 자국의 이익보다 세계 전체의 공익을 우선시한다. (×) → 국제 사회의 각 국가는 자국의 이익을 우선적으로 추구한다.

05 출제 의도: 국제 사회와 국내 사회

④ 공동의 문제를 해결하기 위해 구성원들이 협력한다는 점에서는 국내 사회와 국제 사회가 비슷하다.

그래서 오답!

① 강력한 강제성을 가진 법이 존재한다. (×) → 국제 사회의 법인 국제법은 강제적인 적용이 어렵다.
② 중앙 정부의 권한 행사에 복종해야 한다. (×) → 국제 사회는 강력한 공권력을 가진 중앙 정부가 존재하지 않는다.
③ 주권 국가를 기본 단위로 하여 형성된다. (×) → 국제 사회의 기본 단위는 주권 국가이지만, 국내 사회의 기본 단위는 국민이다.

06 출제 의도: 국제 사회의 양상

⑤ 경제 교류뿐만 아니라 문화 교류도 계속 증가하는 추세에 있다. 교통·통신의 발달로 각국의 전통문화, 언어, 예술, 학문 등 다양한 문화가 다양한 매체를 통해 전파되고 있다.

07 출제 의도: 국제 사회의 특성

국제 연합(UN) 안전 보장 이사회의 주요 결정은 상임 이사국을 포함한 9개국 이상의 찬성으로 이루어지는데, 상임 이사국은 거부권을 행사할 수 있어 상임 이사국 중 어느 한 국가라도 반대하면 어떠한 결정도 성립될 수 없다. 이를 통해 국제 사회에서 힘의 논리가 크게 작용하고 있음을 알 수 있다.

08 출제 의도: 국제법

국내 사회에는 개인이나 집단 간의 분쟁을 해결할 수 있는 강제성을 가진 국내법이 존재하지만, 국제 사회에는 존재하지 않는다. 대신 국가 간의 합의에 따라 국가 간의 관계를 규칙으로 정해 놓은 국제법이 존재한다.

09 출제 의도: 국제 사회의 특징

예시 답안

㈎를 통해서는 지속 가능한 발전을 위해 공동의 목표를 세워 정보를 공유하고, 역할을 분담하여 협력하는 특징을 알 수 있고, ㈏를 통해서는 각국은 자국의 이익을 최우선으로 추구하며, 이 과정에서 국가 간 갈등이 발생하기도 한다는 특징을 알 수 있다.

핵심 단어 공동의 목표(문제 해결), 협력, 자국의 이익, 갈등

등급	채점 기준
상	공동의 목표를 위한 협력, 자국의 이익 추구와 갈등을 모두 서술한 경우
하	공동의 목표를 위한 협력, 자국의 이익 추구와 갈등 중 한 가지만 서술한 경우

10 출제 의도: 국제 사회의 갈등

예시 답안

선진국과 개발 도상국이 각자 서로의 이익을 앞세우면서 갈등

이 발생하였다. 국제 사회에는 강제력을 가진 중앙 정부가 존재하지 않기 때문에 갈등이 발생할 경우 해결하기가 쉽지 않다.

핵심 단어 이익, 갈등, 강제력, 중앙 정부, 갈등 해결 곤란

등급	채점 기준
상	갈등이 발생한 이유와 해결이 어려운 이유를 모두 서술한 경우
하	갈등이 발생한 이유와 해결이 어려운 이유 중 한 가지만 서술한 경우

② 국제 사회의 행위 주체

142~143쪽

01 (1) ○ (2) ○ (3) × **02** (1) 국가 (2) 국제 연합 (3) 다국적 기업 **03** (1) 국가 (2) 그린피스 (3) 자회사 **04** ③ **05** ④ **06** ③ **07** ④ **08** 국가 **09~10** 해설 참조

04 출제 의도: 국제 사회의 행위 주체로서의 국가

③ 국제법상 각국은 정치적·경제적 힘이 큰 국가일수록 강한 주권을 갖는 것이 아니라, 주권 평등의 원칙에 따라서 국제법상 평등한 주권을 가지고 독립적인 지위를 누린다. 단, 현실적으로는 국력에 따라 주권을 행사하는 정도가 달라진다.

05 출제 의도: 국제 사회의 행위 주체

국가, 국제기구, 다국적 기업뿐만 아니라 영향력 있는 개인, 소수 민족, 국가 내 지방 정부 역시 국제 사회의 행위 주체가 될 수 있다.

06 출제 의도: 국제기구의 분류

제시된 표에서 정부 간 국제기구는 각국 정부를 회원으로 하며, 국제 사면 위원회는 대표적인 국제 비정부 기구이다.

그래서 오답!

ㄱ. ㉠ - 국제 적십자사 (×) → 국제 적십자사는 국제 비정부 기구에 해당한다.
ㄹ. ㉣ - 활발한 시민 사회의 참여로 역할이 작아지고 있음 (×) → 활발한 시민 사회의 참여로 국제 비정부 기구의 역할이 커지고 있다.

07 출제 의도: 다국적 기업

④ 다국적 기업은 환경 오염 및 인권 침해와 같은 문제들을 발생시키는 경향이 있으며, 이러한 문제를 해결하는 것을 주요 목적으로 한다고 보기 어렵다.

08 출제 의도: 국가

국가는 국제 사회에서 가장 기본적이고 전통적인 행위 주체로, 오늘날 다양한 행위 주체가 등장하고 있지만 여전히 가장 중요한 행위 주체이다.

09 출제 의도: 국제기구의 분류

예시 답안

(1) ㈎ 국제 비정부 기구, ㈏ 정부 간 국제기구
(2) 정부 간 국제기구는 국가를 구성원으로 하며, 주로 국가 간

조약에 의해 형성되어 자국의 이익과 회원국 전체의 이익을 조화시키기 위한 활동을 한다. 이에 비해 국제 비정부 기구는 개인이나 민간 단체를 구성원으로 하며, 환경, 인권, 보건 등 다양한 영역에서 국경을 넘어 활동하고 있다.

핵심 단어 국가, 이익 조화, 개인이나 민간 단체, 다양한 영역

등급	채점 기준
상	구성원과 활동 내용을 기준으로 정부 간 국제기구와 국제 비정부 기구의 특징을 비교한 경우
중	구성원과 활동 내용 중 한 가지 기준만 사용하여 정부 간 국제기구와 국제 비정부 기구의 특징을 비교한 경우
하	구성원 및 활동 내용과 관계없이 정부 간 국제기구와 국제 비정부 기구의 특징을 비교한 경우

10 출제 의도: 다국적 기업이 미치는 영향

예시 답안

긍정적 영향으로는 다국적 기업이 진출한 국가에 고용이 창출된다는 점, 자회사와 공장이 설립되고 생산과 국제적 분업이 이루어지는 과정에서 자본 및 기술이 이전된다는 점을 들 수 있다. 이에 비해 부정적 영향으로는 다국적 기업이 진출한 국가에 대해 책임 의식을 느끼지 않고 비윤리적으로 기업을 경영할 경우 환경 오염, 아동 노동과 같은 인권 침해, 자회사 설립국의 자본 유출 등이 나타날 수 있다는 점을 들 수 있다.

핵심 단어 고용 창출, 자본 및 기술 이전, 환경 오염, 인권 침해, 자본 유출

등급	채점 기준
상	다국적 기업의 긍정적 영향과 부정적 영향을 모두 서술한 경우
하	다국적 기업의 긍정적 영향과 부정적 영향 중 한 가지만 서술한 경우

플러스 개념 다국적 기업의 영향

긍정적 영향	고용 창출, 자본 및 기술 이전
부정적 영향	비윤리적 경영으로 인한 환경 오염, 인권 침해, 자본 유출

02 국제 사회의 다양한 모습~ 03 우리나라의 국제 관계

① 국제 사회의 경쟁과 갈등, 협력
② 국제 사회의 공존을 위한 노력

146~147쪽

01 (1) ○ (2) ○ **02** (1) – ㉠ (2) – ㉡ (3) – ㉢ **03** (1) 외교 정책 (2) 세계 시민 (3) 보편적 가치 **04** ③ **05** ③ **06** ④ **07** ⑤ **08** 상호 의존성 **09~10** 해설 참조

04 출제 의도: 외교적 노력

③ 과거에는 전통적으로 공식적인 외교 활동을 중시했기 때문에 국가나 외교관이 중심이 되어 정치, 안보 분야를 중심으로 외교 활동을 전개하였다.

그래서 오답!

① 국내 문제를 평화적으로 해결하기 위해서 수행한다. (×)
→ 외교적 노력은 국내 문제가 아니라 국제 문제를 해결하기 위한 활동이다.
② 개인의 정치적 목적이나 이익을 실현하기 위한 행위이다. (×) → 외교는 국가의 정치적 목적이나 이익을 실현하기 위한 행위이다.

05 출제 의도: 지구촌 공동체의 상호 의존성

제시된 사례를 통해 세계의 각 부분은 서로 영향을 미친다는 상호 의존성을 확인할 수 있다.

06 출제 의도: 국제 사회의 갈등

국제 사회에서는 민족이나 종교의 차이, 다국적 기업 간의 치열한 경쟁 등 다양한 원인으로 인해 갈등과 대립이 끊임없이 발생한다.

그래서 오답!

ㄱ, ㄷ은 국제 사회에서 발생하는 대립이나 갈등을 해결하기 위해 요구되는 자세에 해당한다.

07 출제 의도: 국제 사회의 협력

⑤ 협약에 가입하여 국제 사회에 기여하고 협력하는 모습을 보임으로써 우리나라의 대외적 위상이 향상되었다고 볼 수 있다.

그래서 오답!

① 민간단체들이 주도하여 기후 변화 협약이 채택되었다. (×) → 국가(정부)가 주도하여 협약에 참여하였다.
② 기후 변화 협약은 조약이 아니라는 점에서 한계가 있다. (×) → 조약은 국가 간의 구속력 있는 약속을 뜻하는데, 기후 변화 협약은 국가 간의 구속력 있는 약속이라는 점에서 조약이 아니라고 보기에는 무리가 있다.
③ 여러 국가들이 자국의 이익 실현과는 관계없이 협약에 참여하였다. (×) → 제시문을 통해서는 확인할 수 없는 내용이다.
④ 국제기구와 무관하게 개별 국가들의 노력이 결실을 맺은 협약이다. (×) → 제시문을 통해 국제기구인 국제 연합(UN)과 관련이 있음을 알 수 있다.

08 출제 의도: 상호 의존성

세계 시민 의식을 함양하기 위해 필요한 대표적인 자세로 '상호 의존성'에 대한 이해를 들 수 있다. 상호 의존성이란 세계 시민 의식을 공유하는 국제 사회의 행위 주체들이 지구촌 공동체에 속한 구성원으로서 모두가 서로 연결되어 살아간다는 특성을 말한다.

09 출제 의도: 국제 사회의 대립과 갈등

예시 답안

(1) 자원을 둘러싼 분쟁
(2) 민족, 인종, 종교의 차이로 인한 갈등이 나타나기도 하고, 지구 온난화와 사막화 등 환경 문제를 둘러싼 갈등이 발생하기도 한다.

핵심 단어 민족, 인종, 종교의 차이, 환경 문제

등급	채점 기준
상	국제 사회의 갈등 양상을 두 가지 모두 서술한 경우
하	국제 사회의 갈등 양상을 한 가지만 서술한 경우

10 출제 의도: 외교 정책

예시 답안

외교 정책을 펼치고 있다. 외교 정책을 잘 시행할 경우에는 국가 간 우호를 증진하고, 자국의 대외적 위상을 높일 수 있다. 반면 그렇지 못할 경우에는 국가 이익의 손실이나 국제적 고립과 같은 불이익이 발생할 수 있다.

핵심 단어 외교 정책, 국가 간 우호 증진, 대외적 위상 향상, 국가 이익의 손실, 국제적 고립 등

등급	채점 기준
상	외교 정책의 긍정적 영향과 부정적 영향을 모두 서술한 경우
하	외교 정책의 긍정적 영향과 부정적 영향 중 한 가지만 서술한 경우

③ 우리나라가 직면한 국가 간 갈등
④ 우리나라의 국가 간 갈등 해결

148~149쪽

01 (1) ◯ (2) ✕ (3) ✕　　**02** (1) − ⓛ (2) − ㉠ (3) − ⓒ
03 (1) 개인 (2) 정부 (3) 시민 사회　　**04** ③　　**05** ①
06 ②　　**07** ②　　**08** 야스쿠니 신사 참배　　**09~10** 해설 참조

04 출제 의도: 일본의 독도 영유권 주장
③ 『은주시청합기』(1667)는 우리나라의 역사적 근거가 아니라 독도가 우리의 고유한 영토임을 증명하는 일본의 역사적 기록이다.

05 출제 의도: 우리나라가 직면한 국가 간 갈등 문제
① 동북 공정은 '동북 변경 지방의 역사와 현황에 대한 일련의 연구 공정'의 줄임말로, 우리나라와 중국 사이에서 나타나고 있는 갈등 문제이다. 중국은 동북 공정을 통해 중국의 국경 안에서 전개된 모든 역사를 중국의 역사로 편입하려고 시도하고 있다.

그래서 오답!

②, ③, ④는 모두 우리나라가 일본과 갈등을 겪고 있는 문제이다.

06 출제 의도: 국가 간 갈등 해결을 위한 노력
② 동해는 우리나라에서 오래전부터 사용해 오고 있는 명칭인데, 일본은 세계 지도에 일본해를 단독으로 표기해야 한다고 주장하고 있다.

07 출제 의도: 동북 공정
동북 공정 문제를 해결하기 위해서는 고대사를 체계적으로 연구하면서, 적극적이고 지속적으로 관심을 가져야 한다.

그래서 오답!

ㄴ. 국제 사법 재판소에 도움을 요청한다. (✕) → 중국의 주장에 합리적 근거가 있는 것이 아니기 때문에 국제 사법 재판소에 도움을 요청하는 것은 적절하지 않다.
ㄹ. 문제가 해결될 때까지 중국과 외교를 단절한다. (✕) → 외교 단절은 극단적인 선택이므로 그 전에 할 수 있는 합리적인 해결 노력을 기울여야 한다.

08 출제 의도: 우리나라와 일본의 갈등
신사는 일본에서 조상의 위패를 두고 제사하는 곳으로, 야스쿠니 신사에는 제2차 세계 대전을 일으킨 전쟁 범죄자들의 위패가 있다. 일본의 정치인들이 야스쿠니 신사를 참배할 때마다 한국과 중국 등 주변국으로부터 비판을 받고 있다.

09 출제 의도: 우리나라의 일본의 갈등

예시 답안

ⓒ 일본의 독도 영유권 주장은 국제 사법 재판소를 통한 해결 대상이 아님을 명확히 함

핵심 단어 독도 영유권 주장, 국제 사법 재판소의 해결 대상 아님

등급	채점 기준
상	ⓒ을 고르고, 옳게 고쳐 쓴 경우
하	ⓒ을 고르기만 한 경우

10 출제 의도: 우리나라의 국가 간 갈등 해결을 위한 각 주체들의 노력

예시 답안

정부는 국제 사회에 우리의 입장을 알리는 홍보 및 외교 활동을 하고, 학계는 연구 활동을 통해 객관적인 대응 근거를 마련하며, 시민 사회는 주변국과의 민간 교류를 지속하고, 개인은 적극적이고 지속적인 관심을 가지고 문제 해결에 참여한다. 국가 간 갈등 문제는 다양한 주체들이 서로 존중하며 협력할 때 비로소 원만하게 해결될 수 있다.

핵심 단어 홍보 및 외교 활동, 객관적 대응 근거, 민간 교류, 적극적이고 지속적인 관심, 상호 존중과 협력

등급	채점 기준
상	모든 주체별로 할 수 있는 노력을 제시하고, 상호 존중하고 협력해야 한다고 서술한 경우
중	주체별로 할 수 있는 노력을 일부 제시하고, 상호 존중하고 협력해야 한다고 서술한 경우
하	주체별로 할 수 있는 노력만 일부 제시한 경우

01 출제 의도: 국제 사회의 힘의 논리

강대국은 국제 사회에서 약소국보다 큰 영향력을 행사하고 있고, 약소국들은 이를 인정하고 있다. 국제 연합의 회원국들이 안전 보장 이사회 내 5개 강대국의 거부권에 대해 합의한 것도 국제 사회가 원칙적으로는 평등한 주권 국가들의 모임이지만, 실제 의사 결정 과정은 힘의 논리에 따라 운영됨을 보여 준다.

02 출제 의도: 자국의 이익 추구 논리

국제 사회는 자국의 이해관계에 따라 우호적이었던 나라와 관계를 끊기도 하고, 오랫동안 적대적이었던 나라와 협력 관계를 맺기도 한다. 제시된 사례에서는 우리나라의 이해관계에 따라 대만과의 관계가 변화하였다.

03 출제 의도: 전 지구적 차원의 환경 문제

③ 전 지구적 차원의 환경 문제의 해결을 위해서는 공동으로 대처해야 하므로 협력의 필요성이 커지고 있다.

04 출제 의도: 국제 사회의 특성

② 국제 사회에는 국가 간 갈등을 조정하고 해결할 수 있는 중앙 정부가 존재하지 않기 때문에 국가 간 분쟁 해결이 어렵다.

> **그래서 오답!**
>
> ① 인격을 지닌 독립된 개인을 기본 단위로 구성된다. (×) → 국제 사회는 독립적인 주권을 지닌 국가를 기본 단위로 구성된다.
> ③ 국제 관계의 다양화와 의존성 심화는 국제기구의 필요성을 감소시킨다. (×) → 국제 관계의 다양화와 의존성 심화는 국제기구의 필요성을 증가시킨다.
> ④ 국제법은 형식상으로만 존재할 뿐 개별 국가의 행위를 제한할 수는 없다. (×) → 국제법은 개별 국가의 행위를 어느 정도 제한한다.
> ⑤ 개별 국가가 가진 국력과 관계없이 각국은 국제 사회에서 평등한 영향력을 행사한다. (×) → 국제 사회에서 각국의 영향력은 군사력, 경제력 등에 따라 달라진다.

05 출제 의도: 국제 연합(UN)

국제 연합(UN)은 제2차 세계 대전 이후 전쟁을 방지하고 국제 평화를 유지하기 위해 만들어졌다.

06 출제 의도: 국제 사회의 행위 주체

㈎는 국가, ㈏는 다국적 기업에 대한 설명이다. 국가는 국제 사회의 가장 전통적이고 기본적인 행위 주체이고, 다국적 기업은 세계화 시대에 영향력이 확대되고 있는 행위 주체이다.

07 출제 의도: 국제 사회 교류의 특징

ㄴ. 제시된 사례와 같이 오늘날 국제 사회에서는 인도적 차원에서의 교류도 폭넓게 이루어지고 있다.

ㄹ. 국가뿐만 아니라 개인, 민간단체, 국제기구 등이 다양한 영역에서 상호 협력하고 있다.

> **그래서 오답!**
>
> ㄱ. 국가 간 교류는 경제적 측면에서만 이루어지고 있다. (×) → 국가 간 교류는 경제가 아닌 분야에서도 폭넓게 이루어지고 있다.
> ㄷ. 국제 사회는 국가 차원에서 서로 협력하고 있으므로 민간 차원의 협력은 바람직하지 않다. (×) → 국가 차원과 민간 차원 모두에서 적극적인 협력이 이루어져야 한다.

08 출제 의도: 다국적 기업

④ 세계적 규모의 다국적 기업은 국제 사회에서 경제적 측면뿐 아니라 정치적 · 문화적 측면 전반에 큰 영향력을 행사하고 있다.

09 출제 의도: 다국적 기업의 영향

①은 다국적 기업의 긍정적 영향이고, ②, ③, ④, ⑤는 모두 다국적 기업의 부정적 영향이다.

10 출제 의도: 국제 사회의 행위 주체

달라이 라마는 영향력 있는 개인으로서 국제 사회의 행위 주체이다. 이처럼 종교 지도자나 국가 원수, 국제 연합(UN) 사무총장처럼 영향력 있는 개인도 국제 사회의 중요한 행위 주체가 될 수 있다.

11 출제 의도: 국제 비정부 기구

국제 비정부 기구는 개인이나 민간단체가 모여서 조직한 국제기구이다. 국제 비정부 기구의 대표적인 예로는 국제 사면 위원회, 국경 없는 의사회, 그린피스, 국제 적십자사, 세이브 더 칠드런 등이 있다.

> **그래서 오답!**
>
> ㄱ, ㄹ은 정부 간 국제기구이다.

12 출제 의도: 국제 사회의 행위 주체

③ 정치외교학을 전공하는 대학생은 국제 사회의 행위 주체라고 보기 어렵다. 개인이 국제 사회의 행위 주체가 되기 위해서는 종교 지도자, 국가 원수, 국제 연합(UN) 사무총장 등과 같이 객관적인 영향력을 갖추어야 한다.

13 출제 의도: 냉전 체제

냉전 체제는 전 세계가 미국을 중심으로 하는 자유주의 진영과 소련을 중심으로 하는 사회주의 진영으로 나뉘어 이념을 중심으로 대립하던 국제 사회 질서이다.

14 출제 의도: 냉전 체제 종식 후 세계화

냉전 체제 종식 후 세계화가 진행되면서 다양한 영역에서 국가 간 상호 의존성이 증대되고 갈등도 다원화되고 있다.
③ 냉전이 종식된 것은 소련의 붕괴로 사회주의 이념의 영향력이 줄어들었기 때문이다.

15 출제 의도: 국제 사회의 갈등 유형

제시문에서 카스피해 연안국들은 석유와 천연가스 등 자원의 개발을 둘러싸고 대립하고 있다.

16 출제 의도: 국제 사회의 갈등 해결 방안

국가 간의 갈등은 분쟁 당사국 간의 대화와 상호 이해를 바탕으로 평화적으로 해결하는 것이 가장 바람직하다.

17 출제 의도: 국제 사회의 특징

국제 사회의 갈등이나 분쟁에 대해 개별 국가들의 행위를 제약하는 국제법, 국제기구가 존재하며, 세계 여론이나 국제 비정부 기구도 어느 정도 영향력을 행사한다.
④ 국제 사회에는 세계 정부가 존재하지 않는다.

18 출제 의도: 국제 문제의 해결 방안

제시된 핵 확산, 환경 오염, 국제 사이버 범죄 등의 국제 문제는 지구촌이 공동으로 당면하고 있는 문제로, 국가 간의 긴밀한 협력을 통해 해결해야 한다.

19 출제 의도: 국제 문제의 성격

⑤ 제시문에 나타난 신종 코로나 바이러스 감염증과 같은 문제는 한 국가만의 노력으로 쉽게 개선되기 어렵고 전 세계 국가의 협력이 있어야 해결이 가능한 문제이다.

20 출제 의도: 외교의 의미

⑤ ㉠에 들어갈 용어는 외교이다. 오늘날에는 외교 주체가 다양해지면서 예술, 문화, 체육 등 다양한 분야에서 외교 활동이 이루어지고 있다.

그래서 오답!

① 협상보다는 무력 사용을 우선적으로 고려한다. (×) → 외교는 자국의 정치적 목적이나 이익을 평화적으로 실현하기 위해 수행하는 행위이다.
② 전쟁을 통해 자국의 이익을 실현하려는 활동이다. (×) → 국제 문제를 평화적으로 해결하고 국제 사회가 공존하기 위해 외교가 필요하다.
③ 국가 원수나 외교관의 공식적인 활동만 인정된다. (×) → 오늘날에는 민간 외교의 역할도 매우 커졌다.
④ 시민 단체의 활동과 국가의 대외적 위상은 관계가 없다. (×) → 오늘날에는 시민 단체의 활동이 국가의 대외적 위상에 영향을 미치기도 한다.

21 출제 의도: 동북 공정의 목적

④ 중국이 동북 공정에 착수한 목적은 중국의 여러 소수 민족을 통제하고, 만주 지역에서의 영향력을 강화하기 위해서이다.

22 출제 의도: 동북 공정에 대한 대책

동북 공정에 대응하기 위해서는 우리의 역사와 영토를 지키려는 자세를 바탕으로 중국의 역사 왜곡 문제에 대해 지속적인 관심을 가져야 한다. 동시에 체계적인 고대사 연구를 통해 대응 논리를 마련해야 한다. 또한 중국의 숨은 의도를 널리 알리는 외교 활동도 적극적으로 해야 한다.

23 출제 의도: 『직지심체요절』과 국가 간 갈등

⑤ 『직지심체요절』은 우리 조상들이 만든 소중한 문화재이므로 돌려받기 위해 계속 노력해야 한다.

24 출제 의도: 우라나라와 일본 간 갈등

① 동북 공정은 우리나라와 중국 간에 국가 간 갈등이 나타나고 있는 문제이다.

25 출제 의도: 독도 영유권 주장 목적

일본이 독도를 자신들의 영토라고 주장하는 이유는 독도가 경제적·군사적으로 매우 중요한 가치를 지니고 있기 때문이다. 독도는 풍부한 해양 자원과 광물 자원이 매장되어 있고, 조경 수역으로 어획이 가능할 뿐 아니라 군사적 거점으로서도 매우 중요한 지정학적 위치를 가지고 있다.

26 출제 의도: 일본의 독도 영유권 대응

④ 국제법상으로 우리나라 영토임이 분명한 독도를 분쟁 지역으로 인식시키면 우리나라의 입장이 불리할 수 있으므로 적절하지 않다.

27 출제 의도: 국가 간 갈등 해결을 위한 노력

② 국가 간 갈등 상황을 해결하기 위해 군사력을 사용하는 것은 되도록 피해야 하는 대응 방법이다.

28 출제 의도: 국제 사회의 특징

예시 답안

국제 사회에서 각국은 자국의 이익을 우선적으로 추구한다.

핵심 단어 자국의 이익 추구

등급	채점 기준
상	자국의 이익을 우선적으로 추구한다고 서술한 경우
하	자국의 이익을 우선적으로 추구하는 것 외에 다른 특징을 서술한 경우

29 출제 의도: 외교의 의미와 목적

예시 답안

(1) 외교
(2) 자국의 정치적 목적이나 이익을 평화적으로 실현한다. 국제 문제를 평화적으로 해결하고 국제 사회의 공존을 추구한다.

핵심 단어 평화적 실현, 평화적 해결, 국제 사회의 공존

등급	채점 기준
상	외교의 목적을 두 가지 서술한 경우
하	외교의 목적을 한 가지만 서술한 경우

30 출제 의도: 일본의 독도 영유권 주장 의도

예시 답안

국제 사법 재판소에서 독도 영유권 주장이 다루어지면, 국제 사회에서 독도가 분쟁 지역으로 인식되어 힘의 논리가 작용하는 국제 사회에서 우리나라보다 일본이 유리하기 때문입니다.

핵심 단어 분쟁 지역 인식, 힘의 논리, 일본 유리

등급	채점 기준
상	독도를 분쟁 지역으로 인식시키면 일본에 유리하다고 서술한 경우
하	일본에 유리하기 때문이라고만 서술한 경우

VII. 인구 변화와 인구 문제

01 인구 분포~ 02 인구 이동

1 세계 인구 분포의 특징과 요인

162~163쪽

01 (1) × (2) ○ (3) ○ **02** (1) 북반구 (2) 밀집 (3) 아
시아 **03** (1) 극지방 (2) 오세아니아 (3) 자연 **04** ②
05 ④ **06** ② **07** ② **08** ㉠ 밀집, ㉡ 희박
09~10 해설 참조

04 출제 의도: 세계의 인구 밀집 지역
A는 사하라 사막으로 연 강수량이 매우 적어 농업에 불리하여
인구가 희박한 지역이다. B는 동아시아로 계절풍의 영향으로
강수량이 많아 벼농사가 발달하여 인구가 밀집한 지역이다.
C는 아마존 열대 우림으로 연중 고온 다습하고 밀림이 우거져
있어 인구가 희박한 지역이다.

05 출제 의도: 세계 인구 분포의 특징
세계 인구는 험준한 산지 지역보다 농업과 거주에 유리한 평
야 지역에 많이 분포한다.

> **그래서 오답!**
>
> ① 지구상에 고르게 분포한다. (×) → 세계의 인구는 지구상에
>   고르게 분포하지 않고, 특정 지역에 집중적으로 분포한다.
> ② 대부분 남반구에 분포한다. (×) → 세계 인구의 90% 이상이
>   북반구에 분포한다.
> ③ 오세아니아 대륙에 가장 많다. (×) → 대륙별로는 아시아, 유
>   럽 대륙의 인구가 많고, 오세아니아 대륙의 인구는 적다.

06 출제 의도: 대륙별 인구 분포
㈎는 인구가 가장 많이 분포하고 있는 아시아, ㈏는 합계 출산
율이 가장 높아 빠른 인구 성장을 보이고 있는 아프리카, ㈐는
합계 출산율이 가장 낮아 인구가 감소하고 있는 유럽이다.

07 출제 의도: 세계 인구 분포의 다양한 요인
㈎는 일찍부터 산업이 발달하여 경제 성장을 이룬 서부 유럽
으로 인구 밀집 지역이다. ㈏는 강수량이 부족하여 물을 구하
기 어려운 사하라 사막으로 인구 희박 지역이다. ㈐는 연평균
기온이 낮아 농업 활동이 어려운 캐나다 북부 지역으로 인구
희박 지역이다. ㈑는 연중 고온 다습한 아마존 열대 우림으로
인구 희박 지역이다.

08 출제 의도: 인구 밀집 지역과 희박 지역
벼농사가 활발한 동남아시아와 남부 아시아 지역, 산업이 발
달한 서부 유럽과 미국 북동부 지역은 인구 밀집 지역이며, 강
수량이 적은 사막 지역과 덥고 습한 열대 우림 지역, 높은 산
지와 기온이 낮은 지역은 인구 희박 지역이다.

09 출제 의도: 세계 인구 분포의 특징

(1) B
(2) 세계의 인구는 대륙별로 보면, 아시아, 유럽 대륙에 밀집해
  있고 오세아니아 대륙은 희박하다. 반구별로 보면, 세계
  인구의 대부분이 북반구에 분포하고 있고 남반구에 분포하
  는 인구는 적다.

핵심 단어 아시아, 유럽, 오세아니아, 북반구

등급	채점 기준
상	B를 쓰고, 세계 인구가 많이 분포하는 지역과 적게 분포하는 지역을 대륙별, 반구별로 모두 바르게 서술한 경우
중	B를 쓰고, 세계 인구가 많이 분포하는 지역과 적게 분포하는 지역을 대륙별, 반구별 중 하나만 바르게 서술한 경우
하	B만 쓴 경우

10 출제 의도: 세계 인구 분포의 특징

예시 답안

(1) 방글라데시
(2) 방글라데시는 인구 밀도가 6,406명/km²으로, 방글라데시
  의 인구 밀도와 같이 약 73억 명의 세계 인구가 거주한다
  면 오스트레일리아 면적 정도가 필요하다. 우리나라(남한)
  의 인구 밀도는 약 510명/km²으로 방글라데시보다 약 12
  배 낮으므로, 오스트레일리아의 면적보다 약 12배 큰 대륙
  이 필요하다.

핵심 단어 인구, 인구 밀도

등급	채점 기준
상	방글라데시를 쓰고, 전 세계 인구가 우리나라의 인구 밀도처럼 분포하려면 필요한 육지 면적을 방글라데시와 비교하여 바르게 서술한 경우
중	방글라데시를 썼으나, 전 세계 인구가 우리나라의 인구 밀도처럼 분포하려면 필요한 육지 면적을 방글라데시와 비교하여 정확하게 서술하지 못한 경우
하	방글라데시만 쓴 경우

2 우리나라 인구 분포의 특징과 요인

164~165쪽

01 (1) X (2) ○ (3) ○ **02** (1) 수도권 (2) 높은 (3) 인문
적 **03** (1) 벼농사 (2) 북동부 (3) 이촌 향도 (4) 남동 임해
04 ② **05** ④ **06** ④ **07** ② **08** 이촌 향도
09~10 해설 참조

04 출제 의도: 산업화 이전의 인구 분포
산업화 이전에는 우리나라의 인구 분포에 자연적 요인이 큰
영향을 미쳤다. 그래서 벼농사에 유리한 온화한 기후와 넓은
평야, 물을 구하기 쉬운 하천 하류 등의 자연적 조건을 갖춘
남서부 지역은 산지가 많고 기온이 낮은 북동부보다 인간 거
주에 유리하기 때문에 인구가 많았다.

05 출제 의도: 산업화 이후의 인구 밀집 지역

'이 지역'은 우리나라의 남동쪽 해안가에 위치한 남동 임해 공업 지역이다.

06 출제 의도 : 우리나라의 지역별 인구 분포

우리나라의 인구 분포를 보면 지역별로 불균등하게 분포하고 있음을 알 수가 있다. 서울을 중심으로 한 수도권과 부산, 대전, 대구, 울산 등의 대도시는 인구 밀도가 높게 나타난다. 그러나 농어촌이 많은 전라남도와 산지가 많은 태백산맥 및 소백산맥 일대는 인구 밀도가 낮게 나타난다. 경상남도 해안 지역은 남동 임해 공업 지역으로, 인구가 집중되어 있다.

07 출제 의도: 우리나라의 인구 밀도가 낮은 지역

㈎ 지도를 보면 우리나라의 다른 행정 구역과 비교할 때 강원도는 인구 밀도가 특히 낮은 지역임을 알 수 있다. 이는 ㈏ 사진에서 보듯이 강원도에 산지가 많고 해발 고도가 높아 기온이 낮은 편이라 예로부터 농업에 불리하고, 교통이 불편하였기 때문에 나타난 결과이다. 강원도 인제군의 경우 전체 면적의 90% 이상이 산지이다.

> **문제 자료 분석하기** 우리나라의 인구 분포
>
> • 수도권: 우리나라는 서울을 중심으로 하는 수도권에 전체 인구의 절반 정도가 분포한다.
> • 전라남도: 농업과 어업이 기반이던 전라남도와 같은 농어촌 지역은 산업화 이후 인구가 도시로 유출되면서 인구 희박 지역이 되었다.
> • 경상남도 해안 지역: 남동 임해 공업 지역이 위치한 곳으로 정부의 중화학 공업 육성 정책에 따라 많은 인구가 유입되었다.
> • 태백산맥 일대: 산지가 많은 강원도 일대는 예로부터 인구가 적게 분포한다.

08 출제 의도: 산업화 이후 우리나라의 인구 분포

1960년대 이후 우리나라는 산업화가 진행되면서 농촌의 인구가 도시로 이동하는 이촌 향도 현상이 일어났다. 이에 따라 도시의 인구가 늘어나 지금과 같이 수도권 및 대도시에 인구가 집중된 모습이 나타나게 되었다.

09 출제 의도: 우리나라 인구 분포에 영향을 주는 요인

⑴ 서울과 울산은 다른 지역에 비해 인구 밀도가 높은 편이다.
⑵ 서울과 울산은 일자리가 많고 산업이 발달하여 인구가 많이 집중되어 있다.

핵심 단어 인구 밀도, 일자리, 산업, 인구 집중

등급	채점 기준
상	서울과 울산의 인구 밀도가 높다는 의미로 서술하고, 그 이유를 일자리 및 산업과 관련지어 인문적 요인을 설명한 경우
중	서울과 울산의 인구 밀도가 높다는 의미로 서술하였으나, 그 이유를 일자리 또는 산업 중 한 가지로 단순히 서술한 경우
하	서울과 울산의 인구 밀도가 높다는 의미로 서술하였으나, 그 이유를 직접 관련 없는 다른 인문적 요인으로 서술한 경우

10 출제 의도: 우리나라 인구 분포의 특징

우리나라의 1940년대 인구 분포는 자연적 요인의 영향을 크게 받아 벼농사에 유리한 남서부 지역에 인구가 집중되어 있고, 산지가 많은 북동부에는 인구가 희박하다. 한편, 2015년 인구 분포를 보면, 서울과 부산을 비롯한 대도시와 서울 주변의 수도권, 남동쪽의 해안가는 인구 밀도가 높고 산지나 농어촌 지역의 인구 밀도는 낮다. 이와 같은 변화가 일어난 이유는 이촌 향도 현상 때문이다. 산업화가 진행되면서 농업이나 어업에 종사하던 많은 주민들이 산업이 발달하여 일자리가 풍부한 도시로 이동하면서 현재와 같은 인구 분포가 나타나게 된 것이다.

핵심 단어 1940년: 남서부 인구 집중, 북동부 인구 희박
2015년: 수도권, 대도시 인구 집중, 농어촌, 산지 인구 희박, 이촌 향도

등급	채점 기준
상	1940년과 2015년의 인구 밀집 지역과 인구 희박 지역을 모두 서술하고, 그 원인을 이촌 향도와 관련지어 설명한 경우
중	1940년과 2015년의 인구 밀집 지역과 인구 희박 지역 중 인구 밀집 지역만 서술하고, 그 원인을 이촌 향도와 관련지어 설명한 경우
하	1940년과 2015년의 인구 밀집 지역과 인구 희박 지역에 대한 서술이 분명하지 않고, 이촌 향도를 설명하지 않은 경우

❸ 인구 이동 요인 및 우리나라의 인구 이동

166~167쪽

> **01** ⑴ ○ ⑵ ○ ⑶ × **02** ⑴ 유출, 유입 ⑵ 이촌 향도 ⑶ 경제적 **03** ⑴ ㉡ ⑵ ㉠ ⑶ ㉢ ⑷ ㉤ ⑸ ㉣
> **04** ③ **05** ④ **06** ⑤ **07** ③ **08** 역도시화 현상 (U-turn 현상) **09~10** 해설 참조

04 출제 의도: 1960년대 우리나라의 인구 이동

우리나라는 1960년대에 서울을 중심으로 산업화가 진행되었다. 이에 따라 촌락의 인구가 서울 등 대도시로 집중하는 이촌 향도 현상이 나타났다. 이촌 향도란 산업화와 도시화의 진행으로 사람들이 농촌을 떠나 도시로 이동하는 현상을 말한다. 도시에는 부가 가치가 높은 2, 3차 산업이 발달해 일자리가 풍부하고 관공서, 병원, 학교 등 생활 편의 시설이 집중하기 때문에 주로 청장년층이 도시로 이동하였다. 또한 젊은 청년들이 광부 또는 간호사로 독일에 한꺼번에 파견되기도 하였다.

05 출제 의도: 인구 이동의 흡인 요인

인구가 한 장소에서 다른 장소로 옮겨 가는 것을 인구 이동이라고 한다. 인구 이동의 요인에는 인구를 다른 지역으로 밀어내는 배출 요인과 인구를 끌어들여 머무르게 하는 흡인 요인이 있다.

06 출제 의도: 6·25 전쟁 시기의 인구 이동

1950년 6·25 전쟁이 일어나면서 많은 사람들이 전쟁을 피해 남부 지방으로 이동하였다. 또한, 전쟁으로 인해 많은 인구가 사망하였다.

07 출제 의도: 우리나라의 시기별 인구 이동

일제 강점기에는 북부 지방에 광공업이 발달하면서 많은 사람이 일자리를 찾아 함경도 지방으로 이주하였다. 1945년 광복 후에는 간도, 연해주, 일본 등지의 해외 동포의 귀국이 많았다. 6·25 전쟁 때에는 북한에서 월남한 동포들이 남부 지방으로 대규모로 이동하였다. 전쟁 후 1960년대에 사회가 어느 정도 안정되면서 급속한 인구 증가와 함께 이촌 향도 현상이 심화되었다. 1990년대 이후에는 대도시 주변에 많은 신도시들이 생겨나면서 도시 인구가 주변 지역이나 농촌으로 이동하는 현상도 나타나고 있다.

08 출제 의도: 역도시화 현상(U-turn 현상)

역도시화 현상은 유턴(U-turn) 현상이라고도 한다. 대도시의 인구가 대도시 주변의 소도시나 촌락으로 이동하는 현상을 말한다.

09 출제 의도: 1960년대와 1990년대의 인구 이동

예시 답안

(1) ㈎ 1960년대의 인구 이동, ㈏ 1990년대의 인구 이동

(2) ㈎ 시기에는 서울을 중심으로 한 수도권, 대도시, 신흥 공업 도시로 인구가 이동하였다. 그 이유는 산업화가 진행되면서 촌락에서 일자리를 찾아 도시로 많이 이동하였기 때문이다. ㈏ 시기에는 서울과 같은 대도시에 인구가 지나치게 집중하여 교통 혼잡, 집값 상승 등 생활 환경이 악화되자, 서울 인구가 주변 신도시로 빠져나가는 현상이 나타났다.

핵심 단어 1960년대, 1990년대, 이촌 향도, 역도시화

등급	채점 기준
상	1960년대와 1990년대 인구 이동을 구분하고, 인구 이동의 방향 및 원인을 바르게 서술한 경우
중	1960년대와 1990년대 인구 이동을 구분하였으나, 인구 이동의 방향 및 원인을 바르게 서술하지 못한 경우
하	1960년대와 1990년대 인구 이동을 구분하지 못하고, 인구 이동의 방향 및 원인도 바르게 서술하지 못한 경우

10 출제 의도: 우리나라로의 외국인 인구 유입

예시 답안

(1) 경제적 이유(취업 목적, 일자리를 구하기 위해)

(2) (1)과 같은 인구 유입으로 우리나라의 노동력 부족 문제 해결에 도움을 줄 수 있다. 한편, 다른 문화를 가진 사람들의 인구 유입으로 인해 문화적인 갈등이나 충돌 등의 문제가 발생할 수 있다.

핵심 단어 경제적 이유, 노동력 부족 문제, 문화 갈등

등급	채점 기준
상	경제적인 측면의 인구 이동 요인을 쓰고, 이와 같은 인구 이동이 우리 사회에 미치는 긍정적인 측면과 부정적인 측면에 대한 자신의 생각을 서술한 경우
중	경제적인 측면의 인구 이동 요인을 썼으나, 이와 같은 인구 이동이 우리 사회에 미치는 긍정적인 측면과 부정적인 측면에 대한 자신의 생각을 서술하지 못한 경우
하	경제적인 측면의 인구 이동 요인을 쓰지 못하고, 이와 같은 인구 이동이 우리 사회에 미치는 긍정적인 측면과 부정적인 측면에 대한 자신의 생각을 서술하지 못한 경우

④ 세계의 인구 이동 및 인구 유입·유출 지역

168~169쪽

01 (1) ○ (2) X (3) X   **02** (1) 종교적 (2) 경제적 (3) 일시적   **03** (1) 노예 무역 (2) 역도시화 (3) 유출   **04** ③   **05** ④   **06** ②   **07** ⑤   **08** 난민   **09~10** 해설 참조

04 출제 의도: 세계 인구 이동의 유형

㈎는 전쟁, 분쟁을 피해 이동한 난민에 대한 설명으로 정치적 이동의 사례이다. 정치적 이동은 전쟁이나 분쟁 등이 발생한 지역에서 안전을 위해 이주하는 것으로 1970년대 베트남 공산화 이후의 보트 피플, 아프리카 내전으로 발생한 소말리아 난민, 시리아 내전으로 발생한 시리아 난민 등이 대표적이다. ㈏는 지구 온난화로 인한 해수면 상승으로 거주지를 떠나는 환경 난민의 사례를 보여 주는 것으로 환경적 이동이다.

05 출제 의도: 미국 내 인구 이동의 특징

인구의 국내 이동은 국제 이동과 마찬가지로 경제적 이유로 인한 이동이 많은 비중을 차지하지만 일부 선진국에서는 경제적 이유보다 더욱 쾌적한 환경을 찾아 도시 인구가 도시 주변 지역이나 촌락으로 이동하는 역도시화 현상이 나타나고 있다.

06 출제 의도: 인구의 국제 이동

(1) 과거의 인구 이동
　① 유럽인의 신항로 개척
　② 영국 청교도의 이주, 아프리카 흑인의 노예 무역
　③ 중국인의 경제적 이동 등
(2) 오늘날의 인구 이동
　① 경제적: 개발 도상국 → 선진국(경제적 이동이 대부분)
　② 정치적: 전쟁이나 분쟁을 피해 이동한 난민
　③ 지구 온난화와 자연재해 증가로 거주지를 떠나는 환경 난민

그래서 오답!

ㄴ. 오늘날은 선진국에서 개발 도상국으로 이동하는 경제적 이동이 대부분이다. (×) → 오늘날은 개발 도상국에서 선진국으로 이동하는 경제적 이동이 대부분이다.

ㄷ. 서부 유럽, 앵글로아메리카, 오세아니아 지역은 인구 유출 현상이 나타난다. (×) → 서부 유럽, 앵글로아메리카, 오세아니아 지역은 경제가 발전하고 정치적으로 안정되어 인구 유입 현상이 나타난다.

07 출제 의도: 인구 유입 지역에서 나타나는 특징

인구 유입이 많은 지역은 노동력이 풍부해져서 경제가 활성화되고 문화적 다양성이 증가하는 긍정적인 변화가 나타난다. 반면 ㄷ. 이주자와 현지인 간의 문화적 차이로 인해 갈등이 발생하기도 하며, ㄹ. 인종 차별 문제가 나타나기도 한다. 예를 들어, 북서부 유럽 지역은 북아프리카와 서남아시아 등지에서 이주해 온 이슬람교도와 크리스트교의 전통이 강한 현지인이 종교적 갈등을 겪고 있다. 미국은 멕시코를 비롯한 라틴 아메리카 지역 출신의 이주자가 많아지면서 이들을 미국 사회로 통합하는 것이 중요한 과제가 되었다.

플러스 개념　 인구 유입 · 유출 지역의 변화

인구 유입 지역	인구 유출 지역
정치적으로 안정되고 경제가 발전한 곳 ㉠ 서부 유럽, 앵글로아메리카, 오세아니아 지역	정치적으로 불안정하고 경제가 발전하지 못한 지역 ㉠ 아프리카, 라틴 아메리카, 남부 아시아 지역
⇩	⇩
긍정적 영향	긍정적 영향
• 노동력이 풍부해져서 경제 활성화 • 문화적 다양성 증가	• 노동력 유출로 실업률이 낮아짐 • 본국으로 송금하는 외화 증가로 경제 활성화
⇩	⇩
부정적 영향	부정적 영향
• 이주자와 현지인 간의 문화적 갈등	• 청장년층과 고급 인력 감소로 인한 노동력 부족 문제 • 성비 불균형 현상 발생

08 출제 의도: 전쟁, 분쟁, 정치적 탄압으로 이주하는 난민

난민은 인종, 종교, 국적, 신분, 정치적 의견 등을 이유로 박해받을 위험이 있거나 분쟁 또는 폭력 사태로 고향을 떠난 사람들을 가리킨다.

09 출제 의도: 인구 유출 지역에 나타나는 긍정적 · 부정적 영향

예시 답안

(1) 첫째, 노동력의 유출로 실업률이 낮아집니다.
　둘째, 이주자들이 본국으로 송금하는 외화 증가로 인해 경제가 활성화됩니다.

핵심 단어　실업률 감소, 경제 활성화

등급	채점 기준
상	긍정적 영향 두 가지(실업률 감소, 경제 활성화)를 모두 바르게 서술한 경우
중	긍정적 영향 두 가지(실업률 감소, 경제 활성화) 중 한 가지만 바르게 서술한 경우
하	긍정적 영향 두 가지(실업률 감소, 경제 활성화) 모두 바르게 서술하지 못한 경우

(2) 첫째, 청장년층 인구와 고급 기술 인력의 감소로 노동력 부족이 발생하고 경제 성장이 둔화됩니다.
　둘째, 주로 남성들이 이주하기 때문에 성비 불균형 현상이 발생합니다.

핵심 단어　청장년층 인구 및 고급 인력 감소로 인한 노동력 부족 현상, 성비 불균형 현상

등급	채점 기준
상	부정적 영향 두 가지(노동력 부족, 성비 불균형)를 모두 바르게 서술한 경우
중	부정적 영향 두 가지(노동력 부족, 성비 불균형) 중 한 가지만 옳게 서술한 경우
하	부정적 영향 두 가지(노동력 부족, 성비 불균형) 모두 바르게 서술하지 못한 경우

10 출제 의도: 유럽으로의 난민 유입에 대한 찬반 의견

예시 답안

〈찬성 입장〉 난민의 유입을 받아들여야 합니다.
저는 난민들에게 도움을 주는 것은 인간으로서의 기본적인 도리라고 생각합니다. 국제법은 생명의 위협을 느끼는 사람에게 안식처를 제공하도록 규정하고 있습니다. 유럽 각국은 난민의 유입을 인도적 차원에서 허용해야 합니다.
또한 난민을 수용하면 서부 유럽의 부족한 노동력을 채울 수도 있고, 국가 발전과 국가의 위상도 높일 수 있습니다.
〈반대 입장〉 난민의 유입을 반대합니다.
저도 난민들을 생각하면 마음이 아프고 도와주고 싶지만 난민이 증가하면 문화 갈등과 같은 사회적 혼란이 커질 수 있습니다. 난민들은 재산과 직업이 없고 언어의 장벽까지 있어서 기존 유럽 사회에 쉽게 적응하기 어렵기 때문입니다.

03 인구 문제

1 선진국과 개발 도상국의 인구 문제와 대책

172~173쪽

01 (1) × (2) ○ (3) ○   02 (1) 높다 (2) 짧다 (3) 낮다
03 (1) 성비 (2) 인구 부양력 (3) 합계 출산율 (4) 고령화
04 ③   05 ②   06 ②   07 ③   08 생산 가능 인구
09~10 해설 참조

04 출제 의도: 개발 도상국의 인구 문제
아프리카와 남아메리카, 동남 및 남부 아시아의 개발 도상국들은 출생률은 높지만, 근대화 및 산업화로 사망률이 낮아지면서 인구가 급격하게 증가하고 있다. 그러나 늘어나는 인구만큼 식량 공급이 원활하지 못하여 식량 부족 문제가 발생하고 있으며, 대도시로 인구가 집중하면서 주택 부족, 교통 혼잡, 실업자 증가, 환경 오염 등의 문제로 발생하고 있다. ③ 노동력 부족은 선진국의 인구 문제이다.

05 출제 의도: 성비 불균형
인도, 중국 등 아시아의 일부 국가에서는 남아 선호 사상으로 여자아이보다 남자아이의 출생률이 높게 나타나는 성비 불균형 문제가 심각하다.

06 출제 의도: 선진국의 인구 문제
생활 수준과 의료 기술의 향상으로 평균 수명이 연장되면서 65세 이상의 노년층 인구 비중이 커지고 15~64세의 청장년층 인구 비율이 줄어들고 있다. 그 결과 15~64세까지의 생산 가능 인구가 감소하여 경제 성장이 둔화하고 노년층 인구를 부양하는 비용이 증가하는 등의 문제가 발생하고 있다.

07 출제 의도 : 선진국과 개발 도상의 인구 구조
니제르와 알제리는 개발 도상국이고, 독일과 일본은 선진국이다. 개발 도상국은 초혼 연령이 낮아 여성이 평생 낳을 것으로 예상되는 자녀의 수인 합계 출산율이 높다. 반면 선진국은 여성의 사회 진출 증가와 결혼 및 출산에 대해 가치관 변화로 산모의 평균 출산 연령이 높아지고 있으며, 이에 따라 합계 출산율도 낮다. 개발 도상국은 출산율이 높고 평균 수명이 짧아 유소년층의 인구 비율은 높고 노년층의 인구 비율은 낮다. 선진국은 출산율이 낮고 평균 수명이 길어 유소년층 인구 비율은 낮고 노년층 인구 비율은 높다.

08 출제 의도: 생산 가능 인구
생산 가능 인구는 15세부터 64세까지 나이의 사람을 말한다. 저출산·고령화로 생산 가능 인구가 감소하면 경제 성장이 둔화되고, 청장년층(15~64세)의 노년층 부양 부담이 증가하게 된다.

09 출제 의도: 개발 도상국의 인구 문제와 대책

예시 답안

(1) 원인: 산업화 과정에서 촌락의 인구가 일자리를 찾아 도시로 이동하여 도시의 인구가 급격히 증가하였기 때문이다. 즉, 이촌 향도로 인해 도시의 인구가 급격히 증가하였다.

(2) 대안: 촌락 지역의 생활 환경을 개선하여 도시로의 인구 유입을 막기 위해 노력한다. 인구의 지방 분산 정책을 통해 도시의 인구 과밀 현상을 완화하고자 노력한다.

핵심 단어 이촌 향도, 산업화, 생활 환경 개선, 지방 분산 정책

등급	채점 기준
상	산업화 또는 이촌 향도를 언급하여 원인을 서술하고, 도시로의 인구 집중을 억제하는 대안을 바르게 서술한 경우
중	원인과 대안을 모두 서술하였으나 도시로의 인구 집중을 산업화와 연관 짓지 못하거나 인구 문제에 적합한 대안을 제시하지 못한 경우
하	원인과 대안 중 하나만 서술한 경우

10 출제 의도: 선진국의 인구 문제와 인구 구조

예시 답안

2070년 영국의 인구 피라미드는 유소년층 인구 비율이 가장 낮고 노년층 인구 비율이 가장 높은 역삼각형의 형태를 나타낼 것이다. 그 이유는 저출산·고령화 현상이 심화되어 출생률은 급격히 감소하고 노인 인구가 증가할 것으로 예상하기 때문이다.

등급	채점 기준
상	2070년 영국의 인구 피라미드의 형태와 이유를 제시하였으며 선진국인 인구 문제인 저출산·고령화를 반영하여 이유를 바르게 서술한 경우
중	2070년 영국의 인구 피라미드의 형태와 이유를 서술하였으나 이유를 선진국의 인구 문제와 연관 짓지 못한 경우
하	2070년 영국의 인구 피라미드 형태만 제시한 경우

2 우리나라의 인구 문제와 대책

174~175쪽

01 (1) × (2) ○ (3) ×   02 (1) 증대 (2) 인구 증가 억제
(3) 낮은   03 (1) 감소 (2) 감소 (3) 증가   04 ②   05 ③
06 ③   07 ②   08 중위 연령   09~10 해설 참조

04 출제 의도: 우리나라 고령화 문제의 원인
우리나라는 경제 발전과 의학 기술 발달로 인해 평균 수명이 늘어나고 인구 부양력이 증대되어 전체 인구에서 노인 인구의 비율이 증가하는 고령화 문제가 나타났다.

05 출제 의도: 우리나라 합계 출산율
우리나라는 6·25 전쟁 이후 출생률이 급격하게 증가하여 인구가 급증하였다. 정부는 1960년대부터 인구 증가 억제 정책을 실시하였고 1970~80년대를 거치면서 출생률이 급격히 낮아졌다. 특히 2015년에는 합계 출산율이 1.24명을 기록하여 초저출산 사회로 진입하였다.

06 출제 의도: 우리나라의 시대별 가족 계획
㈎는 1980년대, ㈏는 1970년대, ㈐는 2000년대 이후 우리나라의 인구 포스터이다. 1970~1980년대에는 인구 증가율이

높아 출생률을 낮추기 위한 정책적인 노력과 홍보를 하였으나, 2000년대 이후에는 출생률이 낮아지자 출생률을 높이기 위한 정책을 펴고 있다. 따라서 시대순으로 배열하면 (나)-(가)-(다)이다.

플러스 개념 우리나라의 시대별 가족 계획 표어

시기	표어
1960년대	• 많이 낳아 고생 말고 적게 낳아 잘 키우자. • 덮어 놓고 낳다 보면 거지꼴을 못 면한다.
1970년대	딸, 아들 구별 말고 둘만 낳아 잘 기르자.
1980년대	• 둘도 많다. • 하나씩만 낳아도 삼천리는 초만원
1990년대	• 사랑 모아 하나 낳고 정성 모아 잘 키우자. • 사랑으로 낳은 자식 아들, 딸로 판단 말자.
2000년대	• 자녀에게 물려 줄 최고의 유산은 형제자매입니다. • 아빠! 혼자는 싫어요, 엄마! 저도 동생을 갖고 싶어요.
2015년	더 낳으면 더 나은 대한민국

07 출제 의도: 저출산 문제의 원인

저출산 문제의 원인은 자녀 양육비 부담, 결혼 연령 상승 및 미혼 인구 증가, 주택 마련 비용 증가, 결혼 및 가족에 대한 가치관 변화 등이 해당된다.

그래서 오답!

ㄴ. 의학 기술의 발달 (×) → 고령화 문제의 원인
ㄷ. 남성의 육아 참여 확대 (×) → 저출산 문제의 대책

08 출제 의도: 중위 연령

중위 연령은 총인구를 연령 순으로 나열할 때 정중앙에 있는 사람의 연령이다. 중위 연령을 통해 고령화 정도를 파악할 수 있다. 우리나라는 2015년에 중위 연령이 40세를 넘었다.

09 출제 의도: 우리나라의 인구 문제

예시 답안

⑴ 저출산 문제, 고령화 문제 등
⑵ 저출산 문제로 인해 우리나라의 인구가 줄어들게 된다. 청장년층의 지속적인 감소로 경기가 침체될 수 있다. 고령화 문제도 더욱 심해져서 초고령 사회로 진입하면 노인 부양 비용이 크게 증가할 수 있다. 인구 구조의 변화로 인해 새로운 사회 문제가 생길 수 있다.

핵심 단어 인구 문제, 저출산, 고령화, 인구 감소, 노인 부양

등급	채점 기준
상	저출산, 고령화 문제를 쓰고, 이로 인해 발생할 수 있는 문제를 두 가지 모두 바르게 서술한 경우
중	저출산, 고령화 문제를 쓰고, 이로 인해 발생할 수 있는 문제를 한 가지만 바르게 서술한 경우
하	한 가지 인구 문제만 쓴 경우

10 출제 의도: 고령화 문제의 해결 방안

예시 답안

⑴ 고령화 문제
⑵ 급격한 고령화 문제로 인해 노인 1명을 부양하는 생산 가능 인구수가 줄어드는 것을 알 수 있다. 노인 부양에 따른 청장년층의 부담이 증대되는 것이다. 이를 해결하기 위해서 복지 서비스를 늘려야 한다. 구체적으로 노인 직업 훈련 및 일자리를 제공하고 정년을 연장하는 등 노인의 고용을 지원하여 경제적 소득과 일자리를 보장해야 한다. 또 다양한 노인 복지 시설을 확충하고 안정적인 생활을 위한 연금을 지급하는 방안 등이 있다.

핵심 단어 고령화 문제, 부양, 일자리 제공, 복지 서비스

등급	채점 기준
상	고령화 문제를 쓰고, 고령화 문제의 해결 방안으로 노인 복지 서비스 확대 방안을 바르게 서술한 경우
중	고령화 문제를 쓰고, 고령화 문제의 해결 방안을 바르게 서술한 경우
하	고령화 문제만 쓴 경우

대단원 완성 문제 Ⅶ 인구 변화와 인구 문제

176~183쪽

01 ③	02 ⑤	03 ④	04 ②	05 ①	06 ②
07 ②	08 ②	09 ③	10 ⑤	11 ⑤	12 ②
13 ④	14 ①	15 ⑤	16 ②	17 ④	18 ④
19 ③	20 ⑤	21 ③	22 ①	23 ⑤	24 ③
25 ④	26 ②	27 ⑤	28 ④	29 ②	30 ④
31 ①	32 ②	33 ②	34 ④	35 ②	

36~40 해설 참조

01~02 출제 의도: 세계의 인구 분포

A 겨울이 길고 추운 고위도 지역이기 때문에 인구 밀도가 낮다. B와 D 강수량이 극히 적은 사막으로 오아시스 농업과 유목이 이루어지며, 인구 밀도가 낮다. C 중국 동부 해안 지역으로 벼농사가 활발하게 이루어지며, 경제와 산업의 중심지이다. E는 적도 부근으로 저지대에서는 열대 기후가 나타나지만, 해발 고도가 높은 고산 지역에서는 연중 봄 날씨와 같이 온화한 고산 기후가 나타난다. 따라서 E에서는 저지대보다 고산 지역의 인구 밀도가 높다.

03 출제 의도: 열대 고산 기후 지역의 인구 분포

㈎ 안데스 산맥이 통과하는 고산 지역으로 연중 10~15℃ 내외로 봄 날씨와 같이 온화한 기후가 나타난다. 따라서 ㈎ 지역은 일찍부터 인간의 삶터로 이용되어 왔으며, 고산 도시가 발달하였다. ㈏ 아마존 열대 우림 지역으로 연중 고온다습하여 인간이 거주하기에 알맞지 않다. ㈎와 ㈏ 모두 적도 부근에 위치하고 있지만, ㈎는 ㈏보다 해발 고도가 높아 인간 거주에 알맞은 온화한 기후가 나타난다.

04 출제 의도: 세계의 인구 분포

지도는 국가의 면적을 인구수에 비례하여 왜곡시켜 그린 것으로, 이를 왜상 통계 지도라고 한다. 인구수가 많은 중국, 인도, 인도네시아 등은 원래 국가 면적보다 과장되어 있고, 인구수가 적은 오스트레일리아, 뉴질랜드 등은 원래 국가 면적보다 축소되어 있다.

그래서 오답!

> ㄴ. 세계 1위인 중국과 세계 2위인 인도 인구만 합쳐도 세계 인구 약 74억 명의 약 1/30이나 차지한다. 따라서 세계에서 가장 인구수가 많은 대륙은 아시아이다.
> ㄹ. 세계 인구는 사계절의 변화가 뚜렷한 중위도 지역의 냉대 기후나 온대 기후 지역에 많이 분포한다.

05 출제 의도: 인구 밀집 지역과 인구 희박 지역

㉮는 몽골의 지리 정보를, ㉯는 방글라데시의 지리 정보를 나타낸 것이다. 지도에서 A는 몽골을, B는 방글라데시이다. 한 나라의 인구 밀도는 총인구를 국토 면적으로 나눈 값으로 ㉯ 방글라데시가 ㉮ 몽골보다 인구 밀도가 높다. 몽골은 유라시아 내륙에 위치하고 있어 국토의 대부분이 건조하여 유목 생활이 이루어지지만, 방글라데시는 계절풍의 영향으로 강수량이 풍부하여 벼농사가 활발하게 이루어진다.

06 출제 의도: 선진국과 개발 도상국의 인구 성장

㉮는 아시아, ㉯는 아프리카, ㉰는 앵글로아메리카이다. 1950년에는 아시아와 유럽의 인구가 세계 인구의 약 77%를 차지하였다. 개발 도상국이 많이 위치한 아프리카와 라틴 아메리카, 아시아의 인구 증가율은 높은 반면, 선진국이 많이 위치한 유럽, 앵글로아메리카의 인구 증가율은 낮다.
ㄱ. 세계 인구 규모 1위 국가는 중국으로 아시아에 위치한다.
ㄷ. ㉯는 아프리카로 유럽보다 합계 출산율이 높다.

그래서 오답!

> ㄴ. ㉮ 아시아는 1950년 약 14억 명에서 2019년 약 46억 명으로 약 3.3배 증가하였지만, ㉯ 아프리카는 1950년 2억 명에서 2019년 약 13억 명으로 약 5.7배 증가하였다.
> ㄹ. ㉰ 앵글로아메리카에 속한 국가는 미국과 캐나다로 ㉯ 아프리카 국가보다 경제 발전 수준이 높은 선진국이다.

07 출제 의도: 중국의 인구 분포

중국은 서부 내륙 지역보다 동부 해안 지역의 인구 밀도가 높다. 그래프의 ㉮에는 서부 내륙 지역에서 높게 나타나는 요인이, ㉯에는 동부 해안 지역에서 높게 나타나는 요인이 들어갈 수 있다. ㉮ 요인에는 '해발 고도'가 있으며, ㉯ 요인에는 '기온', '습도', '쌀 생산량', '1인당 공업 생산액'이 있다.

08 출제 의도: 수도권과 비수도권의 인구 변화

수도권 인구는 서울, 경기, 인천 인구의 합이다. 비수도권에서 수도권으로 인구가 집중되면서 우리나라 전체 인구에서 수도권이 차지하는 비중이 점차 높아지고 있다.

그래서 오답!

> ①, ⑤ 1975년~2015년간 비수도권 인구는 약 2천 5백만 명 내외로 큰 변화가 없지만, 같은 기간 동안 수도권 인구가 크게 증가하는 것으로 보아 우리나라 전체 인구는 계속 증가하고 있음을 알 수 있다. 뿐만 아니라, 우리나라 전체 인구에서 비수도권 인구 비율도 감소하고 있음을 알 수 있다.
> ③ 2015년을 기준으로 우리나라 전체 인구의 약 절반이 수도권 인구이지만, 수도권 인구가 비수도권 인구보다 많지는 않다.

09 출제 의도: 우리나라의 인구 분포

A는 용인, B는 평창, C는 임실, D는 울산이다. A는 서울의 위성 도시로 대도시에서 분산된 인구를 수용하여 인구가 성장하는 지역이다. B는 태백산맥이 지나는 곳으로 지형적인 요인으로 인구 밀도가 낮다. C는 전형적인 촌락 지역으로 특별한 성장 동력이 없어 최근 인구가 꾸준히 감소하고 있다. D는 1960년대 후반부터 자동차·화학·정유 공업 등이 발달하면서 공업 도시로 발전하였다.

그래서 오답!

> ㄱ. A는 대도시의 위성 도시로 유입 인구가 증가하여 인구 밀도가 높다. 행정 중심 복합 도시는 2012년에 출범한 세종 특별 자치시를 가리킨다.
> ㄹ. D는 공업 도시로 발전하면서 인구가 급증한 지역이다.

10 출제 의도: 우리나라 인구 분포의 특징

우리나라는 지형적으로 북동부 지역에 산지가, 남서부 지역에 평야가 발달해 있다. 따라서 남서부 평야 지역을 중심으로 인구가 밀집한다. 산업화 이후에는 수도권을 비롯한 대도시 지역과 공업 도시를 중심으로 인구가 집중하였다. 1960년대부터 1980년대까지는 이촌 향도 현상에 따라서 촌락에서 도시로의 인구 이동이 두드러졌지만, 최근에는 도시 간 인구 이동이 두드러진다.

11 출제 의도: 우리나라의 인구 분포의 변화

우리나라의 인구 분포는 산업화 이전에는 기후나 지형 등 자연적 요인의 영향을 받아 남서부 지역에 인구가 밀집하였지만, 북동부 지역의 인구 밀도는 낮았다. 산업화 이후에는 수도권을 비롯한 대도시 지역, 공업이 발달한 지역의 인구 성장이 두드러졌지만, 성장 동력이 부족한 농촌 지역의 인구는 감소하였다.

12 출제 의도: 우리나라의 지역별 인구 성장 유형

그래프 ㉮는 울산광역시, ㉯는 전라북도 남원시의 인구 변화를 나타낸 것이다. 지도의 A는 ㉯에 해당하며, B는 ㉮에 해당한다. 전라북도 남원시는 1995년 인근 남원군과 통합되면서 인구가 증가하였지만, 특별한 성장 동력이 없어 꾸준히 인구가 감소하고 있다. 한적한 어촌이었던 울산광역시는 1960년대 말에 중화학 공업 단지가 조성되면서 공업 도시로 발전하기 시작하였다. 1997년에 인구 100만 명을 돌파하면서 광역시로 승격되었다.

13 출제 의도: 우리나라 인구 분포의 지역 차 요인

지도의 A는 경기도 성남시, B는 강원도 정선군, C는 대전광

역시, D는 전라남도 강진군, E는 울산광역시이다. 자료의 ㈎는 전라남도 강진군에 대한 설명이며, ㈏는 울산광역시에 대한 설명을 나타낸 것이다. A는 전형적인 대도시의 위성 도시로 인구 밀도가 높다. B는 지형적인 요인으로 인구 밀도가 낮다. C는 교통의 요지이며, 지식 집약 산업이 발달하여 인구 밀도가 높다.

14 출제 의도: 인구 이동의 요인

인구를 다른 지역으로 밀어내는 요인을 배출 요인(또는 유출 요인), 다른 지역의 인구를 끌어당기는 요인을 흡입 요인(또는 유입 요인)이라고 한다. 배출 요인은 부정적인 요인으로 자연재해나 정치적 박해, 의료 시설의 부족, 열악한 주거 환경, 교육 및 문화 시설의 부족 등이 해당되며, 흡입 요인은 긍정적인 요인으로 풍부한 일자리나 정치적 안정, 쾌적한 주거 환경, 다양한 교육 및 문화 시설 등이 해당된다.

15 출제 의도: 우리나라의 시기별 인구 이동의 요인

㈎는 일제 강점기로부터 해방되던 시기의 인구 이동을 표현한 노래이다. ㈏는 1960년대부터 1980년대 사이, 본격적인 산업화에 따른 이촌 향도 현상을 표현한 노래이다. 그 중에서 ㉠은 일제 강점기 때, 일본의 탄압을 피해 우리나라를 떠난 강제적 성격의 정치적 이주를 나타내며, ㉡은 일자리를 찾아 농촌에서 도시로 이주한 자발적인 성격의 경제적 이주를 나타낸다. ㉢으로 인해 도시화가 빠르게 진행되었다.

16 출제 의도: 우리나라의 시기별 인구 이동의 요인

1960년대 우리나라의 젊은 인력들은 광산 노동자와 간호사로 일하기 위해 독일로 이주하였다. 이를 통해서 독일은 부족했던 인력을 구할 수 있었고, 당시 일자리가 부족했던 우리나라는 실업률을 낮추고 이들이 송금해 준 자본으로 경제를 발전시킬 수 있었다. 1990년대 이후에는 경제적 목적으로 우리나라로 이주해 온 외국인 근로자가 증가하였다. 이들 대부분은 우리나라보다 임금 수준이 낮은 중국, 베트남, 타이, 필리핀 등지에서 왔다. ㈎ 1960년대 경제적 목적으로 우리나라에서 독일로 이주한 사례를, ㈏ 1990년대 이후 경제적 목적으로 우리나라로 유입한 외국인 근로자의 이주 사례를 나타낸다.

17 출제 의도: 세계 인구 이동의 특징

최근에는 교통 수단의 발달로 국가 간 인구 이동이 활발해지고 있다. 오늘날 세계 인구 이동의 대부분은 경제적인 이동이며, 일자리가 부족하고 임금 수준이 낮은 개발 도상국에서 일자리가 많고 임금 수준이 높은 선진국으로 이동이 많다.

18 출제 의도: 인구 유입 지역과 유출 지역

그래프 ㈎에는 인구 유입 지역에서 높게 나타나는 지표인 흡입 요인을, ㈏에는 인구 유출 지역에서 높게 나타나는 지표인 배출 요인을 제시할 수 있다. ㈎에는 일자리와 정치적 안정성, 임금 수준, 쾌적한 주거 환경, 교육 및 문화 시설 등이 제시될 수 있고, ㈏에는 경제적 빈곤 등이 제시될 수 있다.

19 출제 의도: 세계 인구 이동의 유형

인구 이동은 인구 이동의 목적에 따라 경제적 이동, 종교적 이동, 정치적 이동, 환경적 이동 등으로 나누어지며, 인구 이동의 의사(자발성 유무)에 따라서 자발적 이동과 강제적 이동(비자발적 이동)으로 나누어진다.

㉠은 유럽인의 종교적 이동과 식민지 개척에 따른 이동을 나타내고 있으며, ㉡은 강제적 성격의 노예 무역에 의한 이동을 나타낸다. ㉢, ㉣ 오늘날 국제 이동의 대부분은 '경제적 원인'에 의한 이동이며, 개발 도상국에서 선진국으로의 이동이 두드러진다. ㉤ 환경 난민의 이동으로 비자발적인 성격의 인구 이동이다.

20 출제 의도: 세계 인구 이동의 유형

㈎ 취업 목적의 경제적 이동에 해당하며, ㈏ 강제적 성격의 정치적 이동에 해당한다. ㈎와 ㈏ 모두 개발 도상국 출신 인구가 선진국으로 이동하는 사례에 해당하며, 이주를 위한 이동 거리는 아프리카 우간다에서 캐나다로 이동한 ㈏가 멕시코에서 미국으로 이동한 ㈎보다 길다.

21 출제 의도: 세계 인구 이동의 유형

㈎ 경제적 이동에 해당하는 노동력의 이동을, ㈏는 강제적이며, 정치적 이동에 해당하는 난민의 이동을 나타낸 것이다. 최근에는 내전이나 테러 등이 발생하거나 극심한 경제난을 겪고 있는 지역에서 난민이 발생하고 있다. 특히, 2010년 이후 북부 아프리카와 서남 아시아에서 발생한 반정부 시위와 내전으로 삶의 터전을 잃은 난민이 유럽으로 이주하면서 문화적 · 종교적 갈등이 고조되고 있다.

22 출제 의도: 세계 인구 이동의 순유입 지역과 순유출 지역

그래프는 1990년~2020년간의 지역(대륙)별 인구의 순이동을 나타낸 것이다. 플러스 값(+)이 클수록 해당 기간 동안 유출 인구보다 유입 인구가 훨씬 많았다는 뜻이며, 마이너스 값(−)이 클수록 유입 인구보다 유출 인구가 훨씬 많았다는 뜻이다. 최근의 인구 이동은 개발 도상국에서 선진국으로의 인구 이동이 두드러진다. 아시아, 라틴 아메리카, 아프리카는 순유출 지역이며, 앵글로아메리카, 유럽, 오세아니아는 순유입 지역이다.

23 출제 의도: 세계 인구 이동의 유형

㈎ 일시적인 인구 이동인 관광객의 이동을, ㈏ 강제적인 성격의 정치적 이동인 난민의 이동을, ㈐ 강제적인 성격의 노예 무역에 의한 인구 이동을, ㈑ 일자리를 찾아 떠난 경제적인 인구 이동을 나타낸 것이다.

24 출제 의도: 난민 유입에 따른 유럽의 인구 문제

유럽 지역은 저출산 · 고령화로 인해 젊은 노동력이 부족하여 일찍부터 해외 이민자를 많이 받아들였다. 특히, 유럽과 지리적으로 가까운 북부 아프리카와 서남아시아 출신 이민자들이 유럽으로 많이 유입되었다.

ㄴ. 유럽으로 유입된 난민들은 유럽의 노동력 부족 문제를 완화시켜줄 수 있다.

ㄷ. 난민의 대다수는 내전과 기아 등의 어려움으로부터 벗어나기 위해 삶의 터전을 떠났다.

> **그래서 오답!**
>
> ㄱ. 유출 지역보다 유입 지역의 경제적 발전 수준이 높다.
> ㄹ. 유럽은 크리스트교의 문화적 전통이 강한 지역이며, 난민의 출신 국가는 이슬람교의 전통이 강한 지역이다.

25 출제 의도: 선진국과 개발 도상국의 합계 출산율

㈎ 개발 도상국인 필리핀, 아프가니스탄, 소말리아의 합계 출산율을, ㈏ 선진국인 미국, 일본, 독일의 합계 출산율을 나타낸 것이다. 합계 출산율은 개발 도상국이 선진국보다 높다. 따라서 개발 도상국은 출산 억제 정책을 통해서 현재보다 출산율을 낮출 필요가 있다. 반면, 선진국은 출산 장려 정책을 통해서 현재보다 출산율을 높여야 한다.

그래서 오답!

> ㄷ. 중위 연령은 전체 인구를 연령순으로 나열할 때, 중앙에 위치한 사람의 연령으로 노년 인구 비율이 높아질수록 중위 연령은 높아진다. 선진국은 개발 도상국보다 65세 이상 노년 인구 비율이 높기 때문에 중위 연령도 높다.

26 출제 의도: 난민 유입에 따른 유럽의 인구 문제

ㄱ. 서남아시아와 북부 아프리카에서 발생한 난민의 대다수는 이슬람교를 믿는다. ㄷ. 유럽 연합 국가들은 저출산과 인구의 고령화로 노동력 부족 문제를 겪고 있다. 따라서 인접한 지역에서 유럽 연합 국가로 유입된 난민들은 저임금 노동력으로 활용될 수 있다.

그래서 오답!

> ㄴ. 난민은 내전 등의 정치적 불안정 때문에 삶의 터전을 잃어버린 인구 집단이다. 이들 난민의 이동은 강제적(비자발적) 인구 이동에 해당된다.
> ㄹ. 유럽 연합 국가들은 저출산·고령화에 따른 인구 문제를 겪고 있다.

27 출제 의도: 선진국과 개발 도상국의 인구 문제

선진국은 저출산과 인구 고령화에 따른 인구 문제를, 개발 도상국은 높은 출산율에 따른 과잉 인구 성장에 따른 인구 문제를 겪고 있다.

28 출제 의도: 선진국과 개발 도상국의 인구 문제

㈎는 개발 도상국의 인구 피라미드이며, ㈏는 선진국의 인구 피라미드를 나타낸 것이다.

29 출제 의도: 서남 아시아 산유국으로의 인구 유입

최근 서남 아시아 국가들(사우디아라비아, 아랍 에미리트, 카타르 등)은 석유와 천연가스 등의 화석 에너지 자원의 수출입을 통한 자본 유입이 활발해지면서 건설업 노동자에 대한 수요가 높아졌다. 아랍 에미리트의 인구 구조를 보면 20~50대 청장년층의 남성 인구가 여성 인구보다 월등하게 많음을 확인할 수 있다. 남성 인구는 주변 아시아 국가에서 건설업 등에서 일하기 위해서 이주해 온 인구이다.

그래서 오답!

> ㄴ. 저출산·고령화에 따른 인구 문제는 선진국이 겪고 있는 대표적인 인구 문제이다.
> ㄹ. 유입된 외국인 노동력은 건설업 등에서 종사하기 때문에 대부분이 남성이다.

30 출제 의도: 세계의 인구 변화와 선진국과 개발 도상국의 인구 문제

㈎ 개발 도상국, ㈏ 선진국의 인구 변화를 나타낸 것이다. 개발 도상국은 합계 출산율이 높아 세계 인구 성장을 주도하고 있다. 개발 도상국은 높은 출산율에 따른 과잉 인구 성장 문제를 겪고 있기 때문에 산아 제한 정책을 통해서 높은 출산율을 낮출 필요가 있다. 선진국은 저출산·고령화에 따른 인구 문제를 겪고 있기 때문에 출산 장려 정책과 노인을 위한 복지 정책 등을 마련할 필요가 있다.

그래서 오답!

> ㄷ. 노인 1명을 부양하는 생산 가능 인구가 적다는 뜻은 노인 1명에 대한 부양 부담이 크다는 뜻이다. 65세 이상 노년 인구 비중이 높은 선진국의 노년 부양비는 65세 이상 노년 인구 비중이 낮은 개발 도상국보다 크다. 따라서 ㈎ 개발 도상국은 ㈏ 선진국보다 노인 1명을 부양하는 생산 가능 인구가 많다.

31 출제 의도: 우리나라의 시기별 인구 정책

1960~1980년대 우리나라 인구는 급속히 성장하였다. 따라서 이 시기에는 출생률을 낮추기 위한 인구 정책이 주를 이루었다. 그러나 2000년대부터 합계 출산율이 급격하게 떨어져 장기적으로 인구가 감소할 것으로 예측되자 출산 장려 정책으로 전환되었다. ㈎ 1970년대 가족 계획 홍보 포스터로 남아 선호 사상에 따른 성비 불균형 문제와 높은 출생률에 따른 과잉 인구 성장 문제를 해결하기 위한 의지(둘만 낳아 잘 기르자)를 담고 있다. ㈏ 2000년대 가족 계획 홍보 포스터로 적극적인 출산 장려 의지를 담고 있다. ㈐ 1980년대 가족계획 홍보 포스터로 ㈎보다 더욱 적극적인 산아 제한 정책 의지(둘도 많다)를 표현하고 있다.

32 출제 의도: 우리나라의 연령별 인구 구성비의 변화

1970년~2060년간 0~14세 유소년 인구 비중은 42.5%에서 10.2%로 큰 폭으로 감소할 것으로 예상되는 반면, 같은 기간 65세 이상 노년 인구 비중은 3.1%에서 40.1%로 큰 폭으로 증가할 것으로 예상된다. 15~64세 청장년 인구 비중은 2010년까지 증가하지만, 그 이후부터는 점차 감소할 것으로 예상된다. 이러한 인구 구성비 변화에 따라서 우리나라의 중위 연령과 65세 이상 노년 인구 비율은 증가할 것으로 예상된다.

33 출제 의도: 우리나라 합계 출산율의 변화

합계 출산율은 여성 1명이 임신 가능한 기간 동안 낳을 것으로 예상되는 평균 출생아 수로 한 나라의 출산력을 나타내는 대표적인 지표이다. 우리나라의 합계 출산율은 1970년 4.53명에서 1985년 1.66명으로 급격하게 떨어졌고, 그 이후에 계속해서 2명 미만을 보이고 있다. 이처럼 우리나라의 합계 출산율이 낮아지게 된 원인은 여성의 경제 활동 참여율이 높아지고 교육 수준이 향상되면서 초혼 연령이 상승하거나 미혼 인구가 증가하였기 때문이다. 그리고 결혼과 자녀에 대한 가치관이 변화하고, 출산과 육아 비용, 교육비 부담 등으로 합계 출산율이 낮아졌다.

34 출제 의도: 우리나라의 인구 문제와 대책

65세 노년 인구 비율이 전체 인구의 7%를 넘어서면 고령화 사회에 진입했다고 보며, 그 비율이 14%를 넘어서면 고령 사회에 진입했다고 본다. 그리고 65세 노년 인구 비율이 20%를 넘어서면 초고령 사회에 진입했다고 본다. 우리나라는 2000년에 고령화 사회에 진입했고, 2018년에는 고령 사회에 진입했다. 그리고 앞으로 2026년이 되면 초고령 사회에 진입할 것으로 예측된다. 이와 같은 변화는 미국이나 일본, 독일, 프랑스와 같은 선진국보다 빠른 편이다. 고령화 문제에 대한 대책으로는 직업 재교육과 노인 일자리 창출 및 정년 연장 등을 통한 노년층의 경제 활동 참여를 확대하고, 고령 친화적인 생활 환경을 조성하거나 노인 전문 병원 및 요양원 등 노인 복지 시설을 확충해야 한다.

35 출제 의도: 우리나라의 65세 이상 문제

65세 이상 노년 인구 비율이 갈수록 증가하는 것을 알 수 있는데, 노인 복지 시설 확충과 정년 연장 등의 대책이 필요하다.

36 출제 의도: 선진국과 개발 도상국의 인구 문제

(가)는 아프리카 말리의 가족 구성원을 나타낸 것으로 개발 도상국을 대표하며, (나)는 북유럽 스웨덴의 가족 구성원을 나타낸 것으로 선진국을 대표한다.

예시 답안

(1) (가) 국가는 높은 출생률과 낮은 사망률로 인구가 급증하면서 식량과 자원 부족, 기아와 빈곤 등의 문제가 발생하고 있다. 이를 해결하기 위해서는 산아 제한 정책 및 인구 부양력을 높이기 위한 노력이 필요하다.

(2) (나) 국가는 저출산과 인구 고령화, 청장년층 인구 감소에 따른 노동력 부족 문제가 발생하고 있다. 이를 해결하기 위해서는 출산 장려 정책과 노년층 일자리 확충, 노인 복지 정책 강화, 사회 보장 제도의 정비 및 강화가 필요하다.

핵심 단어 인구 급증, 식량과 자원 부족, 산아 제한 정책, 저출산과 인구 고령화, 출산 장려 정책, 노인 복지 정책

등급	채점 기준
상	(가) 국가와 (나) 국가의 인구 문제를 한 가지씩 정확하게 제시하고, 이에 대한 대책도 한 가지씩 정확하게 제시한 경우
중	(가) 국가와 (나) 국가의 인구 문제를 한 가지씩 정확하게 제시하였지만, 이에 대한 대책을 정확하게 제시하지 못한 경우
하	(가) 국가와 (나) 국가의 인구 문제와 이에 대한 대책을 모두 정확하게 제시하지 못한 경우

37 출제 의도: 인구 유입 지역과 인구 유출 지역

최근 2010년~2020년 동안 유입 인구가 유출 인구보다 많은 순유입 지역은 유럽과 북아메리카, 오스트레일리아와 뉴질랜드, 북부 아프리카와 서남아시아로 나타난다. 반면, 유출 인구가 유입 인구보다 많은 순유출 지역은 사하라 이남 아프리카와 중앙·남부·동부·동남 아시아, 라틴 아메리카, 오세아니아 지역으로 나타난다.

예시 답안

인구 순유입 지역의 특징에서는 높은 소득 수준, 높은 임금 수준, 풍부한 일자리, 쾌적한 주거 환경, 정치적 안정성 등의 특징이 나타난다.

인구 순유출 지역에서는 낮은 소득 수준, 낮은 임금 수준, 부족한 일자리, 열악한 주거 환경, 정치적 불안정성 등의 특징이 나타난다.

핵심 단어 높은 소득 수준, 높은 임금 수준, 풍부한 일자리, 쾌적한 주거 환경, 정치적 안정성, 낮은 소득 수준, 낮은 임금 수준, 부족한 일자리, 열악한 주거 환경, 정치적 불안정성 등

등급	채점 기준
상	인구 순유입 지역의 특징 두 가지와 인구 순유출 지역의 특징 두 가지를 정확하게 서술한 경우
중	인구 순유입 지역의 특징 한 가지와 인구 순유출 지역의 특징 한 가지를 정확하게 서술한 경우
하	인구 순유입 지역의 특징과 인구 순유출 지역의 특징을 정확하게 서술하지 못한 경우

38 출제 의도: 히스패닉 인구의 이동

지도에 표시된 인구 집단은 히스패닉이다. 히스패닉은 문화적으로 에스파냐의 영향을 받아 가톨릭교를 믿으며, 가정 내에서 에스파냐어를 주로 사용하는 민족(인종) 집단을 가리킨다. 미국 내 히스패닉은 주로 멕시코나 남아메리카 출신이 많다. 이들은 낮은 임금을 받고 건설 인력, 청소부, 식당 종업원 등의 서비스업에 종사하고 있다.

예시 답안

미국 내 히스패닉은 주로 미국과 지리적으로 인접한 멕시코나 남아메리카 출신이 많다. 인구 이동의 특징은 일자리를 찾아 이동한 경제적 이주에 해당한다.

핵심 단어 멕시코나 남아메리카 출신, 경제적 이주

등급	채점 기준
상	미국 내 히스패닉의 출신 지역과 이들 인구 집단의 이주 특징을 정확하게 서술한 경우
중	미국 내 히스패닉의 출신 지역 또는 이들 인구 집단의 이주 특징 중 하나만을 정확하게 서술한 경우
하	미국 내 히스패닉의 출신 지역과 이들 인구 집단의 이주 특징을 정확하게 서술하지 못한 경우

39 출제 의도: 개발 도상국과 선진국의 인구 문제

(가) 우간다, (나) 일본의 인구 구조를 나타낸 것이다. 우간다는 개발 도상국의 인구 구조를 대표하며, 일본은 선진국의 인구 구조를 대표한다.

예시 답안

(가) 국가는 높은 출생률과 낮은 사망률로 인구가 급증하면서 식량과 자원 부족, 기아와 빈곤 등의 문제가 발생할 수 있다.

(나) 국가는 저출산과 인구 고령화, 청장년층 인구 감소에 따른 노동력 부족 문제가 발생할 수 있다.

과잉 인구 성장, 자원 부족, 저출산과 인구 고령화, 노동력 부족 문제 등

등급	채점 기준
상	㈎ 국가와 ㈏ 국가의 인구 문제를 한 가지씩 정확하게 서술한 경우
중	㈎ 국가 또는 ㈏ 국가의 인구 문제 중 한 국가의 인구 문제만 정확하게 서술한 경우
하	㈎ 국가와 ㈏ 국가의 인구 문제를 정확하게 서술하지 못한 경우

40 출제 의도: 우리나라의 인구 문제

㈎는 저출산 문제를, ㈏는 고령화 문제를 나타내고 있다.

예시 답안

(1) 저출산 문제를 해결하기 위해서는 임신과 양육에 대한 재정적 지원, 출산 휴가 및 육아 휴직 제도 개선, 신혼 부부를 위한 주거 지원 확대, 다자녀 가구 우대 정책 실시 등의 출산 장려 정책이 필요하다.

(2) 고령화 문제를 해결하기 위해서는 정년 연장, 임금 피크제, 직업 재교육 등을 통한 노년층의 경제 활동 참여 기회 보장, 노인 복지 및 편의 시설 확대 등의 정책이 필요하다.

핵심 단어 출산 장려 정책, 노년층의 경제적 기반 마련, 노인 복지 정책 등

등급	채점 기준
상	저출산과 고령화 문제 해결 방안을 각각 두 가지씩 정확하게 서술한 경우
중	저출산 또는 고령화 문제 해결 방안 중 하나의 문제에 대한 해결 방안만을 정확하게 서술한 경우
하	저출산과 고령화 문제 해결 방안을 정확하게 서술하지 못한 경우

VIII. 사람이 만든 삶터, 도시

01 세계의 다양한 도시 ~ 02 도시의 경관

1 도시의 특징 및 발달

188~189쪽

01 (1) × (2) ○ (3) × **02** (1) 높은 (2) 2·3차 (3) 집약적 (4) 인문 경관 **03** (1) ㉤ (2) ㉢ (3) ㉠ (4) ㉣ **04** ② **05** ④ **06** ③ **07** ① **08** 도시 **09~10** 해설 참조

04 출제 의도: 세계의 도시 분포

인구 500만 명 이상의 큰 도시들은 대부분 북반구에 위치하며, 인구가 많은 아시아에 많이 분포하고 있다. 미국 북동부

지역과 라틴 아메리카에는 해안가를 중심으로 인구 500만 명 이상의 큰 도시들이 분포하고 있다.

05 출제 의도: 도시의 특징

도시는 인구 밀도가 높고 한정된 공간을 효율적으로 활용하기 위해 토지 이용이 집약적이며 고층 건물이 많은 특징이 나타난다. ④ 도시는 2·3차 산업이 발달하여 촌락에 비해 다양한 직업과 생활 모습이 나타난다.

06 출제 의도: 도시와 촌락의 특징 비교

도시는 촌락에 비해 인구 밀도가 높고 한정된 공간을 효율적으로 활용하기 위해 토지 이용이 집약적이며 고층 건물이 발달하였다. 이러한 이유로 자연 경관보다 인문 경관의 발달이 뚜렷하다. ③ 도시는 제조업과 서비스업(2·3차 산업)이, 촌락은 농업(1차 산업)이 주로 발달하였다.

07 출제 의도: 도시 발달 과정 비교

㈎는 기원전 3,500년경, ㈏는 중세, ㈐는 근대, ㈑는 20세기 이후 발달된 도시의 모습을 나타낸 것이다. 도시는 농업에 유리한 곳에서 시작되어 상업 도시와 공업 도시를 거쳐 현대의 도시로 발달하게 되었다.

플러스 개념 도시의 발달 과정

최초 도시	농업이 유리한 곳에서 발달 → 최초의 도시는 티그리스·유프라테스강 유역에서 발달
중세	상업 발달 → 시장을 중심으로 한 상업 도시 발달
근대	산업 혁명의 영향 → 석탄 산지 주변의 공업 도시 발달
현대	첨단 산업, 서비스업, 교육, 문화 등 여러 기능 수행

08 출제 의도: 도시의 의미 파악하기

도시는 촌락과 함께 사람들이 거주하는 대표적인 공간으로 정치·경제·사회 활동의 중심지이기도 하다. 도시는 2·3차 산업이 주로 발달하여 주변 지역에 재화와 서비스를 제공하는 역할을 하며 주민들의 직업과 생활 모습이 다양하게 나타난다.

09 출제 의도: 도시와 촌락의 상호 작용

예시 답안

㉠: 촌락에 공산품이나 의료 서비스 등을 제공한다.

㉡: 도시에 농수산물, 자연 체험 활동 및 휴양 공간을 제공한다.

핵심 단어 공산품, 의료 서비스, 농수산물, 자연 체험, 휴양

등급	채점 기준
상	㉠, ㉡을 모두 바르게 서술한 경우
하	㉠, ㉡ 중 한 가지만 바르게 서술한 경우

10 출제 의도: 도시와 촌락의 특징 비교

예시 답안

㈎는 촌락, ㈏는 도시의 경관을 나타낸 것이다. ㈏는 ㈎에 비해 좁은 지역에 많은 인구가 모여 살고 있어 인구 밀도가 높다. 또한 ㈏는 ㈎에 비해 2차 산업(제조업)과 3차 산업(서비스

업)이 발달해 주변 지역에 재화와 서비스를 제공하고 있으며, 주민들의 직업 구성이 다양하게 나타난다. (내)는 (가)에 비해 지가가 높기 때문에 한정된 토지를 보다 집약적으로 이용하고 있으며 많은 도로와 건물이 나타난다.

② 세계적인 도시의 위치와 특징

190~191쪽

01 (1) × (2) ○ (3) ○ **02** (1) 콜로세움 (2) 크다 (3) 사막
03 (1) 랜드마크 (2) 세계 (3) 생태 **04** ③ **05** ②
06 ④ **07** ⑤ **08** ㉠ B ㉡ 생태 **09~10** 해설 참조

04 출제 의도: 세계적인 도시의 랜드마크
스카이라인을 보게 되면 도시 외관의 특징과 대표적인 랜드마크를 볼 수 있다. 해당 그림에서는 오페라 하우스가 인상적임을 알 수 있다. 오페라 하우스는 오스트레일리아 시드니의 랜드마크이다.

05 출제 의도: 세계적인 도시의 특징
이탈리아의 베네치아(베니스)에 대한 설명이다. 베네치아는 세계에서 가장 아름다운 도시로 손꼽히는 곳으로 물의 도시, 가면의 도시(베니스 카니발) 등으로 불리며 매년 많은 관광객들이 몰려든다. 하지만 많은 관광객들이 방문하면서 발생하는 환경 오염과 지구 온난화로 인한 침수 현상으로 도시가 사라지는 것이 아니냐는 불안감도 품고 있다.

06 출제 의도: 세계적인 도시의 위치와 특징
A는 영국 런던, B는 독일 프라이부르크, C는 중국 시안, D는 오스트레일리아 시드니, E는 에콰도르 키토이다. (가)는 중국 시안으로 중국에서 가장 잘 보존된 성벽을 볼 수 있다. (내)는 영국 런던으로 세계 금융 자본을 대표하는 고층 건물들이 도시를 가득 채우고 있다.

07 출제 의도: 세계적인 도시의 위치와 특징
E는 에콰도르의 수도 키토이다. 해발 고도 2,850m의 높은 곳에 위치한 이 도시는 연중 봄과 같은 상태를 유지한다. 보통 저위도 열대 지역의 산 위에 도시들이 형성되어 있는데, 일컬어 '고산 도시'라고 한다. 저위도의 열대 지역은 고온 다습한 환경으로 인해 사람이 살기에 불편한 점이 많다. 해발 고도가 높아질수록 기온이 낮아지는 점을 활용해 이 지역의 많은 사람들이 아주 오래전부터 고산 지역에 자리잡기 시작하면서 고산도시가 형성된 것이다.

그래서 오답!

① A - 연중 봄과 같은 기후가 나타난다. (×) → A는 런던으로 연중 습한 상태가 유지되는 서안 해양성 기후에 속한다. 연중 봄과 같은 기후는 고산 기후로, E에 해당한다.
② B - 오페라 하우스로 유명한 도시이다. (×) → D(시드니)에 해당하는 내용이다.
③ C - 세계의 환경 수도로 불리는 곳이다. (×) → 생태 도시인 프라이부르크(B)에 해당하는 내용이다.
④ D - 잘 보존된 성벽을 볼 수 있는 곳이다. (×) → C(중국 시안)에 해당하는 내용이다.

08 출제 의도: 생태 도시에 대한 이해
대표적인 생태 도시로 독일의 프라이부르크가 있다.

문제 자료 분석하기 생태 도시

환경 문제에 대한 우려가 세계적으로 커지면서 그 주범 중 하나로 '도시'가 자주 지목된다. 도시는 전통적인 인간의 주거지들과 달리 많은 인구가 좁은 지역에 집중되어 많은 자원을 소비하고 이로 인해 많은 오염 물질을 쏟아내는 곳이다. 또 녹지가 적고 도로와 빌딩이 많아 생태계의 정상적인 공기와 물의 순환을 방해하는 장소로도 여겨지고 있다. 생태 도시는 이러한 기존의 부정적인 도시의 모습을 바꾸려는 노력의 산물이다. 외부 지역의 자원을 끌어오는 대신 도시 자체에서 모든 식량과 에너지 생산을 해결하려는 노력, 도시의 교통 수단을 도보와 자전거로 바꾸려는 노력, 각종 신재생 에너지를 활용하여 오염 물질 발생을 최소화하려는 노력 등 다양한 방식으로 친환경적인 도시를 만들려 한다.
이런 도시들을 '생태 도시'라고 부르며, 브라질의 쿠리치바, 독일의 프라이부르크, 영국의 베드제드 등이 대표적인 사례로 자주 언급되고 있다.

09 출제 의도: 세계적인 도시의 위치와 특징

예시 답안

(1) 고산 도시
해발 고도가 높아지면 기온이 낮아지고 고산병에 걸릴 수 있기 때문에 인간의 거주에 불리한 환경으로 보는 경우가 많다. 하지만 저위도 지역은 고온 다습한 환경과 밀림, 병충해 등으로 인해 거주가 어렵다보니 상대적으로 기온이 낮은 고산 지역에 사람들이 몰려 살게 되었다. 그래서 중남미 지역에선 안데스 산맥을 중심으로 많은 고산 도시들이 존재하게 되었다.
(2) 저위도 지역의 덥고 습한 기후로 인해 상대적으로 기온이 낮은 고산 지역에 거주하는 사람들이 많아지면서 고산 도시가 형성되었다.

핵심 단어 저위도 지역, 덥고 습한 기후, 낮은 기온, 고산

등급	채점 기준
상	저위도 지역의 일반적인 기후와 고산 지역의 기후를 비교하여 고산 도시가 형성된 이유를 서술한 경우
중	저위도 지역의 기후에 대한 언급이 부족하나 고산 지역의 기후에 대한 설명을 바탕으로 고산 도시의 형성 이유를 서술한 경우
하	기후에 대한 언급 없이 고산 지역에 모여 살아서 고산 도시가 형성되었다고 단순하게 서술한 경우

10 출제 의도: 세계 도시의 특성

예시 답안

(1) 다국적 기업의 본사가 많고, 자본과 정보가 집중하여 주변 국가와 도시들에 미치는 영향이 크다.

등급	채점 기준
상	세계 도시를 다국적 기업, 자본과 정보 등과 연관지어 설명하였고, 그로 인해 주변에 미치는 영향력이 크다는 점을 서술한 경우
중	세계 도시에 다국적 기업의 본사가 있고, 자본과 정보가 집중되어 있음을 설명하였으나, 주변 지역에 대한 영향력을 언급하지 않은 경우
하	세계 도시가 세계에서 갖는 중요성을 대체적으로 언급했을 뿐, 그 특성이나 영향력에 대해 서술하지 않은 경우

(2) 교통과 통신의 발달로 주요 도시들은 서로 연계되어 상호 작용을 하게 된다. 이로 인해 우리나라도 이런 도시들의 영향을 크게 받게 된다. 인터넷과 스마트폰을 바탕으로 한 정보 통신 기술의 발달은 이러한 상호 작용을 더욱 강화시킬 가능성이 크다. 영향을 주는 속도와 범위도 지속적으로 넓어질 것이며 우리 역시 이런 도시들에게 미치는 영향력이 점차 커질 것이다.

핵심 단어 정보 통신 기술의 발달, 연계, 상호 작용, 인터넷, 스마트폰

등급	채점 기준
상	정보 통신 기술의 발달로 인해 서로 연계되는 정도가 심화되면서 일방향적인 영향이 아니라 세계 모든 도시들이 서로 영향을 주고받는 상태가 될 수 있음을 서술한 경우
중	정보 통신 기술의 발달에 대한 설명과 이로 인한 지역 간 연계성 강화는 설명하였으나 이것이 서로에게 미치는 영향력이 커진다는 내용을 서술하지 않은 경우
하	정보 통신 기술의 발달에 대한 언급 없이 모든 도시들이 서로 연결된다는 내용만 서술한 경우

❸ 도시 내부의 지역 분화

192~193쪽

01 (1) ○ (2) × (3) ○　**02** (1) 주변 (2) 상업 (3) 접근성
03 (1) 집심 현상 (2) 이심 현상 (3) 지대　**04** ③　**05** ①
06 ⑤　**07** ⑤　**08** 집심 현상　**09~10** 해설 참조

04 출제 의도: 지대 지불 능력의 차이
도시화가 진행될수록 대도시의 중심부는 내부에서 접근성이 가장 좋아 대기업의 본사, 행정 관청, 고급 상가 등과 같은 지대 지불 능력이 높은 것이 밀집한다. 반면에 도심의 높은 지대를 지급할 능력이 없는 학교, 주택이나 아파트 등의 주거 기능은 도심보다 지대가 낮은 도시 주변 지역으로 빠져나가게 된다.

05 출제 의도: 도시 내부의 지역 분화
지대 지불 능력이 낮은 학교, 공장, 주택 등이 도시 외곽으로 빠져나가는 현상을 이심 현상이라고 한다.

ㄷ. 관공서, ㄹ. 대기업 본사 (×) → 관광서, 대기업 본사는 지대 지불 능력이 높아 도시 중심부로 집중되는 현상을 보이는데 이를 집심 현상이라고 한다.

06 출제 의도: 도시 내부의 지역 분화
A 지역은 도시의 중심부로서 교통이 편리하여 접근성이 좋다. 따라서 지대가 높은 편이다. 따라서 높은 지대를 지불할 수 있는 중심 업무 기능이 도시의 중심부로 집중하는 집심 현상을 보인다. 또한 도시의 중심부 지역은 토지 사용으로 인한 이익을 극대화하기 위하여 건물을 높게 짓는 등 토지 이용이 집약적으로 이루어진다.

플러스 개념　도시의 중심부와 주변부의 특징 정리

	도시의 중심부	도시의 주변부
지대	높다	낮다
접근성	높다	낮다
입지 기능	중심 업무 기능, 상업 기능	공업, 주택, 학교

07 출제 의도: 도시 내부의 지역 분화
그림에서 관찰할 수 있는 것은 시청, 은행, 기업, 호텔, 백화점 등 중심 업무 기능 및 상업 기능 등이다. 중심 업무 기능 및 상업 기능은 지대 지불 능력이 높아 도시의 중심부로 집중되는 집심 현상을 보이고 있다.

① 이심 현상 (×) → 학교, 주택, 공장 등은 지대 지불 능력이 낮아 도시의 외곽 지역으로 빠져나가는데 이를 이심 현상이라고 한다.
② 교통이 불편하고 접근성이 낮다. (×) → 도심은 교통 시설이 잘 갖추어져 있어 교통이 편리하고 접근성이 높은 편이다.
③ 도시 내부의 지역 분화가 이루어지지 않았다. (×) → 중심 업무 기능, 상업 기능 등이 집심 현상을 보이며 도심에 입지하고 있는 것은 도시 내부의 지역 분화의 결과이다.
④ 건물의 높이가 낮다. (×) → 도심은 지대가 높은 편이어서 토지 사용으로 인한 수익을 증대하기 위해 건물을 높게 짓는 편이다.

08 출제 의도: 집심 현상
지대 지불 능력이 높은 중심 업무 기능, 상업 기능이 도시의 중심부로 집중하는 현상을 집심 현상이라고 한다.

09 출제 의도: 집심 현상과 이심 현상으로 인한 도시 내부 지역의 분화

예시 답안

(1) 주택, 학교, 공장
(2) 도시의 중심 지역은 다른 지역으로의 접근성이 높아 지대가 높은 편이다. 따라서 높은 지대를 지불하고도 높은 이익을 낼 수 있는 대기업의 본사와 같은 중심 업무 기능이 입지하게 된다.

핵심 단어 접근성, 지대, 중심 업무 기능

등급	채점 기준
상	주택, 학교, 공장 등의 사례를 쓰고, 대기업의 본사와 같은 중심 업무 기능이 도시의 중심에 집중하는 이유를 바르게 서술한 경우
중	주택, 학교, 공장 등의 사례를 쓰고, 대기업의 본사와 같은 중심 업무 기능이 도시의 중심에 집중하는 이유를 썼으나 자세히 서술하지 못한 경우
하	주택, 학교, 공장의 사례만 쓴 경우

10 출제 의도: 도시 내부의 지역 분화

예시 답안

도심은 교통이 편리하여 접근성이 좋아 지대가 높다. 높은 지대를 감당할 수 없는 주거 기능은 도시의 주변 지역으로 빠져나가게 된다. 따라서 도심 지역의 상주 인구는 감소하고, 이는 학교에 다니는 학생의 감소로 이어지게 된다. 학교 또한 도심의 높은 지대를 감당할 수 없기 때문에 상주 인구가 많은 주거 지역을 따라 도시의 중심부에서 주변 지역으로 이전하게 되었다.

④ 도시 내부의 모습

194~195쪽

01 (1) × (2) ○ (3) ×　02 (1) 높고, 비싸다 (2) 낮아진다
(3) 낮, 밤　03 (1) ⓒ (2) ⓛ (3) ㉠ (4) ⓜ (5) ㉣　04 ②
05 ①　06 ⑤　07 ⑺, 중심 업무 지구　08 ②
09~10 해설 참조

04 출제 의도: 개발 제한 구역의 설정 이유
도시의 무질서한 팽창을 막고, 녹지 공간을 확보하기 위해 도시의 주변 지역에 개발 제한 구역을 설정하였다.

05 출제 의도: 도심의 주요 기능 파악
도시 중심부에 있는 도심은 교통이 편리하며 고층 건물들이 빽빽하게 들어서 있다. 본사 등이 모여 있어 중심 업무 기능과 전문 상업 기능을 주로 수행한다. 이곳에는 행정·금융 기관, 백화점 및 고급 상점, 대기업의 본사 등이 입지한다.

문제 자료 분석하기

① 공장 (×) → 도심의 지가 상승으로 인해 공장은 상대적으로 지가가 저렴한 주변 지역에 나타난다.

06 출제 의도: 도시 내부 구조의 경관 특징
⑺ 도심, ⑻ 중간 지역, ⑼ 주변 지역, ⑽ 부도심, ⑾ 위성 도시이다.

플러스 개념 도시 내부 구조

(가) 도심	지가가 높음: 중심 업무 기능, 고차 중심 기능 입지. 인구 공동화 현상이 나타남. 주간 인구 지수가 높음
(나) 중간 지역	점이 지대 → 주택들이 노후화되어 재개발 사업이 진행 중

(다) 주변 지역	도시 성장에 따라 공장 지대와 대규모 아파트 단지가 들어섬. 일부 지역은 농촌과 도시의 경관이 혼재, 개발 제한 구역 지정
(라) 부도심	도심의 기능이 분산되어 상업·업무 기능 발달, 도심과 주변 지역을 연결하는 교통의 결절점에 형성
(마) 위성 도시	교통이 편리한 대도시 인근에 있으면서 주거, 공업, 행정 등과 같은 대도시의 일부 기능을 분담

07 출제 의도: 중심 업무 지구
중심 업무 지구는 대기업 본사, 언론사, 주요 관청 등과 같은 중추 관리 기능과 고급 상점, 백화점, 전문 서비스업과 중심 업무 기능이 집중한 핵심 지역을 말한다.

08 출제 의도: 도심과 주변 지역의 경관 비교

문제 자료 분석하기 도심과 주변 지역의 경관

A. 을지로 입구역
서울 내부를 순환하는 2호선에 해당하며 중구에 위치한 을지로 입구는 해당 역의 출구 정보를 보면 기능을 알 수 있다. 서울시청, 한국관광공사, △△ 본사, 본점, 호텔, 백화점 등으로 보아 관공서, 금융 기업의 본사, 고급 서비스업 등이 입지한 도심임을 알 수 있다.
B. 노원역
서울을 북동 - 남서 방향으로 관통하는 4호선에 해당하며, 4호선 북쪽 끝에 위치한 노원역은 출구 정보를 통해 도시의 기능을 유추해 볼 수 있다. 아파트 단지들과 주민 센터, 학교, 병원 등이 입지한 것을 보면 대규모 주거 단지가 조성되어 있음을 알 수 있으며, 이는 주변 지역에 해당한다.

09 출제 의도: 도시 유출, 유입 인구의 특성 및 문제점 파악

예시 답안

B 지역, 높은 지가를 감당할 수 없어 거주 기능이 지가가 낮은 주변 지역으로 이전했기 때문이다.

10 출제 의도: 도시 유출, 유입 인구 문제와 해결 방안

예시 답안

A는 출근 시간대 유출 인구가 많고, B는 출근 시간대 유입 인구가 많다. 이로 인하여 출퇴근 시 교통 혼잡이 발생한다. 이를 해결하기 위해 대중 교통을 적극 이용해야 한다.

핵심 단어 높은 지가, 거주 기능, 유출/유입 인구, 교통 혼잡

등급	채점 기준
상	상주 인구 밀도가 낮은 이유를 지가 그래프를 활용하여 서술하고, 도시의 유출/유입 인구에 따른 문제점과 해결 방안에 대한 자신의 생각을 바르게 서술한 경우
중	상주 인구 밀도가 낮은 이유를 그래프를 활용하지 않고 서술하였으며, 도시의 유출/유입 인구에 따른 문제점과 해결 방안에 대한 자신의 생각을 서술한 경우
하	상주 인구 밀도가 낮은 이유 또는 도시의 유출/유입 인구에 따른 문제점과 해결 방안을 서술하지 못한 경우

① 선진국과 개발 도상국의 도시화

198~199쪽

01 (1) ○ (2) × (3) ○　**02** (1) 감소, 증가 (2) 느리게, 빠르게 (3) 종착　**03** (1) ㉠, ㉺ (2) ㉢, ㉣ (3) ㉤, ㉥　**04** ③
05 ①　**06** ④　**07** ㉠ 가속화, ㉡ 종착　**08** 도시화율
09~10 해설 참조

04 출제 의도: 도시화의 의미
도시화는 도시에 인구가 집중하면서 전체 인구에서 도시 인구가 차지하는 비율이 높아지고 도시적 생활 양식이 확대되는 과정을 의미한다. 산업화가 함께 진행되면서 제조업이나 서비스업의 발달로 인구가 농촌에서 도시로 모여든다. 전체 인구 중에서 도시 인구가 차지하는 비율인 도시화율에 따라 초기, 가속화, 종착 단계로 구분하기도 한다.

05 출제 의도: 도시화의 단계
초기 단계에는 도시화율이 낮고 대부분의 인구가 1차 산업에 종사하며 촌락에 거주한다. 가속화 단계에서는 도시화율이 급속히 상승한다. 2,3차 산업의 발달로 촌락에서 도시로 인구가 모여드는 이촌 향도 현상이 활발하다. 종착 단계에서는 도시화율이 높아 도시의 성장 속도가 느리며 인구는 주로 촌락에서 도시로의 이동보다 도시에서 도시로의 이동이 많다.(예 대도시에서 위성 도시로의 이동). 이 단계에서는 역도시화 현상이 발생하기도 한다.

06 출제 의도: 개발 도상국의 도시화
중국은 대표적인 개발 도상국의 도시화 형태를 보이는데, 개발 도상국의 도시화는 30~40년 정도의 단기간에 급속하게 진행되며 이촌 향도 현상이 매우 활발하고 주로 수위도시로 인구가 집중하는 현상을 볼 수 있다.

문제 자료 분석하기

④ 중국은 도시화율이 높아 역도시화 현상이 나타날 것이다.
(×) → 중국은 도시화 곡선에서 가속화 단계에 해당한다. 역도시화 현상은 종착 단계에서 주로 나타난다.

07 출제 의도: 우리나라의 도시화
우리나라는 1960년대에 산업화가 진행되면서 도시화가 빠르게 진행되었으며 현재는 종착 단계에 있다.

08 출제 의도: 도시화율
도시화율은 전체 인구 중에서 도시 인구가 차지하는 비율로 도시화율의 변화에 따라 S자 형태의 곡선으로 나타난다.

09 출제 의도: 도시화 곡선

예시 답안

(1) ㈎ 종착 단계, ㈏ 가속화 단계, ㈐ 초기 단계
(2) 본격적으로 산업화가 진행되면서 제조업과 서비스업이 발달한 도시로 농촌의 인구가 모여드는 이촌 향도 현상이 발

생한다. 이에 따라 도시화율이 급격히 상승한다.

핵심 단어 산업화, 이촌 향도(촌락에서 도시로 이동)

등급	채점 기준
상	이촌 향도 현상이 발생하는 과정에 대한 설명이 있고, 도시화 곡선의 기울기에 대한 언급이 있는 경우
중	이촌 향도 현상이 발생하는 과정에 대한 설명이 있으나 도시화 곡선의 기울기에 대한 언급이 없는 경우
하	이촌 향도 현상을 과정 없이 언급하고 도시화 곡선의 기울기에 대한 언급도 없는 경우

10 출제 의도: 선진국과 개발 도상국의 도시화 비교

예시 답안

선진국에서는 산업 혁명 이후 공업의 발달과 함께 도시화가 진행되었다. 약 200년에 걸쳐 농촌의 인구가 서서히 도시로 이동하여 20세기 중반 이후 종착 단계에 이르렀다. 이에 비해 개발 도상국의 20세기 중반 이후 급속한 산업화와 함께 도시화가 진행되었다. 선진국의 도시화와 달리 개발 도상국은 대부분 산업 기반이 갖추어지지 않은 상태에서 도시화가 이루어지기 때문에 각종 도시 문제가 발생하기도 한다.

핵심 단어 선진국 – 산업 혁명, 서서히(느리게), 개발 도상국 – 급속한(빠르게), 도시 문제

등급	채점 기준
상	선진국과 개발 도상국의 도시화 속도에 대한 비교 설명, 선진국의 도시화에 대한 역사적 설명, 개발 도상국의 도시화에 대한 과정 설명이 모두 있는 경우
중	선진국과 개발 도상국의 도시화 속도에 대한 비교 설명이 없고, 선진국의 도시화에 대한 설명과 개발 도상국의 도시화에 대한 설명만 각각 있는 경우
하	선진국과 개발 도상국의 도시화 속도에 대한 비교 설명이 없고, 선진국 또는 개발 도상국 중 하나에 대한 설명만 있는 경우

② 도시 문제와 살기 좋은 도시

200~201쪽

01 (1) × (2) × (3) ○　**02** (1) 도심 (2) 과도시화 (3) 상승
03 (1) ㉠ (2) ㉢ (3) ㉡　**04** ②　**05** ③　**06** ③
07 ⑤　**08** 삶의 질　**09~10** 해설 참조

04 출제 의도: 개발 도상국의 도시 문제
개발 도상국의 대도시 내에는 빈민이 주로 거주하고 주거 환경이 열악한 슬럼이 나타나기도 한다. 이들 지역은 도시의 다른 지역과 비교하여 빈부 격차가 큰 경관을 보여 준다.

05 출제 의도: 선진국의 도시 문제
선진국의 도시는 오랜 역사로 인한 시설 노후화, 도심의 불량 주거 지역 형성 문제, 경제 개편에 의한 실업률 상승, 교외화로 인한 교통 문제, 범죄 문제, 사회적 갈등 등이 도시 문제로 나타난다.

③ 많은 학생 수로 인해 교실이 부족한 도심 지역의 학교들 (×) → 선진국의 도시는 교외화로 도시 내부 기능이 약화되며 도심의 인구 감소로 인한 문제가 나타난다. 도심의 인구 과밀에 의해 문제가 나타나는 지역은 개발 도상국의 도시이다.

06 출제 의도: 도시 문제를 해결하기 위한 노력

도시 문제의 해결 방안은 각각의 문제별로 다양한 방안이 제시될 수 있다. 교통 문제와 대기 오염 문제를 한 번에 해결할 수 있는 방안으로는 대중교통과 자전거 이용 장려가 제시될 수 있다.

플러스 개념 도시 문제의 해결 방안

교통 문제	도로 환경 개선, 대중 교통과 자전거 이용 장려, 혼잡 통행료 부과
환경 문제	쓰레기 분리 수거 및 친환경 에너지 사용 정책 추진
주택 문제	공공 주택 건설, 낡은 지역 재개발
지역 불균형	지역 균형 개발 정책 추진(집중된 인구와 기능을 주변으로 분산)

07 출제 의도: 살기 좋은 도시의 조건

살기 좋은 도시의 조건은 시대, 국가 등에 따라 다르며 절대적인 기준을 세우기 어렵다. 하지만 어느 정도 보편적인 기준으로 살기 좋은 도시의 모습을 유추할 수 있다. 거주민들의 삶의 질이 높은 도시, 범죄율이 낮고 정치적으로 안정된 도시, 교육·의료·보건·문화·주거 환경·행정 서비스 등이 잘 갖추어진 도시를 흔히 살기 좋은 도시로 보고 있다.

08 출제 의도: 삶의 질

삶의 질은 가장 중요한 살기 좋은 도시의 기준 중에 하나로 경제적 조건뿐만 아니라 개인의 행복감과 정치·경제·사회적 조건에 따라 결정되는 주관적 개념이라는 특징이 있다.

09 출제 의도: 선진국의 도시 문제와 대책

예시 답안

(1) 세계화에 따른 경제 환경의 변화로 제조업(철강 산업)이 쇠퇴하였기 때문이다. 세계화에 따른 국제 분업의 영향으로 선진국의 도시 내에 위치하였던 제조업은 쇠퇴를 맞이하였다. 이는 도시 내 실업률 증가로 이어졌고 많은 도시 문제를 일으키는 원인이 되었다.

(2) 첨단(IT) 산업

10 출제 의도: 선진국의 도시 문제와 대책

예시 답안

(1) 도심

(2) 〈긍정적인 견해〉 낙후된 도심을 활성화한다, 지역 소득을 증가시킨다, 노후화된 시설을 문화·복지 공간으로 재조성한다 등

〈부정적인 견해〉 개발 이전부터 거주해 온 사람들이 형성한 지역 공동체가 파괴된다, 기존 상인, 거주민이 소외되고 지역

고유의 정체성이 훼손된다 등

핵심 단어 활성화, 파괴, 훼손

등급	채점 기준
상	도시 재개발의 장단점에 대한 양쪽 의견을 핵심 단어를 활용하여 서술한 경우
중	도시 재개발의 장단점 중 한쪽 의견만을 핵심 단어를 활용하여 서술한 경우
하	답을 서술하였으나 도시 재개발의 장단점을 정확히 파악하지 못한 경우

대단원 완성 문제 Ⅷ **사람이 만든 삶터, 도시**

202~209쪽

01 ④	02 ③	03 ③	04 ⑤	05 ③	06 ②
07 ⑤	08 ③	09 ②	10 ①	11 ④	12 ①
13 ⑤	14 ④, ⑤	15 ④	16 ⑤	17 ①	
18 ⑤	19 ④	20 ①	21 ⑤	22 ③	23 ①
24 ②, ④	25 ①	26 ③	27 ③	28 ②	
29 ③	30 ④	31 ②	32 ④	33 ①	34 ②
35 ④	36~40 해설 참조				

01 출제 의도: 도시의 정의

도시는 촌락과 함께 사람들이 거주하는 공간으로 일반적으로 인구를 기준으로 한다. 특징은 높은 인구 밀도와 집약적인 토지 이용, 2, 3차 산업이 발달하였으며 주변 지역에 중심지 역할을 한다.

02 출제 의도: 도시와 촌락의 비교

구분	도시	촌락
인구 밀도	높음	낮음
건물 높이	높음	낮음
산업 구조	2, 3차 산업 중심	1차 산업 중심
토지 이용	많은 도로와 건물	많은 농경지

03 출제 의도: 세계 주요 도시의 분포

세계의 주요 도시 중 인구가 500만 명이 넘는 대도시는 북반구 중위도 해안가에 위치하며 인구가 가장 많은 아시아에 집중한다.

04 출제 의도: 랜드마크

도시의 독특하고 매력적인 건축물로 도시를 대표하는 역할을 한다.

⑤ 케냐 나이로비의 초원 (×) → 케냐는 적도 부근의 고원에 위치하여 기후가 연중 온화하며, 주변에는 야생 동물이 서식하기에 유리한 환경이 나타난다.

05 출제 의도: 도시 경관의 다양성
도시의 모습은 지리와 역사, 문화, 지역 사람들의 삶터에 관한 가치관 등에 따라 다양하게 나타난다.

06 출제 의도: 세계적으로 유명하거나 매력적인 도시
프랑스의 파리는 문화를 이끌어가는 대표적인 장소로 세계적으로 유명한 도시이다.

그래서 오답!

> ① 브라질의 쿠리치바 → 자연과 인간이 공존하는 방법을 찾기 위해 노력하는 도시(생태 도시)
> ③ 아이슬란드의 레이캬비크 → 백야 현상과 오로라를 관찰할 수 있는 도시(관광 도시)
> ④ 미국의 뉴욕 → 다국적 기업의 본사가 많고, 자본과 정보가 집중하며, 주변 국가와 도시들에 미치는 영향력이 큰 도시 (세계 도시)
> ⑤ 이스라엘의 예루살렘 → 종교적, 역사적으로 의미가 있는 도시(종교 도시, 역사 유적이 많은 도시)

07 출제 의도: 세계적으로 유명하거나 매력적인 도시
㉮는 이탈리아의 베네치아, ㉯는 중국의 시안이다. 유럽과 아시아에 있는 역사가 오래된 도시들은 도시 곳곳에 여러 시대의 유산들이 있으며, 오늘날에도 사람들의 삶터가 되고 있다.

08 출제 의도: 세계적으로 유명하거나 매력적인 도시
미국의 라스베이거스와 아랍 에미리트의 두바이는 사막이라는 거주에 불리한 자연환경을 극복하고 세계적인 도시가 되었다.

09 출제 의도: 세계적으로 유명하거나 매력적인 도시
에콰도르의 키토는 남아메리카의 안데스 산지에 위치한 고산 도시이다. 저위도의 고산 지대에 위치하여 연중 봄과 같은 기후가 나타난다.

10 출제 의도: 세계적으로 유명하거나 매력적인 도시
싱가포르는 인도양과 태평양을 잇는 해상 교통의 길목에 위치한 도시로, 동남아시아의 금융 및 물류의 중심지이다. 교역이 발달하여 여러 문화가 공존하는 독특한 문화가 형성되었다.

그래서 오답!

> ② 각종 상공업이 발달한 남아메리카의 경제 중심 도시 → 브라질 상파울루
> ③ 천년이 넘는 역사를 간직한 아프리카 최대의 도시 → 이집트
> ④ 정치, 경제, 교통의 중심지로 유럽 연합의 본부가 있는 도시 → 벨기에 브뤼셀
> ⑤ 적도 부근의 고원에 위치하여 야생 동물이 서식하기에 유리한 도시 → 케냐 나이로비

11 출제 의도: 도시 내부의 모습
도시 중심부는 건물 높이가 높고, 주변 지역으로 갈수록 건물 높이가 낮아지는데 이는 지가가 높아 좁은 공간을 효율적으로 이용하기 위해 건물을 높이 짓기 때문이다.

12 출제 의도: 도시 내부의 모습
㉮는 부도심, ㉯는 개발 제한 구역, ㉰는 위성 도시를 나타낸다.

13 출제 의도: 도시 내부의 모습
도심으로 갈수록 땅값이 비싸기 때문에 주거 기능은 높은 땅값을 지불할 수 없어 외곽에 위치한다.

14 출제 의도: 도시 내부의 모습
개발 제한 구역은 도시의 무질서한 팽창을 막고 도시 녹지 공간을 확보하기 위해 지정된다.

15 출제 의도: 도시 내부의 모습
도심은 접근성이 높고 지가가 높지만, 도시 주변 지역은 도심에 비해 접근성이 낮고 지가가 낮다. 상업 및 업무 기능은 교통이 편리하고 유동 인구가 많은 지역에서 더 큰 수익을 낼 수 있기 때문에 도심에 입지하는 것이 유리하며 주거 기능과 공업 기능은 쾌적한 환경이나 저렴하고 넓은 토지를 필요로 하기 때문에 도시 주변에 입지하는 것이 유리하다.

16 출제 의도: 도시 내부의 지역 분화
접근성은 여러 지점에서 출발하여 도달하기 쉬운 정도를 의미하며, 지가는 건물이나 토지를 이용해 얻을 수 있는 수익 또는 대가를 의미한다. 일반적으로 접근성이 높으면 지가가 높고, 접근성이 낮은 지역은 지가가 낮다. 따라서 도시의 지가는 도심으로 갈수록 높게 나타나며 도심에서 주변 지역으로 갈수록 낮아진다. 상업 지역이 밀집한 부도심에서는 지가가 높게 나타난다.

17 출제 의도: 인구 공동화 현상
출근 시간대인 07~10시에 하차하는 인원이 더 많고 퇴근 시간대인 17~20시 사이에 승차하는 인원이 더 많은 명동역은 주간 인구가 더 많은 도심 지역일 것이다.

그래서 오답!

> ② 노원역은 주간 인구가 더 많을 것이다. (×) → 퇴근 시간대에 하차 인원이 더 많은 것으로 보아 야간 인구가 더 많을 것이다.
> ③ 도심은 주간 인구보다 야간 인구가 더 많다. (×) → 도심은 야간 인구보다 주간 인구가 더 많다.
> ④ 노원역은 07~10시에 승차 인원보다 하차 인원이 더 많다. (×) → 출근 시간대에 승차 인원이 더 많다.
> ⑤ 명동역은 17~20시에 하차 인원이 승차 인원보다 더 많다. (×) → 퇴근 시간대에 승차 인원이 더 많다.

18 출제 의도: 인구 공동화 현상
아침 출근 시간대에 차량이 몰려드는 ㉮ 방향 지역은 중심 업무 지구를 포함한 도심, 부도심 지역일 것이고, 반대로 한산한 ㉯ 방향 지역은 주거 지역일 것이다. 퇴근 시간대에는 반대 방향으로 차량이 이동할 것이다.

19 출제 의도: 도시 내부의 모습
위성 도시는 대도시 주변에 위치하면서 대도시의 주거, 공업, 행정 기능 등 일부 기능을 분담하는 도시로 과천(행정), 의정부(군사), 구리, 성남, 부천(주거) 등이 있다.

20 출제 의도: 도시 내부의 지가 분포의 차이
지가는 토지의 시장 거래 가격을 의미한다. 지대는 토지를 경제적으로 이용하여 얻을 수 있는 수익 또는 토지 이용자가 소

유자에게 지불해야 하는 일종의 사용료를 의미한다. 지가가 높은 토지는 외부와의 접근성이 좋거나 경제 활동을 통해서 얻을 수 있는 기대 수익이 높다고 볼 수 있다. 따라서 지가가 높은 토지는 지대도 높다.

21 출제 의도: 도시 내부의 지역 분화

도시가 커지면서 접근성과 지가에 의해 도시 내부가 중심 업무 지역, 상업 지역, 공업 지역, 주거 지역 등 여러 지역으로 분화된다.

22 출제 의도: 도시 내부의 지역 분화 - 집심 현상, 이심 현상

도시의 규모가 커지면서 같은 종류의 기능은 모이고, 다른 종류의 기능은 분리되는데, 상업 시설, 주택, 공장 등 비슷한 기능끼리 모이게 된다. 비싼 땅값을 지불하고도 높은 이익을 낼 수 있는 상업 기능이 도시의 중심에 집중되고(집심 현상), 비싼 땅값을 지불할 수 없는 주택이나 학교, 공장 등이 외곽으로 빠져나가게 된다.(이심 현상)

23 출제 의도: 도시 내부의 모습

도시의 중심부인 도심은 교통이 편리하고 접근성이 높아 관공서, 대기업 본사 등이 위치하여 업무 및 상업 기능이 집중되어 있다. 도심과 주변 지역 사이의 교통이 편리한 지역에는 도심의 기능을 일부 분담하는 부도심이 형성된다. 또한 일부 도시에는 개발 제한 구역(그린벨트)을 설정하여 도시의 무문별한 확대를 제한하고 있다.

24 출제 의도: 도시화 곡선

종착 단계는 도시화 속도가 늦어지고 대부분의 인구가 도시에 거주한다. 농촌에서 도시로의 이동보다 도시 간 인구 이동이 더 많다. 대도시 주변에 위성 도시가 발달하기도 한다.

플러스 개념 | 인구 공동화 현상

단계	특징
초기	• 도시화율이 매우 낮음 • 주로 1차 산업에 종사함
가속화	• 도시화율이 급격히 증가 • 1차 산업 → 2, 3차 산업으로 산업화 진행 • 이촌 향도 현상이 나타남
종착	• 도시화율이 높고 완만 • 도시간 인구 이동 활발 • 역도시화 현상이 나타나기도 함

---

25 출제 의도: 선진국과 개발 도상국의 도시화율

(개) 1950년대부터 도시화율이 높은 선진국일 것이다. (내)는 1950년대는 도시화율이 낮았으나 도시화율의 속도가 빠른 것으로 보아 개발 도상국일 것이다. 오랜 기간 동안 천천히 도시화가 진행된 선진국에 비해 개발 도상국은 짧은 시간에 빠르게 도시화가 진행되었다.

26 출제 의도: 우리나라의 도시화

우리나라는 1960년대부터 본격적으로 산업화가 진행되면서 도시화가 시작되었다. 1970년대에는 우리나라 인구의 절반 이상이 도시에 거주하게 되었으며 급격한 도시화로 각종 도시

문제가 발생하였다. 1990년대는 종착 단계로 대도시 외곽 지역에 위성 도시가 발달하였고 현재 90%가 넘는 인구가 도시에 거주하고 있다.

그래서 오답!

① 1960년대 우리나라는 종착 단계에 해당한다. (×) → 본격적으로 도시화가 진행되는 가속화 단계이다.

② 2000년대 이후 도시화가 급격히 진행되고 있다. (×) → 종착 단계이다.

④ 1970년 우리나라는 90%가 넘는 도시화율을 보이고 있다. (×) → 1970년 50.1%의 도시화가 진행되었다.

⑤ 2000~2010년 사이에 도시화율이 가장 급격하게 변화하였다. (×) → 1970~1980년 사이에 18%가 증가하였다.

27 출제 의도: 세계의 도시화

선진국은 종착 단계에 속하고, 개발 도상국은 빠른 속도로 도시화가 진행 중이다.

그래서 오답!

① 도시화율이 가장 높은 지역은 남아메리카이다. (×) → 81.5%의 북아메리카이다.

② 유럽의 도시화율은 아프리카의 도시화율보다 낮다. (×) → 유럽의 도시화율은 73.4%, 아프리카의 도시화율은 40.0%이다.

④ 선진국보다 개발 도상국의 도시화율 증가 속도가 더 느리다. (×) → 그래프의 기울기가 가파를수록 속도가 빠르고 완만할수록 속도가 느린데, 개발 도상국의 그래프는 기울기가 가파르다.

⑤ 1950년보다 2050년에 선진국과 개발 도상국의 도시화율 차이가 더 크게 날 것이다. (×) → 1950년에는 선진국과 개발 도상국의 그래프 간격이 넓었으나 2050년에는 1950년보다 그래프의 간격이 좁다.

28 출제 의도: 세계의 도시화

2030년 새로 등장하는 도시는 나이지리아의 라고스, 파키스탄의 카라치, 방글라데시의 다카이고, 사라지는 도시는 미국의 뉴욕, 브라질의 상파울루, 일본의 오사카이다.

29 출제 의도: 선진국의 도시화

내용의 국가는 독일이다. 유럽의 도시화는 산업 혁명 이후 오랜 기간에 걸쳐 서서히 진행되었고, 현재 도시화율이 매우 높은 수준이다. 또 교통 수단의 발달과 함께 도시의 영향력이 주변 지역까지 확대되면서 대도시권을 형성하고 있다.

30 출제 의도: 도시 문제와 해결 방안

인구와 기능이 밀집한 도시에서는 다양한 도시 문제가 발생한다.

문제 자료 분석하기

④ 제조업의 쇠퇴로 인한 실업률 상승 (×) → 관광과 같은 서비스업, 첨단 산업 등 산업 구조의 재편을 통해 문제 해결을 시도한다.

31 출제 의도: 선진국과 개발 도상국의 도시 문제

(가)는 선진국의 예, (나)는 개발 도상국의 예이다. 선진국의 도시 문제는 인구 감소 및 성장 정체, 시설 노후화 및 도심의 불량 주거 지역 형성, 실업률 상승 등이 있고, 개발 도상국의 도시 문제는 과도시화 현상으로 인한 제반 시설의 부족, 급속한 산업화로 인한 환경 문제, 실업 문제, 국토 불균형 문제 등이 있다.

32 출제 의도: 선진국의 도시 문제
일본의 도쿄 지역으로 도시 구조 변화에 따른 도심 지역 쇠퇴에 관한 해결 방안을 나타낸 것이다.

33 출제 의도: 살기 좋은 도시
살기 좋은 도시는 거주민들의 삶의 질이 높은 도시로, 범죄율이 낮고 정치적으로 안정된 도시, 교육, 의료, 보건, 문화, 주거 환경, 행정 서비스 등이 잘 갖추어진 도시를 말한다.

> **플러스 개념** 살기 좋은 도시
>
> 인구와 기능이 집중되는 도시는 도시 문제가 나타나기 마련이다. 도시 문제를 해결하여 살기 좋은 도시가 된 사례들로는 브라질의 쿠리치바(이중 굴절 버스, 원통형 정류장 등의 도입으로 교통 및 대기 오염 문제 해결), 에스파냐의 빌바오(철강 산업이 쇠퇴한 지역을 문화 예술 공간으로 변신하여 관광 산업 발전), 오스트리아 그라츠(소득 수준의 차이가 나는 동서를 다리를 만들어 교류를 활발하게 함), 대한민국의 울산(태화강 오염을 수질 개선하고 주변 환경을 정비), 인도의 벵갈루루(일자리 부족 및 빈곤의 문제를 소프트 산업을 육성하여 IT 산업의 중심지가 됨) 등이 있다.

34 출제 의도: 살기 좋은 도시의 조건
호주의 멜버른에 대한 설명으로 '공원의 도시'라고 불릴 만큼 공원이 많은 쾌적한 자연환경에 노인들을 위한 간호사 서비스, 저렴한 학비와 학자금 대출 제도 등의 교육, 의료, 보건, 복지, 행정 서비스 등의 기반이 갖추어진 살기 좋은 도시이다.

35 출제 의도: 생태 도시와 살기 좋은 도시
두 도시는 인간과 자연의 공존을 위해 노력하는 도시로 (가) 브라질의 쿠리치바는 급속한 도시화와 산업 개발로 인구와 자동차가 급격하게 늘어나면서 교통 혼잡 문제 및 대기 오염 문제가 심각하였다. (나) 울산광역시는 1960년대 이후 대규모 산업 단지가 조성되고 인구가 증가하면서 태화강에 유입되는 폐수와 쓰레기가 늘어나면서 물 오염 문제가 심각하게 대두되었다(공업 성장에 따른 도시 하천의 오염). 이러한 도시 문제는 도시로 인구 및 기능이 집중되면서 발생하였고 도시 문제의 해결을 위해서는 지방 자치 단체뿐만 아니라 지역 주민, 정부 등의 참여와 실천이 필요하다.

36 출제 의도: 인구 공동화 현상

예시 답안

(1) 인구 공동화 현상
(2) 사람들이 지가가 높고 복잡한 도심에서 벗어나 상대적으로 지가가 낮고 쾌적한 주변 지역으로 주거지를 옮기면서 자연스럽게 도심의 상주 인구가 감소하여 학생 수가 줄어들고 있다. 따라서 도심의 주간 인구는 많고, 야간 인구는 적기 때문에 도심에서는 인구 공동화 현상이 나타난다.

핵심 단어 | 상주 인구, 주간 인구, 야간 인구

등급	채점 기준
상	상주 인구의 개념을 파악하여 상주 인구, 주간 인구, 야간 인구를 활용하여 인구 공동화 현상을 설명한 경우
중	상주 인구의 개념은 불명확하나 주간 인구, 야간 인구의 개념을 활용하여 인구 공동화 현상을 설명한 경우
하	용어를 정확히 사용하지 않고 의미만 전달한 경우

37 출제 의도: 선진국과 개발 도상국의 도시 문제

예시 답안

(가) 선진국의 도시 문제, (나) 개발 도상국의 도시 문제이다.
선진국의 도시 문제 해결 방안으로는 도시 재개발 사업을 통해 노후화된 공간을 새롭게 조성하고, 첨단 산업과 관광 산업을 중심으로 산업 구조를 재편하는 방법 등이 있다. 개발 도상국의 도시 문제 해결 방안으로는 선진국의 기술과 자본을 통해 일자리를 늘리고 환경을 개선하고, 부족한 시설 및 도시 기반 시설 확충을 위한 노력 등이 있다.

핵심 단어 | 도시 문제, 선진국, 개발 도상국 사례, 해결 방안

등급	채점 기준
상	(가)와 (나)의 사례를 통해 선진국과 개발 도상국임을 알고 그에 맞는 해결 방안을 두 가지 이상 제시한 경우
중	(가)와 (나)의 사례를 통해 선진국과 개발 도상국임을 알고 그에 맞는 해결 방안을 한 가지 이상 제시한 경우. 또는 선진국과 개발 도상국에 대한 언급 없이 사례별로 해결 방안을 제시한 경우
하	(가)와 (나)에 해당하는 문제를 정확히 파악하지 못하고 그에 맞는 해결 방안도 제시하지 못한 경우

38 출제 의도: 도시 내부의 모습

예시 답안

도심은 도시 어디에서나 쉽게 접근할 수 있어(접근성이 높아) 지가가 높고, 도심에서 멀어질수록 접근성이 낮아지면서 지가도 낮아진다.

핵심 단어 | 접근성, 지가

등급	채점 기준
상	접근성과 지가가 비례 관계인 것을 설명한 경우(접근성이 높아서 지가가 높다. 접근성이 낮아서 지가가 낮다.)
중	도심이나 주변 지역 중 한 가지만 설명한 경우
하	접근성의 개념을 이용하지 않고 지가만을 언급한 경우

39 출제 의도: 도시 내부의 모습

예시 답안

(가)는 부도심이다. 도시가 성장하면서 도심 주변의 교통이 편리한 곳에는 도심의 기능을 분담하는 부도심이 형성된다(위치적 특징). 부도심은 도심의 기능을 분담하여 상업 및 업무 기능이 집중되는데, 예를 들면 백화점, 금융 기관, 각종 편의 시설이 들어선다. 또한 도심에 집중된 기능을 분담하여 도심의

교통 혼잡을 완화하는 역할을 하며, 일부 주거 기능이 나타나기도 한다(기능적 특징).

핵심 단어 교통이 편리한 곳에 위치, 도심의 기능을 분담

등급	채점 기준
상	위치적 특징과 기능적 특징을 모두 서술한 경우(교통이 편리한 곳에 위치하며 상업 및 업무 기능 등 도심의 기능을 분담하여 교통 혼잡을 완화함)
중	기능적 특징을 서술한 경우(도심의 기능을 분담하여 교통 혼잡을 완화함)
하	위치적 특징만 서술한 경우(교통이 편리한 곳이 위치)

40 출제 의도: 도시화 곡선

예시 답안

(1) 도시화 곡선
(2) 선진국의 도시화는 산업 혁명 이후 약 200여 년에 걸쳐 서서히 진행되어 기울기가 완만하고, 개발 도상국의 도시화는 짧은 시간에 매우 급속히 진행되어 기울기가 급하다.

핵심 단어 선진국과 개발 도상국의 도시화 속도 비교

등급	채점 기준
상	그래프에서 선진국과 개발 도상국의 기울기를 언급하며 선진국과 개발 도상국의 도시화 속도를 비교한 경우
중	선진국과 개발 도상국의 도시화 속도를 비교하였으나 기울기에 대한 언급이 없는 경우
하	선진국과 개발 도상국의 기울기만 언급한 경우

IX. 글로벌 경제 활동과 지역 변화

01 농업 생산의 기업화와 세계화에 따른 변화

1 농업 생산의 기업화와 세계화

214~215쪽

01 (1) ○ (2) × (3) × (4) ○ **02** (1) 상업적 (2) 기업화 (3) 다각화 **03** (1) 첨단 농기계 (2) 자급적 (3) 이윤 (4) 곡물 **04** ③ **05** ④ **06** ② **07** ③ **08** 곡물 메이저 **09~10** 해설 참조

04 출제 의도: 농업 생산의 기업화

기업들은 많은 자본과 기술을 투입하여 농업 생산의 기업화를 주도하고 있으며 기업화된 농업은 미국, 캐나다, 오스트레일리아, 아르헨티나 등 넓은 농업 지역에서 주로 이루어져 전 세계로 농산물이 판매되고 있다. 기업화된 농업 방식은 아프리카와 아시아 등 개발 도상국으로도 확대되어 대규모 플랜테

이션 농장이 만들어졌다. 자본과 기술력을 갖춘 큰 규모의 농업 기업은 대량으로 농작물을 생산하여 가격 경쟁력을 확보하며 전 세계에 유통·판매하여 이윤을 창출한다. 이러한 거대 농업 기업의 활동은 세계 농산물의 가격뿐만 아니라 농작물의 생산 구조와 소비 부문에 많은 영향을 미치고 있다.

05 출제 의도: 농업의 변화 요인

오늘날 농업 생산의 세계화와 기업화가 이루어진 요인으로는 세계 무역 기구 체제의 출범으로 인한 자유 무역 확대, 교통과 통신의 발달로 인한 농작물 교류의 증가 등을 들 수 있다.

06 출제 의도: 농업 생산의 세계화

사진을 통해 우리나라에서 다양한 수입 농산물을 쉽게 구매할 수 있음을 알 수 있다. 이러한 현상은 농업 생산의 세계화와 관련이 있다.

07 출제 의도: 플랜테이션

아시아와 아프리카에 진출한 다국적 기업들은 대규모 플랜테이션 농장을 만들어 커피, 카카오, 바나나 등의 열대 작물을 생산하여 전 세계로 유통한다.

그래서 오답!

ㄱ. 다양한 작물을 소규모로 재배한다. (×) → 플랜테이션은 단일 작물을 대규모로 재배하는 것이다.
ㄹ. 선진국의 값싼 노동력과 개발 도상국의 기술을 결합하여 이루어진다. (×) → 선진국의 자본과 기술, 개발 도상국의 저렴한 노동력이 결합된 것이다.

08 출제 의도: 곡물 메이저의 이해

곡물 메이저는 세계 곡물 시장에서 큰 영향력을 행사하고 있는 기업으로 세계 곳곳에서 곡물을 재배하고 유통을 주도한다.

09 출제 의도: 농업 생산의 세계화

예시 답안

(1) 과거에 비해 우리나라가 수입하는 과일의 종류와 수량이 증가하였고 과일을 수입하는 대상국도 다양해졌다. 이를 통해 농업 생산의 세계화가 진전되었음을 알 수 있다.
(2) 이와 같은 농업의 세계화가 가능해진 것은 여러 요인이 있다. 먼저 세계 무역 기구(WTO) 체제의 출범으로 인한 자유 무역의 확대로 농산물 거래가 늘어났으며, 교통과 통신의 발달로 지역 간의 교류가 증가하였다. 또한 경제 성장으로 생활 수준이 향상되어 다양한 농산물에 대한 수요가 증가하였으며, 세계적인 생산 네트워크와 유통 네트워크를 보유한 다국적 기업의 등장 등을 들 수 있다.

핵심 단어 농업 생산의 세계화, 자유 무역, 생활 수준 향상, 다국적 기업

등급	채점 기준
상	그래프를 바르게 분석하여 농업 생산의 세계화라는 개념을 도출하고, 그 배경에 해당하는 원인을 세 가지 정확히 제시한 경우
중	(1)과 (2) 중 한 문항에만 적절한 답을 제시한 경우
하	농업 생산의 세계화만 쓴 경우

10 출제 의도: 농업의 기업화 배경

예시 답안

지도를 보면 본사가 있는 국가뿐만 아니라 전 세계를 대상으로 농산물의 생산과 유통·판매가 이루어지고 있음을 알 수 있다. 이러한 농업의 세계화 추세 속에서는 넓은 토지, 대형 농기계, 품종 개량을 위한 대규모 자본과 기술이 필요하며 세계 각지에 농산물을 운송하고 판매하기 위한 생산과 유통 네트워크를 보유한 대규모 농업 기업이 주도적인 역할을 담당하게 된다.

② 농업 생산의 기업화가 생산 지역과 소비 지역에 미친 영향

216~217쪽

01 (1) × (2) ○ (3) ○　　02 (1) 커피 (2) 옥수수 (3) 쌀
03 (1) 식량 자급률 (2) 환경 파괴 (3) 팜유　04 ③　05 ④
06 ①　　07 ⑤　　08 로컬 푸드　09~10 해설 참조

04 출제 의도: 농업의 세계화에 따른 생산 지역의 변화

농업의 세계화, 기업화로 인해 생산 지역의 자영농 비중은 감소하며 상업적 농업은 확대된다. 이 중 상업적 농업의 대표적인 작물들이 상품 작물에 해당한다. 소비 지역에서는 식량 자급률이 하락하고, 농산물 안전성 문제가 제기된다.

05 출제 의도: 농업의 세계화에 따른 소비 지역의 변화

농업의 세계화에 따라 소비 지역의 변화로 제시되는 것 중 '다양한 농산물을 쉽고 저렴하게 구할 수 있다'는 이유 한 가지를 제외하면 나머지는 부정적이다. 많은 단점이 있지만 이를 지속하는 것은 농업의 세계화와 기업화로 인한 장점이 소비 시장에서 매우 중요하기 때문이다.

그래서 오답!

① 새로운 일자리를 제공하기 (×) → 새로운 작물을 재배하며 일자리를 창출하는 것은 주로 생산 지역의 장점이다.
② 자영농의 비중이 증가하기 (×) → 농업의 세계화, 기업화에 따라 곡물 메이저와 같은 다국적 기업이 등장하여 자영농의 비중은 점차 감소하고 있다.
③ 단일 작물의 소규모 재배로 인한 이점 (×) → 농업의 세계화가 진행됨에 따라 인간의 노동력에 의존하여 소규모로 이루어지던 농업은 농기계와 화학 비료를 사용하는 대규모 기업적 농업으로 변화하고 있다. 단일 작물의 대규모 재배는 일반적인 플랜테이션 농업을 말한다. 플랜테이션 초기에는 단일 작물의 대량 생산을 통한 생산 비용 절감이 장점으로 꼽히기도 했다. 하지만 플랜테이션이 여러 나라에서 행해지면서 작물이 풍년이면 가격이 폭락하여 국가 경제가 위험해지는 상황이 발생하였다. 따라서 최근에는 단일 작물 재배보다는 다양한 작물을 재배하도록 권장하고 있다.

06 출제 의도: 농업 생산의 기업화에 따른 토지 이용 변화

식량 작물을 재배하던 지역에서 상대적으로 가격이 비싼 상품 작물 재배로 전환하면서 식량 작물의 생산량이 감소하고 식량 자급률은 감소한다. 상품 작물을 재배하는 주요 농업 방식

은 플랜테이션으로 대표적인 상품 작물은 커피, 바나나 등이 있다. 사료 작물 재배 면적은 주로 육류 소비량의 증대에 따라 대표적인 사료 작물인 옥수수, 콩의 재배 면적이 확대되고 있으며, 이것은 아메리카 대륙의 미국과 아르헨티나에서 활발히 이루어지고 있다.

플러스 개념　상품 작물 재배와 사료 작물 재배

선진국: 국민 1인당 소득 증대 ⇨ 삶의 질 향상 ⇨ 상품 작물 및 육류 수요 증대

⇩

| 식량 작물 ⇨ 상품 작물 전환 | 육류 수요 증대 ⇨ 사료 작물 재배 확대 |

07 출제 의도: 우리나라 식량 자급률 그래프 분석

제시된 자료를 통해 1980~1990년 쌀의 자급률이 증가하였음을 알 수 있으나, 자급률이 증가하였다고 반드시 쌀 생산량이 증가하였다고 할 수는 없다. 국내 소비량이 감소할 경우 쌀의 생산량에 변화가 없거나, 또는 소비량의 감소량보다 생산량이 적게 감소할 경우 자급률은 증가하기 때문이다. 이와 같이 주어진 자료를 통해 알 수 없는 경우에는 일반적으로 틀린 것으로 간주한다. 식량 자급률 그래프의 전체 시기에서 보리와 밀 중 보리의 자급도가 더 높게 나타난다.

08 출제 의도: 로컬 푸드

로컬 푸드란 일반적으로 소비지로부터 반경 50 km 이내에서 생산된 농산물을 의미한다. 우리나라에서는 식량 자급률의 감소와 수입 먹거리의 안전성에 대한 불안감이 커지면서 로컬 푸드에 대한 소비자들의 관심이 높아지고 있다.

09 출제 의도: 로컬 푸드 운동의 이해

예시 답안

(1) 농축산물이 이동하면서 많은 온실 가스(이산화 탄소)를 배출한다. 푸드 마일리지가 클수록 운송에 드는 비용과 시간이 크다는 것을 의미하고, 이는 운송 중 발생하는 온실 가스의 양도 많다는 것을 의미한다.
(2) 로컬 푸드 운동, 지역에서 생산된 먹거리를 그 지역에서 직접 소비하는 운동을 말한다.

핵심 단어 온실 가스, 로컬 푸드 운동, 지역에서 직접 소비

등급	채점 기준
상	온실 가스 배출을 쓰고, 로컬 푸드 운동의 이름과 그 의미를 모두 바르게 서술한 경우
중	온실 가스 배출을 쓰고, 로컬 푸드 운동의 이름 또는 그 의미를 바르게 서술한 경우
하	온실 가스 배출 또는 로컬 푸드 운동의 이름 또는 그 의미만 서술한 경우

10 출제 의도: 플랜테이션

예시 답안

(1) 플랜테이션
(2) 필리핀의 바나나 생산량이 증가하였지만 경제적 위기를 겪

은 이유는 플랜테이션을 통해 단일 작물(바나나)을 집중적으로 재배하였기 때문이다. 하나의 작물만을 집중적으로 재배하면 생산 가격을 절감할 수 있는 장점이 있지만 다른 나라의 생산량에 따라 국제 가격 변동이 심하고 단일 작물에 집중하였기에 대처가 어렵다. 따라서 이를 해결하기 위해 다양한 작물을 재배하도록 노력하고 주요 식량의 자급도를 높이기 위해 식량 작물 농업을 병행해야 한다.

핵심 단어 플랜테이션, 단일 작물 재배, 다양한 작물 재배, 식량 작물 재배

등급	채점 기준
상	플랜테이션을 쓰고, 단일 작물 재배의 이유를 들어 다양한 작물 재배의 해결책을 모두 바르게 서술한 경우
중	플랜테이션을 쓰고, 다양한 작물 재배 또는 식량 작물 재배의 해결책을 바르게 서술한 경우
하	플랜테이션 또는 다양한 작물 재배 또는 식량 작물 재배의 해결책만 서술한 경우

02 다국적 기업의 발달과 지역 변화 ~
03 세계화 시대의 서비스 산업 변화

1 세계화와 다국적 기업의 성장
220~221쪽

01 (1) ○ (2) ○ (3) × 　02 (1) 분산 (2) 선진국 (3) WTO
03 (1) ⓒ (2) ⓒ (3) ⊙ (4) ⓔ 　04 ① 　05 ① 　06 ④
07 ③ 　08 경제 활동의 세계화 　09~10 해설 참조

04 출제 의도: 다국적 기업의 성장
폴란드의 국내 총생산보다 연 매출액이 많은 다국적 기업은 W 사이다. 한 국가의 국내 총생산과 비슷하거나 높을 정도로 다국적 기업의 영향력이 크다.

05 출제 의도: 다국적 기업의 성장 배경
국가 간 무역 장벽이 낮아지면서 다국적 기업의 수가 빠르게 증가하였다. 무역 장벽은 국내 산업을 보호하기 위해 수입품에 관세를 부과하는 등의 무역 제한 조치를 의미한다. 또한 다국적 기업은 교통·통신의 발달로 세계 여러 지역 간 교류가 증가하고, 세계 무역 기구(WTO)의 등장과 자유 무역 협정(FTA)의 확대로 성장하였다.

문제 자료 분석하기 다국적 기업의 성장 배경

① 무역 장벽의 강화 (×) → 무역 장벽의 완화(국가 간 무역 장벽이 낮아지면서 다국적 기업이 성장)

06 출제 의도: 다국적 기업의 특징
다국적 기업은 국경을 넘어 제품의 기획, 생산, 판매 활동을 하는 기업으로 세계 여러 지역 간 교류의 증가로 생산 공장과

영업 지점을 세계 여러 국가로 분산하는 과정에서 발달하였다. 최근에는 제조업뿐만 아니라 농산물의 생산과 가공, 자원 개발, 유통, 금융 등 다양한 분야의 다국적 기업이 나타난다.

그래서 오답!

ㄱ. 다국적 기업은 제조업 분야에서만 나타난다. (×) → 다국적 기업은 제조업뿐만 아니라 농산물의 생산과 가공, 자원 개발, 유통, 금융 등 다양한 분야에서 나타난다.
ㄷ. 세계 여러 지역 간 교류의 감소로 인한 결과물이다. (×) → 세계 여러 지역 간 교류의 증가로 인한 결과물이다.

07 출제 의도: 다국적 기업의 성장 과정
㈎는 지방에 영업 지점을 만들고 생산 시설도 확충되었다는 것에서 '국내 확장 단계'이다. ㈏는 외국에도 영업 지점을 만들어 제품 판매 시장을 확대했다는 것에서 '해외 진출 단계'이다. 다국적 기업 단계는 본사, 생산 공장, 영업 지점이 여러 국가에 분포해야 한다.

08 출제 의도: 경제 활동의 세계화
경제 활동 세계화는 교통·통신의 발달로 국가 간 교류가 활발해져 상품, 자본, 노동, 기술 등이 국경을 초월하여 자유롭게 이동하고 전 세계를 대상으로 생산, 소비가 이루어져 경제적 상호 의존도가 높아지는 현상이다.

09 출제 의도: 다국적 기업의 성장 배경

예시 답안

(1) 다국적 기업, 국경을 넘어 제품의 기획, 생산, 판매 활동을 하는 기업(두 곳 이상의 국가에서 생산, 판매 활동을 수행하는 기업)
(2) 첫째, 교통·통신의 발달로 세계 여러 지역 간의 교류 증가이다. 둘째, 세계 무역 기구의 등장 때문이다. 셋째, 자유 무역 협정의 확대 때문이다.

핵심 단어 다국적 기업, 교통·통신의 발달, 세계 무역 기구, 자유 무역 협정

등급	채점 기준
상	다국적 기업의 용어와 의미를 쓰고, 다국적 기업의 성장 배경을 세 가지 모두 바르게 쓴 경우
중	다국적 기업의 용어와 의미를 쓰고 다국적 기업의 성장 배경을 한 가지 쓴 경우
하	다국적 기업의 용어와 의미만을 쓴 경우

10 출제 의도: 다국적 기업의 특징

예시 답안

(1) 중국, 인도
(2) 1, 2위 국가는 중국과 인도로 한국에 비해 인건비가 저렴하고 시장이 넓은 국가이다. 다국적 기업은 생산비를 줄이고 시장을 개척하기 위해 생산 공장과 영업 지점 등을 세계 여러 국가로 분산하는 과정에서 발달한 것이다. 중국과 인도가 생산비 절감과 시장 개척에 탁월한 조건이었기에 H 자동차에서 해외 생산 비중을 중국과 인도로 넓히게 되었다. 따라서 H 자동차의 국내 생산 비율보다 해외 생산 비율이 높게 되었다.

다국적 기업의 발달이 미친 영향

222~223쪽

01 (1) × (2) ○ (3) ○　**02** (1) 공간적 분업 (2) 무역 장벽
(3) 산업 공동화　**03** (1) ㉠ (2) ㉡ (3) ㉢　**04** ③　**05** ①
06 ②　**07** ②　**08** 공간적 분업　**09~10** 해설 참조

04 출제 의도: 다국적 기업의 입지에 따른 지역 변화
다국적 기업의 생산 공장 진출 지역에서는 일자리 증가와 같은 긍정적인 변화를 볼 수 있다. 반면, 유해 물질 증가로 인한 환경 오염 심화와 같은 부정적인 변화도 볼 수 있다. 산업 공동화 현상은 다국적 기업의 생산 공장이 빠져나간 지역에서 볼 수 있는 변화이다.

05 출제 의도: 다국적 기업의 기능별 입지 특성
생산 기능은 주로 생산 비용을 절감하기 위해 임금이나 지가가 저렴한 개발 도상국에 입지한다. 단, 무역 장벽을 피할 목적으로 선진국에 입지하기도 한다.

플러스 개념 다국적 기업의 기능별 입지 특성

구분	본사	연구소	생산 공장	
기능	관리, 경영, 주요 의사 결정	핵심 기술, 디자인 개발	제품 생산	
입지	본국, 선진국	선진국	개도국	선진국
입지 목적	다양한 정보와 자본 확보 가능	높은 기술력, 고급 인력	생산비 절감	무역 장벽 극복

06 출제 의도: 다국적 기업의 공간적 분업
○○ 자동차 기업은 관리하는 기능인 본사가 한국에 위치하며, 연구 관련 기능은 독일에, 생산 공장은 동유럽(체코, 슬로바키아)에 위치한다. 독일에 연구 관련 기능이 입지한 이유는 기술을 갖춘 고급 인력이 풍부하기 때문이다. 반면 동유럽에 생산 기능이 입지한 이유는 해당 국가들의 시간당 임금이 저렴한 편이기 때문이다.

그래서 오답!

ㄴ. ○○ 자동차의 생산 공장은 주로 기술력이 높은 지역에 입지한다. (×) → 생산 공장이 입지한 지역은 주로 임금 수준이 낮아 생산비를 절감할 수 있는 곳이다. 기술력이 높은 지역에는 주로 연구 기능이 입지한다.

ㄹ. 슬로바키아의 시간당 임금이 10유로로 상승한다면 해당 지역의 생산 공장들은 벨기에로 이전할 것이다. (×) → 슬로바키아의 시간당 임금이 상승한다면 해당 지역에 위치한 생산 공장들은 임금이 더욱 저렴한 지역으로 이동할 것이다. 벨기에는 슬로바키아의 시간당 임금이 10유로로 상승하여도 여전히 슬로바키아보다 임금이 높아 생산 공장이 입지하기에 부적합하다.

07 출제 의도: 다국적 기업 생산 공장의 해외 이전 목적
○○ 기업의 A 공장은 미국, 영국과 같은 선진국에 입지하려

하는 반면, B 공장은 베트남, 필리핀과 같은 개발 도상국에 입지하려 한다. 생산 공장은 주로 임금이나 지가와 같은 생산 비용을 절감하기 위하여 개발 도상국에 입지한다. 그러나 시장을 확대하고 무역 장벽을 극복하기 위하여 선진국에 입지하기도 한다.

08 출제 의도: 공간적 분업의 의미
공간적 분업은 다국적 기업의 여러 기능이 그 특성에 맞는 지역에 입지하는 것으로, 기업은 이를 통해 경영의 효율성을 높이고 이윤을 극대화하는 효과를 추구한다.

09 출제 의도: 다국적 기업의 생산 공장 이전과 그 영향

예시 답안

(1) 생산 비용(인건비) 절감, 다국적 기업이 생산 공장을 개발 도상국으로 이전하는 이유는 인건비나 지가와 같이 생산을 하기 위해 필요한 비용을 절감하기 위함이다.
(2) 다국적 기업이 생산 공장을 이전한 베트남에서는 일자리가 증가하고 관련 산업이 발달하면서 경제가 활성화된다는 긍정적 변화가 발생할 수 있다. 또한, 기술의 이전을 통해 장기적인 발전에도 도움이 될 수 있다. 그러나 생산 공장으로 인하여 환경 오염 문제가 심화되고, 이윤의 대부분이 다국적 기업의 본사로 빠져나가 지역 경제에 도움이 되지 못할 수 있다는 부정적 변화가 발생할 수 있다.

핵심 단어 일자리 증가, 기술 이전, 환경 오염, 이윤 유출

등급	채점 기준
상	긍정적 변화와 부정적 변화를 두 가지씩 모두 제시한 경우
중	긍정적 변화와 부정적 변화 중 한 가지 부분만 정확히 제시하였거나, 두 변화에 대하여 한 가지씩만 정확히 제시한 경우
하	긍정적 변화와 부정적 변화 중 한 가지만 제시하였을 경우

10 출제 의도: 다국적 기업의 생산 공장 입지에 따른 지역 문제 해결 방안

예시 답안

(1) 다국적 기업은 생산 비용을 줄이기 위해 생산 공장을 지가와 임금이 싼 개발 도상국에 배치하기 때문이다.
(2) 노동자들의 권리에 대한 관리와 감독을 강화한다. 기업의 사회적 책임에 관한 관심을 가질 수 있는 캠페인을 벌인다. 노동자들이 자신의 권리를 지킬 수 있도록 노동자들에 대한 노동 관련 교육을 한다.

핵심 단어 다국적 기업, 생산 공장 입지, 생산 비용, 인건비, 지가

등급	채점 기준
상	다국적 기업의 생산 공장 입지 특성, 이에 따른 지역 문제 해결 방안을 모두 정확하게 서술한 경우
중	다국적 기업의 생산 공장 입지 특성, 이에 따른 지역 문제 해결 방안 중 한 가지만 정확하게 서술한 경우
하	다국적 기업의 생산 공장 입지 특성, 이에 따른 지역 문제 해결 방안을 정확하게 서술하지 못한 경우

③ 서비스업의 세계화와 주민 생활 변화

224~225쪽

01 (1) ✕ (2) ✕ (3) ◯ **02** (1) 생산자 서비스 (2) 확대 (3) 개발 도상국 **03** (1) 탈공업화 (2) 전자 상거래 (3) 공정 여행 **04** ③ **05** ④ **06** ② **07** ⑤ **08** 해외 직접 구매 **09~10** 해설 참조

04 출제 의도: 서비스업의 유형

소비자 서비스업은 음식업, 숙박업, 소매업 등과 같이 일반 소비자에게 직접 제공하는 서비스이며, 생산자 서비스업은 금융, 법률, 광고, 시장 조사 등과 같이 기업 활동에 도움을 주는 서비스이다.

05 출제 의도: 서비스업의 세계화

정보화와 통신의 발달로 전자 상거래가 증가하고, 관광, 교육, 의료 등의 서비스업도 서비스 제공자와 소비자가 직접 만나지 않아도 이루어질 수 있게 되었다. 원격 무료 강의 수강, 스마트폰 앱을 통한 쇼핑, 인터넷을 통한 숙박 시설 예약, 미국 기업의 24시간 운영 콜센터는 대표적인 서비스업의 세계화 모습이다.

06 출제 의도: 유통의 세계화

(가)는 소비자가 상품을 직접 구매하는 방식이며, (나)는 인터넷 통신망을 통해 상품을 구매하는 방식이다. (나)는 정보 통신이 발달하면서 인터넷과 휴대 전화 등을 통해 상품을 직접 구매할 수 있게 되었다. (나)는 (가)보다 상품 유통 구조도 단순하고, 시공간의 제약도 적으며, 택배 산업의 활성화를 가져왔다.

07 출제 의도: 지속 가능한 관광

골프장을 건설하면 자연 경관이 훼손되고 홍수나 태풍 같은 자연재해에 취약해진다. 공정 여행의 핵심은 현지 주민에게 경제적 이익이 돌아갈 수 있도록 소비하는 것이므로 다국적 기업의 리조트보다는 현지인이 운영하는 숙박 시설을 이용하는 것이 공정 여행이다.

플러스 개념 일반 여행과 공정 여행

일반 여행	공정 여행
외부인이 운영하는 대규모 호텔 · 리조트에 투숙	현지인이 운영하는 숙소, 음식점, 대중교통 이용
현지 동물을 이용한 쇼나 관광에 참여	현지의 동식물로 만든 기념품 구입 금지
대규모 골프장, 놀이 공원 등에서 여가 활동	여행지의 문화 체험, 생태 관광

08 출제 의도: 유통의 세계화

해외 직접 구매(해외 직구)는 국내의 소비자가 온라인 상점 등을 통해 외국에서 판매하는 상품을 직접 구매하는 행위를 말한다.

09 출제 의도: 서비스업의 분화

예시 답안

(1) BPO(기업 비즈니스 업무 대행, 업무 처리 아웃소싱)

BPO(Business Process Outsourcing)는 업무 처리 아웃소싱 방식으로, 경영 효율의 극대화를 위해 회사 업무 처리의 전반적인 과정을 외부 업체에 위탁하여 처리하는 것을 말한다.

(2) 필리핀은 저렴한 인건비와 영어를 공용어로 사용한다는 장점 때문에 다국적 기업들의 콜센터로 주목을 받고 있다.

핵심 단어 BPO, 저렴한, 인건비, 영어, 공용어

등급	채점 기준
상	BPO를 바르게 쓰고, 기업 콜센터가 필리핀에 입지하기 유리한 조건 두 가지를 모두 바르게 서술한 경우
중	BPO를 바르게 쓰고, 기업 콜센터가 필리핀에 입지하기 유리한 조건 한 가지만 바르게 서술한 경우
하	BPO만 바르게 쓴 경우

10 출제 의도: 관광 산업의 발달로 인한 지역 변화

예시 답안

(1) 지속 가능한 관광(공정 여행)

(2) 스크린 투어리즘은 영화가 흥행한 뒤 그 촬영지에 관광객들이 많아지면서 관광 산업이 발달하게 되는 현상이다. 대표적인 예가 뉴질랜드의 호비튼으로 이 지역은 「반지의 제왕」, 「호빗」 영화가 촬영된 지역으로 전 세계 영화 팬들이 몰려 유명한 관광지로 변화하였다. 관광 산업은 호비튼 지역 주민의 일자리를 늘리고, 소득을 증가시켜 경제 발전을 가져왔다. 뿐만 아니라 교통 및 숙박 산업과 같은 연관 산업도 발전시켰다. 또한, 지역의 이미지를 새롭게 인식하도록 하고 지역 홍보 효과를 가져오기도 하였다.

핵심 단어 지속 가능한 관광, 고용 확대, 소득 증가, 연관 산업 발전, 지역 홍보 효과

등급	채점 기준
상	지속 가능한 관광을 바르게 쓰고, 관광 산업이 뉴질랜드 호비튼에 미치는 긍정적인 영향을 두 가지 이상 바르게 서술한 경우
중	지속 가능한 관광을 바르게 쓰고, 관광 산업이 뉴질랜드 호비튼에 미치는 긍정적인 영향을 한 가지만 바르게 서술한 경우
하	지속 가능한 관광만 바르게 쓴 경우

대단원 완성 문제 Ⅸ 글로벌 경제 활동과 지역 변화

226~231쪽

01 ③ **02** ④ **03** ⑤ **04** ④ **05** ① **06** ⑤
07 ② **08** ⑤ **09** ⑤ **10** ② **11** ① **12** ①
13 ④ **14** ③ **15** ③ **16** ⑤ **17** ⑤ **18** ④
19 A-3차 산업, B-1차 산업, C-2차 산업 **20** ③ **21** ⑤
22 ③ **23** ④ **24** ④ **25~30** 해설 참조

01 출제 의도: 농업의 세계화

오늘날에는 세계적으로 농축산물의 생산과 유통이 이루어지

고 있는데, 이를 농업의 세계화라고 한다. 농업의 세계화는 다국적 농업 기업의 등장, 장거리 수송을 가능하게 하는 냉장 및 냉동 기술의 발달, 새로운 종자 개발과 농업 기술의 발달로 인한 재배 범위의 확대로 가능해졌다.

02 출제 의도: 커피 플랜테이션 농업

지도는 커피의 주요 생산국과 주요 소비국을 나타낸 것이다 (2016년 기준). 커피 생산량 상위 4개국은 브라질, 베트남, 콜롬비아, 인도네시아이며, 커피 수입국 상위 4개국은 미국, 독일, 이탈리아, 일본이다. 커피 원두는 주로 열대 기후 지역에서 플랜테이션 방식으로 생산되고 있으며, 주요 생산 지역이 적도 주변 개발 도상국에 한정되어 있는 반면, 주요 소비 지역은 선진국으로 구분되고 있다.

그래서 오답!

> ㄱ. 플랜테이션 작물은 수요와 공급에 따라 국제 시장 가격 변동이 큰 편이다.
> ㄷ. 커피 원두는 주요 생산지와 소비지가 다르기 때문에 국제 이동량이 많다.

03 출제 의도: 자급적 농업과 상업적 농업

(가)는 아시아의 벼농사로 가족 노동력 중심의 협업을 통해 이루어지기 때문에 일정한 토지 면적에 대한 노동 투입이 많고 영농 규모가 작은 편이다. 전 세계 쌀의 90% 이상은 아시아의 계절풍 기후 지역에서 생산되는데, 쌀의 주요 생산 지역이 곧 주요 소비 지역이므로 생산 대비 수출 비중이 낮은 편이다.
(나)는 미국의 밀 농사로 상업적 성격의 수출용 밀 생산이 대규모로 이루어지고 있다. 미국의 밀 농사는 막대한 자본을 바탕으로 기계화된 방식으로 생산되기 때문에 일정한 토지 면적에 대한 노동 투입이 적다.

04 출제 의도: 농업의 기업화

오늘날 다국적 농업 기업(곡물 메이저)이 농업에 미치는 영향력이 점차 커지고 있다. 다국적 농업 기업은 막대한 자본을 바탕으로 농축산물의 생산과 유통을 장악하고 있다. 다국적 농업 기업은 농축산물의 생산에서부터 매입, 수송, 저장, 가공, 수출, 판매에 이르는 전 과정에 대한 지배력을 확장시키고 있다. 다국적 농업 기업은 물류, 화학 비료 생산, 종자 연구 및 개발, 가공 식품 생산 등으로 사업 부문을 다변화하고 있다.

05 출제 의도: 농업의 세계화

농업의 세계화는 자신이 소유한 땅에서 농사를 짓는 자영농의 수를 감소시키고 있다. 농업의 세계화는 다국적 농업 기업이 주도하고 있으며, 농업의 성격을 점차 상업적으로 변화시키고 있다. 농업의 세계화와 함께 밥상 위에 먹거리의 원산지가 다양해지고, 먹거리의 이동 거리도 점차 멀어지고 있다.

06 출제 의도: 농업의 세계화가 생산 지역에 미친 영향

열대 기후 지역에서 팜유 생산을 위해 재배되고 있는 기름야자 때문에 열대 우림 파괴와 생태계 변화가 심각하게 초래되고 있다. 세계 팜유 생산의 대부분은 인도네시아와 말레이시아에서 이루어지고 있다. 기름야자 재배 지역이 확대되면서 열대 우림이 빠른 속도로 파괴되고 있으며, 열대 우림의 파괴는 지구 온난화를 가속화할 뿐만 아니라 열대 우림에 서식하는 오랑우탄과 같은 희귀 동물도 멸종시키고 있다.

07 출제 의도: 스마트 팜

농축산물을 생산하고, 가공하고, 유통하는 모든 단계에서 정보 통신 기술(ICT)을 접목한 지능화된 농업 방식을 '스마트 팜(Smart Farm)'이라고 한다. 스마트 팜을 활용하면 농산물의 생육 환경과 가축의 사육 환경을 적정하게 유지 및 관리할 수 있고, PC와 스마트폰을 이용해 원격으로 관리할 수 있어 생산의 효율성과 편의성을 높일 수 있다.

08 출제 의도: 농업의 세계화가 소비 지역에 미친 영향

농업의 세계화와 함께 값싼 곡물 수입이 늘면서 우리나라 농산물의 가격 경쟁력이 약화되어 곡물 자급률이 감소하고 있다. 우리나라 전체 곡물의 자급률은 1975년 약 80%에서 2013년 약 22%로 급감하였다. 특히 수입이 많이 이루어지고 있는 밀과 옥수수의 자급률은 매우 낮다. 자급률은 해당 자원의 국내 생산량을 국내 소비량으로 나눈 비율이므로, 자급률이 100%보다 낮으면, 그만큼 수입 의존도가 높다는 것을 의미한다.

그래서 오답!

> ㄱ. 같은 기간 동안 쌀의 평균 자급률은 밀보다 높기 때문에 수입 의존도는 밀이 쌀보다 높다.
> ㄴ. 농업의 세계화에 따른 값싼 외국산 곡물의 수입 증가로 우리나라의 곡물 자급률은 감소하고 있다.

09 출제 의도: 다국적 기업의 성장 과정

(가)는 기업 활동의 범위가 국내에 한정되어 있는 국내 기업 단계이다. (나)는 기업 활동의 범위가 여러 국가로 확장된 다국적 기업 단계이다. 다국적 기업은 국내 기업보다 판매 시장의 공간적 범위가 넓으며, 총 생산액 중 해외 생산액이 차지하는 비중이 많다. 기업의 본사가 갖는 명령·통제·의사 결정 기능과 역할은 기업의 네트워크가 확장될수록 강화된다.

10 출제 의도: 다국적 기업의 성장 과정과 공간적 분업

1단계에는 국내 핵심 지역에만 모기업과 본사가 입지하고 있다. 2단계에는 국내 주변 지역까지 영업 지점과 분공장이 설치된다. 3단계에는 해외에 영업 지점이 진출하면서 다국적 기업으로 성장하였다. 4단계에는 해외 일부 지역에 분공장까지 진출하여 기업 네트워크를 더욱 확장시켰다.

그래서 오답!

> ㄴ. 3단계부터 해당 기업은 다국적 기업으로 성장하였다.
> ㄹ. 1단계에서 4단계로 갈수록 본사의 의사 결정 기능은 강화된다.

11 출제 의도: 다국적 기업의 공간적 분업

연구 개발 기능은 주변에 연구소나 대학이 가깝게 입지하고 있거나 고급 인력을 확보하기 용이한 곳에 입지한다. 판매 지점은 인구가 많고 소득 수준이 높아 제품에 대한 시장 잠재력이 큰 곳에 입지한다.

12 출제 의도: 다국적 기업의 생산 공장 이전

높은 임금 수준과 정부의 규제 강화 등의 이유로 생산 공장이 철수한 사례이다.

13 출제 의도: 다국적 신발 제조업체의 공간적 분업

신발 산업은 의류 산업과 함께 대표적인 노동 집약적 산업이다. 신발 및 의류 산업은 제조 과정에서 사람의 손길이 많이 필요하기 때문에 전체 생산비에서 인건비가 차지하는 비중이 높다. 따라서 신발 및 의류 산업의 생산 공장은 인건비가 낮은 지역에 입지하는 것을 선호한다. 지도에 제시된 미국의 N 신발 제조업체의 생산 공장이 1960년대에 일본에 입지하다가, 1970년대에 우리나라와 타이완으로, 1980년대에 중국으로, 1990년대에 동남아시아로 입지를 옮긴 이유는 시기별로 인건비가 변화하였기 때문이다. 해당 지역의 인건비가 오르면 생산 공장은 인건비가 저렴한 지역을 찾아 이전한다.

> **그래서 오답!**
>
> ㄱ. N 사의 기업 활동 범위는 시간이 흐르면서 넓어지고 있다.
> ㄷ. 중국의 임금 수준이 높아지면서 N 사의 생산 공장이 중국에서 동남아시아로 이전한 것으로 볼 때, 시간당 평균 인건비는 동남아시아가 중국보다 저렴하다.

14 출제 의도: 다국적 청바지 제조업체의 공간적 분업

영국 L 사의 청바지는 공간적 분업을 통해서 만들어진다. 청바지 디자인과 제품 개발은 본사와 가까운 영국에서 이루어지고, 청바지의 원단과 지퍼, 단추 등의 부자재 등은 아프리카나 일본 등지에서 생산된 것을 수입해서 활용하고 있다. 원단 염색은 이탈리아에서 이루어지고, 옷감을 재단하고 봉재(바느질)하는 일은 튀니지에서 이루어지고 있다. 청바지의 최종 생산이 북부 아프리카의 지중해 지역에서 이루어지는 것으로 볼 때, 유럽 시장에 초점을 맞춘 청바지 생산 사례로 판단된다.

> **그래서 오답!**
>
> ㄹ. 생산 과정에서 어느 정도 기술력이 필요한 지퍼는 일본에서 생산된 것을 구매하고 있다.

15 출제 의도: 축구 티셔츠 생산의 공간적 분업

본사는 △△ 사로 미국에 입지하고 있으며, 디자인 센터는 캐나다에 입지한다. 옷감의 염색은 베트남에서 이루어지고 있으며, 축구 티셔츠의 재단과 봉재(바느질)는 중국에서 이루어지고 있다. 이처럼 축구 티셔츠 한 장을 만들기 위해서는 세계적 생산 네트워크 간의 협력이 필요하다.

16 출제 의도: 의류 산업의 세계화가 지역에 미치는 영향

'패스트 패션(Fast Fashion)' 방식으로 생산된 의류는 저렴하지만 일정 수준 이상의 품질을 갖는 기성복 의류라는 특징이 있다. 다양한 디자인의 의류 제품을 소량으로 생산하여 시장에 납품하며, 시장 반응에 따라서 필요한 디자인의 의류를 필요한 양만큼 생산한다. 보통 주문에서 생산, 납품까지 2주 내외에 이루어진다. 대부분 패스트 패션 의류의 생산 공장은 주요 소비 지역과 가까운 저임금 지역에 입지하고 있으며, 소비자 반응에 유연적으로 대처하기 위해서 정보 통신 기술을 활용하고 있다.

17 출제 의도: 자동차 기업의 유럽 내 공간적 분업

○○ 자동차 기업의 본사는 우리나라 서울에 입지하고 있다.

기술 연구소와 디자인 센터가 독일에 입지한다. 영업소는 독일, 영국, 아일랜드, 프랑스, 에스파냐 등지에 입지하고 있다. 생산 공장은 체코와 슬로바키아 등지에 입지한다. 동부 유럽에 위치한 폴란드, 체코, 슬로바키아, 헝가리, 루마니아 등 과거 사회주의 국가는 북서부 유럽 국가에 비해 경제 발전 수준이 떨어지고 임금 수준도 낮은 편이다. 따라서 유럽 내 공간적 분업 관계에서 생산 기지 역할을 담당하고 있다.

18 출제 의도: 다국적 기업의 입지 변화가 지역에 미치는 영향

글로벌 생산 기지가 중국에서 동남아시아의 베트남으로 이동하고 있다. 중국의 인건비가 상승하면서 상대적으로 인건비가 저렴한 동남아시아가 새로운 투자처로 부상하였기 때문이다. 지도를 보면 유입 기업 수와 유출 기업 수의 차이가 가장 큰 국가는 베트남이며(15-1=14건), 베트남은 유입 기업 수(15건)가 유출 기업 수(1건)보다 많지만, 중국은 유출 기업 수(11건)가 유입 기업 수(3건)보다 많다.

19 출제 의도: 서비스업 비중의 국가별 차이

경제 발전 수준이 높아질수록 생산과 고용 측면에서 서비스업이 차지하는 비중이 높아진다. 독일, 미국과 같은 선진국에서 가장 높은 생산액 비중을 차지하고 있는 A는 3차 산업이다. 중국은 제조업 부문의 비중이 다른 나라에 비해 높은 국가이다. 따라서 서비스업 생산액 비중 다음으로 높은 C는 2차 산업이다. 개발 도상국인 아프리카의 차드는 1차 산업 생산액 비중이 가장 높다. 따라서 B는 1차 산업이다.

20 출제 의도: 서비스업의 특징

서비스업은 경제 주체에게 필요한 서비스를 제공해 주는 산업으로 도·소매업, 음식업, 숙박업 등과 같이 일반 소비자를 위한 서비스업과 금융업, 광고업, 부동산업 등과 같이 생산자를 위한 서비스업으로 구분된다. 경제가 성장할수록 생산과 고용 측면에서 서비스업이 차지하는 비중이 높아지는데, 이를 서비스 경제화라고 한다.

21 출제 의도: 유통의 세계화와 지역의 변화

그래프를 보면 온라인쇼핑을 통한 해외 직접 구매액이 점차 증가하고 있음을 알 수 있다. 이와 같은 추세가 지속될 경우, 소비자는 상점에 방문할 필요가 없이 온라인상에서 주문과 결제를 할 수 있기 때문에 제품 구매에 따른 시간적·공간적 제약이 줄어들 수 있다. 그리고 택배업과 같은 물류 산업이 발달할 수 있다. 긍정적인 측면 외에도 유통의 세계화를 통해 기업 간 경쟁이 심화될 수 있고, 비슷한 상품을 판매하는 국내 기업들의 매출이 감소할 우려가 있다.

> **그래서 오답!**
>
> ㄱ. 온라인 쇼핑과 같은 전자 상거래는 기존 상거래 방식과 비교하여 제품 구매부터 배송에 이르는 단계가 적다.

22 출제 의도: 기업 콜센터의 입지 조건

전화나 인터넷 등으로 고객의 문의 및 요구 사항을 접수하고 처리하는 시설을 콜센터라고 한다. 이러한 콜센터는 최근 각종 운영비와 인건비를 절감할 수 있는 개발 도상국으로 이전하고 있다. 인도나 필리핀은 기업 콜센터 입지로 선호되는 지

역이다. 이들 국가는 영어 사용 능력이 우수한 저임금 노동력이 풍부하며, 콜센터 입지에 필요한 전력 공급과 각종 정보 통신망이 잘 구축되어 있다. 또한 미국과 대략 12시간의 시차가 있어 업무를 연속적으로 처리할 수 있는 장점도 있다.

23 출제 의도: 지속 가능한 관광

㉠ 지속 가능한 관광(생태 관광)은 대중 관광(Mass tourism)과 달리 현지인과의 교류와 체험을 중시하며, 현지 문화를 존중하고 생태계에 미치는 영향을 최소화한다. ④ 대중 관광의 특징이다.

24 출제 의도: 세계화로 인한 서비스업의 변화

교통 및 통신 기술이 발달하면서 서비스 활동이 점차 세계화되고 있다. 특히, 세계화의 영향으로 의료 기술과 서비스 수준이 높은 선진국에서 진료를 받으려는 사람들이 늘어나면서 의료 산업이 하나의 관광 산업으로 발전하고 있는데, 이를 의료 관광이라고 한다. 최근 반정부 시위가 거세지면서 의료 관광객이 많이 줄었지만, 그 전까지만 해도 동남아시아의 타이는 전 세계에서 가장 많은 의료 관광객을 유치했던 국가였다. 타이가 의료 관광객을 많이 유치할 수 있었던 이유로 저렴한 진료비를 꼽을 수 있다.

그래서 오답!

> ㄱ. 자료를 보면 인도의 의료 관광 지수는 우리나라보다 높다.
> ㄷ. 의료 관광 지수 상위 10개국에 인도, 콜롬비아와 같은 개발 도상국이 포함되어 있다.

25 출제 의도: 농업의 세계화에 대한 대응 노력

예시 답안

농업의 세계화에 대한 대안으로 등장한 로컬 푸드 운동이다. 로컬 푸드 운동은 특정 지역에서 생산한 먹을거리를 가능한 그 지역 안에서 소비하자는 운동이다.

핵심 단어 농업의 세계화, 농산물, 로컬 푸드

등급	채점 기준
상	로컬 푸드 운동을 쓰고, 로컬 푸드 운동에 대해 정확하게 서술한 경우
중	로컬 푸드 운동을 쓰고, 로컬 푸드 운동에 대해 정확하게 서술하지 못한 경우
하	로컬 푸드 운동만 쓴 경우

26 출제 의도: 다국적 농업 기업의 네트워크

예시 답안

- 긍정적인 측면: 종자 개발 등의 농업 기술 향상 노력을 통해서 농축산물의 생산 범위를 확대하고, 생산성을 높인다. 독자적인 유통 시스템을 통해서 농축산물을 멀리 떨어진 지역까지 공급할 수 있다.
- 부정적인 측면: 자본과 기술이 부족한 소규모 농가(또는 자영농)가 쇠퇴할 수 있다. 다국적 농업 기업이 농축산물 공급을 장악하게 되면서 다국적 농업 기업에 대한 의존이 심화될 수 있다.

핵심 단어 농업 생산성 증대, 농축산물 공급 범위 확대, 자영농의 쇠퇴, 다국적 농업 기업에 대한 의존도 심화 등

등급	채점 기준
상	농산물 생산 체계의 긍정적인 측면과 부정적인 측면을 모두 정확하게 서술한 경우
중	농산물 생산 체계의 긍정적인 측면 또는 부정적인 측면 중 한 가지만 정확하게 서술한 경우
하	농산물 생산 체계의 긍정적인 측면과 부정적인 측면을 정확하게 서술하지 못한 경우

27 출제 의도: 다국적 기업의 공간적 분업

예시 답안

저임금 노동력을 풍부하게 확보할 수 있는 지역에 입지하였다.

핵심 단어 저임금 노동력 또는 인건비 절감

등급	채점 기준
상	낮은 임금 수준과 풍부한 노동력이라는 두 가지 핵심어로 생산 공장의 입지 조건을 정확하게 서술한 경우
중	낮은 임금 수준과 풍부한 노동력 중 한 가지 핵심어로 생산 공장의 입지 조건을 서술한 경우
하	생산 공장의 입지 조건을 정확하게 서술하지 못한 경우

28 출제 의도: 다국적 기업의 입지 변화가 지역에 미치는 영향

예시 답안

다국적 기업이 기존 생산 공장을 폐쇄하고 다른 지역으로 떠나게 되면 기존 산업 기반 쇠퇴에 따른 지역 경제 침체, 실업률 증가, 산업 공동화 현상 등의 문제가 발생하게 된다.

핵심 단어 다국적 기업, 생산 공장 이전, 산업 공동화

등급	채점 기준
상	다국적 기업의 생산 공장이 이전함에 따라 기존 입지 지역에 미치는 영향을 두 가지 모두 정확하게 서술한 경우
중	다국적 기업의 생산 공장이 이전함에 따라 기존 입지 지역에 미치는 영향을 한 가지만 정확하게 서술한 경우
하	다국적 기업의 생산 공장이 이전함에 따라 기존 입지 지역에 미치는 영향을 정확하게 서술하지 못한 경우

29 출제 의도: 전자 상거래의 특징

예시 답안

전자 상거래 방식이다. 기존의 상거래 방식은 전자 상거래보다 상대적으로 유통 단계가 복잡하므로 유통 비용이 많이 들고 상거래의 공간적 제약과 구매 활동의 시간적 제약이 크다. 반면에 전자 상거래는 인터넷 통신망을 통해 상품을 구매하는 방식으로, 제조 공장에서 만든 상품을 유통센터를 거쳐 소비자에게 전달하기 때문에 기존 상거래와 비교해서 상품 구매를 위한 소비자의 평균 이동 거리와 유통 단계가 짧다.

핵심 단어 서비스 산업의 세계화, 전자 상거래, 유통 산업

등급	채점 기준
상	전자 상거래를 쓰고, 전자 상거래 방식의 특징을 정확하게 서술한 경우
중	전자 상거래를 쓰고, 전자 상거래 방식의 특징을 정확하게 서술하지 못한 경우
하	전자 상거래만 쓴 경우

30 출제 의도: 지속 가능한 관광의 특징

예시 답안

현지의 문화를 존중하고, 생태계에 미치는 영향을 최소화하며, 현지 주민과의 교류와 체험을 강조한다. 단체 관광보다는 소규모 또는 개별 관광 형태로 이루어진다.

핵심 단어 현지 문화 존중, 현지 주민과의 교류, 체험 중심, 소규모 개별 관광 형태 등

등급	채점 기준
상	지속 가능한 관광의 특징 두 가지를 모두 정확하게 서술한 경우
중	지속 가능한 관광의 특징 두 가지 중 한 가지만 정확하게 서술한 경우
하	지속 가능한 관광의 특징을 정확하게 서술하지 못한 경우

X. 환경 문제와 지속 가능한 환경

01 기후 변화

① 기후 변화의 요인 및 지구 온난화
236~237쪽

01 (1) X (2) ○ (3) X　　　**02** (1) 이산화 탄소 (2) 메테인 (3) 기후 변화　　**03** (1) 지구 온난화 (2) 화석 에너지 (3) 온실 가스 (4) 환경 문제　　**04** ③　　**05** ④　　**06** ③　　**07** ③　　**08** 지구 온난화　　**09~10** 해설 참조

04 출제 의도: 이산화 탄소의 증가 원인 이해
삼림 면적이 증가하면 이산화 탄소 흡수 능력이 향상되므로 이산화 탄소 농도가 낮아지게 된다.

05 출제 의도: 기후 변화 요인 이해
① 삼림 벌채, ② 가축 사육 증가, ③ 석유 사용량 증가는 인위적 요인이고, ④ 태양 활동의 변화는 자연적 요인이다.

06 출제 의도: 지구 온난화를 심화시키는 요인
을. 육류는 곡물에 비해 생산 과정에서 이산화 탄소, 메테인

등을 더 많이 배출한다. 따라서 곡물 소비를 줄이고 육류 소비를 늘리는 것은 지구 온난화를 심화시키는 요인이다.

07 출제 의도 : 지구 평균 기온이 상승하는 요인 이해
햇빛을 이용한 에너지 생산은 화석 에너지를 이용하는 것에 비해 이산화 탄소 배출량이 적다.

08 출제 의도: 지구 온난화 의미 이해
대기 중에 이산화 탄소, 메테인, 아산화 질소 등이 증가하면서 지구의 평균 기온이 상승하는 현상은 지구 온난화이다.

09 출제 의도: 지구의 평균 기온 변화 이해

예시 답안

(1) 온실가스의 증가로 대기의 온실 효과가 증가하여 지구에서 우주로 방출되는 복사 에너지가 감소하고 대기에 흡수되었다.

핵심 단어 온실 효과, 복사 에너지

등급	채점 기준
상	온실가스 증가로 대기의 온실 효과가 증가한다는 내용, 이로 인해 지구에서 우주로 방출되는 복사 에너지가 감소한다는 내용을 모두 옳게 서술한 경우
하	온실가스 증가로 대기의 온실 효과가 증가한다는 내용, 이로 인해 지구에서 우주로 방출되는 복사 에너지가 감소한다는 내용 중 하나만 옳게 서술한 경우

(2) 지구의 평균 기온이 상승하면서 지구는 해수면 상승, 산불 확대, 홍수·가뭄·태풍의 심화 등 여러 위험에 노출되어 있다. 또한 세계 여러 나라의 생태계에 변화가 일어나고 있으며, 농작물 생산이 감소하거나, 이전과 다른 농작물을 재배하게 되는 일도 있다.

10 출제 의도: 지구 온난화 원인 이해

예시 답안

(1) 일등석은 이코노미석보다 좌석이 크고 짐을 더 많이 운반하기 때문이다.
(2) 여름철 냉방 온도를 낮추면 에너지 소비량이 많아 온실 가스를 많이 배출한다. 따라서 냉방을 할 때 적정 온도로 맞춰 사용해야 한다.

② 지구 변화에 따른 지역 변화 및 기후 변화 해결을 위한 노력
238~239쪽

01 (1) X (2) ○ (3) ○　　**02** (1) 상승 (2) 브라질 리우 (3) 빨라　　**03** (1) 늘어나고 → 감소하고 (2) 감소하고 → 증가하고 (3) 느리게 → 빠르게 (4) 늘어나고 → 줄어들고　　**04** ①　　**05** ②　　**06** ②　　**07** ③　　**08** 파리 협정　　**09~10** 해설 참조

04 출제 의도: 해수면 상승으로 피해를 입는 국가
기온이 상승하면서 빙하가 녹아 해수면이 상승하게 되었고, 이에 따라 해수면이 낮은 몰디브, 투발루 등의 국가들은 국가적 존폐 위기에 놓여 있다.

05 출제 의도: 지구 온난화에 따른 빙하의 감소

지구 온난화의 영향으로 지표면의 온도가 올라가면서 빙하의 면적이 줄어들고 있다. 남극과 북극에 있는 빙하뿐만 아니라 알프스산맥, 히말라야산맥 등 내륙에 있는 빙하들도 급격하게 녹고 있다. 이렇게 녹은 물이 바다로 흘러들어 해수면이 상승하는 원인을 제공한다.

06 출제 의도: 기후 변화에 따른 지역 변화

기후 변화는 대부분의 지역에서 인간 생활과 생태계에 부정적인 영향을 미치고 있다. 반면 지구의 평균 기온이 상승하면서 일부 극지방에서는 농사가 가능해지고 북극해의 항로가 열리는 등 긍정적인 효과가 나타나기도 한다.

> **그래서 오답!**
>
> ① 빙하의 면적이 증가하고 있다. (×) → 지구 온난화로 빙하의 면적은 감소하고 있다.
> ③ 태평양의 온도 상승으로 태풍의 횟수가 줄어들고 있다. (×) → 기온 상승으로 인해 태풍 등의 자연재해 횟수는 증가하고 있다.
> ④ 수온 상승으로 산호초 지대가 점점 확장되고 있다. (×) → 수온 상승으로 산호초 지대는 점점 줄어들고 있다.
> ⑤ 해수면 상승으로 투발루의 해발 고도가 높아지고 있다. (×) → 해수면 상승으로 투발루는 물에 잠길 위기에 처해 있다.

07 출제 의도: 기후 변화에 따른 생태계 변화

기후 변화는 생태계에도 큰 영향을 미친다. 고산 식물의 분포 범위는 점점 줄어들거나 멸종 위험이 커지고 있다. 아열대 지역에서 생산되던 과일의 재배 지역이 점점 고위도 지역으로 확대되고 있다.

> **그래서 오답!**
>
> ㄱ. 전 세계 산호초가 늘어나고 있다. (×) → 지구 온난화로 전 세계 산호초의 3분의 1이상이 위험한 상황에 놓여있다.
> ㄹ. 말라리아와 같은 열대 질병의 분포 지역이 축소되고 있다. (×) → 기온이 올라 날씨가 덥고 습해지면서 전염병을 옮기는 매개체가 살기에 더 좋은 환경이 되고 있고 이로 인해 특정 지역에서 발생하던 질병이 다른 지역으로 퍼지고 있다.

08 출제 의도: 기후 변화를 완화하기 위한 국제 협정

2015년 프랑스 파리에서 개최된 제21차 국제 연합 기후 변화 협약 당사국 총회에서는 산업 혁명 이전과 비교해 지구 평균 온도의 상승 폭을 2℃보다 '훨씬 작게' 제한하며, 되도록 1.5℃까지 낮추도록 노력을 기울이자는 데 합의하였다.

09 출제 의도: 지구 온난화로 인한 문제점과 이점

> **예시 답안**

(1) 빙하가 녹아 해수면이 상승하면서 낮은 지대가 침수되었고, 홍수와 태풍 등의 발생 빈도가 잦아지며 위력이 강해졌다. 생물들의 서식 환경도 달라져 개체 수가 감소하거나 멸종되는 등 생태계에 나쁜 영향을 미치고 있다. 장기적으로 기후 변화가 지속된다면 물과 식량 자원의 부족 문제도 심각해질 것이다.

(2) 지구의 평균 기온이 상승하면서 일부 극지방에서는 농사가

가능해지고 북극해의 항로가 열리는 등 긍정적인 효과가 나타나고 있다.

> **핵심 단어** 지구 온난화, 기후 변화

등급	채점 기준
상	지구 온난화에 따른 문제점과 이로운 점을 모두 서술한 경우
중	지구 온난화에 따른 문제점과 이로운 점 중 한 가지만 서술한 경우
하	지구 온난화에 따른 문제점과 이로운 점을 제대로 서술하지 못한 경우

10 출제 의도: 지구 온난화를 막기 위한 다각적인 방안

> **예시 답안**

(1) 전기를 절약하고, 대중교통을 이용하고 저탄소 제품을 사용하는 등의 에너지 절약을 실천한다. 또한 자원 재활용 운동과 쓰레기 분류 배출 등을 실천한다.

(2) 저탄소 녹색 성장을 추진한다, 온실가스 감축 및 신·재생 에너지를 개발한다 등

(3) 그린피스 등과 같은 세계적 환경 단체를 조직하여 활동한다, 환경 관련 국제 협약 등을 체결한다 등

> **핵심 단어** 신·재생 에너지, 절약, 국제 협약

등급	채점 기준
상	지구 온난화에 따른 문제점을 해결하기 위한 개인적, 국가적, 국제적 차원의 방안을 모두 서술한 경우
중	지구 온난화에 따른 문제점을 해결하기 위한 개인적, 국가적, 국제적 차원의 방안 중 두 가지만 서술한 경우
하	지구 온난화에 따른 문제점을 해결하기 위한 개인적, 국가적, 국제적 차원의 방안 중 한 가지만 서술한 경우

02 산업 이전에 따른 환경 문제 ~ 03 생활 속의 환경 이슈

① 환경 문제를 유발하는 산업의 국제적 이동

242~243쪽

> **01** (1) × (2) ○ (3) × **02** (1) 바젤 협약 (2) 전자 쓰레기 (3) 공해 유발 산업 **03** (1) 전자 쓰레기 (2) 케냐 (3) 석면 (4) 폐기물 **04** ② **05** ④ **06** ② **07** ⑤ **08** 바젤 협약 **09~10** 해설 참조

04 출제 의도: 전자 쓰레기

전자 쓰레기는 기술이 발달할수록 전자 제품의 사용 주기가 짧아지면서 양도 늘어나고 있다. 전자 쓰레기에는 환경 오염을 유발하는 중금속 물질이 많이 함유되어 있어 환경 문제의 원인이 되고 있다.

05 출제 의도: 환경 오염을 유발하는 산업의 특징

환경 문제를 유발하는 산업은 빠른 산업화를 통한 경제 성장이 목표인 개발 도상국에 주로 존재하며 환경 규제가 비교적 느슨하고 노동비가 저렴한 지역에 분포한다. 또한 개발 도상국은 경제 개발을 우선적 목표로 삼고 있기 때문에 환경 문제에 대한 주인 인식도 낮은 편이다.

06 출제 의도: 전자 쓰레기의 특징

전자 쓰레기는 주로 산업과 정보화가 발달한 선진국에서 발생하며 가공 처리 과정에서 유독 물질이 배출되어 대기 및 수질 오염을 발생시키기 때문에 경제 개발이 우선인 개발 도상국으로 주로 수출되고 있다.

플러스 개념 전자 쓰레기의 특징

선진국	개발 도상국
⇩	⇩
• 환경 규제 심함 • 전자 쓰레기 발생 많음 • 전자 쓰레기 수출로 환경 문제 완화	• 환경 규제 약함 • 전자 쓰레기 수입 • 주민들의 환경 문제 심각

그래서 오답!

ㄴ. 개발 도상국이 선진국보다 환경 규제가 엄격하다. (×) → 환경 규제는 개발 도상국보다 선진국이 더 엄격하게 적용되고 있다.

ㄹ. 전자 제품의 사용 주기가 늘어나면서 양도 늘어나고 있다. (×) → 전자 제품의 사용 주기가 줄어들면서 양도 늘어나고 있다.

07 출제 의도: 환경 문제를 유발하는 산업의 이전

환경 문제를 유발하는 산업은 주로 개발 도상국에 집중되어 있으며, 이로 인해 환경 문제는 공간적, 지역적으로 불평등한 구조를 심화시킨다.

그래서 오답!

ㄱ. 환경 문제는 공간적, 지역적으로 평등하다. (×) → 공해 유발 산업의 이전과 공해 유발 물질을 배출하는 공장 등이 분포하는 지역은 그렇지 않은 지역에 비해 환경 문제에 불평등이 발생한다고 볼 수 있다.

ㄴ. 환경 문제를 유발하는 산업은 주로 선진국에 집중되어 있다. (×) → 환경 문제를 유발하는 산업은 주로 아프리카, 동남아시아, 남아메리카 등 개발 도상국에 집중되어 있다.

08 출제 의도: 바젤 협약의 내용

글은 바젤 협약에 관한 내용이다. 바젤 협약은 국가간 유해 폐기물 운송을 금지하기 위해 스위스 바젤에서 체결되고 1992년에 발효된 국제 협약이다.

09 출제 의도: 석면 산업의 국제적 이동

예시 답안

(1) 석면 산업은 선진국에서 개발 도상국으로 이전하는 특징을 보이고 있다.

(2) 일자리 창출과 경제 성장을 위해 환경 문제를 유발하는 산업을 규제 없이 받아들이고 있다.

핵심 단어 일자리 창출, 경제 성장

등급	채점 기준
상	석면 산업이 선진국에서 개발 도상국으로 이전하는 특색과 일자리 창출과 경제 성장 등의 내용을 모두 서술한 경우
중	(1), (2) 중 한 가지의 서술이 부족한 경우
하	(1), (2) 중 한 가지만 서술한 경우

10 출제 의도: 환경 유발 산업으로 인한 지역의 변화

예시 답안

(1) 케냐는 유리한 기후와 나이바샤 호수 근처의 물을 이용하여 일 년 내내 장미를 재배할 수 있으며 유럽과 항공 노선이 발달하여 수출에 유리하기 때문이다.

등급	채점 기준
상	나이바샤 호수의 풍부한 수량과 유리한 기후, 편리한 교통에 대해 서술한 경우
중	수량, 기후, 교통 중 한 가지의 서술이 미약한 경우
하	수량, 기후, 교통의 조건 중 한 가지만 서술한 경우

(2) 케냐는 장미 산업을 통해 높은 외화 수입과 일자리 창출로 높은 고용 효과를 발생시켜 지역 경제 활성화에 큰 역할을 하고 있다. 한편 장미를 재배하면서 물을 과도하게 사용하여 물이 부족하게 되고 생태계가 파괴되고 있으며 농약 사용으로 인해 물 오염 등의 문제가 발생하고 있다.

② 생활 속의 환경 이슈
244~245쪽

> **01** (1) × (2) ○ (3) ○ **02** (1) 환경 이슈 (2) 유전자 재조합 식품(GMO) (3) 지구 온난화 **03** (1) 소규모 (2) 짧은 (3) 대규모 (4) 긴 **04** ③ **05** ④ **06** ⑤ **07** ④ **08** 로컬 푸드 **09~10** 해설 참조

03 출제 의도: 로컬 푸드와 글로벌 푸드

로컬 푸드는 로컬(Local, 지역)과 푸드(Food, 음식)를 합친 말로, 사는 곳에서 가까운 지역에서 키운 먹거리를 의미한다. 글로벌 푸드는 로컬 푸드와 반대되는 개념으로, 시간과 공간을 초월하여 전 지구적으로 상품화된 먹거리를 의미한다.

04 출제 의도: 환경 이슈의 개념 이해

일상생활에서 접하는 환경 문제 중에는 각자의 이해 관계, 가치관 등이 달라 해결 방향을 쉽게 정하지 못하는 것들이 있다. 이러한 환경 문제를 '환경 이슈'라고 한다. 환경 이슈에는 세계 수준에서 제기되는 아마존강 개발과 같은 쟁점부터 국가 및 지역적 수준에서의 원자력 발전소 건설, 신공항 건설, 쓰레기 소각장 건설, 하수 처리장 건설, 갯벌 간척, 하천 개발 등을 둘러싼 가치 대립과 갈등 등이 있다.

ㄱ. 정치, 경제, 사회, 문화 등 모든 문제점을 포함하고 있다. (×) → 인간 활동으로 인해 나타난 환경 문제 중에서 원인과 해결 방안이 입장에 따라 서로 다른 것을 환경 이슈라고 한다.
ㄴ. 시대별로 유사하며, 주로 지역적인 규모에서만 나타난다. (×) → 환경 이슈는 시대별로 다르며, 지역적인 것부터 세계적인 것까지 다양한 규모에서 나타난다.

05 출제 의도: 유전자 재조합 식품(GMO)에 대한 이해
과학 기술의 발달로 병충해에 강하고 수확량이 많은 유전자 재조합 식품(GMO)을 만들었으나, 인체 유해성 및 생태계 교란 여부가 명확하게 밝혀지지 않아 논란이 되고 있다.

06 출제 의도: 쓰레기 섬 문제 이해
전 세계 플라스틱 생산량은 연간 3억 톤이 넘으며, 이 중 500만 톤이 바다로 흘러들어 쓰레기 섬을 형성한다.
병: 물고기나 새가 쓰레기 섬의 플라스틱과 비닐을 먹이로 착각하여 먹었다가 죽는 사례가 발견되고 있으며, 주변 지역에서 잡힌 어류를 조사한 결과 뱃속에 미세 플라스틱이 들어 있는 물고기의 비중이 30%가 넘는다는 보고서가 발표되었다.
정: 쓰레기 섬을 구성하는 물질의 대부분이 플라스틱과 비닐이므로, 이를 해결하기 위해서는 플라스틱 제품과 비닐 사용을 줄이는 것이 필요하다.

그래서 오답!

갑: 주요 구성 물질은 금방 자연 정화될 것입니다. (×) → 쓰레기 섬은 주로 썩지 않는 비닐과 플라스틱이 뒤엉켜 거대한 섬이 만들어진 것이다. 따라서 오랜 세월에 걸쳐 분해되지 않은 채 바다를 오염시킨다.
을: 해류의 흐름이 강한 곳에 모여 있을 것입니다. (×) → 쓰레기 섬은 해류의 흐름이 약한 곳에 쓰레기가 모이면서 형성된다.

07 출제 의도: 미세 먼지에 대한 대책
미세 먼지는 석유나 석탄과 같은 화석 연료를 연소시키는 과정에서 많이 발생한다. 특히 자동차의 배기 가스나 화력 발전소에서 사용하는 석탄 연료 등이 미세 먼지의 주요 원인이다. 따라서 풍력, 조력, 태양 에너지 등 신·재생 에너지의 발전 비중을 높여야 한다.

08 출제 의도: 로컬 푸드 운동
글로벌 푸드의 대안으로 지역에서 생산된 먹을거리를 그 지역에서 소비하자는 것을 로컬 푸드 운동이라고 한다.

09 출제 의도: 푸드 마일리지
예시 답안
⑴ 푸드 마일리지
⑵ 원산지에서 수입국으로 운반되는 과정에서 신선도를 유지하기 위해 많은 양의 방부제와 살충제가 사용된다. 또한 배출되는 온실가스의 양이 많아 환경에 부정적인 영향을 끼친다.

핵심 단어 푸드 마일리지, 방부제 및 살충제, 온실가스

등급	채점 기준
상	㉠을 쓰고, ㉡에 들어갈 부정적인 영향을 두 가지 이상 서술한 경우
중	㉠을 쓰고, ㉡에 들어갈 부정적인 영향을 한 가지만 서술한 경우
하	㉠만 쓴 경우

10 출제 의도: 미세 먼지의 특징
예시 답안
⑴ 미세 먼지는 많은 양의 연료나 폐기물을 태울 때 발생한다. 따라서 미세 먼지 문제가 심각해짐에 따라 화력 발전소나 노후 경유차 운행 등에 대한 갈등이 발생하고 있다.
⑵ 미세 먼지는 폐와 심장 질환, 치매와 같은 뇌 질환까지 유발하는 것으로 알려져 있다. 또한 가시거리를 떨어뜨리기 때문에 비행기나 여객선 운항에 지장을 줄 수 있다.

대단원 완성문제 Ⓧ 환경 문제와 지속 가능한 환경
246~249쪽

01 ②	02 ③	03 ①	04 ④	05 ⑤	06 ⑤
07 ⑤	08 ③	09 ③	10 ①	11 ②	12 ②
13 ②	14 ②	15 ③	16 ①	17 ④	

18~20 해설 참조

01 출제 의도: 기후 변화의 요인
기후 변화의 요인은 최근 인위적 요인의 영향을 크게 받는다.

자연적 요인	화산재의 분출, 태양 활동의 변화, 태양과 지구의 상대적인 위치 변화 등
인위적 요인	산업화와 도시화에 따른 화석 연료 사용 증가, 온실 가스 발생 증가, 토지 및 삼림의 개발 등

02 출제 의도: 이산화 탄소와 지구 온난화
온실 효과를 일으키는 기체로 이산화 탄소, 메테인, 이산화 질소 등이 대표적이다. 그 중 이산화 탄소는 전체 온실가스의 절반 이상을 차지하는 지구 온난화의 주범으로 알려져 있다.

그래서 오답!

① A는 메테인이다. (×) → A는 이산화 탄소이다.
② A와 지구의 평균 기온은 반비례 관계이다. (×) → 비례 관계이다. 이산화 탄소가 증가하면 지구 평균 기온도 높아진다.
④ 지구의 평균 기온은 일시적인 하락없이 계속 상승하고 있다. (×) → 지구의 평균 기온은 상승과 하락을 반복한다.
⑤ A의 농도는 증가와 감소를 반복하면서 평균적으로는 감소하는 추세이다. (×) → 평균적으로 우상향하는 그래프이다. (증가)

03 출제 의도: 기후 변화의 영향
기후 변화는 빙하 감소와 해수면의 상승, 기상 이변의 증가, 해

양 생태계의 변화, 식생 분포 변화, 질병의 확산, 농작물의 재배 환경 변화 등에 영향을 주고 있다.

04 출제 의도: 기후 변화의 영향
지구 온난화는 전 지구적으로 영향을 미친다. 지구 온난화로 태풍, 홍수, 가뭄과 사막화 등 자연재해가 더욱 넓은 지역에서 발생하며, 피해 규모도 커지는 경향을 보인다. 극지방의 빙하나 해발 고도가 높은 산의 만년설이 녹으면서 지구의 평균 해수면이 상승한다. 이에 따라 해발 고도가 낮은 일부 섬나라나 해안 저지대가 침수될 위험에 처해 있다.

05 출제 의도: 파리 협정
교토 의정서를 대체할 새로운 기후 체제로 선진국과 개발 도상국 모두 참여하여 온실가스 배출을 감축하는 목표를 가지고 있으나 감축 목표 자체에 구속력이 없어 당사국의 자발적인 참여가 중요하다.

> **플러스 개념** 기후 변화를 해결하려는 전 지구적 차원의 노력
>
> - 기후 변화 협약(1992): 국제 연합 환경 개발 회의(UNCED)에서 합의
> - 교토 의정서 (1997): 지구 온난화 규제와 방지를 위한 국제 협약으로 선진국의 온실가스 감축을 목표로 함

06 출제 의도: 환경 문제 유발 산업(전자 쓰레기)의 이동
대부분 산업화된 선진국에서 개발 도상국으로 전자 쓰레기를 배출한다.

> **그래서 오답!**
>
> ① 유럽에서 발생하는 전자 쓰레기는 전부 아프리카로 이동한다. (×) → 아프리카와 아시아 인근 유럽 국가로 이동한다.
> ② 중국에서 발생하는 전자 쓰레기는 주로 오스트레일리아로 이동한다. (×) → 인근 동남아시아로 이동한다.
> ④ 1인당 전자 쓰레기 발생량이 많은 지역은 아프리카와 남아메리카이다. (×) → 북아메리카, 중국을 비롯한 동아시아, 오스트레일리아, 서부 유럽 및 북부 유럽 등이다.

07 출제 의도: 환경 문제 유발 산업(폐선박)의 이동
선진국은 산업화와 도시화를 겪어오면서 환경 문제의 심각성을 깨닫게 되었다. 하지만 일부 개발 도상국은 아직 환경 문제에 대한 인식이 부족하여 이들 국가에서는 환경 보존보다는 경제 성장과 개발을 더 중시하고 있다. 새로운 일자리와 지역 경제 활성화 등의 긍정적인 효과가 나타나기도 하지만 환경 오염 문제, 주민들의 건강을 위협하는 문제 등이 발생한다. 일반적으로 개발 도상국은 선진국보다 환경 관련 규제가 느슨한 편이다. 선진국의 기업은 이를 이용하여 환경 오염을 유발하는 오래된 제조 설비는 개발 도상국으로 이전하여 해당 지역에 환경 문제를 일으키기도 한다.

08 출제 의도: 환경 문제 유발 산업의 이동 – 케냐의 장미 산업
농업의 이전은 지역 경제에 도움을 주기도 하지만 토양의 황폐화와 관개 용수 남용에 따른 물 부족 문제, 화학 비료와 농약 사용에 따른 토양과 식수 오염 문제 등을 유발하기도 한다.

09 출제 의도: 환경 문제의 공간적 불평등
환경 문제를 유발하는 산업의 국제적 이동으로 개발 도상국이나 저개발국에서 환경 문제의 피해가 발생하고 있다. 이처럼 환경 문제는 지역적으로 불평등하게 나타난다.

10 출제 의도: 바젤 협약
국제 사회는 1980년 스위스의 바젤에서 유해 폐기물의 국가 간 이동과 처리에 관한 협약을 체결하였다. '바젤 협약'이라고 불리는 이 협약은 미국, 유럽 등 선진국이 주도하였던 기존의 협약과는 달리 아프리카 등 개발 도상국이 주도적인 역할을 하였다. 이는 선진국이 유해 폐기물을 개발 도상국에 불법으로 버리는 경우가 많아졌기 때문이다. 바젤 협약은 유해 폐기물을 친환경적으로 적절하게 처리할 수 없는 국가에는 수출을 금지하고 있다.

11 출제 의도: 환경 문제 유발 산업의 이동
환경 규제가 엄격하지 않고 임금도 저렴한 개발 도상국으로 공해 산업을 이전하는 일이 발생하면서 공해 산업이 국경을 넘어 이동하고 있다. 이때 환경 문제도 함께 이동하는데 공해 산업이 옮겨 가는 곳마다 사고와 환경 재난이 발생하여 해당 지역 주민을 삶을 위협한다.

> **문제 자료 분석하기** 쓰레기 섬
>
> ② 태평양 한가운데에 썩지 않는 비닐과 플라스틱이 뒤엉켜 거대한 쓰레기 섬이 만들어졌는데, 그 면적이 우리나라 영토의 14배에 달한다. (×) → 세계적 수준의 환경 이슈이다. 전 세계 플라스틱 생산량은 연간 3억 톤이 넘으며, 이 중 500만 톤이 바다로 흘러든다.

12 출제 의도: 환경 이슈 – 유전자 재조합 농산물
유전자 재조합 농산물은 유전자 일부를 변형하여 새로운 성질의 유전자를 지니도록 개발한 농산물로 콩, 옥수수, 감자 등이 있다. 유전자 재조합 농산물에 관하여 식량 부족 문제 해결에 필요하다는 주장과 아직 안전성 여부가 밝혀지지 않아 위험하다는 주장이 있다.

13 출제 의도: 환경 이슈
환경 문제 중에서 원인과 해결 방안이 입장에 따라 서로 다른 것을 환경 이슈라고 한다. 환경 이슈는 시대별로 다르며 지역적인 것부터 세계적인 것까지 다양한 규모로 나타난다. 환경 이슈를 둘러싸고 개인과 집단 간 서로 다른 주장이 제기될 수밖에 없으므로 토의와 토론으로 의견의 차이를 좁혀 나가야 하며 합리적이고 민주적인 절차를 따라야 한다. 일상생활에서 환경 이슈를 마주했을 때 먼저 그것을 둘러싼 다양한 의견을 비교한 후 자신의 견해를 정립해야 한다. 자신의 견해가 정해지면 적극적으로 행동한다. 환경 관련 기관에 방문하여 현재 진행되는 환경 관련 정책들을 관심있게 보고, 직접 환경 단체에 가입하여 환경 문제에 대한 감시, 관찰, 캠페인 활동, 후원 등 다양한 활동을 할 수도 있다.

14 출제 의도: 생활 속 환경 이슈
일상생활과 관계 깊은 환경 이슈는 다양한 공간에서 나타난다. 기후 변화, 사막화와 같이 전 지구적 차원의 환경 이슈가

있는가 하면 산성비나 황사와 같이 주로 이웃한 국가 간에 나타나는 환경 이슈도 있다. 또한 생활 하수, 음식물 쓰레기, 도로 소음 등 비교적 좁은 지역에서 발생하는 환경 이슈도 있다.

> **문제 자료 분석하기** 환경 문제 유발 산업의 이동
>
> ② 발암 물질인 석면 공장의 개발 도상국 이전 문제 (×) → 환경 문제 유발 산업의 이동이다.

15 출제 의도: 환경 이슈 - 국립 공원의 케이블카 설치

환경 이슈에는 세계 수준에서 제기되는 아마존 개발과 같은 쟁점에서부터 국가 및 지역적 수준에서의 원자력 발전소 건설, 신공항 건설, 쓰레기 소각장 건설, 하수 처리장 건설 및 갯벌 간척, 하천 개발 등을 둘러싼 가치 대립과 갈등 등이 있다. 국립 공원에 케이블카를 설치하는 환경 이슈는 자연 보존과 지역 경제 활성화의 의견이 대립된다.

16 출제 의도: 환경 이슈로 인한 갈등 해결 과정

환경 이슈에 관한 갈등을 해결하기 위해서는 관련 법과 제도를 확인하고, 공정한 의사 결정을 위한 논의의 장이 마련되어야 한다. 개인과 지역 사회, 기업과 정부, 국제 사회가 환경 이슈에 관심을 갖고 대안을 협력적으로 모색하여 실천하려는 태도가 필요하다.

17 출제 의도: 환경 이슈 - 지역 이기주의

환경 이슈 중 여러 지역의 이해관계가 얽혀 있는 경우에는 지역 이기주의로 발전하기도 한다. 이러한 지역 이기주의 때문에 오염 물질을 처리하는 쓰레기 소각장, 하수 처리장 등 환경 오염 방지에 꼭 필요한 시설이 들어서는 데 어려움이 발생하기도 한다.

18 출제 의도: 지구 온난화

> **예시 답안**

(1) 온실 효과, 화석 연료의 사용(자동차 배기 가스, 화력 발전 등)과 무분별한 삼림 개발로 인한 이산화 탄소의 증가 등이 원인이다.
(2) 지구 온난화

> **핵심 단어** 화석 연료, 삼림 개발, 이산화 탄소 증가

등급	채점 기준
상	온실 효과의 발생 원인을 바르게 서술하고, 지구 온난화를 쓴 경우
중	온실 효과의 원인을 바르게 서술하였으나, 지구 온난화를 쓰지 못한 경우
하	온실 효과와 지구 온난화 중 한 가지만 언급한 경우

19 출제 의도: 미세 먼지

> **예시 답안**

(1) 미세 먼지, 석유나 석탄과 같은 화석 연료를 연소하는 과정에서 발생
(2) 국가: 대기 오염 경보제 실시, 대기 오염 측정소 확충, 미세 먼지 발생을 낮추는 기술 개발, 지역별 맞춤형 관리 대책 추진, 주변 국가와의 공동 해결 방안 모색 등의 방안을 마련한다.

개인: 미세 먼지 농도가 높을 때 외출을 자제하고 방진 마스크를 착용하며 물을 자주 마시고 손을 자주 닦는다.

등급	채점 기준
상	정부와 개인의 대응 방안을 세 가지 이상 서술한 경우
중	정부와 개인의 대응 방안을 두 가지 서술한 경우
하	정부와 개인의 대응 방안을 한 가지만 서술한 경우

20 출제 의도: 로컬 푸드 운동

> **예시 답안**

㉠ 로컬 푸드 운동, 신선하고 안전한 먹거리 확보, 이동 과정에서 발생하는 온실가스 감소로 환경 보호, 농민들의 안정적인 소득 보장, 지역 경제 활성화 등의 장점이 있다.

> **핵심 단어** 환경 보호, 안전한 먹거리 확보, 농민 소득 보장, 지역 경제 활성화

등급	채점 기준
상	로컬 푸드 운동의 장점을 세 가지 이상 서술한 경우
중	로컬 푸드 운동의 장점을 두 가지 서술한 경우
하	로컬 푸드 운동의 장점을 한 가지만 서술한 경우

> **플러스 개념** 푸드 마일리지
>
> 푸드 마일리지는 먹을거리가 생산자의 손을 떠나서 소비자의 식탁에 오르기까지의 이동 거리에 식품 중량을 곱한 값으로 나타낸다. 이동 거리가 멀수록 푸드 마일리지가 높아진다. 푸드 마일리지가 높은 먹거리는 원산지에서 수입국으로 운반되는 과정에서 신선도를 유지하기 위해 많은 양의 방부제와 살충제가 사용된다. 이는 배출되는 온실가스의 양이 많아 환경에 부정적인 영향을 끼친다는 뜻이다. 로컬 푸드 운동은 푸드 마일리지가 높은 글로벌 푸드의 대안으로 지역에서 생산된 먹거리를 그 지역에서 소비하자는 운동이다.

XI. 세계 속의 우리나라

01 우리나라의 영역과 독도의 중요성

① 우리나라의 영역과 배타적 경제 수역

254~255쪽

01 (1) ○ (2) × (3) × **02** (1) 영역 (2) 12해리 (3) 영공
03 (1) 영토 (2) 직선 기선 (3) 대한 해협 (4) 최저 조위선
(5) 대기권 **04** ① **05** ④ **06** ④ **07** ② **08** 배타적 경제 수역(EEZ) **09~10** 해설 참조

04 출제 의도: 우리나라 영토의 변화

서·남해안에서 이루어지는 간척 사업으로 인해 영토가 조금씩 확장되고 있으나, 서·남해안의 영해는 직선 기선을 기준으로 설정하기 때문에 간척 사업으로 영토가 확장되어도 영해의 면적은 변하지 않으며, 영토와 영해의 상공인 영공의 면적도 변하지 않는다.

05 출제 의도: 직선 기선과 통상 기선 파악하기

해안선이 단조로운 동해안과 제주도에서는 통상 기선을 영해를 정하는 기준선으로 적용하며, 해안선이 복잡한 서·남해안과 대한 해협은 직선 기선을 기준선으로 적용한다.

06 출제 의도: 영해의 설정 기준

영해는 대부분 최저 조위선에서부터 12해리까지의 바다로 정하며, 우리나라는 동해안은 통상 기선, 서·남해안은 직선 기선을 적용한다. 대한 해협은 일본과의 거리가 가까워 12해리를 확보할 수 없으므로 예외적으로 직선 기선으로부터 3해리까지를 영해로 설정한다.

07 출제 의도: 영역의 구성과 의미

A는 영공, B는 영토, C는 영해, D는 배타적 경제 수역을 나타낸다. 영공은 다른 국가의 비행기가 해당 국가의 허가 없이 비행할 수 없다.

그래서 오답!

① A는 B의 수직 상공을 가리킨다. (×) → A(영공)는 B(영토)와 C(영해)의 수직 상공을 가리킨다.

③ B는 국토 면적과 일치하지는 않는다. (×) → B(영토)는 한 국가에 속한 육지의 범위로, 국토 면적과 일치한다.

④ C를 설정하는 기준선으로 우리나라는 통상 기선을 적용한다. (×) → C(영해)를 설정하는 기준선으로 동해안은 통상 기선, 서·남해안은 직선 기선을 적용한다.

⑤ D는 연안국 외의 다른 국가의 선박과 항공기 등이 자유롭게 통행할 수 없다. (×) → D(배타적 경제 수역)는 연안국 외의 다른 국가의 선박과 항공기 등이 자유롭게 통행할 수 있다.

08 출제 의도: 배타적 경제 수역의 의미

바다의 중요성이 커지면서 세계 각국은 영해 바깥쪽으로 배타적 경제 수역(EEZ)을 설정하고 있다.

09 출제 의도: 배타적 경제 수역의 설정

예시 답안

우리나라와 중국, 일본은 지리적으로 가까워 배타적 경제 수역을 영해를 설정한 기선으로부터 200해리에 이르는 수역으로 설정하는 데 어려움이 많았다. 세 나라는 어업 질서의 혼란을 막기 위해 인접국끼리 협상을 통해 수역을 설정하여 공동으로 관리하고 있다.

핵심 단어 지리적으로 가까움, 인접국 간 협상, 공동 관리

등급	채점 기준
상	핵심 단어 세 가지를 모두 서술한 경우
중	핵심 단어를 두 가지만 서술한 경우
하	핵심 단어를 한 가지만 서술한 경우

10 출제 의도: 영공의 수직적 한계

예시 답안

기존에는 대부분 영토와 영해의 수직 상공으로 항공기가 통과하는 대기권 이내를 일반적인 영공의 수직적 한계로 설정하였다. 그러나 항공 교통의 발달과 인공위성 기술의 발달로 각국이 활용하는 수직적 범위가 확대되어 현재의 수직 한계 범위에 대해 논란이 있다. 영공의 수직 한계를 대기권으로 한정하므로써 각 국가의 우주 활동과 우주 항공 연구를 위축시킬 수 있고 국제적인 분쟁이 야기될 수 있다.

② 소중한 우리 영토, 독도

256~257쪽

01 (1) 경상북도, 동 (2) 난류, 해양성 **02** (1) ⓛ (2) ⓒ (3) ⓙ **03** (1) 심층수 (2) 조경 수역 (3) 삼국접양 (4) 독도 경비대 **04** ② **05** ③ **06** ⑤ **07** ② **08** 메테인하이드레이트 **09~10** 해설 참조

04 출제 의도: 고지도 속 독도

조선 전기에 만들어진 「팔도총도」는 『신증동국여지승람』에 실린 조선 전도이다. 지도에는 동해상에 울릉도와 우산도 두 섬이 그려져 있어 우리나라 영토임을 표시하고 있다.

05 출제 의도: 고문헌 속 독도

『세종실록지리지』의 기록을 통해 우산도(독도)와 무릉도(울릉도)가 별개의 섬이고 두 섬이 울진현의 동쪽 바다에 위치하고 있다는 지리적 사실을 알 수 있으며, 울릉도에서 맑은 날에 보이는 섬이 독도임을 감안할 때 우산도가 곧 독도이고 조선의 영토임을 증명할 수 있다.

06 출제 의도: 독도의 위치와 자연환경

독도는 우리나라에서 가장 동쪽에 있는 영토로 동도와 서도 두 개의 큰 섬과 89개의 부속 도서로 이루어져 있다.

그래서 오답!

① 행정 구역상 강원도에 속하는 섬이다. (×) → 독도는 경상북도 울릉군 울릉읍 독도리에 있는 섬이다.

② 제주도와 울릉도보다 늦게 만들어졌다. (×) → 제주도는 약 460만~250만 년 전에 해저에서 분출한 용암이 굳어져 형성된 화산섬으로 제주도나 울릉도보다 먼저 만들어졌다.

③ 우리나라 주민이 거주하지 않는 무인도이다. (×) → 독도는 우리나라 주민이 거주하고 있으며 각종 주민 생활 시설과 경비 활동을 위한 시설이 있다.

④ 난류의 영향으로 기후가 온화하고 연평균 강수량이 적다. (×) → 독도는 연중 비와 눈이 내리는 날이 잦아 강수량이 많다.

07 출제 의도: 독도의 가치

독도는 해안 대부분이 급경사를 이루어 거주 환경이 불리한 편이다.

08 출제 의도: 메테인하이드레이트

독도 부근의 해저인 울릉 분지에 많은 양의 메테인하이드레이트가 매장되어 있는 것으로 추정되고 있다. 메테인하이드레이트는 천연가스가 해저의 저온·고압 상태에서 물 분자와 결합하여 형성된 고체 에너지로, 불을 붙이면 타는 성질을 가지고 있어 일명 '불타는 얼음'이라고 부른다.

09 출제 의도: 독도의 영역적 가치와 경제적 가치

예시 답안

⑺ 독도는 우리나라 영해의 동쪽 끝을 확정 짓고, 배타적 경제 수역 설정의 기준점이 됩니다. 독도는 태평양을 향한 전진 기지 역할을 할 수 있습니다. 항공 기지 또는 방어 기지로서 군사적 요충지가 될 가능성이 높습니다.

⑻ 독도 주변 바다는 난류와 한류가 만나 조경 수역을 형성하는 곳으로 어족 자원이 풍부합니다. 독도 주변 바다에는 미래의 에너지로 주목받는 메탄하이드레이트가 매장되어 있습니다. 독도 주변 깊은 바다에는 해양 심층수가 풍부합니다.

핵심 단어　영해, 군사적 요충지, 조경 수역, 메탄하이드레이트, 해양 심층수

<table>
<thead>
<tr><th>등급</th><th>채점 기준</th></tr>
</thead>
<tbody>
<tr><td>상</td><td>독도의 영역적 가치와 경제적 가치를 모두 바르게 서술한 경우</td></tr>
<tr><td>중</td><td>독도의 영역적 가치와 경제적 가치 중 하나만 바르게 서술한 경우</td></tr>
<tr><td>하</td><td>독도의 영역적 가치와 경제적 가치 중 하나를 바르게 서술하였으나 부분적인 오류가 있는 경우</td></tr>
</tbody>
</table>

10 출제 의도: 독도를 지키려는 노력

예시 답안

⑴ ㉠ 안용복, ㉡ 독도 의용 수비대

⑵ 독도는 오랜 옛날부터 우리나라 고유의 영토였으며, 우리는 독도의 중요성을 인식하고 독도를 지키기 위한 방안을 모색해야 한다. 우선 독도와 동해를 세계에 널리 알리는 독도 관련 단체에 가입하여 활동에 참여할 수도 있다. 또한 다양한 독도 홍보물을 작성하여 친구들과 공유하거나 해외에 알릴 수 있다. 독도를 탐방하거나 독도 지키기 캠페인, 독도 축제, 독도 관련 대회, 독도 관련 공연 등에 참여하여 독도를 사랑하는 마음과 독도에 대한 올바른 지식을 갖추는 것도 좋은 방법이다.

핵심 단어　안용복, 독도 의용 수비대, 단체 가입, 독도 홍보, 독도를 사랑하는 마음, 올바른 지식

<table>
<thead>
<tr><th>등급</th><th>채점 기준</th></tr>
</thead>
<tbody>
<tr><td>상</td><td>안용복, 독도 의용 수비대를 쓰고, 독도를 지키기 위한 다양한 노력을 적절하게 서술한 경우</td></tr>
<tr><td>중</td><td>독도를 지키기 위한 다양한 노력을 적절하게 서술한 경우</td></tr>
<tr><td>하</td><td>안용복, 독도 의용 수비대만 쓴 경우</td></tr>
</tbody>
</table>

02 우리나라 여러 지역의 경쟁력 ~ 03 국토 통일과 통일 한국의 미래

❶ 우리나라 여러 지역의 경쟁력

260~261쪽

01 (1) ○ (2) × 　02 (1) ㉢ (2) ㉡ (3) ㉠ 　03 (1) 지역화 전략 (2) 지평선 축제 (3) 한옥 (4) 한라산 　04 ③ 　05 ③ 　06 ② 　07 ⑤ 　08 랜드마크 　09~10 해설 참조

04 출제 의도: 장소 마케팅의 종류 및 사례 지역

A는 서울, B는 강원도 횡성, C는 충청남도 보령이다. 황해안 바닷가에 위치한 보령시는 해안선을 따라 고운 바다 진흙이 펼쳐져 있다. 천연 바다 진흙을 활용하여 화장품을 개발하고 상품의 홍보와 판매를 촉진하기 위해 머드 축제를 개최하였다. 이로 인해 보령시는 많은 관광객을 유치하고 지역 경제를 발전시킬 수 있었다.

05 출제 의도: 다양한 지역화 전략

'I♥NY'은 1970년대 경기 침체와 높은 범죄율로 어려운 상황에 처한 뉴욕이 이를 극복하고 관광객을 유치하기 위해 만든 슬로건이다. 이것은 상표 개념을 지역에 적용한 '지역 브랜드'로 지역성이 잘 드러나는 이미지, 슬로건, 캐릭터 등을 결합하여 소비자가 이를 특별한 브랜드로 인식하게 만드는 지역화 전략이다.

문제 자료 분석하기

③ 지역의 특산품 보호 및 상품의 품질 향상에 기여한다.
　(×) → 지리적 표시제의 특징이다.

06 출제 의도: 장소 마케팅의 종류 및 사례 지역

장소 마케팅의 세부적인 전략으로는 지역 축제 개최, 랜드마크 이용, 박물관 및 미술관 활용 등이 있다. 함평의 나비 축제, 문경의 석탄 박물관과 레일 바이크, 진주의 남강 유등 축제는 축제 및 박물관 등을 활용한 대표적인 장소 마케팅의 사례이다.

지역 축제 개최	함평 나비 축제, 보령 머드 축제, 김제의 지평 선 축제, 진주의 남강 유등 축제, 강원도 화천 의 산천어 축제 등
랜드마크 이용	파리 에펠탑, 시드니 오페라 하우스, 뉴욕 자 유의 여신상 등
박물관, 미술관 활용	문경의 석탄 박물관과 레일 바이크 등

07 출제 의도: 지역의 가치를 높이기 위한 노력

전주 세계 소리 축제는 2001년부터 개최되어 매년 10~30여 개국이 참여하고 있다. 전주시는 인류 무형 문화유산으로 지정된 판소리라는 지역의 전통문화를 활용하여 다른 지역과 차별되는 문화 도시의 이미지를 만들고 지역의 가치를 높이기 위한 노력을 하고 있다. 그 결과 젊은이들과 외국인들에게 인기가 많아지면서 매년 수십만 명의 국내외 관광객이 찾는 명소로 자리를 잡게 되었다.

08 출제 의도: 장소 마케팅의 일환인 랜드마크

랜드마크는 건축물이나 조형물 등 지역을 대표하는 상징물을 뜻하며, 지역을 홍보하거나 지역 이미지를 개선하는데 활용된다. 대표적인 사례로는 프랑스 파리의 에펠탑, 시드니의 오페라 하우스, 미국 뉴욕의 자유의 여신상 등이 있다.

09 출제 의도: 지리적 표시제의 사례와 기대 효과

예시 답안

(1) ㉠ 녹차, ㉡ 쌀, ㉢ 한우

우리나라는 2002년에 보성 녹차가 최초로 지리적 표시 상품으로 등록된 이후, 이천 쌀, 횡성 한우, 순창 고추장, 청송 사과, 영동 포도 등 다양한 농산물과 임산물 등이 지리적 표시 상품으로 등록되었다.

(2) 지리적 표시제를 통해 우수한 지리적 특성을 지닌 농산물과 가공품을 보호하여 지리적 특산물의 품질 향상과 지역 특화 산업으로의 육성을 도모하여 지역 경제 활성화에 이바지할 수 있으며, 생산자에게도 안정적인 생산 활동을 할 수 있게 한다. 또한 소비자에게는 믿을 수 있는 제품을 살 기회를 제공하여 소비자의 알 권리를 충족해 준다는 이점이 있다.

핵심 단어 특산물, 지역 경제 활성화, 안정적 생산, 알 권리

등급	채점 기준
상	녹차, 쌀, 한우를 모두 바르게 쓰고, 지리적 표시제의 두 가지 측면의 효과를 모두 서술한 경우
중	녹차, 쌀, 한우를 모두 바르게 쓰고, 지리적 표시제의 효과를 한 가지 측면만 바르게 서술한 경우
하	녹차, 쌀, 한우 중 두 가지, 지리적 표시제의 효과를 한 가지 측면만 바르게 서술한 경우

10 출제 의도: 지역 브랜드의 사례와 기대 효과

예시 답안

(1) 강원도 평창군

(2) 강원도 평창의 평균 고도인 해발 고도 700 m 지점이 인간이 살기 가장 행복한 고도라는 의미에서 로고가 제작되었고, 해발 고도가 높은 산지 지역의 특성상 겨울 기온이 낮고 눈이 많이 내리는 점을 활용하여 눈동이라는 캐릭터를 제작하게 되었다. 이를 활용하여 평창 동계 올림픽을 유치하는 등 지역의 긍정적 이미지를 강화시켜 가치를 높이고 지역 경제 활성화에 기여하고 있다.

② 우리나라 위치의 지리적 장점과 분단에 따른 문제

262~263쪽

01 (1) ○ (2) × (3) ○　**02** (1) 태평양 (2) 반도국 (3) 분단 비용　**03** (1) 반도국 (2) 시베리아 (3) 이산가족 (4) 통일　**04** ③　**05** ④　**06** ④　**07** ①　**08** 아시안 하이웨이　**09~10** 해설 참조

04 출제 의도: 우리나라 위치의 지리적 특징

한반도는 한국, 중국, 일본이 포함된 동아시아에 속한다. 삼면이 바다로 둘러싸여 태평양을 통해 세계로 진출할 수 있고, 나머지 한 면은 유라시아 대륙과 연결되어 있다. 대륙과 해양의 문화가 만나는 지리적 요충지로서 역할이 커지고 있다.

05 출제 의도: 대륙과 해양을 연결하는 한반도의 특징

대륙과 해양을 연결하는 반도국은 교통의 중심지로 인적·물적·문화적 교류에 유리하다.

그래서 오답!

① 외래 문화의 영향을 적게 받는다. (×) → 반도국은 해양 문화와 대륙 문화가 만나고 지나가는 곳으로 외래 문화의 영향을 많이 받는다.
② 천연자원과 인적 자원이 풍부하다. (×) → 자료는 대륙과 해양을 연결하는 한반도의 지리적 특징을 강조하는 것으로 자원의 유무는 알 수 없다.
③ 육로로 북아메리카까지 연결되어 있다. (×) → 북아메리카는 육로로 연결되어 있지 않아 바닷길을 통해 교류할 수 있다.

06 출제 의도: 민족 동질성 약화에 따른 분단 문제

남과 북의 언어가 이질화되고 있는 현상을 보여 주는 자료이다. 분단이 60년 이상 지속되면서 문화, 언어, 생활 양식 등에서 이질화가 심해지고 이는 같은 민족이라는 동질성을 약화시키고 있다.

07 출제 의도: 분단에 따른 문제

㉮ 분단으로 인해 남과 북은 반도국의 이점을 활용하는데 제약이 발생하였다. 통행의 제한으로 물류 이동에 추가적인 비용이 발생하여 남북의 발전을 저해하고 있다.
㉯ 분단으로 발생한 이산가족은 분단으로 발생한 또 다른 고통이다.
㉰ 남북이 부담하는 군사비는 가장 직접적인 분단 비용이다.

분단으로 인해 경제적·비경제적 비용이 지속적으로 발생하고 있다.

㉣ 우리나라는 '전쟁 위험이 있는 국가' 이미지로 국가의 위상이 하락하였다.

08 출제 의도: 우리나라 위치의 지리적 장점

아시안 하이웨이는 '일본-부산-서울-평양-신의주-중국'으로 연결되는 제 1호선과 '부산-강릉-원산-러시아'로 이어지는 제 6호선 등 2개 노선이 있다. 대륙과 연결되는 한반도의 지리적 특징을 알 수 있다.

09 출제 의도: 반도국의 이점

예시 답안

(1) 반도국
　영국과 같은 섬나라는 도서국, 스위스와 같이 내륙에 위치한 나라는 내륙국, 이탈리아와 같이 바다로 돌출되어 있는 국가를 반도국이라고 한다.

(2) 이탈리아는 한 면이 대륙과 닿아있고 나머지 삼면이 바다로 둘러싸인 반도국으로 대륙과 해양으로 동시에 진출할 수 있는 교통의 요충지로 문화 교류와 융합이 활발하게 이루어져 왔다.

핵심 단어 대륙과 해양, 교통의 요충지, 문화 교류와 융합

등급	채점 기준
상	반도국을 쓰고, 이탈리아의 반도적 특징을 서술하고 반도가 가진 장점을 교통과 문화 교류 측면에서 바르게 서술한 경우
중	반도국을 쓰고, 이탈리아의 반도적 특징은 언급하지 않고 반도국의 장점만 서술한 경우
하	반도국만 쓴 경우

10 출제 의도: 남북한의 경제 지표 비교

예시 답안

(1) 석탄 생산량, 철광석 생산량

(2) 남한은 북한에 비해 인구, 국민 총소득, 쌀 생산량, 무역, 발전 설비 용량처럼 기술과 자본에서 우위에 있고 북한은 석탄, 철광석과 같은 천연자원 생산에 우위가 있다. 남북이 분단되지 않았다면 남한의 기술과 자본을 활용해 북한의 지하자원을 개발하는 등 국토의 효율적 이용이 가능하였지만, 분단으로 인해 국토 공간의 불균형이 심화되었다.

③ 통일의 필요성과 통일 한국의 미래 모습
264~265쪽

01 (1) ○ (2) ○ (3) × 　02 (1) 비무장 지대 (2) 유라시아 (3) 육로 　03 (1) 증가 (2) 증가 (3) 자본(기술) (4) 지하자원 　04 ③ 　05 ③ 　06 ⑤ 　07 ④ 　08 비무장 지대(DMZ) 　09~10 해설 참조

04 출제 의도: 통일 한국의 미래

주어진 그래프를 보면 북한이 남한에 비해 금, 은, 동, 철, 석회석, 무연탄 등의 지하자원이 풍부함을 알 수 있다. 따라서

통일 이후에는 북한의 풍부한 지하자원을 효율적으로 활용할 수 있다.

05 출제 의도: 남북 통일의 필요성

우리나라 국토가 통일되면 한반도 주변 국가 간의 긴장 상태가 완화되고 우리 민족의 민족 동질성 회복에 도움이 될 것이다. 또한 한반도의 위치적 장점이 극대화되어 경제적 이익 증대될 것이다.

06 출제 의도: 통일 한국의 미래

남북이 통일되면 유라시아 횡단 철도망과 아시안 하이웨이 등의 육로가 개통될 것이다. 이를 통해 남한에서 유라시아 대륙으로 철도, 도로 등을 통한 육로 이동이 활발해질 것이다.'

그래서 오답!

① 갑: 국제 경쟁력이 약화될 것입니다. (×) → 국토의 효율적 이용이 가능해져 국제 경쟁력이 강화될 것이다.
② 을: 군사비 지출이 증가할 것입니다. (×) → 전쟁 위험의 감소로 군사비 지출은 감소할 것이다.
③ 병: 노동력이 크게 감소할 것입니다. (×) → 총인구가 증가하고, 평균 연령이 감소하여 노동력이 증가할 것이다.
④ 정: 이용 가능한 지하자원이 줄어듭니다. (×) → 북한의 풍부한 지하자원을 효율적으로 이용할 수 있게 될 것이다.

07 출제 의도: 통일 한국의 미래

2050년의 예상 인구 구조 그래프를 보면, 북한은 남한보다 인구 고령화가 뚜렷하지 않다. 따라서 ㄴ. 통일 한국은 남한보다 평균 연령이 낮게 나타난다. 또한 통일 한국은 남한보다 14세 미만 인구 비율이 높고, 14세 미만 인구도 많다. 남북한의 국내 총생산 예상치를 보면 통일이 된 이후에는 2020년부터 2050년까지 지속적으로 국내 총생산이 증가함을 알 수 있다. 따라서, ㄹ. 통일 한국은 남한에 비해 국내 총생산이 크다.

08 출제 의도: 통일 한국의 국토 공간 변화

비무장 지대(DMZ)는 군사 시설이나 인원을 배치하지 않는 지역으로, 충돌을 방지하는 구실을 하였으며, 통일 이후에는 생태 지역으로의 보존 가치가 큰 지역이다.

09 출제 의도: 유라시아 횡단 철도망 연결에 따른 효과

예시 답안

(1) 시베리아 횡단 철도

(2) 물류비 절감, 인적·물적 교류의 증가 등에 따른 경제적 효과가 클 것이다. 이를 바탕으로 대륙과 해양을 연결하는 물류 중심지로 성장할 수 있다.

핵심 단어 물류(교통) 중심지, 교류 증가, 대륙과 해양 연결, 경제적 효과

등급	채점 기준
상	A를 쓰고, 물류 중심지로서의 성장과 경제적 효과를 모두 바르게 서술한 경우
중	A를 쓰고, 물류 중심지로서의 성장과 경제적 효과 중 하나만 바르게 서술한 경우
하	A만 쓴 경우

10 출제 의도: 통일 이후 생활 모습의 변화

예시 답안

우리는 현장 체험 학습으로 북부 지방을 다녀왔다. 먼저 DMZ 세계 평화 공원에서 인간의 손길이 거의 닿지 않은 생태계를 눈으로 직접 확인할 수 있었다. 개성에서 과거 남과 북이 경제 협력했던 공단을 둘러보고 유네스코 세계 유산으로 지정된 개성 역사 유적 지구를 살펴보았다. 평양에서도 옛 고구려와 발해, 고려의 문화 유적을 살펴볼 수 있었다. 마지막으로 백두산에 등반하였다. 힘든 여정이었지만 백두산 천지에서 우리 민족의 정기를 느낄 수 있었다. 나중에 어른이 되면 시베리아 횡단 철도를 타고 유럽 여행을 하기로 친구들과 약속을 하며 현장 체험 학습을 마무리하였다.

대단원 완성 문제 XI 세계 속의 우리나라

266~269쪽

01 ②	02 ④	03 ②	04 ⑤	05 ④
06 ㉠ 독도, ㉡ 울릉도		07 ③	08 ③	09 ⑤
10 ②	11 ①	12 ④	13 ③	14 ②	15 ①
16 ①	17 ④	18~20 해설 참조		

01 출제 의도: 우리나라의 영역

한 나라의 주권이 미치는 공간적 범위를 영역이라고 하며, 영역은 영토, 영해, 영공으로 구성된다. A 영공, B 영해, C 영토, D 배타적 경제 수역이다.

그래서 오답!

ㄴ. 영해 기선으로부터 바깥쪽 12해리 범위 내의 수역을 영해라고 한다.

ㄹ. 배타적 경제 수역은 영역이 아니므로, 타국의 선박이나 항공기가 자유롭게 이동할 수 있다.

02 출제 의도: 독도와 마라도

㈎ 우리나라 최동단에 위치한 독도이며, 제시된 좌표 값(경도)은 독도의 동도의 위치를 나타낸다. ㈏ 우리나라 최남단에 위치한 마라도이며, 제시된 좌표 값(위도)은 마라도의 위치를 나타낸다. 독도와 가장 가까운 유인도는 울릉도이고, 마라도와 가장 가까운 유인도는 제주도이다. 독도는 행정 구역 상 경상북도에 속하며, 마라도는 행정 구역 상 제주특별자치도에 속한다. 일출 시각은 최동단에 위치한 독도가 마라도보다 빠르다.

03 출제 의도: 우리나라의 영역

우리나라의 영토는 한반도와 그 부속 도서(한반도에 속한 수많은 섬들)로 이루어져 있다. 우리나라의 도서 중 가장 면적이 넓은 섬은 제주도이다. 섬이 많고 해안선의 드나듦이 복잡한 서·남해안은 가장 바깥쪽에 위치한 섬을 직선으로 연결한 직선 기선을 기준으로 영해를 설정하지만, 동해안이나 울릉도, 독도, 제주도는 최저 조위선(간조 때의 해안선)인 통상 기선을 기준으로 영해를 설정한다.

04 출제 의도: 우리나라의 영해

A는 우리나라의 영해이다. B는 우리나라의 배타적 경제 수역(배타적 어업 수역)이다. C는 한·중 잠정 조치 수역이다. D와 E는 한·일 중간 수역이다.

그래서 오답!

① A는 우리나라의 영해이므로 상공은 영공이다. 따라서 일본의 헬기가 우리나라의 사전 허가 없이 비행할 수 없다.

② D와 E에서 할 수 있는 활동이다.

③ C는 한·중 잠정 조치 수역으로 우리나라의 영역이 아니므로, 중국 군용기가 우리나라의 사전 허가 없이 비행할 수 있다.

05 출제 의도: 이어도 종합 해양 과학 기지

지도의 ㈎는 이어도 종합 해양 과학 기지를 나타낸 것이다. 우리나라는 이어도 위에 주변 해상 및 기상 정보 파악, 어장 정보 수집, 비상시 구조 활동 기지로서의 역할을 수행하기 위해 2003년에 종합 해양 과학 기지를 설치하였다. 이어도는 해수면보다 약 4.6 m 잠겨 있는 수중 암초로 섬이 아니기 때문에 대한민국의 영토는 아니다. 영토가 아니기 때문에 이어도를 기준으로 주변 수역에 대한 영해와 배타적 경제 수역을 주장할 수도 없다. 하지만 이어도 주변 수역은 우리나라의 배타적 경제 수역에 포함되며, 무인도나 암초는 가장 가까운 유인도(마라도)에 귀속한다는 국제 해양법에 따라 이어도에 대한 관할권도 우리나라에게 부여된다.

06 출제 의도: 고문헌 속 독도의 중요성

『세종실록지리지』에는 "우산(于山, 독도)과 무릉(武陵, 울릉도) 두 섬이 울진현의 정동쪽 바다에 있다. 두 섬은 거리가 멀지 않아 날씨가 맑으면 서로 바라볼 수 있다."라고 기록되어 있다. 신라 때에는 독도를 우산국이라 칭하였다.

07 출제 의도: 독도의 지리적 및 생태학적 가치

㉠은 독도, ㉡은 천연기념물이다.

ㄴ. 독도에 자생하는 50~60종의 희귀 식물들은 바닷바람을 맞으며 자라기 때문에 소금기를 잘 견디는 특성이 있다.

그래서 오답!

ㄱ. 독도는 우리나라 영토 중에서 가장 동쪽에 위치한다.

ㄹ. 독도는 섬 전체가 천연기념물로 지정되어 있다.

08 출제 의도: 독도의 지리적 특성

문제 자료 분석하기

③ 독도는 바다로 둘러싸여 있는 섬이기 때문에 바다의 영향을 많이 받아 연교차가 작은 해양성 기후의 특색이 나타난다.

09 출제 의도: 독도를 지키기 위한 노력

독도는 오래전부터 우리나라 고유의 영토로 인정받아 왔다. 하지만 일본은 1905년 이후 독도를 일본의 영토로 편입했다면서 독도에 대한 영유권을 계속 주장하고 있다.

울릉도 ⊙은 독도 ⓒ보다 거주 인구가 많다. 독도는 우리나라의 영토이므로 영해 기선 바깥쪽 12해리까지의 영해를 갖는다.

10 출제 의도: 우리나라의 지역화 전략

(가) 횡성 지역의 지역 브랜드를, (나) 남원 지역의 지역 브랜드를 표현한 것이다. 지도의 A 강화, B 횡성, C 평창, D 보령, E 남원이다.

11 출제 의도: 지리적 표시제

지리적 표시제는 특산품의 품질, 명성, 특성 등이 해당 지역에서 비롯된 경우, 특산품의 생산 지역명을 상표권으로 등록하여 보호하는 제도이다. 지리적 표시제를 통해서 특산품을 보호하고 상품의 품질 향상과 소비자의 신뢰를 높일 수 있는 장점이 있다. 그뿐만 아니라 지역을 홍보하고 지역 이미지 개선을 통해 지역 경제 발전에 도움을 줄 수 있다.

12 출제 의도: 우리나라의 지역화 전략

⊙ 철원, ⓒ 전주, ⓒ 영덕, ⓔ 나주, ⓜ 경주의 지역 브랜드를 표현한 것이다.

13 출제 의도: 우리나라 위치의 지리적 장점

우리나라는 유라시아 대륙과 태평양 사이에 위치한 반도국이다. 따라서 대륙쪽으로는 중국과 러시아, 유럽으로 진출할 수 있으며, 해양쪽으로는 태평양을 통해서 세계 곳곳으로 진출할 수 있다.

14 출제 의도: 아시안 하이웨이

아시아 국가들 간 물적 및 인적 교류를 확대하기 위해서 아시안 하이웨이 건설이 추진 중에 있다. 우리나라의 아시안 하이웨이 구간은 일본-부산-서울-평양-중국으로 연결되는 1번(AH1) 도로가 있으며, 부산-강릉-원산-러시아로 이어지는 6번(AH6) 도로가 있다. 아시안 하이웨이는 32개국 55개 노선, 총 길이 약 14만 km에 달한다.

15 출제 의도: 남북 통일 이후 국토 공간의 변화

분단 이후 단절된 철도 교통망을 연결하여 X자 형의 철도 교통망을 완성하게 되면 물류 이동 시간과 비용을 크게 절감할 수 있을 것이다. 그리고 연결된 철도 교통망을 활용하여 북한의 풍부한 지하자원과 남한의 자본과 기술력을 서로 결합하여 경제 발전을 이룰 수 있다. 압록강 하구에 위치한 신의주는 대중국 교역의 중심도시에서 유라시아 철의 실크로드의 중심도시로 성장하게 될 것이다.

16 출제 의도: 남북 통일 이후 국토 공간의 변화

북한에는 고구려, 고려, 조선 시대 역사 유적지와 백두산과 금강산을 비롯하여 아름다운 산과 하천, 해변 등의 명승지가 많다. 자료에 제시된 1일차 여행 상품 지역은 백두산을, 2일차는 강원도 원산에 위치한 명사십리(明沙十里) 해안을, 3일차는 개성을 나타낸 것이다.

17 출제 의도: 남북 통일 이후 국토 공간의 변화

18 출제 의도: 우리나라 수역의 영해 설정 기준

예시 답안

(가) 가장 바깥쪽 섬들을 직선으로 연결한 직선 기선을 기준으로 바깥쪽 12해리까지의 수역을 영해로 설정한다.

(나) 간조시 해안선인 통상 기선을 기준으로 바깥쪽 12해리까지의 수역을 영해로 설정한다.

핵심 단어 직선 기선, 통상 기선, 12해리

등급	채점 기준
상	(가)와 (나)에서의 영해 설정 기준을 모두 정확하게 서술한 경우
중	(가) 또는 (나)에서의 영해 설정 중 한 수역에서의 영해 설정 기준만 정확하게 서술한 경우
하	(가)와 (나)에서의 영해 설정 기준을 정확하게 서술하지 못한 경우

19 출제 의도: 지역화 전략

예시 답안

장소 마케팅, 지역의 정체성을 널리 홍보할 수 있다. 기업을

유치하여 일자리를 늘릴 수 있다. 관광객을 유치하여 소득을 높일 수 있다. 등

핵심 단어 지역 홍보, 일자리 창출, 관광 소득 증대 등

등급	채점 기준
상	제시된 지역화 전략의 명칭을 정확하게 제시하고, 긍정적 효과 두 가지를 서술한 경우
중	제시된 지역화 전략의 명칭을 정확하게 제시하였으나, 긍정적 효과를 한 가지만 서술한 경우
하	제시된 지역화 전략의 명칭을 정확하게 제시하지 못했고, 긍정적 효과를 서술하지 못한 경우

20 출제 의도: 비무장 지대(DMZ) 활용 방안

예시 답안

비무장 지대 내 생태계를 보호하기 위해 생태 관광 공원으로 지정하여 개발한다. 분단의 역사를 기억할 수 있도록 평화의 공간으로 개발한다. 남북 평화와 화합의 장소가 될 수 있도록 남북이 서로 교류할 수 있는 농장이나 공장을 조성한다. 등

핵심 단어 생태 관광 공원, 평화의 공간, 교류와 협력의 공간 등

등급	채점 기준
상	통일 이후 비무장 지대 활용 방안 두 가지를 설득력 있게 제시한 경우
중	통일 이후 비무장 지대 활용 방안을 한 가지만 설득력 있게 제시한 경우
하	통일 이후 비무장 지대 활용 방안을 제시하지 못한 경우

XII. 더불어 사는 세계

01 세계의 다양한 지리적 문제

1 기아 문제 및 생물 다양성의 감소 문제

274~275쪽

01 (1) × (2) × (3) ○   **02** (1) 낮게 (2) 기아 (3) 열대림
03 (1) 영양 실조 (2) 생물 다양성 (3) 남획   **04** ③   **05** ④
06 ②   **07** ④   **08** 생물 다양성 협약   **09~10** 해설 참조

04 출제 의도: 생물 다양성이 풍부한 지역
기온이 높고 강수량이 많은 열대 우림 지역은 생물 다양성이 매우 풍부한 지역으로 많은 생물의 서식처이자 맑은 공기를 제공해 주는 지구의 허파와 같은 역할을 한다.

05 출제 의도: 아프리카 기아 문제의 원인
아프리카에서 발생하는 기아 문제의 원인은 가뭄, 폭염과 같

은 자연적 원인, 식량 생산량에 비해 높은 인구 증가율과 부족들 간의 갈등으로 인한 분쟁 문제 등의 사회적 원인으로 구분할 수 있다.

문제 자료 분석하기

④ 식량 대부분이 바이오 에너지의 원료로 이용된다. (×) → 아프리카의 기아 문제는 식량의 절대적인 양이 부족하여 나타나는 것이 대부분이다. 바이오 에너지 원료 용도로 식량이 이용되는 것은 선진국 식량자원 소비와 관련이 있다.

06 출제 의도: 지구상에 분포하는 지리적 문제
인간 활동에 의한 급격한 도시화와 산업화, 환경 오염 등으로 인해 생물의 서식지가 파괴되면서 생물의 다양성이 감소하고 있다.

07 출제 의도: 대륙별 영양 부족 인구의 분포
A는 비만 인구보다 영양 부족 인구의 비율이 높아 기아 문제가 발생하는 국가들이 많은 대륙이며, B는 A에 비해 기아 문제로부터 자유로운 국가들이 많은 대륙의 국가들이 해당된다.

08 출제 의도: 생물 다양성 보호를 위한 노력
생물 다양성의 보전과 생물 자원의 지속 가능한 이용, 이를 이용하여 얻는 이익을 공정하고 공평하게 분배할 것을 목적으로 국제 연합 환경 계획(UNEP) 회의에서 채택되었다.

09 출제 의도: 열대림 파괴와 생물 다양성 감소

예시 답안

(1) 인구 증가와 산업 발달로 인한 도시화 및 산업화, 농작물 수요 증가로 인한 농경지 확대 과정에서 열대림이 파괴되고 있다.
(2) 열대림 지역으로, 최근 열대림 파괴로 인해 생물 다양성이 감소하고 있다.

핵심 단어 생물 다양성 감소

등급	채점 기준
상	열대림 파괴의 원인을 두 가지 이상 서술하고, 생물 다양성 감소 문제 서술한 경우
중	열대림 파괴의 원인을 한 가지만 서술하고, 생물 다양성 감소 문제를 서술한 경우
하	열대림 파괴의 원인, 생물 다양성 감소 문제 중 한 가지만 서술한 경우

10 출제 의도: 기아 문제의 인위적 원인

예시 답안

(1) 육류 소비량이 증가하면서 가축의 사료로 이용되는 식량 작물의 양이 증가했기 때문이다.
(2) 기아 문제의 인위적 원인으로는 콩과 옥수수 등의 식량 자원이 바이오 에너지의 원료로 이용되는 경우, 세계적인 곡물 유통 회사(곡물 메이저)의 이윤 극대화 과정에서 발생하는 곡물 유통량의 조절, 분쟁으로 인한 식량 공급 문제 등이 있다.

❷ 영역을 둘러싼 분쟁

276~277쪽

> **01** (1) ○ (2) × (3) ○ **02** (1) 팔레스타인 (2) 북극해
> (3) 카슈미르 **03** (1) ㉢ (2) ㉠ (3) ㉡ **04** ① **05** ④
> **06** ② **07** ④ **08** 카스피해 **09~10** 해설 참조

04 출제 의도: 난사 군도를 둘러싼 분쟁

난사 군도는 남중국해에 위치한 작은 섬들의 무리로, 현재 중국이 점유하고 있으나 타이완, 베트남, 필리핀, 말레이시아, 브루나이 등이 영유권을 주장하고 있다. 난사 군도는 인도양과 태평양을 연결하는 남중국해 해상 교통의 요지일뿐만 아니라, 주변 해역에 석유와 천연가스가 풍부하게 매장되어 있다.

05 출제 의도: 영토 분쟁의 특징

영토 분쟁이란 영토의 영유권을 차지하기 위한 국가 간의 분쟁으로 자원 확보, 정치·군사적 이권, 문화적 갈등, 역사적 배경 등이 복합적으로 작용하여 발생하는 경우가 많다.

문제 자료 분석하기

④ 세계 정치의 패권을 노리는 군사 강대국 사이에서만 발생한다. (×) → 영토 분쟁은 다양한 요인으로 발생하기 때문에 경제 수준이나 군사력에 비례하여 발생하지는 않는다.

06 출제 의도: 카슈미르를 둘러싼 분쟁

카슈미르는 인도·파키스타·중국의 국경이 마주하고 있는 산악 지역으로, 힌두교를 믿는 인도와 이슬람교를 믿는 파키스탄 간의 종교와 영토를 둘러싼 분쟁이 지속되고 있는 지역이다. 인도와 파키스탄은 카슈미르를 둘러싼 두 번의 전면전과 방글라데시 독립(동파키스탄) 문제로 촉발된 한 번의 전쟁을 겪었다. 최근에는 카슈미르 지역 내에서 이슬람 무장 단체를 중심으로 테러 형태의 분리·독립 요구가 나타나면서 카슈미르 분쟁이 새로운 양상을 맞이하고 있다.

그래서 오답!

ㄴ. 중국의 침공 이후 인도령과 중국령 두 곳으로 분리되었다. (×) → 현재 카슈미르는 1962년 중국의 침공 이후 인도령, 파키스탄령, 중국령 3곳으로 갈라지게 되었다.

ㄹ. 석유 자원 개발의 이권을 둘러싼 강대국들의 개입으로 분쟁이 발생하였다. (×) → 카슈미르 분쟁의 원인은 영국의 식민지 지배로부터 비롯된 인도와 파키스탄 간의 종교와 영토를 둘러싼 갈등이다.

07 출제 의도: 쿠릴 열도를 둘러싼 분쟁

지도의 지역은 쿠릴 열도의 최남단에 위치한 4개의 섬인 북방 4도를 나타내고 있다. 현재 이들 4개의 섬은 러시아가 실효적으로 지배하고 있지만, 일본이 지속적으로 반환 요구를 하고 있다. 북방 4도는 러시아와 일본의 접경 지역에 위치하여 양

국의 영역 설정과 관련하여 중요한 의미를 가질뿐만 아니라, 주변 해역에 석유가 많이 매장되어 있고 세계적인 어장이 형성되어 경제적 가치 또한 높다.

플러스 개념 — 동아시아의 영해 분쟁 지역

구분	점유국	영유권 주장국
쿠릴 열도	러시아	일본
센카쿠 열도 (다오위다오)	일본	중국, 타이완
난사 군도 (스프래틀리 군도)	중국	타이완, 베트남, 필리핀, 브루나이, 말레이시아
시사 군도	중국	베트남

08 출제 의도: 카스피해를 둘러싼 분쟁

카스피해는 주변국들이 호수인지 바다인지에 따라 해저 석유 자원을 가질 수 있는 범위가 달라지기 때문에 자국에 유리한 주장을 펼치며 대립하고 있다. 이란과 투르크메니스탄은 호수라고 주장하고, 러시아·아제르바이잔·카자흐스탄은 바다라고 주장하고 있다.

09 출제 의도: 아프리카의 국경선과 영토 분쟁

예시 답안

국경선이 부족의 경계를 무시하고 경·위선을 따라 인위적으로 설정된 결과, 한 국가 내에 여러 부족이 살거나 한 부족이 여러 국가에 거주하게 되면서 국가 간의 영토 분쟁이 자주 발생하고 있다.

핵심 단어 국경선, 부족, 인위적, 경·위선

등급	채점 기준
상	국경선의 형태와 부족의 경계를 관련지어 서술한 경우
중	부족의 경계와 국경선이 일치하지 않는다는 내용만을 서술한 경우
하	국경선의 형태만을 서술한 경우

10 출제 의도: 북극해를 둘러싼 분쟁

예시 답안

최근 지구 온난화로 인해 북극해의 빙하가 녹으면서 접근이 쉬워짐에 따라 북극해가 자원 개발 및 해상 항로의 요충지로 부각되었다. 이로 인해 북극해 주변에 위치하고 있는 러시아, 미국, 캐나다, 덴마크, 노르웨이 간의 영유권 분쟁이 심해지고 있다.

등급	채점 기준
상	자연환경의 변화와 연결지어 북극해 영유권 분쟁의 배경을 설명한 경우
중	북극해 영유권 분쟁의 배경만을 설명한 경우
하	자연환경의 변화만을 설명한 경우

❶ 지역 격차와 빈곤 문제

280~281쪽

01 (1) ○ (2) ○ **02** (1) 개발 도상국 (2) 남북 문제
03 (1) ○ (2) ○ **04** ② **05** ② **06** ① **07** ②
08 인간 개발 지수(HDI) **09~10** 해설 참조

04 출제 의도: 저개발 지역의 발전 수준
내용은 저개발 지역 어린이가 겪는 비참한 삶의 모습을 보여 준다. 따라서 이러한 저개발 지역에 해당하는 국가는 ②번 말라위다.

05 출제 의도: 지역의 발전 수준 차이를 보여 주는 지표 비교
성 불평등 지수는 개발 도상국일수록 높고, 선진국일수록 낮은 경향을 보인다.

그래서 오답!

① 기대 수명은 선진국일수록 영양 상태가 좋고, 위생 수준과 의학 수준이 높아 높게 나타난다.
③ 휴대 전화 이용률은 선진국일수록 높게 나타난다.
④ 중·고교 진학률은 선진국일수록 높게 나타난다.

06 출제 의도: 지도 속에서 지역별 발전 수준 차이 확인하기
지도는 인구 천 명당 5세 미만 영·유아 사망자 수를 지역별로 나타낸 것으로 저개발 지역일수록 높은 경향을 보인다. 이와 비슷한 분포를 보이는 지표는 ①번 문맹률이다. 문맹률 또한 저개발 지역에서는 글을 배울 기회가 없는 사람들이 많기 때문에 저개발 지역에서 높게 나타난다.

07 출제 의도: 지역별 발전 수준의 차이
일반적으로 선진국의 경우 교육 환경이 좋고 교원 수급에 신경을 많이 쓰므로 룩셈부르크는 개발 도상국인 부룬디보다 교사 1인당 학생 수가 적을 것이라 유추할 수 있다.

그래서 오답!

① 룩셈부르크는 선진국으로 개발 도상국인 부룬디보다 영아 사망률은 낮을 것이라 유추할 수 있다.
③, ④ 1인당 국내 총생산 상·하위 3개 국가의 차이가 300배가량 차이가 나는 것을 알 수 있다.
⑤ 1인당 국내 총생산 상위 3개 국가는 모두 유럽에 위치하고 있으며, 말라위, 중앙아프리카 공화국, 부룬디는 적도 또는 적도 이남 지역에 위치하고 있으므로 전형적인 남북 문제의 특성을 반영한다고 할 수 있다.

08 출제 의도: 인간 개발 지수
첫 번째 글은 인간 개발 지수의 의미에 대해서 설명하고 있으며, 두 번째 글은 인간 개발 지수가 선진국과 개발 도상국에서 어떻게 나타나는지에 대해서 설명하고 있다.

09 출제 의도: 남북 문제

예시 답안

(1) 국내 총생산이 높은 대륙: 유럽, 동아시아 및 오세아니아, 북아메리카
국내 총생산이 낮은 대륙: 서남아시아 및 북부 아프리카, 남부 아시아, 사하라 이남 아프리카
(2) 국내 총생산이 높은 세 개의 대륙은 오세아니아를 제외하고 모두 북반구에 위치하고 있는 반면, 국내 총생산이 낮은 세 개의 대륙은 대체로 적도 주변과 남반구에 위치하고 있음을 알 수 있다. 이것은 지역별 발전 수준의 남북 문제를 보여 준다.

핵심 단어 북반구, 남반구, 적도, 남북 문제

등급	채점 기준
상	북반구에 선진국들이, 남반구와 적도에 개발 도상국들이 분포하고 있다는 점을 명확히 하고 이를 통해 남북 문제라는 용어를 도출했을 경우
중	북반구에 선진국들이, 남반구와 적도에 개발 도상국들이 분포하고 있다는 점만 썼을 경우
하	북반구에 선진국들이, 남반구와 적도에 개발 도상국들이 분포하고 있다는 점을 언급하지 못했을 경우

10 출제 의도: 빈곤 문제 해결을 위한 노력

예시 답안

(1) 외부의 도움이나 원조는 당장의 빈곤을 조금 해결해 줄 수는 있지만 지속적이지 못하며, 근본적인 해결책이 될 수 없다.
(2) 식량 생산성 증대를 위해 관개 시설 확충, 수확량이 많은 품종을 개발하고, 사회 기반 시설 확충을 위해 도로, 전력망 등을 구축해 경제 발전의 기반을 마련하고, 해외 투자 유치 및 자체 기술 개발에 힘써야 하며, 문맹률을 낮추기 위해 지속적인 교육을 해야 한다.

❷ 지역 간 불평등 해결을 위한 국제적 협력

282~283쪽

01 (1) ○ (2) × (3) × **02** (1) 주는 (2) 국가 (3) 유니세프 **03** (1) 세계 보건 기구 (2) 그린피스 (3) 월드비전
04 ② **05** ③ **06** ④ **07** ② **08** 한국 국제 협력단 (KOICA) **09~10** 해설 참조

04 출제 의도: 국제 비정부 기구의 종류
국경 없는 의사회는 국제 비정부 기구에 포함되는 의료 서비스 단체이다. 인종, 종교, 성, 정치적 성향과 관계없이 도움이 필요한 사람들에게 의료 서비스를 제공한다.

05 출제 의도: 정부 간 국제기구의 종류
국제 연합 평화 유지군은 분쟁 지역에 파견되어 질서 유지 및 주민 안전 보장을 위한 단체이고, ㈎ 국제 연합 난민 기구는 난민 보호 및 난민 문제 해결을 위한 기구이다. ㈏ 세계 식량 계획 단체는 기아와 빈곤으로 고통받는 지역에 식량을 지원해 주며, ㈐ 세계 보건 기구는 세계의 질병 및 보건 위생 문제를

해결하기 위한 기구이다.

06 출제 의도: 세계 시민으로서의 자세

오늘날에는 인도주의적 차원에서 민간단체가 중심이 되어 만든 조직인 국제 비정부 기구의 비중이 커지며 기여도도 높다. 민간단체는 국제기구를 보조하는 역할을 하고 있으므로 민간단체의 구호 활동을 줄여야 한다는 것은 옳지 않다.

플러스 개념 국제기구와 국제 비정부 기구

구분	국제기구	국제 비정부 기구
구성	두 개 이상의 주권 국가로 구성	정부의 간섭 없이 민간에 의해 조직
사례	국제 연합, 국제 연합 평화 유지군, 국제 연합 난민 기구, 국제 연합 아동 기금, 세계 보건 기구 등	그린피스, 국경 없는 의사회, 월드비전, 세이브 더 칠드런 등
활동	국가 간 협력을 유도	인도주의적 차원에서의 구호 활동

07 출제 의도: 국제 비정부 기구의 종류

㈎는 국제 비정부 기구에 대한 설명이다. 국제 비정부 기구의 종류에는 그린피스, 월드비전, 국경 없는 의사회 등이 있고, 정부 간 국제 기구에는 유니세프(국제 연합 아동 기금), 한국 국제 협력단(KOICA)으로 구분된다.

08 출제 의도: 우리나라의 공적 개발 원조 단체

우리나라는 1991년에 대외 무상 원조를 전담하는 한국 국제 협력단(KOICA)을 설립해 저개발국의 원조를 하고 있다. 우리나라는 과거에 국제 원조를 받던 국가에서 국제 원조를 하는 국가가 되었다.

09 출제 의도: 공적 개발 원조 특징

예시 답안

(1) 개발 원조 위원회(DAC)

　개발 원조는 정부나 국제기구가 공식적으로 지원하는 형태인 공적 개발 원조(ODA)와 비정부 기구와 민간 재단이 지원하는 민간 개발 원조가 있다. 개발 원조는 경제 협력 개발 기구(OECD) 산하의 개발 원조 위원회(DAC)가 주도하고 있다.

(2) 원조를 주는 나라는 미국과 독일 등 선진국이 주를 이루며, 아프리카와 남아시아의 여러 국가들인 저개발국가 또는 개발 도상국이 원조를 받고 있다.

핵심 단어 선진국, 개발 도상국(저개발국)

등급	채점 기준
상	원조를 주는 국가를 선진국, 원조를 받는 국가를 개발 도상국(저개발국)으로 알맞게 서술한 경우
중	원조를 주는 국가인 선진국 또는 원조를 받는 국가인 개발 도상국(저개발국) 중 한 가지를 서술한 경우
하	원조를 주는 국가와 받는 국가의 특징을 서술하지 못한 경우

10 출제 의도: 공정 무역의 의미와 특징

예시 답안

공정 무역이란 개발 도상국에서 생산되는 환경 친화적인 제품들에 대해 중간 유통 과정을 거치지 않고 선진국의 소비자가 정당한 가격을 지급하여 생산자들에게 무역의 혜택이 돌아가도록 하자는 운동이다. 커피, 차, 카카오 등이 공정 무역으로 거래되는 주요 상품이다. 공정 무역을 통해 생산자는 노동에 대한 정당한 임금을 받을 수 있고, 쾌적한 환경의 노동 환경을 제공받을 수 있으며 이를 통해 경제적 자립을 할 수 있다. 소비자는 친환경적인 방식으로 생산된 구매하는 윤리적 소비를 할 수 있고 신뢰도가 높아질 수 있다.

대단원 완성 문제 ⑫ 더불어 사는 세계

284~287쪽

01 ②	02 ⑤	03 ⑤	04 ⑤	05 ②	06 ⑤
07 ⑤	08 ④	09 ③	10 ⑤	11 ④	12 ①
13 ③	14 ③	15 ⑤	16 ⑤	17 ③	

18~20 해설 참조

01 출제 의도: 지리적 문제의 원인

팔레스타인 지역은 제2차 세계 대전 이후 팔레스타인 지역에 유대교를 믿는 이스라엘이 건국되면서 주변 아랍 국가들과의 갈등이 시작되었다.

02 출제 의도: 식량 분배의 국제적 불균형

식량 생산이 많아 식량이 남는 지역과 식량 생산이 부족한 지역 간의 분배가 이루어지지 않는 것을 의미한다.

03 출제 의도: 생물의 다양성 감소

최근 생물의 다양성이 감소하고 있는 이유는 산업화와 도시화로 숲을 제거하고 농경지를 조성하면서 동식물의 터전이 사라지고 외래종의 침입으로 생태계가 파괴되고 있기 때문이다. 특히 열대 우림과 산호초 해안, 맹그로브 해안 등지의 개발로 발생하는 환경 오염과 파괴가 심각하다.

04 출제 의도: 생물 다양성 협약

생물 다양성 협약은 생물 다양성 보전과 생물 자원의 지속 가능한 이용, 이를 이용하여 얻는 이익을 공정하고 공평하게 분배할 것을 목적으로 국제 연합 환경 계획(UNEP) 회의에서 채택되었다(생물 다양성을 보전해야 한다는 필요성에 대한 범지구적 공감대 형성에 따라 1992년 브라질 리우 국제 연합 환경 개발 회의에서 채택되었다). 우리나라는 1994년에 가입하였으며 가입국은 총 196개국이다. 생물 다양성 협약은 리우 국제 연합 환경 개발 회의 당시 채택된 기후 변화 협약, 1994년 프랑스 파리에서 채택된 사막화 방지 협약과 더불어 세계 3대 환경 협약 중 하나이다.

그래서 오답!

① 바젤 협약 (×) → 유해 폐기물의 국제적 이동을 방지
② 파리 협약 (×) → 선진국과 개발 도상국의 온실가스 감축
③ 교토 의정서 (×) → 선진국의 온실가스 감축
④ 세계 자연 기금 (×) → 세계 자연 기금(WMF)은 최대 환경 보호 기구이다.

05 출제 의도: 기아 문제의 원인

세계 인구 증가로 곡물 수요가 증가하였고, 기후 변화로 식량 생산 면적이 감소하였다. 대체 연료 개발로 인한 곡물 가격 상승과 이윤 극대화를 위한 식량의 상업화가 기아 문제의 원인이다. 기아는 식량 부족으로 주민들이 충분한 영양을 섭취하지 못하여 발생한다. 식량 부족 문제는 가뭄과 홍수, 병충해 등의 자연적인 요인과 급격한 인구 증가, 식량 분배의 국제적 불균형, 잦은 분쟁으로 인한 식량 공급의 어려움 등 인위적인 요인이 기아 문제를 심화하기도 한다.

06 출제 의도: 적정 기술

적정 기술은 빈곤 지역 주민들의 생활에 적합하게 설계된 재화나 서비스를 제공함으로써 그들의 삶을 개선하고 소득을 증대할 수 있는 기술로 폭넓게 사용되고 있다.

07 출제 의도: 지역별 발전 수준

그래서 오답!
① 북아메리카, 유럽은 기아 비율이 낮다. ② 아프리카 대륙 기아 비율이 제일 높다. ③ 사하라 이남의 아프리카는 기아 비율이 높게 나타난다. ④ 중남부 아메리카의 기아 비율이 가장 낮게 나타나는 것은 아니다.

08 출제 의도: 카슈미르 지역

이슬람교도가 많은 카슈미르 지역이 힌두교도가 많은 인도로 귀속되면서 갈등이 시작되었다.

09 출제 의도: 에티오피아의 갈등

'아프리카의 뿔'로 불리는 아프리카의 북동부에는 에티오피아와 소말리아, 에리트레아, 지부티가 있다. 이 지역은 과거 유럽 강대국의 이해관계에 따라 국경선이 설정되었는데 독립 이후 국경과 부족의 경계가 달라서 분쟁과 내전, 그리고 난민 발생이 끊이지 않고 있다.

10 출제 의도: 영역을 둘러싼 갈등

센카쿠(댜오위다오) 열도는 중국과 일본 사이의 바다에 위치하며 5개의 무인도와 3개의 암초로 이루어져 있다. 이 지역은 서남아시아와 동북 아시아를 잇는 해상 교통로이자 전략적 요충지이며 석유 매장 가능성이 커 자원 개발을 둘러싼 갈등이 심화될 전망이다. 쿠릴 열도는 태평양 북서부 캄차카 반도와 일본 홋카이도 사이에 걸쳐 있는 섬들로 관련된 러시아와 일본의 영토 분쟁 지역이다. 이 지역은 풍부한 어족 자원이 있고 특히 해저에 많은 양의 석유와 천연가스가 매장되어 있다. 러시아는 이 지역의 자원 개발을 위해 많은 돈을 투자하기도 하였다.

11 출제 의도: 영토 분쟁 – 민족 · 종교 분쟁

대표적인 민족 · 종교 분쟁으로 팔레스타인, 카슈미르, 수단 등이 있다. 수단은 북부 지역은 이슬람교, 남부 지역은 크리스트교를 믿으면서 갈등이 발생하였다. 지속적으로 내전이 발생하다가 2011년에 남부 지역이 남수단으로 독립하였다.

12 출제 의도: 발전 수준의 지역 차

1인당 국내 총생산 외에도 인간 개발 지수, 성인 문자 해독률, 기대 수명, 인구 1000명 당 의사 수 등은 대부분의 선진국에서 높게 나타난다. 반면에 영아 사망률, 교사 1인당 학생 수 등은 개발 도상국이 상대적으로 높게 나타난다.

13 출제 의도: 세계 식량 계획(WFP)

2020년 노벨 평화상 수상자로 선정되었으며 기아와 빈곤으로 고통받는 지역에 식량을 지원해 주는 국제 기구이다.

14 출제 의도: 인간 개발 지수(HDI)

국제 연합 개발 계획(UNDP)이 매년 각국의 교육 수준과 국민 소득, 평균 수명 등을 조사해 국가별 삶의 질을 평가한 지표이다. 선진국과 개발 도상국의 발전 격차를 줄이고 개발 도상국의 빈곤 문제를 해결하는데 활용된다.

그래서 오답!
① 국가별 국민의 행복 지수를 평가한 지표이다. (×) → 삶의 질을 평가한 지표 ② 국제 연합 평화 유지군(PKF)에서 지표를 종합하여 발표한다. (×) → 국제 연합 개발 계획(UNDP)이다. ④ 주로 선진국에서 낮게 나타나고, 개발 도상국에서 높게 나타난다. (×) → 선진국에서 높고, 개발 도상국에서 낮다. ⑤ 국내 총생산, 기대 수명, 사회적 자본, 부패 지수, 관용의 지표를 활용한다. (×) → 행복 지수의 지표이다.

플러스 개념   행복 지수
부탄은 가난한 나라 중 하나이지만 국민의 97 %가 행복하다고 답하는 나라이다. 부탄은 세계에서 최초로 양적 성장 지표인 국민 총생산(GNP)대신 국민 총 행복 지수(GNH)를 도입하여 국민의 삶의 질을 측정하고 있다. 행복 지수는 국내 총생산, 기대 수명, 사회적 자본, 부패 지수, 관용의 총 다섯 가지 지표를 종합한 결과이다.

15 출제 의도: 국제 기구

국제 연합 평화 유지군 (PKF)	분쟁 지역에 파견되어 질서 유지 및 주민 안전 보장
국제 연합 난민 기구 (UNHCR)	난민 보호 및 난민 문제 해결
세계 식량 계획(WFP)	기아와 빈곤으로 고통 받는 지역에 식량 지원
국제 연합 아동 기금 (UNICEF)	아동 구호와 아동의 복지 향상
세계 보건 기구(WHO)	세계의 질병 및 보건 위생 문제 해결
국제 연합(UN)	국제 평화와 안전의 유지, 인권 및 자유 확보를 위해 노력

16 출제 의도: 우리나라의 공적 개발 원조

선진국의 정부나 공공 기관들이 저개발국의 발전을 위해 제공하는 원조를 공적 개발 원조(ODA)라고 하며 대표적인 기구로 개발 원조 위원회(DAC)가 있다. 이를 통해 긴급 구호 사업 등을 추진하고 사회 기반 시설을 구축하여 저개발국의 사회, 경제 발전과 지역 주민들의 복지 증진을 돕고 있다. 저개발국은 국제기구, 선진국의 정부나 은행에서 차관이나 원조를 받기도 한다. 과거에는 식량이나 물품의 형태로 원조를 제공받았지만, 최근에는 도로, 항만 등 사회 기반 시설을 구축하기 위한 자금을 지원받는 방식으로 바뀌었다. 한국 국제 협력단(KOIKA)은 우리 정부에서 운영하는 대외 무상 원조 전담 기관으로 저개발국의 경제, 사회 발전 지원과 상호 우호 협력 증진 등으로 목적으로 한다.

플러스 개념 공적 개발 원조의 한계

> 선진국에서는 원조를 자국의 이익을 위한 외교 정책으로 이용하거나 무역 시장을 개방하는 조건으로 활용하기도 한다. 저개발국이 일부는 원조를 부패한 정부의 운영 자금으로 사용하는 부작용이 나타나기도 한다.

17 출제 의도: 세계 시민의 자세

빈곤, 분쟁, 환경 오염 등 전 지구적 차원의 협력과 공동 대응이 필요한 문제들이 나타나고 있다. 이에 긴밀히 연결된 지구촌을 하나의 공동체로 인식하고 세계 곳곳에서 발생하는 다양한 지리적 문제에 관심을 두고 협력해야 한다. 지역 간 불평등을 완화하고 빈곤과 기아 문제를 해결하기 위한 봉사 활동이나 기부 등에 동참해야 한다. 또한 일회용품 사용을 줄이고 생태 환경을 보호하려는 의식을 가져야 하며, 지구촌 공동체의 일원으로 민족, 언어, 인종 등이 다른 다양한 사람들과 어울려 살면서 서로의 차이와 다양성을 인정하고 존중하려는 자세를 가져야 한다.

18 출제 의도: 남북 문제

예시 답안

(1) 남북 문제

(2) 식량 생산성 증대(관개 시설 확충, 수확량이 많은 품종 개발), 사회 기반 시설 확충(도로, 전력망 등을 구축해 경제 발전의 기반 마련), 해외 투자 유치 및 기술 개발(국내 산업의 생산성 향상을 위함), 문맹률을 낮춤(지속적인 교육을 통해 문맹률을 낮춰 인적 자원 개발), 국제적인 지원과 협력(국제 연합과 국제 비정부 기구들의 지원 확대)

핵심 단어 식량, 교육, 기술, 국제 협력

등급	채점 기준
상	여러 방안 중 세 가지 이상 구체적 예를 들어 서술한 경우
중	여러 방안 중 두 가지 구체적 예를 들어 서술한 경우, 구체적 예를 들지 않고 큰 틀의 방안을 세 가지 이상 서술한 경우
하	여러 방안 중 한 가지 예를 들어 서술한 경우

19 출제 의도: 비정부 기구(NGO)

예시 답안

(1) 비정부 기구(NGO)

(2) 정부 간의 협정에 의하지 않고 민간의 국제 협력으로 설립된 조직, 국가 간 이해관계를 넘어 인도주의적 차원에서 구호 활동을 함, 세계 시민들의 자발적인 모금으로 운영함.

핵심 단어 인도주의적, 민간이 주도

등급	채점 기준
상	특징을 세 가지 이상 서술한 경우
중	특징을 두 가지 서술한 경우
하	특징을 한 가지 서술한 경우

20 출제 의도: 공정 무역

예시 답안

(1) 공정 무역

(2) 생산자 – 공정한 노동의 대가를 받게 된다. 친환경적인 방식으로 상품을 생산하여 소비자에게 공급한다.
소비자 – 개발 도상국의 어려운 사람들을 직접 도울 수 있게 되고, 그들의 경제적 자립을 도울 수 있다. 친환경적인 제품을 이용할 수 있다.

핵심 단어 경제적 자립, 공정한 노동의 대가

등급	채점 기준
상	생산자와 소비자를 구분하여 효과를 두 가지 이상 서술한 경우
중	생산자와 소비자를 구분하여 효과를 한 가지 서술한 경우
하	생산자와 소비자를 구분하지 않고 효과를 한 가지 서술한 경우

플러스 개념 공정 무역의 한계

> 공정 무역은 대부분의 소비자가 저개발국의 빈곤 원인을 비판적으로 생각할 수 있는 기회나 정보를 제공받지 못한 채 저개발국 생산자에 대한 연민이나 동정으로 구매에 참여한다는 한계가 있다. 또한 일부 기업들은 부정적 이미지를 개선하기 위해 공정 무역을 홍보 수단으로 이용하는 문제도 발생한다.

MEMO

100명의
사회 교사
1000개의
사회 문제

대한민국 대표 인문고전 교과서

NEW 서울대 선정 인문고전 60선

독후활동지 수록

손영운 외 글 | 동방광석 외 그림 | 236쪽 내외 | 주제(분류): 인문(교양만화) | 독자대상: 초등 5학년~청소년

2007 소년한국일보 우수어린이도서
2008 우리만화연대 어린이만화연구회 우수도서

1. 마키아벨리 군주론 2. 헤로도토스 역사 3. 노자 도덕경 4. 플라톤 국가 5. 토마스 모어 유토피아 6. 루소 사회계약론

7. 정약용 목민심서 8. 찰스 다윈 종의 기원 9. 사마천 사기열전 10. 존 S. 밀 자유론 11. 홉스 리바이어던

12. 애덤 스미스 국부론 13. 이익 성호사설 14. 데카르트 방법서설 15. 갈릴레이 두 우주 체계에 대한 대화

16. 베르그송 창조적 진화 17. 몽테스키외 법의 정신 18. 베이컨 신논리학 19. 이중환 택리지 20. 유성룡 징비록

21. 최제우 동경대전 22. 프로이트 꿈의 해석 23. 대학 24. 박은식 한국통사 25. 막스 베버 프로테스탄트 윤리와 자본주의 정신

26. 존 로크 정부론 27. 뉴턴 프린키피아 28. 중용 29. 슘페터 자본주의 사회주의 민주주의 30. 아리스토텔레스 정치학

31. 마르크스 자본론 32. 키케로 의무론 33. 일연 삼국유사 34. 쑨원 삼민주의 35. 한비자 36. 간디 자서전 37. 장자

38. 홍대용 의산문답 39. 맹자 40. 최한기 기학 41. 논어 42. 니체 차라투스트라는 이렇게 말했다 43. 박제가 북학의

44. 신채호 조선상고사 45. 법구경 46. 하이데거 존재와 시간 47. 예링 권리를 위한 투쟁 48. 비트겐슈타인 철학적 탐구

49. 이황 성학십도 50. 헤겔 역사철학강의 51. 미셸 푸코 지식의 고고학 52. 이이 성학집요 53. 샤르댕 인간 현상

54. 칼 융 심리학과 종교 55. 존 롤스 정의론 56. 슈뢰딩거 생명이란 무엇인가? 57. 순자 58. 원효 대승기신론소

59. 브로델 물질문명과 자본주의 60. 칸트 실천이성비판